OS GRANDES
SISTEMAS JURÍDICOS

OS GRANDES SISTEMAS JURÍDICOS
Introdução aos sistemas jurídicos europeus e extraeuropeus

Mario G. Losano

Tradução
MARCELA VAREJÃO

Revisão da tradução
SILVANA COBUCCI LEITE

Esta obra foi publicada originalmente em italiano com o título
I GRANDI SISTEMI GIURIDICI por Gius. Laterza & Figli, Roma.
Copyright © 2000 by Gius. Laterza & Figli Spa, Roma-Bari.
Edição brasileira publicada através de acordo com Eulama Literary Agency.
Copyright © 2007, Livraria Martins Fontes Editora Ltda.,
São Paulo, para a presente edição.

1ª edição 2007
2ª edição 2022

Tradução
MARCELA VAREJÃO

Revisão da tradução
Silvana Cobucci Leite
Acompanhamento editorial
Luzia Aparecida dos Santos
Revisões
Maria Luiza Favret
Marisa Rosa Teixeira
Dinarte Zorzanelli da Silva
Produção gráfica
Geraldo Alves
Paginação
Studio 3 Desenvolvimento Editorial
Capa
Katia Harumi Terasaka Aniya

Dados Internacionais de Catalogação na Publicação (CIP)
(Câmara Brasileira do Livro, SP, Brasil)

Losano, Mario G.
 Os grandes sistemas jurídicos : introdução aos sistemas jurídicos europeus e extraeuropeus / Mario G. Losano ; tradução Marcela Varejão ; revisão da tradução Silvana Cobucci Leite. -- 2. ed. – São Paulo : Editora WMF Martins Fontes, 2022. – (Biblioteca jurídica WMF))

 Título original: I grandi sistemi giuridici : introduzione ai diritti europei ed extraeuropei
 Bibliografia.
 ISBN 978-85-469-0345-0

 1. D reito 2. Direito comparado I. Leite, Silvana Cobucci. II. Título. III. Série.

21-87390 CDU-340.5

Índices para catálogo sistemático:
1. Direito comparado 340.5

Aline Graziele Benitez - Bibliotecária - CRB-1/3129

Todos os direitos desta edição reservados à
Editora WMF Martins Fontes Ltda.
Rua Prof. Laerte Ramos de Carvalho, 133 01325.030 São Paulo SP Brasil
Tel. (11) 3293.8150 e-mail: info@wmfmartinsfontes.com.br
http://www.wmfmartinsfontes.com.br

ÍNDICE GERAL

Prefácio do autor à edição brasileira XV
Introdução à terceira edição italiana XLI

CAPÍTULO I Noções preliminares 3

1. Primeiras definições fundamentais 3
   a) Direito 3
   b) Direito positivo 5
   c) Direito positivo em vigor 6
2. Terminologia mínima 8
3. Direitos positivos e descrições sistemáticas 10
4. Direitos positivos e descobertas científicas 12
   a) O direito acata as noções científicas 13
   b) As descobertas científicas transformam o direito 13
5. A igualdade de condições entre os direitos positivos vigentes 16
6. Constantes humanas e constantes jurídicas 18

Itinerário bibliográfico 21
Internet, 21 – Enciclopédias jurídicas, 22 – Atlas, 24 – Bibliografias gerais, 24 – Bibliografias dos artigos de revista, 24 – Fontes oficiais, 25 – Dicionários jurídicos, 26 – Obras sobre grandes sistemas jurídicos, 27 – Obras históricas, 29

CAPÍTULO II **O direito privado da Europa continental**. 31
1. As raízes romanísticas dos direitos europeus .. 31
2. Do direito de Roma ao direito de Bizâncio....... 33
3. A compilação de Justiniano............................... 34
4. Os direitos germânicos...................................... 38
5. Do Império Bizantino ao Império Otomano ... 42
6. O direito bizantino fora do império: o caso da Abissínia... 46
7. Glosadores e Comentadores: o renascimento medieval do direito romano............................ 49
   a) Os Glosadores, ou Escola de Bolonha (séculos XII-XIII)..................................... 51
   b) Os Comentadores (séculos XIV-XV)............ 53
8. O direito romano como direito do Sacro Império Romano: a lenda de Lotário..................... 55
9. A Revolução Francesa e o direito civil moderno. 58
10. Os usos comerciais se unem ao direito civil..... 60
11. A confluência dos direitos civil e comercial 63
12. Códigos nacionais, empresas supranacionais e globalização... 64

Itinerário bibliográfico... 66

CAPÍTULO III **O direito público da Europa continental** 73
1. Nas origens do direito público......................... 73

A ESTRUTURA DO ESTADO... 74

2. As origens inglesas do constitucionalismo...... 74
3. A constituição, da América revolucionária à França... 77
4. Os três tipos de constituição............................. 82
5. Os elementos indispensáveis de uma constituição.. 84
6. A diferença entre constituições e realidade 89
7. A origem e a função do direito administrativo 91
8. O direito tributário e a redistribuição da renda .. 95
9. A relevância jurídica da religião do cidadão e do imigrante.. 96

10. As origens do direito penal 100

A REPRESSÃO DO DESVIO 102

11. As noções de conformidade e desvio 102
12. Uma tipologia dos comportamentos criminosos 105
13. As pesquisas sobre o homem criminoso 110
14. Da pena física à prisão 114
15. Das medidas de segurança à superação da pena de detenção 118
16. Do controle do comportamento à intervenção no cérebro 121
17. A gradualidade das sanções: delitos e contravenções 129
18. Os procedimentos e a atividade dos tribunais . 131

NA FRONTEIRA ENTRE DIREITO E POLÍTICA 135

19. O direito internacional privado e público 135
20. A relevância jurídica da guerra e da revolução. 138

Itinerário bibliográfico 139
  A estrutura do Estado, 139 – A repressão do desvio, 144 – Na fronteira entre direito e política, 148

CAPÍTULO IV **O direito russo e soviético** 151

1. Entre tradição e revolução: o direito soviético como direito codificado 151
2. As origens bizantinas do direito russo 155
3. As cinco fases do direito russo (988-1917) 157
   a) Os principados independentes (988-1237) . 157
   b) A dominação mongol (1237-1480) 159
   c) Os primórdios do Estado moscovita (1480-1689) 161
   d) O império autocrático (1689-1906) 164
   e) A monarquia constitucional (1906-1917) 168
4. Do direito russo ao direito soviético: os elementos de uma continuidade 170
5. As seis fases do direito soviético (1917-1991) .. 172
   a) O comunismo de guerra (1917-1921) 173

b) A Nova Política Econômica ou NPE (1921-1928) 174
c) Os dois primeiros planos qüinqüenais (1928-1937) 176
d) O stalinismo (1937-1953) 177
e) A distensão (1953-1966) 181
f) A desagregação e o fim (1966-1991) 183
6. A marcha na direção do capitalismo 187
a) As reformas da Comunidade de Estados Independentes (CEI) 192
b) Os Estados da Europa centro-oriental rumo à integração com a Europa Ocidental 194
7. A expansão do direito soviético fora da URSS . 199

Itinerário bibliográfico 203
Rússia, 208 – Iugoslávia, 209 – Albânia, 209 – Bulgária, 209 – Tchecoslováquia, depois República Tcheca e Eslováquia, 210 – Polônia, 210 – Romênia, 210 – Hungria, 210

CAPÍTULO V O direito da América do Sul 213

1. As colônias sul-americanas: uma história "ad hoc" para colônias "sui generis" 213
2. Do direito romano ao direito espanhol e português 217
a) A romanização da península ibérica (218 a.C.-409 d.C.) 217
b) As invasões germânicas (409-711) 218
c) Al-Ándalus: os muçulmanos na península ibérica e a "Reconquista" (711-1492) 221
3. As tentativas de sistematizar o direito ibérico . 227
4. As "Bulas alexandrinas", título jurídico para a soberania das Américas 229
5. Os índios, entre escravidão e servidão 237
6. A organização das colônias ibéricas na América do Sul 247
7. As raízes européias do direito sul-americano .. 252

8. A gênese do "direito indiano" e as "Leyes de Indias" 255
   a) O transplante do direito castelhano nas Índias (1492-1511) 255
   b) A crítica da Conquista e a defesa dos índios (1511-1566) 256
   c) O apogeu do direito indiano: uma "Recopilación" para as Índias (1566-1680) 258
   d) Dos Bourbons a Napoleão: o fim do direito indiano (1680-1808) 260
9. O direito no Brasil colonial 262
   a) As capitanias (1532-1548) 263
   b) Os governadores-gerais, depois vice-reis (1548-1807) 265
10. O século das revoluções: Napoleão entre o "bem-estar da França" e a "felicidade da América" 270
11. As colônias espanholas, de vice-reinos a repúblicas 277
12. O Brasil, de colônia a império 285
    a) O reino e o império do Brasil (1808-1889) ... 286
    b) Da república ao "Estado Novo" (1889-1937) .. 291
13. Independência nacional e instabilidade política: a difícil democracia 293
14. Três juristas sul-americanos 294
    a) Andrés Bello 295
    b) Augusto Teixeira de Freitas 297
    c) Dalmacio Vélez Sársfield 299
15. A difusão extra-européia do direito codificado . 301

Itinerário bibliográfico 304
   Península ibérica, 304 – Espanha, 305 – Portugal, 306 – América Latina, 306 – Obras gerais, 308 – Argentina, 309 – Brasil, 310 – Sobre o Brasil holandês, 310 – Chile, 311 – Colômbia, 311 – Equador, 311 – Paraguai, 312 – Peru, 312 – Uruguai, 312 – Venezuela, 312 – México, 313

CAPÍTULO VI O costume e o direito 317
   1. A relevância do costume numa visão mundial do direito 317
   2. A noção de costume 319
  O DIREITO CONSUETUDINÁRIO INGLÊS 323
   3. Os vínculos originários entre a Europa e as ilhas britânicas 323
   4. Os *Inns of Court* e a tradição forense na Grã-Bretanha 325
   5. O direito romano e a formação do Common Law 327
   6. O enrijecimento do Common Law 329
   7. A *equity* como solução para o rígido Common Law 330
   8. O direito britânico atual 332
   9. As fontes do direito britânico atual................... 333
     a) O costume.. 333
     b) A lei.. 334
     c) O precedente jurisprudencial 335
   10. Dois institutos típicos do Common Law 339
     a) Os *trusts*... 340
     b) Os direitos reais 343
   11. A difusão extra-européia do Common Law 344
  OS DIREITOS CONSUETUDINÁRIOS AFRICANOS 346
   12. Proposta de um itinerário jurídico extra-europeu 346
   13. A noção de "complexidade social" 348
   14. Fragmentariedade e constância nas regras das sociedades primitivas 351
   15. Indivíduo e grupo nas sociedades primitivas africanas.. 353
   16. O direito de propriedade nos costumes africanos. 355
   17. Delitos penais e civis no direito consuetudinário africano 356
   18. As sanções e sua aplicação 360
   19. A sacralidade do costume 362

20. A introdução dos direitos ocidentais nos costumes autóctones... 363
21. "Excursus": o ordenamento da sociedade cheyenne 363

A SOBREVIVÊNCIA DO COSTUME NOS DIREITOS CODIFICADOS 366

22. O elemento consuetudinário nos direitos codificados 366
23. O costume no direito romano......................... 367
24. O costume no direito feudal 369
25. O costume no direito canônico....................... 372
26. O costume no direito italiano 373
27. O valor do costume com relação à lei............... 378
28. As teorias jurídicas do costume 381
    a) Os elementos objetivos e subjetivos do costume.. 383
    b) A juridicidade do costume 386

Itinerário bibliográfico 392
O direito consuetudinário inglês, 392 – Os direitos consuetudinários africanos, 394 – Outros direitos primitivos, 397 – A sobrevivência do costume no direito codificado, 397

CAPÍTULO VII **O direito islâmico** 399

1. Características gerais 399
2. As fontes do direito islâmico............................ 404
   a) O Corão... 404
   b) A tradição sagrada (*sunnah* ou *suna*) 405
   c) A opinião concordante da comunidade (*ijma*) 407
   d) A interpretação analógica (*qiyas*) 407
   e) As fontes não-canônicas............................... 408
3. As quatro Escolas sunitas 410
4. Rigidez e flexibilidade no direito islâmico........ 412
5. A família no direito islâmico 413
6. As várias formas de propriedade 418

7. A gênese não-divina do direito comercial islâmico 421
   a) Os usos comerciais 422
   b) As ficções jurídicas ("hiyal") 424
8. O direito público 425
   a) Religião e fisco 428
   b) A influência bizantina sobre a estrutura judiciária: o cádi 429
9. O direito penal islâmico 431
10. A inserção do direito europeu no direito islâmico 437
11. A abolição do direito islâmico em alguns Estados. 441
12. Do primeiro reformismo ao "revivalismo" islâmico 443
    a) Até 1960: a caminho da ocidentalização do Islã 444
    b) Depois de 1960: um repentino retorno ao Islã e ao seu direito 445
    c) Breve história do reformismo islâmico 446
13. O futuro do direito islâmico como retorno ao antigo 448
    a) A caminho de um sistema bancário islâmico. 449
    b) A repressão das relações sexuais ilícitas ("zina") no Paquistão 452
    c) Estado e tribos no Afeganistão 455

Itinerário bibliográfico 458

CAPÍTULO VIII O direito indiano 469

1. A Índia, amálgama de sistemas jurídicos 469
2. A relevância jurídica das castas 469
3. O direito clássico da Índia 471
4. As fontes do direito bramânico 472
5. A evolução da estrutura judiciária indiana 475
6. A consolidação do direito bramânico nos "Nibandha" 477
7. O direito islâmico ao lado do bramânico 477

8. O Common Law ao lado do direito indo-islâmico 479
   a) A Companhia das Índias Orientais 479
   b) A Coroa britânica............................ 481
   c) A Índia independente 486
9. A polêmica sobre a codificação do direito indiano 488

Itinerário bibliográfico 492

CAPÍTULO IX **Os direitos da Ásia Oriental** 497

1. A expansão ocidental na Ásia Oriental 497
2. Os direitos tradicionais na China e no Japão ... 500
   a) O direito clássico chinês.................... 500
   b) O direito clássico japonês 501
3. A ocidentalização do direito japonês 505
4. Uma periodização do direito japonês moderno. 507
5. A ocidentalização do direito chinês............... 510
6. Uma periodização do direito chinês moderno 511

Itinerário bibliográfico............................ 524
   China, 524 – Japão, 528 – Coréia, 532

CAPÍTULO X **Dos direitos positivos às teorias do direito**...................... 543

1. Os dois níveis de abstração jurídica................. 543
2. O primeiro nível de abstração......................... 544
   a) A comparação sincrônica (ou direito comparado) 544
   b) A comparação diacrônica (ou história do direito) 546
3. O segundo nível de abstração...................... 547
   a) A filosofia do direito na Europa continental 547
   b) A "Jurisprudence" anglo-americana 548
4. Algumas definições de direito 553
   a) A teoria da imperatividade..................... 554
   b) A teoria da socialidade 554
   c) A teoria da finalidade 555

  d) A teoria da soberania..................................... 556
  e) A teoria da sanção 557
 5. Teorias funcionais e estruturais do direito........ 559
  a) Pesquisas sobre a estrutura do direito vigente . 560
  b) Pesquisas sobre a função do direito vigente. 561
  c) Pesquisas sobre a estrutura do direito vivo .. 561
  d) Pesquisas sobre a função do direito vivo...... 561
 Itinerário bibliográfico 562

Cronologia 565
Índice analítico 579
Índice de nomes 667
Índice dos mapas, figuras e tabelas 677

PREFÁCIO DO AUTOR À TRADUÇÃO BRASILEIRA
O direito sul-americano e os grandes sistemas jurídicos: a contribuição de Clóvis Bevilaqua

O presente volume põe à disposição do leitor brasileiro, com algumas atualizações, a terceira edição italiana de uma síntese dos grandes sistemas mundiais do direito. Sua primeira edição data de 1978[1] e foi traduzida em português em 1979[2] e em espanhol em 1981[3]. Hoje, aquela primeira tradução em português não somente está esgotada, como incompleta em relação às duas edições italianas posteriores de 1988[4] e de 2000[5].

Dois elementos diferenciam esta obra dos tratados de direito comparado: o método da pesquisa, que não é o dos comparatistas clássicos, e o amplo espaço dedicado aos sistemas jurídicos sul-americanos, sempre negligenciados na comparação entre os grandes sistemas ou as grandes famílias jurídicas.

---

1. *I grandi sistemi giuridici. Introduzione ai diritti europei ed extraeuropei*, Turim, Einaudi, 1978, XXII-361 pp.
2. *Os grandes sistemas jurídicos*. Trad. de Ana Falcão Bastos e Luís Leitão, Lisboa/São Paulo, Editorial Presença/Martins Fontes, 1979, 307 pp.
3. *Los grandes sistemas jurídicos. Introducción al derecho europeo y extranjero*. Trad. Alfonso Ruiz Miguel, Madrid, Editorial Debate, 1981, 405 pp.
4. *I grandi sistemi giuridici. Introduzione ai diritti europei ed extraeuropei*, nova ed. ampl., Einaudi, Turim, 1988, XXIX-370 pp.
5. *I grandi sistemi giuridici. Introduzione ai diritti europei ed extraeuropei*, 3.ª ed. ampl., Roma/Bari, Laterza, 2000, XIX-550 pp.

1. Uma análise argentina sobre o método e o conteúdo dos Grandes sistemas jurídicos

Sobre o método que segui ao confrontar os principais sistemas jurídicos mundiais, cito alguns trechos da atenta análise do meu volume, publicada pelo jurista argentino Norberto C. Dagrossa[6]. Ele não somente compara as três edições italianas dos *Grandes sistemas jurídicos*, mas parte efetivamente dessa obra para analisar os principais escritos sobre a comparação global. Minha "introducción histórica global al derecho" torna-se para ele a ocasião de examinar uma impressionante quantidade de autores que estudaram o mesmo tema, com resultados ora semelhantes, ora divergentes dos meus. O ensaio de Dagrossa é, assim, uma aconselhável leitura complementar ao meu texto, embora aqui eu tenha de me limitar a citar apenas alguns dos trechos desse ensaio que melhor esclarecem o método que uso.

Invertendo a ordem da exposição do estudioso argentino, vamos partir de seu juízo sintético sobre o volume:

> Losano escreveu um livro de introdução ao direito fundamentado na determinação empírica dos sistemas jurídicos atuais, cujo conteúdo central é a descrição da evolução histórica e do estado atual de tais sistemas, e a exposição dos casos de recepção, imposição e estratificação de ordenamentos jurídicos; o primeiro e o último capítulo, por sua vez, têm um andamento teórico, necessário ao cumprimento das finalidades básicas do livro. Seus conteúdos históricos não devem ser avaliados por sua profundidade ou novidade. Seria não entender a finalidade essencial desse tipo de obra: proporcionar uma visão geral de processos de alcance mundial, a partir de um determinado conjunto de princípios. Nesse caso, uma aguda visão realista (a rigor, materialista) esquadrinha com estilo pujante a história do direito, articulando o estritamente jurídico em sua interação com outros

---

6. Norberto C. Dagrossa, Los veinticinco años de una introducción histórica global al derecho, *Revista de Historia del Derecho* (Buenos Aires), 2003, n. 31, pp. 427-48.

PREFÁCIO DO AUTOR À TRADUÇÃO BRASILEIRA XVII

aspectos das vicissitudes humanas. A justificação desse tipo de método, além de sua inegável utilidade propedêutica, reside, assim, na necessária superação do ponto de vista local, condensando os resultados do trabalho monográfico numa exposição global, organizada em torno de um adequado eixo conceitual.

O ponto de partida que o jurista argentino esclarece é a noção de direito.

Dado que *Os grandes sistemas* são uma introdução ao direito, convém explorar o conceito que Losano tem do direito. O ponto é esclarecido logo no início, no capítulo das noções preliminares: é um sistema que regula direta ou indiretamente modos não-violentos de transferência da propriedade, mediante a organização de um poder supra-individual capaz de impedir ou corrigir as transferências violentas da propriedade. O direito fica, assim, vinculado indissoluvelmente à economia ou, mais precisamente, às relações de produção existentes num tempo e espaço determinados; é um instrumento de gestão, subordinado à economia, e sua complexidade é diretamente proporcional à intensidade dos intercâmbios e ao nível das culturas. Quando a correspondência entre normas jurídicas e sistema produtivo decai, as normas envelhecidas caem em desuso, ou são substituídas por novas normas, emanadas pelo órgão competente. A adequação entre economia e direito não é imediata, o que acarreta um desajuste entre a realidade e o direito, cuja explicação não pode ser obtida a partir do exame do momento particular em que se verifica. Portanto, a análise do direito positivo em vigor integra-se com o estudo de sua história, que Losano trata não de maneira autônoma, mas sim unida ao exame dos direitos positivos em vigor. *Os grandes sistemas jurídicos* é, então (e não poderia deixar de sê-lo), uma introdução *histórica* ao direito.

Esse método realista permite fundamentar um dos conceitos essenciais da obra, ou seja, o fato de todos os ordenamentos jurídicos serem iguais: "Com efeito, a concepção do direito como instrumento de gestão econômica leva naturalmente ao fato de Losano sustentar a paridade dos direitos positivos: não existe um direito intrinsecamente melhor do que outro, mas apenas direitos, do ponto de vista histórico, mais ou menos aptos para regular determinadas relações de produção e de propriedade. A mesma noção fornece-lhe a chave para explicar os fenômenos de recepção, imposição e estratificação dos direitos, assim como o eurocentrismo imperante na ciência jurídica". Em conclusão, "Losano propõe a história dos sistemas jurídicos do mundo como caminho para se introduzir no âmbito do direito".

Dagrossa examina, a seguir, a visão da história do direito que permeia *Os grandes sistemas jurídicos*, definindo-a num denso confronto, sobretudo com as principais correntes teóricas do comparativismo, classificadas pelo barcelonês Jesús Lalinde Abadía como correntes estruturalistas, culturalistas, evolucionistas e fenomênicas: "O problema central é estabelecer o princípio (ou os princípios) para a determinação dos sistemas ou as etapas evolutivas." Para Dagrossa, "o catálogo dos sistemas de Losano assemelha-se muito mais ao quadro que René David (1906-1990) pensou no seu bem-sucedido livro *Les grands systèmes du droit contemporain*. [...] Mas sem dúvida o método de Losano é mais histórico do que o de David"[7].

Ao definir o método seguido em *Os grandes sistemas jurídicos*, Dagrossa lembra ainda os obstáculos que o jurista encontra ao escrever uma obra de fronteiras tão amplas:

> A orientação de Losano pode ser qualificada, nos termos de Lalinde, como universalista e estruturalista, vinculada a uma antiga corrente jus-historiográfica e, em particular, à sistemática comparatista. Não estamos, decerto, diante de uma história universal do direito, mas ante um panorama universal deste, no seu estado atual, mediante a exposição da evolução histórica das suas unidades estruturais. É necessariamente obra de síntese, como todas as de alcance tão

---

7. Trad. bras.: *Os grandes sistemas de direito contemporâneo*, São Paulo, Martins Fontes, 5.ª ed., 2004, 556 pp.

PREFÁCIO DO AUTOR À TRADUÇÃO BRASILEIRA XIX

vasto, que não pode obviamente ser fruto de uma investigação de primeira mão. Não perdem, por isso, valor científico, e menos ainda a de Losano, concebida e executada com finalidades confessadamente introdutórias. Até mesmo um empreendimento mais global e ambicioso como *Las culturas represivas de la Humanidad*, de Lalinde Abadía, se autodefine como "síntese das sínteses".

A história do direito, segundo Geoffrey Barraclough, não é a exposição da história de continentes das diversas culturas ou a síntese de fatos conhecidos, mas sim "a pesquisa pelos laços e pelas conexões, através das fronteiras políticas e culturais". "Já a partir de 1978 – observa Dagrossa – não parece ter sido outro o princípio seguido por Losano. A ruptura com o 'eurocentrismo jurídico' coloca o eixo da exposição na circulação dos modelos jurídicos (idéias e normas), evitando assim a objeção de Lalinde aos enfoques estruturalistas. Na verdade, Losano chega a considerar que seu livro é, 'aliás, uma história da globalização do direito', mas advertindo que 'é também uma pesquisa sobre as raízes do direito que estiveram ou estão em vigor nos vários continentes'. A maneira como são tratados os direitos extra-europeus mostra a veracidade dessa afirmação preliminar. Nela, examina-se concisamente o desenvolvimento dos ordenamentos locais e a posterior recepção (ou imposição) e conseqüente estratificação – conceito que parece tomar emprestado de Giuseppe Mazzarella – de direitos num âmbito espacial determinado. Sem ser, desde logo, o primeiro a perceber tais fenômenos, Losano veio proporcionar um relato inteligível e abrangente desses processos, apresentando-os no devir das correntes históricas gerais, das quais constituem uma faceta."

Enfim, Dagrossa sublinha que, "na edição de 2000, estuda-se o direito da América do Sul, outorgando-se considerável espaço (compreendendo também uma mini-história do direito espanhol até a independência da América), em relação a outras obras antes mencionadas. Assim, Lee dedica três páginas à adoção do direito romano na península Ibérica e uma rápida referência à codificação latino-americana. Wigmore amplia um pouco este último tema, porém em Seagle o direito hispânico parece não existir, exceto uma passageira alusão às *Partidas*. Gilissen julgou suficiente narrar em cinco linhas a difusão dos direitos da Espanha e de Portugal nas suas colônias e em três linhas (não completamente exatas) a adoção dos códigos napoleônicos, e David é igualmente parco. Tampouco Lalinde ou Margadant concedem grande espaço ao que é especificamente americano, ainda que neste caso a explicação possa estar na finalidade para a qual ambos os livros foram elaborados: Losano constitui, pois, uma exceção".

As razões que me induziram a dedicar um amplo espaço ao direito da América do Sul – oitenta páginas, na edição italiana – devem ser procuradas nos meus estudos brasilianistas. Já durante meu primeiro encontro com o Brasil, em 1974, Miguel Reale me direcionara para o estudo de Tobias Barreto, concluído por mim muitos anos depois com um amplo volume[8]. Naquele livro, a comparação estava presente no contraponto tipicamente barretiano entre teoria jurídica brasileira e teoria alemã, personificada sobretudo por Rudolf von Jhering (ao qual eu dedicara boa parte de meus estudos alemães e do qual traduzira em italiano *O fim do direito*).

É, todavia, a Clóvis Bevilaqua que devo a confirmação da minha idéia de dedicar à América do Sul uma parte autônoma do meu livro sobre os grandes sistemas. Clóvis introduziu o direito comparado nos estudos jurídicos brasileiros e essa sua contribuição, em geral pouco conhecida, merece uma reconstrução específica[9].

---

8. *Un giurista tropicale. Tobias Barreto fra Brasile reale e Germania ideale*, Roma/Bari, Laterza, 2000, pp. XII-322.

9. *Clóvis Bevilaqua entre comparação e filosofia do direito*, Anais do VII Congresso Brasileiro de Filosofia, João Pessoa, Governo do Estado/Tribunal de Justiça da Paraíba/Centro Universitário de João Pessoa, 2002, pp. 389-404.

2. Clóvis Bevilaqua e a comparação jurídica no século XIX

A comparação jurídica fora uma atividade constante dos juristas europeus do século XVI ao XVIII: o substrato romanístico comum e as inumeráveis variedades locais impunham um contínuo cotejo entre as várias legislações, para além dos limites estatais. Os Estados nacionais ainda não tinham sido formados e, sem nacionalismo, falava-se então de *nationes*, confrontando os direitos de uma Itália ou de uma Alemanha que não existiam enquanto Estados, ou estudando os direitos de uma Europa que não era uma entidade política. O advento do Estado nacional, da ideologia política do nacionalismo e do positivismo jurídico (que fazia do Estado nacional a fonte praticamente única do direito) reduziu cada vez mais o substrato jurídico comum a toda a Europa, cristalizando o direito em ordenamentos nacionais produzidos pelo poder estatal[10].

O estudo do direito comparado tornou-se, nesse contexto, uma atividade cada vez mais especializada de certos juristas, ainda mais indispensável em decorrência da revolução dos transportes e do comércio no século XIX. A comparação jurídica caminhava passo a passo com a mundialização e os modelos jurídicos passavam de um continente para outro. Os vários ordenamentos jurídicos foram dispostos em "sistemas" ou "famílias". A "legislação comparada" do século XIX foi substituída pelo "direito comparado". Menciona-se como símbolo dessa mudança de rota no direito comparado o primeiro congresso dos comparatistas, ocorrido em Paris em 1900, no qual se estabeleceram as bases também teóricas para a classificação dos "grandes sistemas jurídicos"[11].

---

10. Gino Gorla; Luigi Moccia, Profili di una storia del "diritto comparato" in Italia e nel "mondo comunicante", *Rivista di diritto civile*, XXXIII, n. 3, 1987, pp. 237-62; para a área do Common Law, cf. Walther Hug, The History of Comparative Law, *Harvard Law Review*, vol. XLV, n. 6, 1932, especialmente p. 1.028.

11. Marc Ancel, Le comparatiste devant les systèmes (ou "familles") de droit, em Herbert Bernstein (org.), *Festschrift für Konrad Zweigert zum siebzigsten Geburtstag*, Tübingen, Mohr, 1981, pp. 356 ss.

A contribuição de Clóvis Bevilaqua insere-se precisamente nessa fase de renovação dos estudos comparatistas, a partir da última década do século XIX. Bevilaqua levou a comparação jurídica às salas de aula brasileiras exatamente no momento em que a disciplina se afirmava e assumia uma nova forma na Europa e na América do Norte.

Ele atuava sob a intensa influência de duas fortes personalidades que dominaram a cena jurídica numa e noutra margem do Atlântico: Tobias Barreto, por um lado, que o aproximou do pensamento de Rudolf von Jhering[12], por outro, autor central no pensamento de Clóvis Bevilaqua[13]. O pensamento de Bevilaqua tinha, assim, sólidos fundamentos no positivismo[14] e no darwinismo, ainda que sua riqueza de perspectiva permitisse aproximá-lo, com razão, do multiforme culturalismo recifense[15].

Por esse motivo considero que a publicação do livro *Os grandes sistemas jurídicos* no Brasil seja o momento para trazer à tona um escrito de Clóvis Bevilaqua pouco mencionado, demonstrando-se, assim, que também no setor do di-

---

12. Sobre as relações entre Tobias e Jhering, remeto aos meus escritos: *Un giurista tropicale. Tobias Barreto fra Brasile reale e Germania ideale*, Roma/Bari, Laterza, 2000, pp. 111-34. E o nome de Tobias Barreto chegou até o grande Jhering, *Revista Brasileira de Filosofia*, XLI, n. 171, jul.-ago.-set. 1993, pp. 310-1; Tobias Barreto e a recepção de Jhering no Brasil, *Revista Brasileira de Filosofia*, XLI, n. 172, out.-dez. 1993, pp. 335-56 (Tobias Barreto e la recezione di Jhering nel Brasile, *Materiali per una storia della cultura giuridica*, XXIV, n. 2, dez. 1994, pp. 421-42; Tobias Barreto und die Rezeption Jherings in Brasilien, em Okko Behrends [org.], *Jherings Rechtsdenken. Theorie und Pragmatik im Dienste evolutionärer Rechtsethik*, Göttingen, Vandenhoeck & Ruprecht, 1996, pp. 77-96).

13. De Jhering, Clóvis Bevilaqua traduziu *A hospitalidade no passado* (Recife, 1891); escreveu o prefácio de *A luta pelo direito*, na tradução de José Tavares Basto (Porto, 1910), e também de *O espírito do direito romano*, na tradução de Rafael Benaoin (Rio de Janeiro, 1943).

14. Uma vasta e completa análise sobre as relações entre positivismo brasileiro e positivismo europeu e, em especial, italiano está em Marcela Varejão, *Il positivismo dall'Italia al Brasile. Giuristi, sociologia del diritto e legislazione (1822-1935)*, Milão, Giuffré, 2005, XI-465 pp.

15. O brasilianista alemão Wolf Paul adscreve-o efetivamente à "kulturalistische Schultradition von Recife" (Michael Stolleis [org.], *Juristen. Ein biographisches Lexikon*, Munique, Beck, 1995, p. 85).

reito comparado o autor brasileiro caminhava em sintonia com os estudos estrangeiros mais avançados. Desse modo ficará evidente uma das raízes dos estudos de direito comparado no Brasil. Sobre a vida de Clóvis Bevilaqua, considero suficiente a documentação contida na relevante biografia escrita por Sílvio Meira[16]. Contudo, não será possível indagar nem sobre o contexto jurídico que acompanhava a crescente mundialização em todos os campos, a partir da segunda metade do século XIX[17], nem sobre as razões que induziram a Faculdade de Recife a introduzir aquela disciplina, então inovadora.

3. O ocasional na obra comparatista de Clóvis Bevilaqua

O interesse comparatista de Clóvis Bevilaqua começou quase fortuitamente, quando no final do século XIX a Faculdade de Direito do Recife incluiu uma nova matéria no currículo: o direito privado comparado. Com essa inovação, a Faculdade recebia um movimento que se manifestava contemporaneamente nas principais universidades européias e norte-americanas. Até aquele momento, a comparação entre os direitos privados raras vezes havia sido ex-

---

16. Sílvio Meira, *Clóvis Bevilaqua. Sua vida. Sua obra*, Fortaleza, Edições da Universidade Federal do Ceará, 1990, 457 pp., com uma bibliografia de Clóvis Bevilaqua de 669 títulos (pp. 424-50). À atividade comparatista de Clóvis Bevilaqua estão dedicadas as pp. 345-58, que, porém, trazem algumas notícias extraídas do volume de 1896, citado anteriormente, do qual é reproduzido o índice completo.

17. Uma alusão à história da globalização encontra-se em Mario G. Losano, Der nationale Staat zwischen Regionalisierung und Globalisierung, em Jörg Huber (org.), *Darstellung: Korrespondenz*, Zurique/Viena/Nova York, Edition Voldemeer/Springer, 2000, pp. 187-213. Um breve panorama da afirmação do direito comparado no século XIX está em Losano, I grandi sistemi giuridici, *Revista Jurídica* (Faculdade de Direito, PUC, Campinas), XIII, 1997, pp. 37-63; tradução castelhana em Los grandes sistemas jurídicos, *Anuario de Filosofía Jurídica y Social* (Buenos Aires), n. 17, 1997, pp. 137-74; ora retomado em *Sistema e struttura nel diritto*, vol. 1: *Dalle origini alla Scuola storica*, 2.ª ed., Milão, Giuffrè, 2002, pp. 108-50.

posta de modo autônomo; aliás, ela com freqüência fora tratada indiretamente pelos internacionalistas, no âmbito do "direito internacional privado" ou (sobretudo nos Estados do Common Law) no dos "conflitos de direitos" (Conflict of Laws).

O ensino da nova matéria foi confiado a Clóvis Bevilaqua, que já se ocupara da nova disciplina em 1891[18]. A tarefa que o esperava era duplamente inovadora, seja por encaminhar os estudantes numa nova direção, seja porque em Recife nunca se ensinara direito internacional privado. A ausência do direito comparado e do direito internacional privado no currículo recifense explica algumas das peculiaridades da construção do livro de Clóvis Bevilaqua, de que nos ocuparemos dentro em pouco.

Em 1893, Clóvis Bevilaqua publicou um texto para os estudantes que cursavam a nova matéria. A primeira edição, apesar da humilde roupagem tipográfica, recebeu resenhas favoráveis[19]. A acolhida positiva levou Bevilaqua a publicar uma segunda edição revista do texto[20].

Este último manual de Clóvis Bevilaqua divide-se em 31 capítulos. Ainda que a obra não apresente outras subdivisões, os 13 primeiros capítulos podem ser considerados a parte geral e os outros 18, a parte especial. Na parte geral, o

---

18. Em Recife, em 1891, Clóvis Bevilaqua publicara efetivamente *Aplicação do método comparativo no estudo do direito*. Naquele mesmo ano, lecionou um curso de "legislação comparada", precursor do "direito comparado" (cf. supra, nota 2).

19. Clóvis Bevilaqua menciona os juízos de Eugenio de Barros, na sua *Memoria histórica* de 1893; de Araripe Jr., na *Semana* do Rio de Janeiro de 1894; de João Bandeira, na *Revista Brazileira* de 1895.

20. A primeira edição, intitulada *Resumo das lições de legislação comparada sobre o direito privado*, foi publicada em Recife, em 1893, como modesta apostila para os estudantes. A segunda edição é, por sua vez, um verdadeiro e próprio livro: Clóvis Bevilaqua, *Licções de legislação comparada*, Bahia, Ed. José Luiz da Fonseca Magalhães, 1897, 295 pp., ao qual se acrescentam 6 pp. n.n. com *Adições, Índice* e *Correcções*. Foram redigidas, porém, em 1896, como atesta a *Nota preliminar* datada "Recife, novembro de 1896". As citações reportadas no presente trabalho provêm desse volume, salvo diversa e explícita indicação. A grafia portuguesa de Clóvis Bevilaqua foi modernizada.

PREFÁCIO DO AUTOR À TRADUÇÃO BRASILEIRA XXV

direito internacional privado tem um peso relevante exatamente por suprir a ausência da matéria no Recife. Os quatro capítulos introdutórios e metodológicos são efetivamente seguidos por não menos do que nove capítulos de direito internacional privado. Estes últimos contêm uma classificação dos grandes sistemas jurídicos, à qual retornarei com mais vagar no item 5. Na vasta produção de Clóvis Bevilaqua, os dois caminhos, o do direito comparado e o do direito internacional privado – entrelaçados nesse volume –, estavam destinados a se cristalizar em publicações específicas[21]. Segue-se à parte geral uma parte especial que, partindo do direito vigente brasileiro, ocupa-se da comparação no âmbito do direito do autor, do direito de família, do direito das obrigações, do direito comercial e, enfim, da aplicação das sentenças dos tribunais estrangeiros.

O discurso sobre o direito comparado não visa somente oferecer modelos jurídicos ao legislador brasileiro. A atenção pelo direito internacional privado leva Clóvis Bevilaqua a incluir também o Judiciário como partícipe dos benefícios da comparação: também o juiz estaria obrigado a estudar a legislação estrangeira pensada como modelo pelo legislador. Além disso, deveria aplicá-la no âmbito do direito internacional privado. O direito positivo brasileiro prescrevia realmente que as lacunas do direito nacional podiam ser preenchidas com uma alusão direta ao direito romano e aos códigos das "nações modernas"[22].

Em decorrência de sua origem, o texto contém páginas didáticas destinadas aos estudantes, em que se observam

---

21. Por um lado, além das obras já mencionadas, Clóvis Bevilaqua publicou *O desenvolvimento do estudo da legislação comparada*, Recife, 1903; *As funções da legislação comparada*, Recife, 1906. Por outro, os seus *Princípios elementares de direito internacional privado* (publicados na Bahia, em 1906, e reimpressos mais recentemente: Rio de Janeiro, Editora Rio, 1978, 368 pp.) foram seguidos pelo ensaio Direito internacional privado, *Revista de Crítica Judiciária*, Rio de Janeiro, 1935.

22. Clóvis Bevilaqua cita a Ord. 864, a lei de 18 de agosto de 1769 e a lei de 28 de agosto de 1772 (p. 27, nota).

os conceitos jurídicos fundamentais (noções que poderiam, assim, ser incluídas na *juristische Enzyklopädie* ou numa *Introdução ao direito*); páginas documentárias, nas quais o autor elenca as fontes legislativas brasileiras e estrangeiras, sem todavia nelas poder deter-se com mais calma; e, enfim, páginas mais detalhadas, nas quais expõe sua concepção do direito, em geral, e do direito comparado, em particular. No presente prefácio, a atenção concentra-se sobretudo nas páginas de filosofia do direito, ou seja, na parte geral de sua obra, por dois motivos. Em primeiro lugar, essa parte geral reflete mais claramente as concepções filosóficas que inspiravam a visão do direito em Clóvis Bevilaqua; em segundo lugar, tal visão permite traçar um panorama das fontes estrangeiras de Bevilaqua, atestando sua vasta e minuciosa informação numa época em que os contatos com o exterior não eram imediatos. Embora haja referências precisas à literatura jurídica italiana e alemã, as obras originais e as traduções em francês são as mais citadas, visto que na metade do século XIX a cultura francesa era o modelo predominante entre os brasileiros.

4. Clóvis Bevilaqua, entre comparação e direito internacional privado

Ao definir a nova matéria, Bevilaqua sublinha que a comparação constitui uma "inversão na ordem das idéias" (p. 12), com relação às disciplinas tradicionais da faculdade de direito. Nessas disciplinas, o direito positivo é o objeto central, enquanto a comparação com os outros ordenamentos é marginal e episódica. Na recente disciplina, ao contrário, a comparação é o núcleo, "o sistema, a substância mesma do assunto" (p. 11), enquanto o direito privado estabelece uma "limitação" a um tema que, de outra forma, seria ilimitado. Tais palavras podem levar a pensar que sua docência do tema seria predominantemente metodológica; e, na verdade, os problemas de método afloram com freqüência em seu livro.

PREFÁCIO DO AUTOR À TRADUÇÃO BRASILEIRA XXVII

Entretanto, as fronteiras entre comparação e direito internacional privado logo se confundem. Depois de afirmar a autonomia metodológica da comparação jurídica, Clóvis Bevilaqua enfatiza o crescente valor prático que o direito internacional privado adquirira na Europa e na América do Norte, remetendo a uma lista de autores provenientes do direito internacional. Pode-se traçar uma fronteira entre as duas disciplinas, segundo Bevilaqua, confiando à comparação uma função propedêutica em relação ao direito internacional privado: o direito comparado organiza a matéria sobre a qual, num segundo momento, atuará o direito internacional privado[23].

Em algumas páginas didáticas, Clóvis Bevilaqua propõe aos estudantes as distinções fundamentais entre direito público e direito privado, direito substancial e direito formal, direito civil e direito comercial. A propósito das duas últimas matérias, ele lembra o quanto Teixeira de Freitas era favorável à unificação de ambas, remetendo sobre o assunto a um bom número de autores, exclusivamente italianos[24]. Enfim, ele distingue o estudo prático do estudo teórico do direito; porém, mais do que definir as características dos dois tipos de estudo, relembra dois personagens como modelos que encarnam essas duas tendências: Lobão, àquela altura esquecido[25], para os estudos puramente práticos, e Rudolf von Jhering, para os estudos teóricos. Determinado

---

23. "O direito internacional privado exige, como preparo, o confronto das leis dos países que a civilização pôs em contato cotidiano, para saber-se quando elas coincidem ou divergem. E em que cadeira pode ser mais regularmente organizado este preparo senão naquela que tem por alvo direto a comparação das leis privadas?" (p. 12).

24. A favor da fusão dos dois códigos, Bevilaqua cita Puglia, Cimbali, Tortori, Vivante, Castagnola, contra Vidari, Delogu, Cogliolo (p. 17, nota 1).

25. Trata-se talvez de Alexandre Pinto Lobão (1812-1889), advogado e magistrado sergipano, Conselheiro do Imperador e deputado na Assembléia Provincial. Uma biografia de Lobão está em *Galeria nacional. Vultos proeminentes da história brasileira*, Rio de Janeiro, Jornal do Brasil, 1931, 10 fascículos; também em *Índice biográfico de España, Portugal e Iberoamérica*, 3.ª ed., Munique, Saur, 2000, II, 515, 326.

assim o âmbito do direito privado, objeto da comparação, Clóvis Bevilaqua precisa responder à questão mais importante: como se faz a comparação? Em outros termos, qual método caracteriza a comparação?

Sua resposta alude ao positivismo – do qual ele estava impregnado, ou melhor, para usar as palavras de Meira, "intoxicado"[26] – e distingue no direito um aspecto objetivo e um subjetivo. O aspecto objetivo está ilustrado pelos estudos etnológicos e sociológicos, enquanto o subjetivo está ilustrado pelas teorias psicológicas do filósofo inglês Alexander Bain, que constituem, para Bevilaqua, o fundamento do caminho da comparação[27]. Segundo Bain, toda forma de consciência fundamenta-se no confronto entre cada um dos dados conhecidos: "As classificações naturais repousam todas na comparação geral dos órgãos e na predominância das características essenciais" (p. 20). O método comparativo já obtivera grandes resultados na antropologia, na etnologia e na psicologia experimental. No direito, Clóvis Bevilaqua distingue a comparação no tempo e no espaço. Para esta última, ele remete sobretudo a Hermann Post, embora mencione também os estudos de Johann Kaspar Bluntschli, Sumner Maine e Edward Burnett Tylor[28], cujos estudos ainda não haviam oferecido resultados "dos mais opulentos" (p. 21), não obstante sua fecundidade tivesse sido demonstrada, diz Bevilaqua, pelo "grande impulso que o

---

26. Sílvio Meira, *Clóvis Bevilaqua*, cit., Fortaleza, 1990, p. 125.

27. Alexander Bain foi um filósofo radicalmente empirista, que se fundamentava em Stuart Mill. A referência à sua *Lógica* (p. 14) remete aos dois volumes de *Logic, deductive and inductive*, de 1870. Algumas edições dessa obra que circularam no Brasil são em tradução francesa, sempre com tradução do original inglês de Jules Gabriel Compayré, e em dois volumes: pela editora G. Baillière de Paris, 1875, 1881 e 1894; pela editora Alcan, Paris, 1902, 1904 e 1908.

28. Enquanto fontes etno-antropológicas, Post e Maine são por demais conhecidos, sem que se precise falar sobre eles. Bluntschli é hoje recordado sobretudo como autor do código civil de Zurique de 1854, e também como juspublicista, mas Clóvis Bevilaqua utilizou provavelmente o seu *Das moderne Völkerrecht der zivilisierten Staaten als Rechtsbuch dargestellt*, de 1862. O antropólogo inglês Tylor estudou, entre outras coisas, as populações originárias do México.

estudo comparado das legislações tem tomado atualmente na Europa" (p. 21).

Clóvis Bevilaqua é favorável ainda a uma comparação também diacrônica e aceita a sugestão do francês Glasson de não se limitar ao estudo das diferenças entre direitos contemporâneos, procurando, ao invés, na história as origens das atuais diversidades[29]. Aqui, triunfa a terminologia positivista: o estudo das origens históricas do direito é designado como paleontologia do direito, à qual se seguem uma filogenia, uma ontogenia e uma cenogenia do direito (p. 22). Em resumo, as comparações no espaço e no tempo também são "uma aplicação do método experimental à jurisprudência", sem esquecer a dedução, importante para Bevilaqua, ainda que subordinada ao método experimental (p. 23). Enfim, o aspecto objetivo, com a sociologia e a etnologia do direito, seria designado como anatomia do direito, enquanto seu aspecto subjetivo, no âmbito da psicologia, seria a histologia comparada do direito.

A posição de Clóvis Bevilaqua contém evidentemente uma alusão explícita a Comte, sem contudo maiores ilusões sobre o grande caminho que ainda restava percorrer: "Os princípios fundamentais do direito resultam da combinação de dados psicológicos, etnológicos, antropológicos com os dessa ciência complexa das sociedades, que, desde Auguste Comte, tomou o nome de sociologia" (p. 24). O caminho a ser percorrido passa, então, por uma sociologia que se fundamenta numa etnologia comparada; depois, "a jurisprudência do futuro levantará suas construções sobre a sociologia geral assim constituída" (p. 24).

A visão positivista do mundo impede Bevilaqua de voar na direção da utopia da paz universal e da *civitas maxima* dirigida por um único direito cosmopolita. Para ele, os povos criadores continuarão a inovar e os povos imita-

---

29. Ernest Glasson, *Sur les rapports du droit français et du droit allemand*, prefácio à tradução feita por Fournier da obra de Friedrich Schulte, *Histoire du droit et des institutions de l'Allemagne*. Glasson oferece a Bevilaqua também as indicações para classificar as "famílias" do direito.

dores continuarão a imitar, modificando; assim, o direito não perderá jamais o seu "polimorfismo". Ao se contrapor às teorias universalistas de João Monteiro[30], Clóvis Bevilaqua ilustra suas argumentações sobre o direito internacional privado, cuja força reside em "nacionalizar o direito estrangeiro"[31].

5. Clóvis Bevilaqua, entre comparação e filosofia do direito

Para Clóvis Bevilaqua, a "jurisprudência histórica e comparada" que ele ilustra, ou seja, aquela de matriz positivista, "constituirá o alicerce mais largo da filosofia do direito" (p. 25). A parte geral da sua exposição é, efetivamente, uma filosofia do direito: mais exatamente, uma filosofia positivista do direito. Procedendo do geral para o particular, Clóvis Bevilaqua traça um quadro das leis sociais, no qual insere a evolução do direito em geral e, enfim, a do direito privado.

As diferenças e semelhanças entre os vários ordenamentos jurídicos derivam, de fato, da natureza humana: uma vez que essa natureza é única, encontram-se institutos jurídicos semelhantes também entre os povos que nunca tiveram contato entre si. É a "força específica do organismo social" de Ardigò (p. 25). Mas o "polifiletismo jurídico" gera também grandes divisões, sobre as quais Clóvis Bevilaqua também organiza a sua construção do direito comparado.

---

30. João Pereira Monteiro, *Universalização do direito, cosmópolis do direito e unidade do direito*, São Paulo, 1892 (edição encontrada: Duprat, São Paulo, 1906, 173 pp.)

31. Clóvis Bevilaqua menciona aqui John Westlake, bem como Francis Wharton, *A Treatise on Conflict of Law*, de 1881 (nota 2, p. 46). Do Catálogo da Faculdade de Direito do Largo de São Francisco, observa-se que as obras do internacionalista Westlake circularam bem no Brasil, em inglês e em francês. A propósito do tratado de Wharton mencionado por Bevilaqua, a obra consta no catálogo paulista como sendo de autoria de Francis Wharton; H. George Parmele, *Treatise on the Conflicts of Laws or Private International Law*, Rochester, The Lawyers' Co-Operat, 1905, 2 vols.

PREFÁCIO DO AUTOR À TRADUÇÃO BRASILEIRA XXXI

Inicialmente, ele se limita ao "mundo culto", que coincide com a civilização ocidental, independentemente do continente no qual se encontre ou para o qual seja transplantada. A breve descrição do direito hebraico e islâmico encontra uma justificação de direito positivo. De fato, o direito hebraico era aplicado também pelos tribunais da Alemanha e da Argélia francesa às relações de direito de família dos israelitas. Também o direito islâmico é apenas mencionado, por razões análogas, mas a atenção de Clóvis Bevilaqua se detém sobretudo na "Medgelê" otomana[32]. Sua opinião sobre esses dois sistemas jurídicos não é positiva: o direito hebraico parece-lhe marginal e arcaico, enquanto o islâmico pertence aos "sistemas jurídicos inferiores".

É provável que Clóvis Bevilaqua tenha aludido a esses ordenamentos jurídicos por três razões: primeiramente, porque as três religiões monoteístas "do livro" têm fortes ligações com o direito (e na Bíblia o direito hebraico compartilha a mesma fonte com o direito canônico); depois, pela tradicional vinculação entre os direitos ibéricos e o mundo israelita e islâmico; enfim, porque a literatura jurídica francesa está repleta de notícias sobre a modernização também jurídica do mundo colonial.

Ao direito semítico, Bevilaqua contrapõe o de origem ariana. Nesse procedimento, pode-se observar uma influência dos estudos de história lingüística da época, mas, sobretudo, da obra de Jhering sobre o direito dos indo-europeus (*Vorgeschichte der Indoeuropäer*), publicada postumamente em 1894, ou seja, dois anos antes da redação do primeiro volume de Bevilaqua sobre o direito comparado. Aceita a diferença de base entre o direito semítico e o direito ariano, Bevilaqua concentra-se neste último, indicando os vestígios dele nos direitos grego, romano e brasileiro.

---

32. Segundo um uso corrente, Clóvis Bevilaqua fala da "Medgelê" (em francês "Médjellé", em italiano "Megella", transcrição do turco "Megellé") como do "código civil otomano", ainda que o termo "código" possa induzir em erro. Retorna-se a esse termo no capítulo referente ao direito islâmico. Tratei anteriormente do tema em Mario G. Losano, *L'ammodernamento giuridico della Turchia (1839-1926)*, 2.ª ed., Milão, Unicopli, 1985, pp. 11-7.

A propagação dos modelos jurídicos ocorre segundo a *lei da imitação*, que Bevilaqua extrai da psicologia de Wundt[33]. Tal concepção da circulação dos modelos jurídicos vincula-se a uma teoria mais ampla sobre a natureza dos povos, divididos em povos criadores e povos imitadores. Aqui, Clóvis Bevilaqua relembra Tobias Barreto que, em sua atividade de mediador da cultura alemã, divulgara no Brasil as teorias de Klenke, aplicando-as à literatura comparada[34]. Não se sabe ao certo quem é "Klenke": pertence àquela fila de autores secundários no próprio país que, por razões não bem identificadas, desembarcaram com sucesso em terras estrangeiras. Barreto cita-o com entusiasmo, mas esse autor não consta entre aqueles ainda hoje conservados em sua biblioteca, na Faculdade de Direito da Universidade Federal de Pernambuco[35]. O próprio nome é incerto: o único autor coerente com a cronologia de Barreto parece ser o médico e polígrafo Hermann Klencke (1813-1881), autor de mais de 200 livros, entre romances, poesias, biografias (a sobre Alexander von Humboldt foi louvada pelo próprio biografado), escritos científicos ou divulgativos e, entre outras coisas, também um *Primeiras linhas de antropologia*, de

---

33. Wilhelm Wundt, *Éléments de psychologie physiologique*, Paris, Baillière, 1886, cap. XVIII, XXI e XXII. Clóvis Bevilaqua critica, ao invés (p. 34 e nota), a concepção de Gabriel Tarde (*Les lois de l'imitation. Étude sociologique*, Paris, Alcan, 1890, pp. 340-54), que subestima o momento da invenção, indispensável para que possa, depois, existir a imitação. De Clóvis Bevilaqua, sobre esse assunto, cf. também *As leis da imitação no domínio do direito*, Recife, 1892.

34. Barreto falara sobre Klenke numa conferência em 1886: Tobias Barreto, Traços de litteratura comparada: povos solares, *Jornal do Recife*, n. 151, 7 jul. 1887. O texto fora depois reproduzido por Sílvio Romero na sua edição dos *Estudos alemães*. Hoje o texto está em Tobias Barreto, *Crítica de literatura e arte. Edição comemorativa*, Rio de Janeiro/Brasília, Record/Instituto Nacional do Livro, 1990, pp. 133-95, com o título *Traços de literatura comparada do século XIX*. A referência a Klenke está no primeiro dos dez ensaios, pp. 134 s.

35. Tentei reconstruir o catálogo da biblioteca alemã de Tobias Barreto em pesquisa publicada em meu livro *Un giurista tropicale. Tobias Barreto fra Brasile reale e Germania ideale*, Roma/Bari, Laterza, 2000, em apêndice, *La biblioteca tedesca di Tobias Barreto a Recife*, pp. 251-65.

PREFÁCIO DO AUTOR À TRADUÇÃO BRASILEIRA XXXIII

1841[36], que poderia conter as asserções citadas por Barreto e retomadas por Bevilaqua. Porém, não consegui ver esse livro, nem Barreto cita o título da obra da qual extrai a classificação dos povos. Assim, a identificação dessa fonte de Tobias Barreto e de Clóvis Bevilaqua é um problema ainda em aberto.

Na classificação, os povos criadores seriam os solares, que representam o lado "diurno da humanidade"; os povos imitadores seriam os "planetários", que não resplandecem com luz própria e constituem assim o aspecto "noturno" da humanidade; entre os dois se situam os povos "crepusculares", que se encaminham para se tornar solares, ou decair na direção da noite. No direito, os povos solares são conservadores, tendem a inovar, imitando o próprio passado: seguem, então, a própria tradição, têm uma "idionomia". Os povos imitadores – que Clóvis Bevilaqua denomina "povos femininos"! – assimilam as leis estrangeiras e apresentam, assim, uma "alotrionomia" (p. 37).

Nesse afresco da Capela Sistina, Clóvis Bevilaqua não tem dificuldades para incluir entre os povos solares primeiro os romanos, que suscitam nos outros o desejo de imitação, mesmo após o desaparecimento do Império Romano. O direito romano é, assim, "um ponto obrigatório de referência no estudo da legislação comparada dos povos ocidentais" (p. 35), que deve ser acompanhado, mas em posição subordinada, pelo direito canônico: "É um astro de terceira ou quarta grandeza que se apagou no firmamento

---

36. Barreto escreve "Klenke" (nome que não se encontra em nenhuma bibliografia) e não indica nenhum prenome; porém, no século XIX, também a variação "Klencke" era de uso corrente. O título do volume em questão é *Grundriß der Anthropologie. Leitende Idee zu einer physiologischen Geschichte des Menschheitslebens. Als Leitfaden bei anthropologischen Vorlesungen und zugleich zum Gebrauch für Naturforscher, Philosophen, Aerzte und denkende Freunde der Wissenschaft*, Leipzig, Weber, 1841, XVI-176 pp. Sobre Klencke, cf. as microfichas do índice das biografias alemãs (Munique, Saur: I, 661, 58-61; 90-9; II, 715, 195 e 197). Esse Hermann (Philipp Friedrich) Klencke não deve ser confundido com um outro Hermann Klencke (1853-1904), também ele médico dedicado à filosofia.

jurídico" (p. 35). Entre os modernos, para Clóvis Bevilaqua, são "solares" os franceses, os alemães e os italianos, no direito privado; os ingleses e os norte-americanos, no direito público. "Em rigor – conclui –, um estudo da legislação comparada podia limitar-se a esses povos que podemos considerar os criadores" (p. 35). Todavia, é preciso levar em conta que quem imita muitas vezes inova e adapta de modo original: por isso, também os frutos dessa adaptação devem fazer parte do direito comparado.

A comparação jurídica deve seguir, então, o seguinte método: "Tomando por ponto de partida o direito de uma nação dada, deve-se remontar às suas fontes próximas e remotas, confrontá-lo com o dos povos mais cultos, com o daqueles que conseguiram dar certo desenvolvimento especial às instituições que nela já existem ou que convém serem assimiladas." Esse método comparado é adequado ao direito moderno, que "é uma combinação terciária – de elementos gerais ou universais, elementos nacionais ou próprios e elementos estrangeiros" (p. 37).

Aplicado ao direito brasileiro, o método comparado parte das normas gerais próprias do antigo direito ariano e, sobretudo, romano; a estas, faz acompanhar as normas de origem francesa no direito privado e (depois da Proclamação da República) as de origem norte-americana no direito público. Enfim, vêm as inovações propriamente brasileiras, sobretudo no direito penal e no direito constitucional.

Sobre as assimilações normativas do exterior, Clóvis Bevilaqua assume um posicionamento crítico em relação ao Brasil: as considerações ligadas à cultura de cada povo, afirma, devem induzir o legislador a imitar os institutos estrangeiros somente depois de uma atenta ponderação (p. 26). De fato, o Brasil, como todos os países de independência recente, está propenso a importar toda novidade, o que gera uma certa inconstância, tanto nas instituições, sujeitas a mudanças muito freqüentes, quanto na "consciência nacional" e "individual" (p. 33).

De uma teoria geral do direito de clara inspiração positivista, Bevilaqua passa ao exame do direito privado, cuja comparação constitui o objeto específico de sua pesquisa. O direito privado moderno é uma típica combinação "terciária" (contém elementos universais, nacionais e estrangeiros)[37]. Os elementos universais romanistas, assimilados através da legislação portuguesa, regulam sobretudo as pessoas e os bens, enquanto para o direito de família confluem normas de origem germânica, como a comunhão dos bens entre os cônjuges. A um detalhado exame dessas normas brasileiras (comparadas sobretudo com as européias) está dedicada a metade do volume já indicada como a parte especial. Em geral, a combinação dos três elementos ocorre de modo diferente em qualquer ordenamento, de forma que cada um apresente características próprias. A função do direito internacional privado, segundo Bevilaqua, consiste exatamente em conciliar as diferentes legislações, tornando-as compatíveis.

As razões dessa progressiva aproximação são "o estreitamento sempre crescente das relações internacionais", "o aumento cotidiano das migrações e do comércio externo" e, enfim, "essa nobre cortesia que timbram por manter entre si os povos de alta cultura". Clóvis Bevilaqua percebe corretamente a formação da mundialização típica de sua época (mencionada no item 1), enquanto tende a imaginar como duradoura, ou melhor, crescente, a "douceur de vivre" que caracterizava a Europa da *Belle Époque*. Escrevendo essas linhas, Bevilaqua não podia imaginar que menos de vinte anos depois a "nobre cortesia" viria a ser anulada pelo massacre da Primeira Guerra Mundial. Nem que o século XX, que estava na iminência de começar, seria marcado pela falência do direito internacional público como instrumento para a conservação da paz. Sua longa vida, terminada em 1944, viu-o como espectador desses trágicos eventos.

---

37. Também o direito público apresenta essa natureza "terciária", mas esta última é menos evidente que no direito privado, porque "as constituições [...] não se podem alterar tão facilmente quanto as leis comuns" (p. 44) e porque o direito internacional se presta pouco a ser regulado por um único Estado: é um direito "cosmopolita", "dirige-se aos povos e não a um povo" (p. 44).

6. Os grandes sistemas jurídicos segundo Clóvis Bevilaqua

Na parte geral de sua obra, Clóvis Bevilaqua traça uma classificação dos sistemas jurídicos, que compreende cinco capítulos (do VII ao XI), finalizados com um capítulo dedicado aos direitos hebraico e muçulmano, isto é, ao direito "semita", para ele radicalmente diferente do "ariano". Enfim, o capítulo sobre o *Estado atual do direito privado brasileiro* entremeia a parte geral, que com ele se conclui, e a parte especial, que compara institutos brasileiros específicos com os principais institutos estrangeiros correspondentes.

A partição de Clóvis Bevilaqua é original e não se encontra nas obras dos autores europeus, porque leva em conta a situação em que ficaram as ex-colônias ibéricas da América do Sul depois das respectivas independências.

"Como nas espécies e nas línguas, no direito se observa o elemento da luta que seleciona e revigora" (p. 69): essa afirmativa sintetiza a inserção de Clóvis Bevilaqua na corrente do positivismo e do darwinismo social[38]. Seu autor jurídico de referência é, portanto, o segundo Jhering. A teoria jurídica se funde com a história jurídica, na tentativa de reconstruir a evolução do direito, ou seja, a concatenação de ordenamentos que Clóvis Bevilaqua chama de "filiação jurídica" (p. 70).

Clóvis Bevilaqua não é eurocêntrico. Ele conhece muito bem a existência de várias famílias jurídicas, mas precisa ocupar-se apenas do direito ocidental, do qual traça a seguinte genealogia: o direito ocidental – "através da civilização feudal, romana e grega" – (vai) "prender-se por filiação ao direito rudimentar dos árias" (p. 70). O modelo dessa história jurídica é a lingüística do final do século XIX, que remontava às raízes indo-européias do latim e do grego.

---

38. Ver ainda o seu *Applicações do darwinismo ao direito*, publicado em Recife, em 1897.

PREFÁCIO DO AUTOR À TRADUÇÃO BRASILEIRA XXXVII

O direito ariano tomou sua forma definitiva com o direito romano que, enriquecido pelos costumes bárbaros, constituiu o tecido conjuntivo dos ordenamentos jurídicos sucessivos[39]. Ao direito canônico, Bevilaqua reconhece a função de ter contribuído para dar uma certa unidade ao excessivo pluralismo dos ordenamentos bárbaros, mesmo em grau inferior em relação ao direito romano.

A classificação dos grandes sistemas jurídicos proposta por Clóvis Bevilaqua tem raízes na obra sobre o matrimônio escrita por Glasson[40], advogado, professor e decano da faculdade parisiense e, entre outras coisas, também tradutor em 1887 do código de processo civil do Império Alemão. Na classificação rigorosamente eurocêntrica do francês, não se consideram os direitos extra-europeus. Os três grupos de Glasson correspondem efetivamente às áreas geopolíticas do Norte da Europa (e da América do Norte, enquanto ex-colônia norte-européia), da Europa Central e do Sul da Europa. Caberá a Clóvis Bevilaqua enriquecê-los com um quarto grupo, que leva em conta as especificidades da América do Sul. Desse modo, Clóvis Bevilaqua retira o direito comparado do âmbito eurocêntrico em que até então quase sempre se movia; infelizmente, porém, essa sua contribuição não se difundiu na Europa.

O primeiro grupo compreende os ordenamentos que quase não sofreram a influência romana e canônica, como os do Common Law, os escandinavos e a Rússia. Clóvis Bevilaqua está, contudo, atento aos novos mundos. No âmbito

---

39. Clóvis Bevilaqua coloca numa posição à parte o Common Law, "segregado em sua ilha", e se remete a Edward Burnett Tylor, *La civilisation primitive*, trad. Barbier, p. 575. Deve tratar-se de *La civilisation primitive. Traduit de l'anglais sur la deuxième édition par Pauline Brunet*, Paris, C. Reinwald, 1876-1878, 2 vols. Efetivamente, o segundo volume, nessa edição, foi traduzido por Edmond Barbier.

40. Ernest Glasson, *Le mariage civil et le divorce dans l'antiquité et dans les principaux pays de l'Europe. Étude de législation comparée précédée d'un aperçu sur le droit civil moderne*, 2.ª ed., Paris, Durand/Pedone-Lauriel, 1880, p. 6. Sobre sua vida e suas obras, cf. *Index biographique français*, 2.ª ed., Munique, Saur, 1998, I, 459, 364-367; II, 303, 63.

do Common Law, ele recorda a exceção da Louisiana, "cujo código civil se filia ao direito francês e ao espanhol" (p. 75), e também a Califórnia e a Geórgia que, mesmo possuindo um código civil, "mantêm ainda o direito privado em um estado dispersivo" (p. 86). Da Rússia, sublinha as peculiaridades eslavas, apenas tardiamente influenciadas pelas idéias francesas e alemãs[41].

O segundo grupo compreende os ordenamentos que se fundamentam no direito romano corrigido com elementos germânicos e canônicos: são os países latinos, de Portugal à Romênia. Da Itália, "pátria do direito romano e do canônico" (p. 76), recorda a influência germânica através do edito de Lotário. Do mesmo modo, na Espanha e em Portugal o direito de origem romanística se fundiu com o germânico e também com o islâmico. Essa mistura jurídica transferiu-se depois para as colônias sul-americanas e constitui, portanto, a pré-história do direito brasileiro, ponto de partida da comparação proposta por Clóvis Bevilaqua[42].

O terceiro grupo compreende os ordenamentos que contemplam em partes quase iguais o direito romano e o germânico, como França, Alemanha, Bélgica, Holanda e Suíça. É desse último grupo que provêm os códigos civis consolidados: o Código Napoleônico, de 1804 (que unificou os elementos romanísticos e germânicos que regiam, respectivamente, o sul e o norte da França), e o código civil alemão, que Clóvis Bevilaqua não pôde levar em conta porque em 1896, no momento de imprimir a segunda edição de suas aulas de direito comparado, aquele código fora aprovado, mas ainda não entrara em vigor. Assim, Bevilaqua possuía apenas o projeto desse código. Quando ministrou suas au-

---

41. Ao primeiro grupo, "em que predomina o elemento idionômico", é dedicado o capítulo VIII, pp. 81-7, que expõe em grandes linhas o direito privado de três áreas: 1. Rússia, Finlândia, Polônia, Estados bálticos, Transcaucásia; 2. Suécia, Noruega, Dinamarca; 3. Estados Unidos da América.

42. Ao segundo grupo, "em que predomina o elemento romano", é dedicado o capítulo IX, pp. 89-94, que expõe em linhas gerais o direito privado de Portugal, Espanha, Itália, Romênia e Grécia.

las no primeiro curso de direito comparado em Recife, na Alemanha ainda vigorava o direito romano[43].

À tripartição do autor francês Glasson, Bevilaqua acrescenta, então, um quarto ramo, que compreende o direito da América do Sul: supera-se assim o eurocentrismo do francês, mas resta ainda um sólido etnocentrismo, porque a exposição se limita ao âmbito da "civilização ocidental". Uma saída desse posicionamento é ilustrada pelo breve capítulo sobre os direitos hebraico e muçulmano já mencionados.

Segundo Bevilaqua, os direitos da América do Sul não podem ser inseridos numa das três categorias de Glasson "porque, provindo elas de fontes européias aparentadas proximamente entre si (direitos português e espanhol), modificaram diversamente esse elemento comum, por suas condições próprias, e pela assimilação dos elementos europeus de outra categoria, principalmente franceses" (pp. 73 s.). Efetivamente, o direito privado das ex-colônias em parte conservava o direito da metrópole, em parte o inovava com a adoção de normas inspiradas no Código Napoleônico: em relação às categorias de Glasson, o direito privado se apresentava, assim, como um híbrido entre o segundo e o terceiro grupo. Entretanto, ainda mais relevante para Bevilaqua era a ruptura com o modelo monárquico que tudo isso significava: os sul-americanos eram "países novos, essencialmente democráticos"; seu direito "apresenta ousadias fortes de quem não se arreceia do novo, e certas franquezas em que a liberdade espraia-se mais larga" (p. 74)[44].

---

43. Ao terceiro grupo, "em que o elemento idionômico e o elemento romano se contrabalançam", é dedicado o capítulo X, pp. 95-100, que expõe em grandes linhas o direito privado de quatro áreas: 1. França, Bélgica e Holanda; 2. Império Alemão; 3. Império Austro-Húngaro; 4. Suíça.

44. Ao quarto "grupo latino-americano" é dedicado o capítulo XI, pp. 101-5, que trata em linhas gerais dos códigos civis de Bolívia, Peru, Chile, Argentina, Uruguai, Venezuela e Colômbia, bem como do México, Haiti e de outros Estados da América do Sul e Central. Na p. 105, a nota 1 dedica poucas linhas a cada Estado: Colômbia, Equador, Honduras, Guatemala, El Salvador, enquanto o Paraguai tem apenas o nome mencionado. O Brasil não aparece

As palavras com as quais Clóvis Bevilaqua formula a nova categoria jurídica anunciam o nascimento da família dos direitos sul-americanos. Mas não se trata apenas de uma enunciação doutrinária: nela vibra também o orgulho de um mundo novo e de um Estado jovem, que não esquece suas raízes, mas permanece consciente da sua independência, também intelectual.

---

na síntese do capítulo porque, constituindo o termo de referência da atividade comparatista de Clóvis Bevilaqua, é tratado em capítulo próprio, o XIII, *Estado atual do direito privado brasileiro*, pp. 113-9.

INTRODUÇÃO À TERCEIRA EDIÇÃO ITALIANA

As línguas e os direitos foram os produtos culturais mais exportados da Europa nos tempos passados. Seguiam as rotas dos navios, as estradas das caravanas e, depois, os *fronts* das tropas coloniais entravam juntamente com as mercadorias européias nos países mais distantes e ali se misturavam aos produtos, às línguas e aos direitos locais, convivendo com eles ou eliminando-os. Como um furacão que começa com lentas espirais e termina com um redemoinho cada vez mais rápido, durante mais de dois milênios essas trocas tornaram-se cada vez mais amplas, intensas e velozes: a última fase desse longo processo, favorecida pelas revoluções da informática e dos transportes, ainda em curso, é hoje chamada "globalização". Este livro é, entre outras coisas, uma história da globalização do direito, mas é também uma pesquisa sobre as raízes dos direitos que estiveram ou estão em vigor nos vários continentes. Contém, portanto, muitos temas em pouco espaço: para entender como é construído – e, dessa forma, usá-lo com mais proveito –, convido o leitor a se deter um pouco nestas poucas páginas introdutórias.

Como ler este livro

Quem conclui a universidade leva consigo, ainda hoje, um amarelado mapa do direito transmitido por uma tradição secular. Esse mapa está correto em suas grandes linhas, mas é incompleto ao menos sob dois pontos de vista. Por um lado, ignora Colombo e Magalhães, uma vez que seu mundo jurídico está inteiramente encerrado apenas nos limites dos direitos europeus nascidos do tronco romano. Somente nas últimas décadas a supremacia econômica dos Estados Unidos obrigou os juristas continentais a cuidar também do Common Law (capítulo VI). Por outro lado, no ensino universitário cada setor do direito geralmente é mostrado não na sua evolução e concatenação, e sim de forma cristalizada, como o manual de instruções de uma certa máquina social. O velho mapa, para continuar com a metáfora, está subdividido em mapas setoriais, mas o atlas que daí deriva não contém um quadro para unir cada um dos esquemas. Contigüidades e descendências não são explícitas, mas devem ser descobertas.

Este livro dirige-se tanto a quem nunca ouviu falar de direito, mas deseja se aproximar dele, quanto a quem tem noções de direito, mas deseja integrá-las e coordená-las. O caráter elementar do trabalho revela-se nas definições puramente operativas dos termos jurídicos correntes, oferecidos nos primeiros parágrafos, e no constante esforço para examinar um assunto apenas depois de esclarecer os seus pressupostos. Assim, quem não possui noções de direito entra em contato com os principais problemas jurídicos, e a bibliografia ao final de cada capítulo lhe indica um primeiro itinerário para passar dessa exposição geral a trabalhos mais técnicos e aprofundados. Quem já possui alguma noção jurídica, por sua vez, deve encontrar nestas páginas a conjunção entre as várias noções específicas já adquiridas, ou melhor, a integração entre o que conhece sobre o direito europeu e informações sobre outros sistemas jurídicos, que se tornam cada vez mais próximos pela evolução dos transportes e pela interpenetração mundial das economias: ou seja, por aquela que hoje é moda chamar de "globalização", mas – como se verá no capítulo IX – já existe há pelo menos um século.

Diante de tais objetivos, o livro complementa os manuais em uso nas faculdades de direito. Ele traz o leitor até

INTRODUÇÃO À TERCEIRA EDIÇÃO ITALIANA XLIII

o limiar da matéria que é objeto de um manual de direito positivo, procurando explicar como historicamente cada disciplina se formou e como ela se une às outras. Todavia, o conteúdo do manual não pode ser reproduzido aqui em síntese. Por exemplo, o capítulo II é dedicado ao direito privado da Europa continental; os poucos itens sobre esse assunto ilimitado levam o leitor aos primórdios do código civil italiano, e aqui se detêm. Alguns, àquela altura, terão condições de enfrentar o estudo de um manual de direito civil ou comercial, levando em conta um panorama geral no qual poderão situar as noções específicas que irão aprendendo. Outros, por sua vez, talvez identifiquem algumas ligações entre as várias noções de direito positivo já adquiridas em outros lugares de forma isolada.

A descrição dos direitos positivos, tanto atuais quanto passados, é o melhor meio para atender às exigências de ambos os tipos de leitor. O direito positivo está próximo da vida cotidiana, e esta é compreensível mesmo para quem não tem noções de direito; quem, ao contrário, já conhece o direito reconhece em cada discurso filosófico sobre material jurídico uma generalização fundamentada num certo direito positivo.

Dada essa propensão do direito para a realidade, este escrito tem uma relação difícil com a filosofia do direito, porque esta se distanciou dos direitos positivos. Nas filosofias do direito que me circundam não vejo raciocínios que, por indução, remontem aos temas mais gerais, partindo das normas positivas, e sim um confronto entre discursos abstratos. O filósofo do direito não procura tanto teorias para explicar ou descrever os direitos positivos, mas, antes, ocupa-se em cotejar várias teorias entre si (será que essa específica filosofia do direito é coerente com todo o sistema do qual faz parte?), ou seja, procura analisar a correção metodológica com a qual uma certa filosofia do direito é construída (será que aquela filosofia do direito específica é coerente em todas as suas partes?).

Para voltar ao exemplo cartográfico com o qual iniciamos esta introdução, o filósofo do direito traça um mapa, não do direito, mas de um discurso sobre o direito; e confere esse mapa não com a realidade, mas com outros discursos. Ou seja, atua como o geógrafo de Saint-Exupéry: "Não é o geógrafo quem vai contar as cidades, os rios, as montanhas, os mares, os oceanos, os desertos. O geógrafo é muito importante para estar passeando. Nunca abandona sua escrivaninha. Mas recebe os exploradores, interroga-os, e anota seus relatos de viagem. E, quando algum lhe parece mais interessante, o geógrafo faz um inquérito sobre a moral do explorador."[1]

Do mesmo modo, o filósofo do direito não se ocupa da realidade jurídica, mas recebe informações sobre ela através de mediações doutrinárias. Efetuando generalizações ulteriores sobre essas mediações, ele chega a filosofias e a teorias do direito, que depois apresenta como válidas para todos os direitos positivos. Todavia, o direito positivo do qual essas filosofias extraem sua primeira origem indireta é unicamente o direito europeu. Ora, pode-se considerar verdadeiramente geral uma filosofia ou uma teoria do direito que não submeta as próprias asserções a um confronto com as realidades jurídicas extra-européias?

A estrutura do livro está condicionada por essa desconfiança em relação à teoria e por essa paixão pelos fatos. Quase todo o volume é constituído de informações sobre os direitos positivos passados e presentes, enquanto apenas a última parte mostra os vínculos entre direitos positivos e filosofias do direito, invertendo assim a ordem habitual dos tratados gerais de direito. De fato, essa propensão para o abstrato encontra-se também em autores materialistas, como o jurista soviético Ievguêni Pachukanis (1891-1937), que organiza sua obra de acordo com o seguinte princípio: "Devemos começar com a análise da forma jurídica mais abstrata e mais pura e, depois, por complicações sucessivas,

---

1. Antoine de Saint-Exupéry, *Le Petit Prince*, Paris, Gallimard, 1946, pp. 54 s.

chegar ao dado histórico"[2]. Aqui, em contrapartida, só o capítulo X é teórico; por seu caráter sintético, ele propõe uma chave de leitura das várias filosofias e teorias jurídicas, sem fazer uma exposição exaustiva.

O eixo da exposição é efetivamente o exame histórico dos direitos positivos, partindo dos europeus e seguindo depois, nos extra-europeus, o caminho que parte dos mais elementares e primitivos para chegar aos mais complexos e estratificados. Essa seqüência talvez exija um esclarecimento. A contínua referência a normas positivas, a comportamentos e a fatos confere à exposição um aspecto que pode parecer desordenado a quem busca no direito uma estrutura sistemática, ou seja, um discurso desprovido de contradições e de lacunas. Em vez disso, as páginas seguintes obedecem a uma ordem ditada não pela reflexão do filósofo, mas pela evolução histórica do direito. A matéria estrutura-se, assim, segundo uma ordem mais apropriada para proceder ao estudo dos direitos vigentes segundo uma visão mundial.

Uma visão não-eurocêntrica dos sistemas jurídicos

Como meus outros trabalhos, este também combate o etnocentrismo e, em especial, o eurocentrismo jurídico. Ele parte do princípio de que o direito europeu não é superior aos outros, mas apenas diferente. Se estudamos os vários sistemas jurídicos em igualdade de condições, porém, é preciso também levar em conta que existe um direito no qual vivemos e sobre o qual necessariamente sabemos mais. Conseqüentemente, toda a parte inicial da obra é dedicada aos direitos europeus e à sua gênese, porque é nesse direito que o leitor vive. O direito europeu será, então, seu termo natural de comparação com os outros direitos positivos, num clima de renovada igualdade; efetivamente, o respeito

---

2. Evgeny B. Pasukanis, *La théorie générale du droit et le marxisme*, Paris, Edi [1976], p. 60.

pelas raízes culturais alheias não obriga a renegar as próprias: "Embora o espaguete tenha sido inventado pelos chineses, seria absurdo que os italianos se pusessem a comê-lo com pauzinhos."[3]

A cultura européia está repleta de situações análogas. Na pintura, há algo de mais europeu do que as naturezas-mortas flamengas ou do que os impressionistas franceses? E, no entanto, entre as flores de Jan Bruegel de Velours (1568-1625) se entrevêem algumas extra-européias, em várias fases de floração. Bruegel pintava modelos reais e aquelas flores provinham dos jardins botânicos, onde se cultivavam plantas trazidas ao país pelos navegadores. (Naquela época, os estudos e os jardins botânicos conheceram uma nova floração, não apenas em sentido metafórico, e uma flor turca, a tulipa, começou a se difundir de modo tão capilar, a ponto de se tornar o símbolo da Holanda.) No século XIX, as padronagens japonesas levadas para a Exposição Internacional de Paris ofereceram aos pintores franceses novas idéias sobre o uso da cor e contribuíram, assim, para a formação da técnica pictórica dos impressionistas. Seria insensato negar o caráter europeu dessas pinturas; entretanto, não se pode compreendê-las plenamente ignorando as suas ascendências extra-européias.

Com o abandono do eurocentrismo, em suma, o leitor não é obrigado a se lamentar por não ser filho de um subdesenvolvimento qualquer, desde que extra-europeu.

A exposição parte, portanto, dos direitos europeus e anglo-saxônicos para chegar aos direitos americanos, africanos e asiáticos, levando em conta a crescente complexidade dos direitos positivos decorrente da estratificação de diferentes sistemas no mesmo território. Por exemplo, quando se examina o direito da Índia e a estratificação de outros sistemas jurídicos sobre ele (capítulo VIII), o novo tema da-

---

3. Michael Moerman, Western Culture and Thai Way of Life, *Asia*, I, 33, 1962, citado por Peter Duus, *Party Rivalry and Political Change in Taishō Japan*, Cambridge (Mass.), Harvard University Press, 1968, p. 2.

quele capítulo é apenas o direito indiano mais antigo, uma vez que os capítulos anteriores sobre o direito islâmico e sobre o direito inglês já forneceram as informações necessárias sobre os sistemas jurídicos estratificados sobre o núcleo indiano originário. Analogamente, no exame do direito islâmico (capítulo VII), podemos em parte remontar a considerações e a dados já expostos no capítulo sobre os direitos primitivos. O direito sul-americano (capítulo V) mostra, enfim, como o modelo europeu-continental se enxertou em contextos sociais e históricos completamente diferentes daqueles dos quais provinha, anulando, porém, quase inteiramente as culturas locais preexistentes.

As numerosas remissões internas permitem explicitar melhor esses laços e facilitar uma pesquisa por temas que atravesse os vários sistemas jurídicos. Tal pesquisa permite ver que, também no direito, não há nada de novo, mas apenas até certo ponto.

Outros modelos de organização dos grandes sistemas jurídicos

Sem dúvida, teria sido possível dar a este trabalho uma estrutura diferente e igualmente aceitável no plano científico, organizando-a segundo um critério mais tradicionalmente sistemático ou, de qualquer forma, de modo mais rígido. Hesitei muito sobre a possibilidade de despejar a massa de material aqui recolhido numa estrutura matricial, construída pela combinação dos dez elementos irredutíveis de todo direito, extraídos da obra de Giuseppe Mazzarella (1868-1958)[4], com os dezesseis sistemas jurídicos de rele-

---

4. Mario G. Losano, Dagli elementi irriduttibili d'ogni diritto al sistema giuridico universale, Prefácio a: *L'etnologia giuridica di Giuseppe Mazzarella (1868-1958)*. Antologia de escritos organizada por Carla Faralli e Alessandra Facchi, Milão, Unicopli, 1998, pp. VII-XV. A análise dos textos em sânscrito realizada por Mazzarella reflete-se em obras de sua autoria mais vastas e de leitura não fácil: os dois volumes de *Gli elementi irriduttibili dei sistemi giuridici* (Catania, Giannotta, 1918-1920) têm cerca de mil páginas, enquanto os *Studi di etnologia giuridica*, publicados entre 1903 e 1937, alcançam os dezesseis vo-

vância mundial, encontrados na obra de John Henry Wigmore (1863-1943). Giuseppe Mazzarella perguntou-se sobre os elementos que devem necessariamente estar presentes num ordenamento para poder defini-lo como ordenamento jurídico e – no decorrer de uma colossal análise do direito indiano arcaico, conduzida durante toda a sua longa existência – chegou a identificar dez elementos irredutíveis: as formas de agregação social, o matrimônio, o parentesco, a jurisdição doméstica, a propriedade, as obrigações, as sucessões, as instituições políticas, penais e processuais. A obra de John Wigmore, à qual retornarei mais adiante, expõe, um ao lado do outro, os direitos egípcio, mesopotâmico, hebraico, chinês, indiano, grego, romano, japonês, muçulmano, celta, eslavo, germânico, marítimo, eclesiástico, romanístico e anglo-saxônico.

Partindo desses dados, seria possível organizar uma tabela universal de dupla entrada, trazendo, no lado horizontal, os dez elementos irredutíveis do direito e, no vertical, os dezesseis ordenamentos jurídicos fundamentais. A cada interseção entre um ordenamento jurídico e um elemento irredutível estaria situado o estudo daquele elemento naquele ordenamento específico. A leitura horizontal forneceria o estudo global de cada ordenamento, enquanto a vertical ofereceria o estudo comparado do mesmo elemento irredutível. Desmontando essa matriz em livro e transformando cada interseção entre linhas e colunas num capítulo, essa dupla maneira de percorrer o material não deveria ser prejudicada.

Renunciei, porém, a essa estrutura sedutora porque nela se destroem os vínculos históricos em benefício da construção sistemática.

Outra organização possível do material jurídico contido nesta obra poderia ser a criação de capítulos dedica-

---

lumes. Uma formulação concisa dos resultados aos quais chegaram as pesquisas de Mazzarella encontra-se em La decomponibilità dei sistemi giuridici in elementi irriduttibili, *Annali del Seminario dell'Università di Catania*, 1950-1951, vol. V, pp. 84-99.

INTRODUÇÃO À TERCEIRA EDIÇÃO ITALIANA

dos às relações entre os grandes temas das ciências humanas e o direito, utilizando cada um dos sistemas jurídicos como exemplo específico para ilustrar um certo problema. Poder-se-ia partir das relações entre linguagem e direito, examinando o direito anglo-saxão que – com o idioma anglo-normando ilustrado no item 4 do capítulo VI – oferece o mais belo exemplo de apropriação do direito através da assimilação da linguagem jurídica. Logo depois, poder-se-ia analisar a relação entre escrita e direito, da qual os direitos primitivos e arcaicos ofereceriam uma exemplificação convincente. A relação entre economia e direito seria, por sua vez, ilustrada com o direito comercial mediterrâneo. O direito muçulmano seria, depois, o melhor exemplo para ilustrar as relações entre religião e direito vigente. Por fim, seria possível documentar a passagem dos direitos de uma sociedade para outra recorrendo-se aos sistemas indiano e japonês.

Mesmo tal estrutura pareceu-me insatisfatória, porque nela o centro da atenção não é mais o direito, e sim, caso a caso, a linguagem, a escrita, a economia ou a religião nas suas relações com a sociedade. O direito torna-se, dessa forma, um instrumento para ilustrar essas relações, e o discurso perde toda especificidade jurídica. De fato, pode-se extrair os exemplos para aqueles grandes temas não apenas dos códigos jurídicos, mas também de outros códigos de comportamento social: de um tratado sobre o jogo de xadrez, por exemplo, ou de um manual de culinária.

Meu interesse pelos fatos jurídicos e pelos homens que, no decorrer do tempo, criam, usam e se submetem ao direito levou-me a considerar que a rigorosa estrutura matricial ou a vasta exposição de grandes temas seriam livros diferentes, e não uma possível forma deste livro.

Embora eu tenha renunciado a utilizar esses modelos expositivos, o leitor pode tê-los em mente como modelos úteis para organizar as próprias noções jurídicas segundo parâmetros mais analíticos.

Quem estudou os grandes sistemas jurídicos

O confronto entre institutos jurídicos de ordenamentos diferentes é tarefa do direito comparado. Esse direito geralmente se ocupa de cotejar institutos específicos, quase sempre regulados pelo direito vigente: não é sua tarefa examinar a transformação histórica de cada um. Mesmo quando o estudo do direito comparado se estende à descrição dos grandes sistemas jurídicos, seu ponto de vista não é histórico. Ao contrário, a evolução histórica dos ordenamentos jurídicos é o objeto do presente livro: pode-se vê-lo, assim, como uma preparação histórica para os manuais de direito comparado, como a descrição do caminho que levou os direitos à sua forma atual.

A comparação jurídica é praticada desde que surgiram os ordenamentos jurídicos. A circulação de modelos jurídicos entre as cidades-Estado gregas atesta um início de comparação, que continua onde quer que dois sistemas jurídicos diferentes entrem em contato. Dessa forma, para citar apenas dois exemplos extremos, ao final do século XII, o rigoroso Ranulf de Glanvill expunha o direito inglês em formas romanísticas, enquanto em 1607 o fantasioso dominicano Gregorio García explicava que os indígenas das Américas descendiam dos hebreus e, por isso, entrevia no sistema jurídico indígena uma semelhança com o direito hebraico.

Além disso, uma obra pode ser declaradamente comparatista desde o início, como o clássico manual de René David sobre os grandes sistemas jurídicos, ou ainda passar a sê-lo no decorrer da própria evolução, como o manual de direito comercial de Levin Goldschmidt, de 1864, que em 1901 assumiu o título de *História universal do direito comercial*. A comparação pode nascer conscientemente como ensino do direito comparado, como ocorre nas obras de um dos principais comparatistas europeus, Rodolfo Sacco, ou surgir quase por acaso, como se deu com William Seagle, que, como será visto, escreveu um livro sobre os grandes sistemas jurídicos sob a influência do material coletado para a redação de uma enciclopédia jurídica.

INTRODUÇÃO À TERCEIRA EDIÇÃO ITALIANA LI

A comparação jurídica moderna desenvolveu-se depois junto com a expansão extra-européia das potências européias, mas tomou corpo e consistência no século XIX, quando o mundo foi unificado pela revolução dos transportes e pela expansão dos comércios (ou seja, por aquele início de "globalização" mencionado no capítulo IX). Naquele século, na esteira da filosofia hegeliana, surgiram os primeiros tratados universais dos direitos[5].

Certamente não há na literatura jurídica muitos outros modelos que possam servir de base, embora seu número tenha aumentado nos últimos anos. Pode-se fazer remontar a intensificação do interesse pela comparação com os direitos extra-europeus à descolonização, ou seja, à segunda metade do século XX. Hoje, pois, a coexistência de vários modelos jurídicos num mesmo território europeu deve-se a fenômenos migratórios que seguem um itinerário oposto ao dos séculos passados: na época, migrava-se da Europa para o resto do mundo, enquanto hoje a emigração do resto do mundo converge para os países industrializados. No plano jurídico, esses poderosos fluxos migratórios dão um forte impulso aos estudos sobre o "pluralismo jurídico". Além disso, sobretudo em virtude da globalização econômica, um número crescente de obras oferece uma comparação entre diversos sistemas jurídicos. O *Itinerário bibliográfico* do capítulo I traz um elenco parcial desses escritos.

Na primeira metade do século XX, a tentativa de escapar do âmbito etnocêntrico do direito foi realizada em duas obras, ambas de autores norte-americanos, que exerceram uma grande influência nessa minha visão do direito.

A mais recente das duas é *The Quest for Law*, de William Seagle, de 1941, publicada dez anos depois em alemão,

---

5. Uma descrição dos "sistemas jurídicos universais" de Eduard Gans (1797-1839), Rudolf von Jhering (1818-1892) e Josef Unger (1828-1913) encontra-se em Mario G. Losano, I grandi sistemi giuridici, *Revista Jurídica* (Faculdade de Direito, PUC, Campinas), XIII, 1997, pp. 37-63; Los grandes sistemas jurídicos, *Anuario de Filosofía Jurídica y Social* (Buenos Aires), 1997, n. 17, pp. 137-74.

com o sugestivo título de *Weltgeschichte des Rechts*, História universal do direito[6]. Seagle era profundamente ligado à cultura alemã: de fato, esperava-o a carreira de germanista, se o espírito antialemão difundido nos Estados Unidos após a Primeira Guerra Mundial não o tivesse obrigado a mudar de profissão e a estudar direito na Columbia Law School. Afastou-o da advocacia, porém, em 1928, o convite para se tornar redator da seção jurídica da *Encyclopaedia of the Social Sciences*. De 1928 a 1934, Seagle organizou a revisão dos artigos fornecidos por vários colaboradores e escreveu ele mesmo vinte e dois verbetes. Ambas as atividades levaram-no a passar em revista a ampla biblioteca da Columbia Law School, dedicando atenção especial às obras dos juristas alemães. Em 1934, a enciclopédia chegou à letra Z e Seagle, ao final do seu trabalho. Começou então a escrever aquela história universal do direito que viria à luz em 1941.

A estrutura da sua obra é profundamente diferente da apresentada no presente volume. Em Seagle, após uma primeira parte dedicada, segundo a tradição, aos conceitos gerais do direito, analisam-se os direitos primitivos e os arcaicos, aos quais se seguem duas amplas partes dedicadas sobretudo à comparação entre institutos europeus continentais e anglo-americanos; os direitos não-ocidentais, porém, não são tratados.

O ano de 1928 parece ser o ano mágico para o estudo universal dos direitos: enquanto Seagle aceitava a tarefa que o levaria à redação do livro, um importante jurista americano, John Henry Wigmore, publicava seus três volumes intitulados *A Panorama of the World's Legal Systems*[7]. Em Wigmore somam-se as qualidades de jurista acadêmico – foi decano da Northwestern Law School de Chica-

---

6. William Seagle, *The Quest for Law*, Nova York, Alfred A. Knopf, 1941. Da tradução alemã de 1951 pude ver uma edição especial, mas integral: *Weltgeschichte des Rechts. Eine Einführung in die Probleme und Erscheinungsformen des Rechts*, Munique, C. H. Beck, 1969, XVIII-601 pp.

7. John Henry Wigmore, *A Panorama of the World's Legal Systems*, 3 vols. com 500 ilustrações, Saint Paul (Minn.), West Publishing Company, 1928, 1.115 pp.

INTRODUÇÃO À TERCEIRA EDIÇÃO ITALIANA LIII

go – e a curiosidade do viajante incansável: aliás, ele foi um dos principais conselheiros jurídicos americanos no Japão (cf. IX, 3).

Seus três volumes têm como objeto os dezesseis principais sistemas jurídicos arcaicos e vigentes, elencados acima. Mais do que identificar os vários sistemas jurídicos, vale aqui a pena deter-se numa particularidade da obra, que influencia toda a exposição:

> Essa é talvez a primeira tentativa – escreve Wigmore – de aplicar ao direito comparado o método agora tão usado ao expor outros ramos do conhecimento: o recurso à imagem ("the pictorial method"). Quem pensaria que a árida história do direito poderia ser reavivada por imagens? O autor demonstrou que isso é possível (ao menos com satisfação própria) numa série de conferências com projeções de lanterna mágica [...]. Este livro procura dar forma duradoura àquele método, com a ajuda da página impressa.[8]

Tal estrutura gráfica condiciona a exposição, uma vez que cada sistema jurídico é ilustrado por dezenas de imagens dos edifícios nos quais se administra a justiça, das pessoas que exercem a profissão jurídica e dos documentos jurídicos típicos de um certo sistema. Uma descrição do sistema jurídico acompanha as imagens: todavia, ainda que o nível cultural de Wigmore impeça cada exposição de resvalar para o folclore jurídico, o texto vive em função das imagens. O próprio autor recomenda que se consulte um verdadeiro tratado dos sistemas jurídicos: "Com esses subsídios didáticos, a exposição procura oferecer uma impressão realista da vida jurídica daqueles povos. Pode-se, assim, tornar mais claro e atraente o subseqüente estudo livresco dos detalhes desses sistemas."[9]

A estrutura e a finalidade de meu livro são diferentes das propostas nas obras dos dois americanos. Entretanto,

---

8. Ibid., vol. I, p. XI.
9. Id., ibid.

se existe uma continuidade, é sobretudo com a exposição empírica de Wigmore. É uma continuidade talvez mais emotiva que científica: une-me a esse autor uma cumplicidade cósmica, nascida da intersecção de minhas pesquisas com suas pegadas e suas obras nos lugares mais disparatados, de Tóquio a New Haven. Ter retomado o trabalho de Wigmore me dá quase a certeza de que um dia alguém retomará a pluma para continuar a partir do ponto onde parei. No fundo, esse senso de continuidade do próprio trabalho, para além do tempo e do espaço, é a modesta e humana imortalidade do estudioso. E é também a única razão que o leva a enfrentar tarefas que sabe infinitas e infindáveis.

Duas palavras sobre a terceira edição italiana

Em 1978, este livro foi o fruto talvez feliz de uma época certamente infeliz da universidade italiana. Escrevi-o também na esperança de que servisse para formar uma mínima base comum de conhecimento para os estudantes do meu curso de teoria geral do direito, provenientes das mais heterogêneas escolas secundárias. A obra alcançou esse objetivo e, além disso, estimulou algumas teses e seminários que aprofundavam temas específicos. Nesse meio tempo, os melhores desses trabalhos foram publicados[10].

---

10. Alessandra Facchi, *L'evoluzione del diritto fondiario algerino (1830-1936)*, Milão, Unicopli, 1987, 162 pp.; Carla Faralli; Alessandra Facchi (orgs.), *L'etnologia giuridica di Giuseppe Mazzarella*, Milão, Unicopli, 1998, XVI-94 pp.; Mario G. Losano, *Diritto economico giapponese. Con un'appendice sul diritto coreano*, 2.ª ed., Milão, Unicopli, 1985, 138 pp.; id., *L'ammodernamento giuridico della Turchia (1839-1926)*, 2.ª ed., Milão, Unicopli, 1984, 155 pp.; id. (org.), *Hermann Roesler: Berichte aus Japan*, Milão, Unicopli, 1984, XXVII-398 pp.; Riccardo Motta, *Teorie del diritto primitivo: un'introduzione all'antropologia giuridica*, Milão, Unicopli, 1986, 211 pp.; Marina Rossi, *Matrimonio e divorzio nel diritto abissino. Stratificazione di diritti ed evoluzione dell'istituto*, 2.ª ed., Milão, Unicopli, 1982, 152 pp.; id., *Per una storia del diritto australiano*, Milão, Unicopli, 1990, 108 pp.; Marzia Rosti, *L'evoluzione giuridica nell'Argentina indipendente 1810-1950*, Milão, Unicopli, 1994, pp. XVI-188; id., *Come la Spagna perse l'America*, Milão, Unicopli, 1996, 215 pp.; id., *Modelli giuridici dell'Argentina indipendente 1810-1910*, Milão,

INTRODUÇÃO À TERCEIRA EDIÇÃO ITALIANA

Um certo interesse suscitado também no exterior[11], somado ao fato de o livro, não obstante suas deficiências, ter oferecido um ponto de partida comum aos estudantes e a alguns estudiosos, corroborou minha convicção de não intervir na estrutura principal do livro, nem na segunda edição ampliada de 1988, nem na atual. Contudo, em ambas as vezes o texto foi submetido a uma profunda revisão: não apenas cada página, mas quase cada linha do texto foi corrigida e, espero, melhorada. Sobretudo, foram amplamente atualizados os capítulos sobre o direito russo (o IV) e sobre o direito islâmico (o VII), acrescentando-se *ex novo* o capítulo sobre o direito da América do Sul (o V).

Os *Itinerários bibliográficos* que concluem cada um dos capítulos foram atualizados e enriquecidos com indicações extraídas de pesquisas específicas, da análise de catálogos e da consulta a várias bibliotecas. Dada a amplitude do objeto deste volume, a escolha dos títulos é inevitavelmente arbitrária, o que me leva a considerar essas bibliografias quase um fragmento de autobiografia cultural.

As bibliografias impressas estão hoje em parte superadas pela progressiva conexão na Internet dos catálogos das principais bibliotecas italianas e estrangeiras. A consulta desses catálogos nem sempre é fácil, mas os bibliotecários costumam oferecer uma boa ajuda a quem se dedica a esse tipo de pesquisa informático-bibliográfica. Esta última fornece um elenco de títulos sempre atualizado no momento da consulta ao banco de dados, e não consolidado no momento da publicação da bibliografia impressa. Consultando várias bibliotecas, pode-se também obter um elenco biblio-

---

Giuffrè, 1999, XXVII-306 pp.; Paola Barba, *La legislazione per la scienza e per la tecnologia nella Repubblica Popolare Cinese*, Milão, Unicopli, 2001, 152 pp. Andrea Tenneriello, *La legislazione per la scienza e per la tecnologia nel Giappone moderno*, Milão, Unicopli, 2001, 281 pp.; Elia Ponti, *La recezione del diritto privato occidentale in Cina fra il 1840 ed il 1949*, Milão, Unicopli, 2006, 224 pp.

11. A primeira edição foi traduzida em português por Ana Falcão Bastos e Luís Leitão (Lisboa, Editorial Presença, 1979, 307 pp.) e em espanhol por Alfonso Ruiz Miguel (Madrid, Editorial Debate, 1981, 405 pp.).

gráfico mais rico do que o impresso, uma vez que tal elenco informatizado não se restringe aos limites impostos pelo papel impresso, valendo-se da memória de grandes computadores.

No entanto, a bibliografia impressa dos *Itinerários bibliográficos* continua a ser o instrumento mais prático para um aprofundamento sucessivo à leitura do livro: por um lado, ela oferece textos já selecionados e, por outro, indica temas que – reformulados em palavras-chave – permitem uma pesquisa específica nos bancos de dados bibliográficos. Devido às dimensões que esses bancos atingem, de fato, um primeiro problema não é a falta, mas o excesso de respostas. Um segundo problema não é mais informático, mas biblioteconômico. Em razão da enorme produção bibliográfica, muitas vezes os títulos incluídos nos catálogos não se encontram presentes nas bibliotecas nas quais se trabalha: nesse caso, descobrir que existem 231 títulos inatingíveis sobre o tema escolhido não otimiza a pesquisa, só aumenta a frustração.

Em conclusão

A amplitude da matéria e sua contínua evolução impossibilitam uma obra definitiva sobre os grandes sistemas jurídicos do mundo, mas é possível fornecer um testemunho individual desses sistemas, destinado a se somar a outros passados e a suscitar mais alguns outros futuros. Individualidade e incompletude envolvem de igual modo (ainda que em medida diversa) tanto o leitor quanto os eventuais continuadores da obra. Não creio que seja possível uma leitura meramente passiva deste livro: adquirida uma informação, até o menos jurista dos leitores acabará se perguntando como inseri-la na arquitetura do próprio saber. Ao fazê-lo, talvez encontre incompatibilidades com alguns conhecimentos próprios preexistentes, ou insuficiências nas noções aqui fornecidas. É provável que precisa-

INTRODUÇÃO À TERCEIRA EDIÇÃO ITALIANA   LVII

mente esses problemas levem outro pesquisador a tentar mais uma vez dar um novo tratamento da matéria. Por isso dirijo, tanto ao leitor presente, quanto ao estudioso futuro, a dupla exortação que um arquiteto da Boêmia inscreveu na fachada de uma casa de Kutná Hora:

> *Si cuiquam domus haec non recte structa videtur,*
> *is sinat hanc nobis, corrigat ipse suam.*[12]

---

12. "Se alguém considerar esta casa não bem construída / que nos perdoe, e corrija a própria."

OS GRANDES
SISTEMAS JURÍDICOS

Capítulo I
Noções preliminares

1. Primeiras definições fundamentais

À pergunta "o que é o direito?" procura responder um milenar debate teórico, durante o qual cada vez mais perdeu-se o contato com a realidade cotidiana do direito. As páginas seguintes, em contrapartida, retornarão a esse mundo jurídico concreto e só depois de analisar vários direitos positivos vigentes aludirão às abstrações que nascem deles. Mas será apenas uma breve alusão: a exposição analítica das várias teorias do direito e da justiça efetivamente exige uma exposição mais ampla e autônoma que a proposta nestas páginas. Como elas têm por objeto os direitos positivos vigentes, é oportuno dar aos termos "direito", "positivo" e "em vigor" uma definição que facilite ao não-jurista a compreensão do que será dito.

a) Direito. O que entendo, numa primeira aproximação, por *direito?* Desde as sociedades pré-letradas às pós-industriais, os homens se movem no interior de sistemas de regras, cuja complexidade é diretamente proporcional à intensidade das transações e ao nível das culturas. Todo sistema de normas jurídicas regula, direta ou indiretamente, modos não-violentos de transferência da propriedade, mediante a organização de um poder supra-individual capaz de impedir ou corrigir as transferências violentas da propriedade. Desse modo, os conflitos sociais não são eliminados, mas apenas mantidos sob controle, impedindo que coloquem em risco as transações e, com isso, a própria sociedade. É essa a substância econômica das definições abstratas de direito, como, por exemplo, "o direito é a técnica da convivência social".

Quanto mais embrionária é uma economia e mais flexíveis são suas regras, mais embrionário e flexível é seu sistema jurídico, até chegar ao caso-limite em que se discute se existe ou não direito numa sociedade primitiva. Considerando uma certa sociedade no seu conjunto, discutir se nela existe ou não direito significa discutir se nela existe ou não um certo tipo de economia: a resposta dependerá da definição de direito e de economia que for aceita, como veremos melhor ao falar do costume.

Muitos estudiosos abordam o direito a partir desse ponto de vista, embora poucos sejam juristas. Limito-me aqui a citar dois exemplos extremos. Num esboço da *Riqueza das nações*, publicado postumamente, Adam Smith constata que "num país civilizado os pobres provêm para si mesmos e para o enorme luxo de seus senhores"[1]. O mecanismo para realizar a distribuição da riqueza é o direito:

> Numa sociedade de cem mil famílias, talvez haja cem que não trabalham de modo algum e, todavia, *ou com a violência ou com a mais regular opressão da lei*, absorvem uma quantidade de trabalho social superior à de dez mil famílias. E também a divisão daquilo que permanece, depois desse enorme desfalque, não ocorre de nenhum modo em proporção ao trabalho de cada indivíduo; ao contrário, dá-se menos a quem trabalha mais.[2]

A essência dessas considerações encontra-se, nos antípodas ideológicos de Adam Smith, na definição de direito

---

1. Adam Smith, *La ricchezza delle nazioni: abbozzo*, trad. de Valentino Parlato, Turim, Boringhieri, 1959, p. 18.
2. Ibid., p. 20 (grifo meu).

extraída do art. 590 do código penal soviético: "O direito é um sistema de relações sociais que serve aos interesses da classe dominante e, dessa forma, é sustentado por sua força organizada, o Estado."

Essa explicação do direito através da economia talvez não agrade a muitos. Apresento-a aqui, contudo, não como a única interpretação possível do fenômeno jurídico, mas apenas como a interpretação que considero menos incompleta, embora não certamente exaustiva e definitiva. Quem for avesso ao materialismo que considere essa explicação como uma proposta metodológica alternativa às outras e se pergunte se – para além dos termos que possam incomodá-lo ou perturbá-lo, como economia, classe, violência etc. – as explicações que deles se extraem são ou não convincentes.

b) Direito positivo. O que entendo, numa primeira aproximação, por *direitos positivos*? Cada comunidade possui um órgão individual ou colegiado ao qual reconhece a tarefa de estatuir normas jurídicas. Nos Estados modernos, por exemplo, o poder legislativo é atribuído aos parlamentos. Assim, o objeto de pesquisa serão *as normas jurídicas estatuídas (posita, diziam os romanos) por esses órgãos, ou seja, o direito assim como é hoje ou foi no passado, e não tanto como deveria ou poderia ser*. O direito desejável é objeto da filosofia e da política do direito; o direito positivo, ao contrário, é objeto da ciência jurídica nos seus níveis inferiores de abstração (cf. X, 2). Nesta exposição, damos mais destaque aos direitos positivos por serem o elemento relevante na vida de toda sociedade, enquanto as abstrações dos filósofos do direito ou os desejos dos políticos do direito só incidem na realidade quando traduzidos em normas jurídicas positivas. Essa afirmação, contudo, não deve levar a subestimar a filosofia e a política do direito. Todo direito positivo exprime uma certa filosofia do direito (às vezes inconscientemente) e é fruto de uma atividade política, na qual se procurou sobrepor um certo valor socioeconômico a alguns outros: a vitória final é sancionada pela consolidação daquele valor numa norma do direito positivo.

c) Direito positivo em vigor. O que entendo, numa primeira aproximação, por *direitos positivos em vigor* (ou *vigentes*)?[3] Se um direito positivo protege certas relações econômicas no interior de uma sociedade, sua existência será vinculada à persistência daqueles modos de produção: o desaparecimento destes últimos arrastará consigo também o sistema jurídico que os protege. Na realidade, porém, a interação entre economia e direito não é tão simples e mecânica: até 1975, por exemplo, o mesmo código civil de 1900 era aplicado tanto na República Federal Alemã quanto na República Democrática Alemã, ou seja, em dois Estados que tinham relações antitéticas de produção, mas uma secular cultura unitária; e, antes disso, aquele mesmo código regulara o Império Alemão e a Alemanha nazista. *Por direito positivo em vigor entendo, assim, o conjunto de normas jurídicas formalmente aprovadas e efetivamente aplicadas para regulamentar as relações econômicas numa certa sociedade.* Quando a correspondência entre normas jurídicas e sistema produtivo deixa de existir, as normas envelhecidas caem em desuso ou são substituídas por novas normas, proferidas pelo órgão competente. Como a adequação entre economia e direito não é imediata, às vezes há uma defasagem entre realidade e direito. É difícil explicar essa defasagem simplesmente a partir de um exame do momento em que ela ocorre; por isso, deve-se integrar a análise do direito positivo vigente com o estudo de sua história. Por esse motivo, esta última não é tratada separadamente aqui, mas é assimilada ao exame dos direitos positivos em vigor.

Os antecedentes históricos de cada instituto jurídico podem ser recuperados, quer examinando a história dos

---

3. O termo "direito vigente" é usado em sentido mais específico ao final do volume (cf. VIII, 2), na medida em que se contrapõe o direito formal em vigor (direito vigente) ao direito efetivamente em uso (direito vivo).

principais eventos jurídicos, quer ressaltando o aspecto jurídico dos principais eventos históricos.

Em certos casos, há uma coincidência cronológica entre os dois fenômenos: por exemplo, um dos aspectos da penetração européia na Ásia Oriental é a aceitação dos códigos de tipo europeu continental no Japão e na China (cf. IX, 1). Nos períodos em que a história transcorre mais lentamente, porém, a defasagem entre o evento histórico e seu reflexo jurídico pode ser de séculos. O exemplo mais claro talvez seja o início da época moderna na história geral e no direito. Nos séculos XV e XVI, as grandes descobertas geográficas assinalam o início oficialmente reconhecido da época moderna. O direito, porém, permanece às margens dos grandes eventos culturais daqueles séculos – o Renascimento e a Reforma Protestante –, pois continua a operar segundo os esquemas herdados do direito romano: efetivamente, este último, nas suas grandes linhas, ainda se mostrava capaz de regular a nova realidade econômica decorrente das grandes descobertas geográficas. O direito só mudará quando a tradição romanística passar por profundas inovações: nas relações de produção, as terras feudais tornam-se comunais; para poder exercer uma profissão não é mais obrigatório pertencer a uma corporação; a manufatura dá seus primeiros passos; no plano social, cessa a servidão da gleba e começa a emancipação dos judeus; no direito penal, desaparecem as formas mais cruéis da pena de morte e abandona-se progressivamente a tortura judiciária.

Essas medidas são características da legislação do Iluminismo, que se coloca então como ponto de contato entre o direito antigo e o direito moderno. Com o Iluminismo, começa a época moderna do direito: a interrupção da continuidade jurídica precedente é claramente expressa pela polêmica contra o direito romano, que caracterizou o debate do século XVIII e teve como efeito prático a substituição desse direito pelas novas codificações européias. Depois de Frederico, o Grande (1740-1786), a Prússia foi governada pelo Allgemeines Landrecht de 1794 e pelo código criminal de 1805; depois de José II (1741-1790), o Império Austro-Húngaro foi governado pelo novo direito penal de 1803 e pelo novo direito civil de 1811; enfim, depois da Revolução Francesa (1789-1795), a França conheceu a legislação napoleônica entre 1804 e 1810. Grande parte das idéias das quais nasceram os textos legislativos daquela época ainda vive nos direitos positivos hoje vigentes.

2. *Terminologia mínima*

Assim delimitado em grandes linhas o terreno no qual se move o volume, será oportuno fornecer algumas indicações terminológicas elementares, indispensáveis a quem não tem noções de direito.

Acabamos de dizer em que sentido se alude ao "direito", mas já se faz necessário um esclarecimento: "direito" é um vocábulo ambíguo, na medida em que pode indicar tanto o conjunto das normas de um ordenamento – o direito objetivo: aquele definido no item anterior –, quanto a pretensão individual a uma certa prestação. Nesse caso, fala-se de direito subjetivo.

Se surge uma contenda sobre um direito subjetivo, recorre-se ao tribunal. "Autor" é quem promove a ação judiciária, ao passo que a pessoa contra a qual o autor age é chamada "réu"*. O juízo conclui-se com uma sentença, à qual – na presença de certos pressupostos – pode-se interpor recurso a um juiz de grau superior. Em geral, estão previstos três níveis judiciários. Quando se chega ao último des-

---

* São aqui utilizados os termos "autor" e "réu" (que traduzem os termos em italiano "attore" e "convenuto") pela clássica contraposição que ambos permitem ilustrar. Embora o senso comum atribua a "réu" um vínculo mais imediato com a área criminal, seu sentido primeiro é aquele sujeito em face de quem é ajuizada uma ação cível ou penal. Conforme o tipo de processo, o réu pode ainda denominar-se "reclamado", "demandado", "parte requerida", "executado", "impetrado", "embargado" etc., assim como o autor pode ser o "reclamante", "demandante", "parte requerente", "exeqüente", "impetrante", "embargante" etc. (N. da T.)

ses níveis, a sentença é definitiva ("transita em julgado", diz-se, em termos técnicos) e começa a fase da execução: de fato, é preciso executar o que prescreve a sentença transitada em julgado. A sentença só tem valor para as partes em causa, ou seja, para o autor e para o réu.

Enquanto no direito inglês o juiz está vinculado às sentenças precedentes (cf. VI, 9), nos direitos codificados as sentenças têm um valor orientador, uma vez que formalmente o juiz está vinculado apenas à lei.

"Lei" é um termo que, nas páginas seguintes, será usado sempre em sentido técnico: designa a prescrição proferida pelo órgão competente (em geral, um Parlamento), segundo o procedimento estabelecido na Constituição.

O conceito de "lei" é correlato ao de "costume" (cf. VI, 2). Enquanto a lei só é lei por características formais, o costume é um dado de fato, isto é, um comportamento repetido segundo modalidades particulares. Lei e costume são fontes do direito, ou seja, fatos dos quais o indivíduo extrai as normas que o vinculam. Nas sociedades industriais a lei formal substituiu quase inteiramente o costume. Este último, porém, continua a ter importância nas sociedades arcaicas, pré-letradas ou em via de desenvolvimento (e, portanto, ainda não industriais), bem como no direito anglo-americano. Neste livro, que propõe uma exposição não-eurocêntrica do direito, o costume assume um peso muito maior do que em outras obras de direito positivo europeu. Todo o capítulo VI é dedicado ao costume, cuja relevância é ilustrada por extenso no item 1.

"Norma" é um termo genérico para indicar um preceito (não necessariamente jurídico). Uma das leis mais importantes é o código civil, que – dadas as suas dimensões – é subdividido em artigos para facilitar a consulta; os artigos, por sua vez, podem ser agrupados em parágrafos, seções, títulos, livros etc. Nenhuma dessas subdivisões físicas de um texto de lei coincide necessariamente com uma norma: esta última é o conjunto das disposições que regulamentam um certo setor jurídico (por exemplo: o instituto da propriedade, do usufruto, do furto, do imposto de renda, do referendo etc.) e podem encontrar-se esparsas até mesmo em várias leis. "Norma" é, assim, um termo genérico análogo a "comando", "preceito". Não é, todavia, sinônimo de "artigo de lei".

Uma das características do direito (em sentido objetivo) é a de prescrever penas caso não se mantenha o comportamento prescrito. Em termos ainda mais gerais, diz-se que toda norma é assistida por uma sanção. No entanto, seria errado afirmar que todo artigo de lei contém uma sanção: basta abrir o código para comprová-lo.

As normas jurídicas podem ter caráter substancial ou formal: as primeiras identificam os comportamentos prescritos; as segundas, as formas como se deve agir para que uma determinada ação seja juridicamente relevante. As normas formais típicas são as que regulamentam o processo: os ramos do direito que se ocupam dessas normas formais recebem o nome de direitos processuais ou procedimentos. Norma substancial é, por exemplo, aquele conjunto de disposições que identificam o delito de homicídio. Norma processual é aquela que prescreve a quais órgãos recorrer e quais comportamentos devem ser adotados para que seja aplicada a sanção contra quem cometeu aquele delito.

Estas poucas linhas devem facilitar a leitura das páginas seguintes. Alguns termos mais específicos estão explicados em nota, se marginais, ou então definidos no texto, se particularmente relevantes.

3. Direitos positivos e descrições sistemáticas

Para traçar um quadro dos principais direitos positivos vigentes, o tradicional método sistemático revela-se inadequado, por ter sido concebido em função de uma descrição idealista do direito. Partindo de uma idéia unificadora de "sistema" (por exemplo, o direito entendido como interesse individual juridicamente protegido), os manuais do século XIX tentavam englobar todos os institutos de uma certa parte do direito (por exemplo, direito penal etc.) numa única descrição, mesmo à custa de distorcer algum aspecto ou instituto jurídico que não se encaixasse nesse sistema. Efetivamente, só se considerava científica uma certa teoria sistemática se ela incluía todos os aspectos do direito: desse modo, sistematicidade, completude e cientificidade acabavam sendo três noções coincidentes. Essa exigência fundamentava-se na necessidade de organizar as normas fragmentárias herdadas do direito romano numa totalidade adequada à Revolução Industrial do século XIX. Mesmo considerando essa origem prática, as descrições sistemáticas abrangentes podem ser criticadas, com razão, porque nem todos os aspectos do direito são igualmente relevantes. É suficiente uma breve menção sobre isso: na conservação de um certo tipo de sociedade existem de fato normas que protegem o próprio fundamento de tal sociedade, garantindo, por exemplo, um certo tipo de relação de produção; o desaparecimento dessas normas provoca o desaparecimento da sociedade baseada naquelas relações de produção. Outras normas, ao contrário, são conseqüência dessa escolha de base (ou seja, a pressupõem) e regulamentam aspectos secundários da vida social; porém, deve-se entender "secundários" no sentido de "não-primários", mas nem por isso marginais. Uma norma do primeiro tipo pode ser a que, num Estado comunista, estabelece que a propriedade do solo não pode ser privada, a não ser dentro de certos limites. Normas do segundo tipo são aquelas que estabelecem concretamente a extensão da propriedade agrícola privada e das cabeças de gado que nela podem ser criadas, ou ainda as várias formas cooperativas aceitas para explorar o terreno do Estado. Um outro exemplo se encontra no debate sobre a natureza sancionatória do direito (cf. X, 4 *e*).

Se não se colocam todas as normas jurídicas no mesmo plano, o critério para avaliar a exposição doutrinária do direito também muda: será aceitável uma organização metodológica capaz de explicar satisfatoriamente a estrutura das relações jurídicas no interior das relações de produção num certo Estado, mas não certos aspectos secundários do seu direito processual; no entanto, será menos aceitável um sistema abrangente de tipo tradicional que consiga incluir cada instituto jurídico num certo esquema, mas, ao fazê-lo, se limite a descrever, sem fornecer explicações. A escolha da metodologia da exposição é um fato subjetivo: por considerar importante conhecer não só o "como", mas também o "porquê" dos vários institutos jurídicos, estas páginas se distanciam da tradição sistemática. Quando se falar em "sistema jurídico", portanto, não se compreenderá a reconstrução doutrinária supracitada, mas o conjunto de normas próprias de um certo ordenamento: por exemplo, o sistema jurídico anglo-americano ou islâmico.

Desse modo, ao descrever e avaliar os direitos positivos, procederei não por construções sistemáticas, mas por exposições problemáticas: caso a caso, procurarei estudar os temas que, com base na definição de direito dada anteriormente, considero mais relevantes para um certo ordenamento positivo. Também nisso uma certa subjetividade é inevitável.

A subjetividade dos temas tratados se acrescenta, assim, à subjetividade do método expositivo previamente escolhido. Nesse ponto, esta obra não se diferencia das tradicionais a não ser, talvez, por um fato: tem consciência da própria subjetividade e explicitamente chama a atenção do leitor para ela, precavendo-o ao mesmo tempo contra os estudos jurídicos que se apresentam como objetivos ou neutros.

4. Direitos positivos e descobertas científicas

No exame das conexões entre direito positivo e mundo real, ocupa posição predominante a relação entre direito e progresso científico, negligenciada pelas teorias idealistas. O direito positivo não é a encarnação de uma idéia eterna e metafísica: ele deve acertar contas cotidianamente com as ciências e a evolução destas, quer porque seu conteúdo é condicionado pelo estágio da evolução científica que caracteriza a cultura em que aquele direito se manifesta, quer porque a evolução científica condiciona a forma e a difusão do direito positivo.

a) O direito acata as noções científicas. Um exemplo do primeiro caso é fornecido pelo Tratado de Tordesilhas, com o qual, em 1494, o papa Alexandre VI conseguiu pôr fim aos conflitos entre Espanha e Portugal, então em plena expansão marítima (cf. cap. V, especialmente o item 4). Fundamentando-se na idéia de que a Terra era plana, o tratado estabeleceu que o Atlântico fosse cortado a 370 léguas a oeste de Cabo Verde por uma linha imaginária, perpendicular ao equador: a Espanha poderia expandir-se a oeste daquela linha; Portugal, a leste. Além da descoberta do Brasil em 1500 (devida a um aparente erro de rota de Pedro Álvares Cabral, que tentava circunavegar a África para se dirigir à Índia e obrigá-la a se abrir ao comércio), os portugueses fundam as bases da península de Malaca (ou península malaia) (1509), de Goa (1510), da Indonésia (1511), de Macau (1514) e, enfim, do Japão. Em 1521, porém, Magalhães conseguiu circunavegar a América do Sul e, por essa via, os espanhóis chegaram às Filipinas, sempre navegando a oeste da linha traçada pelo Tratado de Tordesilhas: ali encontraram os portugueses, que haviam chegado de modo igualmente legítimo, navegando sempre a leste da mesma linha. O atraso do direito em relação à evolução científica da época fez reiniciar o conflito luso-espanhol.

b) As descobertas científicas transformam o direito. Todavia, o direito não apenas sofre o progresso técnico, mas também faz uso dele: como relação intersubjetiva, está diretamente envolvido em cada inovação da técnica das comunicações. Já em 1857 Emerico Amari (1810-1871) retomava e atenuava a teoria de Romagnosi sobre a gênese da civilização e sobre a circulação do progresso. Para Amari, a civilização seria "dativa" e não "nativa":

A comunicação é o meio supremo de progresso recíproco, mesmo entre os que estão no mesmo grau de civilização. [...] A primeira vez que duas tribos selvagens realizaram uma troca entre si, um escambo, adquiriram uma idéia e uma faculdade que antes não possuíam, e por isso deram um passo, ainda que imperceptível, no caminho da civilização.[4]

A história do direito, e talvez toda a história da humanidade, é condicionada pelas três revoluções da escrita, da imprensa e da informática. Antes da escrita, o direito limitava-se aos costumes locais e estava ligado à memória do homem e a suas capacidades expositivas. Ainda hoje, por exemplo, quem visita o vale de Thingvellir, na Islândia, pode ver o Rochedo das Leis: durante as reuniões anuais daquele que provavelmente foi o primeiro parlamento da Europa e se reuniu naquele vale de 930 a 1798, os chefes das grandes famílias desenvolviam atividades legislativa e judiciária. Como a escrita era originariamente ignorada na Islândia, do Rochedo das Leis um orador (o *Gesetzessprecher*, "enunciador do direito", do direito germânico: cf. II, 4) recitava de memória partes das normas vigentes, de modo que as pessoas reunidas pudessem tomar conhecimento delas e conservá-las na lembrança.

A escrita resolve o problema da conservação das normas consuetudinárias, cuja formulação é, assim, estabelecida de uma vez por todas. Uma das mais impressionantes manifestações de uma codificação arcaica é a grande inscrição de Gortina, em Creta (final do século VI a.C.), que reproduz uma parte do código gortínio na gigantesca muralha do mercado, de modo que todos pudessem conhecê-lo. Uma vez que quase sempre se atribui origem divina aos textos assim estabelecidos (pense-se nas XII Tábuas), sacralidade e escrita introduzem no direito um elemento de definitividade, ausente quando ele era confiado unicamen-

---

4. Emerico Amari, *Critica di una scienza delle legislazioni comparate*, introdução de Vittorio Frosini, Palermo, Edizioni della Regione Siciliana, 1969, vol. II, pp. 138 s.

te à tradição oral. O binômio sacralidade/escrita está igualmente na base da mescla entre teologia e direito, típica também das origens do direito europeu (cf. II, 7).

A imprensa resolve o problema da difusão das normas escritas. Na teologia, a imprensa é a condição técnica para a Reforma Protestante: só é possível propugnar a livre interpretação das escrituras sagradas mediante sua difusão a um preço compatível com a renda média de uma certa época. Enquanto cada exemplar da Bíblia exigia rebanhos inteiros transformados em pergaminhos e o trabalho de toda a vida de um copista, a solução mais prática continuava a ser a interpretação centralizada e indiscutível. No direito, a imprensa é a condição técnica para a superação do direito consuetudinário e para sua substituição por normas específicas regulamentadoras de um número crescente de setores. Por um lado, na Europa, essas normas certas (ou seja, escritas) e difusas (ou seja, impressas) contribuem para tornar mais homogêneas as atividades econômicas e abrem caminho para o Estado nacional e suas codificações. Por outro lado, todavia, a ampliação da esfera de influência do Estado leva a uma legislação tão ampla, a ponto de se tornar impraticável. As normas positivas, certas e difusas, correm o risco de cair de novo na incerteza devido à impossibilidade de se encontrar a norma específica procurada. No entanto, o mesmo ordenamento jurídico, em que o cidadão não consegue mais encontrar a norma positiva que lhe serve, pressupõe que ele conheça todas as normas: *ignorantia legis non excusat*.

Assim como a tipografia substituíra o trabalho do copista, hoje o computador substitui algumas atividades intelectuais de análise e de síntese. Na segunda metade do século XX, o trabalho de encontrar as normas pertinentes no emaranhado da legislação vigente é facilitado pelo uso dos bancos de dados jurídicos. A essa altura, o depósito do saber jurídico não está mais apenas no *Diário Oficial* e nos outros documentos impressos, mas sim na memória do computador e dos suportes magnéticos ou ópticos. O saber jurídico é hoje distribuído por via telemática: há decênios o sistema do Supremo Tribunal de Recursos italiano – denominado *Italgiure* – é distribuído em todo o território italiano por uma rede que conecta mais de dois mil terminais. As coleções de normas sobre temas específicos são publicadas cada vez mais freqüentemente, não em forma impressa, mas em CD-ROM. Essa maneira de conhecer o direito influi também no modo de produzi-lo, ou seja, nas técnicas legislativas. Os sistemas inteligentes, enfim, poderão mudar radicalmente a atividade e a cultura do jurista.

A influência que essa terceira revolução no mundo da comunicação exerce sobre o direito é objeto de estudo de um novo ramo do direito: a informática jurídica.

5. A igualdade de condições entre os direitos positivos vigentes

Os juristas estudam sua matéria segundo uma perspectiva que, desde sempre, é eurocêntrica e etnocêntrica.

Fora da Europa, os europeus agiram como colonizadores, munidos da evolução científica que, a partir de Galileu, estabelecera sua superioridade econômica e militar perante as outras grandes civilizações. A cultura dos europeus difundia-se na esteira de seus navios mercantes e de guerra, testemunho concreto de uma indiscutível superioridade tecnológica. O direito europeu tinha que ser o melhor, porque se fundamentava naquela economia superior. Hoje isso já não é verdadeiro. O mundo multipolar e as comunicações rapidíssimas obrigam a levar em conta países outrora legendariamente distantes. Até o jurista deve deixar seus confortáveis chinelos eurocêntricos e calçar as incômodas botas de Marco Polo e de Cristóvão Colombo.

Fora da Europa, os europeus viram nas outras culturas não uma diversidade, e sim uma inferioridade. Por isso viram nos povos de cultura diferente povos inferiores, que deviam ser assimilados ou destruídos. O extermínio dos índios e dos peles-vermelhas, o tráfico de escravos, as guerras coloniais são as provas sangrentas do etnocentrismo europeu. A ocidentalização dos costumes e a modernização[5] econômica produziram também uma assimilação jurídica dos povos colonizados. Todavia, esta se revela hoje mais superficial do que se imaginava, como demonstra, por exemplo, o despertar islâmico (cf. VII, 12-13). A descolonização fez com que voltassem à tona direitos e usos reprimidos, mas não suprimidos, e a independência dos Estados extra-europeus põe esses direitos no mesmo plano que os europeus.

Os grandes sistemas jurídicos serão apresentados segundo uma visão horizontal, ou seja, descrevendo os direitos das sociedades européias, depois os das sociedades préletradas e, enfim, os das sociedades americanas e asiáticas, um ao lado do outro, assim como se apresentam na realidade. No entanto, pode-se organizar essas descrições também com uma leitura vertical, seguindo nas sociedades préletradas, asiáticas e européias (ou europeizadas) a transformação de normas jurídicas que regulamentam relações de produção cada vez mais evoluídas. A aceitação (mediante os intercâmbios comerciais) ou a imposição (mediante a violência colonial) dessas relações de produção comporta também, cedo ou tarde, a aceitação ou a imposição das correspondentes normas jurídicas: nos vários sistemas jurídicos será assim possível seguir as estratificações deixadas pela sucessão dos diversos sistemas econômicos.

O estudo dos direitos positivos a partir de um ponto de vista empírico contribui para remover o etnocentrismo não apenas na exegese de cada sistema jurídico, mas também na comparação entre institutos provenientes de sistemas jurídicos diferentes. É muito freqüente, por exemplo, negar o caráter jurídico a ordenamentos normativos de sociedades primitivas tão-somente por compará-los ao direito existente numa sociedade evoluída. Um critério mais concreto de avaliação consiste, ao contrário, em ver com quais regras uma certa estrutura social administra suas próprias relações

---

5. Na literatura italiana afirmou-se o termo "modernização", calcado no inglês "modernization".

econômicas e em constatar até que ponto tais regras desempenham as tarefas que aquela sociedade lhes impõe: só assim evitam-se transferências gratuitas de conceitos de uma cultura para outra, como se todas fossem homogêneas e como se uma fosse melhor que as outras.

O etnocentrismo jurídico nasce efetivamente com a imposição do modelo europeu de desenvolvimento econômico a países sustentados por economias pré-industriais: assim, era inevitável que se julgasse o direito local inadequado (ou seja, inferior) em relação àquele desenvolvimento econômico. Nas organizações pré-industriais, o direito europeu ampara-se no direito local, sobretudo para regulamentar um regime de trocas econômicas desconhecido na economia autóctone (cf. VI, 20).

Não existe, portanto, um direito positivo intrinsecamente melhor que outro: existem apenas direitos historicamente mais ou menos adequados para regulamentar certas relações de produção e de propriedade.

6. Constantes humanas e constantes jurídicas

Como a noção de propriedade é um aspecto de uma certa cultura, o direito limita-se a proteger a forma de propriedade típica de uma certa época histórica. Se algumas características são comuns e podem ser encontradas sempre e por toda a parte, isso se deve ao fato de propriedade e direito dependerem, em última análise, também da fisiologia humana. Sendo o ser humano um animal terrestre e onívoro, sua noção de propriedade é antes de tudo a de propriedade da terra, uma vez que – não obstante todos os progressos científicos – ainda não se descobriu um meio mais simples e econômico que a agricultura para transformar substâncias inorgânicas em substâncias orgânicas. Também para o direito, portanto, vale o mote de Ludwig Feuerbach: "O ser humano é aquilo que come." Se o ser humano fosse exclusivamente carnívoro ou se alimentasse filtrando água, como certos invertebrados marinhos, seu direito seria totalmente diferente do que é. Mesmo partindo desse dado comum, contudo, o direito se configura diferentemente, no tempo e no espaço, assim como a paisagem assume configurações diferentes sob a mão do homem: direitos e paisagens refletem um certo tipo de propriedade. E, vice-versa, um certo tipo de propriedade requer certas formas climáticas e ambientais.

Deixemos ao antropólogo a tarefa de distinguir entre certas atitudes animais, assimiláveis a formas embrionárias de propriedade, e a propriedade humana, além da classificação dos vários tipos de propriedade vinculados a culturas diversamente evoluídas. É suficiente observar aqui que a propriedade humana tem como objeto a fruição de bens mais ou menos raros, não apenas necessários à conservação da espécie, mas também úteis para ampliar o poder do indivíduo sobre a natureza ou sobre outros indivíduos. Assim como a natureza, nas sociedades primitivas, é concebida em termos animistas, as regras para a aquisição e a transferência da propriedade se entrelaçam com o mundo dos espíritos que permeiam a natureza, isto é, com o universo extra-sensorial da magia. O direito entra, assim, na sociedade humana mesclado ao tabu; à medida que as culturas se desenvolvem e se refinam, ele se une estreitamente às teologias e, quando o mundo religioso entra em crise, procura em si mesmo a sua razão de ser (positivismo jurídico), ou melhor, volta à realidade econômica, tomando consciência de que é um instrumento subordinado à gestão de tal realidade.

A visão sucessivamente mágica, teológica e laica do direito não deve ser interpretada, porém, como uma rigorosa delimitação de fronteiras, e sim como a identificação de uma linha evolutiva: porquanto possa ser claramente identificada, ela apresenta sempre zonas mais ou menos amplas de incerteza.

Em cada uma dessas fases, o direito é o conjunto das regras tanto sobre as transferências não-violentas de propriedade, quanto sobre a proteção contra essas transferências violentas. Nas sociedades evoluídas, pode-se dizer que o primeiro conjunto de regras diz respeito às relações entre indivíduos que atuam na esfera das transações, enquanto o segundo diz respeito às relações entre indivíduos e poderes supra-individuais, ou seja, entre diferentes poderes supra-individuais.

Introduz-se assim a distinção entre direito privado e direito público. No início, o direito é um comportamento consuetudinário de indivíduos, agrupados em entidades caracterizadas por vínculos de sangue ou de poder: a tribo, o clã, a família germânica, a *gens* latina. As controvérsias são primeiramente resolvidas no plano individual, com a lei do talião ou graças à autoridade do pai ou do chefe. Em formas sociais mais evoluídas, a organização estatal embrionária intervém nas relações entre indivíduos apenas para evitar que um comportamento ilícito gere uma corrente de retaliações capaz de comprometer todo o equilíbrio do grupo. Evitado esse perigo, a autoridade suprafamiliar se retira, deixando ao clã ou à família a precedente esfera de autonomia. Esse poder suprafamiliar – que na origem se exerce sobretudo em casos excepcionais, vinculados à guerra – atua numa esfera ainda não regida pelo direito, mas que está mais ligada ao sagrado. No direito islâmico, a separação entre os dois campos é tão nítida que as regras da atividade estatal não são consideradas parte do direito no sentido mais rigoroso do termo. Quando, porém, as relações de produção se complicam e ultrapassam os limites da família ou do clã, a garantia das transações é confiada cada vez mais à autoridade que ocupa posição superior. Como a história do homem é a história do seu domínio cada vez mais complexo sobre a natureza, pode-se ver a história do direito como uma progressiva erosão da esfera do direito privado em favor da esfera do direito público. Hoje, as duas esferas convivem e, em certos pontos, se sobrepõem: daí a dificuldade de identificar uma fronteira precisa entre elas.

A discussão sobre essa fronteira, na realidade, costuma ser apenas o reflexo jurídico de uma polêmica mais ampla. O nacional-socialismo e o fascismo, por exemplo, privilegiaram as noções de comunidade e de corporação em relação à noção de indivíduo e, dessa forma, na área jurídica, negaram a razão de ser do direito privado. Na verdade, enquanto pareciam negar o direito privado em abstrato, dirigiam sua aversão ao direito privado vigente na Europa nas primeiras décadas de 1900, ou seja, ao direito privado fruto da Revolução Francesa de 1789 e codificado por Napoleão. A incompatibilidade entre a visão corporativa do fascismo e um direito privado que era expressão do individualismo burguês é compreensível em termos históricos, mas não em termos exclusivamente jurídicos. A inércia das formas jurídicas e a utilidade prática da codificação levaram, porém, o fascismo italiano a promulgar em 1942 um código civil em certa medida ligado ao francês.

O direito privado que rege a Itália é aquele regulado por esse código, complementado obviamente por sucessivas leis e por aquilo que se costuma chamar o "direito dos indivíduos". A história e o conteúdo da codificação italiana podem ser escolhidos para exemplificar uma das histórias, diferentes mas análogas, desenvolvidas nos Estados – e são muitos – que realizaram codificações. Ao final destas últimas encontra-se um direito privado análogo, nas suas grandes linhas, ao hoje vigente na Itália.

ITINERÁRIO BIBLIOGRÁFICO

As noções expostas no texto podem ser aprofundadas mediante obras de consulta ou estudos monográficos. Ao final deste primeiro capítulo introdutório elencamos algumas obras enciclopédicas e bibliográficas, às quais o leitor poderá recorrer também para aprofundar os temas dos outros capítulos, ao final dos quais se encontram indicações bibliográficas mais específicas.

Internet

As presentes páginas não oferecem endereços de *sites* bibliográficos na Internet porque a impressão é imóvel, ao passo que os registros magnéticos são mutáveis: assim, a poucos anos da impressão de um livro, muito provavelmente os endereços nele contidos já não seriam válidos.

Para iniciar uma pesquisa bibliográfica na internet é oportuno pedir conselho a um bibliotecário da biblioteca que se está consultando. Efetivamente, nem todas as bibliotecas estão informatizadas; nem todas as informatizadas estão ligadas em rede, nem todas oferecem os mesmos serviços informáticos; enfim, cada banco de dados deve ser pesquisado segundo regras precisas, que variam de um banco de dados para outro e de uma biblioteca para outra.

As principais bibliotecas públicas estão hoje ligadas em rede e – a partir de um certo ano, que varia de uma para outra – não possuem mais catálogo em fichas de papel, mas apenas digital. Assim, para consultar a distância os catálogos das grandes bibliotecas, é preciso levar em conta que as fichas dos livros mais recentes estão em rede, enquanto as anteriores estão em um ou mais catálogos diferentes, na maioria das vezes não apenas em fichas de papel, mas ainda em microfichas. Portanto, uma pesquisa bibliográfica que abarque o período de tempo que vai, por exemplo, de 1900 a hoje, *não* poderá ser realizada apenas na Internet ou no catálogo informatizado, mas deverá necessariamente recorrer também aos catálogos tradicionais. Para consultá-los, é preciso ir pessoalmente à biblioteca de interesse.

Esse inconveniente foi parcialmente contornado de dois modos: 1. as fichas do catálogo foram reunidas em volumes impressos (ou em CD-ROM) presentes também em outras bibliotecas: é o caso do National Union Catalog da Biblioteca do Congresso de Washington ou do catálogo da Bibliothèque Nationale de Paris (aos quais retornaremos em breve: cf. *Bibliografias gerais*); 2. as fichas do catálogo que remontam a épocas anteriores à informatização são progressivamente recuperadas e acrescentadas às mais recentes, aumentando assim o volume dos títulos acessíveis em rede. Seja como for, na situação atual da informatização, uma pesquisa histórica dificilmente pode deixar de passar pela consulta de dois ou três tipos de catálogos presentes na mesma biblioteca.

Enciclopédias jurídicas

A Itália dispõe de vastíssimas enciclopédias jurídicas há quase um século. Nestas, a exposição de cada tema é acompanhada por uma rica bibliografia italiana e estrangeira: identificar o verbete que interessa significa, assim, dispor também da literatura mais importante sobre o assunto. As enciclopédias jurídicas modernas são três:

1. O *Digesto italiano*, dividido por matéria, em três partes: o *Digesto delle discipline privatistiche* (*Digesto* das disciplinas relativas ao direito privado), por sua vez dividido em *Sezione civile* (seção civil) e em *Sezione commerciale* (seção comercial); o *Digesto delle discipline penalistiche* (*Digesto* das disciplinas relativas ao direito penal) e o *Digesto delle discipline pubblicistiche* (*Digesto* das disciplinas relativas ao direito público), todos iniciados em 1987.

2. A *Enciclopedia del diritto*. Milão, Giuffrè, 1958-1993, 46 volumes, mais dois volumes de índices, de 1995.

3. A *Enciclopedia giuridica* do Istituto dell'Enciclopedia Italiana (talvez mais conhecido como Istituto Treccani), Roma, 1988-1994, em 32 volumes, mais um de índices.

Se o objetivo é examinar a história mais recente de um fenômeno jurídico (história que muitas vezes ainda não é objeto de estudos monográficos), podem-se consultar enciclopédias anteriores às acima citadas: o *Nuovissimo digesto italiano* (Turim, Utet, 1957-1975, 20 volumes, integrados por um apêndice em 7 volumes, 1980-1987); o *Nuovo digesto italiano* (Turim, Utet, 1937-1940, 12 volumes) e, antes ainda, o *Digesto italiano* (1884-1921, 49 volumes). Ou então a *Enciclopedia giuridica italiana* (Milão, Vallardi, a partir de 1881, 52 volumes). Observe-se que a série dos *Digestos* permite seguir um século de história do direito positivo italiano.

Todo estudante deveria ter à mão a *Nuova enciclopedia del diritto* (Milão, Garzanti, 1993, 1.332 pp.). Encontrará nela quase todos os conceitos gerais que possam resultar-lhe obscuros ou desconhecidos na leitura de um texto jurídico.

Ao material encontrado nas enciclopédias deve-se acrescentar a leitura de livros e artigos de revista. Para os livros, valem os repertórios bibliográficos gerais e os catálogos por matéria das bibliotecas; para as revistas, ao contrário, os catálogos apenas europeus servem para saber se uma certa revista se encontra na biblioteca (e em quais anos). Em geral, os catálogos europeus não contêm os artigos de revistas; todavia, pode-se encontrá-los através dos repertórios ilustrados abaixo. Ao utilizar esses instrumentos bibliográficos, convém consultar antes um bibliotecário.

Uma enciclopédia espanhola análoga ao *Digesto italiano* acima citado é: *Nueva enciclopedia jurídica*, Barcelona, Francisco Seix, 1950-1993, 20 volumes.

Para um quadro geral da situação do direito na Itália, no âmbito da *Storia d'Italia* e dos seus anais, veja-se Luciano Violante (org.), Legge diritto giustizia, em *Storia d'Italia. Annali 14*, Turim, Einaudi, 1998, LXXII-1.198 pp.

Atlas

Um atlas jurídico foi organizado por Francesco Galgano: *Atlante di diritto privato comparato*, 3.ª ed., org. por Francesco Galgano com a colaboração de Franco Ferrari e Gianmaria Ajani, Bolonha, Zanichelli, 1999, 304 pp.

Ao estudar a história de um Estado ou de uma área geográfica, é oportuno consultar um atlas histórico do território em questão, além de um atlas histórico geral (como, por exemplo, o *Grosser Atlas zur Weltgeschichte*, Braunschweig, Westermann, 1997, X-245 pp.).

Bibliografias gerais

Uma fonte geral é constituída pelos elencos dos livros à venda num certo país. A Associação Italiana de Editores publica a cada ano um *Catalogo dei libri in commercio*, que elenca as obras disponíveis por autor, por título e por matéria. Esse *Catalogo* pode ser encontrado nas bibliotecas e nas maiores livrarias. Há publicações análogas em quase todos os países: por exemplo, *Books in Print* para os livros americanos e ingleses; *Les livres de l'année* para os franceses; *Deutsches Bücherverzeichnis* para a Alemanha. Nas bibliotecas é possível encontrar os catálogos impressos da British Library de Londres, da Bibliothèque Nationale de Paris e da Library of Congress de Washington (DC). Desde 1985, esta última está disponível também em disquetes.

Muitos outros catálogos estão disponíveis em CD-ROM: para obter uma informação atualizada sobre o assunto, é aconselhável dirigir-se ao bibliotecário.

Bibliografias dos artigos de revista

Para os artigos de revista existem bibliografias especializadas, com índices de matérias e de autores muito detalhados. Limito-me aqui às bibliografias de artigos jurídicos: Vincenzo Napoletano, *Di-*

zionario bibliografico delle riviste giuridiche italiane, Milão, Giuffrè, desde 1956 (o primeiro volume cobre o período 1865-1954; a partir de 1956, a atualização é feita com um volume por ano); *Karlsruher Juristische Bibliographie. Recht, Staat, Gesellschaft*, Munique/Berlim/Frankfurt a.M., Beck, a partir de 1965; *Index to Legal Periodicals*, Nova York, Wilson; e *Index to Foreign Legal Periodicals* organizado pela American Association of Law Libraries e publicado pela University of California Press, de Berkeley.

Fontes oficiais

O leitor de livros jurídicos deve ter sempre à mão os códigos e a constituição: nas bibliotecas cada estante de obras para consulta contém mais de uma edição deles. O índice analítico de cada uma das obras permitirá remontar à definição mais concisa e autorizada do termo procurado.

Os textos das leis italianas são publicados na *Gazzetta Ufficiale*, que contém tudo, mas – exatamente por ser completa – é volumosa e difícil de consultar. Existem duas coleções oficiais mais manejáveis: *Leggi e decreti* contém os textos legislativos por ordem de número, sendo assim de fácil consulta caso se conheçam os dados da lei a ser pesquisada. Do contrário, pode-se recorrer a *Lex*. Ambas as coleções não indicam, porém, quais textos foram ab-rogados por novas normas. Pode-se resolver esse problema, consultando uma coleção não-oficial, intitulada *Leggi d'Italia nel testo vigente ordinate sistematicamente e perennemente aggiornate* (Leis da Itália no texto vigente ordenadas sistematicamente e perenemente atualizadas). Essa coletânea das leis vigentes é muitas vezes designada apenas como *PEM*, do nome da editora.

Existem, enfim, coletâneas de leis referentes a uma mesma matéria (às vezes chamadas impropriamente de "códigos"): por exemplo, Leopoldo Elia; Giuseppe Guarino, *Codice costituzionale della Repubblica Italiana*, 2.ª ed., Milão, Giuffrè, 1974, 2 vols.; ou ainda Luciano Zanobini, *Codici delle leggi amministrative*, 7.ª ed., Milão, Giuffrè, 1972, 3 vols. As sentenças foram reunidas em publicações específicas e comentadas em numerosas revistas: na impossibilidade de fornecer indicações detalhadas a esse respeito, basta recordar que na Itália a maior parte dos livros jurídicos são publicados pela Giuffrè de Milão e pela Cedam de Pádua: consultando os catálogos dessas editoras, pode-se encontrar sem dificuldades as maiores publicações (periódicas ou não) de tipo técnico-jurídico.

Cada país dispõe de publicações análogas à *Gazzetta Ufficiale* italiana. Além disso, em cada um deles geralmente há várias editoras especializadas em direito: uma análise dos catálogos destas últimas pode fornecer boas indicações para dar início a uma pesquisa jurídica.

O CD-ROM está substituindo a impressão em todo esse setor: as coletâneas de leis, de sentenças e os próprios catálogos (o da Giuffrè, por exemplo) são muitas vezes fornecidos nesse suporte, ou então estão disponíveis na Internet.

Dicionários jurídicos

A terminologia jurídica é uma terminologia técnica freqüentemente não incluída nos dicionários gerais. Às vezes, o termo técnico-jurídico tem também um significado não-técnico, corrente, e o dicionário geral explica apenas este último. Por isso, para traduzir com precisão um texto jurídico estrangeiro é necessário usar dicionários especializados, como por exemplo:

Conte, Giuseppe; Boss, Hans, *Wörterbuch der Rechts- und Wirtschaftssprache – Dizionario giuridico ed economico*, Munique/Milão, Beck/Giuffrè, 1993, 2 vols.

Creifelds, Carl, *Rechtswörterbuch*, 15.ª ed., Munique, Beck, 1999, XVI-1600 pp. (e Apêndices n.n.) [esse "clássico" da literatura jurídica alemã é complementar aos dicionários bilíngües e à *Nuova enciclopedia del diritto*, publicada pela Garzanti e acima citada].

De Franchis, Francesco, *Italian/English Law Dictionary*, Londres, Sweet & Maxwell, 1986, 1.545 pp. [também publicado por Milão, Giuffrè, 1985, XIII-548 pp.; além do dicionário propriamente dito, cerca de metade do volume é ocupada por uma enciclopédia do direito inglês, que explica detalhadamente os conceitos e os institutos não existentes no direito codificado. Complementar a Walker, cit. abaixo].

Dietl, Clara et al., *Wörterbuch für Recht, Wirtschaft und Politik. Mit Kommentaren in deutscher und englischer Sprache*. Tomo II: *Deutsch-Englisch. Einschließlich der Besonderheiten des amerikanischen Sprachgebrauchs*, 2.ª ed., Munique/Beck, 1986, XXI-789 pp.

Le Docte, Edgard, *Multilingual Law Dictionary*, 3.ª ed., Londres, Sweet & Maxwell, 1983, 650 pp. [contém 13.000 termos jurídicos em inglês, francês, alemão e holandês. A língua originária da obra é o francês, com um amplo índice em inglês].

Metzger, Peter, *Schweizerisches juristisches Wörterbuch*, Berna/Stuttgart/Viena, Haupt, 1996, 717 pp. [útil para a diversidade entre a terminologia jurídica alemã e a suíça].

Napolitano, Tomaso, *Vocabolario giuridico russo-italiano*, Milão, Giuffrè, 1981, XVIII-187 pp.
Tortora, Giovanni, *Dizionario giuridico*, Milão, Giuffrè, 1982, XX-698 pp. [compreende as duas partes, francês-italiano e italiano-francês].
Troike Strambaci, Hannelo; Helffrich Mariani, Elisabeth, *Vocabolario italiano-tedesco del diritto e dell'economia*, Milão, Giuffrè; vol. I: alemão-italiano, 1981, XIX-1.332 pp.; vol. 2: italiano-alemão, 1985, XI-1.276 pp.
Walker, David M., *The Oxford Companion to Law*, Oxford, Clarendon Press, 1980, IX-1.366 pp. [é uma clássica enciclopédia jurídica, ideal para o leitor de Civil Law que estuda textos em inglês de Common Law; complementar a De Franchis, cit. acima].

Obras sobre grandes sistemas jurídicos

Como introdução ao pluralismo jurídico, veja-se inicialmente, para atualização constante, a revista publicada pelo African Studies Center de New York, *Journal of Legal Pluralism and Unofficial Law*. Entre os volumes, considere-se: John Griffith, What is Legal Pluralism?, *Journal of Legal Pluralism*, n. 24, 1986, pp. 1-50, e a rigorosa crítica a ele realizada por Brian Z. Tamanaha, The Folly of the "Social Scientific" Concept of Legal Pluralism, *Journal of Law and Society*, XX, n. 2, 1993, pp. 192-217; Mario G. Losano, Prospettive teoriche: i sistemi giuridici delle società complesse, em: William J. Chambliss; Robert B. Seidman, *Introduzione allo studio del diritto*, Turim, Loescher, 1987, pp. 82-96.

Muitas obras tratam da comparação entre os grandes sistemas jurídicos; entre elas, indico as que seguem com uma linha sobretudo teórica ou sociológica.
Arnaud, André-Jean; Fariña Dulce, María José, *Introduction à l'analyse sociologique des systèmes juridiques*, Bruxelas, Bruylant, 1998, XXII-378 pp. [analisa as categorias gerais segundo as quais podem ser estudados os ordenamentos jurídicos, não cada sistema jurídico em especial].
Barton, John H.; Gibbs, James Lowell Jr.; Li, Victor Hao; Merryman, John Henry, *Law in Radically Different Cultures*, St. Paul (Minn.), West Publishing Co., 1983, XXXIX-960 pp. [faz parte da American Casebook Series e contém amplas introduções sobre os sistemas jurídicos de vários Estados, ilustrados com textos e sentenças. As cinco grandes divisões da obra são Background; Inheritance, Succession and Descent; Embezzlement by Public Officials; Private Ordering; Population Planning].

Caenegem, Raoul C. van, *Legal History: A European Perspective*, Londres, Hambledon Press, 1991, XI-242 pp.
Chambliss, William J.; Seidman, Robert B., *Introduzione allo studio del diritto*, trad. Martino Lombardini, Turim, Loescher, 1987, 360 pp. [o título original – *Law Order and Power* – indica melhor a natureza mais sociológica que jurídica do volume, o qual ilustra os problemas centrais do direito com referência sobretudo ao Common Law e ao direito africano (no qual Seidman é especialista)].
Chiba, Masaji, *Legal Pluralism. Toward a General Theory through Japanese Legal Culture*, Tóquio, Tokai University Press, 1989, XII-236 pp.
David, René, *I grandi sistemi giuridici contemporanei*, org. por Rodolfo Sacco, 4.ª ed., Pádua, Cedam, 1994, XIV-532 pp. (edições precedentes foram publicadas pela Giuffrè).
René, David; Brierley, J. E. C., *Major Legal Systems in the World Today*, 3.ª ed., Londres, Sweet & Maxwell, 1986, 624 pp.
Derrett, J.; Duncan, M. (orgs.), *An Introduction to Legal Systems*, Londres, Sweet & Maxwell, 1968, XIX-203 pp. [volume coletivo com ensaios sobre o direito romano, hebraico, islâmico, indiano, chinês, africano e inglês].
Gessner, Volkmar; Hoeland, Armin; Varga, Csaba (orgs.), *European Legal Cultures*, Aldershot (GB), Dartmouth, 1996, XVII-567 pp. [a antologia caracteriza-se pela reconstrução da Europa como área de pluralismo jurídico, pelo constante confronto entre o Leste e o Oeste europeu e pela abertura aos problemas da integração européia; o material é, porém, descontínuo].
Hooker, Michael Barry, *Legal Pluralism. An Introduction to Colonial and Neocolonial Laws*, Oxford, Clarendon Press, 1975, XXII-601 pp. [a obra relaciona a comparação à etnografia jurídica, examinando as relações entre os direitos indígenas e as normas coloniais britânicas, francesas e holandesas; uma análise específica é dedicada às relações entre o direito inglês e o americano, à adoção espontânea do direito ocidental na Turquia, na Tailândia e na Etiópia e, enfim, às relações entre o direito soviético e os costumes da Ásia Central].
Lupoi, Maurizio, *Alle radici del mondo giuridico europeo. Saggio storico-comparativo*, Roma, Istituto Poligrafico e Zecca dello Stato, 1994, CLVI-627 pp.
Nelken, Davis (org.), *Comparing Legal Cultures*, Dartmourth, Ashgate, 1997, VIII-274 pp. [compara as culturas jurídicas de Grã-Bretanha, Estados Unidos, França, Itália e Japão].
Petersen, Hanne (org.), *Legal Polycentricity: Consequences of Pluralism in Law*, Darthmouth, Aldershot, 1995, 245 pp.
Podgorecki, Adam et al. (orgs.), *Legal Systems and Social Systems*, Londres, Croom Helm, 1985, 288 pp. [coletânea de ensaios de vários

autores em que os sistemas jurídicos tendem a ser examinados como variáveis independentes em relação aos sistemas sociais].
Sack, Peter; Wellman, Carl P.; Yasaki, Mitsukuni (orgs.), *Monismus oder Pluralismus der Rechtskulturen? – Monistic or Pluralistic Legal Culture? Anthropological and Ethnological Foundations of Traditional and Modern Legal Systems*, Berlim, Duncker & Humblot, 1991, XV-443 pp. (*Rechtstheorie*, Beiheft Nr. 12) [coletânea de ensaios apresentados no Congresso da IVR, Kobe, 1987].
Watson, Alan, *Legal Transplants. An Approach to Comparative Law*, Edimburgo, Scottish Academic Press, 1974, XIV-106 pp. [obra que une direito comparado e história jurídica na análise de institutos jurídicos específicos, tanto do continente europeu quanto ingleses e americanos. Vasta bibliografia: pp. 480-558. Existe ainda uma tradução italiana: *Il trapianto di norme giuridiche. Un approccio al diritto comparato*, introdução de Loris Lonardo, Nápole, Esi, 1984, XXIV-98 pp.].
Weeramantry, Christopher Gregory, *The Law in Crisis. Bridges of Understanding*, Londres, Capemoss, 1975, X-303 pp. [a insuficiência do direito hodierno é vista por um jurista cingalês de formação inglesa. Importante cronologia jurídica: pp. 257-90].
Zimmermann, Reinhard (org.), *Amerikanische Rechtskultur und europäisches Privatrecht. Impressionen aus der neuen Welt*, Tübingen, Mohr, 1995, 155 pp.

Obras históricas

Não é possível estudar a história do direito sem boas bases de história geral. Por outro lado, não é tarefa deste volume fornecer também uma bibliografia de leituras históricas fundamentais. Bastam algumas menções sumárias. As noções históricas pressupostas neste volume podem ser aprofundadas na ótima síntese de Massimo L. Salvadori, *Storia dell'età contemporanea dalla restaurazione all'eurocomunismo*, Turim, Loescher, 1977, 3 vols. Nessa obra, os eventos europeus são vinculados também aos não-europeus em alguns capítulos, que permitem ao leitor passar da história européia aos estudos especificamente dedicados aos países não-europeus (aqui elencados nas bibliografias de outros capítulos).

Outras indicações sobre obras históricas poderão ser encontradas nos capítulos relativos a cada sistema jurídico.

Monografias sobre cada um dos Estados estrangeiros e sobre suas instituições jurídicas encontram-se em duas coleções francesas:

Comment ils sont gouvernés, Paris, Librairie Générale de Droit et de Jurisprudence, e *Les systèmes de droit contemporains*, Paris, Dalloz. Como cada biblioteca possui um fichamento para coleções, bastará pedir ao bibliotecário para ver a ficha dessas duas coleções (fichas que comumente não se destinam a uso público), para saber os volumes que compõem toda a coleção.

[Item 3] A história da noção de sistema no direito encontra-se em Mario G. Losano, *Sistema e struttura nel diritto. Dalle origini alla Scuola storica*, Turim, Giappichelli, 1968, XXX-302 pp. *Sistema e struttura nel diritto*: volume 1: *Dalle origini alla Scuola storica*, Milão, Giuffrè, 2002, XXIX-373 pp. [cuja primeira edição é o volume anterior, de 1968]; volume 2: *Il Novecento*, Milão, Giuffrè, 2002, XVIII-311 pp.; volume 3: *Dal Novecento alla postmodernità*, Milão, Giuffrè, 2002, XVIII-371 pp. A moderna noção de sistema está em Joseph Raz, *Il concetto di sistema giuridico. Un'introduzione alla teoria del sistema giuridico*, Bolonha, Il Mulino, 1977, 286 pp. Melhor (porém mais difícil, pelo amplo recurso à lógica formal) é o trabalho dos argentinos Carlos E. Alchourrón e Eugenio Bulygin, *Normative Systems*, Viena/Nova York, Springer, 1971, XVIII-208 pp.

[Item 4] A subtração indébita de eletricidade suscitou uma forte disputa sobre a natureza do delito. O volume de Emil Budde, *Energie und Recht. Eine physikalisch-juristische Studie*, Berlim, Carl Heymanns Verlag, 1902, VII-96 pp., foi escrito por um físico para os juristas.

[Item 6] Widar Cesarini Sforza, *Il diritto dei privati*, apresentação de Salvatore Romano, Milão, Giuffrè, 1963, XII-126 pp., é um clássico sobre os ordenamentos normativos não-jurídicos, ou seja, sobre os ordenamentos "que os indivíduos criaram para regular determinadas relações de interesse coletivo à falta ou na insuficiência da lei estatal" (p. 3): associações, clubes, comitês etc. Um dos mais dramáticos desses ordenamentos é descrito (infelizmente, com estilo pesado) por Antonio Pigliaru, *La vendetta barbaricina come ordinamento giudiziario*, Milão, Giuffrè, 1959, VII-283 pp.

Uma monumental pesquisa sobre esse tema encontra-se em Ferdinand Kirchhof, *Private Rechtssetzung*, Berlim/Munique, Duncker & Humblot, 1987, 558 pp. O volume está dividido em três partes: a primeira examina os conceitos de norma jurídica e de monopólio legislativo do Estado; a segunda, o estabelecimento privado de regras jurídicas em vários setores (por exemplo, no direito do trabalho); a terceira, enfim, analisa a ligação entre normas dos indivíduos e sistema jurídico de origem governamental.

Capítulo II
O direito privado da Europa continental

1. As raízes romanísticas dos direitos europeus

Os direitos europeus atuais derivam do direito romano no decorrer de uma secular adaptação deste último a situações econômico-sociais profundamente diferentes. A duração mais do que milenar e o enorme volume de estudos dedicados ao direito romano impossibilitam traçar uma história de tal direito neste livro: limitar-me-ei, assim, a enfocar algumas linhas evolutivas, indispensáveis para a compreensão do subseqüente direito europeu continental e do direito anglo-americano.

A história de Roma apresenta dois cortes fundamentais, que dividem seu direito em três fases.

O primeiro corte é constituído pela guerra de Aníbal, por volta de 200 a.C., quando em pouco mais de meio século a potência romana se estendeu do Lácio aos territórios mais importantes do mundo antigo. O precedente direito primitivo, sintetizado nas XII Tábuas e elaborado pelos pontífices, revelou-se inadequado para uma sociedade que deslocava seu eixo econômico da agricultura para o comércio. Mesmo respeitando a tradição jurídica, o direito adaptou-se às novas exigências, graças sobretudo ao juiz (*praetor*), que conseguiu conciliar a exigência da continuidade jurídica com a da proteção de transações cada vez mais amplas: do século I ao século III d.C. floresceu a jurisprudência clássica romana.

O segundo corte da história romana situa-se depois da morte de Alexandre Severo (235 d.C.), quando as migrações bárbaras romperam as fronteiras romanas no Danúbio e no Reno, enquanto a revigorada potência dos persas ultrapassava o Eufrates. O centro de gravidade do império deslocou-se cada vez mais para o Oriente, que herdou as leis romanas, mas nelas interveio com um espírito que não era mais romano. Essa adaptação a povos de tradições profundamente diferentes das romanas fez do direito romano-helênico um verdadeiro direito universal: sua flexibilidade permitirá que seja aplicado até o século XX. Esse direito romano-helênico encontra sua plena expressão na compilação realizada por Justiniano (cf. abaixo, item 3). Torna-se necessário neste momento retornar por um instante às fases originárias do direito romano, para observar suas conexões com outros sistemas jurídicos analisados a seguir.

As origens do direito romano levam-nos efetivamente ao problema do direito nas sociedades primitivas e à sua mistura com a magia e com a religião. Na época arcaica, o uso ou costume (*mos*) era o fundamento da atividade jurídica confiada aos sacerdotes. O próprio termo que os designava, vivo ainda hoje – *pontifices* –, encerra uma história que se repete em todas as culturas. Nas origens, os *pontifices* eram os depositários dos conhecimentos técnicos que permitiam a expansão econômica da sociedade: eram os *ingénieurs des ponts et chaussées*, os técnicos da engenharia civil de uma sociedade primitiva.

A diferença entre as tarefas do pontífice daquele tempo e as do engenheiro civil de hoje deve-se à relação distinta entre sociedade e natureza nas duas épocas. O pontífice deve manter a ordem de uma natureza que sua sociedade concebe como fervilhante de espíritos: deve aplacar as náiades da água violada pela ponte e as dos bosques onde foram cortadas as árvores; deve restabelecer a harmonia de uma natureza em que o homem uniu as duas margens que a divindade queria divididas. A sacralidade da água e a conservação da harmonia são temas recorrentes não só nas sociedades primitivas, mas também nas bem mais evoluídas da Ásia Oriental. O engenheiro civil, ao invés, deve conservar a ordem de uma natureza já conhecida e dominada pelo homem: pesquisa a estrutura geológica das margens, as possíveis enchentes e os fenômenos que poderiam destruir sua obra.

A sociedade primitiva aplaca seus espíritos sacrificando rebanhos, *pecus*; a sociedade fundada nas transações aplaca os habitantes ribeirinhos expropriados com indenizações pecuniárias (o latim *pecunia* deriva de *pecus*). Em ambos os casos, a sociedade realizou uma mudança (talvez um progresso), mas conservou a ordem existente.

2. Do direito de Roma ao direito de Bizâncio

O monopólio jurídico dos *pontifices* foi quebrado com a era republicana e imperial. A atividade judiciária foi transferida para os leigos e passou a abranger novas matérias. O elemento característico dessa expansão é o empirismo: caso a caso, os juristas adaptavam os costumes herdados (*mores*) aos novos problemas e as decisões dos tribunais tornavam-se, assim, outra grande fonte do direito. Com a estratificação de costumes e desusos o direito romano vai se gerando por si só, com uma mínima intervenção estatal representada pelas *leges*, que em geral se limitam a assimilar o direito já existente. É típica a legislação penal romana, em que o Estado – assumida a função de pacificador – estabelece as regras de procedimento. A concretude do jurista romano gera assim um direito que poderíamos chamar modular ou aberto: o direito pode desenvolver-se em qualquer direção para se adaptar a novas situações.

O defeito dessa virtude é a desordem das disposições. Ela se evidencia na época clássica, quando as transações romanas cobriam o Mediterrâneo e a cultura grega abria brecha na latina. A expansão dos negócios suscitava os problemas do elevado número de juízos e dos casos imprevistos a regulamentar. A assimilação da cultura grega colocava o concreto mundo latino em contato com as refinadas abstrações gregas da gramática, da lógica e da geometria. É nesse período que Cícero observa que o *ius civile* (o direito dos *cives*, dos cidadãos romanos) é "diffusum et dissipatum" (*De or.*, 2, 33, 142); é a partir desse momento que começam as tentativas de reduzir a sistema, tendo como modelo a geometria euclidiana, aquele amontoado de regras determinadas caso por caso, que constituem a força do direito romano.

A noção de sistema entra assim no debate cultural e permeia todo o modo de pensar ocidental, culminando na filosofia clássica alemã do século XIX. Essa noção é um dos elementos que diferenciam a civilização ocidental de todas as outras. Uma das maiores dificuldades no estudo dos direitos não-europeus é exatamente a falta de sistematicidade, isto é, a atuação segundo padrões lógicos diferentes dos próprios da civilização greco-romano-germânica.

E, todavia, essa concepção sistemática era tão estranha ao espírito originário do direito romano, a ponto de destinar ao insucesso as tentativas de reorganizá-lo realizadas por Pompeu e por César. Assim, não é por acaso que a codificação do direito romano se realiza na Bizâncio[1] de Justiniano: o direito *congestum* dos romanos, em onze séculos, torna-se *digestum* pela cultura grega.

3. A compilação de Justiniano

No decorrer de sua história secular, os grandes sistemas jurídicos chegam a um ponto em que a virtude da fle-

---

1. A cidade no Bósforo recebeu, quando de sua fundação (660 a.C.), o nome grego de Bizâncio, mudado depois para Constantinopla em 326 d.C. No uso cotidiano, porém, os dois nomes nem sempre se referem rigorosamente aos dois períodos históricos. O nome "Istambul", usado por árabes e turcos, é empregado regularmente a partir da queda de Constantinopla (1453), e designa não só a atual cidade, mas também a capital do Estado turco até 1923, quando a capital foi transferida para Ancara.

xibilidade se volta contra eles mesmos, sob a forma de incerteza do direito: a adaptação a situações socioeconômicas antagônicas provoca a adoção de disposições igualmente antagônicas, enquanto a permanência de disposições então inúteis ofusca uma clara percepção das normas ainda válidas. A adaptabilidade do direito desemboca, assim, na incerteza jurídica, e o legislador se vê obrigado a restabelecer o equilíbrio aumentando sua certeza em detrimento da flexibilidade. Nesses momentos, os direitos consuetudinários se cristalizam, como ocorreu com o direito inglês (cf. VI, 6) ou com o islâmico (cf. VII, 4); em outras palavras: tenta-se uma compilação unitária das normas esparsas, como se discutiu nos Estados Unidos no início do século XX ou, no século precedente, na Índia pós-colonial (cf. VIII, 9). O direito romano também não pôde subtrair-se a esse destino.

O ano de 395 d.C. presenciara a divisão do Império Romano em duas partes, cada uma confiada a um dos filhos de Teodósio. Enquanto o Império Romano do Ocidente encaminhava-se para a completa extinção, sancionada em 476 d.C. pela deposição de Rômulo Augústulo por parte de Odoacro, o Império Romano do Oriente estava destinado a mais um milênio de existência. Somente a conquista de Constantinopla por parte dos turcos em 1453 assinalará o fim do Império Bizantino.

Uma visão excessivamente ligada à Roma e à Grécia clássicas fez deste último império um símbolo de decadência: no entanto, não é possível aceitar sem discussões uma decadência que durou um milênio, acompanhada por uma expansão territorial e por um florescimento cultural. Sem dúvida o Império Bizantino não era mais o Império Romano. No entanto, ele cumpriu uma missão histórica de relevância universal: conservou a cultura clássica e a estendeu, de forma mais adequada à nova realidade, tanto aos povos eslavos, quanto à civilização islâmica, sob cujos golpes depois sucumbiria. Essa função de Bizâncio é particularmente evidente no campo jurídico. De fato, as compilações romano-bárbaras do Império do Ocidente tiveram uma relevância cultural limitada (até porque o direito romano e o dos bárbaros tendiam a não se misturar: cf. IV, 6 e VI, 23), enquanto as questões jurídicas do Império do Oriente assumiram dimensões grandiosas.

Em 528 d.C. Justiniano ordenou formalmente que se organizasse o amontoado de disposições por ele herdadas. Sua finalidade era essencialmente prática, de modo que o ministro Triboniano, responsável pela tarefa, recebeu a mais ampla faculdade para intervir nos textos jurídicos clássicos, modificando-os, amputando-os ou completando-os onde lhe parecesse necessário, para chegar a um texto legislativo unitário que refletisse a realidade jurídica daquela época.

Como muitos textos originais utilizados na compilação justiniana se perderam, essas intervenções – chamadas de interpolações – hoje só podem ser identificadas com base em critérios de conformidade estilística ou lógica em relação ao texto que as precede ou segue: é fácil imaginar, portanto, quantas disputas filológicas suscitaram. Por outro lado, com o passar dos séculos, as disputas filológicas acabaram devolvendo àqueles textos a flexibilidade que lhes faltava. Por exemplo, quando se precisou aplicar o direito justiniano à sociedade alemã da segunda metade do século XIX, freqüentemente o debate filológico ocultou a exigência de proteger interesses vitais para a sociedade alemã, mas inexistentes na romana. Ao considerar que certo trecho era interpolado e propor que fosse corrigido, podia-se muitas vezes englobar no direito romano algo que nele nunca existira. Mas voltemos à estrutura originária da compilação justiniana.

Hoje tendemos a percebê-la como um todo unitário, mas originariamente as quatro obras que a compõem eram bem distintas umas das outras.

O *Digesto* consta de cinqüenta livros. Neles estão ordenados os fragmentos extraídos das obras dos principais juristas romanos, cujo nome é explicitamente lembrado no início dos fragmentos escolhidos por Triboniano. Como os trechos citados haviam sido escritos três séculos antes de Justiniano, é no *Digesto* que se encontram com maior freqüência as interpolações, indispensáveis para adaptar aqueles textos ao direito vigente na época justiniana. O *Digesto* também recebia o nome de *Pandectas*, e por isso os juristas (sobretudo alemães) que se ocuparam da aplicação do direito romano à sociedade do século XIX foram chamados de "pandectistas". Sua escola preocupou-se em adaptar as disposições justinianas à realidade alemã recorrendo aos artifícios filológicos acima citados, isto é, reestruturando a matéria. Desse modo, a escola pandectista possibilitou aquele "usus modernus Pandectarum" que, amparando-se em disposições do direito germânico, sustentou os Estados alemães até a entrada em vigor do código civil de 1900.

O *Código* compreende as leis imperiais (*constitutiones*), divididas em doze livros. Essa foi a primeira obra encomendada por Justiniano e entrou em vigor em 16 de fevereiro de 529, apenas um ano depois de ter sido elaborada: por isso, tão logo foram concluídos o *Digesto* e as *Instituições*, foi necessário realizar uma segunda edição atualizada do *Código*, que passou a vigorar em 29 de dezembro de 534.

As *Instituições* são uma obra didática, desejada pelo imperador para facilitar o aprendizado do seu direito. Embora se baseassem em obras de título semelhante (e em particular nas *Instituições* de Gaio), os quatro livros das *Instituições* justinianas foram redigidos paralelamente aos trabalhos do *Digesto* e se adequaram, assim, por meio de interpolações, às soluções jurídicas adotadas neste último. O *Digesto* e as *Instituições* entraram em vigor ao mesmo tempo, em 30 de dezembro de 533.

Com as *Novelas*, distanciamo-nos um pouco das obras anteriores. Efetivamente, mesmo sendo a coletânea das novas leis (*novellae constitutiones*, daí o título) promulgadas de 535 a 565 d.C., essa obra não faz parte do corpo unitário das três anteriores, mas pode derrogar disposições nelas contidas. Ou melhor, a lei mais recente das *Novelas* pode derrogar leis anteriores contidas na mesma obra. Em suma, *Di-*

gesto, *Código* e *Instituições* constituem o núcleo da compilação justiniana, ao passo que as *Novelas* constituem, por assim dizer, a atualização dessas obras.

Somente com a redescoberta dessa compilação, ocorrida na Idade Média, encontrou-se um nome que abrange todas as quatro partes: para ressaltar seu caráter unitário em relação à jurisprudência romana clássica e ao direito dos bárbaros, Irnério falou de um *Corpus juris civilis* (cf. abaixo, item 7). É com esse nome que ainda hoje se designa aquele que, quase com certeza, é o documento jurídico mais importante de todos os tempos.

4. Os direitos germânicos

Um importante componente dos direitos europeus foram também os direitos importados das populações bárbaras que provocaram a queda do Império Romano do Ocidente. Antes de voltar à história jurídica do Império Romano do Oriente, é oportuno perguntar, portanto, como eram governados esses povos, quais eram as *leges barbarorum*.

Os povos germânicos levaram à Europa Ocidental uma pluralidade de ordenamentos que se diferenciavam de um povo para outro, embora apresentassem traços comuns. Os principais *traços comuns* que diferenciam os direitos germânicos do direito romano podem ser reduzidos a quatro: a) a natureza autônoma do direito, que não era ditado nem por um rei nem por um Deus, mas nascia do costume, do comportamento popular: daí deriva a lenda política da liberdade dos germanos; b) o direito não era escrito, e por isso era transmitido oralmente por "enunciadores do direito" (*Gesetzessprecher*: cf. I, 4 *b*), que por esse motivo deviam utilizar fórmulas fáceis de memorizar; c) o grupo de várias famílias (tribo, *Sippe*) era organizado em uma comunidade (que usava comunitariamente os terrenos, os bosques, as águas etc., mas era também uma comunidade jurídica e militar); a família, por sua vez, era organizada hierarquicamente,

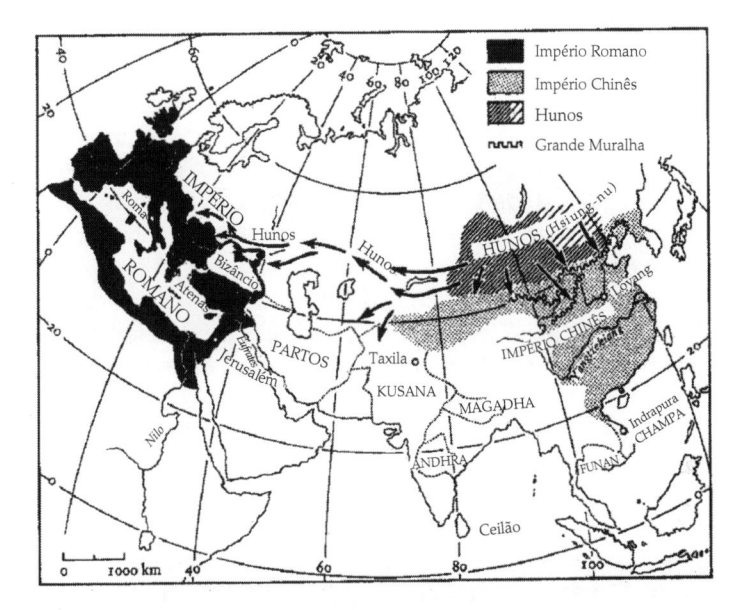

Mapa 1. Os grandes impérios da Antiguidade (séculos III-IV d.C.).

Nos dois extremos da Eurásia, o Império Romano da era de Constantino e o Império Chinês da época Han tinham quase a mesma extensão. O início da decadência romana está ligado à expansão da China na dinastia Han. Os hunos – que desde 246 a.C. haviam sido mantidos a leste da Grande Muralha – migraram então ao longo das cadeias montanhosas e dos desertos da Ásia Central, dirigindo-se para o Ocidente. As populações germânicas foram assim impelidas para os territórios do Império Romano e, em 410, Alarico tomou Roma.

sob a autoridade paterna; d) ao menos na origem, prevalecia a relação consangüínea por parte de mãe, atestada já por Tácito: esse elemento de "sangue" como fator unificador acabará assumindo um valor fabuloso na identificação da especificidade germânica, e degenerará em tragédia.

Essas eram em linhas gerais as estruturas jurídicas comuns às populações que invadiram a área romana ao final do ano 300; mas tratava-se de comunidades diferentes, que seguiram trajetórias distintas e tiveram ordenamentos diferentes. A época das invasões bárbaras situa-se, em sentido estrito, entre a invasão dos hunos em 375 e a fixação dos lombardos na Itália em 568: mas o fenômeno migratório começou bem antes daquela data e se manteve mesmo depois. Nesse período de tempo, cada tronco concentrou-se em Estados homogêneos, mas eles não conseguiram se unificar em uma única entidade germânica e, conseqüentemente, cada Estado teve uma evolução própria. Aqui só poderemos mencionar alguns povos germânicos, e apenas do ponto de vista do direito.

Os direitos germânicos orientais eram os dos vândalos, dos burgúndios e dos godos. Os vândalos se estabeleceram na África do Norte, onde foram destruídos pelos romanos do Oriente; mas, quando os muçulmanos invadiram a Espanha em 711, o nome dos vândalos renasceu na península Ibérica, chamada exatamente em árabe al-Ándalus (cf. V, 2 c). Ainda hoje a última lembrança do reino ibero-africano dos vândalos sobrevive no nome da Andaluzia, a região espanhola cujo nome remonta à "Vandalícia" medieval. Os godos orientais chegaram até Ravena e estiveram prestes a constituir uma aliança germânica debruçada sobre o Mediterrâneo, mas foram antes eliminados pelos generais de Justiniano. Ao contrário, os godos ocidentais (*Westgoten*, visigodos) chegaram à Espanha e fundaram o reino de Toledo, ingressando definitivamente na história espanhola e, dali, sul-americana (cf. V, 2 b). O direito germânico teve aqui o seu primeiro documento escrito – o *Codex Euricianus* de cerca de 475, do qual resta um fragmento – e, mesmo depois da conquista muçulmana, continuou a sobreviver de algum modo nos direitos locais (*fueros* na Espanha, *forais* em Portugal), que ressurgiram posteriormente com a "Reconquista".

Os direitos germânicos ocidentais eram os dos francos, dos bávaros, dos saxões, dos suevos, dos anglo-saxões e dos lombardos. Os anglo-saxões recusaram a romanização de seu direito e, nos séculos sucessivos, exportaram para o mundo um direito de cunho germânico (cf. VI, 11). Os lombardos estabeleceram-se na atual Lombardia, construíram um sólido Estado germânico que, conquistado por Carlos

Magno em 722, passou a fazer parte do Sacro Império Romano-Germânico. Entre todos os germanos, os lombardos oferecem o exemplo mais completo de elaboração de um direito próprio. Este foi reunido no *Liber papiensis*, o Livro de Pavia, e mais tarde estruturado em um manual que assumiu o nome de "Lombarda" e constitui a base do ensino do direito na Universidade de Pávia. O método de análise daquele texto passou depois a Bolonha e à Escola dos Glosadores (cf. abaixo, item 7 *a*).

Até aqui mencionamos o *Codex Euricianus* e o *Liber papiensis*, ou seja, compilações escritas de normas jurídicas. Mas não dissemos que o direito germânico era oral? De fato, nos anos em que as tribos germânicas se consolidaram nos Estados, também suas leis perderam o caráter de oralidade e foram colocadas por escrito. Tratava-se de escritos talvez originados dos relatórios dos "enunciadores do direito", que eram ajustados com a comunidade (por isso, muitas vezes são chamados *pactum*) e nasciam, em suma, não apenas de um ato de autoridade.

Nesses escritos, os elementos romanos e germânicos mesclavam-se não apenas no conteúdo das normas, mas também na formulação lingüística. Ainda que redigidas num latim vulgar, que em certa medida antecipava as futuras línguas nacionais, nem sempre eram compreendidas por quem devia usá-las. Assim, em certas leis aparecem incisos em *mallobergo*, isto é, em francônio, para que todos saibam muito bem o que acontece, por exemplo, em caso *de furto porcorum*: "Si quis porcellum lactantem furaverit et ei fuerit adprobatum, mallobergo 'chramnechialtium' hoc est CXX dinarios qui faciunt solidos III culpabilis iudicetur" (*Lex salica emendata*, tit. 2).

A essas leis (*leges* ou *pacta*) acrescentaram-se os vários *Spiegel* ou Espelhos (coleções, sinopses) das leis. Criou-se assim um enorme *corpus* de normas germânicas, que conviviam com normas romanísticas segundo as características jurídicas de cada Estado. Em particular, no território alemão, após a assimilação do direito romano (cf. abaixo, item 8), as normas de origem germânica vigoravam lado a lado com as romanísticas, as primeiras como direito especial, as segundas como direito comum. Os estudiosos das normas de origem romana chamavam-se "romanistas", os das normas germânicas, "germanistas": parecia uma tranqüila divisão do trabalho entre eruditos, mas logo não seria mais assim.

No século XIX, com o advento dos movimentos que desembocariam nos Estados nacionais, as duas áreas de estudo adquiriram uma conotação política cada vez mais forte. Os estudiosos do direito romano foram identificados como partidários do passado (especialmente do Estado feudal); os estudiosos do direito germânico não raro se apresentaram como intérpretes do novo espírito nacional, admiravelmente preservado naqueles "direitos populares" ("Volksrechte") que encarnavam a mais genuína tradição nacional. Quando em 1848 o primeiro parlamento alemão reuniu-se em Frankfurt, na Paulskirche, dos cerca de 800 deputados, 100 eram professores de escola secundária ou de universidade: e, entre estes últimos, os "germanistas" estavam fortemente representados.

Muitas polêmicas surgidas no século XIX contra o direito romano (estrangeiro) ou a favor do direito germânico (nacional), contra a codificação (revolucionária, napoleônica, burguesa) e a favor do direito consuetudinário (tradicionalista, legitimista, conservador) foram na realidade debates políticos formulados em termos jurídicos. Esse modo indireto de debater os temas políticos devia-se também a um motivo prático: a censura das monarquias era severa. Como os direitos romano e germânico estavam presentes também na Espanha, essa tensão foi importada também para lá, não por acaso por um historiador espanhol ligado à cultura alemã (cf. V, 2 *b*).

5. *Do Império Bizantino ao Império Otomano*

No Império do Oriente a codificação de Justiniano revelou-se superada não apenas pela evolução natural do direito, mas também por problemas religiosos (ligados às divergências entre a Igreja de Roma e a de Constantinopla) e por problemas lingüísticos: o latim era uma língua solene que se adequava aos atos oficiais, mas, se o objetivo era fazer-se entender pelo povo, era preciso usar o grego. Por isso, o apogeu do Império Bizantino sob a dinastia macedônia (843-1025) caracteriza-se pelas modificações e pelas traduções da obra de Justiniano. Não obstante este último tivesse proibido expressamente (const. *Deo auctore*, § 12; const. *Tanta*, § 21) a redação de comentários ao *Digesto*, tais comentários floresceram no Oriente. Embora não possamos nos ocupar aqui da infinidade de comentários particulares, é indispensável mencionar os oficiais, uma vez que estes últimos foram realizados pelos imperadores com a finalidade de complementar a obra justiniana.

A *Écloga isáurica*, publicada em 740 por Leão Isáurico, tem como fontes os livros de Justiniano e as novelas dos sucessivos imperadores. Foi redigida sob a influência da heresia iconoclasta[2] e essa sua origem valeu-lhe uma conotação negativa após a derrota daquela heresia. Por isso, Basílio I substituiu-a por volta de 879 por seu *Próchiron*, um manual prático diretamente inspirado nas *Instituições* de Justiniano. As duas coletâneas gregas contribuíram para a difusão do direito romano numa nova área: elas foram traduzidas e amplamente utilizadas na Sérvia, na Bulgária e na Rússia, convertida pelos bizantinos à religião católica em 988. O terceiro manual oficial é o *Epanagóge*, uma edição revista do *Próchiron*.

O caráter compilatório dessas obras, contudo, não deve levar-nos a subestimar sua importância, mesmo fora do Império Bizantino. O próximo item é dedicado a alguns aspectos dessa difusão.

---

2. A heresia iconoclasta está vinculada ao conflito entre Império Bizantino, por um lado, e árabes e persas, por outro: as lutas que duraram de 711 a 843 terminaram com a derrota dos iconoclastas, ou seja, dos asiáticos, tanto no plano religioso, quanto no militar. Essa derrota abre o período de maior pujança do Império Bizantino: pujança caracterizada pela recusa dos valores asiáticos e pelo culto dos valores gregos.

Esse trabalho de adaptação do direito romano à realidade bizantina culminou com a compilação dos *Basiliká*, os "livros régios" de Leão VI, dito o Filósofo. Com os sessenta livros dos *Basiliká* completou-se a "purificação" do direito justiniano empreendida por Basílio I.

> Como já haviam feito os juristas de Basílio I, assim também os de Leão VI não voltaram às fontes latinas, utilizando em seu lugar versões e comentários gregos dos séculos VI e VII. Com relação ao *Corpus juris* de Justiniano, os *Basiliká* possuíam, para o leitor bizantino, por um lado, a grande vantagem de serem escritos em língua grega e, por outro, a de serem muito fáceis de usar. De fato, um determinado assunto, organizado sistematicamente, ali estava reunido todo em um ponto, enquanto no *Corpus juris* – e o proêmio dos *Basiliká* considera este seu maior defeito – tratava o mesmo objeto em vários lugares. Por isso, não é de admirar que os *Basiliká* logo superaram quase completamente o uso da obra jurídica de Justiniano, tornando-se a base da ciência jurídica para a Bizâncio medieval. Seu texto foi rapidamente acrescido de numerosas notas de comentários, as mais importantes das quais, os chamados "antigos escólios", remontam à época de Constantino VII, enquanto os "escólios recentes" são dos séculos XI, XII e XIII. [...] Mas se o valor dos *Basiliká* sempre foi considerado grande para o desenvolvimento do direito bizantino, seu valor como fonte histórica é limitado. A grande compilação de direito reflete pouco ou nada a realidade histórica de sua época, repetindo sobretudo as antigas prescrições jurídicas, a maior parte das quais superada, que remontava a séculos anteriores.[3]

A compilação justiniana, as intervenções de Triboniano, as versões gregas, os escólios: a essa altura, nessa obra encontra-se apenas uma sombra do direito romano clássico.

À incerteza textual correspondia a incerteza sobre a aplicação desse direito: num império que abarcava todo o lado oriental da bacia mediterrânea, parecia que os *Basiliká*

---

3. Georg Ostrogorsky, *Storia dell'impero bizantino*, Turim, Einaudi, 1968, p. 219.

eram aplicados na Itália meridional, mas não no Egito. Em medida diferente, a organização desejada pelo direito romano, ainda que não a sua letra, ainda permeava a administração bizantina num vastíssimo território, sobre o qual estava prestes a se precipitar a guerra santa do Islã. Através dos administradores bizantinos, os árabes vencedores herdaram assim um sopro do espírito romano (cf. VII, 8 b).

Por volta de 1050 começou o lento declínio de Bizâncio e a correspondente ascensão do Islã. Enquanto em 1054 a Igreja de Constantinopla separava-se da de Roma, em 1056 os soberanos seljúcidas conquistavam Bagdá, a Palestina, a Síria e a Ásia Menor: era o início daquela expansão islâmica que culminou em 1683 com os turcos às portas de Viena. Assim, apesar do cisma religioso, o Império Bizantino precisou do apoio das potências católicas para combater a expansão islâmica. Iniciou-se o período das Cruzadas, encerrado em 1291 com a retirada definitiva dos católicos da Palestina. Agora a sorte de Bizâncio estava selada: em 1356 os turcos penetraram na Europa e começaram a se expandir nos Bálcãs. Nem a derrota sofrida pelos turcos diante das invasões mongólicas, nem a tardia ajuda do Ocidente conseguiram evitar o pior: em 1453 Bizâncio caiu nas mãos de Maomé II.

A história do Império Bizantino termina, assim, confluindo na do Império Otomano. Sobre o direito romano-bizantino estratifica-se agora o direito islâmico e essa área do Mediterrâneo sai da órbita dos direitos de origem romanística: só voltará a ela no decorrer da expansão colonial européia do século XIX (cf. VII, 10-11).

A herança de Bizâncio transferiu-se em direções opostas. Os doutos estudiosos do classicismo grego migraram para a Itália e contribuíram para a redescoberta dos clássicos que animou o Renascimento. O poder eclesiástico, em contrapartida, passou do patriarca de Bizâncio para o de Moscou. O fato de a sobrinha do último imperador bizantino ser a mulher de Ivan III criava uma ilusão de continuidade, contribuindo para gerar o mito de Moscou como terceira Roma. O monge Filoteu escrevia a Basílio III, o grão-duque de Moscóvia, que reinou de 1505 a 1533:

> A primeira Roma caiu por causa de suas heresias, a segunda Roma caiu vítima dos turcos, mas uma nova e terceira Roma emergiu, iluminando o universo inteiro como um sol. A primeira e a segunda Roma caíram, mas a terceira Roma resistirá até o fim da história, porque esta é a última Roma. Moscou não tem sucessores; uma quarta Roma é inconcebível.[4]

6. O direito bizantino fora do império: o caso da Abissínia

O direito bizantino teve vida própria também fora do Império Romano do Oriente; ou melhor, sobreviveu ao próprio império. A partir do século XI, a Igreja Oriental foi dirigida pelos "nomocânones", ou seja, coletâneas de normas imperiais e de regras religiosas, destinadas a disciplinar a vida das comunidades cristãs esparsas pelo Oriente. A importância desses textos era correspondente aos extensos poderes temporais das Igrejas do Oriente. Mesmo sob a dominação árabe, os nomocânones continuaram a desempenhar sua função de guia das comunidades cristãs.

Como um dos textos jurídicos mais freqüentemente adotados nos nomocânones é o *Próchiron* (que, por sua vez, deriva das *Institutiones* e das *Novellae* justinianas), o direito romano exerceu sua influência também fora dos territórios comumente considerados herdeiros da tradição jurídica romanística. Sem enfrentar o emaranhado dos direitos canônicos balcânicos e médio-orientais, essa permanência não raro esquecida da tradição romanística pode ser exemplarmente ilustrada seguindo a história dos nomocânones no direito russo e no direito abissínio.

---

4. Citado em Harold J. Berman, *La giustizia nell'Urss*, Milão, Giuffrè, 1965, p. 204.

Referimo-nos há pouco à herança religiosa transferida de Bizâncio para Moscou. Esse é um caminho que tomam também os nomocânones, destinados a se tornar parte integrante da história jurídica russa: é o que veremos com mais amplitude ao tratar desta última no capítulo IV. Além da área eslava, os nomocânones difundiram-se também na Ásia Menor e na África setentrional. O itinerário cultural que vai de Bizâncio a Adis Abeba tem um primeiro ponto nodal na cultura siríaca, principal mediadora entre a cultura grega e a cultura árabe. Em siríaco redigiam-se livros jurídicos chamados "leis dos reis":

> Estas eram as leis dos imperadores romanos, traduzidas ou redigidas em siríaco para uso das províncias da Ásia; leis siríacas, entre as quais, a título de curiosidade, relembra-se uma, atribuída a Santo Ambrósio de Milão e que, de resto, são em boa parte conhecidas na edição de Sachau e de outros estudiosos.[5]

Enquanto se discute sobre essa atribuição, é certo, porém, que a obra em questão – conhecida como *Livro siro-romano* – foi redigida em grego por volta de 400 d.C. e depois traduzida em siríaco. Era utilizada também pelos melquitas, ou seja, os cristãos de rito bizantino, mas de língua árabe[6]: foi graças à tradução deles em árabe que o *Livro siro-romano* chegou à Igreja copta. No baixo Egito, de fato, atuavam três irmãos, aos quais essa Igreja deve suas maiores obras em árabe. Por volta de 1204 um dos três irmãos escreveu

---

5. Carlo Conti Rossini, *Principî di diritto consuetudinario dell'Eritrea*, Roma, Tipografia dell'Unione Editrice, 1916, p. 54.
6. A Igreja malequita (ou melquita) constitui um rito da Igreja bizantina. Quando, por volta de 450, na polêmica contra os monofisitas, a Igreja bizantina obteve o apoio imperial, tais monofisitas designaram seus seguidores com o termo árabe "malik", correspondente ao grego "basilikós", imperial. Essa etimologia é aqui recordada porque uma das escolas ortodoxas islâmicas também é chamada de malequita, cf. VII, 3. Porém, essa escola islâmica deriva seu nome do fundador, Malik ibn Anas. Entre cristãos malequitas e muçulmanos malequitas não existe, assim, nenhum parentesco teológico, mas apenas uma casual coincidência etimológica.

um nomocânone em que normas islâmicas de rito malequita se inserem em normas extraídas de livros bizantinos. Essa compilação teve muito êxito, tanto que por volta do século XVIII foi traduzida também em etíope. Com o nome de *Fetha Nagast*, Livro dos reis, essa versão tornou-se o texto jurídico fundamental da Abissínia.

Os especialistas discutem ainda a origem das quatro partes que compõem tal obra. Estratificações, modificações e corrupções tornam precária qualquer atribuição. Além disso, a tradição manuscrita torna inevitável a difusão de textos diferentes, adequados aos costumes de cada lugar. Pode-se obter certo consenso na identificação tanto das fontes da obra, quanto de uma certa tipicidade de estrutura a partir das seguintes indicações: o primeiro livro do *Fetha Nagast* deriva do *Próchiron*; o segundo, da versão árabe do chamado *Livro siro-romano*; o terceiro, da *Écloga isáurica*; o quarto, de preceitos do Concílio de Nicéia indicados com a fórmula "Sanctorum Patrum 318".

Os cristãos coptas depararam-se assim com um texto que reproduzia regras provenientes de sociedades muito diferentes umas das outras. O rigor cristão precisou chegar a um acordo com os usos locais e as conseqüências foram às vezes surpreendentes, como se percebe, por exemplo, no direito matrimonial. Embora a *Écloga* aceite a noção cristã do matrimônio indissolúvel e esta última seja retomada no *Fetha Nagast*, na realidade abissínia aplica-se até os nossos dias a concepção pré-justiniana segundo a qual "o instituto não possuía valor religioso, permanecendo matéria de direito civil; em outras palavras, era considerado um contrato privado, um pacto: essa concepção é a preferida dos etíopes. Pode-se rescindir qualquer contrato; assim, o divórcio era uma faculdade indiscutível dos esposos"[7]. Os cristãos coptas foram além. Se o matrimônio era um contrato, podia ser também um contrato temporário, isto é, com prazo

---

7. Marina Rossi, *Matrimonio e divorzio nel diritto abissino*, Milão, Unicopli, 1982, p. 28.

predeterminado. O direito etíope prevê efetivamente uma "união por recompensa" (*dumóz*), ou seja, um matrimônio cujo prazo final é determinado pelos contraentes.

Essa adaptação aos costumes locais fez do *Fetha Nagast* um livro difundido e seguido, embora ele jamais tenha tido o valor obrigatório de um código de tipo europeu: guiava os comportamentos com a sua venerável autoridade, e não apenas com o medo da sanção.

O parêntese colonial italiano – acompanhado de uma grande confusão legislativa – atingiu apenas marginalmente o direito familiar etíope. Este último chegou, portanto, inalterado até o código civil promulgado em 1960. A comissão para a codificação, presidida por René David, trabalhou sempre levando em consideração o *Fetha Nagast* e procurou conciliá-lo com outros costumes etíopes. Assim, esse código civil moderno e organizado por um estudioso europeu contém não apenas as normas sobre o divórcio, mas também aquelas sobre o matrimônio temporário (*dumóz*), regulado pelos artigos 708-720.

Além do abissínio e do eslavo, outros itinerários poderiam ser reconstruídos, passando por países míticos e reinos perdidos. Mas é hora de deixar o direito que, de Roma, passou ao Oriente, e de retornar ao Ocidente, onde o direito romano – depois de quase ter sido extinto – recobrava forças.

7. Glosadores e Comentadores: o renascimento medieval do direito romano

A civilização romano-bizantina entrega à alta Idade Média da Europa Ocidental um direito romano consolidado pela compilação justiniana numa forma sistemática que se apresenta como definitiva. Essa passagem de costume vivido a livro estudado condicionou a existência do direito romano até o século XX, porque tornou possível aplicar a ele o conjunto de técnicas interpretativas que a teologia cristã aplicava ao livro por excelência, a Bíblia.

O cruzamento do caminho jurídico com o teológico foi provavelmente facilitado pela forma de organização das escolas medievais. O ensino das sete artes liberais (gramática, dialética, retórica, no trívio; geometria, aritmética, astronomia e música, no quadrívio)[8] não atribuía uma posição autônoma nem ao direito, nem à religião: o direito era incorporado à ética, na medida em que se ocupava de costumes, e à lógica, enquanto *interpretatio verborum*. Como o ensino da lógica ocorria no trívio, a difusão do direito e da sua literatura didática foi ramificada. Pelas mesmas razões, o ensino da teologia também integrava a ética e a lógica. A convergência dos temas e o vínculo comum a um texto preciso produziram ligações muito estreitas entre as duas disciplinas.

Um exemplo clássico dessa comunhão de preparação é a mudança de carreira de um estudioso do direito lombardo, Lanfranco (1005-1089), que deixou o direito e Pavia para adquirir na Normandia grande fama de teólogo[9]. O bolonhês Irnério, que viveu no século XII, percorreu o caminho oposto: abandonou o ensino das artes liberais para se tornar o jurista que reconstruiu a compilação de Justiniano. Ele estabeleceu as bases para aquele direito comum que considerava como fonte unitária do direito o *Corpus juris civilis*: de fato, o próprio Irnério atribuíra esse nome à restaurada compilação de Justiniano. É importante observar que

---

8. A organização escolar medieval dividia as sete artes liberais em dois grupos: o trívio ensinava as três artes *sermocinales* que levam *ad eloquentiam*, ou seja, gramática, retórica e dialética, enquanto o quadrívio ensinava as quatro artes *reales* que levam *ad sapientiam*, ou seja, aritmética, geometria, música e astronomia. Essa divisão do saber remonta aos clássicos latinos (Terêncio Varrão, 116-27 a.C., escreveu *Disciplinarum libri novem*, por exemplo). A divisão em dois grupos de trívio e quadrívio começou provavelmente com Alcuíno de York (735-804). A superação dessa concepção do saber ocorreu no século XVI: típica, a esse respeito, a obra *De disciplinis* (1531), de Lourenço Vives (1492-1540).

9. Lanfranco voltou, porém, ao direito e contribuiu para a gênese do direito inglês (cf. VI, 3). Ficou conhecido ainda como "Lanfranco de Bee" (como Prior) e como "Lanfranco de Canterbury" (como arcebispo).

essa exigência de unidade domina toda aquela época; na política, teoriza-se o *unum imperium*; na filosofia, a *reductio ad unum*.

Precisamente no campo filosófico, naqueles anos redescobrem-se as obras lógicas de Aristóteles. Teologia, filosofia e direito passam a compartilhar, assim, tanto a referência a um livro supremo quanto o recurso ao princípio de *auctoritas*: o que se afirma no Livro é efetivamente indiscutível. Um dos traços característicos do homem medieval é, portanto, a busca de um equilíbrio entre a *auctoritas* (que dá certeza, mas paralisa) e a *ratio* (que é inovadora, mas discutível).

Esses dois conceitos essenciais estão presentes também na pesquisa jurídica medieval: inicialmente, nos séculos XII e XIII, a Escola dos Glosadores, de Bolonha, dedicou-se a reconstruir os textos de Justiniano; depois, nos séculos XIV-XV, a Escola dos Comentadores utilizou-os como ponto de partida para construções jurídicas menos vinculadas à letra do *Corpus juris*.

a) Os Glosadores, ou Escola de Bolonha (séculos XII-XIII). Por volta do ano mil, o centro da vida econômica passa dos campos às cidades, transformadas em prósperos centros de atividades comerciais. No plano político, o Império Romano-Germânico e a Igreja Católica representavam dois fatores de unificação sobrepostos aos fragmentários ordenamentos locais. Assim, acima das leis de cada monarca, dos estatutos das cidades, dos costumes locais e feudais (denominados *jura propria*), situavam-se o direito da Igreja e o do império. Ambos constituíam a base jurídica comum a todos e, por isso, eram chamados de *jus commune*.

O direito romano oferecia a uma sociedade mercantil instrumentos jurídicos mais adequados que os dos direitos romano-bárbaros de alta Idade Média. Ao Império Romano-Germânico, por sua vez, ele fornecia não apenas um direito unitário e comum, mas também um direito apresentado unicamente como manifestação da vontade de Justiniano, sem interferências por parte da Igreja. Essa natureza voluntarista atribuída ao direito permitia afastar as pretensões da Igreja, desejosa de consolidar seu poder temporal após a separação do império, ocorrida em 1075. Estavam, assim, presentes as condições para uma vigorosa retomada do estudo do direito romano.

Em Bolonha, surgiu uma escola de juristas que se dedicou à reconstrução analítica da obra de Justiniano e à exegese dos textos assim recuperados. O símbolo dessa atividade é o estudo integral do *Digesto* por parte de Irnério, que viveu em Bolonha no século XII. Com ele, o direito deixa de ser uma matéria esparsa entre as disciplinas do trívio e torna-se uma ciência autônoma.

No entanto, os juristas bolonheses adotaram os esquemas herdados do trívio para realizar a *explicatio verborum*, ou seja, a análise literal dos textos justinianos. Estes últimos eram assim anotados, comentados: e exatamente pelos comentários – glosas, em grego – ao *Corpus juris* os juristas da Escola de Bolonha tomaram o nome de Glosadores. Suas obras, embora não raro superassem a simples exposição do texto, foram muito ligadas a ele.

O ponto culminante da Escola de Bolonha é a Glosa de Acúrsio (1181-1263, mas as datas são incertas), que resumiu e unificou os trabalhos precedentes daquela escola. Com o nome de *Glosa ordinária* (ou *Glosa perpétua*, ou *Glossa Glossarum*, ou ainda *Magna Glosa*), ela se tornou a glosa por antonomásia e foi-lhe reconhecida uma força vinculante equivalente à do texto de Justiniano. Foi o instrumento da aceitação do direito romano nos outros Estados europeus e conservou seu valor prático até as codificações iluministas do século XVIII.

Nesse meio tempo, o outro ramo do *jus commune*, o direito canônico, teve inicialmente como objeto o decreto de Graciano[10], ao qual se acrescentaram, a partir do final do

---

10. O verdadeiro título do *Decretum Gratiani* (do nome do monge Graciano de Chiusi) era *Concordia discordantium canonum*. Essa obra de sistematização das diretrizes promulgadas pela Igreja assinala uma ruptura nas três fases nas quais se divide o direito canônico.

século XII, as decretais pontifícias, depois reunidas por Gregório IX. Estas últimas assumiram para os canonistas a mesma importância que o *corpus* justiniano tinha para os civilistas. Da grande quantidade de glosas redigidas pela Escola canonista, sempre em Bolonha, nasceu aquele direito canônico que, embora modificado no decurso dos séculos, vigora ainda hoje (cf. III, 9).

b) *Os Comentadores (séculos XIV-XV)*. Os cinqüenta anos que se seguem à Glosa de Acúrsio são dominados por sua autoridade. Os juristas procuravam não tanto dar novas explicações, quanto aplicar o direito romano à realidade. A paralisação na pesquisa (não porém na prática) jurídica inscreve-se num momento histórico que assiste ao delineamento dos futuros Estados nacionais sobre o desagregado império medieval. De resto, a unidade do império havia sido mais um desejo dos Glosadores do que uma realidade política, e lhes servira para afirmar a indivisível correspondência entre direito romano e Sacro Império Romano-Germânico.

Assim como os Estados do século XIV tendem a se libertar da ligação com o império, também o direito daqueles anos tende a se libertar da sujeição ao texto de Justiniano. Os juristas não questionam apenas os *verba* deste, mas buscam também seu *sensus*. A glosa é substituída pelo comentário: por isso os juristas dessa Escola passam a se denominar Comentadores. Seu centro não é mais Bolonha, mas Orléans: a França afirmava cada vez mais a própria independência do império; além disso, numa parte de seu território prevalecia o direito consuetudinário (*droit coutumier*, cf. VI, 24) que facilitava o distanciamento da Glosa de Acúrsio.

A passagem das glosas aos comentários, todavia, foi uma transição gradual, não uma ruptura brusca. Também na Itália o *jus proprium* adquiria importância crescente e existiam, portanto, as condições para aceitar a aplicação do método francês ao direito romano.

A figura central da Escola dos Comentadores é Bartolo de Sassoferrato (1314-1357), cuja obra é composta por uma série quase completa de comentários ao *Corpus juris* e por um grupo de tratados sobre inúmeros temas de direito privado, público e penal, caracterizados pela ligação com a realidade e, portanto, pela independência da glosa. Em pouco tempo, o método jurídico criado por ele tornou-se dominante e recebeu o nome de "bartolismo", que está na origem da moderna concepção do direito. Sua extraordinária importância pode ser ilustrada com apenas um exemplo: na Espanha, em Portugal e, a partir de 1603, no Brasil, a *opinio Bartoli* foi declarada obrigatória para os juízes, sempre que houvesse conflitos de interpretação.

A figura de Bartolo dominou dois séculos repletos de juristas, cujos esforços conjuntos conseguiram acrescentar ao texto de Justiniano – núcleo dos estudos dos Glosadores – também o estudo dos direitos locais.

Os Comentadores viam no direito romano a *ratio scripta*, ou seja, um conjunto de princípios que deviam ser adaptados à realidade de cada Estado por meio de intervenções que os Glosadores teriam considerado inadmissíveis. Assim, a exegese cede cada vez mais lugar à interpretação. Todavia, os princípios inquestionáveis dos quais esta última deve partir são fornecidos pelo direito romano restaurado pelos Glosadores. A continuidade das duas escolas está nessa referência comum ao *Corpus juris*; a contribuição inovadora dos Comentadores está na interpretação dos textos de acordo com as regras da dialética aristotélica.

Com isso, está traçado o caminho que levará à separação do direito romano; mas serão necessários séculos para percorrê-lo.

A ruptura com a tradição do direito romano é simbolizada pela proposta de Giambattista De Luca (1614-1683) de usar o italiano nos tratados de direito, como fizera Galileu nas ciências. Além disso, ao lado do direito privado de origem romanística, tomava forma um corpo autônomo de normas comerciais, cujo efeito chega até nossos dias. A data de início dessa agregação de novas normas jurídicas pode ser situada na mesma época da publicação do *Tractatus de mer-*

catura et mercatore de 1553, de Benvenuto Stracca (1509-1578), que parte da realidade econômica de seu tempo e deixa explicitamente de lado a tradição do direito romano. Essa e outras obras da Escola italiana se difundiram em toda a Europa, contribuindo para criar um substrato comum para as futuras legislações comerciais. Voltaremos a elas no item 10 deste capítulo.

8. O direito romano como direito do Sacro Império Romano-Germânico: a lenda de Lotário

O direito romano, unido ao canônico, expandiu-se na Europa entre o século XII e o século XV, sobretudo através do ensino das universidades. Nestas, formara-se uma classe de juristas cultos que depois aplicaram nos tribunais e nas administrações os princípios aprendidos na universidade. Na Espanha, essa aceitação culminou com as *Siete Partidas*, encomendadas por Afonso X, dito o Sábio, por volta de 1265: essas normas foram depois exportadas para a América do Sul e contribuíram para determinar a estrutura jurídica daquele continente (cf. V). Acolhidas análogas ocorreram inicialmente na Suíça, na Alemanha meridional e na Inglaterra e, em seguida, na Holanda, na Alemanha setentrional por volta do século XV, bem como na Escandinávia por volta do século XVII. Em todos esses países, o direito romano colocava-se ao lado dos costumes locais, oferecendo soluções jurídicas para os casos não previstos neles, ou ainda para os casos em que se desejava renovar as regras preexistentes. Além disso, quando um território estava fragmentado em inúmeros pequenos Estados, fornecia um *direito comum* para as relações entre eles. Ao final desse processo de assimilação – ou seja, já no século XV –, o direito romano-canônico complementado pelas contribuições dos juristas italianos e franceses era o *ius commune* da Europa Ocidental.

Esse direito comum revelou-se particularmente duradouro nos territórios alemães. De fato, enquanto nos séculos subseqüentes à assimilação outros Estados nacionais providenciaram uma legislação própria e, nos séculos XVIII-XIX, também códigos próprios, a formação do Estado nacional na Alemanha só ocorreu no século XIX. Conseqüentemente, nos primeiros, o direito romano-canônico transformou-se em substrato da legislação nacional, enquanto na área germânica, até o início do século XX, continuou a ter existência autônoma ao lado dos direitos locais. Por isso, nesse ponto, convém analisar melhor.

A necessidade de dar uma fundamentação formal ao poder sempre foi uma exigência tão forte que não diminuiu nem mesmo diante da falsificação: basta pensar na "doação de Constantino", ou seja, o ato jurídico formal com o qual o imperador romano teria doado a cidade de Roma, a Itália e as províncias ocidentais do império ao papa Silvestre I. Dessa doação derivava o poder temporal dos papas. Aduzia-se como prova um documento de 313, que somente o humanista Lorenzo Valla (1407-1457) demonstrou ser falso: mas àquela altura os papas já haviam utilizado aquele documento para fundamentar o poder temporal da Igreja.

Algo semelhante ocorreu também no caso do uso do direito romano em todo o Império Germânico como direito imperial, isto é, como direito diferente e superior aos direitos locais. Também para essa assimilação encontrou-se um fundamento jurídico lendário por volta do século XVI. Dizia-se que o imperador Lotário III, em sua campanha na Itália, descobrira em 1137, na região de Amalfi, um exemplar manuscrito do *Digesto*, que depois transferira para a Alemanha, onde lhe foi conferida validade jurídico-formal e a categoria de lei imperial.

Essa teoria foi denominada "doutrina da *translatio imperii*" e de fato fornecia um fundamento jurídico-formal à exigência política de apresentar o Sacro Império Romano-Germânico como a continuação do Império Romano.

Por volta da metade do século XVII, demonstrou-se a improcedência científica dessa doutrina. Na verdade, o direito romano chegara à Alemanha através dos juristas alemães formados nas universidades italianas – especialmente em Bolonha – e que, de volta à pátria, aplicaram aos casos alemães as regras aprendidas com o estudo. Assim, gradualmente o direito romano teria sido difundido por todo o território do Império Romano-Germânico, criando um substrato jurídico comum para cada direito local. O direito romano foi, portanto, aplicado no território do Sacro Império Romano-Germânico não através da atividade legislativa, mas através da atividade de jurisprudência.

Essa teoria designa o direito romano como *usu receptum* (ou seja, assimilado pelo uso) e explica sociologicamente – para empregar um vocábulo atual – a sua afirmação na Alemanha e o paralelo *usus modernus Pandectarum*.

A Idade Média conheceu um desenvolvimento extraordinário da Igreja Católica e de seu direito, o direito canônico. No Sacro Império Romano-Germânico e, em particular, na Alemanha, a aceitação do direito romano foi, na realidade, a aceitação de um direito romano e canônico. Pode-se fazer remontar o vínculo entre Pontificado e Império ao Natal do ano 800, quando Leão III coroou Carlos Magno imperador do Sacro Império Romano-Germânico: nesta mesma denominação, o poder espiritual se funde ao temporal. A partir de então, o imperador devia ao papa seu poder, e o papa recebia do imperador uma proteção temporal. Se o Império Romano clássico era laico, o novo Império Romano era "Sacro": a cidade terrena era apenas a antecipação e a prefiguração da Cidade de Deus.

Com o século XVI, a aceitação do direito romano-canônico na Alemanha dirigiu-se diretamente à prática e abriu-se cada vez mais às exigências do próprio tempo: sob a influência de juristas humanistas nascia o *usus modernus Pandectarum*, isto é, o uso do direito romano conforme os novos tempos. É decretado o princípio de *subsidiariedade* do direito romano, de acordo com o qual tal direito devia ser aplicado quando o direito local apresentasse uma lacuna. A atenção dirigida à prática do direito obrigava também a reorganizar o material doutrinário e jurisprudencial que, no decorrer dos séculos, se acumulara sobre o núcleo originário do direito romano-canônico. Os juristas iniciaram assim aquele trabalho de sistematização do direito romano que, com os pandectistas alemães do século XIX, devia levar a organizar em *sistema* um direito que – de suas origens até então – sempre fora um direito jurisprudencial, ou seja, fundamentado sobretudo na acumulação das sentenças. Já mencionamos a importância da noção de sistema na cultura ocidental (cf. I, 3). Aqui é importante ressaltar que, em todo o século XIX, o trabalho dos pandectistas alemães substituiu aquela codificação que a Alemanha, fragmentada numa pluralidade de Estados, não conseguia realizar e, desse modo, facilitou a passagem ao código civil, que finalmente entrou em vigor em 1.º de janeiro de 1900. Os manuais dos últimos pandectistas não expunham mais o direito romano segundo a ordem de Justiniano, mas reorganizavam a matéria, atualizando-a e sistematizando-a: os últimos manuais das *Pandectas* em uso nas universidades alemãs tinham quase a estrutura de um código civil. E efetivamente, na comissão que preparou o código civil alemão do século XX, era dominante a presença dos pandectistas.

9. A Revolução Francesa e o direito civil moderno

Desde a época bizantina, através da Idade Média, do Renascimento e do Iluminismo, as relações entre os indivíduos foram dirigidas pelo *corpus* justiniano, exaltado a ponto de ver nele a própria razão colocada por escrito (*ratio scripta*). No século XIX, a compilação de Justiniano foi substituída por uma codificação baseada em princípios racionais do Iluminismo. Ela estabelece, por um lado, aqueles usos comerciais que se organizaram de modo autônomo (códigos comerciais) e, por outro, aquela parte remanescente do direito privado que se ocupava das relações entre indivíduos não compreendidas na matéria comercial (códigos civis). O debate sobre as codificações caracterizará todo o século XIX, remetendo-se a um novo texto sagrado: o *Code Napoléon* de 1804.

Toda a cultura jurídica do século XIX é dominada pela exegese daquele código ou pela oposição à codificação. Na Alemanha, a polêmica da Escola histórica do direito contra a codificação surge precisamente do fato de que os Estados germânicos, pátria da reação, não podiam aceitar uma codificação de tipo francês, expressão jurídica da nova ordem social nascida da Revolução Francesa de 1789. Contudo, todo o debate se concluiu com a entrada em vigor do código civil alemão de 1900, tardia consolidação jurídica de uma tardia revolução burguesa. Por acordo ou desacordo, em suma, o ponto de referência era sempre o *Code Napoléon*.

Com a Revolução Francesa, a iniciativa burguesa se liberta dos vínculos da economia feudal e torna-se espírito empreendedor num sistema econômico inspirado em teorias liberalistas, de acordo com as quais cada indivíduo disputa com todos os outros na produção de bens e serviços. O código civil garante juridicamente a liberdade do indivíduo em relação ao Estado, protege o uso autônomo da sua propriedade e não interfere nas suas relações com os outros indivíduos, intervindo apenas se uma das partes pede a assistência do Estado contra a outra que não respeitou os pactos. Toda a sociedade se sustenta na observância do princípio de que é preciso respeitar os pactos (*pacta sunt servanda*). À livre concorrência em economia corresponde, assim, a tutela da autonomia privada no direito. Essa autonomia se manifesta no contrato (acordo entre duas partes para a transferência de bens segundo as leis do mercado, incrementando a propriedade individual) e no testamento (transferência sem compensação da propriedade assim acumulada, para permitir seu ulterior aumento).

A garantia jurídica das liberdades individuais é ao mesmo tempo causa e conseqüência dessas livres trocas: o indivíduo deve poder mover-se livremente; ter acesso à instrução; decidir o setor econômico no qual atuar sem se submeter a cartas régias, e assim por diante. A mobilidade social aumenta. Na sucessão dinástica, o indivíduo é apenas o elo de uma corrente imóvel, conta não como indivíduo, mas como parte da dinastia; na sucessão hereditária, ao contrário, esse automatismo deixa de existir e o indivíduo passa ao primeiro plano: o herdeiro que recebe a propriedade deve também ser capaz de mantê-la, senão o mercado tratará de transferi-la para mãos mais hábeis.

Liberdades individuais, direito de família, contratos: eis os pontos cardeais do direito civil no século XIX, no início de sua existência na forma codificada. Essa temática reflete-se pontualmente no código civil italiano de 1865, que está dividido em três livros: das pessoas, dos bens, da propriedade e das suas modificações; dos modos de adquirir e de transmitir a propriedade e os outros direitos sobre as coisas.

Graças também a esses instrumentos jurídicos, a economia sofreu uma transformação tão radical que logo tornou superadas as próprias codificações que haviam favorecido tais transformações. De fato, a acumulação da riqueza, o progresso das ciências exatas (visto em função da exploração econômica da natureza) e a economia de mercado geraram a manufatura. Esta última produzia efeitos sociais não previstos por um legislador que originariamente se propusera acabar com a propriedade feudal para substituí-la pela propriedade individual, mas tinha em mente uma economia agrária, ainda que modernizada por comércios mais amplos e empresas mais ativas. É por isso que, no final do século XIX, a codificação da autonomia individual passa a ser acompanhada por uma codificação dos usos e das tradições comerciais, que se desenvolveram autonomamente. As normas civis e as comerciais tornavam-se contíguas, depois de uma história feita de nítida separação.

10. Os usos comerciais se unem ao direito civil

Enquanto durou o sistema feudal e a economia senhorial, a riqueza esteve ligada sobretudo à propriedade imobiliária agrária. A importância da propriedade imobiliária urbana é recente: ainda no século XVIII, os primeiros grandes cadastros imobiliários italianos não a levavam em consideração, uma vez que o imóvel urbano não era considerado produtor de riqueza e não constituía, assim, uma base tributária que valesse a pena registrar. A expansão da classe mercantil e artesã levou à formação das corporações, no decorrer de uma evolução que viu tais camadas emergentes arrancarem um número crescente de privilégios do poder comunal. O direito romano, com as sucessivas modificações que o transformaram em direito romano comum, era adequado para regular a sociedade agrária feudal, cujos modos de produção não eram, no final das contas, substancialmente diferentes dos que plasmaram o direito romano. No entanto, ele se mostrava inadequado com relação a certos setores econômicos da época comunal. Por isso, as corporações criaram para si estatutos autônomos e os mercadores seguiram regras de comportamento que se consolidaram em usos que, embora de origem não romanística, eram obrigatórios para os inscritos na corporação dos mercadores (*matricula mercatorum*). Das corporações e da classe dos mercadores provinham os juízes que resolviam as controvérsias comerciais em tribunais especiais. Apesar de a classe ascendente dos mercadores e dos artesãos procurar estender a outros indivíduos o âmbito de aplicação das próprias normas consuetudinárias, *o direito civil e o direito comercial tinham fontes diferentes, objeto diferente e tribunais diferentes*.

O quadro sofreu uma mudança radical com as grandes viagens transoceânicas e com a descoberta da América. Armar uma frota para extrair ouro nas Índias Ocidentais e especiarias nas Orientais não era mais um empreendimento ao alcance mesmo de comerciantes riquíssimos. A ocupação de novos territórios e os conflitos que estes provocavam entre as potências européias tampouco podiam depender da iniciativa individual. Na metade do século XVI o próprio Estado se tornou mercador e a doutrina econômica dominante, o mercantilismo, teorizou o controle estatal sobre a economia. O símbolo dessa mudança foram as grandes companhias para a exploração dos comércios intercontinentais.

Com a entrada do Estado no rol dos mercadores, a fonte do direito civil passou a coincidir com a fonte do direito comercial: esse é o reflexo jurídico da derrocada da economia corporativa. A matéria comercial é agora regulamentada por aquele mesmo Estado que já regulamentava a matéria civil. Por ora, contudo, trata-se de uma aproximação, mas não de uma identificação: o *direito civil e o comercial compartilham a mesma fonte, mas continuam a ter objeto e tribunais diferentes*. De fato, em matéria comercial conservam sua competência os tribunais especiais de comércio, cujos juízes provêm da classe mercantil. Também no caso dos tribunais eclesiásticos, é difícil eliminar o privilégio do foro autônomo: na Itália, essa evolução iniciada por volta do século XVI só se completará em 1888, com a supressão dos tribunais comerciais.

Nesse período de tempo, o direito comercial se aplicava não mais a quem estava inscrito na corporação (que a essa altura deixara de existir), mas a todos que realizavam atos de comércio. Eram esses atos, portanto, juntamente com os tribunais que os julgavam, que distinguiam quem estava submetido ao direito comercial de quem estava submetido ao direito civil. É precisamente em decorrência da extrema importância da noção de ato comercial que o código comercial italiano de 1882 elencava detalhadamente os atos comerciais nos artigos 3 a 6.

O artigo 3 especificava vinte e quatro atividades que eram consideradas atos de comércio. Todavia, com o fim da filiação formal à *matricula mercatorum*, tornava-se difícil estabelecer a quem se aplicavam as normas comerciais. Atividades como os seguros e os transportes foram declaradas exclusivamente comerciais: a quem as executava, portanto, podiam-se aplicar apenas as normas comerciais. Em outros casos, sua aplicabilidade dependia do objetivo de quem realizava um daqueles atos: se o fazia por "especulação comercial", sua atividade recaía no âmbito do direito comercial; do contrário, recaía no âmbito do direito civil. Por outro lado, os atos de um comerciante não eram necessariamente todos comerciais. Com base no artigo 4, podiam sê-lo ou não: "Consideram-se, ademais, atos de comércio os outros contratos e as outras obrigações dos comerciantes, se não forem de natureza essencialmente civil ou se o contrário não resulte do próprio ato." Assim, os comerciantes podiam realizar atos civis e os civis, atos comerciais. Não é difícil imaginar as dificuldades que acompanhavam a aplicação de normas arquitetadas dessa forma.

O elenco dos atos de comércio ora examinados está contido no primeiro livro do código comercial italiano de 1882, que sob o título *Do comércio em geral* trata também dos vários tipos de sociedade, das notas promissórias, das ordens de pagamento etc. O segundo livro trata *Do comércio marítimo e da navegação*; o terceiro livro, *Da falência*; o quarto livro, *Do exercício das ações comerciais e da sua duração*. O conteúdo dos outros códigos comerciais europeus daquela época coincide mais ou menos com esse.

11. A confluência dos direitos civil e comercial

Após a codificação do direito civil e do direito comercial, da antiga diferença permanecia apenas um vestígio importante: nos atos comerciais, a norma ou o costume comerciais prevaleciam sobre os civis. Em outros termos, se a um ato comercial era aplicável tanto uma norma comercial quanto uma norma diferente proveniente do direito civil, o conflito devia ser resolvido aplicando a norma comercial.

Nesse ponto, restava apenas extrair as últimas conseqüências legislativas dessa progressiva integração de esferas jurídicas outrora distintas. De fato, *o direito civil e o comercial tinham agora em comum a fonte, eram aplicados por tribunais estatais e cada um tinha um objeto cada vez mais difícil de manter separado do outro*. A primeira a realizar esse passo foi a Suíça que, em 1881, reuniu num único código as normas civis e as normas comerciais.

Na Itália, depois de ter trabalhado até 1940 num código civil distinto de um código comercial, preferiu-se desmembrar o projeto deste último, favorecendo um código único. Algumas normas técnicas confluíram nas leis sobre falência, sobre as notas promissórias e as ordens de pagamento; a complexa matéria do comércio marítimo terminou no código da navegação, que se tornou também o fundamento do direito aeronáutico; a maior parte das disposições comerciais, todavia, foi colocada no quinto livro do código civil de 1942, intitulado *Do trabalho*. Este último código, ainda hoje vigente, compreende seis livros: as pessoas e a família; as sucessões; a propriedade; as obrigações; o trabalho; a tutela dos direitos.

Em linhas gerais, esse é o campo coberto pelo direito civil também nos outros países da Europa continental e naqueles que dela receberam a própria legislação. O estudo autônomo de numerosos direitos, alguns citados quando aludimos ao desmembramento do código comercial, ao passo que outros não podem ser abordados aqui (por exemplo, o direito agrário), não deve ser motivo de equívocos: trata-se sempre de normas civilistas abordadas separadamente por oportunidade científico-didática ou pela especificidade das relações regulamentadas.

12. Códigos nacionais, empresas supranacionais e globalização

Os códigos vigentes, não obstante as emendas e as integrações mais recentes, fundamentam-se no princípio de que os indivíduos, livres da sujeição ao soberano absoluto, se reagregam em Estados nacionais identificados quase sempre segundo o critério da unidade lingüística. No entanto, a economia já superou essa fase: a empresa se projetou para além da nação de origem e, transformada em multinacional, foge aos controles jurídicos estabelecidos por cada um dos Estados. As normas estatuídas para controlar e limitar o poder das empresas revelam-se impotentes precisamente em relação àquelas empresas que, por suas dimensões, são capazes de provocar os desequilíbrios maiores: basta pensar, por exemplo, na inadequação da normativa monetária em relação às práticas de uma empresa multinacional e no peso que pode assumir nas finanças públicas de um Estado a deliberada especulação realizada por uma dessas empresas.

O desenvolvimento tecnológico, por outro lado, levou a situações complexas, que ultrapassam as fronteiras nacionais e, portanto, ou devem ser abandonadas ao acaso, ou devem ser regulamentadas em nível supranacional: a poluição atmosférica e a circulação das informações são realidades que se movem sem respeitar os limites nacionais do século XIX; a rapidez dos transportes gerou uma criminalidade supranacional e fluxos migratórios transcontinentais. Diante de problemas como esses, o Estado nacional nascido no século XIX está de mãos atadas: sua soberania pára na fronteira, onde começa uma outra soberania, igualmente exclusiva e igualmente impotente.

Em particular, a difusão da informática e das redes telemáticas favoreceu essa superação das fronteiras estatais, porque hoje as comunicações ocorrem com tanta rapidez que o tempo e o espaço são anulados. Esse fenômeno – pelo qual cada ator econômico pode atuar em qualquer lugar como se ali estivesse presente – assumiu o nome de "globalização". Na verdade, ela já havia se iniciado no século XIX, quando os comércios fecharam o mundo num círculo de comunicações terrestres e navais: como símbolo dessa primeira integração pode-se tomar a abertura do Japão às transações ocidentais (cf. IX, 3). A globalização atual, graças à informática, tornou incomparavelmente veloz e penetrante aquela integração mundial originária. Esta se realiza, contudo, com modalidades diferentes nos vários setores da vida econômica e social: no final do milênio, o setor financeiro é aquele em que a realidade está mais próxima da lenda da globalização; o dos direitos civis e da justiça social é certamente o setor que está mais distante dela.

Por sua vez, as tentativas dos Estados de se reunirem em entidades econômico-políticas supranacionais, de economia e cultura homogêneas, caminham lentamente, porque nenhum Estado quer renunciar à própria soberania, assim como nenhum indivíduo aceitaria uma redução da esfera da própria autonomia, se esta não lhe fosse imposta por um poder que ocupa posição superior. Num primeiro momento, quase retomando o caminho que na Europa do século XIX levara à formação dos Estados nacionais, esses grupos de Estados assumem a forma de uniões alfandegárias mais ou menos estreitas: hoje, esses "mercados comuns" são uma realidade também na Ásia e na América. Para a Europa, todavia, o milênio se encerrou com um notável progresso no caminho da integração econômica e política: superada a fase da Comunidade Econômica Européia, a lenta afirmação dos poderes da União Européia está levando à formação de um Superestado e de um direito supranacional. Esse direito se forma praticamente fora dos parlamentos nacionais, e sua existência certamente implica uma limitação à soberania nacional, mas é também o único instrumento para fazer frente às empresas multinacionais.

Enfim, existem entidades supranacionais cada vez mais poderosas que não nascem da união de cada Estado, mas são em certa medida autônomas dos Estados que as financiam. Essas "organizações sem bandeira" – por exemplo, o Fundo Monetário Internacional – exerceram uma influência relevante na formação dos direitos nacionais nos Estados pós-comunistas (cf. IV, 6 a).

ITINERÁRIO BIBLIOGRÁFICO

Para as obras de consulta, veja-se a bibliografia do capítulo I.

[Itens 1-2] Dois manuais tradicionais descrevem com clareza o direito romano público (o primeiro) e privado (o segundo): Pietro De Francisci, *Storia del diritto romano*, Milão, Giuffrè, 1943-1944, 3 vols.; Pietro Bonfante, *Istituzioni di diritto romano*, com prefácio de Emilio Albertario, Turim, Giappichelli, 1966, XXXII-724 pp.

O texto fundamental do direito romano encontra-se numa edição recente: *Digesta Iustiniani Augusti*, org. por Pietro Bonfante, Mediolani, Formis Societatis Editricis Librariae, 1960, IX-1.594 pp.

O ambiente no qual tomou forma a compilação justiniana e a inteira cultura bizantina são descritos em Georg Ostrogorsky, *Storia dell'impero bizantino*, Turim, Einaudi, 1968, XXX-568 pp. (com ampla bibliografia).

[Item 3] Sobre o direito bizantino em geral é sempre válida a antiga e monumental obra de Jean Anselme Bernard Mortreuil, *Histoire du droit byzantin ou du droit romain dans l'Empire d'Orient, depuis la mort de Justinien jusqu'à la prise de Constantinople en 1453*, Paris, Guilbert, 1843-1844, 2 vols.

As relações com o mundo muçulmano são estudadas em Giulio Vismara, Bisanzio e l'Islam. Per la storia dei trattati tra la cristianità orientale e le potenze musulmane, *Studi urbinati di scienze giuridiche ed economiche*, Milão, Giuffrè, 1950-1952, vols. XVII-XX, pp. 3-106.

Domenico Gatteschi, *Manuale di diritto pubblico e privato ottomano, contenente le principali capitolazioni e trattati di commercio della Porta, colle potenze cristiane e relativi regolamenti; un estratto del diritto civile musulmano, disposto secondo l'ordine del Codice Napoleone, con i luoghi paralleli delle leggi romane; la legislazione commerciale ottomana, e varie leggi ed ordinanze. Seguito da un'appendice dei trattati ed atti diplomatici riguardanti l'Egitto e dei regolamenti in esso vigenti* [...], Alexandria do Egito/Milão, Tipografia della Posta Europea di V. Minavi, 1865, LXXXII-570 pp.

[Item 4] Sobre o direito germânico: Heinrich Mitteis, *Deutsche Rechtsgeschichte. Ein Studienbuch*, revisto por Heinz Lieberich, Munique, Beck, 1992, X-590 pp., é a 19.ª ed. de um bem-sucedido manual publicado pela primeira vez em 1949, ampliado na parte relativa à Idade Média, atualizado com bibliografia específica e índices. Menos volumoso, não obstante o título: Gerhard Köbler, *Deutsche Rechtsgeschichte. Ein systematischer Grundriß der geschichtlichen Grundlagen des deutschen Rechts von den Indogermanen bis zur Gegenwart*, Munique, Vahlen, 1996, XIII-298 pp. Completo e disponível também em edição de bolso: Karl Kroeschell, *Deutsche Rechtsgeschichte*, Opladen, Westdeutscher Verlag, vol. 1 (até 1250), 8.ª ed., 1987, 302 pp.; vol. 2 (1250-1650), 6.ª ed., 1986, 333 pp.; vol. 3 (a partir de 1650), 2.ª ed., 1993, 331 pp. Mais voltado para a parte moderna, com amplo estudo da época de Weimar e da DDR (pp. 391-553): Ulrich Eisenhardt, *Deutsche Rechts-*

geschichte, Munique, Beck, 2.ª ed., 1995, XXVIII-583 pp. Uma visão "liberal" está em Hans Hattenhauer, *Zwischen Hyerarchie und Demokratie. Eine Einführung in der geistesgeschichtlichen Grundlagen des geltenden deutschen Rechts*, Karlsruhe, Müller, 1971, XI-313 pp.

[Item 6] Uma bibliografia sobre o direito abissínio encontra-se no volume de Marina Rossi, *Matrimonio e divorzio nel diritto abissino. Stratificazione di diritti ed evoluzione dell'istituto*, Milão, Unicopli, 2.ª ed., 1982, 152 pp. (bibliografia nas pp. 113-52).

A edição do *Fetha Nagast* foi organizada por Eduard Sachau e Carl Georg Bruns, *Syrisch-römisches Rechtsbuch aus dem fünften Jahrhundert. Mit Unterstützung der Akademie der Wissenschaften zu Berlin aus den orientalischen Quellen herausgegeben, übersetzt und erläutert*, Leipzig, Brockhaus, 1880, pp. X-141, 367. Giuseppe Fumagalli, *Bibliografia Etiopica. Catalogo descrittivo e ragionato degli scritti pubblicati dalla invenzione della stampa fino a tutto il 1891 intorno alla Etiopia e regioni limitrofe*, Oxford, Gregg International, 1985, 300 pp. (reimpressão anastática do livro publicado por Hoepli em Milão em 1893, XI-189 pp.).

Code civil de l'Empire d'Éthiopie de 1960, edição francesa, com nota introdutória de René David, Paris, Librairie Générale de Droit et Jurisprudence, 1962, 532 pp.; René David, *Le droit de famille dans le Code civil éthiopien*, Milão, Giuffrè, 1967, 92 pp.

[Itens 7-10] A obra mais completa para dar início a uma pesquisa sobre a história do direito privado é organizada por Helmut Coing, *Handbuch der Quellen und Literatur der neueren europäischen Privatrechtsgeschichte*, Munique, Beck; vol. 1: *Mittelalter (1100-1500). Die Gelehrten Rechte und die Gesetzgebung*, 1973, XXIV-911 pp.; vol. 2: *Neuere Zeit (1500-1800). Das Zeitalter des Gemeinen Rechts*, parte I: *Wissenschaft*, 1977, pp. XXVII-1.033, parte II: *Gesetzgebung und Rechtsprechung*, 1976, XXIX-1.447 pp.; vol. 3: *Das 19. Jahrhundert*; parte I: *Gesetzgebung zum allgemeinen Privatrecht*, 1982, XXVI-1.401 pp., parte II: *Gesetzgebung zum allgemeinen Privatrecht und zum Verfahrensrecht*, 1982, XXVIII-1.439 pp., parte III: *Gesetzgebung zu den privatrechtlichen Sondergebieten*, 1986, XXV-1.467 pp.; as partes IV e V, sobre os países nórdicos e sobre a Europa sul-oriental, estão em preparação.

Sobre a história do direito alemão na época nacional-socialista: Ralf Dreier, *Juristische Vergangenheitsbewältigung*, Baden-Baden, Nomos, 1995, 40 pp.; Dietmut Majer, *Grundlagen des Nationalsozialistichen Rechtssystem. Führerprinzip, Sonderrecht, Einheitspartei*, Stuttgart, Kohlhammer, 1987, VII-254 pp.; Joachim Rückert (org.), *Die deutsche*

Rechtsgeschichte in der NS-Zeit. Ihre Vorgeschichte und ihre Nachwirkungen, Tübingen, Mohr, 1995, VI-355 pp.; Bernard Rüthers, *Die unbegrenzte Auslegung. Zum Wandel der Privatrechtsordnung im Nazionalsozialismus*, Heidelberg, Müller, 5.ª ed., 1997, XXVIII-514 pp. [escrito pelo autor para sua livre-docência em 1967, foi uma das primeiras e continua a ser uma das obras fundamentais sobre o tema].

Para se orientar na bibliografia sobre a assimilação do direito romano nos territórios de língua alemã, convém partir do *Handwörterbuch zur deutschen Rechtsgeschichte* (Berlim, Schmidt, 1971-1998, em 5 vols.), no verbete *Rezeption*, que trata da assimilação romanística no direito privado e público, e no verbete *Strafrecht*, que trata da assimilação no direito penal. Sobre a resistência a essa assimilação, cf. Gerald Strauss, *Law, Resistance and State: The Opposition to Roman Law in Reformation Germany*, Princeton (NJ), Princeton University Press, 1986, X-302 pp.

Sobre a assimilação do direito romano na Espanha, cf. as obras de história do direito espanhol elencadas no itinerário bibliográfico do cap. V; para a Inglaterra, as análogas obras citadas na bibliografia do cap. VI. Sobre a Suíça: Louis Carlen, *Rechtsgeschichte der Schweiz. Eine Einführung*, Berna, Francke, 3.ª ed.; 1988, 129 pp. Sobre os países escandinavos: Lars Bjoerne, *Nordische Rechtssysteme*, Ebelsbach, Gremer, 1987, XI-277 pp. [bibliografia: pp. 262-271].

Ademais, sobre temas específicos do item 8: Domenico Maffei, *La donazione di Costantino nei giuristi medioevali*, Milão, Giuffrè, 1980, VII-366 pp. (reimpressão inalterada da edição de 1964). Marco Scovazzi, *Le origini del diritto germanico. Fonti – Preistoria – Diritto pubblico*, prefácio de Pietro Vaccari, Milão, Giuffrè, 1957, VIII-336 pp.

Sobre o direito romano na Idade Média existe uma tradução italiana da maior autoridade alemã do século XIX: Karl Friedrich Savigny, *Storia del diritto romano nel medio evo*, Roma, Multigrafica, 1972, 3 vols. (reimpressão da edição turinense de 1854-1857). Um manual tradicional claro e completo é o de Pier Silverio Leicht, *Storia del diritto italiano: il diritto privato*, Milão, Giuffrè, 1941-1948, 3 vols.; *Storia del diritto italiano: il diritto pubblico*, 3.ª ed. renovada com um apêndice de documentos para os exercícios, Milão, Giuffrè, 1950, IV-419 pp. Uma leitura apaixonante: Francesco Calasso, *Medioevo del diritto*, Milão, Giuffrè, 1954, 663 pp. A partir das indicações bibliográficas desses volumes, pode-se chegar a cada um dos comentadores e glosadores.

A difusão européia do direito romano é descrita em Paul Koschacker, *L'Europa e il diritto romano*, introdução de Francesco Calasso, Florença, Sansoni, 1962, LXIV-639 pp. Não confundir com os estudos homônimos em memória de Paul Koschaker, *L'Europa e il diritto romano*, Milão, Giuffrè, 1954, 2 vols., úteis, mas não unitários. A obra sintética de Peter Fischer de 1996 está traduzida em inglês: *Roman Law in European History*, Cambridge, Cambridge University Press, 1999, IX-137 pp.

Um clássico sobre a assimilação do direito romano na Alemanha é Georg von Below, *Die Ursachen der Rezeption des römischen Rechts in Deutschland*, reimpressão da edição de 1905, Aalen, Scientia, 1964, 166 pp.

Sobre os Glosadores e Comentadores:
Atti del convegno internazionale di studi accursiani, Milão, 1968, 3 vols.
Atti del convegno I Glossatori, Istituto Lombardo, Milão, Accademia di Scienze e Arti, 1973, 136 pp.
Bartolo da Sassoferrato. Studi e documenti per il VI centenario, Milão, Giuffrè, 1962, LIII-474 pp.
Besta, Enrico, Fonti: legislazioni e scienza giuridica dalla caduta dell'Impero Romano d'Occidente al secolo XVI, em Pasquale Del Giudice (org.), *Storia del diritto italiano*, Milão, Hoepli, 1923-1925. Nesse volume encontram-se indicações sobre as principais obras dos Glosadores; outras estão elencadas no já citado volume de Savigny.
Paradisi, Bruno, *Storia del diritto italiano. Le fonti dal Basso Impero all'epoca longobarda*, Nápoles, Liguori, 3.ª ed., 1977, 477 pp.
Rota, Antonio, *Lo Stato di diritto nella concezione di Irnerio*, Milão, Giuffrè, 1954, 185 pp.

Sobre cada uma das figuras dos juristas medievais, veja-se o já citado Calasso, *Medioevo del diritto*, bem como: Enrico Besta, *L'opera di Irnerio*, Turim, Loescher, 1896, 2 vols.; Pietro Fiorelli, Accorso, em *Dizionario enciclopedico degli italiani*, Roma, 1960, vol. I.

Sobre a superação das escolas jurídicas medievais: Domenico Maffei, *Gli inizi dell'umanesimo giuridico*, Milão, Giuffrè, 3.ª ed., 1972, 206 pp.

Sobre o ensino do direito nos séculos XVI e XVII: Maria Carla Zorzoli, *Università, dottori, giureconsulti. L'organizzazione della "Facoltà Legale" di Pavia nell'età spagnola*, Pádua, Cedam, 1986, VI-392 pp.

Sobre a história do processo civil do Iluminismo em diante: Michele Taruffo, *La giustizia civile in Italia dal '700 a oggi*, Bolonha, Il Mulino, 1980, 370 pp.

Sobre o direito civil moderno:
Imbert, Jean, *Histoire du droit privé*, Paris, Presses Universitaires de France, 8.ª ed., 1996, 125 pp.
Lévy, Jean-Philippe, *Histoire de la propriété*, Paris, Presses Universitaires de France, 1972, 126 pp.
Ourliac, Paul; Malafosse, Jehan de, *Histoire du droit privé*; vol. 1: *Les obligations*, 2.ª ed., 1969; vol. 2: *Les biens*, 2.ª ed., 1971; vol. 3: *Le droit familial*, 1968; Paris, Presses Universitaires de France, 3 vols.
Piano Mortari, Vincenzo, *Gli inizi del diritto moderno in Europa*, Nápoles, Liguori, 1980, 443 pp.
Wieacker, Franz, *Storia del diritto privato moderno. Con particolare riguardo alla Germania*, apresentação de Umberto Santarelli, Milão, Giuffrè, 1980, vol. 1: XXII-580 pp.; vol. 2: XXII-429 pp.

Sobre o fenômeno da codificação: Giovanni Tarello, *Storia della cultura giuridica moderna. Assolutismo e codificazione del diritto*, Bolonha, Il Mulino, 1976, 633 pp. É um volume fundamental para compreender como se chegou às codificações modernas em toda a Europa. O fato de que "à recusa do italocentrismo corresponde a adoção do eurocentrismo" (p. 3) está em harmonia com a posição assumida por este livro (cf. *Introdução* e I, 5). Está no prelo o vol. II: *Il primo assetto dell'organizzazione giuridica moderna*. A gênese dos códigos da Itália unida é descrita por Alberto Aquarone, *L'unificazione legislativa e i codici del 1865*, Milão, Giuffrè, 1960, VIII-480 pp. (com uma amplíssima documentação de textos legislativos, intervenções parlamentares e artigos de jornais: pp. 83-464). Cf. também Raffaele Teti, *Codice civile e regime fascista. Sull'unificazione del diritto privato*, Milão, Giuffrè, 1990, 252 pp.

Sobre a ligação da Itália ao restante da Europa no momento da codificação napoleônica: Guido Astuti, Il Code Napoléon in Italia e la sua influenza sui codici degli stati italiani successori, em *Atti del Convegno sul tema: Napoleone e l'Italia*, Roma, 8-13 out. 1969, Roma, Edizione dell'Academia Nazionale dei Lincei, 1973, vol. II, pp. 175-237. Alberto Sciumè, *I tentativi per la codificazione del diritto commerciale nel regno italico (1806-1808)*, Milão, Giuffrè, 1982, 194 pp.

Para cada ramo do direito positivo (cuja gênese é sintetizada no texto), são objetos de estudos jurídicos específicos: Tullio Ascarelli, *Corso di diritto commerciale. Introduzione e teoria dell'impresa*, Milão, Giuffrè, 1962, XII-465 pp. Ascarelli possui uma visão particularmente viva da própria matéria, de forma que seria aconselhável a leitura de outros trabalhos seus. O direito civil é objeto de inumeráveis tratados, citamos apenas um: Domenico Barbero, *Sistema del diritto privato italiano*, Turim, Utet, 1962, 2 vols. Obras monumentais são o *Commentario del codice civile*, org. por Antonio Scialoja e Giuseppe Branca, Bolonha/Roma, Zanichelli/Società Editrice del Foro Italiano, a partir de 1943, em vários volumes, e o *Trattato di diritto civile e commerciale*, org. por Antonio Cicu e Francesco Messineo, Milão, Giuffrè, a partir de 1952, em vários volumes.

Sobre a evolução do direito de família: Enrico Besta, *La famiglia nella storia del diritto italiano*, Milão, Giuffrè, 1962, VIII-269 pp.; Giulio Vismara, *Il diritto di famiglia in Italia dalle riforme ai codici*, Milão, Giuffrè, 1978, pp. 89.

[Item 10] Sobre o desenvolvimento autônomo do direito comercial: Francesco Galgano, *Storia del diritto commerciale*, Bolonha, Il Mulino, 1976, 180 pp. Esta obra passa das origens medievais aos códigos nacionais e à exigência de um direito comercial uniforme nos Estados Unidos e na Comunidade Econômica Européia, para concluir com os problemas da atual economia mista. Vito Piergiovanni (org.), *The Courts and the Development of Commercial Law*, Berlim/Munique, Duncker & Humblot, 1987, 203 pp. [confronto entre a evolução do direito comercial anglo-americano e o europeu continental].

[Item 12] Anne Lefebvre-Teillard, *La société anonyme au XIXe siècle. Du Code de Commerce à la loi de 1887. Histoire d'un instrument juridique du développement capitaliste*, Paris, Presses Universitaires de France, 1985, pp. XII-481; Henri Schwamm; Patrizio Merciai, *Les entreprises multinationales et les services*, Paris, Presses Universitaires de France, 1985, 128 pp. [na passagem da produção industrial à economia dos serviços, que tipo de controle podem exercer os poderes públicos?]; Michael E. Tigar; Madeleine R. Levy, *Law and the Rise of Capitalism*, com uma introdução de Thomas I. Emerson, Nova York/Londres, Monthly Review Press, 1977, XVI-346 pp. [uma documentada história político-jurídica do ano 1000 aos tempos modernos, tenta uma explicação em perspectiva marxista do surgimento do sistema jurídico europeu na luta entre burguesia em ascensão e feudalismo em declínio].

Ademais: Gérard Lafay, *Capire la globalizzazione*, Bolonha, Il Mulino, 1998, 117 pp. Em particular, sobre os efeitos da globalização nos Estados não-europeus: Anthony Woodiwiss, *Globalization, Human Rights and Labour Law in Pacific Asia*, Cambridge, Cambridge University Press, 1998, XII-316 pp.

Capítulo III
O direito público da Europa continental

1. Nas origens do direito público

Nos direitos positivos de origem européia em vigor, relações entre indivíduos, objeto do direito privado, somam-se às relações entre indivíduos e poder soberano, objeto do direito público. Este último direito é cronologicamente sucessivo ao primeiro e, na Europa continental, tem início com a atenção que os Glosadores dirigem aos três últimos livros do *Codex* justiniano, omitidos no estudo medieval por serem dedicados às estruturas fiscais e administrativas de um império que não mais existia. No século XII, Andrea Bonello (1190-1275) dedica um amplo comentário àqueles três livros esquecidos. Essa retomada erudita dos temas do direito público é acompanhada por uma pesquisa de caráter mais prático, ligada às estruturas feudais concretas daquela época: o estudo do direito feudal, ao qual se dedicam os juristas chamados exatamente *feudistae*.

Nesse meio tempo, o *Liber Constitutionum*, publicado pelo parlamento de Melfi em 1231, e toda a obra de Frederico II na Sicília, criam um novo núcleo de textos jurídicos com o qual opera quem não mais encontra no *corpus* justiniano normas para regular a realidade que o circunda.

Nasce uma Escola jurídica napolitana. Mas também no norte da Itália, contudo, onde os Glosadores de Bolonha estão vinculados ao *Corpus juris civilis*, a onda publicista se faz sentir: em 1183 o tratado de paz de Constança sela a independência das comunas da Itália setentrional e assume tal importância que os Glosadores o incluem como o quinto livro do *corpus* justiniano. Começa-se dessa forma a discutir em termos jurídicos as estruturas do Estado e o fundamento do poder que as cria, modifica e extingue: juntamente com o direito público, surge uma doutrina do Estado. A tendência publicista é ainda mais evidente no século XIV, quando a filologia dos Glosadores é superada pelo ainda cauteloso realismo dos Comentadores: com o já mencionado Bartolo de Sassoferrato (1313-1357) nasce também a Escola que lança as bases da teoria do Estado moderno. É nas obras desse período que se encontra o germe dos atuais direitos constitucional, administrativo e tributário.

A estrutura do Estado

2. As origens inglesas do constitucionalismo

Com a ascensão das monarquias absolutas, a lei escrita, expressão da vontade do soberano, foi tomando o lugar do costume, expressão da tradição popular. A lei escrita tornou-se uma forma de comunicação geralmente adquirida por ser mais adequada aos novos tempos. Conseqüentemente, o declínio das monarquias absolutas levou não a recusar a lei escrita promulgada pelo soberano, mas a contrapor a ela uma outra lei escrita de grau superior: a constituição. De fato, a afirmação das teorias democráticas no século XVIII levava a considerar depositário do poder supremo não mais o soberano diretamente investido por Deus, mas o povo: assim, os direitos deste último restringiram também os do soberano. No decorrer da evolução histórica, a constituição apresentou-se, portanto, como uma lei escrita promulgada de forma particularmente solene para determinar os direitos dos cidadãos e a organização do Estado.

A referência à lei escrita pode parecer restritiva porque exclui as normas de matéria constitucional existentes antes da Revolução Francesa e a estrutura estatal britânica. Todavia, preferimos aqui um uso técnico do termo "constituição", seja porque a situação inglesa é excepcional, como veremos dentro em breve, seja porque as normas que regulamentam parcialmente a matéria constitucional nos Estados mais antigos não podem ser definidas como constituições no sentido atual do termo, na medida em que não se fundamentam na soberania popular para regular todo o aparelho estatal, mas derivam do soberano, que as utiliza para regular alguns setores do aparelho estatal.

As leis fundamentais desenvolvidas na Inglaterra estão na origem do movimento europeu que assumiu justamente o nome de "constitucionalismo" porque visava limitar com uma constituição o poder absoluto de um soberano. A história jurídica inglesa é, de fato, uma contraposição ininterrupta de leis setoriais do soberano e de costumes não-escritos: da interação entre esses elementos surge aquele sistema de limitações ao poder soberano que, no século XVIII, serve de modelo a quem deseja limitar as monarquias do continente europeu. A sujeição também do soberano à lei é denominada "rule of law", e imprime à evolução do direito inglês um curso particular, como veremos ao falar do direito administrativo (cf. abaixo, item 7).

Os atos normativos ingleses – que vão da Magna Carta de 1215 ao Bill of Rights de 1689[1] – influenciam o constitucionalismo europeu através de duas vias. A primeira, direta, é a análise das instituições inglesas através de escritos e traduções[2]. A segunda, indireta, deriva da influência do modelo estatal inglês sobre suas colônias e, especialmente, sobre as norte-americanas. O próximo item será dedicado exatamente à linha contínua que, partindo das constituições de-

---

1. Para o texto e um comentário às numerosas cartas inglesas e americanas, cf. Felice Battaglia, *Carte dei diritti. Dalla Magna Charta alla Carta di San Francisco*, Florença, Sansoni, 1946, XI-396 pp.

2. Por exemplo, em 1761 foi publicada em Genebra a tradução francesa de *The Laws of England*, de Blackstone, enquanto dez anos depois Delolme publica *La constitution d'Angleterre*.

rivadas da Revolução americana de 1775, conflui nas constituições revolucionárias francesas e, daí, expande-se então em toda a Europa.

No continente europeu, entrementes, duas correntes de pensamento preparavam o advento das constituições: de um lado, o jusnaturalismo dos canonistas visava limitar a autoridade do soberano evocando o poder divino, enquanto, de outro, as doutrinas contratualistas viam no soberano o depositário de um poder consensualmente delegado a ele pelos cidadãos, aos quais ele era obrigado, por isso, a prestar contas.

Nas páginas anteriores, vimos que os direitos positivos caracterizam-se pelo constante compromisso entre rígidas estruturas formais e realidade econômica em evolução; as constituições modernas, ao contrário, nascem não tanto de um compromisso, mas das revoluções americana e francesa, assinalando, assim, uma clara ruptura em relação aos sistemas estatais do absolutismo. O indistinto poder soberano é subdividido e equilibrado nos poderes legislativo, executivo e judiciário; os tribunais privilegiados do clero, dos nobres e dos comerciantes são eliminados (ou pelo menos tende-se a limitá-los, visando sua futura abolição total), enquanto legado de tempos passados; os direitos dos cidadãos em relação ao soberano são fixados e garantidos em declarações específicas, que precedem os textos constitucionais em sentido estrito.

Só a monarquia inglesa, não atingida pela Revolução Francesa, continua sua evolução consuetudinária e ainda hoje se apresenta como um *unicum* no direito público: a constância excepcional de suas instituições não é apoiada por nenhuma constituição escrita, mas é confiada a um agregado heterogêneo de normas de Common Law[3], de documentos fundamentais, de usos.

O terremoto revolucionário impresso às estruturas políticas francesas, ao contrário, provoca uma série de oscila-

---

3. Sobre a noção de Common Law, cf. VI, 3 ss.

ções institucionais, que ainda em nossos dias não terminaram: de 1791 a 1875 a França assiste à sucessão de treze constituições, experimentando quase todas as formas possíveis de governo.

A estável estrutura inglesa, porém, mesmo sendo o modelo do qual partiu o constitucionalismo, não pôde ser imitada em nenhum país, por estar muito ligada às tradições daquela nação. O modelo norte-americano e francês, por sua vez, inspirou os países da América Latina e da Europa, bem como aqueles Estados que estavam unidos a esta última por vínculos comerciais ou coloniais. Se aqui é impossível acompanhar a árvore genealógica das constituições de todo o mundo, é, porém, indispensável traçar um breve quadro das constituições revolucionárias do século XVIII, para poder depois abordar a natureza (abaixo, item 5) e os limites (abaixo, item 6) das constituições atuais.

3. A constituição, da América revolucionária à França

Na expansão extra-européia do direito inglês, destacam-se as companhias comerciais que recebiam da Coroa inglesa poderes para se instalar em territórios ultramarinos, constituindo postos avançados coloniais, depois entregues à Coroa (cf. VIII, 8 *a*). Analogamente, as várias colônias inglesas que se constituíram ao longo da margem atlântica da América do Norte eram regidas por cartas ou concessões promulgadas pela Coroa, que dessa forma controlava diretamente sua vida política. Embora os colonos que se dirigiam a esses territórios tivessem cultura e motivações bem diferentes dos comerciantes que se estabeleciam na Ásia, o vínculo jurídico que os unia à metrópole era substancialmente igual.

A continuidade da tradição constitucional britânica e, ao mesmo tempo, o desejo de se auto-regular convivem já no *Mayflower Compact*, o ato que os Pais Peregrinos subscreveram em 11 de novembro de 1620, antes de desembarcar em Cape Cod e "ali fundar a primeira colônia na parte setentrional da Virgínia". Eles proclamam constituir-se "num corpo político civil", com a finalidade de "proclamar leis justas e iguais", mesmo prometendo a "devida submissão e obediência" ao soberano.

Esse documento constituiu a lei fundamental da colônia até sua incorporação ao Estado de Massachusetts (1691). As colônias sucessivas foram regulamentadas por cartas expedidas pela Coroa. Quando em 1775 começou a revolução contra a Inglaterra, essas cartas foram transformadas em constituições e governaram cada uma das colônias, cuja unidade era sancionada pelos *Articles of Federation*, redigidos pelo Continental Congress e ratificados pelo núcleo originário dos treze Estados. Ainda que tenham vigorado de 1781 a 1789, esses *Articles* logo revelaram sua inadequação para governar territórios repletos de iniciativa e de fervor, mas assediados por poderosos inimigos externos. Já em 1776, Tom Paine pedia uma constituição que consolidasse os resultados da revolução contra a Inglaterra.

Os *Articles*, efetivamente, não previam um governo, mas apenas um comitê dos Estados subscritores; o Congresso não podia criar tributos (não por acaso o primeiro ato dos revolucionários, o *Tea Party* de Boston, dirige-se contra o odiado fisco britânico), mas sem tributos não se podia constituir um exército, e sem exército não era possível consolidar a revolução com um crescimento econômico, como pediam os cidadãos da East Coast, nem expandir-se na direção das ricas terras do Oeste. Ali, agentes ingleses armavam os índios contra os colonos, na tentativa de criar um Estado indígena encravado entre os revolucionários e o vale do Ohio, que a Inglaterra procurava conservar. No Sul, as tribos indígenas eram armadas pelos espanhóis, os quais procuravam também impedir que o Kentucky e o Tennessee entrassem na União.

Na esteira da tradição jurídica das cartas coloniais, animada pelo espírito dos Pais Peregrinos e sob a pressão desses eventos, a Convenção Constitucional se reuniu em Filadélfia e, de 25 de maio a 17 de setembro de 1787, redigiu a constituição dos Estados Unidos da América. O documento com que se inicia a história constitucional moderna englobava os germes da sociedade americana, que haviam tomado forma nos três projetos de New Jersey, de South Carolina e da Virginia. Este último tornou-se a base para os trabalhos da Convenção. Àqueles três projetos uniram-se também as cartas e as constituições pós-revolucionárias de cada Estado, muitos elementos das quais confluíram na constituição definitiva. Esse documento de alcance universal está, portanto, impregnado de americanidade.

O texto aprovado pela Convenção foi submetido a um turbilhão de propostas de emendas: 145 em 1789, das quais 10 foram ratificadas em 1791. Remonta a essa época a emenda V, que, entre outras coisas, estabelece o princípio de que não se pode pedir a uma pessoa para testemunhar em prejuízo próprio: na época maccartista, a ela recorreram os acusados de atividades comunistas. Passado esse período de consolidação, a constituição americana parece corresponder às exigências da sociedade à qual é dirigida: de 1804 a 1865 não sofreu emendas, mas a situação mudou no século seguinte. Hoje as emendas são 27.

Em 14 de julho de 1789 – no mesmo ano, portanto, em que a constituição americana se consolida – em Paris cai a Bastilha e em Versalhes a Assembléia nacional nomeia uma comissão de oito membros para redigir uma Declaração dos Direitos do Homem. Quando em 27 de julho Champion de Cicé toma a palavra, a lembrança da Revolução americana é imediata: "É o Novo Mundo, onde outrora levamos apenas correntes, que nos ensina hoje a nos preservar da desgraça de levar correntes para nós mesmos."[4] Mas exatamente a diversidade entre a estratificada sociedade francesa e a mais simples sociedade americana é invocada pelos adversários para rejeitar a Declaração dos Direitos do Homem. Apesar disso, em 4 de agosto a Assembléia deci-

---

4. *Archives parlementaires*, série 1, vol. VIII, p. 281.

diu que a constituição francesa deveria ser precedida por uma declaração de direitos. Mirabeau escreveu um projeto de tal declaração mais parecido com os tratados de filosofia política que com os textos legislativos, como bem demonstram os dois primeiros artigos:

> Art. 1. Todos os homens nascem iguais e livres, nenhum deles tem mais direito que os outros de fazer uso de suas faculdades naturais ou adquiridas: esse direito, comum a todos, tem como limite apenas a própria consciência daquele que o exerce, que proíbe fazer uso dele em prejuízo de seus semelhantes.
> Art. 2. Todo corpo político recebe a existência de um contrato social, expresso ou tácito, com o qual cada indivíduo põe em comum sua pessoa e suas faculdades, sob a suprema direção da vontade geral, e ao mesmo tempo o corpo recebe cada indivíduo como parte.

Não importa aqui se o projeto de Mirabeau foi depois preterido por outro, pois não queremos traçar a história das primeiras constituições revolucionárias, e sim identificar os pontos cruciais que possam permitir uma melhor compreensão das constituições atuais.

A grande importância da declaração francesa dos direitos do homem reside em seu caráter universal: ela exprime o resultado da revolução naquela forma generalizada herdada da tradição iluminista. O texto é conscientemente depurado dos particularismos locais da declaração americana: "Sigamos o exemplo dos Estados Unidos – declara em 1.º de agosto de 1789 o duque de Montmorency na Assembléia constituinte –; eles deram um grande modelo ao novo hemisfério; nós devemos dá-lo ao universo: apresentemos assim um modelo digno de ser admirado." Sabe-se, porém, que a burguesia francesa colocou limites precisos ao próprio espírito universalista assim que atingiu o objetivo de abater a monarquia. Esses limites se refletem também no debate constitucional.

Entre julho e agosto de 1789, a revolução burguesa atingiu seu maior radicalismo e extensão, para depois se entrincheirar na tutela do espaço político conquistado. O 4 de agosto abolira os privilégios feudais, estabelecendo, porém, o resgate dos bens, o que tornava difícil a realização dessa medida: com isso, assegurava para si o apoio da pequena burguesia agrária que manteria monarquia, nobreza e clero sob vigilância. O 10 de agosto reconhecera a revolução municipal, que culminara na tomada da Bastilha. O 26 de agosto, ao aprovar a Declaração dos Direitos do Homem, anunciava a morte do *Ancien Régime*.

A essa altura, é necessário um esclarecimento que nunca será suficientemente sublinhado. O estudo da história leva a considerar a Declaração dos Direitos do Homem como o ponto de partida de uma futura evolução, que culminará na passagem dos direitos individuais aos sociais. Ao contrário, para a Assembléia nacional aquela declaração constituía uma barreira intransponível: a revolução podia chegar até ali, e não ir além. O artigo 2 da declaração, colocado como premissa da constituição de 1791, indica os fundamentos do Estado burguês: "A finalidade de toda associação política é a conservação dos direitos naturais e imprescritíveis do homem. Tais direitos são a liberdade, a propriedade, a segurança e a resistência à opressão."

Sobre essas bases a burguesia francesa buscava um acordo com a monarquia para realizar um Estado segundo o modelo inglês. Para alcançar esse objetivo, teve de interromper o processo revolucionário: ocupou os cargos administrativos e instituiu uma "milícia burguesa" sem nela incluir os representantes do quarto Estado (ao contrário, em Lyon a milícia entrou em choque com os operários). É igualmente significativa a polêmica sobre a elegibilidade ativa e passiva: os projetos da Assembléia excluíam de ambas os cidadãos que não atingissem uma certa renda. Esse critério seletivo foi aceito e aos democratas só restou o protesto: "Todos os cidadãos, quaisquer que sejam, têm o direito de aspirar a todos os graus de representação. Nada é mais conforme à nossa Declaração de Direitos, diante da qual todo privilégio, toda distinção, toda exceção deve desaparecer"

(Robespierre); "Quanto a vós, padrecos, não vêem então que o vosso deus não teria sido elegível?" (Desmoulins). A aprovação do requisito censitário relegou assim a burguesia a posições mais retrógradas que as de Luís XVI: enquanto este indicara os Estados gerais com um sufrágio quase universal, a Assembléia reconheceu direitos eleitorais a pouco mais de 4 milhões de pessoas num universo de 26 milhões de franceses.

O projeto burguês de chegar a uma monarquia constitucional foi comprometido pela fuga de Varennes (20 de junho de 1791): as vozes democráticas e republicanas se fizeram mais fortes e os burgueses temeram que desabasse o que haviam construído. Barnave, porta-voz da alta burguesia e presidente da Assembléia, pedia da tribuna: "Devemos concluir a revolução ou recomeçá-la?" E anunciava que, para os burgueses, os tempos da revolução haviam terminado: "um passo adiante no caminho da liberdade seria a destruição do trono; no caminho da igualdade, a destruição da propriedade". Eis o resumo de todo o projeto político que a constituição de 1791 conseguiu exprimir, mas não realizar: o breve domínio da burguesia comercial girondina terminou já em 1792 com a convocação da Convenção Nacional, da qual nasceu a constituição de 1793. Na declaração que a antecede, figura como novo direito natural precisamente aquela igualdade que Barnave e os girondinos temiam. A história constitucional da França e da Europa havia começado.

4. Os três tipos de constituição

As constituições hoje existentes no mundo podem ser reduzidas a três tipos fundamentais, aqui elencados em ordem de surgimento.

1. Na Grã-Bretanha não existe constituição formal, mas Common Law: leis, documentos fundamentais e usos. As intervenções legislativas nos setores vitais da vida pública

são mais freqüentes do que a tradição do Common Law possa fazer pensar: a partir do Act of Settlement (1701) e do Septennial Act (1716), passa-se às reformas parlamentares de 1832, 1867, 1884 e 1911 e àquelas dos governos locais de 1888 e de 1894. Sobre tais normas escritas e consuetudinárias o Parlamento inglês intervém com leis ordinárias. A aplicação judiciária de certas normas tem, obviamente, um grande relevo no sistema inglês. Por isso, Albert V. Dicey (1835-1922) distingue "the laws of the Constitution" das "conventions of the Constitution": as primeiras são regras constitucionais estabelecidas pelas cortes (por exemplo, as prerrogativas da Coroa, a responsabilidade dos ministros); as segundas, ao contrário, são as nascidas da prática (por exemplo, as demissões dos ministros, a "initiation of revenue bill", o "executive veto"). Esse sistema constitucional é único e irrepetível.

2. Os Estados Unidos da América apresentam um duplo sistema de normas constitucionais, devido à natureza federal do Estado. Com base na doutrina dos poderes delegados, o Congresso e o Presidente detêm apenas os poderes expressamente estabelecidos pela constituição, enquanto os Estados-membros detêm todos os poderes remanescentes. Conseqüentemente, há um direito constitucional estadual e um direito constitucional federal. A grande contribuição americana ao direito constitucional consiste em ter confiado a interpretação e a aplicação da constituição ao poder judiciário ordinário, a ponto de o "constitutional law" em sentido estrito ser o estudo das interpretações judiciárias da constituição formal. Como em cada território dos Estados Unidos coexistem as constituições federal e estadual, bem como as jurisdições federal e estadual, verifica-se que os Tribunais estaduais são competentes para a constituição estadual (e, sobre esse tema, vinculam também os Tribunais federais), ao passo que os Tribunais federais são competentes para a constituição federal. Estas, e em particular o Supremo Tribunal, geram a chamada "ruling case law". Conseqüentemente, o direito constitucional federal

compreende a constituição formal com suas 27 emendas, as sentenças federais e as convenções constitucionais. Essa estrutura foi em graus variados imitada pelas constituições de: Canadá, Austrália, Irlanda, Portugal, Grécia, Noruega e Japão. A complexidade do modelo, contudo, tornou esses paralelismos apenas parciais.

3. As constituições de tipo europeu são leis formais que incluem as normas fundamentais do Estado, mas não prevêem para elas um controle por parte da magistratura ordinária: essa tarefa pode ser delegada a Tribunais constitucionais específicos. Estes têm origem no modelo francês cuja origem vimos no item anterior. Na esteira das armadas francesas, as constituições foram introduzidas na Itália entre 1797 a 1799. Também a Alemanha conheceu constituições jacobinas, canceladas porém pela reação. O mesmo fenômeno pode ser encontrado em toda a Europa. Com as revoluções que começam em 1810 na América Latina e com as de 1848 na Europa, o conceito de constituição se liga indissoluvelmente ao de Estado independente.

5. Os elementos indispensáveis de uma constituição

A promulgação de constituições escritas segundo o modelo americano e francês assinalou o surgimento de um direito constitucional que aplicava àqueles documentos o método interpretativo já experimentado nos textos tanto teológicos quanto legislativos. A exegese do texto jurídico, se encontra limites precisos em outros setores do direito, provoca distorções e silêncios ainda mais graves no direito constitucional: a constituição é o mais político dos documentos jurídicos; a Declaração dos Direitos do Homem e do Cidadão, que freqüentemente a antecede, é o mais jurídico dos textos políticos. Os condicionamentos histórico-sociais das constituições americana e francesa foram expostos precisamente para ressaltar que é impossível compreender uma constituição se nos limitamos a considerações puramente jurídicas. No entanto, estas últimas não devem ser recusadas como inúteis, mas aceitas como parte de um quadro mais amplo. Abordando agora alguns dos principais temas jurídico-constitucionais, veremos como sua explicação legal deve ser constantemente integrada com a derivada da história geral da sociedade regulamentada por determinada constituição.

A delimitação do âmbito do direito constitucional revelou-se problemática desde as primeiras constituições revolucionárias. Sieyès considerava que o único critério para definir a natureza constitucional de uma norma era sua inclusão formal no texto constitucional. Ao contrário, a Assembléia constituinte (com base no jusnaturalismo racionalista) considerava que aquele caráter só poderia ser identificado na matéria regulamentada: assim, seria constitucional toda norma que regulamentasse os direitos dos cidadãos ou o funcionamento dos órgãos estatais, independentemente da fonte que a estabelecesse. Se partimos da primeira concepção, mais rigorosamente formalista, temos de afirmar que o único documento constitucionalmente relevante é a constituição rígida, ou seja, aquela cuja mudança exige procedimentos mais complexos do que os previstos para a aprovação de uma lei ordinária.

Segundo teorias menos extremas, o documento constitucional conteria normas constitucionais apenas formais (ou seja, com tal natureza tão-somente por estarem incluídas na constituição) e normas constitucionais também substanciais (porque, além de incluídas na constituição, regulamentam ainda uma matéria de relevância constitucional). Nesse caso, o problema consiste em indicar quais são as matérias tipicamente constitucionais. Alguns autores as identificam nas normas organizativas; outros, nas normas de ação; os primeiros privilegiam o aspecto operacional da constituição, ao passo que os segundos enfatizam o político-programático.

Os discursos sobre constituições rígidas e flexíveis, sobre normas programáticas e normas operacionais tornam-se menos arcaicos quando examinados na prática: antes da existência do Tribunal constitucional, na Itália foram considerados programáticos (e portanto não aplicáveis) os artigos 21 ("todos têm o direito à livre manifestação do próprio pensamento") e 113 ("contra os atos da administração pública é sempre admissível a tutela jurisdicional"). As seções unidas do Supremo Tribunal de Recursos chegaram a afirmar que o ordenamento judiciário não faz parte da matéria constitucional (16 de março de 1953, n. 631). Esses posicionamentos encontram uma explicação não-jurídica, mas política. Assim, enquanto a pergunta se uma certa matéria faz ou não parte do direito constitucional de um certo Estado pode receber respostas diferentes em períodos históricos diferentes, é possível extrair dos textos constitucionais uma lista de pelo menos cinco matérias que deveriam obrigatoriamente ser incluídas num documento que pretenda apresentar-se como constituição:

1) estrutura do Estado e direitos e deveres de quem detém os cargos públicos;
2) eleitorado ativo e passivo e modalidade das eleições;
3) separação e distribuição de poderes;
4) liberdades individuais organizadas numa espécie de *bill of rights*;
5) técnicas para modificar o texto constitucional.

A constituição deve, portanto, estabelecer as linhas fundamentais do Estado; contudo, também pode fornecer indicações sobre como aplicar aqueles princípios fundamentais. Surgem assim aquelas constituições "longas" que caracterizam os tempos modernos: enquanto aos peregrinos do Mayflower bastavam poucas linhas, a constituição da Califórnia é constituída de setenta mil palavras, chegando a regulamentar até o salário dos funcionários estatais; enquanto a Índia clássica não conhecia um direito público no sentido europeu, a Índia moderna é dirigida por uma constituição-recorde de 315 artigos.

Essa progressiva ampliação dos textos constitucionais torna verossímil a posição de quem vê na constituição uma hierarquia de normas de importância diferente, cuja violação acarretaria conseqüências de importância igualmente diferente (nulidade, anulabilidade, ineficácia). Em alguns casos, a própria Assembléia constituinte atribuiu um peso diferente às normas constitucionais, facilitando ou dificultando sua modificação: por exemplo, a modificação dos Acordos de Latrão (desde que sejam considerados parte da constituição italiana) requer apenas um acordo entre Estado e Igreja; a modificação do artigo 139 da constituição italiana ("A forma republicana não pode ser objeto de revisão constitucional")* só é possível com referendo popular. Em outros casos, porém, a determinação do grau de importância de uma certa matéria é confiada ao arbítrio dos detentores do poder político. Diante desse fato, todavia, o direito constata, mas não explica *por que* se atribui uma certa posição hierárquica a uma norma: por exemplo, o caráter substancialmente constitucional do art. 78 do Estatuto Albertino (que institui ordens cavalheirescas e de honorificências) foi negado numa época em que a sociedade italiana estava deixando para trás as concepções aristocráticas.

No direito constitucional, portanto, a interpretação das normas é muito importante. No entanto, a matéria constitucional é aquela que, por sua natureza, mais se subtrai às regras interpretativas elaboradas pela jurisprudência, ao mesmo tempo que, entre as matérias jurídicas, é a que exige a mais intensa atividade interpretativa para poder ser aplicada. Em nenhum outro campo como no constitucional são objeto de interpretação normas por si sós tão claras, mas em contraste com as exigências históricas de um determinado momento. Além disso, os critérios tradicionais de interpretação se revelam inúteis diante das obscuridades verbais que são fruto dos compromissos obtidos

---

* Na Constituição brasileira de 1988, o art. 60, § 4.º, determina: "Não será objeto de deliberação a proposta de emenda tendente a abolir: I – a forma federativa do Estado; II – o voto direto, secreto, universal e periódico; III – a separação de poderes; IV – os direitos e garantias individuais." (N. da T.)

entre partidos contrários, cada um dos quais empenhado em eliminar a obscuridade no sentido que mais lhe convém, tão logo tenha poder político para impor tal interpretação. Basta pensar nas constituições do século XIX, nas quais o soberano decretava disposições vagas que lhe permitissem conceder o mínimo compatível com as mutáveis situações históricas a serem enfrentadas no futuro. O uso do termo "interpretação" no âmbito do direito constitucional é quase um abuso: aqui, mais do que em outros campos do direito, é evidente o quanto o poder submete o direito às próprias exigências.

Nos casos em que não é possível ou não é necessário seguir esse caminho, procede-se à modificação da constituição. Sob tal ponto de vista, o caso mais simples é o das constituições flexíveis, que podem ser modificadas com uma lei ordinária. As constituições rígidas, ao contrário, prevêem que as modificações só podem ocorrer com a aprovação de uma maioria qualificada do órgão legislativo ou de um órgão *ad hoc*, para impedir que situações transitórias influenciem imediatamente as instituições estatais.

A revisão da constituição pode ocorrer também tacitamente, através da geração de um costume ou prática não conforme às prescrições constitucionais. Essa prática pode fundamentar-se também numa lei ordinária, que por si só não teria o poder de modificar a constituição. Tais revisões ou integrações tácitas têm grande importância. A constituição dos Estados Unidos, por exemplo, não prevê expressamente nem os partidos, nem as folclóricas *conventions* para designar o presidente e o vice-presidente. São igualmente fruto de costume constitucional a legislação por *committee*, os *executive agreements* em vez dos tratados internacionais, o *filibustering* senatorial[5], o funcionamento dos partidos po-

---

5. O *filibustering* é uma forma de obstrucionismo parlamentar, justificada pelo apelo à liberdade de discussão. Ele consiste em retardar a aprovação de uma medida com a apresentação e a discussão de inúmeras emendas, com a leitura de vastas citações, com o pedido de contínuas verificações do número dos votantes etc. Se o *filibustering* individual não é desprovido de teatrali-

líticos, a obrigação de que os congressistas residam no distrito em que são eleitos.

Da formação desses costumes participam também os tribunais, cujas decisões enriqueceram e definiram as competências constitucionais das próprias cortes, do governo e do Congresso. Às cortes foi reconhecido o direito de declarar a inconstitucionalidade das leis. Ao governo foi reconhecido o direito de adquirir e administrar territórios dependentes, de emitir papel-moeda e de ser isento de impostos locais. Ao Congresso foi reconhecido o direito de ab-rogar tratados internacionais, de regular o comércio interestadual (isto é, entre os Estados que compõem os Estados Unidos) e externo, de controlar a produção agrícola e o respeito das normas de direito do trabalho nas empresas industriais.

Usos análogos encontram aplicação também em direitos constitucionais muito diferentes do estadunidense, como por exemplo o italiano: os problemas que eles suscitam são discutidos no capítulo VI, 26, ao examinar o problema mais amplo da relevância jurídica do costume.

6. A diferença entre constituições e realidade

As modificações tácitas ou explícitas de uma constituição são um sinal da sua constante interação com a sociedade que ela regulamenta e, portanto, da sua vitalidade. Depois da Segunda Guerra Mundial, porém, a divergência entre texto constitucional e sociedade assumiu formas quase patológicas, a ponto de não se procurar nem ao menos adequar os textos à realidade. Não estamos diante da crise de algumas instituições, mas da própria noção de constituição. Essa crise consiste não tanto na discrepância entre texto e realidade (algo que sempre existiu), mas na indiferença

---

dade (Wayne Morse, em 1953, falou por vinte e duas horas consecutivas), o *filibustering* de grupo pode bloquear por semanas a atividade parlamentar. Cf. Franklin L. Burdette, *Filibustering in the Senate*, Princeton (NJ), Princeton University Press, 1940, IX-252 pp.

geral que acompanha essa discrepância. Embora a estrutura de governo obtida pela análise teórica da constituição não coincida com a obtida pela análise empírica da estrutura estatal, não se fala de violação da constituição: limitamo-nos a constatar que as constituições atuais são incapazes não só de regulamentar, mas também de descrever a atividade estatal. A constituição americana baseia-se na divisão dos poderes, mas de fato o presidente influencia a política externa e as comissões parlamentares intervêm na atividade do Executivo. A constituição soviética fundamentava-se na soberania popular representada pelo Soviet supremo, que no entanto só se reunia algumas horas por ano. A vida política da França e da Itália é dominada pelos partidos, mas seria inútil buscar uma regulamentação precisa disso nas respectivas constituições desses países.

Só é possível encontrar uma explicação plausível para essa situação examinando a evolução histórica que acompanhou a criação e a afirmação das constituições.

Vimos que a constituição nasce como instrumento para limitar o poder do soberano e para impedir o seu arbítrio. O pressuposto lógico em que se baseia a constituição é que há um conflito entre governantes e governados, e que ela dita as regras para uma trégua entre essas partes. Esse caráter de garantia implícito nas constituições é demonstrado pelo fato de que, em suas formulações clássicas, as constituições só podem ser modificadas pelo povo, não pelo soberano.

Depois da Segunda Guerra Mundial, a situação política da Europa Ocidental mudou radicalmente. Mesmo que, após a Resistência, as forças progressistas italianas somente tenham conseguido inserir-se em medida limitada nas estruturas estatais, agora governantes e governados são forças não mais contrapostas, mas em parte coincidentes: e o objetivo final visado é exatamente sua identidade. O edifício jurídico tradicional torna-se repleto de rachaduras; a predominância de uma ou outra força, a cada vez, gera disposições não-homogêneas. Assim, na França, houve um direito sindical em contraste com o direito do trabalho. Na

Europa, a tentativa de criar um direito supranacional acabou desvirtuando o direito constitucional de cada país, sem chegar ao sistema supranacional desejado. Governantes e governados não estão mais de acordo sobre a idéia de direito expressa pela constituição: cada parte tem sua própria visão da futura organização e a constituição torna-se um compromisso, um programa muitas vezes vago. Quem tem o poder prefere prometer uma revolução futura, para evitar uma presente; quem não está certo de possuir a força para realizar a revolução prefere adiá-la e delegá-la ao legislador. E ambas as partes agem com a reserva mental de se beneficiar da ambigüidade da constituição.

Um sinal característico da mudança dos tempos encontra-se naquelas constituições mínimas, que são os estatutos das regiões italianas. A divisão dos poderes – pilar das constituições clássicas – não é mais respeitada; aos órgãos legislativos são reconhecidas também funções de alta administração, ou seja, poderes executivos. Desse modo, os órgãos eletivos deveriam exercer um maior controle sobre a administração.

Essa exigência de intervenção direta na administração culmina na atual vitalidade das formas de democracia direta na legislação, de ação popular nos juízos, de autogestão nas empresas. Freqüentemente, são poderes de fato, cuja legitimação constitucional é objeto de discussão.

Numa época marcada pela interpretação materialista do mundo, talvez não exista mais lugar para uma noção de constituição impregnada de filosofia racionalista.

7. A origem e a função do direito administrativo

A queda do *Ancien Régime* exigia uma nova técnica na gestão do Estado: antes da Revolução Francesa, o Estado era patrimônio do soberano absoluto; a vontade do soberano era lei; os cidadãos eram súditos. Após a Revolução, ao contrário, afirma-se que os cidadãos estão ligados por um *pac-*

tum unionis, não por um *pactum subiectionis*[6]; que o príncipe está vinculado à lei e, em particular, àquela lei fundamental que é a constituição; que o Estado não é mais seu, mas da classe que detém o poder. O aparato construído pelo absolutismo para reprimir os crimes, recolher os tributos, obrigar ao serviço militar e à corvéia devia ser submetido à nova realidade constitucional. No âmbito do direito público, delineia-se assim uma nova disciplina, que em 1814 encontra expressão nos *Princípios gerais de direito administrativo* de Gian Domenico Romagnosi (1761-1835).

No século XIX, a gênese do direito administrativo é explicada de dois modos. De um lado, sustenta-se que, independentemente de Romagnosi, o direito administrativo sempre existira, mas não uma ciência. De outro, objetou-se que exatamente a nova situação gerada pela Revolução Francesa levara à criação de um novo setor do direito, como se verificara historicamente para o direito comercial. Essa tese (sustentada na França por Hauriou, na Suíça por Fleiner e na Itália por Zanobini) foi consolidada pela constatação de que o direito inglês – não tendo sofrido o corte evidente entre mundo feudal e mundo burguês realizado pela Revolução Francesa – não conhece um direito administrativo, assim como não conhece direitos imobiliários (ou reais) encerrados em categorias taxativamente determinadas.

Como dissemos no capítulo III, 2, o sistema constitucional inglês baseia-se na "rule of law", que pode ser traduzida como "supremacia do direito" (ou seja, supremacia em relação ao poder do soberano). Com base nesse princípio, os

---

6. A Escola moderna do direito natural, nos séculos XVII e XVIII, explica a gênese da sociedade humana mediante um contrato (*pactum*) concluído entre os indivíduos para permitir a saída do estado de natureza. Os indivíduos podem estabelecer direitos e deveres recíprocos: é o *pactum unionis*; podem, ainda, conferir a um ou a mais de um o poder de governar os outros indivíduos, que se tornaram povo: é o *pactum subiectionis*. O primeiro é um contrato social e explica a origem da sociedade. O segundo é um contrato político e explica a origem do governo. Mas nem todos os autores correlacionam do mesmo modo os dois contratos: cf., por exemplo, Thomas Hobbes (*De cive*, VI, 3) e John Locke (*Trattati*, II, 8).

atos do soberano e dos seus delegados (os funcionários da administração pública) não podem ser submetidos a tribunais diferentes dos ordinários. Na Europa continental, ao contrário, a matéria é confiada aos tribunais administrativos, que aplicam um direito administrativo específico. Por isso é correto afirmar que não existe um direito administrativo inglês, a partir do momento em que não existe uma estrutura judiciária que se ocupe exclusivamente das controvérsias relativas aos órgãos da administração pública.

O "droit administratif" de origem continental, escrevia Dicey em 1885, fundamenta-se em "idéias alheias às concepções fundamentais do nosso Common Law inglês, especialmente alheias ao que se definiu como 'rule of law'"[7]. A tese é criticada já nos anos 1930, porque a Grã-Bretanha conheceu uma vasta jurisprudência e legislação sobre *matérias* que, na Europa continental, são consideradas de direito administrativo. Contudo, não foram criados *tribunais* administrativos distintos dos ordinários. Ainda em 1935, o Lord Chief Justice Hewart rejeitava como "jargão continental" o uso do termo "direito administrativo". Ainda hoje, enfim, devido a essa peculiaridade da constituição inglesa, muitas vezes os manuais universitários tratam conjuntamente o direito constitucional e o administrativo.

De tudo isso deve-se concluir que o direito administrativo é um produto da Europa continental pós-revolucionária, o que proíbe generalizar os seus conceitos além desses limites de espaço e de tempo. Ele se apresenta, de fato, como o direito que o Estado burguês usa para se defender tanto contra a classe nobiliária eliminada, quanto contra a classe popular que, usada como aliada no decorrer da revolução, foi reprimida depois da tomada do poder. O cidadão tem, com relação ao Estado burguês, não um direito subjetivo (como no direito privado), mas um interesse juridicamente tutelado.

---

7. Albert Venn Dicey, *Introduction to the Study of the Law of the Constitution*, Londres, MacMillan, 9.ª ed., 1952, p. 329.

Essa posição subordinada do cidadão em relação ao Estado faz do direito administrativo um instrumento para a gestão centralizada do Estado por parte de quem detém o poder político. Explica-se assim por que o Estado da restauração, substituindo-se ao da Revolução, conservou o direito administrativo: a arma se revelava eficaz mesmo quando apontada para um alvo diferente do originário. Mas nem sempre existe uma adequação imediata entre o poder central e os órgãos encarregados de executar sua política no centro e na periferia. Esses atrasos devem-se também ao aumento numérico dos funcionários da administração pública e à sua consolidação como burocracia, cujos interesses podem não coincidir com os dos grupos que se sucedem no poder. A renitência da administração pública gera um problema típico do direito administrativo (e particularmente claro na Itália): uma fratura evidente o divide e, às vezes, o contrapõe ao direito constitucional.

O atual direito administrativo tende a se expandir paralelamente ao aumento das tarefas assumidas pelo Estado. A partir do momento em que, com o sufrágio universal, o Estado passou a ser de todos, todos têm algo a pedir ao Estado: numa sociedade cada vez menos religiosa, a providência estatal parece tomar o lugar da providência divina. Nesse processo, a burocracia vê acrescido o próprio poder. Outrora certos contratos em que o Estado agia como indivíduo entre indivíduos eram regidos pelo direito privado, mas hoje eles tendem a se tornar concessões públicas. Havia delitos confiados ao juiz penal que, ao se tornarem socialmente menos reprováveis, foram transformados em atos ilícitos administrativos. Falências e crises econômicas dramáticas para o empreendedor particular de outrora são hoje resolvidas transferindo o seu peso para a administração pública.

No campo econômico, a ingerência do Estado chegou a tal ponto que o Estado liberal parece hoje um parêntese entre duas épocas mercantilistas. O Estado voltou a ser empresário em primeira pessoa e pouco interessa se suas manufaturas produzem tapetes e porcelanas, como antes, ou bens industriais de ponta. Por outro lado, porém, a interação entre grupos políticos, econômicos e militares torna cada vez mais difícil dizer em que medida é público o que é realizado com o direito público: mil disposições específicas canalizam o dinheiro do fisco e a atuação da administração pública para atividades outrora privadas; mas, ao mesmo tempo, a empresa assumiu dimensões que a tornam publicamente relevante.

O reino do direito administrativo atual é o capitalismo monopolista: de fato, o direito administrativo une o direito financeiro (que arrecada o dinheiro privado e o torna público) ao direito constitucional (que regula os órgãos que decidem como distribuí-lo), colocando-se como o instrumento técnico para a privatização do dinheiro público. O fato de as três matérias serem em geral tratadas distintamente deve-se apenas às razões históricas já vistas para o direito constitucional e administrativo e às razões práticas ligadas às peculiaridades da matéria tributária, mas ninguém duvida que as normas que regulamentam esta última são administrativas.

8. O direito tributário e a redistribuição da renda

Assim como no direito privado, também no direito público é ainda a propriedade o fulcro de toda a normativa: no primeiro, regulamenta-se a circulação dos bens; no segundo, a sua redistribuição. No primeiro, é o indivíduo que estabelece se e como ceder o bem; no segundo, quem o faz é quem detém o poder. Disso resulta que, no primeiro caso, o indivíduo não é obrigado a ceder o bem, ao passo que, no segundo, o é. O bem particular assim cedido ao Estado recebe o nome de imposto, taxa, tributo.

As normas de direito tributário dizem respeito ao recolhimento, à gestão e ao gasto do dinheiro derivado da arrecadação de tributos ou de outras atividades econômicas do Estado. Seu objeto é o aspecto jurídico da tributação, enquanto a gestão e o gasto do dinheiro arrecadado se refletem na contabilidade do Estado. O direito financeiro diz respeito, por sua vez, a todas as atividades econômicas do Estado e dos órgãos públicos e, portanto, é mais extenso que o direito tributário.

Sendo a tributação a principal fonte das receitas estatais, esse setor do direito é na prática o setor-chave da administração pública, uma vez que sua eficiência condiciona a atividade concreta de todo o aparelho estatal (ou seja, a eficácia do direito administrativo) e a execução das políticas estabelecidas por quem detém o poder (ou seja, a eficácia do direito constitucional). Por essa razão, os Estados modernos tendem a concentrar a gestão econômica do Estado num único ministério, que unifica aqueles – até hoje existentes na Itália – do Tesouro, da Fazenda e das Finanças.*

A luta política contemporânea tem como objeto último o controle dessas funções públicas. Delas provêm os recursos para todos os pagamentos públicos; nelas se encontram os burocratas que podem dizer se uma certa lei tem ou não a cobertura financeira (que, na Itália, é exigida pela constituição como condição para ser aprovada); delas, enfim, depende o acordo das bases tributáveis contestadas e a concessão de isenções fiscais e prorrogações que podem constituir uma vantagem notável para uma empresa ou para um indivíduo.

9. A relevância jurídica da religião do cidadão e do imigrante

Ao regulamentar as relações com os próprios súditos, os Estados foram obrigados a levar em conta também a interferência de um ordenamento normativo diferente, ligado à religião professada pelos indivíduos. Em particular, na Itália as relações com a Igreja Católica tornaram necessário delimitar a matéria religiosa no âmbito estatal por meio de

---

* No Brasil, os ministérios envolvidos diretamente na gestão econômica em 2006 são: Fazenda; Planejamento; Orçamento e Gestão; Desenvolvimento; Indústria e Comércio Exterior. (N. da T.)

normas que, mesmo fazendo parte dos direitos administrativo e constitucional, são reagrupadas sob o nome de direito eclesiástico. Essa é uma área do direito interno de um certo Estado. O Estado tem autoridade para decidir como regulamentar suas relações com os seguidores de uma religião, mas desse modo é duvidoso que suas normas tenham depois um reconhecimento efetivo; em geral, o Estado prefere tratar com os representantes de uma religião do mesmo modo que trataria com os representantes de um outro Estado. Assim como no direito internacional o sucesso das negociações é assinalado por um tratado, nas relações entre Estado e organização religiosa as regras concordadas conjuntamente encontram expressão numa "concordata".

As tensões já experimentadas na Itália na época pré-concordatária, quando não existia um acordo entre Estado e Igreja Católica, repetem-se de maneira aumentada com o incremento da imigração, sobretudo islâmica, a partir dos anos 1970. As dificuldades surgem da inconciliabilidade de algumas prescrições religiosas com as normas do Estado. Encontramo-nos diante de conflitos normativos derivados do pluralismo de ordenamentos a que é submetido o mesmo sujeito.

Por exemplo, a poligamia é admitida pelo islamismo, mas não pelo código civil italiano: pode um Estado laico reconhecer a união familiar de um muçulmano legalmente ativo na Itália com as suas duas ou mais mulheres, legitimamente desposadas num Estado islâmico? Os serviços sociais e sanitários devem ser estendidos a todas as mulheres? Se se reconhece a legitimidade da poligamia entre os muçulmanos, como deve comportar-se o Estado diante de um cidadão ocidental convertido ao islamismo? Na França, surgiu uma polêmica sobre o uso do chador (ou seja, do véu islâmico) nas escolas. As estudantes o usavam como símbolo de sua diversidade e de sua não-integração na sociedade francesa; porém, seguindo as prescrições islâmicas, não queriam participar das aulas de biologia e, em certos casos, de literatura (ali se discutia também literatura amorosa). Será que a França podia admitir critérios diferentes para os estudantes da sua escola laica e republicana, arriscando-se assim a impedir a inserção no mundo do trabalho de quem tivesse recebido uma preparação escolar incompleta? Certas populações africanas praticam uma mutilação sexual nas mulheres ainda crianças: em todos os países europeus, o código penal considera essa prática uma grave mutilação. Pode-se admitir que ela continue abusivamente, com graves riscos para a saúde da menina inocente? Em caso de hemorragia, o médico europeu deve denunciar a mãe, que, por sua vez, está convencida não somente de nada ter feito de ilícito, mas, ao contrário, de *dever* seguir esse costume de seu povo?

Em todos esses casos, na ausência de uma regulamentação jurídica aceita por ambas as partes (ou seja, pelo Estado e pela comunidade religiosa), precisamos evocar o bom senso de cada cidadão ou a criatividade do juiz. No primeiro caso, o cidadão não-etnocêntrico corre riscos não-irrelevantes: o médico que trata a hemorragia da menina decorrente das práticas consuetudinárias mencionadas evita danos à saúde da criança, evita também a condenação penal da mãe, mas, por sua vez, está exposto ao risco de ser incriminado por ter omitido a denúncia daquilo que para o Estado é um delito, ainda que não seja percebido como tal por quem o cometeu. No segundo caso, o juiz pode reconhecer determinados direitos, prevendo um direito eclesiástico que ainda não existe; todavia, a solução do caso individual pode gerar uma incerteza no direito, porque juízes diferentes podem julgar diversamente o mesmo evento.

Enfim, existe também um problema material: os direitos têm um custo. Se um juiz decide que os filhos da comunidade islâmica de uma cidade têm direito a uma merenda escolar que siga os preceitos de sua religião, como cobrir os custos maiores devidos a essa duplicação de refeições? Na ausência de uma regulamentação jurídica global, uma solução sensata pode suscitar uma série de problemas: por que uma refeição especial para os muçulmanos, e não para os vegetarianos? Só porque o vegetarianismo não é uma crença? Para a refeição islâmica, além disso, os animais devem ser abatidos segundo as prescrições do Corão, ou seja, deixando escorrer o sangue: mas isso já motivou protestos dos defensores dos animais, que consideram o abate corânico mais doloroso e cruel que o laico.

Essas incertezas só poderão ser superadas criando um regime concordatário com as religiões mais representadas no território de um Estado. Na Itália, chegou-se a um acordo desse tipo com as comunidades israelitas e protestantes. Talvez se consiga chegar a soluções equilibradas com as outras confissões religiosas. Com o Islã, porém, coloca-se o problema da divisão daquela comunidade em modernistas, tradicionalistas e fundamentalistas (cf. VII, 12 c): o acordo realizado com os primeiros seria pouco satisfatório para os segundos, e totalmente insatisfatório para os terceiros.

O direito eclesiástico deve ser diferenciado do direito interno de cada religião: a tarefa do direito eclesiástico consiste, assim, em encontrar um acordo entre as prescrições do Estado e as da religião em exame. Essa busca torna-se mais fácil se ambos os ordenamentos têm algum valor em comum e se o Estado pode contar com uma contraparte que represente realmente os fiéis, garantindo com a própria representatividade o acordo obtido. Uma das dificuldades nos acordos com o Islã é a falta de uma "Igreja" islâmica estruturada hierarquicamente. Enfim, é necessário estudar com atenção as regras da contraparte: a comunidade religiosa deve saber o que pode pedir e o que não deve pedir, e o mesmo vale para o Estado. Um bom direito eclesiástico pressupõe, portanto, um bom conhecimento dos preceitos religiosos da contraparte.

Por isso, para compreender a fundo o direito eclesiástico da Itália, país de predominância católica, é preciso conhecer o direito que rege a Igreja Católica Apostólica Romana, o direito canônico. Ainda que a história do direito canônico esteja estreitamente entrelaçada à história do direito romano e, portanto, à dos vários direitos europeus, não podemos esquecer que o direito canônico é um direito estrangeiro: ele é, de fato, o direito próprio do Estado da Igreja, ainda que alguns autores afirmem que, na medida em que é aplicado num certo Estado, torna-se direito interno desse Estado. Sobre as origens do direito canônico, que remontam ao século XII e à Escola de Bolonha, cf. II, 7 *a*.

10. As origens do direito penal

Se o objeto do direito público são as relações dos cidadãos com o Estado, deveriam ser incluídos nesse direito também os direitos processuais e o direito penal: no âmbito da teoria que separa os poderes legislativo, executivo e judiciário, porém, eles são tratados à parte, assim como ocorre com o direito tributário, em decorrência da particularidade da matéria.

O nascimento de uma ciência penalista foi atrasado pela natureza essencialmente privatista do *corpus* justiniano, que permitiu um excesso de legislação estatutária de origem bárbara sobre os delitos e as penas. Os Glosadores consideravam-na externa e heterogênea ao direito romano, cujos setores penalistas só foram desenvolvidos em relação aos temas referentes ao direito civil.

A ação da Igreja contra as penas desumanas e a expansão do estudo do direito público levou um estudioso de estatutos, Alberto Gandino (1240-1250 c.-morto depois de 1310), a escrever *Super maleficiis et causis criminalibus*, ou seja, *Sobre os delitos e as penas*. Seus pontos de partida não são os textos de Justiniano, mas os estatutos e a prática dos tribunais. Nessa obra, que assinala o nascimento da ciência penalista, o direito substancial ainda está unido ao processual. Porém, nesta última área, começa a se configurar uma especialização que levará à situação atual: nos séculos XIV e XV, as obras penalistas sucessivas à de Alberto Gandino já incluem o procedimento penal, embora ainda não incluam o civil.

As obras anteriores do século XIII das quais nasceu a matéria processual – como o *Speculum iudiciale* de Guilherme Durante (1237-1297) –, ao contrário, tratavam conjuntamente os procedimentos civil e penal. No século XVI, com a crise do sistema feudal e o advento do poder absoluto, a discussão sobre o direito penal não acompanha a crescente importância da matéria. Sua estreita ligação com a política aconselha evitar as discussões teóricas e limitar-se à organização do material legislativo e judiciário. Como vimos, o desenvolvimento jurídico daquela época concentrava-se no direito comercial, que se colocava fora da esfera de ação do soberano absoluto. Apenas as efervescências iluministas despertarão novas vozes no campo penalista.

Em 1764 é publicado em Livorno o opúsculo *Dos delitos e das penas*, de Cesare Beccaria (1738-1794). Nos pensamentos expressos pela obra de Beccaria, tomou forma penalista a agitação política que assinalou o fim do absolutismo e a ascensão da burguesia. Tal agitação encontrava expressão também nas constituições, em que os princípios da razão eram codificados em defesa do indivíduo contra o monarca que, a partir desse momento, deixava de estar acima das leis para se tornar um soberano constitucional. Na origem das constituições estão as Declarações dos direitos fundamentais do cidadão, incluídas em documentos separados, porém, por serem consideradas de natureza não-jurídica. Daquelas declarações nascerão, depois, os preâmbulos das atuais constituições (e a polêmica sobre sua pertinência aos textos constitucionais, ou seja, sobre sua natureza jurídica). Retorna-se, assim, do direito penal ao direito constitucional.

Deve agora resultar claro que a evolução política influenciou globalmente o direito positivo, para além das subdivisões didáticas em que se costuma reparti-lo. Essas subdivisões, contudo, têm uma inegável relevância prática porque refletem a especificidade de setores precisos do direito. Isso é particularmente evidente para o direito penal, o setor jurídico em que é mais evidente e direta a repressão do poder constituído sobre os indivíduos. É nele que são tuteladas as normas das quais depende a permanência de um certo grupo social, é ali que se colocam alguns quesitos fundamentais para qualquer tipo de convivência: por que ocorre a violação de uma norma? Que função tem a pena? Quem é o criminoso? As respostas a essas interrogações provêm de disciplinas que, embora não sejam jurídico-positivas, contribuem de maneira determinante para a configuração concreta de um direito positivo. Delas nos ocuparemos em toda a seção a seguir.

A repressão do desvio

11. *As noções de conformidade e desvio*

Os valores e as normas de comportamento próprios de cada grupo social geram modelos de conduta, como veremos ao falar de costume (cf. VI, 1). Em geral, a maioria dos integrantes se conforma aos comportamentos prescritos pelas normas sociais. O setor da sociologia que se ocupa da *conformidade* procura explicar quais razões induzem os indivíduos a seguir os comportamentos prescritos: o medo da sanção, a interiorização da norma, o apego ao grupo social do qual provém aquela norma (para começar ou continuar a pertencer a ele) são algumas das explicações propostas.

Em certos momentos históricos, contudo, uma sociedade pode impor modelos culturais, oferecendo, por outro lado, meios inadequados para atingi-los ou, ao contrário, pode perder de vista os fins a serem alcançados, embora preserve uma série de regras sociais destinadas a alcançá-los. Segundo Robert K. Merton, esse desequilíbrio entre valores e normas sociais gera o *desvio*. Esse desvio pode ser definido como a violação das regras que a sociedade propõe a seus membros para que possam se adequar a modelos considerados recomendáveis. No primeiro caso, a insuficiência de meios em relação aos fins propostos produz a busca de novos caminhos para atingi-los: assim se explica, por exemplo, a anomia das minorias étnicas dos Estados Unidos. No segundo caso, a enfraquecida percepção dos valores a serem realizados produz uma rigidez ritualista da conduta: um típico exemplo é a burocratização das sociedades modernas.

Assim como a conformidade é indispensável para a convivência social, também o desvio é inevitável nessa mesma convivência: a evolução social provoca a mudança dos valores visados por uma sociedade, gerando uma discrepância entre normas e valores. Desse modo, estudar a conformidade e o desvio significa estudar empiricamente também as mudanças dos sistemas de valores no tempo e no espaço. Nessa visão da sociedade, só existe lugar para valores relativos historicamente identificados, não para valores absolutos.

O caráter animista-religioso das sociedades tradicionais efetuou uma ligação entre valores sociais e divindades: em outras palavras, um certo modelo de conduta é considerado recomendável por seus integrantes por ter sido revelado pela divindade. Conseqüentemente, o desvio das normas que determinam os meios para realizar o valor assim revelado assume o caráter de violação da harmonia que deve existir entre o indivíduo e a divindade: a noção de desvio, geral e neutra, desemboca desse modo na noção de pecado, específica e valorativa. O método antropológico é substituído pelo teológico. Nem todo comportamento desviante compromete irremediavelmente as relações entre indivíduo e divindade. São pecado apenas os comportamentos de uma certa gravidade, que em geral apresentam também a característica de perturbar, de modo direto ou indireto, o equilíbrio social. Como na origem da sociedade humana as normas da moral e as normas sociais são indistintas, as sanções contra o mal-educado, o delinqüente e o pecador não recaem sob ordenamentos normativos distintos.

A conformidade está diretamente ligada à adaptação social (e psicológica) e à integração social[8]. Mediante a pri-

---

8. Incluo nessa categoria também a assimilação das minorias e, em geral, todo fenômeno de aculturação. Retornarei em seguida à ligação entre adaptação e aprendizagem (abaixo, item 16).

meira, o indivíduo coloca as bases objetivas (e subjetivas) para que ocorra a segunda. O desvio, ao contrário, está diretamente ligado à sanção, mediante a qual a sociedade tenta eliminar as conseqüências materiais desse mesmo desvio e evitar futuros desvios análogos.

As noções de conformidade, desvio e sanção saem da esfera das convenções sociais e entram na das normas jurídicas quando o comportamento prescrito se refere aos próprios fundamentos da vida social, ou seja, em primeiro lugar, às relações econômicas. Se corto o peixe com a faca, posso suscitar a desaprovação dos comensais, mas, se furto a faca, posso incorrer na denúncia do proprietário. O desvio tornou-se crime; a sanção, pena. As normas que regem essa esfera mais restrita, ou seja, as normas jurídicas, são mais rigorosas e claras que as sociais, mas com estas compartilham a natureza: são meios prescritos para a obtenção de certos valores relativos. Por outro lado, é típico da doutrina jurídica dominante no século XX – o positivismo jurídico – eliminar esse vínculo entre direito e valor, como se a norma jurídica encontrasse em si mesma a justificação da própria existência. A ciência do direito procura cortar as relações que a unem à ciência da sociedade, para não precisar prestar contas da relatividade dos próprios valores: de fato, é difícil justificar a repressão do desvio se este se manifesta em relação a valores não-absolutos.

No conjunto das normas sociais, foram assim identificados dois subconjuntos normativos mais formalizados: o moral, que prescreve como buscar valores de origem sobre-humana; e o jurídico, que prescreve como buscar valores de tipo socioeconômico. Entre esses dois extremos situa-se o amontoado informal das normas sociais, dos usos e costumes, dos hábitos, ainda hoje em constante osmose com o mundo jurídico (cf. VI, 22 ss.). A partir desse momento, o objeto de estudo serão apenas a conformidade e o desvio com relação às normas jurídicas: em particular, é preciso ver com que meios o direito gera a conformidade e reprime o desvio.

Essa limitação do campo de pesquisa (assim como a identificação de comportamentos humanos dirigidos por

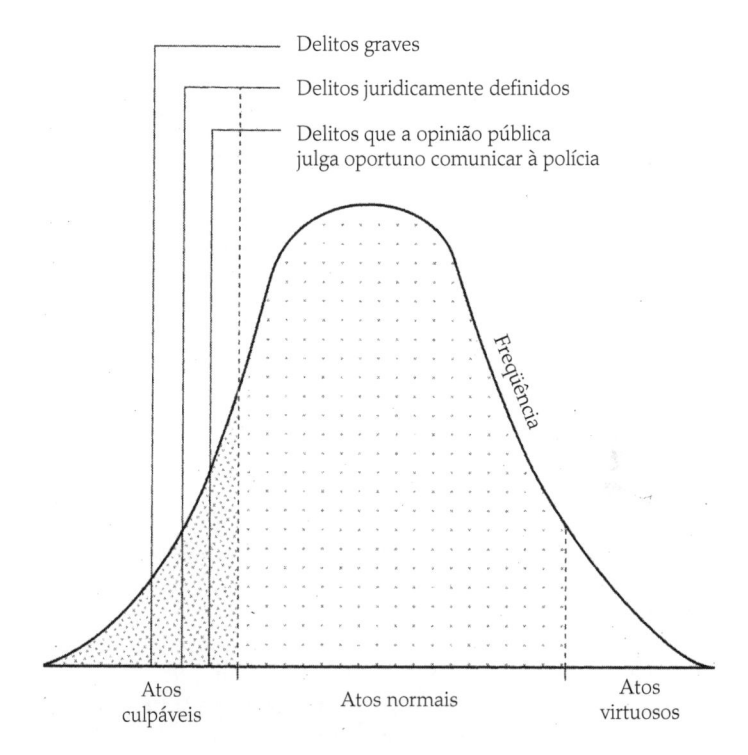

Delitos graves
Delitos juridicamente definidos
Delitos que a opinião pública julga oportuno comunicar à polícia

Atos culpáveis — Atos normais — Atos virtuosos

Freqüência

Figura 1. Continuidade dos comportamentos humanos.

normas morais, jurídicas e sociais) ocorre por exigências de exposição. Os comportamentos humanos, na verdade, constituem uma entidade contínua, como ilustra o sugestivo gráfico de Wilkins (figura 1).

12. *Uma tipologia dos comportamentos criminosos*

Aceitando a tese de Merton de que o desvio é provocado pelo conflito entre valores e normas sociais, é possível delinear uma tipologia dos desviantes em função da reação destes ao sistema dos valores e das normas relativas.

a) Se se considera que valores e normas são dois conjuntos em conflito recíproco, mas internamente coerentes, as formas de desvio parecem fundadas mais na decisão do indivíduo do que na influência do ambiente. Nesse caso, a forma mais tênue de desvio é a resistência passiva acompanhada por uma fuga da sociedade. Assim, o sujeito recusa tanto os valores quanto as normas propostas pela sociedade, mesmo fingindo se adequar a elas e prometendo não violá-las: é o bom soldado de Schweyk de Bertolt Brecht. Ou ainda a *innere Emigration* da época hitleriana: muitos intelectuais viviam na sociedade alemã e seguiam suas regras, mas interiormente consideravam-se em exílio.

Uma manifestação mais violenta de desvio ocorre quando o indivíduo aceita as normas ou os valores, mas não ambos ao mesmo tempo. Nasce assim o rebelde, como é descrito por Heinrich von Kleist no seu *Michael Kohlhaas*. O mercador saxão que sofreu uma injustiça tornou-se rebelde exatamente porque respeitava os valores da sua sociedade e não admitia que nem mesmo o soberano os violasse.

Enfim, existe o indivíduo que reconhece os vínculos entre valores e normas sociais e pretende mudar uns e outros: dos primeiros cristãos aos barbudos cubanos, todo revolucionário é visto como um desviante desse tipo pela sociedade que ele pretende subverter. O freqüente abuso do termo "revolucionário" – sobretudo por volta de 1968 – obriga, porém, a distinguir a natureza das normas e dos valores atacados. O revolucionário ataca os elementos em que se fundamenta o sistema econômico da sociedade por ele recusada; por isso, não deve ser confundido com aqueles outros desviantes que se limitam a pôr em risco valores e normas de importância marginal em relação aos modos de produção da sociedade, como, por exemplo, a educação para o trabalho, o respeito pela família e por um mínimo de moral sexual, o uso de drogas leves etc. Este último tipo de desvio se esgota na provocação contra quem acredita na organização contestada. Esquematicamente, o ponto de partida do anticonformista (do boêmio ao *hippie*, do *freak* ao *punk*) é a superestrutura de uma sociedade, ao passo que o do revolucionário é a base; o ponto de chegada do anticonformista é a destruição de certos valores, ao passo que o do revolucionário é a substituição de um sistema de valores por outro. O limite desse raciocínio esquemático é, porém, evidenciado pelo movimento feminista: este movimento parece hoje capaz de modificar a base social agindo sobre elementos considerados superestruturais, como as relações familiares e sexuais.

b) Ao examinar a realidade social contemporânea, percebe-se porém que valores e normas não são necessariamente conjuntos dotados de coerência interna. A presença de contradições no interior de cada conjunto complica o estudo do desvio, uma vez que os sujeitos freqüentemente não sabem com precisão quais valores devem buscar e a quais normas devem se ater ao tentar alcançá-los.

Segundo esse modelo interpretativo, o desvio é favorecido também pela influência ambiental. As análises sociológicas ressaltam que o desvio se manifesta principalmente nos grupos marginais, ou seja, naqueles grupos em que os indivíduos são submetidos à influência de modelos diferentes e muitas vezes conflitantes. No entanto, a tendência a modelos diferentes dos propostos pelo próprio ambiente não é necessariamente motivo de desvio: o desejo de se associar a um grupo diferente do seu, mas considerado preferível a ele, leva a um comportamento que, mesmo desviante em relação à própria condição presente, muitas vezes apenas antecipa o comportamento normal da condição desejada. Por exemplo, o uso de um bem de prestígio como o automóvel permite que o adolescente se apresente como adulto: se usa o carro dos pais contra a vontade deles, será reprimido mais ou menos brandamente, porque esse desvio deixará de ser um desvio assim que ele começar a trabalhar e puder adquirir um automóvel. Todavia, esse desejo inocente de autoafirmação pode desembocar em desvios mais graves (ou seja, delitos), se o adolescente não tem carteira de motorista ou se consegue um automóvel com o furto.

c) Até aqui examinamos a variação dos valores e das normas, supondo que os indivíduos constituam um conjunto homogêneo, o que obviamente não ocorre: os indivíduos se comportam de maneiras diferentes por motivos diferentes. A curva de Wilkins lembra-nos que a criminalidade, a normalidade e a virtude procedem por incrementos infinitesimais.

No grupo de quem comete atos criminosos tende-se hoje a distinguir entre criminosos normais, alienados e psicopatas. São normais tanto aqueles profissionais do crime que, por várias razões, obtêm os seus meios de subsistência unicamente da criminalidade, quanto aqueles indivíduos que cometem ocasionalmente um delito, mesmo que apenas por negligência. De Al Capone ao prudentíssimo contador que involuntariamente atropelou e feriu um ciclista bêbado, esses sujeitos apresentam uma personalidade normal, ou seja, não diferente da personalidade dos não-desviantes. Por outro lado, são alienados aqueles criminosos que não têm condições de avaliar as conseqüências dos próprios atos, devido a uma perturbação permanente ou transitória da sua personalidade. Para esses sujeitos, os códigos penais modernos contêm disposições precisas de não-imputabilidade. Os criminosos psicopatas, enfim, são uma categoria intermediária, cujos indivíduos caracterizam-se por uma fragilidade psíquica particular, que – embora não integre as disposições do código penal – exige todavia atenções especiais no tratamento penitenciário e pós-prisional.

Combinando os elementos expostos nos pontos anteriores, pode-se vislumbrar a complexa casuística dos comportamentos criminosos. A título de orientação, Marshall Barron Clinard reuniu numa tabela os comportamentos criminosos[9], ressaltando como a importância dos fatores socioculturais se mostra cada vez mais decisiva à medida que se vai do alto para baixo no esquema representado na figura 2.

---

9. Marshall B. Clinard, *Sociology of Deviant Behavior*, edição revista, Nova York, Holt/Rinehart and Winston, 1963, 698 pp.

Doentes mentais ──────────────────────── exibicionismo
Casos extremos de desvio sexual ─────── crimes sexuais violentos

Criminosos ocasionais ─────────┬── a maior parte dos homicídios e agressões
                                ├── furtos confessos
                                ├── certos tipos de furto, falsificações etc.
                                └── vandalismo

Prostitutas e homossexuais ────┬── homossexualismo
                                └── prostituição

Criminosos habituais ──────────┬── furtos menores
                                ├── vadiagem
                                └── infrações à ordem pública

Criminosos não-profissionais

───────────────────────────────

Criminosos com ocupação não-manual ┬── mundo dos negócios e dos empregos administrativos
(*white collars*)   ├── sindicatos
                                    ├── mundo da política e dos serviços públicos
                                    └── profissionais liberais

Criminosos sistemáticos ───────┬── jovens delinqüentes
                                └── adultos (ladrões, arrombadores, ladrões de carros)

Criminosos organizados ────────┬── a máfia e sua hierarquia
                                ├── o crime como negócio (jogo, prostituição, droga,
                                └── recrutamento ilegal de mão-de-obra)

Criminosos profissionais ──────┬── batedores de carteiras
                                ├── ladrões de lojas
                                ├── assaltantes de bancos
                                ├── falsários
                                ├── arrombadores de cofres
                                └── estelionatários de todos os níveis

Criminosos profissionais

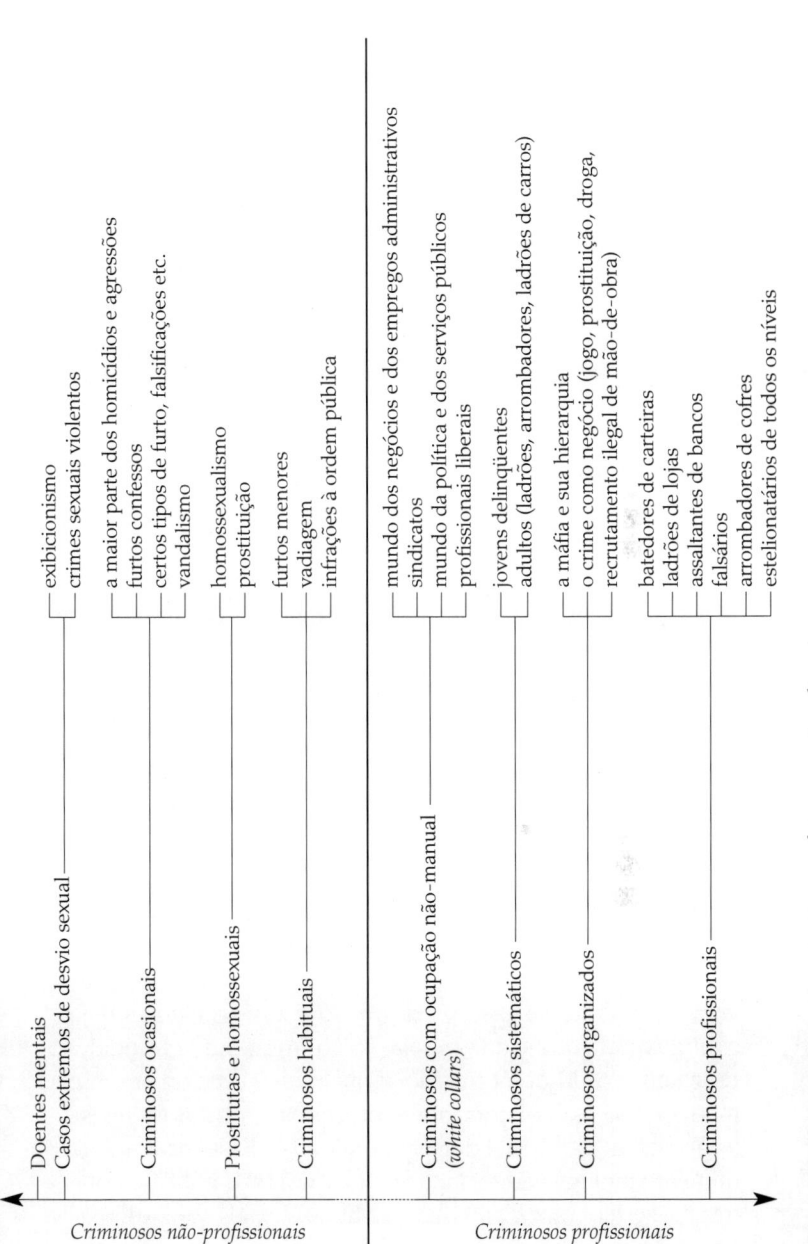

Figura 2. Comportamento criminoso e fatores socioculturais.

13. As pesquisas sobre o homem criminoso

Hoje se considera que o comportamento criminoso é gerado pela combinação de fatores biológicos, intelectuais e afetivos, na presença de situações socioculturais específicas. A sociologia da criminalidade, a criminologia e a antropologia jurídica procuram descrever esse fenômeno e explicar suas causas, detendo-se ora no fato, ora no sujeito. Contudo, os limites não são claros: entre 1885 e 1913, a hoje denominada sociologia da criminalidade constituiu o objeto de sete congressos internacionais dedicados à antropologia criminal. Assim, desistindo de traçar aqui fronteiras fictícias entre aquelas matérias, acompanharemos apenas sucintamente sua história para ver como cada autor focalizou predominantemente um ou outro aspecto do fenômeno ou da personalidade criminosa e como, mais recentemente, se chegou a teorias ecléticas mais exaustivas, ainda que certamente não-definitivas.

Até o final do século XIX, o estudo dos criminosos era confiado aos médicos que, por formação profissional, tendiam a se ocupar dos fatores individuais do crime. Pode-se considerar que a história da criminologia moderna começa em 1876, quando Cesare Lombroso (1836-1909) publica *O homem delinqüente*. Médico também ele, permeado de positivismo darwinista, Lombroso analisa do ponto de vista médico, antropométrico e psicológico os dados individuais de 5.907 criminosos. O estudo de 383 crânios de criminosos e a descoberta neles de uma fossa occipital pronunciada levam-no a concluir que o criminoso é um indivíduo cuja evolução está atrasada em relação ao mundo que o rodeia. Esse seu estado de regressão torna-o constitucionalmente inadequado para obedecer aos preceitos contidos na legislação penal: ele é um "delinqüente nato". Esse forte determinismo biológico logo atiçou a polêmica. A Lombroso contrapôs-se na França a École du Milieu Social, que deslocava o eixo da pesquisa sociológica do indivíduo para o seu ambiente[10]. No seu apogeu, estão os estudos de Émile Durkheim, aos quais voltarei em breve.

Essa polêmica refletiu-se na Escola Italiana. Enquanto Raffaele Garofalo (1851-1934) cunha o termo "criminologia" e faz dele o título de sua obra de 1885, o outro aluno de Lombroso, Enrico Ferri (1856-1929), publica em 1881 uma *Sociologia criminal*, que já no título revela o deslocamento do interesse do indivíduo para a sociedade. Por fim, um acordo concluiu a polêmica: a quinta e última edição da obra de Lombroso (1896-1897) divide os criminosos em cinco categorias e limita as explicações biológico-deterministas apenas aos criminosos natos ou dementes, enquanto para os passionais, ocasionais e habituais considera mais adequada uma explicação sociológica.

Nessa sua forma menos rígida, na Europa continental (e nos países com esse tipo de cultura, especialmente a América Latina), a teoria de Lombroso dominou a geração dos criminologistas atuante entre o final do século XIX e o início do século XX. Os estudiosos anglo-americanos, por sua vez, mostraram-se contrários a essa doutrina e precisamente um médico penitenciário inglês, Charles Goring, conseguiu demonstrar a insustentabilidade das teses de Lombroso recorrendo às suas próprias técnicas: as medições antropométricas realizadas nos detentos ingleses demonstraram a inexistência do delinqüente nato[11].

Enquanto Lombroso havia partido de estudos médicos precedentes (especialmente da frenologia do vienense Franz Joseph Gall), Ferri utiliza o modelo filosófico já presente na

---

10. Cf., por exemplo, Gabriel Tarde, *La philosophie pénale*, Lyon, Storck, 1890, V-566 pp.; Henry Joly, *Le crime. Étude sociale*, Paris, Cerf, 1888, X-392 pp.; id., *Le combat contre le crime*, Paris, Cerf, 1891, VIII-435 pp. Enquanto Gabriel Tarde sublinha sobretudo o elemento imitativo implícito no crime (*Les lois de l'imitation. Étude sociologique*, Paris, Alcan, 1890, VIII-433 pp.), o holandês Willem A. Bonger evidencia seus fundamentos econômicos.

11. O estudo originário de Charles Goring foi publicado em 1913, mas a obra mais legível e difundida foi a *editio minor*, que foi publicada dois anos depois com o título *Abridged Edition of the English Convict. A Statistical Study*, Londres, H. M. Stationery Office, Darling & Son, 1915, 275 pp.

Utopia de Thomas More (1477-1535): reagindo à criminalidade que no século XVI grassava na Inglaterra como conseqüência da crise econômica, More imaginou uma sociedade cujas relações de produção fossem tão harmoniosas, a ponto de levar à extinção da própria criminalidade. Ferri analisa a fundo todos os fatores sociais que possam influir no desviante – desde a opinião pública até o alcoolismo – e formula a hipótese de que os fatores individuais interagem com os sociais na geração da criminalidade. Essa hipótese é até hoje o centro da sociologia da criminalidade e a ela se remetem também os estudos da Escola de Cambridge, na Grã-Bretanha. Seu limite deve-se ao fato de se fundamentar sobretudo na análise das estatísticas judiciárias, cujas falhas são conhecidas.

É com Émile Durkheim (1858-1917) que se passa das medições empíricas às teorizações. O ponto central da pesquisa de Durkheim é a determinação do que é normal e do que é anormal numa certa sociedade. Definido como normal um comportamento generalizado, disso deriva que – para Durkheim – uma certa forma de criminalidade é normal em relação a uma certa forma de sociedade.

A teoria sociológica da criminalidade foi aprimorada pela Escola americana e, em particular, por Edwin Hardin Sutherland. Este último estudioso abre à análise sociológica o campo dos "white collars crimes", isto é, dos delitos cometidos pelos desviantes de origem social médio-alta no exercício das respectivas profissões. Os delitos examinados têm na quase totalidade um conteúdo econômico: práticas anticoncorrenciais, adulteração dos alimentos, retenção de bens ou dinheiro recebido por motivos profissionais, aborto ilícito etc. Usando a terminologia jurídica, pode-se dizer que com Sutherland a sociologia descobre o campo dos atos ilícitos civis, enquanto anteriormente dedicara sua atenção sobretudo aos penais, quer pela gravidade intrínseca destes últimos, quer pelas próprias origens da disciplina criminalística (em sentido lato).

Enquanto a vertente Ferri-Durkheim-Sutherland aprimorava os instrumentos para a coleta e a interpretação dos dados relativos ao comportamento criminoso, o desenvolvimento da psicologia e da psicanálise preparava os instrumentos para um retorno mais aguerrido ao estudo do indivíduo criminoso.

Numa época que mais ou menos coincide com a Segunda Guerra Mundial, já estava demonstrado experimentalmente que as explicações sociológicas só podiam dar conta de uma parte do fenômeno criminal. Somente retornando ao indivíduo (mas com instrumentos mais refinados que os propostos por Lombroso) era possível explicar por que um determinado crime fora cometido precisamente por determinado indivíduo, mas não por seu irmão gêmeo, que compartilhara o mesmo ambiente familiar e social. Para o jurista que aceita a teoria sancionatória do direito (cf. X, 4 e) é sugestiva a tese psicossociológica de John Dollard[12]: deve-se buscar a causa de toda agressão numa frustração; à agressão anti-social (crime) se contrapõe uma agressão pró-social (sanção), que dentro de certos limites é capaz de conter as pulsões agressivas suscitadas pela frustração. Assim, a criminalidade será pouco elevada numa sociedade que gera poucas frustrações ou que consegue atemorizar com a aplicação de sanções. O retorno ao estudo do indivíduo criminoso através das modernas técnicas da psicologia e da psiquiatria não se limita, porém, a fornecer explicações teóricas: oferece também os instrumentos para uma intervenção direta sobre o criminoso, segundo procedimentos já experimentados em outros desviantes, em outras instituições totais. Esse será o tema do item 16 deste capítulo.

Como o crime é um fenômeno complexo, o limite de muitas doutrinas consiste em querer reduzir sua fonte a uma única causa. Procurando compor num quadro unitário as descobertas setoriais, foram propostas também explicações complexas da criminalidade. Em síntese, a origem do

---

12. John Dollard; Neil E. Miller; Leonard W. Dobb; O. Hobart Mowrer; Robert R. Sears *et alii*, *Frustration and Aggression*, New Haven, Yale University Press, 1939, VIII-209 pp.

comportamento criminoso é atribuída a três causas: biológicas (hereditárias, constitucionais ou adquiridas), sociológicas, psicológicas (e, mais recentemente, psicanalíticas). As explicações biológicas e psicológicas referem-se à motivação individual; as sociológicas, aos condicionamentos ambientais. As medidas de prevenção e de repressão contra o crime dependem diretamente da explicação aceita: as explicações individuais comportam uma intervenção sobretudo no indivíduo; as sociológicas, sobretudo no ambiente. De fato, porém, também estas últimas exigem medidas individuais, uma vez que o desviante realiza seus atos anti-sociais no presente, enquanto a intervenção no ambiente requer muito tempo e seus frutos só serão notados (talvez) nas gerações futuras, mas muito dificilmente na atual.

Estabelecido que se deve intervir em qualquer caso sobre o desviante, há dois caminhos possíveis: ou se segrega o sujeito desviante dos indivíduos normais, ou se intervém no seu comportamento, visando modificá-lo. No primeiro caso, temos as penas carcerárias ou semelhantes; no outro, as medidas repressivas que objetivam fazer o desviante mudar de idéia, por bem ou por mal; não obstante a aparente heterogeneidade, pertencem a esta última categoria tanto o corte da mão do ladrão no direito islâmico, quanto o cárcere aberto e as fazendas-modelo suecas.

Concluído o exame de algumas teorias sobre a natureza da criminalidade, chegou o momento de ver como a sociedade reage ao crime.

14. Da pena física à prisão

A reação ao comportamento criminoso consta de dois elementos, ligados à natureza originária ambivalente de todo crime: de um lado, o impulso de defender a ordem social de um comportamento desagregador; de outro, o desejo de exorcizar o pecado com um sacrifício. Assim como a história do direito se entrelaça com a história da moral e da religião, a história do crime se entrelaça com a história do pecado e da expiação.

Nas sociedades tradicionais, a ofensa às normas sóciojurídico-morais é punida de maneira diferente nas várias épocas. Inicialmente se reage com a vingança, medida violenta de autojustiça em que a pena não é proporcional ao crime, mas depende da capacidade de ofensa de quem faz justiça por conta própria. Um primeiro embrião de equilíbrio, de retribuição, é introduzido pelo princípio do talião, entendido em sentido material: olho por olho, dente por dente. Enfim, intervém o primeiro embrião de estrutura social para regulamentar as relações entre criminoso e parte ofendida, aplicando sempre penas físicas. Todavia, enquanto a aplicação da pena não apresenta dificuldades se o culpado é pego em flagrante, nos outros casos as sociedades tradicionais devem recorrer à magia e à religião para encontrar o culpado: essa é a função do juramento e do juízo de Deus, tratados extensamente no item referente aos direitos consuetudinários africanos (cf. VI, 19).

Em todos esses casos, não se leva em conta a intenção da pessoa que teve um comportamento reprovável, limitando-se a vincular um certo evento a uma certa pessoa. É irrelevante, portanto, que um homicídio tenha ocorrido acidental ou intencionalmente. Em termos penais atuais, é possível dizer que certos direitos tradicionais não levam em conta o elemento subjetivo do delito.

Um passo adiante nessa consideração do elemento subjetivo dos delitos – por mais paradoxal que possa parecer – é assinalado pelo advento da tortura judiciária. Em épocas nas quais o atraso das ciências naturais não permitia nenhuma atividade de polícia científica, a confissão era a única prova certa da culpabilidade de um indivíduo e a tortura era o único meio para obtê-la dos reis ou de testemunhas reticentes. A tortura se une, assim, ao primeiro esboço de procedimento judiciário: conhecida por gregos e latinos, desapareceu durante as invasões germânicas, que reintroduziram o ordálio (e, onde Deus decide, a confissão não mais é necessária), ou é substituída na Inglaterra pelo "trial by jury", quando, em 1215, o Quarto Concílio de Latrão proibiu o clero de participar dos ordálios[13].

Entre tortura e pena existe uma mistura parcial, pois tortura não tem apenas uma função probatória, mas antecipa também no todo ou em parte a punição do culpado. A alegoria da Justiça de Bruegel, o Velho, representa um mundo judiciário em que a inexistência de garantias processuais não permite distinguir quem, entre os torturados, está sofrendo uma pena e quem está fornecendo uma prova.

Até o final do século XVIII, de fato, a pena é essencialmente física. Na latinidade clássica, o símbolo do poder punitivo do Estado referia-se apenas às penas corporais: o *feixe de lictor* era efetivamente composto de varas para as punições menores e do machado para a punição capital. Não era diferente a situação dos ilícitos que hoje chamaríamos de civis: os credores insatisfeitos podiam vingar-se no corpo do devedor inadimplente, de forma que com o termo *obligatio* (em latim, *ligare* é atar) designa-se originariamente tanto uma obrigação jurídica, quanto um vínculo físico.

O conceito de pena de detenção se consolida na Idade Média, e somente no Ocidente. Isso se deve não apenas ao atraso técnico-organizativo das sociedades tradicionais, mas também ao fato de que nelas a detenção não era considerada suficientemente dissuasiva para os fins da repressão e da prevenção de crimes. A construção de um sistema de prisões não teria constituído um obstáculo para aquelas civilizações que construíram as pirâmides no Egito e na América centro-meridional, ou a Grande Muralha (considerada a única construção humana visível até mesmo da Lua), ou um sistema de estradas e correios que fez do Mediterrâneo um mar romano. Na verdade, as tarefas hoje realizadas pela detenção eram atribuídas à pena do banimento, ou seja,

---

13. Submetida a tendências divergentes do poder temporal e da pregação do amor ao próximo, a Igreja Católica assumiu com relação à tortura uma atitude que refletia essa contradição: apesar da condenação moral de tal prática, não hesitou em fazer amplo uso dela através da Inquisição.

eram delegadas aos indivíduos, através da escravidão: e de fato a história das prisões e dos campos de trabalho forçado tem uma ascensão paralela ao declínio da escravidão.

O banimento e a escravidão exigem condições materiais que deixam de existir em tempos relativamente recentes. O primeiro requer uma escassa densidade populacional, de modo que só é encontrado hoje nos direitos primitivos, ao passo que nos mais evoluídos transformou-se primeiro em deportação para as colônias, para depois se reduzir ao exílio, aplicável exclusivamente a crimes políticos (ou seja, a comportamentos que a sociedade tende a atribuir mais ao azar que à periculosidade social do indivíduo). A escravidão, por sua vez, pressupõe uma sociedade que não conheça o uso industrial das máquinas. Mas no decorrer dos séculos o mundo se povoa cada vez mais densamente e a sociedade se industrializa: desaparecem as condições materiais para a aplicação dessas penas e o Estado deve encontrar uma nova solução.

Há, portanto, uma área da história humana (área conceitual, ainda que não histórica) em que a detenção do acusado passa da esfera privada para a pública. A essa transição não são estranhas as concepções próprias do monasticismo cristão, que conferem grande valor expiatório ao isolamento, à clausura, à meditação. Os conceitos de pena (como reação a um crime) e de expiação (como reação a um pecado) se fundem e se confundem na *detrusio in monasterium* outrora prevista pelo direito canônico. Paralelamente, o respeito pelo indivíduo e a mensagem de brandura do cristianismo levam a superar as formas processuais introduzidas pelos bárbaros, reconduzindo o procedimento àquela consideração da responsabilidade do pretenso réu, que nesse meio tempo havia sido esquecida: mais uma vez, a superação da involução judiciária da Idade Média (do século IX ao XIII) é assinalada, na Europa continental, pelo abandono do ordálio e pelo retorno à tortura.

A prisão evolui lentamente de lugar de detenção dos condenados antes da execução da pena física ou dos prisioneiros antes do processo (como na Roma antiga), para lugar de segregação dos inimigos da Corte, marcados pela *lettre de cachet* (como na França absolutista), até se tornar o lugar de detenção no sentido atual do termo. A prisão moderna nasce com a reforma fundamentada nos princípios humanitários do Iluminismo e realizada na mudança radical do velho sistema de vida produzida pela Revolução Francesa. O sistema carcerário europeu nasce com o código penal francês de 1791, que remonta à Declaração dos Direitos do Homem e do Cidadão de 1789 (cf. III, 3).

A Inglaterra inicialmente permaneceu alheia a esse movimento, também por sua aversão à Revolução Francesa, mas bem cedo participou diretamente dessas reformas. Cesare Beccaria, Jeremy Bentham, John Howard e Samuel Romilly iniciaram a discussão sobre a função das penas numa sociedade moderna, embora se limitassem a argumentos humanitários e racionais. A verificação empírica só ocorrerá com os estudiosos citados no item anterior, mas nesse meio tempo o caminho já estava aberto.

15. Das medidas de segurança à superação da pena de detenção

Fazendo o balanço de um debate que vai da Revolução Francesa aos nossos dias, pode-se dizer que as funções da pena podem ser reduzidas a três: proteger a sociedade de quem se demonstrou seu inimigo; intimidar quem seria tentado a imitá-lo; reabilitar o criminoso. Este último elemento distingue as sociedades modernas das tradicionais e explica a rejeição da pena de morte, que aumenta a defesa social e a intimidação, mas elimina toda possibilidade de recuperação social do desviante. Não por acaso se assiste a um retorno na direção da pena de morte por parte de certos grupos de pressão quando os conflitos sociais parecem ter chegado a tal deterioração, a ponto de eliminar toda possibilidade de diálogo entre os pertencentes a classes antagônicas.

Depois da Revolução Francesa, o advento da detenção carcerária parecia conciliar as três exigências: a privação da liberdade, a separação do desviante da comunidade[14] e a dureza da vida carcerária atemorizavam os desviantes potenciais e instilavam no condenado o arrependimento ou, de maneira realista, o forte temor de uma outra condenação. Nessa primeira fase, a detenção é sinônimo de penitência, de expiação; a reabilitação objetivada é a reabilitação moral; a função da pena é puramente aflitiva.

O final do século XIX e o início do século XX caracterizaram-se por um forte aumento da criminalidade (e, em particular, pela reincidência), que revelou a inadequação de um regime carcerário do qual os condenados saíam não redimidos, mas endurecidos. Ao mesmo tempo, os estudos de criminologia indicavam que a reeducação do detento devia dar-lhe não tanto uma consciência das regras morais, quanto o conhecimento das técnicas úteis à convivência social. Nessa segunda fase, a detenção torna-se sinônimo de formação, também profissional; a reabilitação que se tem em vista é a reabilitação social; a função da pena é educativa.

Com as codificações penais dos anos 1930, na Europa e na América Latina a detenção carcerária passa a ser acompanhada de *medidas de segurança*: a primeira pune o indivíduo responsável; as segundas protegem a sociedade da sua periculosidade. A primeira respeita o princípio da certeza do direito, de acordo com o qual o mesmo crime é punido para todos com base na mesma norma; as segundas refletem as particularidades do indivíduo, pelas quais não existem dois indivíduos iguais, nem dois crimes iguais, nem – conseqüentemente – duas penas iguais. Dessas exigências nasce aquele movimento da defesa social, que em 1945 se

---

14. Nos casos mais graves, a sociedade se livrava do desviante não mais com a pena de morte, mas com a deportação para os campos de trabalho forçado, talvez mais humanitária e certamente mais produtiva do que a morte. Entre 1788 e 1840 os deportados da Grã-Bretanha, somente para a Austrália, foram 80.290.

traduziria numa organização específica, por iniciativa de Filippo Gramatica[15].

O princípio da individualização da pena, presente nas medidas de segurança, é ampliado e sistematizado, integrando-o com dados sociopsicológicos do indivíduo. O aspecto jurídico do crime perde cada vez mais importância, enquanto o juiz cede o lugar aos médicos e psicólogos. Estes últimos, para executar suas tarefas, precisam de tempos longos: tende-se então a abolir as penas de detenção curtas (que não permitem um estudo e um tratamento aprofundados), substituindo-as por novas formas de limitação da liberdade (prisões abertas, prisão condicional, liberdade vigiada, liberdade condicional). Se a detenção tem essa função reeducativa, é desnecessária a exigência de distinguir no seu interior os trabalhos forçados, a detenção em sentido estrito, as medidas de segurança, a prisão provisória: o detento percebe-as todas como restrições à sua liberdade, ao passo que a sociedade deve usá-las para reeducar o desviante. De fato, as penas de detenção foram unificadas pela primeira vez no código holandês de 1881, e o exemplo – seguido pelos Estados Unidos, pela União Soviética, pela Grã-Bretanha e pelos países escandinavos – continua a se difundir.

Segundo essas modernas teorias, a noção de pena tende a se identificar com a de tratamento, assim como no uso da tortura a noção de pena tendia a se identificar com a noção de prova. A crítica ao regime carcerário torna-se, então, um setor da crítica às instituições totais. Mas, se o criminoso é sobretudo um doente, é preciso rever a teoria jurídica da responsabilidade, em que se fundamenta a imposição da pena. Além disso, é necessário examinar em que consistem os tratamentos a que o desviante é submetido, uma vez que as modernas técnicas de aprendizagem e de condicionamento lhe são aplicadas numa instituição que não perdeu suas tradicionais conotações de violência. Será que a violência física das penas aflitivas não foi subs-

---

15. Filippo Gramatica, *Principî di difesa sociale*, Pádua, Cedam, 1961, XII-367 pp.

tituída pela violência psíquica das penas educativas? A pergunta é tão mais inquietante, na medida em que a defesa social parte de um pressuposto socialmente aceito: a ordem social existente é um valor positivo, ao qual o criminoso deve conformar-se. Basta discordar desse valor para se colocar entre os desviantes e, com isso, entre os sujeitos que precisam de tratamento.

16. Do controle do comportamento à intervenção no cérebro

A evolução das ciências físicas e naturais permitiu associar à confissão (originariamente, com a flagrância, o único elemento sobre o qual fundamentar a sentença) uma série de indícios objetivos, extraídos de um conhecimento mais aprofundado da realidade. Hoje, a dactiloscopia resolve casos que, dois séculos antes, teriam sido decididos com a tortura. As técnicas para a coleta de informações convergentes sobre um fato criminoso tornaram-se tão complexas e numerosas que da coordenação entre elas nasceu uma nova disciplina: a criminalística. Seu rápido desenvolvimento está ligado à evolução dos meios tanto para identificar as informações, quanto para transmiti-las e elaborá-las. Enquanto o primeiro setor está ligado à evolução das ciências físicas (e não nos ocuparemos delas aqui, remetendo para tanto a qualquer bom manual de criminalística), o segundo está ligado à elaboração das informações e, em particular, à elaboração eletrônica dos dados, ou informática.

Uma punição, para ser eficaz, deve ser geral, oportuna e justa. A administração da justiça tende a esses três valores, sem obviamente atingi-los plenamente; contudo, ela não pode descer abaixo de um limite mínimo em cada um dos valores, sob pena de provocar uma intensificação do fenômeno criminoso. A justiça da pena depende da moral social (e, portanto, das relações de produção, mas apenas indiretamente). A generalidade e a oportunidade da pena, ao contrário, dependem diretamente do grau de evolução tecnológica da sociedade: são máximas nas sociedades tradicionais, restritas, estáticas, estruturalmente simples, nas quais cada um sabe tudo sobre todos, enquanto tendem a diminuir à medida que a sociedade se torna mais ampla, móvel, complexa e anônima. A rapidez com a qual o computador associa e desassocia os dados que lhe são fornecidos e a capilaridade com que distribui os resultados obtidos é a solução mais eficaz contra a criminalidade extremamente variável do nosso tempo. A tecnologia dos modernos bancos de dados permite lidar com uma enorme quantidade de informações mediante programas extremamente ramificados: pode-se assim manter sob controle a extensão e a complexidade da sociedade contemporânea. Enfim, a possibilidade de reconduzir todas as informações concernentes a um indivíduo a um código ou matrícula próprios (por exemplo, o "social security number" que, nos Estados Unidos, acompanha o cidadão por toda a vida), unificando assim dados provenientes de fontes diferentes que se ignoram reciprocamente, põe um limite ao anonimato dos comportamentos nas sociedades pós-industriais. Do ponto de vista do controle social, o computador parece, dessa forma, capaz de levar nossas megalópoles às suas primitivas dimensões de aldeia.

O uso da admirável máquina torna-se porém mais inquietante quando se imagina aplicá-la à repressão e à prevenção dos crimes. Aqui a técnica informática se associa à teoria do delito. Se se identifica a pena com o tratamento e o delito com a doença, o conceito de prevenção pode ser estendido sem dificuldades da medicina à administração da justiça. O uso da informática na repressão dos crimes não causa graves preocupações, a não ser no sentido de que aumenta os meios que o poder já tem à disposição atualmente. Mas, em vez disso, vamos tentar imaginar a previsão e a prevenção do comportamento desviante, comparando-as ao que já se faz hoje na medicina preventiva. Num centro de medicina preventiva recolhe-se a maior quantidade de dados possível sobre o estado de saúde atual e passado dos habitantes de uma região; um programa[16] (elaborado com base nos conhecimentos médicos próprios daquela época) analisa essas informações, assinalando os casos em que os dados se combinam de forma a levar a temer o surgimento de uma doença. O mesmo ocorre num centro de prevenção criminal: ali se recolhe a máxima quantidade de dados possível sobre o comportamento passado e presente dos habitantes de uma região; um programa (elaborado com base nas normas jurídicas e nos valores sociais da época) analisa essas informações, assinalando os casos em que os dados se combinam de modo a levar a temer um comportamento desviante.

Esse procedimento informatizado seria hoje possível do ponto de vista tanto da programação, quanto da coleta dos dados individuais. Os computadores já registram dados individuais que são insignificantes se considerados isoladamente, mas, unificados, dizem tudo sobre uma pessoa. Mesmo que não seja simples, os dados reunidos por meio de técnicas diferentes de padronização podem ser unificados. Sob aquele número específico de matrícula individual confluiriam os dados sobre as passagens aéreas adquiridas e sobre o uso de cartões de crédito, as informações sanitárias recolhidas pela empresa seguradora e as econômicas reunidas pelo banco que concedeu um financiamento, os telefonemas interurbanos e as compras de roupas: com base nisso, o programa e um funcionário estatal decidirão sobre a potencialidade do desvio do indivíduo[17].

Diante do comportamento desviante, uma decisão é muito mais complexa do que no caso de perigo de doença:

---

16. Por "programa" de um computador entende-se a série finita de passos unívocos isolados que levam dos dados do problema (*input*) à sua solução (*output*).

17. Surgem aqui dois tipos de problemas: 1) o direito de cada indivíduo à privacidade (*privacy*) e os meios para protegê-lo contra eventuais abusos informáticos; 2) a responsabilidade por eventuais erros no fornecimento ou na elaboração dos dados. Cf. respectivamente meus livros: *Il diritto pubblico dell'informatica*, Turim, Einaudi, 1986, XVI-348 pp., e *Il diritto privato dell'informatica*, Turim, Einaudi, 1986, XVIII-298 pp. [O Brasil ao contrário da União Européia e de inúmeros outros Estados, ainda não possui uma lei sobre a privacidade dos dados pessoais (N. da T.).]

neste último caso, o médico decide de comum acordo com o doente; mas o que deve fazer o funcionário que prevê um comportamento criminoso? Se esperar até que o desvio deixe de ser potencial e passe a se tornar evidente, terá permitido a realização do evento contra o qual todo o sistema havia sido construído: é o caso do policial que espera o atentado ao trem para prender os terroristas. Se, ao contrário, intervém tão logo considere que a possibilidade de desvio seja real, a intervenção na vida privada dos indivíduos corre o risco de ser intolerável. De fato, o desvio só se caracteriza como tal em relação ao modelo de comportamento recomendável estabelecido tanto no programa do computador, quanto na mente do funcionário: assim, a prevenção do desvio corre o risco de se tornar imposição violenta do conformismo. Esse perigo é especialmente perceptível nos crimes de opinião.

Ao falar de "imposição violenta do conformismo", é necessário examinar algumas técnicas através das quais o desviante, uma vez identificado, é reconduzido à normalidade.

A tradição jurídica conhece uma progressão de penas pecuniárias, detentivas e físicas, proporcionais à gravidade social do delito. Elas valem, entretanto, enquanto nos movemos no âmbito da repressão; a única prevenção que permitem é a induzida pelo medo da própria pena. Quando a prevenção dos comportamentos desviantes se torna um dos papéis ativos do Estado, porém, são necessários instrumentos diferentes. Despertar um comportamento futuro desejado é a tarefa típica da educação: assim como na educação passou-se do espancamento às mais refinadas técnicas didáticas, também na prevenção do delito recorre-se às mais modernas técnicas de aprendizagem para que o desviante potencial não apenas se abstenha efetivamente do comportamento reprovado, mas chegue até a não querê-lo. Assim, passa-se da coerção física à coerção psíquica, possibilitada pelos desenvolvimentos da psicologia moderna, nos quais precisamos nos deter brevemente.

Assim como na tecnologia dos computadores, também na psicologia as sementes européias dão ótimos frutos nos

Estados Unidos. Na esteira de Ivan Mikháilovitch Sietchenov (1829-1905), Ivan Petrovich Pavlov (1849-1936) realiza experiências que fundamentam a psicologia da atividade nervosa superior: o estudo dos reflexos condicionados recebe assim uma base experimental, à qual se remetem, no início do século XX, os psicólogos americanos e, especialmente, John Broadus Watson (1878-1958), fundador do behaviorismo. Nessa corrente se fundem os estudos precedentes de biologia darwinista, de psicologia animal e de técnica dos testes mentais. Seus pressupostos (como reação aos excessos de mentalismo da Escola alemã) são materialistas: "a mente é comportamento" ("mind is behavior"); entre homem e animal existe continuidade fisiológica; essa fisiologia unitária é caracterizada por um sistema nervoso cuja única tarefa é distribuir e integrar os impulsos nervosos.

O behaviorismo concebe a psicologia como ciência experimental e, por isso, substitui a introspecção (com suas concepções de alma, espírito, consciência etc.) pela observação do comportamento: daí o seu nome, pois *behavior*, em inglês, significa "comportamento". Sua atividade experimental fundamenta-se na oposição entre ambiente e organismo, ou seja, entre estímulo e reação. O estímulo é uma energia física (logo, mensurável) que excita um elemento fisiológico; a resposta é a secreção de uma glândula ou a contração de um músculo. Para provocar um certo comportamento bastará, portanto, encontrar o estímulo apropriado. Watson, depois de ter chamado a atenção para as teorias pavlovianas em 1916, demonstrou em 1924, com uma série de experiências sobre o medo nas crianças, a conexão entre aprendizagem e condicionamento. A partir daquela data, o problema da aprendizagem torna-se o tema central do behaviorismo, que entrementes se afirma nos Estados Unidos.

Enriquecido por outras contribuições (especialmente da Escola de Yale, da qual faz parte o já mencionado John Dollard), o neobehaviorismo estuda o comportamento animal em situações típicas e dali extrai leis, para aplicá-las aos homens. O simples condicionamento é agora acompanhado pelo estudo das motivações, porque se descobriu que a ligação entre estímulo e resposta é facilitada pela satisfação de necessidades e dificultada pelo tédio ou pela dor. Assim, partindo do rato que aprende qual alavanca deve ser pressionada para fazer cair um pedaço de queijo, chega-se à técnica da instrução programada, em que a satisfação por ter respondido corretamente a uma questão constitui um incentivo (*reinforcement*) para continuar, enquanto a resposta incorreta obriga a uma aprendizagem suplementar. A partir dela se desenvolve a "computer aided instruction", que confia ao computador a tarefa de controlar o aluno e de fazê-lo progredir no programa de aprendizagem[18].

Essa técnica moderna pode ser transferida para as prisões. E nunca antes na história da humanidade os conceitos de pena e de tratamento tendem a coincidir tanto como nesses casos. Diante do réu de crimes sexuais são projetadas imagens de mulheres (ou de crianças, ou de homens) e cada imagem é ligada a um estímulo doloroso, que pode ir desde a descarga elétrica até o vômito incontrolável provocado por um medicamento emético. A sensação de dor se associa àquelas imagens de forma tão indissolúvel que o detento-paciente experimentará uma repulsa irresistível pelas situações representadas naquelas imagens. Um exemplo claríssimo dessa terapia está no filme *Laranja mecânica* de Kubrick, em que o tratamento contra a violência (realizado com essas técnicas) transforma o protagonista, de desviante em desajustado.

Nos últimos anos, esses tratamentos suscitaram muitas discussões nos Estados Unidos[19], no âmbito da defesa

---

18. Uma descrição da instrução programada encontra-se no apêndice intitulado "L'insegnamento del diritto e l'istruzione programmata", no meu livro *Il diritto privato dell'informatica*, cit., pp. 157-80.
19. Esses tratamentos são aplicados também em outros Estados. Refiro-me aqui aos Estados Unidos porque tive oportunidade de recolher a documentação no local e, além disso, porque esse foi o país onde, na minha opinião, se teve a coragem de enfrentar mais abertamente tal discussão, tão desagradável para as autoridades.

dos direitos civis dos prisioneiros. As argumentações aduzidas contra as técnicas de modificação do comportamento ("behavior modification") valem também contra a neurocirurgia, a partir do momento em que esta última pode ser usada como uma técnica cruenta para modificar o comportamento do indivíduo. Os problemas centrais desse debate são dois: o caráter definitivo das modificações produzidas e a legitimidade de uma intervenção tão definitiva.

a) Plasmar violentamente um indivíduo de acordo com um certo modelo significa fixar valores positivos e negativos nos comportamentos sociais, negando que eles possam ser questionados. Uma certa sociedade, num certo momento histórico, pode ter um comportamento homogêneo em relação a certos valores, enquanto a divergência com relação a outros pode ser difusa. Incluem-se no primeiro caso alguns delitos sexuais; no segundo incluem-se, por exemplo, os delitos qualificados como políticos em sentido amplo. Na Alemanha Federal, propôs-se a intervenção cirúrgica nos terroristas capturados: nessa medida, não mais se distingue a pena pelo delito cometido, a prevenção contra delitos futuros e a simples eliminação de fato dos adversários políticos. Mesmo nos delitos sexuais é difícil aceitar essas técnicas: por que levar um homossexual ao ponto de não poder nem sequer apertar a mão de um outro homem que lhe é apresentado?

O caráter definitivo da intervenção pressupõe o caráter absoluto dos valores em que é moldado o comportamento; conseqüentemente, quem é favorável à relatividade dos valores na moral (e, portanto, ao pluralismo em política) não pode aceitar intervenções tão drásticas.

b) Chega-se, assim, ao segundo problema: a legitimidade, também jurídica, de uma intervenção com conseqüências irreparáveis. No plano jurídico, os institutos de pena especiais em que se praticam esses tratamentos exigem o consentimento do réu para a execução da terapia, seja ela farmacológica, psicológica ou neurocirúrgica. No plano formal, o consentimento do interessado significa que ele também concorda com os valores com base nos quais seu comportamento será modificado: ele concorda com eles, mas não consegue respeitá-los na prática porque está "doente". A terapia se apresenta, assim, não como violência à vontade do réu, mas como liberação dessa vontade das condições patológicas. As dúvidas dos críticos dirigem-se para as condições em que é obtido o consentimento do réu: em geral, trata-se de um condenado que tem diante de si uma longa pena de detenção e para evitá-la é convidado a se submeter ao tratamento terapêutico. É inquestionável que seu consentimento ocorre em condições anômalas; mas resta ainda a dúvida de que ele não tenha consciência do caráter definitivo das conseqüências da terapia.

Um exame dos casos verificados até agora e das possíveis aplicações futuras dessas técnicas leva à conclusão paradoxal de que as rudes penas corporais respeitam mais o indivíduo que os ambíguos tratamentos psicológicos. Estes últimos parecem ser muito mais um sinal de uma progressiva invasão na vida individual; houve uma época em que o Estado pedia que certos comportamentos não fossem adotados na prática; hoje, quer também obrigar os desviantes à íntima convicção de que é um mal assumir certos comportamentos não aceitos pelos detentores do poder.

Vamos reunir agora as considerações até aqui desenvolvidas sobre o controle do comportamento individual por meio dos computadores e sobre a modificação do comportamento individual mediante as técnicas psicológicas. Abre-se a perspectiva – encantadora nos sonhos e terrível na realidade – de uma sociedade sem crimes. O minucioso controle individual permite retirar o potencial desviante da massa dos consencientes e de torná-lo conforme a maioria: em vez de correntes e ferrolhos, cândidas enfermarias e o burburinho de médicos e enfermeiros.

O desviante, depois de ter sido liberado da intenção de desviar, será readmitido no contexto social e seu comportamento – em tudo e por tudo conforme ao dos consencientes que o circundam – será aferido constantemente pelo computador. Ele irá incrementar a estatística dos comportamentos conformes e, desse modo, tornará ainda mais evidentes os eventuais comportamentos desviantes dos outros. Um outro desviante potencial será então retirado da massa dos consencientes e oportunamente tratado; e assim por diante, até a completa extinção do desvio através da total eliminação terapêutica dos desviantes.

Nesse procedimento cíclico, toda a sociedade se move num círculo virtuoso: visão de pesadelo, da qual não nos livra o pensamento simplista de que temos diante de nós apenas a utopia *catastrofista* que acompanha um desenvolvimento tecnológico surpreendente demais.

17. A gradualidade das sanções: delitos e contravenções

Esse *excursus* fora do direito positivo era necessário para evidenciar a estreita ligação entre o direito penal e as teorias sociológicas e psicológicas, das quais ele é muitas vezes uma simples transposição em termos jurídicos. É hora de voltar ao direito positivo.

Os atuais códigos penais contêm dois tipos de normas: as que protegem os próprios fundamentos de uma certa sociedade e, se violadas sistematicamente, provocariam sua ruína; e aquelas que, mesmo não sendo essenciais para a ordem socioeconômica existente, melhoram a convivência social ou facilitam a atividade do Estado e dos indivíduos. O roubo, enquanto transferência violenta de propriedade, é proibido porque é um mal (*prohibita quia mala*); a danificação de escritos ou desenhos afixados por indivíduos, em contrapartida, é um dos fatos que não é um mal em si mesmo, sendo mal apenas porque proibido (*mala quia prohibita*), ou seja, é delito porque assim ficou decidido; poderia também não sê-lo e a sociedade sobreviveria, ainda que com alguns cartazes danificados a mais.

Dessa divisão derivam as duas categorias de ilícitos penais: os delitos e as contravenções. Para as segundas, pode haver também uma passagem do direito penal ao direito administrativo, quando o autor da contravenção realiza a oblação, enquanto para os primeiros o Estado pede oficialmente a aplicação da sanção.

Em geral, todas as normas jurídicas prevêem sanções. As do direito privado caracterizam-se pelo princípio da satisfação e do ressarcimento, no sentido de que o Estado obriga a parte inadimplente a fazer ou a dar o quanto acordado, ou seja, a pagar o valor correspondente. A equivalência econômica entre delito e sanção deixa de existir no direito penal e administrativo: neles a sanção é proporcional não à gravidade do dano material provocado, mas à gravidade social que os detentores do poder atribuem àquele dano. No entanto, a sanção penal tem conseqüências mais graves do que as administrativas e a ela o sistema associa também uma série de conseqüências que podem levar à marginalização social do condenado: da inscrição da condenação no registro criminal às penas acessórias (interdição aos cargos públicos, profissões e artes etc.).

Como distinguir as sanções administrativas das penais? Os penalistas chegaram à conclusão de que é sanção penal aquela que o legislador define como tal. Em termos políticos, isso significa que quem detém o poder indica caso a caso aos juízes, por meio da atividade legislativa, quais comportamentos põem em risco a existência daquela forma estatal. Isso explica as transmigrações de delitos historicamente ocorridas da categoria dos delitos à das contravenções e vice-versa, bem como a retirada do âmbito do direito penal de categorias inteiras de delitos, por estarem tão difundidos a ponto de serem socialmente pouco relevantes e de fato não mais controláveis em juízo (por exemplo, a descriminalização de infrações de trânsito, hoje transformadas em infrações administrativas), ou ainda por se referirem a um sistema socioeconômico superado (por exemplo, a ab-rogação dos delitos raciais na Itália ou a legalização dos sindicatos operários ingleses, com o Trade Union Act de 1871). A polêmica sobre a descriminalização do aborto demonstra como essas mudanças de qualificação jurídica nem sempre são adaptações do direito à realidade, mas fruto de uma luta política mais ampla.

18. Os procedimentos e a atividade dos tribunais

Chegou o momento de descrever o mecanismo judiciário que é acionado quando o indivíduo se recusa a respeitar o contrato livremente estipulado, a pagar o imposto, ou a manter o comportamento considerado necessário para a conservação daquele tipo de sociedade. É aqui que entra em cena a repressão, ou seja, em termos jurídicos, a sanção. Esta é prescrita e executada respeitando-se certas formas, que garantem em diferentes medidas a certeza e a homogeneidade na aplicação das normas substanciais. Essas formas jurídicas são objeto dos direitos processuais. Ainda que, no curso da evolução histórica, os procedimentos civil e penal se tenham separado do direito civil e penal, a ligação entre direito formal e substancial é necessária: para poder destinar o crime de homicídio ao juiz competente e para unir a ele a pena prevista, é preciso ter bem clara, antes de tudo, a noção de homicídio.

As normas processuais sofrem uma evolução histórica que, partindo da liberdade procedimental dos primitivos, chega às complexas estruturas judiciárias dos Estados modernos. Ainda que fictícia, essa progressão histórica é, todavia, esclarecedora. Ao tratar dos direitos primitivos, veremos como a pessoa que dirime as disputas numa comunidade restrita é por definição aquela que goza da confiança e do respeito das partes. Ainda não existe um procedimento no sentido moderno do termo: o que conta é a decisão, não a maneira como se chegou a ela (cf. VI, 18). No direito islâmico clássico, o cádi pode voltar a uma matéria já decidida, ou as partes podem se declarar insatisfeitas e submeterem a mesma causa judicial a um outro cádi (cf. VII, 8 b). Para os europeus continentais, por sua vez, o procedimento judiciário fixado em regras minuciosas é uma conquista da burguesia contra o arbítrio feudal. O juiz não é mais o homem de confiança das partes em causa, mas um órgão do Estado que cumpre suas próprias tarefas no âmbito da tripartição dos poderes. Quanto mais rígidas forem as normas que regulam seu procedimento, mais certo será o direito do cidadão submetido a juízo.

Mas seria incorreto considerar que a evolução histórica caminha univocamente para uma progressiva complicação do procedimento judiciário. Também nos direitos modernos permanece, ainda que em medida muito reduzida, a antiga fórmula que confia a causa a uma pessoa que goze da confiança das partes e decide com base na eqüidade, ou seja, fundamentando-se em critérios não exclusivamente jurídicos. O código italiano de processo civil dedica os últimos trinta artigos à figura do árbitro. Essa regulamentação permite constatar o quanto da antiga liberdade arbitral se perdeu: certas matérias não podem ser decididas por árbitros; árbitros e partes têm direitos e deveres precisos; a decisão do árbitro (laudo) deve ser aceita pelas partes; a obstrução do mecanismo arbitral prevê a intervenção do juiz ordinário.

Colocados exatamente no final do código de processo civil, esses artigos pareciam estar na iminência de deslizar definitivamente para fora do próprio código, como uma herança de épocas passadas. Ao contrário, a arbitragem passa por um novo desenvolvimento nas sociedades em que a administração da justiça é muito lenta e burocratizada. Assim, os indivíduos se livram de longos processos inserindo nos próprios contratos a cláusula compromissória: com base nela, o eventual litígio será confiado a um árbitro.

No direito moderno, portanto, recorre-se a um árbitro sobretudo quando a administração judiciária não é capaz de cumprir as próprias tarefas em tempos aceitáveis. Ou então quando não existe uma administração judiciária: isso ocorre no direito internacional, do qual nos ocuparemos no próximo item. Sendo o menos jurídico dos direitos, o direito internacional caracteriza-se também pelos procedimentos menos jurídicos: a arbitragem realizada por uma nação estranha à contenda. Ainda que para certas matérias existam hoje tribunais internacionais, a relação entre arbitragem e processo no direito internacional é inversa em relação à encontrada no direito interno de um Estado.

Como os processos judiciários garantem aquela certeza do direito que permite o livre desenvolvimento do indivíduo e de suas transações, nos Estados modernos eles são vistos como um elemento de superioridade em relação aos sistemas jurídicos menos evoluídos. Ao tratar da passagem da arbitragem ao processo, um estudioso alemão observa que o juiz, quando deixa de ser um homem de confiança das partes, "tem necessidade de normas processuais precisas, de modo que, respeitando-as, não incorra na suspeita de parcialidade. Sem uma restrição desse tipo (e sem sua culpa) acabaria adquirindo a fama de fazer justiça como um cádi"[20].

A exigência de certeza do direito nos juízos é um elemento recorrente nos conflitos entre os ocidentais e os outros povos. Os tratados iníquos impostos à China e ao Japão no século XIX baseavam-se também na recusa em submeter os cidadãos ocidentais (as transações realizadas por eles) a administrações judiciárias com processos demasiado embrionários (cf. IX, 3 e 5). Explica-se assim por que a independência nacional daqueles países estava condicionada à aceitação de processos judiciários moldados de acordo com os estrangeiros.

Todavia, a administração da justiça segundo os processos ocidentais não oferece, na prática, toda a certeza do direito que suas origens iluministas prometem.

---

20. Bernhard Rehfeld, *Einführung in die Rechtswissenschaft, Grundfragen, Grundgedanken und Zusammenhänge*, Berlim, Walter de Gruyter, 1962, p. 241. Esse autor recorda ainda a exigência de menor arbítrio nos julgamentos, adotada pelo direito cristão como reação contra os juízes pagãos (*I Cor.*, b, 1-8).

No direito civil, será uma das partes a pedir a intervenção do Estado para obter o que a outra lhe nega: esse é um reflexo processual da autonomia dos indivíduos e do caráter compensatório da sanção civil. No direito penal, ao contrário, é o próprio Estado que dá início ao processo (com a única exceção dos crimes puníveis mediante queixa-crime): esse é um reflexo processual do fato de que o direito penal tem a função de proteger determinado sistema socioeconômico mediante penas repressivas.

A divisão dos poderes deveria garantir a objetividade da sentença: o juiz, independentemente dos poderes Legislativo e Executivo, deveria ser apenas a "bouche de la loi". É uma utopia, desmentida no plano jurídico pelo próprio fato de, em muitos sistemas, o ministério público, promotor da ação, depender do poder Executivo.

Na maioria dos casos e em períodos de paz social, esse vínculo entre poder judiciário e poder executivo não impede a aplicação imparcial da lei. Em situações diferentes, porém, a pretensa neutralidade do juiz deixa de existir: nascem assim os processos políticos, que têm a função de dar uma aparência de legalidade a uma decisão política. Poder-se-ia construir uma tipologia dos processos políticos, que iria dos casos de parcialidade individual do juiz aos casos de parcialidade institucional dos tribunais especiais. Com referência à história italiana da época fascista, para perceber a parcialidade institucional de um tribunal especial, basta recordar a composição do Tribunal Especial para a Defesa do Estado: era

> um tribunal especial, constituído por um presidente, escolhido entre os oficiais gerais do Régio Exército, da Régia Marinha, da Régia Aeronáutica e da Milícia Voluntária para a Segurança Nacional, por cinco juízes escolhidos entre os oficiais da Milícia Voluntária para Segurança Nacional, todos com grau de cônsul, seja em serviço permanente, seja em licença ou fora da carreira, e por um relator sem voto, escolhido entre o pessoal da justiça militar (lei de 25 de novembro de 1926, n. 2008, art. 7).

Dessa situação elementar, mas clara, de parcialidade, podemos passar a casos complexos de conivência dos acusados com a parcialidade dos juízes, como nos processos políticos da época stalinista, nos quais os acusados aceitaram assumir crimes não cometidos, na convicção de prestar um serviço a seu partido.

Ao lado dos processos civil, penal e administrativo, seria lógico colocar aquelas áreas do direito constitucional que regulamentam o procedimento legislativo (do Estado federal, de cada Estado, da região). Trata-se sempre de normas procedimentais: mas as primeiras regulam a produção de normas individuais (ou seja, sentenças, que só têm valor entre as partes em causa), enquanto as segundas regulam a produção de normas gerais e abstratas, que são obrigatórias para todos os cidadãos. Uma teoria geral dos processos assim concebida exigiria, porém, o abandono da teoria da divisão dos poderes e colocar-se-ia como descrição das técnicas para a mediação dos conflitos sociais tanto no âmbito individual, quanto no geral. Por isso a subdivisão tradicional das matérias jurídicas prefere tratar separadamente os temas processuais.

Na fronteira entre direito e política

19. O direito internacional privado e público

Existem casos em que a mediação jurídica – exposta no item anterior – encontra dificuldades. O caso mais relevante é o direito internacional, que regulamenta as relações iguais entre Estados soberanos, assim como o direito privado regulamenta as relações entre indivíduos. Nos conflitos entre Estados, porém, falta o mediador em posição superior que impõe e obriga os adversários a respeitar a decisão tomada. O direito internacional é para os Estados aquilo que para os indivíduos é o direito primitivo, baseado na autoproteção, ou seja, na lei do mais forte. Por isso, comparando-o com outros setores jurídicos, há quem negue o caráter jurídico do direito internacional, recorrendo às mesmas argumentações dos adversários da juridicidade dos ordenamentos primitivos. E, contudo, ele é disciplina de história ilustre e antiga.

A transferência do eixo econômico europeu do Mediterrâneo para o Atlântico, o fortalecimento das monarquias debruçadas sobre aquele oceano e suas guerras dinásticas e territoriais, a Reforma Protestante e as lutas ligadas a ela criaram problemas também jurídicos dos quais a Itália foi sobretudo espectadora. Com a queda do *unum imperium* e a afirmação de monarcas *superiorem non recognoscentes*, surge o problema de regulamentar as relações entre Estados soberanos iguais, tanto em tempos de paz quanto de guerra. É em Veneza que em 1563 o piemontês Pierino Belli (1505-1575) publica *De re militari et de bello*; mas é em Leiden, na Holanda, que Alberico Gentili (1552-1608) publica seus dois volumes *De legationibus* (1583) e *De iure belli* (1589): precisamente naquelas atormentadas províncias atlânticas, Hugo Grócio (1583-1645) publicará, em 1625, *De iure belli ac pacis*, destinado a obscurecer todas as obras anteriores sobre o assunto e a fundar o direito internacional. Essa disciplina foi levada a termo em 1650 pelo inglês Richard Zouche (1596-1661), o qual – livre das tradições jurídicas continentais e formado num ambiente permeado de empirismo – deixou de lado o jusnaturalismo de Grócio para analisar fatos e costumes.

Os tratados jusnaturalistas de direito internacional (como, por exemplo, os de Grócio e de Pufendorf) são hoje relevantes sobretudo para a filosofia do direito. O direito internacional moderno, ao contrário, tornou-se um vasto *corpus* normativo dominado pela tendência empírica ora evidenciada.

As relações entre Estados podem ser consideradas sob dois pontos de vista: os súditos de um Estado entram em contato com os de um outro, ou então um Estado (como totalidade) entra em contato com outro Estado (também entendido como pura totalidade).

No primeiro caso, é preciso resolver problemas como este, por exemplo: uma sociedade anônima do direito suíço demite de sua filial italiana um funcionário belga. Neste caso, qual norma aplicar? Para resolver esses conflitos entre normas de ordenamentos diferentes, cada legislador previu uma série de disposições de direito interno que estabelecem aplicar, por exemplo, a lei do lugar, ou então a da pessoa, e assim por diante. Em sua acepção mais estrita, o direito internacional privado é aquele ramo do direito interno que regulamenta as relações entre os cidadãos e os estrangeiros, ou entre estrangeiros presentes num certo território.

Mas a natureza das regras que regem as relações entre Estados, considerados na sua globalidade, é profundamente diferente: trata-se de acordos paritários que, em caso de violação, geralmente não podem ser levados diante de um tribunal. Os Estados são soberanos; então, sua comunidade é semelhante à dos homens que ainda não estão inseridos numa sólida estrutura estatal que a eles se sobrepõe. A controvérsia no direito internacional se resolve, assim, com as formas típicas do direito primitivo: a arbitragem (cf. acima, item 18) ou o talião, isto é, a represália e a guerra (cf. VI, 18). Dessa situação provêm todas as discussões sobre a juridicidade (ou não) do direito internacional público.

Como esse direito internacional reproduz entre Estados as relações existentes entre os indivíduos de uma sociedade primitiva, poder-se-á falar de um direito internacional administrativo, constitucional, penal, processual, tributário etc., na medida em que os acordos paritários entre os Estados tenham por objeto matérias que, nos direitos internos, recairiam naquelas disciplinas específicas.

Seria, porém, muito esquemático fazer coincidir o direito internacional privado com as relações entre os indivíduos submetidos a ordenamentos jurídicos diferentes e o direito internacional público com as relações entre Estados como organizações globais: existem casos em que um Estado dita normas referentes a um outro, enquanto o direito internacional pode regulamentar diretamente a atividade dos indivíduos (como ocorre no caso dos funcionários internacionais). A fronteira não é clara, porque depende apenas da eficácia das normas promulgadas, e não de distinções formais.

20. A relevância jurídica da guerra e da revolução

Quando a mediação do direito não funciona, tem-se a revolução (dentro de um Estado) ou a guerra (entre mais de um Estado). O direito se imobiliza diante desses conceitos, que constituem a sua negação: o delito, de fato, não é a negação do direito, e sim a condição de sua existência e de seu progressivo aprimoramento. A revolução, ao contrário, comporta a derrubada da ordem socioeconômica que aquele direito protegia e, assim, a dissolução deste direito e sua substituição por um outro. O novo direito revolucionário, recém-instalado, desempenha a mesma função que o anterior, ou seja, protege as relações de produção instauradas pela classe que subiu ao poder.

A sociedade retoma depois o seu desenvolvimento na nova direção indicada pela revolução, enquanto o novo direito envelhece e muitas vezes não se renova. O reformismo mostra-se mais difícil que a revolução, assim como a constância é mais difícil que a genialidade. É nesse sentido que um Estado revolucionário torna-se conservador no decorrer de meio século, como a ex-URSS, e reacionário depois de dois séculos, como os Estados Unidos de MacCarthy (1909-1957) e a França de De Gaulle (1890-1970).

Ainda que a guerra e a revolução escapem à regulamentação jurídica, um Estado pode estabelecer regras para os próprios súditos que participam daquelas formas de violência, bem como para os súditos de outros Estados, na medida em que for capaz de aplicá-las. Em outras palavras, não podendo controlar o desenvolvimento daquelas formas de violência, o Estado toma medidas para preveni-las e, em caso extremo, para delas limitar seus efeitos nocivos.

Nesse contexto situam-se o direito internacional bélico e o direito militar de paz e de guerra. O primeiro é confiado à boa vontade dos Estados em medida ainda maior do que os outros ramos do direito internacional. O direito militar tradicional sofre a influência da particularidade do ambiente em que é aplicado e do autoritarismo que o permeia, a ponto de estar muitas vezes em contradição com as exigências protegidas pelo direito destinado aos não-militares. Já se disse que a justiça militar está para a justiça assim como a música militar está para a música. Tendências de uma adequação desse direito a princípios menos arcaicos vão se impondo lentamente, como, por exemplo, no reconstruído exército da República Federal Alemã, onde se falava de "cidadãos de uniforme" exatamente para sublinhar que pertencer às Forças Armadas não implicava uma limitação dos direitos próprios de cada cidadão.

ITINERÁRIO BIBLIOGRÁFICO

Para as obras de referência, veja-se a bibliografia do capítulo I.

A estrutura do Estado

Os textos constitucionais de todos os Estados do mundo estão reunidos em inglês em Amos J. Peaslee, *Constitutions of Nations*, Dordrecht, Nijhoff, 1985, 2 vols. Veja-se ainda o *Corpus Constitutionnel. Recueil universel des constitutions en vigeur*, organizado pela Union Académique Internationale, Leiden, Brill, desde 1970: até o momento, foram publicados 4 volumes e um suplemento.

[Itens 2-3] John Clarke Adams, *Il diritto costituzionale americano. Linee essenziali*, apresentação de Piero Calamandrei, introdução de Paolo Barile, Florença, La Nuova Italia, 1967, 136 pp. Armando Saitta, *Costituenti e costituzioni della Francia moderna*, Turim, Einaudi, 1952, 643 pp.: é um ótimo guia da sucessão das constituições francesas de 1791 a 1946; o texto esclarece os problemas políticos, enquanto os apêndices fornecem os textos constitucionais. A influência das constituições revolucionárias nas colônias é pouco estudada: sobre a secessão do Haiti (a mais rica colônia francesa) e sobre os eventos constitucionais correspondentes, há uma coletânea de documentos (traduzidos em alemão) e de bibliografia (também em francês) em Hans Christoph Buch, *Die Scheidung von San Domingo*, Berlim, Wagenbach, 1976, 191 pp. (ampla cronologia). O ocorrido na ilha é bem esclarecido no subtítulo: "Como os escravos negros do Haiti levaram Robespierre ao pé da letra." Ademais: Maurice Duverger, *Les constitutions de la France*, 10.ª ed., Paris, Presses Universitaires de France, 1983, 125 pp. [breve introdução elementar na coleção "Que sais-je?"]; Gabriel Lepointe, *Histoire du droit public français*, Paris, Presses Universitaires de France [breve introdução elementar na coleção "Que sais-je?"].

Sobre a história constitucional italiana: Carlo Ghisalberti, *Dall'antico regime al 1848. Le origini costituzionali dell'Italia moderna*, 6.ª ed., Roma/Bari, Laterza, 1999, 172 pp.; id., *Storia costituzionale d'Italia, 1848-1948*, 17.ª ed., Roma/Bari, Laterza, 1998, 476 pp. A história da tentativa fracassada de introduzir as constituições revolucionárias na Itália está bem documentada em id., *Le costituzioni "giacobine" (1796-1799)*, Milão, Giuffrè, 1957, 272 pp.

Sobre os eventos constitucionais na Europa: Carlo Ghisalberti, *Storia delle costituzioni europee*, Turim, Eri, 1964, 130 pp. (introdução elementar ao problema); Paolo Biscaretti di Ruffia (org.), *Costituzioni straniere contemporanee. Testi scelti e commentati*, Milão, Giuffrè, 1975, VIII-405 pp. Sobre as constituições soviéticas, cf. a bibliografia do capítulo IV. Sobre as constituições chinesas e japonesas, cf. a bibliografia do capítulo IX.

As origens do direito constitucional estão na obra de Pellegrino Rossi, *Cours de droit constitutionnel*, Paris, Guillaumin, 1866-1867, 4 vols.: essa obra contém de forma orgânica todas as matérias que posteriormente darão origem a cada disciplina publicista.

Alguns manuais sobre o atual direito constitucional italiano são: Amato, Giuliano; Barbera, Augusto, *Manuale di diritto pubblico*, Bolonha, Il Mulino, 1986, 1.046 pp.

Balladore Pallieri, Giorgio, *Diritto costituzionale*, Milão, Giuffrè, 1976, XVI-503 pp.

Barile, Paolo, *Istituzioni di diritto pubblico*, 5.ª ed., Pádua, Cedam, 1987, XXXII-680 pp.

Toda estrutura organizativa produz uma burocracia própria; a burocracia estatal é um fenômeno objeto de numerosos estudos. Para a situação no mundo ocidental: *La burocrazia*, textos organizados por Franco Ferraresi e Alberto Spreafico, Bolonha, Il Mulino, 1975, pp. 515 (com bibliografia); Franco Ferraresi, *Burocrazia e politica in Italia*, Bolonha, Il Mulino, 1980, 274 pp.; Renate Mayntz, *Sociologia della pubblica amministrazione*, Bolonha, Il Mulino, 1982, pp. 304; B. Guy Peters, *The Politics of Bureaucracy*, Nova York, Longman, 1984, 256 pp.

Para as democracias populares: Chris Harman, *Bureaucracy and Revolution in Eastern Europe*, Londres, Pluto Press, 1974, pp. 296. Sobre as relações entre burocracia e autogestão iugoslava uma crítica interna, escrita por um alto dirigente político, é Edvard Kardelj, *Burocrazia e classe operaia*, prefácio de Franco Bertone, Roma, Editori Riuniti, 1969, 124 pp. Uma análise da burocracia numa clássica democracia popular – que custou ao seu autor a expulsão do partido comunista polonês – é Vladislav Bienkovski, *Burocrazia e potere socialista*, Bari, Laterza, 1970, X-222 pp.

Para a tradição chinesa: Etienne Balazs, *La burocrazia celeste. Ricerche sull'economia e sulla società della Cina del passato*, Milão, Il Saggiatore, 1971, XI-277 pp.; toda a primeira parte (pp. 3-46) explica a função da burocracia na cultura chinesa.

As constituições oficiais sempre foram produzidas por revoluções vitoriosas. Porém, existem também cartas constitucionais de classes derrotadas: Philip S. Foner (org.), *We, The Other People. Alternative Declarations of Independence by Labor Groups, Farmers, Women's Rights Advocates, Socialists, and Blacks 1829-1975*, Urbana, University of Illinois Press, 1976.

[Item 6] Decorridos cinqüenta anos da promulgação da constituição italiana, registrava-se um abismo entre realidade social e texto constitucional: Mario D'Antonio, *La costituzione di carta*, Milão, Giuffrè, 1977, VIII-310 pp. A situação não melhorou nas décadas seguintes:
Atripaldi, Vincenzo; Fichera, Franco, *Dalla grande riforma alla politica delle istituzioni*, Pádua, Cedam, 1986, VI-186 pp.
Piva, Giorgio (org.), *Poteri, poteri emergenti e loro vicissitudini nell'esperienza giuridica italiana*, Pádua, Cedam, 1986, VIII-478 pp.

[Item 7] Sobre as origens e a estrutura do Estado assistencial:
Alber, Jens, *Dalla carità allo Stato sociale*, Bolonha, Il Mulino, 1987, 344 pp.
Ascoli, Ugo; Pasquinelli, Sergio, *Il welfare mix: Stato sociale e terzo settore*, Milão, Franco Angeli, 1993, 222 pp. [relaciona o tradicional Es-

tado de bem-estar ao terceiro setor, ao qual cada vez mais freqüentemente se delegam tarefas assistenciais antes realizadas pelo Estado].

Ferrera, Maurizio, *Modelli di solidarietà. Politica e riforme sociali nelle democrazie*, Bolonha, Il Mulino, 1993, 349 pp.

——, *Il Welfare State in Italia. Sviluppo e crisi in prospettiva comparata*, Bolonha, Il Mulino, 1984, 360 pp.

Flora, Peter; Heidenheimer, Arnold J., *Lo sviluppo del Welfare State in Europa e in America*, Bolonha, Il Mulino, 1983, 502 pp.

Oyen, Else (org.), *Comparing Welfare States and Their Futures*, Aldershot (GB), Gower, 260 pp.

Sobre o direito administrativo:

Aimo, Piero, *Le origini della giustizia amministrativa. Consiglio di Prefettura e Consiglio di Stato nell'Italia napoleonica*, Milão, Giuffrè, 1990, XXXIII-458 pp.

Calandra, Piero, *Storia dell'amministrazione pubblica in Italia*, Bolonha, Il Mulino, 1978, 524 pp. [descreve a evolução italiana entre centralização e descentralização desde a Unificação aos nossos dias].

Cassese, Sabino, *Le basi del diritto amministrativo*, Milão Garzanti, 1995, 513 pp.

Cassese, Sabino; Franchini, Claudio, *L'amministrazione pubblica italiana: un profilo*, Bolonha, Il Mulino, 1994, 290 pp.

Giannini, Massimo Severo, *Diritto amministrativo*, Milão, Giuffrè, 1970, 2 vols.

Mannori, Luca, *Uno Stato per Romagnosi*, vol. 1: *Il progetto costituzionale*, Milão, Giuffrè, 1984, X-654 pp.; vol. 2: *La scoperta del diritto amministrativo*, Milão, Giuffrè, 1987, VI-253 pp.

Merusi, Fabio; Sanviti, Giuseppe, *L'"ingiustizia" amministrativa in Italia. Per la riforma del processo amministrativo*, Bolonha, Il Mulino, 1986, 118 pp. [análise técnica da ineficiência do aparelho administrativo italiano].

Zanobini, Guido, *Corso di diritto amministrativo*, Milão, Giuffrè, 1958-1959, 6 vols.

A descentralização administrativa italiana está ilustrada em Sergio Bartole; Franco Mastragostino; Luciano Vandelli, *Le autonomie territoriali. Ordinamento delle regioni e degli enti locali*, Bolonha, Il Mulino, 1984, 444 pp. Pode ser interessante comparar a organização regional italiana com a de um Estado federal: Sergio Perongini, *Profili giuridici dell'organizzazione amministrativa dei Länder nella Repubblica federale in Germania*, Nápoles, Esi, 1987, 296 pp. Outros termos de comparação: Giovanni Santini, *Spazi giuridici regionali. Le strutture comuni dell'Europa moderna (Francia, Spagna, Portogallo)*, Milão, Giuffrè, 1990, XII-160 pp. (com mapas); Antonio La Pergola, *Tecniche costituzionali e problemi delle autonomie "garantite". Riflessioni comparatistiche sul federalismo e sul regionalismo*, Pádua, Cedam, 1987, XII-182 pp.

[Item 8] Luigi Einaudi, *Principî di scienza delle finanze*, Turim, Boringhieri, 1966, 578 pp. (esta é a sexta edição de uma obra caracterizada pela extrema clareza didática); Carlo Federico Grosso, *L'evasione fiscale. Controllo e sanzioni*, Turim, Einaudi, 1980, VI-141 pp.

[Item 9] Sobre o direito eclesiástico e canônico:
Cardia, Carlo, *La riforma del concordato*, Turim, Einaudi, 1980, XIV-282 pp.
Ferrari, Silvio (org.), *Concordato e costituzione*, Bolonha, Il Mulino, 1985, pp. 262 [análise da nova Concordata italiana de 1984].
Jemolo, Arturo Carlo, *Lezioni di diritto ecclesiastico*, Milão, Giuffrè, 1975, 591 pp.
——, *Chiesa e Stato in Italia dalla unificazione a Giovanni XXIII*, Turim, Einaudi, 1974, 332 pp. [analisa sobretudo os aspectos políticos da relação entre Estado e Igreja].
Lariccia, Sergio, *Coscienza e libertà. Profili costituzionali del diritto ecclesiastico*, Bolonha, Il Mulino, 1989, 404 pp. [trata das relações entre fé religiosa e direitos fundamentais do indivíduo nos casos mais controvertidos: ateísmo, objeção de consciência, escola, família, controle de natalidade].
Ruffini, Francesco, *Relazioni fra Stato e Chiesa*, Bolonha, Il Mulino, 1974, 316 pp. [a reimpressão desta obra oferece uma análise histórica das relações entre Igreja e Estados italianos anteriores à Unificação].
Vannicelli, Luigi, *Servizio Sanitario e libertà religiosa nell'ordinamento italiano*, Milão, Giuffrè, 1985, IV-180 pp.
Sobre o direito canônico:
Cardia, Carlo, *Il governo della Chiesa*, Bolonha, Il Mulino, 1984, 315 pp.
Ferrari, Silvio, *Il nuovo codice del diritto canonico*, Bolonha, Il Mulino, 1983, 328 pp.
Feliciani, Giorgio, *Le basi del diritto canonico. Dopo il codice del 1983*, Bolonha, Il Mulino, 1984, 178 pp.
Gaudemet, Jean, *Storia del diritto canonico. Ecclesia e civitas*, Milão, San Paolo, 1998, 810 pp. [a edição original é de 1994].

[item 10] Limito-me a indicar um manual clássico: Francesco Antolisei, *Manuale di diritto penale*, 7.ª ed. atualizada e org. por Luigi Conti, Milão, Giuffrè, 1975, 3 vols.
Veja-se ainda a bibliografia sobre *A repressão do desvio*, itens 11-18 deste capítulo.
Sobre a história do direito penal, cf. Luigi Berlinguer; Floriana Colao (org.), *Illuminismo e dottrine penali*, Milão, Giuffrè, 1990, 530 pp.; id., *Le politiche criminali nel XVIII secolo*, Milão, Giuffrè, 1989, 364 pp.; Ettore Dezza, *Accusa e inquisizione. Dal diritto comune ai codici moderni*, Milão, Giuffrè, 1989, VIII-218 pp.

A repressão do desvio

[Item 11] Sobre a repressão do desvio com referência à Itália: Luciano Violante (org.), La criminalità, em *Storia d'Italia. Annali 12*, Turim, Einaudi, 1997, XXXIX-1908 pp.; id., Legge diritto giustizia, em *Storia d'Italia. Annali 14*, Turim, Einaudi, 1998, LXXII-1198 pp.

[Item 13] Luigi Bulferetti, *Cesare Lombroso*, Turim, Utet, 1975, XXVIII-606 pp.: partindo dessa obra, pode-se chegar tanto às de Lombroso e às de seus alunos, quanto à literatura secundária. Um amplo manual moderno é Hermann Mannheim, *Trattato di criminologia comparata*, org. por Franco Ferracuti, apresentação de Giuliano Vassalli, Turim, Einaudi, 1975, 2 vols.

[Item 14] Franco Cordero, *Criminalia. Nascita dei sistemi penali*, Roma/Bari, Laterza, 1986, 692 pp.; Michel Foucault, *Sorvegliare e punire. Nascita della prigione*, Turim, Einaudi, 1976, 340 pp. [ed. bras.: *Vigiar e punir. História da violência nas prisões*. 29.ª ed., Petrópolis, Vozes, 2000]. Continuando sua pesquisa sobre as instituições globais, Foucault acompanha a evolução – do século XXIII até hoje – das penas, dos lugares onde são administradas e das pessoas envolvidas no mundo carcerário. Complementar a essa visão excludente e coercitiva é W. J. Forsythe, *The Reform of the Prisoners. 1830-1900*, Londres, Croom Helm, 1987, 256 pp., que descreve, ao contrário, os métodos para a reabilitação moral dos prisioneiros, utilizados nas prisões inglesas das épocas vitoriana e moderna.

O juízo primitivo é caracterizado pelo ordálio ou pela tortura: Pietro Fiorelli, *La tortura giudiziaria nel diritto comune*, Milão, Giuffrè, 1953, XI-326 pp.; veja-se ainda a clássica obra iluminista de Pietro

Verri, *Osservazioni sulla tortura*, escrita em 1777, mas publicada em 1804. Guido Astuti, Spirito del diritto longobardo: il processo ordalico, em *Atti del convegno: La civiltà dei Longobardi in Europa*, Roma, G. Bardi, 1974, pp. 85-100.

A obra mais célebre do movimento reformador iluminista no campo penitenciário foi certamente Cesare Beccaria, *Dei delitti e delle pene*, org. por Franco Venturi, Turim, Einaudi, 1965, XXXVIII-680 pp. A edição é acompanhada de cartas e documentos sobre a gênese da obra e sobre seu êxito em toda a Europa, êxito não apenas literário, mas também legislativo.

Uma história da prisão como dispositivo material de detenção encontra-se em Renzo Dubbini, *Architettura delle prigioni. I luoghi e il tempo della punizione. 1700-1880*, Milão, Franco Angeli, 1985, 148 pp. (com 129 figuras).

A ligação entre ideologias sociais e estratégias punitivas é tratada por David Garland, *Punishment and Welfare. A History of Penal Strategies*, Aldershot (GB), Gower, 1985, 308 pp. Em particular, aborda-se a relação entre a pena e o atual Estado assistencial (sobre este último, cf. bibliografia do item 7).

A evolução histórica da descriminalização e o estado do debate atual encontram-se no volume de Michel van de Kerchove, *Le droit sans peines. Aspects de la dépénalisation en Belgique et aux Etats-Unis*, Bruxelas, Publications de la Faculté de Droit Saint-Louis, 1987, 557 pp. (com bibliografia). Cf. também:

Crime and Punishment in America: A Historical Bibliography, Santa Barbara (CA), Clio, 1984, XII-346 pp. [bibliografia anotada de 1.396 artigos extraídos do banco de dados ABC-Clio, o mais vasto banco de dados históricos do mundo].

Glenn, Myra C., *Campaign against Corporal Punishment: Prisoners, Sailors, Women, and Children in Antebellum America*, Albany (NY), State University of New York Press, 1984, pp. X-221 pp.

Léauté, Jacques, *Criminologie et science pénitentiaire*, Paris, Presses Universitaires de France, 1972, 836 pp.

McConville, Sean, *A History of English Prison Administration*, vol. I: *1750-1877*, Londres, Routledge & Kegan Paul, 1981, 554 pp.

[Item 15] Sobre a superação da pena de detenção:
Baratta, Alessandro (org.), *Il diritto penale minimo. La questione criminale tra riduzionismo e abolizionismo*, Nápoles, Esi, 1986, 265 pp. [análise das duas correntes que propõem reduzir ou, mais utopicamente, abolir o direito penal e, em particular, a prisão].

Fielding, Nigel, *Probation Practice. Client Support under Social Control*, Aldershot (GB), Gower, 1984, 192 pp. [análise do conflito entre ortodoxia da reabilitação e compreensão humana com base em cinqüenta entrevistas com funcionários que acompanham desviantes em regime de liberdade condicional].
Harding, John (org.), *Probation in the Community. A Practice and Policy Reader*, Londres, Tavistock, 1986, VII-248 pp.
Lacchè, Luigi, *La giustizia per i galantuomini. Ordine e libertà nell'Italia liberale: il dibattito sul carcere preventivo (1865-1913)*, Milão, Giuffrè, 1990, 204 pp.
Marshall, Tony F., *Alternatives to Criminal Courts. The Potential of Non-Judicial Dispute Settlements*, Aldershot (GB), Gower, 1985, 324 pp. [examina as medidas legislativas e os programas de vários países para reduzir ao mínimo a carga dos tribunais penais].
Neppi Modona, Guido, Carcere e società civile, em *Storia d'Italia*, Turim, Einaudi, 1972, vol. V, parte II, pp. 1.903-98, e, sempre do mesmo autor, Vecchio e nuovo nell'ordinamento penitenziario, em *Giustizia penale e riforma carceraria in Italia*, Roma, Editori Riuniti, 1974, pp. II-28.

[Item 16] O pensamento de skinnerianas é acessível em italiano no importante volume: Burrhus Frederic Skinner, *Scienza e comportamento. Interpretazione, previsione e controllo nelle scienze dell'uomo*, trad. org. por Isaias Pessotti e Marco Todeschini, Milão, Franco Angeli, 1971, 507 pp. O original está disponível também em *paperback*: *Science and Human Behavior*, Nova York, The Free Press, 1965, X-461 pp. Uma sinopse de toda a teoria encontra-se em B. F. Skinner, *About Behaviorism*, Nova York, Knopf, 1974, 256 pp. (com bibliografia).

Sobre o uso também penitenciário das técnicas skinnerianas: Philip J. Hilts, *Behavior Mod*, Nova York, Harper & Row, 1974, XI-242 pp. [descrição não científica, mas eficaz]; Perry London, *Behavior Control*, Nova York, Harper & Row, 1971, 305 pp.; Garry L. Martin e Joseph Pear, *Behaviour Modification. What It Is and How To Do It*, Englewood Cliffs (NJ), Prentice-Hall, 1983, 496 pp. [manual completo sobre a teoria e a prática mais recente].

Skinner descreveu a sociedade que ele imagina num romance: *Walden Due. Utopia per una nuova società*, Florença, La Nuova Italia, 1975, XVI-353 pp. O opúsculo (publicado em 1948) retoma no título e distorce nas intenções o relato de uma experiência de existência autárquica e individual vivida no século XIX por Henry David Thoreau (1817-1862), *Walden or Life in the Woods and on the Duty of Civil Disobedience*, Nova York, Collier Books, 1962, 255 pp. A primeira edição da obra é de 1854. Uma descrição mais técnica dessa sociedade futura (e, especialmente, das relações entre psicologia e punição) está em B. F. Skinner, *Beyond Freedom and Dignity*, Nova York, Bantam and Vintage, 1971, 215 pp.

Sobre as implicações políticas das técnicas de condicionamento: Lewis M. Andrews e Marvin Karlins, *Requiem for Democracy? An Inquiry into the Limits of Behavioral Modification*, Nova York/Chicago/San Francisco, Holt, Rinehart and Winston, 1971, 148 pp.

Em 1984 proliferaram textos que remetem às obsessões de Orwell. Entre todos, veja-se: Richard G. Lazar (org.), *Beyond 1984 (the Vassar Conference)*, Millwood (NY), Associated Faculty Press, 1985, XIV-141 pp. Outra literatura sobre o assunto encontra-se nos meus livros *Informatica per le scienze sociali*, Turim, Einaudi, 1985, pp. 482 ss. (sobre os problemas sociais provocados pela informática) e *Diritto pubblico dell'informatica*, Turim, Einaudi, 1986, pp. 303 ss.

Sobre a cirurgia penitenciária: Willard M. Gaylin; Joel S. Meister. Robert C. Neville (orgs.), *Operating on the Mind. The Psychosurgery Conflict*, Nova York, Basic Books, 1975, VIII-215 pp.: uma descrição científica das operações neurocirúrgicas em prisioneiros, com seus respectivos problemas jurídicos. Em apêndice, o texto da sentença do Estado de Michigan, numa causa promovida por um grupo de reclusos contra o Department of Mental Health de Michigan.

A American Civil Liberties Union publica uma série de manuais sobre os direitos de várias categorias de cidadãos marginalizados ou desviantes. Entre estes, devem ser assinalados: David Rudovsky, *The Rights of Prisoners*, Nova York, Avon Books, 1973, 128 pp.; Bruce Ennis; Loren Siegel, *The Rights of Mental Patients*, Nova York, Avon Books, 1973, 336 pp.

[Item 17] Os resultados das pesquisas psicológicas (de Escola não somente skinneriana) começam a encontrar aplicação no direito: Albert A. Ehrenzweig, *Psychoanalytic Jurisprudence. On Ethics, Aesthetics, and "Law" – On Crime, Tort, and Procedure*, Leiden-Dobbs Ferry (NY), Sijtoff and Oceana, 1971, 395 pp.; Guglielmo Gulotta, *Psicoanalisi e responsabilità penale*, Milão, Giuffrè, 1973, XXIV-410 pp. (com bibliografia); Charles G. Schoenfeld, *Psychoanalysis Applied to the Law*, Millwood (NY), Associated Faculty Press, 1981; Luisella De Cataldo Neuburger, *La psicologia per un nuovo processo penale*, Pádua, Cedam, 1987, XII-236 pp. (com bibliografia).

[Item 18] A técnica de funcionamento do processo moderno encontra expressão nos manuais de direito processual: Enrico Tullio

Liebman, *Manuale di diritto processuale civile*, Milão, Giuffrè, 1973-1976, 3 vols.; Ottorino Vannini, *Manuale di diritto processuale penale italiano*, Milão, Giuffrè, 1963, XII-548 pp. Sobre as distorções políticas dos julgamentos: Otto Kirchheimer, *Political Justice. The Use of Legal Procedure for Political Ends*, Princeton (NJ), Princeton University Press, 1961, XIV-452 pp.

Ao aplicar o direito ao caso concreto, o juiz deve interpretar as normas. Essa atividade é um ponto fundamental da vida jurídica e é objeto de uma vasta literatura. A obra italiana mais completa é: Emilio Betti, *Teoria generale dell'interpretazione*, Milão, Giuffrè, 1955, 2 vols. Na atividade interpretativa, o juiz "faz" direito: Luigi Lombardi Vallauri, *Saggio sul diritto giurisprudenziale*, Milão, Giuffrè, 1975, XXXIII-615 pp.; Giovanni Orrù, *Richterrecht. Il problema della libertà e autorità giudiziale nella dottrina tedesca contemporanea*, Milão, Giuffrè, 1983, VII-162 pp.

[Item 17] Sobre o fundador do movimento para a prevenção e defesa social: Elisabetta Seregni, *Filippo Gramatica. Dal soggettivismo penale alla difesa sociale*, Milão, Giuffrè, 1996, XII-181 pp.
Amedeo Santosuosso; Floriana Colao, *Politici e amnistia. Tecniche di rinuncia alla pena per i reati politici dall'Unità a oggi*, Verona, Bertani, 1986, 274 pp.

Na fronteira entre direito e política

[Item 19] Bradney, Anthony (org.), *International Law and Armed Conflict*, Stuttgart, Steiner, 1992, 112 pp. (*Archiv für Rechts- und Sozialphilosophie*, Beiheft Nr. 46).
Cassese, Antonio, *Il diritto internazionale nel mondo contemporaneo*, Bolonha, Il Mulino, 1984, 510 pp. (boa introdução à problemática geral).
Monaco, Riccardo, *Manuale di diritto internazionale pubblico*, Turim, Utet, 1975, XX-791 pp.
Morelli, Gaetano, *Elementi di diritto internazionale privato*, Nápoles, Jovene, 1976, 187 pp.

Especialmente relevante para os italianos é o direito da União Européia, sobre o qual é possível atualizar-se através de várias revistas (por exemplo, *The European Law Review*, Londres, Sweet & Maxwell). Os volumes seguintes oferecem uma primeira documentação sobre esse setor do direito internacional:

Brown, Neville L.; Jacobs, Francis G., *The Court of Justice of the European Communities*, Londres, Sweet & Maxwell, 3ª ed., 1983, XXXI-305 pp.

Freestone, David, *The Institutional Framework of the European Communities*, Londres, Croom Helm, 1987, 192 pp. [sintética introdução aos problemas fundamentais do direito comunitário].

Mathijsen, Petrus Servatius Renoldus Franciscus, *A Guide to European Community Law*, Londres, Sweet & Maxwell, 3ª ed., 1990, 330 pp.

Simmonds, Kenneth R. (org.), *Encyclopedia of European Community Law*, Londres, Sweet & Maxwell, 11 vols. [série em fascículos da legislação comunitária, vista sobretudo pela perspectiva dos juristas ingleses].

Weiler, Joseph H. H., *Il sistema comunitario europeo*, Bolonha, Il Mulino, 1985, 270 pp.

[Item 20] Sobre o ordenamento jurídico-militar italiano: Silvio Riondato (org.), *Il nuovo ordinamento disciplinare delle forze armate*, Pádua, Cedam, 1987, XVI-484 pp. [ilustra o regulamento disciplinar contido no DPR de 18 de julho de 1986, n. 545].

Sobre a relevância jurídica da revolução e dos movimentos insurrecionais, além das páginas sobre a Rússia e sobre a China revolucionária, vejam-se:

Berman, Harold J., *Law and Revolution*, Cambridge (MA), Harvard University Press, 1983, X-657 pp. [com resenha de Peter Landau em *The University of Chicago Law Review*, 1984, vol. 51, pp. 937-43].

Galli, Giorgio, *Storia del partito armato*, Milão, Rizzoli, 1986, 353 pp.

Johnson, Chalmers A., *Revolutionary Change*, Stanford (CA), Stanford University Press, 2ª ed., 1982, VII-217 pp.

Martic, Milos, *Insurrection: Five Schools of Revolutionary Thought*, Port Washington (NY), Dunellen, 1975, XIV-342 pp.

Capítulo IV
O direito russo e soviético

1. Entre tradição e revolução: o direito soviético como direito codificado

Toda revolução vitoriosa é a rejeição violenta do passado e o início da realização de uma utopia. Os bolcheviques pretendiam quebrar a estrutura social da Rússia tsarista para edificar uma sociedade em que cada um pudesse receber bens e serviços inicialmente em proporção ao seu trabalho; depois, em proporção às suas necessidades.

Com a Revolução de Outubro de 1917, a utopia marxista precisou ajustar as contas com a realidade nacional na qual se desejava realizá-la. Em primeiro lugar, a teoria marxista – que é uma teoria sobre a tomada do poder, e não sobre o seu exercício – afirmava a necessidade de abolir o direito e o Estado, a longo prazo. Na prática, os bolcheviques foram obrigados a constatar que ambos eram indispensáveis num primeiro momento de transição, cuja duração não era previsível. Assim, a Revolução precisou empregar os instrumentos jurídicos preparados pela sociedade tsarista exatamente para dela eliminar os últimos vestígios. Um núcleo de passado transferia-se, assim, para a sociedade futura, que, não obstante, o recusava.

No âmbito da rejeição política geral da sociedade tsarista, os bolcheviques afirmaram que o direito soviético era absolutamente novo, ou seja, sem vínculos com o direito anterior; e, mais ainda, enfatizou-se, sem nenhuma ligação com o direito burguês. Essa afirmação expressava um desejo político, mas era insustentável no plano jurídico-científico: a simples menção da palavra "direito" remetia o discurso jurídico dos bolcheviques ao âmbito da história dos direitos e, em particular, do próprio direito nacional.

Essa relação difícil com a tradição nacional pode ser causa de dois erros opostos. O primeiro consiste em cortar todo vínculo com a história do próprio país, porque essa foi a história de uma classe odiada e derrotada. Essa atitude é freqüente nos juristas soviéticos da época imediatamente pós-revolucionária. O segundo erro consiste, ao invés, em recuperar a história tsarista para explicar a ditadura do proletariado como uma continuação da tradição autocrática: a autocracia do tsar teria sido substituída pela do marxismo-leninismo. Essa atitude se encontra em muitos escritos ocidentais.

Na realidade, uma explicação não-parcial da realidade soviética fica a meio caminho entre esses dois extremos. O impulso revolucionário foi realmente inovador, mas as tradições nacionais – também jurídicas – certamente contribuíram para modelar suas manifestações concretas. As páginas seguintes procuram, por isso, documentar uma continuidade histórica no ordenamento jurídico que há mais de um milênio rege o território russo.

De fato, a ruptura revolucionária de 1917 pode ser percebida claramente no plano político, mas menos, talvez, no plano jurídico, ao menos no sentido de que os direitos da União Soviética e das democracias populares recaem na família dos direitos europeus continentais. Também para os direitos dos países socialistas, a principal fonte do direito positivo é a norma geral e abstrata; também para eles vale a tendência a reunir em códigos essas normas jurídicas. O que diferencia o direito soviético dos outros direitos europeus continentais não é a forma, e sim o conteúdo: aquelas normas gerais e abstratas, aqueles códigos exprimem um direito que se fundamenta em relações de produção diferentes daquelas da Europa Ocidental.

O impulso à codificação esteve presente desde os primeiros momentos da Revolução Bolchevique. Já em 9 de outubro de 1918 um jornal anunciava um código do trabalho:

> Essas leis repercutirão em todos os salários e serão obrigatórias em todas as empresas e estabelecimentos públicos ou particulares. [O código] compreenderá as leis que regulamentam o trabalho obrigatório, a distribuição do trabalho, as demissões etc., e será um dos códigos das leis fundamentais da República russa. Está sendo estudado, ainda, um outro código, ou seja, um código penal que defina e enumere os delitos e as penas.[1]

Nesses propósitos do Comissariado do Povo para a Justiça evidencia-se a adesão à tradição codificadora da Europa Ocidental, que a legislação soviética nunca abandonou.

Como o direito soviético é permeado de ideologia e de política de modo mais explícito que os direitos ocidentais, a forma do direito codificado é chamada a se preencher de conteúdos políticos. Conseqüentemente, o direito soviético é tratado ao lado – e não dentro – dos direitos da Europa continental, por três razões, que não são jurídicas, mas políticas:

1) é um direito codificado, ao qual é confiada a tarefa de contribuir para realizar a sociedade comunista, oposta à sociedade burguesa, cujo bom funcionamento é o objetivo dos códigos tradicionais;

2) é um direito que, nascido do tronco europeu continental, rompeu com essa sua origem no plano político, mas não no formal;

3) é um direito "imperial", pois impôs seus modelos a Estados de culturas diferentes. Aliás, na Europa, foi o último direito "imperial", depois que a descolonização fizera recuar os direitos francês e inglês em favor, por exemplo, do direito islâmico (cf. VII, 12-13).

---

1. Citado em Raoul Labry, *Une législation communiste. Recueil des lois, décrets, arrêtés principaux du gouvernement bolchéviste*, Paris, Payot, 1920, p. XVII.

Uma exposição separada do restante dos direitos da Europa continental torna-se necessária também porque o direito soviético esteve no pólo oposto, ao regular algumas estruturas fundamentais da sociedade industrializada. Aqui basta-nos recordar apenas duas. No direito privado, a propriedade privada dos meios de produção foi substituída pela propriedade estatal. No direito público, a estrutura do Estado foi subordinada a um partido único. Desses princípios descende uma organização social radicalmente diferente da democrático-liberal.

Mas o direito soviético e os direitos da Europa continental usam a mesma forma de lei geral e abstrata como recipiente de conteúdos diversos. Este capítulo renuncia a descrever o conteúdo do direito soviético. Com o desaparecimento dos regimes comunistas, ele hoje se tornou um direito histórico, cujo conteúdo está descrito tanto nos manuais comparatistas anteriores a 1989-1991, quanto em recentes pesquisas de história contemporânea do direito, que se propõem uma reconstrução crítica daquele ordenamento. É oportuno renunciar também a explicar os fundamentos filosóficos da doutrina marxista do direito e do Estado, destacando – em harmonia com o enfoque histórico de toda a obra – a linha que une o direito romano bizantino ao direito russo, do qual deriva a evolução que durou quase um milênio e terminou com a Revolução de Outubro de 1917 (abaixo, item 3). Ao direito revolucionário – com duração bem menor – é dedicado um espaço proporcionalmente maior (abaixo, item 5), por duas razões: antes de tudo, sua influência sobre a realidade também do Ocidente foi mais diretamente perceptível; ademais, esse direito revolucionário foi exportado como direito "imperial" nos Estados regulados por uma ideologia marxista ou somente nacionalista. Enfim, sobre o desenvolvimento do direito pós-soviético é possível fornecer apenas um quadro provisório (abaixo, item 6), porque a fragmentação da União Soviética numa galáxia de Estados soberanos de regimes instáveis não permite identificar as linhas precisas de um desenvolvimento jurídico que se configurou nos anos sucessivos a 1991.

Conhecer a ligação histórica que une a história jurídica russa àquela soviética e, de novo, à história russa atual ajuda a compreender algumas peculiaridades locais e alguns insucessos no exterior do direito soviético, mas, sobretudo, ajuda a entender as dificuldades da conversão do direito soviético ao direito capitalista.

2. As origens bizantinas do direito russo

Já antes de Cristo os árabes, os gregos e os *vikings* utilizaram a grande via comercial do Dnieper e dos seus afluentes, que permitia passar do golfo da Finlândia ao mar Negro. Essa via se ramificava na direção do Ocidente, com o Vístula e com o Dniester, e do Oriente, com o Volga e com o Don. Nessa área, depois do século VII d.C., instalaram-se as populações eslavas das quais se originará o Estado russo. Essas populações eslavas organizaram-se primeiro em principados continuamente em luta, até que os príncipes de Kiev conseguiram unificá-los por volta do ano 900.

No final do século XII, as invasões bárbaras e as dificuldades econômicas deslocaram o eixo político da área ocidental para a central, ou seja, da chamada Pequena Rússia para a Grande Rússia, e o poder político e econômico se condensou no território de Novgorod. Enquanto a época de Kiev, exatamente pela posição geográfica da área, foi dominada pelo espírito comercial, a época de Novgorod caracterizou-se pela agricultura, uma vez que esse território estava distante das vias dos grandes comércios internacionais.

Em 988, essas populações converteram-se à religião greco-católica e a cultura de Bizâncio marcou a vida local, não apenas religiosa, mas também científica, artística e sobretudo jurídica.

A história do direito russo começa de fato com os tratados do século X estipulados com os bizantinos para regulamentar as relações comerciais e penais entre os principados russos e o poderoso vizinho meridional. Continua, depois, a partir do século XIII, com tratados análogos concluídos com os alemães. Nesses tratados, os costumes tipicamente russos se misturam com institutos recebidos do direito bizantino ou germânico num amálgama que o conhecimento limitado do originário direito consuetudinário russo torna hoje quase inextricável.

Antes de examinar a influência bizantina sobre a formação do núcleo originário do direito russo, pode ser útil subdividir sua história em períodos convencionais, porque tal história abrange um milênio. O inevitável esquematismo é compensado pela ordem que ele permite introduzir nessa síntese necessariamente limitada.

Na história jurídica russa, que vai desde os primeiros principados independentes até a Revolução Bolchevique, podem ser identificados cinco períodos:

a) o *primeiro período* é o dos principados independentes e vai de 988, ano da conversão da Rússia ao catolicismo, a 1237, que assinala o início da invasão mongol;

b) o *segundo período* é o da dominação mongol, de 1237 a 1480, ano em que Ivan III derrotou definitivamente os mongóis;

c) o *terceiro período* é o do início do Estado moscovita e vai de 1480 a 1689, data da coroação de Pedro, o Grande;

d) o *quarto período* é o do império absoluto e vai de 1689 a 1906, quando entra em vigor a constituição que tenta conter a autocracia tsarista;

e) o *quinto período* é o da monarquia constitucional e vai de 1906 a 1917, ano da Revolução Bolchevique.

Com extrema síntese, então, pode-se concluir que o direito russo compartilha com os direitos do Ocidente europeu uma origem comum romano-bizantina. Todavia, a invasão mongol impôs à história russa um desenvolvimento isolado: do século XIII ao século XIX os grandes eventos do Ocidente tiveram apenas um fraco reflexo sobre essa história. Só com as grandes reformas do século XVIII o direito russo recuperou um contato direto com a tradição jurídica ocidental: mas, a essa altura, separava-o desta última um atraso de pelo menos cinco séculos. O fardo desse atraso jurídico – reflexo de outros atrasos sociais – acabou onerando também o direito soviético.

Examinemos agora cada um dos períodos da história jurídica russa a partir de suas origens.

3. As cinco fases do direito russo (988-1917)

Ao analisar cada período, deve-se ter em mente que as datas têm um valor freqüentemente convencional. Sobretudo a data inicial foi fixada, para facilitar, em 988, fazendo-a coincidir assim com o início oficial da cristianização da Rússia. Igualmente aceitável seria fazê-la iniciar por volta de 900, quando se delineia a estrutura estatal do principado de Kiev. Para os fins da nossa exposição, porém, oscilações desse grau não criam nenhum tipo de desequilíbrio.

a) Os principados independentes (988-1237). O texto mais importante para a história do direito russo é a *Russkaia Pravda* (Direito russo), que tem origens incertas, mas de qualquer forma muito longínquas, talvez remontando ao século IX. Essa coletânea de costumes parece ter tido caráter puramente privado, como se um juiz tivesse estabelecido por escrito os pontos mais importantes ou mais controvertidos dos costumes russos. Uma vez que dele se conhecem três redações em mais de cem versões de épocas e tamanhos diferentes, o termo *Russkaia Pravda* designa hoje não tanto uma obra específica, e sim as coletâneas de direito russo do século XI ao século XV.

As duas primeiras redações possuem apenas 25 artigos. A segunda apresenta, porém, artigos mais longos do que a primeira, preludiando assim aquela ampliação do material jurídico que, na terceira redação, levará essa obra a 159 artigos. Nesses artigos são tratados assuntos civis, penais, processuais e comerciais.

Nos costumes russos documentados pela *Russkaia Pravda* confluíram, no decorrer do tempo, alguns elementos germânicos e, sobretudo, elementos do direito bizantino, que começou a adquirir peso crescente a partir da conversão dos russos ao catolicismo.

A *Russkaia Pravda* recebe, assim, normas extraídas tanto da *Écloga isáurica* de Leão III, quanto do *Próchiron* de Basílio I: o fio do discurso se reata nesse momento à história da compilação de Justiniano fora das fronteiras bizantinas (cf. II, 6). O direito bizantino é mais moderado do que os costumes russos. Nas várias redações da *Russkaia Pravda* observa-se, assim, uma progressiva aceitação de princípios jurídicos mais evoluídos: as penas físicas, por exemplo, transformam-se gradualmente em penas pecuniárias.

Ao direito temporal ou laico de origem russa da *Russkaia Pravda* se uniu o direito canônico de origem bizantina fundamentado nos nomocânones (cf. II, 6). Devido à forte mistura entre poder político e religioso, o direito canônico teve uma importância bem maior do que se poderia pensar atualmente. Os textos traduzidos do grego não continham apenas regras relativas à vida da Igreja, mas também normas de direito civil. Esse duplo regime jurídico pode explicar certas lacunas da *Russkaia Pravda*: por exemplo, nela não se encontram crimes relativos à esfera sexual, ao rapto de mulheres e às lesões entre parentes, porque tais matérias eram confiadas à jurisdição eclesiástica e, dessa forma, reguladas pelos nomocânones. Em alguns casos de herança e de tutela, por outro lado, parece haver um conflito de competência entre nomocânone e *Russkaia Pravda*.

Os nomocânones traduzidos em eslavo recebem o nome de "livro-guia" (*Kormchaia kniga*) e remontam à *Écloga* de Leão Isáurico e ao *Próchiron* de Basílio I. Parece, ao contrário, que os *Basiliká* (cf. II, 5) não tiveram difusão na Rússia.

A *Russkaia Pravda* e a *Kormchaia kniga* são os dois textos fundamentais para a história do direito tanto temporal quanto eclesiástico da Rússia pré-revolucionária. De fato, toda evolução jurídica dos séculos seguintes apresentar-se-á substancialmente como uma ampliação e uma reorganização dessas duas obras.

Na história jurídica russa, o direito bizantino dos nomocânones adquiriu importância máxima depois de 1054, ano em que a Igreja do Oriente se separou da Igreja de Roma. Essa data assinala também o início do distanciamento da Rússia do Ocidente cristão e do seu progressivo isolamento. Aqui está também a raiz dos futuros conflitos com os poloneses católicos e com os suecos protestantes. Tal isolamento de origem religiosa acentuou-se ainda mais com a queda de Bizâncio nas mãos dos turcos em 1453. A partir daquele momento, a Rússia ficou inteiramente cercada por potências hostis no plano militar, político e religioso. Essa situação plasmou suas instituições políticas em sentido intensamente centralizador e autocrático.

Mas ao isolamento religioso devia acrescentar-se, a partir de 1237, também uma ruptura política total, que condicionou toda a história russa praticamente até os nossos dias: o domínio mongol.

b) A dominação mongol (1237-1480). Até o início do século XIII, a vida jurídica russa não era diferente da dos Estados da Europa Ocidental. A separação do Ocidente, contudo, iniciada com o cisma da Igreja de Bizâncio, tornou-se definitiva e irreparável quando os territórios russos foram subjugados pelos mongóis por cerca de dois séculos e meio.

No início de 1200 essa população se transferira da Ásia para a área balcânica e danubiana. Depois se retirara parcialmente dali, estabelecendo-se no território russo e ali exercendo um duro domínio mediante um aparelho estatal organizado em parte segundo esquemas chineses. Muitos funcionários que chegaram com os mongóis também eram chineses.

Enquanto os príncipes russos foram submetidos a fortes limitações na própria soberania e a pesadas medidas fiscais, a Igreja obteve uma posição privilegiada. Seus tribunais e seu direito adquiriram grande importância e, para o povo russo, ela se tornou a única instituição em que era possível encontrar a própria identidade nacional e cultural sob o domínio estrangeiro. Para levar em conta as exigências especificamente russas, o nomocânone se separou cada vez mais dos modelos bizantinos originários. Os metropolitas russos, muitas vezes de formação grega, ali introduziram novas regras de origem grega e búlgara. As decisões com que eles dirimiam problemas russos, assim como as decisões dos concílios dos bispos russos, também passaram a fazer parte do nomocânone.

A essa expansão do direito canônico corresponde um substancial imobilismo do direito secular. As novas redações da *Russkaia Pravda* permanecem substancialmente invariadas em relação aos modelos mais arcaicos. De fato, como freqüentemente se observa nas estratificações entre sistemas jurídicos diferentes, o povo subjugado tende a fixar rigidamente as próprias normas jurídicas, para proteger sua identidade cultural diante do invasor. Esse apego quase fanático à tradição nacional tornar-se-á uma característica do direito russo mesmo nas épocas posteriores.

Após um primeiro século de total domínio, o domínio dos mongóis começou a se atenuar. Surgiu naquela época o astro de Moscou: seus príncipes, que foram as pessoas de confiança dos mongóis na fase de seu maior poder sobre os russos, conseguiram pouco a pouco tomar o lugar dos dominadores. Sob os golpes de Tamerlão – também ele mongol, mas convertido ao Islã – os mongóis se debilitaram cada vez mais, até que em 1480 o príncipe moscovita Ivan III (dito "o Grande") os derrotou definitivamente. A partir daquela data, os mongóis ficarão confinados aos territórios correspondentes à atual Rússia asiática.

Assim os príncipes russos voltaram ao poder. A capital foi deslocada de Kiev para Moscou. Mas agora a Rússia já não tinha condições de recuperar o terreno perdido em relação aos outros Estados ocidentais, que naqueles dois séculos e meio haviam saído da Idade Média e estavam às portas do Renascimento. Basta contrapor duas datas para perceber o abismo entre esses mundos, agora separados para sempre: em 1497, era uma Rússia ainda medieval aquela que se libertava do domínio mongol; em 1492, a descoberta da América abria para o Ocidente os caminhos para a conquista do mundo, enquanto os muçulmanos perdiam Granada e a península ibérica retornava aos reis católicos.

Por isso, mesmo que pouco relevante no plano da história jurídica, a dominação mongol é essencial para compreender os desenvolvimentos subseqüentes da história russa também no campo jurídico.

c) Os primórdios do Estado moscovita (1480-1689). A libertação da Rússia dos mongóis coincidiu, porém, com a queda de Bizâncio nas mãos dos turcos. O isolamento russo tornou-se, por isso, completo. O cisma religioso já tornara hostis os poloneses e os suecos; agora, desapareceria também aquele ponto de referência espiritual que era a "segunda Roma", e a Igreja russa estreitava ainda mais o seu vínculo com o poder temporal dos príncipes. Enquanto isso, a unidade dos territórios russos estava ameaçada pelos olhares lituanos e poloneses sobre a Ucrânia. Assim, tudo impelia os príncipes russos na direção de uma autocracia ilimitada, para conservar a unidade territorial russa através de uma rigorosa centralização política. Todavia, os primórdios do Estado moscovita viram uma certa colaboração entre assembléias de cidadãos e príncipes.

Na fase de transição do poder mongol ao poder moscovita, foram redigidos numerosos textos processuais, éditos, estatutos etc., diferentes de um lugar para outro e aplicados por tribunais muitas vezes em conflito uns com os outros. A concepção política dos príncipes moscovitas não podia mais aceitar esse policentrismo. Ivan III promoveu, assim, uma compilação legislativa, cujo caráter logo se revelou bem diferente dos anteriores.

O novo texto revela sua natureza processual desde o título: *Sudebnik,* de *sud,* tribunal. Todos os tribunais foram efetivamente organizados segundo uma hierarquia que culminava no príncipe. Essa reforma era ditada não tanto por uma necessidade de justiça, quanto por exigências políticas e fiscais: os tribunais eram um centro de poder e uma elevada fonte de receitas, que os príncipes pretendiam controlar completamente. O direito substancial lhes interessava menos, e por isso continuou a valer a *Russkaia Pravda*.

O *Sudebnik*, promulgado em 1497, é constituído por 68 artigos. Foi modificado em 1550 por Ivan IV (dito "o Terrível") e passou a contar então com uma centena de artigos.

A Ivan IV se deve também uma nova regulamentação do direito canônico. Em 1551 ele convocou uma assembléia de eclesiásticos, boiardos e militares, aos quais fez aprovar o texto do *Sudebnik* revisto no ano anterior e aos quais confiou a tarefa de atualizar o direito canônico, reportando-se tanto aos nomocânones quanto às regras promulgadas pelos concílios russos precedentes. O texto que conferiu uma nova ordem à matéria anteriormente regulada pela *Kormichaia kniga* recebeu o próprio nome por ser constituído exatamente por cem capítulos: chama-se, efetivamente, *Stoglav* (de *sto*, cento; e *glav*, capítulo).

Com Ivan, o Terrível, o poder temporal e o espiritual foram unificados, codificados e centralizados. Cada poder se refere ao príncipe, e com toda a razão ele assume o título de "tsar", que dali por diante será próprio dos soberanos russos.

A história moscovita conhece mais eventos turbulentos, até que em 1613 uma assembléia eleitoral chama ao poder a dinastia dos Romanov, destinada a reinar até a Revolução de 1917. Também essa dinastia parece querer perpetuar a relação entre príncipe e assembléias. Em particular, o tsar Aliéksis Mikháilovitch realiza a consolidação do direito russo (por vezes designada como "código") e em 1649 a submete à aprovação de uma assembléia eleitoral.

Apesar de menos fragmentário do que os anteriores, e não obstante o nome de "código" às vezes a ele atribuído, esse texto não é, porém, um código no sentido moderno do termo.

Ele não apresenta nem uma sistemática mais sólida, nem novas idéias jurídicas. É apenas o resumo do velho material jurídico preexistente. Todavia, em relação aos *Sudebniki*, constitui um notável passo adiante. O conteúdo tornou-se mais rico e extenso, e ali se entrevê também um princípio de sistematicidade. No entanto, os tempos não estavam maduros para a promulgação de um código unitário. Também o nível dos juristas (especialmente os práticos) ainda não estava à altura de uma codificação. Esse texto legislativo continha 25 capítulos, subdivididos em 967 artigos.[2]

Com esse texto legislativo, porém, desfaz-se a colaboração entre príncipes e assembléias: nele se prescreve que os cargos públicos só podem ser preenchidos por funcionários com nomeação imperial. Começa, assim, em 1649, o fatal divórcio entre poder e povo, que a Revolução de 1917 procurará remediar.

Também a legislação canônica sofreu uma revisão profunda e curiosa, cujo pressuposto técnico era constituído pela difusão da imprensa. Graças a esta última, os tsares conseguiram unificar as normas canônicas. Nos séculos anteriores, na verdade, cada cópia manuscrita dos nomocânones continha muitas vezes regras diferentes, às quais se atinham as autoridades religiosas de várias localidades russas. Era difícil obter o abandono dessas regras locais em benefício de um único texto legislativo. A reunificação da atividade eclesiástica foi levada a termo pelo tsar Aliéxis, que em 1653 fez reimprimir a *Kormchaia kniga*, tomando como *único* modelo um antigo manuscrito do nomocânone grego. Desse modo, ele conseguiu expurgar do texto publicado todos os acréscimos propriamente russos que se haviam estratificado sobre as normas originárias. A depuração foi tão radical que na edição de Aliéxis o *Stoglav* não é sequer mencionado.

---

2. Lothar Schultz, *Russische Rechtsgeschichte. Von den Anfängen bis zur Gegenwart einschließlich des Rechts der Sowjetunion*, Lahr, Schauenburg, 1951, p. 145.

O texto assim reconstituído era inatacável no plano dogmático, porque se referia diretamente às fontes, e incorruptível no plano textual, porque a impressão garantia a difusão de um único texto em todo o território russo.

d) O império autocrático (1689-1906). Com a ascensão ao poder de Pedro, o Grande, em 1689, a Rússia conheceu uma grande expansão nos vizinhos territórios asiáticos e bálticos, acompanhada por um inflexível absolutismo interno. Pedro, o Grande, que assumiu o título de imperador, teve como modelo a Europa Ocidental; assim, as inovações que ele impôs aos russos foram ocidentais. Todavia, depois da codificação de 1649, a legislação distanciou-se cada vez mais da vida cotidiana. As grandes reformas legislativas nem sempre se traduziram em realidade, enquanto a vida russa, especialmente no campo, continuava a seguir os esquemas tradicionais.

Nesse período, a Rússia sofreu um fenômeno de modernização e de ocidentalização análogo ao que, séculos depois, sofreriam os povos da Ásia e da África. O Estado assumiu novas formas e as administrações centrais foram estruturadas segundo o modelo sueco. Em 1711 foi instituído o Senado como supremo órgão administrativo e judiciário, abaixo do qual, em 1719, foram formados nove "Colégios", com uma posição intermediária entre o Senado e o poder local.

Pedro, o Grande, procurou organizar as fontes do direito, assim como procurara organizar a administração do Estado. Guiava-o a idéia iluminista de substituir a compilação de 1649 por um código moderno e sistemático. Essa meta, porém, revelou-se inatingível, tanto para ele quanto para Catarina II. Todas as dez comissões instituídas por Pedro, o Grande se dissolveram sem produzir o desejado código. Catarina II tentou novamente realizar a codificação em 1767, com uma comissão de 600 pessoas, à qual dirigiu sua célebre "Grande instrução" contendo os princípios inspiradores de suas atividades. Os trabalhos da comissão se arrastaram por 200 sessões e produziram uma importante documentação sobre a situação do direito russo, mas não o código que se esperava. O tradicionalismo russo parecia dotado de raízes resistentes a qualquer tentativa de modernização. A Rússia chegou, assim, às portas do século XIX profundamente conturbada por essa tensão que, no século sucessivo, se transformou em trágica e grandiosa dilaceração.

> Ao final do século XVIII – escreve René David – o direito russo estava num estado lastimável. Os documentos essenciais que o continham (o código de 1649 e a *Kormchaia* de 1653) estavam envelhecidos e, desde então, o direito havia sido modificado por numerosos textos legislativos que não se encontravam facilmente. Por outro lado, a sociedade russa, sobretudo a do reinado de Pedro, o Grande, transformara-se muito e as regras formuladas 150 anos antes estavam em grande medida obsoletas e inadequadas. Além disso, um outro vício pesava sobre a legislação russa. A partir de Pedro, o Grande, os soberanos russos objetivavam uma transformação total do país, que deveria adotar as instituições e os costumes do Ocidente. Alcançaram-se grandes resultados, mas a transformação da sociedade não havia sido tão rápida e completa quanto o desejavam os soberanos e pressupunham as leis. [...] As leis existiam apenas no papel ou eram seguidas num ambiente restrito, enquanto o resto da população as ignorava. Por um lado, a dificuldade de conhecer a lei; por outro, a dificuldade de aplicá-la: eram esses os dois males que urgia remediar no final do século XVIII.[3]

Os estudos jurídicos russos tampouco conheciam situação melhor. A Universidade de Moscou foi fundada apenas em 1755; muitos dos professores que ali ensinavam Direito eram estrangeiros que não tinham uma idéia precisa do direito russo. Por isso, quando em 1810 Alexandre I instituiu uma comissão para a codificação, ela foi confiada a Rosenkampf, um jurista originário dos Estados bálticos que, diz-se, sequer sabia russo.

---

3. René David, *Le droit soviétique*, Paris, Librairie Générale de Droit et Jurisprudence, 1954, p. 41.

Também essa comissão parecia destinada ao fracasso, até que a presidência foi confiada ao conde Mikhail Speranski (1772-1859), um dos maiores estadistas da Rússia moderna. Speranski queria dar à Rússia um código baseado no de Napoleão. Já em 1810 ele apresentou as duas primeiras partes do seu projeto, que foram violentamente atacadas com a acusação de não serem, no fundo, nada mais que a tradução em russo do Código Napoleônico. Mas essa não foi uma polêmica apenas acadêmica: Speranski terminou sendo enviado à Sibéria de 1812 a 1821.

Em dezembro (*dekabr*, em russo) de 1825 desencadeou-se a revolução dos decabristas. Uma das exigências da ala moderada dos decabristas havia sido a concessão de uma constituição que limitasse o poder absoluto do imperador. A repressão de Nicolau I sufocou essa exigência e Nicolau II, no momento da sucessão, formulou um programa explicitamente autocrático.

No mesmo ano de 1825 o tsar Nicolau I, desejando que a história não associasse ao seu nome apenas a recordação da revolta decabrista sufocada pelo sangue, confiou a Speranski a tarefa de redigir o código russo. Mas nada de inovador podia nascer do encontro de um autocrata com um político despedaçado por uma década de deportação. Speranski, entretanto, propôs obstinadamente um plano de trabalho dividido em três fases: inicialmente, seria reunido todo o direito russo, vigente ou ab-rogado, para formar um núcleo documentário que serviria de base aos trabalhos subseqüentes; depois, preparar-se-ia uma sistematização das normas vigentes; enfim, passar-se-ia à redação de um código propriamente dito. O tsar, porém, aprovou as duas primeiras partes do plano, mas não a terceira.

Apesar dessa mutilação, Speranski dedicou-se ao trabalho e em 1833 publicou a *Coleção completa das leis do Império Russo*, uma imensa compilação que reunia mais de 30.000 leis em cerca de cinqüenta volumes[4].

---

4. *Polnoe sobranie zakonov*, em 56 volumes. Essa primeira série vai de 1649 a 1825, ano da coroação de Nicolau I. Seguiu-se depois uma segunda série, que

Seguindo o seu plano, Speranski passou depois à elaboração do *corpus* das normas vigentes, organizadas sistematicamente. Esse trabalho também produziu um resultado nem sintético, nem manuseável: os 60.000 artigos assim reunidos preencheram 15 volumes. Promulgado em 1833, esse *Corpo das leis do Império Russo*[5] entrou em vigor em 1835, assinalando uma virada radical na história do direito russo: o texto revogava todas as normas anteriores a 1832, substituindo-as pelas do *Corpo*, que ano a ano seria enriquecido com um suplemento contendo as novas leis.

Essa grande reforma, porém, atingiu apenas as fontes, e não o conteúdo do direito russo. Speranski, tendo aprendido com a experiência, evitara cuidadosamente qualquer inovação substancial. E nem os tsares estavam interessados em inovações; assim, também a comissão instituída em 1882 para elaborar o código civil russo não atingiu seu objetivo.

No entanto, deve-se distinguir entre doutrina e prática do direito. Na prática, a revolucionária reforma agrária de 1861, que, entre outras coisas, finalmente subtraía o camponês russo à servidão da gleba, chamara a atenção das classes mais elevadas para o direito e para as profissões jurídicas. Fortaleceu-se, então, uma cultura jurídica que procurou seus modelos no Ocidente europeu. Já durante todo o século XIX tal interesse estivera presente na doutrina russa: na primeira metade do século, ela se voltara para a doutrina francesa, enquanto na segunda metade optou pela alemã. Mas essa *circulação doutrinária* dos modelos não foi acompanhada por uma *aceitação legislativa*: a doutrina russa pré-revolucionária não conseguiu preencher o fosso entre teoria e prática. Essa fratura tornou-se particularmente evidente ao final do século XIX.

Naquela época, o modelo jurídico alemão era exportado em todo o mundo, da América do Sul ao Japão. Em

---

compreende as leis daquela data até 1881, ano da coroação de Alexandre III. A terceira série compreende as leis de 1881 até a queda dos tsares.

5. *Svod zakonov rossijskoj imperii*, em 15 volumes.

1887, a Rússia, geograficamente mais próxima, abriu em Berlim um Seminário russo sobre o direito romano, em que renomados pandectistas alemães ensinaram o *usus modernus Pandectarum* a numerosos juristas russos, destinados depois a difundi-lo em sua terra natal. Aquele direito teórico, contudo, estava distante do direito vigente na Rússia e os dois não conseguiram encontrar um ponto de contato. A aprovação do projeto de código civil de matriz germânica foi adiada primeiramente devido à guerra entre Rússia e Japão; depois, pela Revolução de 1905; ao chegar ao parlamento em 1913, aquele projeto foi definitivamente esquecido com a explosão da Primeira Guerra Mundial. Assim, no início do século XX, o direito positivo russo continuava a se apresentar como um conjunto heterogêneo de normas escritas e consuetudinárias, reguladas por um confuso sistema de fontes.

O tradicionalismo jurídico russo transformava-se agora em atraso, uma vez que todos os Estados ocidentais, mesmo os vizinhos da Rússia, se modernizavam. As províncias bálticas, nas quais não vigorava o direito russo, já possuíam um código civil desde 1864; a Finlândia adotara o código sueco de 1734; o grão-ducado de Varsóvia assumira o Código Napoleônico. Na Europa, ao final do século XIX, apenas o Império Alemão e o Império Russo não possuíam um código civil.

e) A monarquia constitucional (1906-1917). O século XX começou na Rússia com uma involução reacionária geral da política interna: a manutenção da autocracia impôs a intensa russificação dos territórios não-russos, a repressão das minorias, a onipresença da polícia, uma política antijudaica etc. Esses são alguns dos aspectos que caracterizavam os últimos anos do Império Russo.

No plano internacional, esgotado em parte o impulso do pan-eslavismo, o interesse do governo transferiu-se dos Bálcãs para a Ásia Oriental, onde em 1891 iniciou a partir da cidade de Vladivostok a construção de um tronco da ferrovia transiberiana. Um tratado sino-russo de 1886 permitia que essa linha atravessasse a Manchúria; a Rússia, assim, estabeleceu-se na Manchúria e na Mongólia setentrional, provocando atritos com a Grã-Bretanha e com o Japão, que nesse meio tempo se tornara uma potência mundial (cf. IX, 3-4). Subestimando esse fato, a Rússia lançou-se a uma guerra contra o Japão encerrada em 1905 com uma derrota sancionada pelo tratado de Portsmouth. Mais adiante (cf. VII, 10) veremos o peso dessa vitória japonesa nos países do Terceiro Mundo; aqui bastará recordar o peso da correspondente derrota russa no plano da política interna.

O descontentamento preexistente foi exasperado por essa derrota e as rebeliões de 1905 induziram o tsar a aceitar a constituição de 1906, que previa, entre outras coisas, uma moderada reforma agrária. Contudo, mais uma vez prevaleceu o imobilismo tradicionalista e a constituição continuou a ser letra morta. Desse modo, a Rússia enfrentou a Primeira Guerra Mundial sem ter resolvido nenhum dos antigos problemas que a afligiam. A esses problemas logo se uniram a carestia e a crescente rejeição à insensata matança provocada pela guerra. As rebeliões adquiriram mais força e culminaram em 15 de março de 1917 com a abdicação de Nicolau II, que numa década arrastara a Rússia para duas guerras desastrosas.

Iniciaram-se meses conturbados. Durante o ano de 1917, a Rússia passou da autocracia tsarista a uma tentativa de constituição liberal, superada enfim pela Revolução Bolchevique. Pela primeira vez na história da humanidade, os ideais até então utópicos do comunismo podiam traduzir-se em realidade no interior de uma das maiores potências mundiais da época. Por essa razão, a partir de 25 de novembro de 1917 o mundo não seria mais o mesmo.

Mas toda revolução é filha do passado com o qual pretende romper. Essa contradição encontra-se também na passagem do direito tsarista ao direito soviético e condiciona o desenvolvimento deste último, independentemente da vontade dos revolucionários.

4. Do direito russo ao direito soviético: os elementos de uma continuidade

A tradição russa transmitiu à época revolucionária uma herança jurídica ambígua, sobre a qual é oportuno deter-se. Efetivamente, mesmo existindo no último período tsarista a vontade de instituir um sistema jurídico de tipo europeu ocidental, não se conseguiu superar o secular atraso do direito russo. Esse direito continuou a ser uma prática judiciária separada das teorias ocidentalizantes ensinadas nas universidades e limitadas a elas. Mas esse direito de tipo ocidental nem sequer era desejado por todos os russos: muitos o consideravam alheio à própria tradição.

Nesse contexto, Berman identifica quatro valores positivos da história russa, que tendem a plasmar seu direito num sentido diferente daquele realizado no continente europeu. Ao examiná-los, pode-se observar que eles explicam em parte algumas características do direito pós-revolucionário.

a) A Igreja ortodoxa nunca aspirou a construções filosófico-teológicas (como a católica), nem à consciência individual (como a protestante): essa Igreja era, ao invés, permeada por um *sentido místico da comunidade*.

> O sentido da comunhão de todos os homens – escreve Berman – enquanto constituintes de uma única congregação, ligados por um ritual comum, por uma liturgia comum e, em última análise, pelo mesmo sentido de irmandade, foi um fator unificador de importância primordial para salvar a Rússia da possibilidade de ser engolida pelos mongóis, e permaneceu nos séculos sucessivos.[6]

Esse sentido de comunidade torna menos necessário impor com o direito o que pode ser alcançado com outros meios.

b) No período mongólico fora introduzido o *serviço obrigatório universal*. O *Código* (*Yasa*) de Gengis Khan previa que no império cada súdito tinha de realizar um serviço especí-

---

6. Harold J. Berman, *La giustizia nell'Urss*, Milano, Giuffrè, 1965, p. 126.

fico em favor do Estado. Não podia, portanto, afastar-se de sua residência, sob pena de morte. Os príncipes de Moscou – que, depois de assumir um crescente poder como exatores dos mongóis, tornaram-se os senhores da Rússia – perpetuaram essa instituição mongol, ampliando-a à medida que ampliavam os limites de seu império.

c) O tsarismo do século XVI incorporou a concepção bizantina da *sacralidade do império*, chamado a governar tanto a política quanto a religião. Assim, o Estado tornou-se o *instrumento para reprimir* as oposições políticas e as heresias religiosas. Somente por volta do final do século XIX começou a surgir uma concepção ocidental, ou seja, laica, do Estado. Essa concepção, porém, não conseguiu afirmar-se e a Revolução Bolchevique recebeu intacto o aparelho repressivo estatal.

> Quando se considera o Partido Comunista soviético do ponto de vista político e legal, evidenciam-se suas ligações com a herança religiosa russa. Diante do Estado soviético, o partido ocupa uma posição em certos aspectos semelhante àquela que ocupava a Igreja diante do Estado tsarista no período moscovita.[7]

d) Enfim, a *ocidentalização* buscada pelo império de Petersburgo aumentou a distância entre as camadas mais elevadas ocidentalizadas e as camadas populares ligadas à tradição russa. O conflito entre eslavófilos e ocidentalizantes tornou-se uma constante na vida cultural russa. Admirava-se a cultura do Ocidente, mas sobretudo invejava-se seu progresso econômico. Com Pedro, o Grande, começou a industrialização da Rússia: mas esse foi um progresso econômico repentino, não difundido entre as massas e controlado diretamente pelo Estado.

Esses e outros fatores historicamente condicionados levam os russos a assumir diante do direito uma atitude que Berman sintetiza assim:

---

7. Ivi, p. 233.

Repetidamente, durante os séculos, os ocidentais em contato com a Rússia foram prejudicados e se desiludiram com o relativo caráter a-legal da vida russa. Comparado à vida no Ocidente, esta lhes pareceu casual, inconstante, arbitrária e futilmente cruel. Ao mesmo tempo, ficaram impressionados com o extraordinário calor e espontaneidade dos russos, com sua capacidade de servir e de se sacrificar, com sua devoção ou fé na Santa Mãe Rússia, com seu singular ardor e energia. [...] Muitos dos maiores russos desprezaram o legalismo do Ocidente, onde, segundo as palavras depreciativas do eslavófilo do século XIX, I. V. Kirieiêvski, "irmãos fazem contratos com irmãos". Eles se dedicaram mais às relações pessoais e administrativas espontâneas que à formalidade do direito.[8]

É preciso ter em mente essa tradição. De fato, ao ler um manual dedicado apenas ao direito soviético o leitor ocidental é levado a crer que alguns de seus traços característicos sejam fruto de uma inovação revolucionária ou de desvios ditatoriais. Ao contrário, segundo Berman, a tradição russa já oferecia pontos de contato para noções como as de coletivismo difuso, trabalho para a comunidade, monopartidismo sem oposição e industrialização controlada diretamente pelo Estado.

O direito soviético foi, portanto, o continuador do direito russo, ainda que tendesse a negá-lo.

5. As seis fases do direito soviético (1917-1991)

A conturbada sucessão dos eventos no período da Revolução e nos anos seguintes impõe para o direito soviético uma periodização mais analítica que a empregada para identificar as grandes linhas do direito russo. As diferenças internas da política soviética fornecem os pontos de referência também para a evolução jurídica. Nas páginas ante-

---

8. Ivi, pp. 228 ss.

riores, destacou-se sobretudo a continuidade da história jurídica russa; agora chegou o momento de ilustrar as inovações introduzidas pelo direito soviético e acompanhar sua evolução até o final oficial da URSS, em 1991.

a) O comunismo de guerra (1917-1921). Com a Revolução de Outubro, chegou ao poder um grupo político que pretendia traduzir na prática as teorias do marxismo, adaptadas por Lênin à situação russa. O novo direito nascia condicionado por três fatores: a ideologia marxista-leninista, a peculiar tradição jurídica russa e a situação caótica do país. A ideologia marxista-leninista visa a abolição do direito e do Estado como instrumentos de repressão classista, mas os revolucionários os recuperaram exatamente para levar a termo a revolução: era a fase – considerada transitória – da ditadura do proletariado, necessária para derrotar definitivamente as forças contra-revolucionárias. Estas últimas estavam presentes na Rússia, tanto com as tropas ainda fiéis ao tsar, quanto com as estrangeiras de intervenção. O novo aparelho estatal e jurídico nascia, assim, entre enormes dificuldades materiais.

A fase de transição foi necessariamente caótica e prestou pouca atenção ao direito, porque às constrições da guerra civil acrescentavam-se a tradicional atitude russa não estritamente legalista (cf. item anterior) e a nova ideologia revolucionária, que considerava o direito e o Estado como heranças transitórias da sociedade classista, destinados a desaparecer com a consolidação do comunismo. O poder soviético retirou toda validade das fontes jurídicas tsaristas, proibindo os juízes de utilizar as sentenças pré-revolucionárias e as leis tsaristas, caso estas estivessem em conflito com as novas normas soviéticas ou com a consciência revolucionária do juiz. O juiz – que devia, porém, decidir as causas mesmo nesse vazio legislativo – podia remeter-se à própria consciência jurídica revolucionária, enquanto o novo Estado fundado no partido único lhe fornecia indicações na forma de normas jurídicas promulgadas por órgãos estatais e de diretrizes estabelecidas pelo partido único. Em novembro de 1918, porém, as normas tsaristas foram formalmente revogadas, enquanto o código civil de 1922 proibiu formalmente os juízes de interpretar as novas normas recorrendo às leis e à jurisprudência tsaristas. Essa revogação foi não apenas um gesto de radical ruptura com o passado, mas também uma hipoteca sobre um futuro então inimaginável: ela criou um vazio legislativo que veio à tona depois da dissolução da URSS, em 1991 (cf. abaixo, item 6 *a*).

Naqueles anos difíceis, contudo, um acalorado debate teórico procurou esclarecer a natureza do direito soviético e das medidas legislativas necessárias para chegar ao comunismo.

Por um lado, a dissolução do aparelho judiciário tsarista, a abolição das profissões legais e a instituição de tribunais revolucionários institucionalizavam um extenso arbítrio policial. Por outro, a legislação ainda guiada pelo entusiasmo com a utopia regulava temas politicamente centrais: a constituição de 1918 proclamava a natureza socialista do novo Estado; o código do trabalho sublinhava a inversão de perspectivas diante das relações de produção burguesas; foi abolido o direito autoral e das patentes; o código de família subtraía à Igreja as relações familiares entre os cidadãos e introduzia princípios tão libertários, a ponto de parecerem libertinos para os conservadores ocidentais. A propriedade privada foi eliminada no máximo grau possível. Suprimiram-se também a herança, o comércio particular e, ao menos parcialmente, até o uso do dinheiro.

O fervor apocalíptico dessas medidas não demorou a se chocar com a realidade. O colapso econômico do novo Estado revolucionário impedia passar do comunismo de guerra ao comunismo autêntico. Era necessária uma revisão das leis revolucionárias.

b) A Nova Política Econômica ou NPE (1921-1928). Para enfrentar as dificuldades econômicas, a nova política restaurou alguns dos principais institutos econômicos burgueses (como o dinheiro e o comércio particular) e abrandou muitas das rígidas medidas socialistas no âmbito agrícola e industrial. Nascia, assim, um sistema econômico misto, em que elementos socialistas conviviam com institutos tradicionalmente capitalistas. Ao menos estes últimos, porém, exigiam uma regulamentação jurídica: a restauração econômica gerava, assim, também um retorno às formas tradicionais do direito. Por isso, a partir de 1922, seguiu-se uma rápida produção de códigos realizados a toque de caixa e diretamente inspirados nos modelos jurídicos da Europa continental e nos projetos não realizados na época tsarista. Em especial, o projeto de código civil russo que, discutido de 1905 a 1913, não entrara em vigor, foi retomado pela República Socialista Federativa Soviética Russa: enriquecido com influências francesas e suíças, entrou em vigor em 1923. A mesma República adotou, entre 1922 e 1923, um código penal e um código de processo penal.

Em 1924, uma nova constituição uniu em federação os Estados que haviam realizado a revolução, ou seja, a Rússia, a Ucrânia, a Bielo-Rússia e a Transcaucásia: nascia a União das Repúblicas Socialistas Soviéticas, destinada a durar até 1991. Essa estrutura federal permitiu uma rápida difusão dos novos códigos da república russa.

A certeza fundamentada nessas normas tradicionais era, porém, limitada pelos princípios revolucionários. No direito penal, aboliu-se o princípio *nullum crimen sine lege* e introduziu-se a analogia: podia-se, nesses termos, ser condenado por um comportamento que não fosse exatamente um delito, mas se parecesse com um que fosse. No direito civil, o art. 1.º do código previa que "os direitos civis serão protegidos pela lei, com exceção dos casos em que foram exercidos em contradição com seu objetivo socioeconômico". Como esse objetivo havia sido estabelecido pelos órgãos do Estado ou do partido, a certeza dos direitos civis ficava fortemente limitada.

A função criativa do juiz, enfatizada na fase pós-revolucionária, era limitada não apenas pela presença das codificações, mas também pelo renascimento da *Prokuratura*, órgão tsarista eliminado pelos revolucionários e então retomado para garantir a correta aplicação das normas soviéticas. Essa redução de flexibilidade impossibilitou a difusão do direito soviético nas repúblicas asiáticas, onde existia um pluralismo jurídico inaceitável para o Estado soviético. Aos tribunais islâmicos somaram-se primeiro os tribunais do povo, aos quais se dirigiam os não-muçulmanos. Depois, estabeleceu-se que a decisão do juiz islâmico seria anulada, caso fosse levada a um tribunal do povo. Enfim, em 1927, também nas repúblicas soviéticas da Ásia Central a justiça foi inteiramente confiada aos tribunais estatais, ou seja, laicizada.

c) *Os dois primeiros planos qüinqüenais (1928-1937)*. A afirmação das ditaduras na Europa Ocidental tornava indispensável consolidar a economia soviética. Como a ambígua política mista da NPE não obtivera bons resultados, a planificação geral e centralizada pareceu o melhor instrumento para fortalecer a indústria (também do ponto de vista bélico) e para coletivizar a agricultura. Esta última medida tornou-se inevitável com o advento da agricultura mecanizada: tal agricultura exigia amplas superfícies, as quais, porém, por razões ideológicas, a revolução não podia dar ou deixar em propriedade de camponeses abastados (*kulaki*). Assim, procurou-se aumentar a produtividade agrícola através da liquidação dos *kulaki*, num clima de total arbítrio.

Além da nacionalização das indústrias e da coletivização da agricultura, o plano qüinqüenal previa ainda a eliminação do comércio privado. Na sociedade soviética o âmbito do direito privado estava, portanto, reduzido ao mínimo. As controvérsias entre órgãos públicos econômicos eram resolvidas pela Comissão Estatal de Arbitragem, que decidia com base nas exigências do plano, e não segundo as normas do código civil. O declínio do direito estava tão generalizado que sua iminente extinção agora se preanunciava.

d) O stalinismo (1937-1953). O longo período do governo de Stálin deve ser examinado aqui em duas áreas geográficas distintas: inicialmente, a União Soviética; depois, no pós-guerra, também a Europa Oriental.

Na URSS, os anos que antecederam a Segunda Guerra Mundial registraram uma forte centralização do poder partidário, enquanto o controle social agora recorria mais à polícia secreta que ao direito, relegado a uma posição completamente subalterna em relação às exigências do plano e da política. A ligação entre o partido e a polícia se sobrepunha e se substituía àquela entre o Estado e o direito, com o resultado de que este último possuía uma existência formal, à qual não correspondia uma realidade precisa.

A era de Stálin caracterizou-se pelo retorno aos valores tradicionais, embora esse contraste com as medidas revolucionárias dos anos anteriores fosse apresentado como continuidade.

Retornou-se ao nacionalismo russo e voltou-se a ensinar a história russa nas escolas. Reavaliaram-se a família, a Igreja (ainda que instrumentalmente), a concorrência (ainda que em termos stakhanovistas). Nesse contexto, reavaliou-se também o direito: mesmo proclamando o fim da ditadura do proletariado e a transição para o socialismo, a constituição de 1936 fortaleceu as tradicionais estruturas jurídicas. O direito era agora um produto da sociedade socialista, na qual não existiam classes antagônicas. Não se falava mais de sua próxima extinção. Promulgavam-se códigos, regulava-se o divórcio com um procedimento judiciário, limitava-se muito a analogia no direito penal, transformava-se a arbitragem entre os órgãos públicos econômicos num procedimento judiciário atrelado ao código civil.

Nesse renascimento formal do direito prevalecem, porém, a razão de Estado e a política, de forma que esta é acompanhada na prática pelas piores arbitrariedades do regime. Uma linha incerta de demarcação entre direito e arbítrio deve ser talvez procurada no fato de que a sociedade soviética apresentava zonas agora politicamente estabilizadas, enquanto outras ainda eram objeto de reformas radicais e de experiências sociais. Nas primeiras, era possível aplicar o direito, ao passo que se intervinha nas últimas com todos os meios. Assim, o período stalinista acabou passando à história como a era do arbítrio político e do terror policial.

Como o fim da Segunda Guerra Mundial ocorreu em plena época stalinista, esse modelo de sociedade foi imposto aos Estados que os acordos de Yalta atribuíram à área de

Mapa 2. A Europa Oriental em 1956.

ingerência soviética. Ao final do conflito, as tropas soviéticas haviam ocupado os Estados balcânicos e, na Europa Central, haviam chegado até Berlim. Nesses territórios, a partir de 1946, foram impostos regimes comunistas, chamados "democracias populares", para diferenciá-las da república nascida da Revolução de Outubro (mapa 2). A unitariedade da denominação não correspondia, porém, a uma efetiva unidade sociopolítica. Alguns Estados haviam conhecido uma verdadeira guerra de libertação (como a Polônia ou a Iugoslávia); outros conheceram regimes fascistas (como a Romênia e a Hungria); outros ainda haviam sido diretamente ocupados pelas potências do Eixo (como a Albânia e a Tchecoslováquia). A Zona de Ocupação Soviética da Alemanha, enfim, havia sido parte do Terceiro Reich: dela nasceu a República Democrática Alemã, que mesmo no nome foi diferenciada das outras democracias populares (e efetivamente no seu escudo viam-se não a foice e o martelo, mas o martelo e o compasso). Não mais nazista, portanto, mas "democrática", embora ainda não "popular".

As diversas histórias políticas de cada democracia popular implicavam também um posicionamento diferente da URSS em relação a cada um dos Estados e, além disso, se entrelaçavam com estruturas econômicas profundamente distintas: alguns Estados estiveram na vanguarda industrial de sua época (as áreas alemãs, a Tchecoslováquia, a Hungria), enquanto outros eram áreas agrícolas paupérrimas (Albânia, Bulgária, Romênia). As tradições religiosas, porquanto combatidas pelo ateísmo oficial, eram o que de mais heterogêneo se podia imaginar: da catolicíssima Polônia à fé ortodoxa dos Estados balcânicos, passando pelos protestantes da Europa Central e pelos muçulmanos da Iugoslávia e da Albânia. A história política e a estrutura econômica tornavam as democracias populares um conjunto não-unitário. A URSS de Stálin, imposta como Estado-guia dessas democracias, para elas transferiu de uma só vez estruturas econômicas e instituições jurídicas freqüentemente mais atrasadas do que as tradicionalmente existentes *in loco*.

A história das democracias populares cobriu-se assim de revoltas que pretendiam libertar-se dessa opressão: é sintomático que as revoltas tenham ocorrido em Berlim em 1953, em Budapeste em 1956, em Praga em 1968, ou seja, nos Estados que haviam conhecido a civilização centro-européia e para os quais o modelo soviético-stalinista constituía um inaceitável retrocesso. Todas essas rebeliões foram reprimidas.

A única secessão bem-sucedida foi a da Iugoslávia, fortalecida por uma guerra interna de libertação semelhante, em extensão e sucesso, àquela italiana. Nascida em 1946, já em 1948 decidiu seguir seu caminho, sofrendo a expulsão da união dos partidos filo-soviéticos (Kominform) e o bloqueio econômico por parte dos Estados comunistas. A figura carismática de Tito (pseudônimo de Josip Broz, 1892-1980) conseguiu guiar o novo Estado federal – percorrido por fortes correntes separatistas – para fora da órbita da União Soviética stalinista, mesmo sem repudiar a ideologia marxista. A Iugoslávia foi, assim, um modelo de independência também ideológica para os Estados que nasciam da descolonização: para ela estavam voltados os Estados não-alinhados, ou seja, aqueles que não se identificavam nem com os Estados Unidos, nem com a URSS. A autogestão operária e camponesa constituiu um modelo original de desenvolvimento econômico alternativo à planificação central, embora seus resultados não tenham sido entusiasmantes. Na autogestão iugoslava inspirou-se, por exemplo, a Argélia independente. Com o final do perigo de uma invasão soviética e com a morte de Tito, desapareceram os dois principais fatores de coesão daquilo que, de qualquer forma, era um Estado artificial. Em 1990, a Iugoslávia começou a se despedaçar em pequenos Estados mais ou menos homogêneos por etnia e religião, numa seqüência de guerras civis e fortes tensões destinadas a continuar mesmo depois do advento do novo milênio.

Entre as terríveis vicissitudes do pós-guerra deve-se registrar também um fato jurídico que, então, podia parecer secundário: os Estados da Europa Oriental não revogaram seus códigos da época capitalista, limitando-se a substituí-los por aqueles de matriz soviética. Essa existência subterrânea dos códigos pré-bélicos revelar-se-ia um fator positivo depois da queda do muro de Berlim: mas logo voltaremos a esse tema.

e) A distensão (1953-1966). A quinta fase é assinalada por grandes eventos políticos, que tiveram sobre o direito um efeito inicialmente limitado, mas destinado a se manifestar em toda sua amplitude na fase sucessiva (e final) do poder soviético. Naqueles anos, terminara o culto da personalidade tributado a Stálin, a URSS deixara de ser o Estado-guia para os outros Estados socialistas e o marxismo revelara-se uma ideologia não-unitária, que gerara em cada movimento comunista facções adversárias pró-soviéticas e pró-chinesas.

As denúncias das ilegalidades stalinistas começaram logo depois da morte de Stálin em 1953 e culminaram com o célebre XX Congresso do PCUS em 1956, no qual Kruschov denunciou os crimes do stalinismo num relatório secreto; todavia, somente com o XXII Congresso do PCUS em 1961 chegou-se à condenação oficial do stalinismo. A política da coexistência pacífica e das cautelosas reformas econômicas, juntamente com o desaparecimento dos métodos mais brutalmente ditatoriais, permitiu o surgimento dos fermentos nacionais até então velados sob o manto do monolitismo comunista. Quando, porém, em 1956, na Hungria, chegou-se à aberta reforma anti-soviética, a URSS interveio militarmente para impedir a desagregação do bloco comunista. Mas esta última já começara: a Iugoslávia e a Polônia se distanciaram da repressão das revoltas húngaras e uma grave crise atravessou também os partidos comunistas do Ocidente. Naquele mesmo ano, a China de Mao Tsé-tung manifestou sua oposição à coexistência pacífica, iniciando uma contenda com a União Soviética que levou à ruptura das relações entre os dois Estados. Em 1963, chegou-se ao conflito armado às margens do rio Ussuri, nos territórios que na metade do século XIX a China cedera à Rússia tsarista e dos quais agora pedia a restituição.

Essa manifestação de tendências autônomas, ainda que mínimas, representava uma perigosa rachadura no bloco soviético, sempre proclamado como monolítico: explica-se, assim, por que 1961 é o ano tanto do XXII Congresso do PCUS, o Congresso da desestalinização, quanto o ano da construção do muro de Berlim, destinado a se tornar o símbolo da ditadura do comunismo soviético.

Cada democracia popular podia valer-se do conflito entre URSS e China para assumir algumas posições autônomas. Cuba (que em 1962 encontrara-se no centro da crise provocada pelos mísseis soviéticos apontados contra os Estados Unidos) e sobretudo a Romênia começaram a assumir posicionamentos autônomos na política externa, enquanto a Polônia manifestava perturbações crescentes na política interna. A Albânia separou-se do bloco soviético para se aliar à China, que nesse meio tempo – em prejuízo da URSS – conquistara uma posição de predominância na Ásia. As tensões do comunismo mundial estão sintetizadas pelos "três inimigos" apontados por Brejnev – sucessor de Kruschov – no XXIII Congresso do PCUS em 1966: a URSS precisava combater o dogmatismo (ou seja, a China), o nacionalismo (a Romênia) e o revisionismo (a Iugoslávia).

A longa série de reformas jurídicas que teve início nessa fase não questionou a concepção stalinista do direito: agora o direito era parte integrante do Estado soviético; assim, não se pensava em abolir nem o direito, nem o Estado. Todavia, o direito soviético não era mais indiscutível como nos tempos de Stálin; então – como efeito colateral dos fermentos nacionalistas – alguns Estados da Europa Oriental se aventuraram nas primeiras tentativas de desenvolvimento jurídico-institucional autônomo, seja remetendo-se à tradição nacional, seja inovando os modelos originariamente soviéticos. Para os Estados da Europa Oriental, efetivamente, naqueles anos se realizara o processo de adequação ao modelo jurídico-econômico soviético: na década sucessiva ao final da guerra, eles haviam passado do sistema capitalista ao coletivista, seguindo o caminho percorrido pela URSS trinta anos antes. Assim, no início dos anos 1960, os sistemas jurídicos do bloco soviético haviam atingido um notável grau de homogeneidade; mas, exatamente por isso, os institutos jurídicos da URSS não podiam mais constituir um modelo forte e indiscutível.

Por outro lado, o poder militar e a ingerência econômica da URSS eram excessivamente fortes para que as inovações jurídicas pudessem traduzir-se em reformas rápidas. Gradualmente, algumas medidas de reforma legislativa começaram a traduzir na prática o que antes se encontrava apenas no papel. Além disso, tentou-se liberalizar o direito promulgado na era stalinista, tornando os processos mais certos e controláveis e menos pesadas algumas sanções. Todavia, esse processo de revisão jurídica mostrou-se muito longo e ineficaz e acabou arrastado pelas convulsões políticas que provocaram o fim da URSS e das democracias populares. A derrocada de todo o sistema soviético assinalou, no âmbito jurídico, a passagem de uma revisão demasiado cautelosa do direito existente para uma renovação radical do ordenamento jurídico nos Estados que surgiram das ruínas da desaparecida União Soviética; mas voltaremos a isso mais adiante (abaixo, *f*).

Em termos gerais, quem observava o mundo soviético por volta do final dos anos 1960 tinha a impressão de uma sociedade que não conseguira passar da produção militar à civil e, conseqüentemente, continuava a oscilar entre a busca de elevados objetivos políticos a longo prazo e o embate cotidiano entre as dificuldades materiais criadas por um atraso que, na URSS, tinha raízes distantes.

f) A desagregação e o fim (1966-1991). As divisões e os fermentos manifestados na fase da distensão desenvolveram seus efeitos nos vinte e cinco anos seguintes; examinaremos aqui apenas os seus aspectos jurídicos. A distensão durou pouco mais de uma década, no decorrer da qual as lutas entre as diversas orientações políticas eram demasiado duras para permitir uma intervenção coerente de uma renovação legislativa. Ao final dos anos 1960, com a superação do stalinismo e a estabilização dos dois blocos comunistas, finalmente se conseguiu cristalizar em formas jurídicas os fermentos políticos da década da distensão.

As reformas jurídicas ocorriam, porém, de um modo até então desconhecido no bloco soviético: os códigos e as constituições eram renovados não mais num processo unidirecional – da URSS para cada uma das democracias populares –, mas numa interação cada vez mais complexa, em que também as democracias populares experimentavam soluções novas e as exportavam em parte para a União Soviética. O modelo do Estado-guia não era mais intocável. Na primavera de Praga de 1968 propôs-se até mesmo introduzir um controle de constitucionalidade das leis, medida nunca aceita nas democracias populares, todas regidas por constituições flexíveis. Enquanto essa reforma se dissolvia na repressão soviética da primavera de Praga, realizavam-se, porém, as modificações mais moderadas das constituições da Romênia e sobretudo da Polônia, Estado destinado a exercer uma função de primeiro plano na demolição do modelo soviético. A renovação do direito civil manifestou-se na promulgação de novos códigos que, entre 1964 e 1975, foram aprovados em cada República da URSS, na Tchecoslováquia e na Polônia. Essa reforma revelou-se particularmente trabalhosa na República Democrática Alemã, onde somente em 1975 um novo código civil substituiu o BGB de 1900, que permaneceu em vigor até aquela data (ainda que com modificações divergentes) tanto na Alemanha Federal, quanto na comunista (cf. II, 8).

O direito de família e o direito da economia podem ser tomados como um exemplo da nova circulação dos modelos jurídicos naquele bloco soviético em que ganhavam força as especificidades nacionais anuladas durante os anos da hegemonia stalinista.

Na URSS, o *direito de família* fora inicialmente liberalizado logo após a Revolução de Outubro, mas voltara a se enrijecer depois da era de Stálin. Quando no pós-guerra foi exportado para a Europa Oriental, em alguns Estados ele representou um retrocesso em relação à legislação anterior. Nessa nova fase, Estados como a Tchecoslováquia e a República Democrática Alemã abandonaram o modelo soviético para adotar um direito de família mais moderno e aberto. Não se deve esquecer, porém, que para alguns Estados aquele mesmo modelo soviético havia sido um passo adiante no caminho da laicização de um direito de família ainda vinculado ao direito canônico (ortodoxo ou católico) ou ao direito islâmico.

Para manter os indispensáveis canais comerciais, o *direito soviético da economia* precisara sempre levar em conta as soluções técnico-jurídicas dos Estados capitalistas e, em muitos casos, chegou a adotá-las, revestindo-as de formas socialistas. Quando a diminuição da dependência da URSS permitiu às democracias populares uma política econômica até certo ponto autônoma, a adoção dos modelos jurídico-econômicos ocidentais tornou-se mais intensa, acompanhando as reformas econômicas. Abria-se, assim, uma brecha na economia planificada. A nova força que a autogestão e as cooperativas assumiam na economia socialista constituía uma primeira e tímida abertura para o mercado, na tentativa de conciliá-lo com o seu eterno antagonista: o plano.

A autogestão, estigmatizada no pós-guerra como instrumento revisionista da herética experiência iugoslava, foi aplicada com sucesso na Polônia a partir de 1980, ainda que "de modo lento e atribulado"; e na Polônia "o controle dos trabalhadores sobre a gestão, a titularidade da empresa sobre os bens, a organização das relações entre empresa e aparelho ministerial transformaram-se em soluções vencedoras": no novo clima ideológico, apreciava-se "sua capacidade de conciliar o princípio 'clássico' da propriedade coletiva dos meios de produção com o novo princípio da participação ativa dos trabalhadores nos resultados da produção. Assim, o modelo polonês inspirou as leis búlgara, soviética e, por último, tchecoslovaca sobre a empresa, que entre 1987 e 1989 assinalaram o abandono do modelo de planificação rígida"[9].

As burocráticas cooperativas estatais receberam vida nova na Hungria e na Polônia. Numa economia planificada, elas nasciam por decisão do Estado, e não por adesão espontânea de indivíduos, transformando-se assim, "na experiência soviética, em organismo submetido à vontade das autoridades de planificação". Todavia, "a cooperativa assumiu novo valor aos olhos dos legisladores socialistas" quando o partido comunista "aceitou a hipótese de desenvolvimento de um setor produtivo privado. Além disso, as leis húngara (1971) e polonesa (1982) sobre a atividade cooperativa se impuseram como modelos ao legislador soviético no final dos anos 1980"[10].

A evolução da autogestão e das cooperativas mostra claramente como no bloco comunista, partindo da imposição de um único modelo soviético, se passara a uma circulação de modelos jurídicos. Foi sob esse impulso inovador que também a URSS empreendeu a própria reestruturação com a *perestroika*, inaugurada em 1985 por Mikhail Gorbachov. Mas agora o Estado soviético e as democracias populares estavam em crise: quanto mais se abriam para o mercado e para a economia privada, mais desagregadora se revelava a energia das forças centrífugas e reformadoras. A URSS se abriu para os investimentos estrangeiros em 1987 e, em 1988, na URSS e em toda a Europa Oriental entraram em vigor normas de direito comercial e societário para regulamentar a nova realidade. Também em 1988 as três repúblicas bálticas da Estônia, da Letônia e da Lituânia pediram para sair da URSS, à qual haviam sido incorporadas durante a Segunda Guerra Mundial.

---

9. Gianmaria Ajani, *Il modello post-socialista*, Torino, Giappichelli, 1999, p. 15.

10. Op. cit., p. 16.

Em 9 de novembro de 1989, caiu o muro de Berlim: essa é a data-símbolo do fim efetivo dos regimes comunistas europeus. O fim de direito chegou logo depois. Entre 1990 e 1991, as eleições livres assinalaram a derrocada dos governos comunistas na Europa Oriental. A República Democrática Alemã teve sorte diferente e deixou de existir: com a Declaração de Adesão de 1990, o parlamento da República Democrática Alemã aprovou a união dos territórios alemães do Leste à Alemanha Federal. Enquanto em toda a Europa os Estados tendiam a se dividir ou, ao menos, conheciam movimentos separatistas, a Alemanha, terceira economia mundial, unificava-se em um Estado de mais de oitenta milhões de habitantes.

Em 1991, enfim, deixou de existir também juridicamente a URSS nascida com a constituição de 1924. Em seu lugar, surgiu uma Comunidade de Estados Independentes (CEI), enquanto a República Russa substituiu a URSS nas relações internacionais. Após o final do Império Otomano e do Império Austro-Húngaro, dissolvia-se, assim, o último grande Estado plurinacional da Europa. O direito soviético terminara: o que era um direito vigente tornara-se um direito histórico. Retorna o direito russo na República Russa e o direito nacional nos novos Estados da Europa centro-oriental e naqueles nascidos do fracionamento da federação soviética. Em três anos, o mapa geográfico da Europa centro-oriental se transformou completamente (mapa 3).

6. A marcha na direção do capitalismo

Depois de 1989-1991, a ex-União Soviética e as ex-democracias populares européias tiveram que retroceder no caminho jurídico que haviam seguido depois da Revolução de Outubro ou no pós-guerra. Numa difícil transição, ainda em curso, devem ser enfrentados ao menos quatro tipos de problemas:

Mapa 3. A Europa centro-oriental em 1999.

RÚSSIA

Moscou

CAZAQUISTÃO

ÂNIA

UZBEQUISTÃO

MAR CÁSPIO

MAR NEGRO

GEÓRGIA
Tbilisi   Baku
         AZERBAIJÃO
         ARMÊNIA   TURCOMENISTÃO
      Erevan

Ancara

TURQUIA   Teerã

                        IRÃ

        SÍRIA   IRAQUE
Nicósia
  LÍBANO   Damasco   Bagdá
RE Beirute

– o partido único da ditadura do proletariado deve ser substituído pelo pluripartidarismo das democracias liberais. Assim, é preciso introduzir um sistema constitucional fundamentado no parlamentarismo, com um governo sustentado por uma coalizão de partidos, com uma maioria e uma minoria que agem segundo as regras da democracia liberal;
– a economia planificada deve ser substituída pela economia de mercado. Assim, é preciso elaborar uma série de normas e, sobretudo, de instituições funcionais que regulamentem o direito privado e comercial, os bancos, as bolsas de valores, a livre concorrência e todas as outras formas em que se realiza o liberalismo econômico;
– a propriedade estatal dos meios de produção deve ser substituída pela propriedade privada. Nessa passagem específica, mas fundamental, para a economia de mercado, deve-se privatizar um aparelho industrial decrépito, mas gigantesco. Nas cessões aos indivíduos, os detentores do poder de ontem terão facilidade em se apropriar das empresas, tornando-se os futuros detentores do poder. Se não se impedir ou ao menos limitar essa disfunção, o poder econômico ficará nas mãos de quem politicamente não está interessado na passagem para a democracia liberal;
– o internacionalismo proletário da ideologia comunista deve ser substituído por uma garantia legal para cada nacionalidade. O chamado à unidade da classe trabalhadora de fato levara a anular as aspirações das minorias nacionais, ainda que juridicamente tenham sido reconhecidos alguns direitos a estas últimas. Com a queda do comunismo, surge o problema de reconhecer a tais minorias nacionais não apenas alguns direitos culturais, mas plenos direitos políticos ou até mesmo a autodeterminação. Os problemas dos Bálcãs e da área caucásica revelaram a força violenta dessa reivindicação, abafada pelo comunismo com o silêncio ou a mordaça.

Ao realizar essas transformações, a ex-União Soviética precisou enfrentar uma situação muito diferente da enfrentada pelas antigas democracias populares; assim, será oportuno separar a descrição das duas evoluções. Como lembramos, a Rússia pós-revolucionária revogara a legislação tsarista, ao passo que os Estados que entraram na órbita soviética no pós-guerra se limitaram a deixar de aplicar o direito anterior, substituindo-o por um direito calcado no modelo soviético. Essa diferença pareceu irrelevante durante quase meio século, mas no momento da desintegração do comunismo gerou situações jurídicas bem diferentes nas duas áreas. Nas ex-democracias populares européias, o direito comunista revogado foi substituído pelo direito pré-bélico, que formalmente nunca deixara de ser válido, ainda que não fosse eficaz. Na ex-União Soviética, porém, o direito pré-revolucionário não pôde ser retomado porque já não existia.

Poder-se-ia objetar, com razão, que não existe diferença entre retomar um código antigo e promulgar um novo e que, ao contrário, um código novo poderia ser preferível a um antigo com quarenta anos. O problema, na verdade, é sobretudo político, não jurídico. De fato, depois de 1989, foi necessário elaborar novas leis para governar a economia de mercado. Mas a economia de mercado não tinha apenas amigos: a velha *nomenklatura*, os gerentes da indústria estatal, o aparelho econômico-militar se opunham à liberalização. Além disso, temendo a volta ao partido único ou a um oligopartidarismo, as novas leis eleitorais haviam adotado o sistema proporcional, que atribui os postos parlamentares em função dos votos recebidos por cada partido. Daí resultaram parlamentos muito fragmentários, que por sua vez geraram governos de coalizão muito instáveis. Os inimigos do mercado – e, portanto, dos novos códigos – estavam por isso presentes num parlamento democrático, no qual podiam dificultar o processo legislativo. Conseqüentemente, na fase pós-comunista a promulgação de novos códigos revela-se mais difícil que lançar mão dos antigos códigos ainda vigentes. A partir dessa diversidade, as histórias jurídicas recentes dos Estados da Europa Oriental seguem caminhos diferentes.

a) As reformas da Comunidade de Estados Independentes (CEI). Quando a URSS chegou ao fim, não era possível conservar no direito privado os códigos da época comunista, embora estes fossem formalmente semelhantes aos ocidentais, porque a ideologia marxista-leninista os configurara de acordo com as exigências da planificação. Por exemplo, a propriedade – assim como é regulamentada no código civil soviético de 1964 – não é diferente da regulamentada pelo código civil italiano de 1942. Mas a constituição e a ideologia do partido explicam que o Estado, e não o indivíduo, é o proprietário dos meios de produção. Daí provêm o esvaziamento e o enfraquecimento dos institutos clássicos do direito privado: o direito societário torna-se inútil num regime de propriedade coletiva ou estatal, não existindo ações ou títulos equivalentes a cotas de propriedade de uma empresa. Além disso, como conseqüência dos limites da propriedade privada, atrofia-se também o direito das garantias: o penhor, a hipoteca, as normas de tutela da circulação dos bens têm uma importância apenas marginal. Falta também o estímulo econômico para realizar um direito da ecologia, uma vez que o Estado é ao mesmo tempo poluidor e despoluidor. O atraso envolve sobretudo o direito da economia: bolsa, fundos de investimento, intermediação financeira, sociedades, todos são institutos que ou não existem no direito dos Estados emergentes do comunismo ou revivem através de códigos ainda estagnados nos anos 1930. Em suma, nem os códigos do pré-guerra nem os códigos comunistas podiam ser conservados depois de 1989-1991, por serem demasiado frágeis precisamente nas partes indispensáveis para a criação de uma economia de mercado.

Por outro lado, a nova Rússia não podia remeter-se nem aos códigos pré-revolucionários, nem à cultura pandectista de origem alemã: de fato, depois de 1991, os modelos foram impostos cada vez mais pelos órgãos supranacionais.

A mudança de sistema político produziu na CEI uma *aceleração* das exigências internas e uma *pressão* dos modelos provenientes do exterior. Não devemos esquecer que a queda política foi acompanhada por uma gravíssima crise econômica. Por isso, depois de 1991, as organizações internacionais ofereceram financiamentos em troca de reformas estruturais não apenas econômicas, mas também políticas e jurídicas. Os porta-vozes dessa oferta eram (e são) os arautos da economia globalizada, ou seja, órgãos supranacionais como a Organização Mundial do Comércio (OMC), o Banco Europeu para a Reconstrução e o Desenvolvimento (BERD), o Fundo Monetário Internacional (FMI). Com a receita econômica, esses órgãos propõem também uma jurídica. Não sem razão se fala de uma "síndrome de von Hayek", ou seja, de uma corrida ao liberalismo político, mas, sobretudo, ao neoliberalismo econômico: não esqueçamos que a queda do comunismo coincide com a época em que estavam no poder Ronald Reagan nos Estados Unidos e Margaret Thatcher na Grã-Bretanha.

Na oferta do modelo jurídico instaura-se assim uma relação diferente da estudada em outros casos de assimilação. O modelo era imposto com a conquista, como fez a Espanha na América do Sul ou a França napoleônica com o *Code civil*, ou então era escolhido com base na decisão autônoma de se modernizar, como fizeram o Japão ou a Turquia. Na CEI, ao contrário, o modelo sugerido nasce da relação entre o banco e o cliente: a garantia oferecida pelo cliente que recebe o enorme empréstimo salvador é também uma estrutura jurídica adequada à economia de mercado, uma vez que o órgão financiador está convencido de que este é o único caminho para desenvolver a economia e poder assim pagar o empréstimo.

Esses órgãos sem bandeira são os legisladores ocultos do pós-comunismo. Antes de admitir um Estado entre seus membros, a OMC realiza uma pesquisa também sobre o seu respectivo ordenamento jurídico, para se certificar de que ele tem condições estruturais para respeitar as regras da OMC, ou seja, da economia de mercado. Aos Estados que negociam um empréstimo, o BERD propõe uma lei-modelo sobre o *trust*, que é hoje um instrumento fundamental para o desenvolvimento de muitas atividades financeiras. A origem do modelo jurídico proposto por esses órgãos é clara: ele provém do Common Law.

b) *Os Estados da Europa centro-oriental rumo à integração com a Europa Ocidental.* Depois da Segunda Guerra Mundial, a área da Europa centro-oriental precisou enxertar o direito soviético num substrato jurídico extremamente heterogêneo. Em *primeiro* lugar, toda a área possuía uma longa tradição na assimilação maciça de modelos franceses e alemães, tanto no direito positivo quanto na doutrina. Em *segundo* lugar, cada Estado nacional nascera ou fora redesenhado depois de 1918, ano que vira o final de três impérios multinacionais – o austro-húngaro, o otomano, o russo-tsarista – e o redimensionamento do Império Alemão. Assim, num mesmo Estado de nova formação, estavam freqüentemente reunidos segmentos de ex-impérios com tradições jurídicas diversas: é típico o caso da Tchecoslováquia, nascida em 1918 da fusão da Eslováquia – que seguia regras civilistas fundamentadas no costume e no direito húngaro – com a Boêmia e com a Morávia – reguladas, ao invés, pelo código civil austríaco. (E de fato em 1993 a Tchecoslováquia se dividiu em dois Estados federados.) A Europa centro-oriental apresentava-se assim como um fragmentado mosaico de Estados e como um ainda mais fragmentado mosaico de ordenamentos jurídicos. Em *terceiro* lugar, o direito soviético imposto naquela área no pós-guerra abandonara agora a utopia da "extinção" do Estado e do direito, de forma que os juristas começaram a trabalhar para adequar o direito nacional ao novo modelo, com poucos obstáculos ideológicos e moderados desvios retóricos.

No todo, esses juristas tinham uma grande experiência na assimilação e na harmonização de modelos jurídicos diferentes: na história de cada Estado haviam se estratificado os direitos dos impérios multinacionais, os direitos nacionais e, em alguns casos, também os direitos introduzidos pela ocupação nacional-socialista e fascista durante a Segunda Guerra Mundial. Assim, falar de "Europa centro-oriental" não deve levar a pensar num conjunto de situações relativamente homogêneas, como a da União Soviética, embora esta fosse multinacional: na Europa centro-oriental, cada Estado tem sua complexa história individual, que é impossível acompanhar aqui. Todavia, emergem alguns traços comuns.

Inicialmente, aceito o princípio ideológico de que o direito não deveria desaparecer no curto prazo, os políticos e juristas da Europa centro-oriental não julgaram necessário proceder à revogação formal do direito anterior com o radicalismo revolucionário da Rússia leninista. Com matizes diferentes para cada Estado, determinou-se ou a invalidação do direito pré-bélico, acompanhada, porém, da autorização explícita de remeter-se a ele, ou a validade de todas as fontes pré-bélicas não explicitamente revogadas. Na prática jurídica, ambas as soluções chegavam ao mesmo resultado: o de evitar o vazio jurídico graças a essas fontes subsidiárias. A Iugoslávia, por exemplo, declarou *nulas* as normas promulgadas durante a ocupação militar nazi-fascista iniciada em 1941, e *inválidas em linha de princípio* as normas iugoslavas pré-bélicas. Na prática, o apelo à legislação pré-bélica foi constante, tanto que o Supremo Tribunal Federal impôs aos juízes a obrigação de explicar por qual razão *não* recorriam a um princípio jurídico anterior à guerra que poderia ser aplicado na sentença.

Enquanto Iugoslávia, Albânia e Bulgária enfrentaram a transição ao direito socialista com uma revogação atenuada do direito anterior, os outros Estados confiaram o processo de adequação do direito sobretudo aos Tribunais Superiores, que adquiriram uma verdadeira função criativa do direito. Sua jurisprudência dos primeiros anos do pós-guerra constitui um exemplo – esquecido e talvez embaraçoso – daquele "uso alternativo do direito" pregado em 1968 pelos juristas ocidentais de esquerda.

A possibilidade de recorrer a um direito anterior e diferente do socialista explica por que, a partir dos anos 1960, pôde ocorrer uma circulação de modelos jurídicos setoriais das democracias populares para a União Soviética (cf. acima, item 5 *f*): nas democracias populares, os juristas podiam formalmente remeter-se a normas jurídicas pré-socialistas mas não revogadas e, assim, propor soluções inatacáveis do ponto de vista técnico-jurídico.

Como já ocorrera em 1945-1949, com a dissolução dos regimes comunistas em 1989-1991 a situação se invertia mais uma vez: o direito novo (comunista) tornava-se direito antigo em relação ao novo direito novo (democrático-liberal), que, porém, nas ex-democracias populares européias remetia-se ao antigo direito antigo (pré-bélico), mesmo conservando em vigor parte do antigo direito novo (comunista). Para complicar essa sucessão de ordenamentos, acrescentava-se também a dissolução de dois ordenamentos federais – os da União Soviética e da Iugoslávia – com as conseqüentes transferências (ou rejeições) de normas do ex-ordenamento federal aos novos ordenamentos nacionais.

Não existindo prejudiciais ideológicas sobre o direito, a transição pós-comunista foi enfrentada com pragmatismo, sem exceder retoricamente sobre a ruptura entre passado e presente, nem sobre a incompatibilidade entre os dois sucessivos ordenamentos jurídicos. Sem dúvida, foi uma inovação radical a promulgação de novas constituições de tipo democrático-liberal: estas sancionaram formalmente a passagem para o novo modelo político e instituíram tribunais constitucionais para garantir a compatibilidade das novas normas e das antigas com o sistema liberal-democrático. Muitas dessas constituições inspiravam-se nos modelos propostos pelo Conselho da Europa e indicavam, assim, em qual direção se moviam as aspirações de integração político-econômica desses novos Estados. Nos níveis legislativos inferiores ao constitucional, procedeu-se empiricamente, salvando o que podia ser salvo e adotando modelos jurídicos novos, muitas vezes sugeridos pelas organizações internacionais que financiavam o processo de transformação.

Não obstante tal pragmatismo e a busca de continuidade, os novos modelos jurídicos adequados a uma economia liberal provocaram nos Estados da Europa centro-oriental um trauma comparável ao infligido ao Japão em 1945: sobre uma tradição jurídica de tipo europeu continental enxertavam-se bruscamente institutos de Common Law. Essa mudança ocorrera (e até o momento continua) também nas democracias da Europa Ocidental, nas quais, porém, se diluiu no decorrer de mais de meio século de estreitas relações com os Estados Unidos.

Podemos citar como exemplo o principal problema a ser enfrentado pelos Estados da Europa centro-oriental: o das privatizações. A gravidade da crise econômica desses Estados não deve fazer esquecer que, em não poucos casos, é preciso inserir no mercado a curto prazo complexos industriais de relevância mundial. Enquanto os Estados ocidentais chegaram à economia financeira através de uma longa evolução, os Estados da Europa centro-oriental – depois de setenta ou quarenta anos de economia planificada nos quais a Bolsa de Valores sequer existia – viram-se obrigados a enfrentar, em poucos meses, uma gigantesca operação financeira como a privatização da indústria antes estatal. Daí a dramática urgência de novos instrumentos legislativos e, portanto, a aceitação (acrítica, também porque sem alternativas) dos modelos de Common Law provenientes das organizações internacionais.

O fim do comunismo levou também, em 1991, à dissolução de organismos comuns, como o mercado comum do Leste (o Comecon) e a aliança militar conhecida como Pacto de Varsóvia. Os novos Estados nacionais da Europa centro-oriental têm agora como modelo as democracias da Europa Ocidental e – procurando novas formas de integração econômica, política e militar – pressionam para entrar em organismos supranacionais como o Conselho da Europa, a Otan e a União Européia. Todavia, na evolução dos Estados da Europa centro-oriental e da Comunidade de Estados Independentes parecem perfilar-se duas perspectivas diferentes.

Desde 1991, os Estados da Europa Central subscreveram acordos de associação à União Européia, previstos no Tratado de Roma, em vista de uma futura adesão. Com tais acordos, seus parlamentos se comprometeram a promulgar apenas normas compatíveis com as comunitárias. Nesse sentido, eles terão de rever seu direito societário, falencial, ambiental, suas normas sobre os padrões técnicos e assim por diante. Os órgãos supranacionais propõem modelos homogêneos de legislação sobre esses temas e, por esse meio, o direito dos Estados da Europa Central se aproxima cada vez mais do direito das democracias liberais da Europa Ocidental.

Na CEI a situação é mais confusa. O lamento por ter perdido uma posição semelhante à dos Estados Unidos na época do bipolarismo leva essa comunidade de Estados a se contrapor ao Ocidente na medida em que isso seja compatível com a necessidade de capitais ocidentais. A dissolução da federação soviética foi acompanhada também por ressentimentos nacionais que levaram os novos Estados a enfatizar mais as diferenças que os elementos comuns com seus vizinhos. A debilidade das instituições democráticas torna incerto o caminho para novas formas políticas análogas às da Europa Ocidental e agora também centro-oriental. Basta pensar, mais uma vez, nas privatizações: as fortes resistências políticas as retardam, e ainda hoje existe nos Estados da CEI uma forte indústria estatal. No plano jurídico, essa persistência de uma economia de Estado (ainda que não mais planificada) levou à sobrevivência de não poucas normas de origem soviética que regulamentavam a economia estatal.

Em conclusão, entre 1989 e 1999, nos Estados antes comunistas entraram em vigor centenas de leis complexas; todavia, será preciso ver até que ponto elas serão efetivamente aplicadas. A resposta se mostra diferente em cada Estado. O milênio se encerrou com uma área ex-soviética repleta de enigmas (políticos, econômicos e até religiosos: qual será o futuro dos territórios islâmicos da ex-União Soviética?) e uma área centro-européia que se encaminha para a democracia liberal (ao menos numa parte dos Estados que a compõem).

A opção das ex-democracias populares pelo Ocidente aperfeiçoou-se em 1.º de maio de 2004, quando Estônia, Letônia, Lituânia, Polônia, República Tcheca, Eslováquia e Hungria (além de Chipre e Malta) passaram a integrar a União Européia. Romênia e Bulgária permaneceram como candidatas a um próximo ingresso, a ser seguidas, em tempos mais longos, pela Croácia e pela Turquia. Passando de 15 a 25 membros, a União Européia aumentava em extensão, mas perdia em homogeneidade. Os temores dos antigos membros levaram França e Holanda a recusar o Tratado Constitucional. Nos novos Estados-membros, os partidos nacionalistas repeliam qualquer limitação da soberania nacional recentemente conquistada, afirmando: "Não queremos que a União Européia seja a nossa nova União Soviética."

7. A expansão do direito soviético fora da URSS

Após a Revolução de 1917, a inadequação da situação jurídica era justificada com as dificuldades ligadas ao "socialismo num só país": cercada por Estados inimigos, abalada pela contra-revolução, às voltas com uma miséria herdada do tsarismo e exasperada pela guerra, a ditadura do proletariado obrigava os cidadãos a economizar liberdade para o futuro. Nesse meio tempo, como vimos, tomava forma a estrutura jurídica do novo Estado.

Esse direito de cunho europeu continental estendeu-se inicialmente aos países asiáticos que o expansionismo tsarista englobara no Império Russo. Para este último, de fato, as colônias não se identificavam com terras ultramarinas – como para os outros Estados europeus –, mas com territórios adjacentes ao núcleo originário do Estado russo. Assim, na Rússia asiática, o direito soviético substituiu as leis tsaristas e procurou também se sobrepor aos usos locais:

em particular, o ateísmo oficial do regime bolchevique fez desaparecer o direito islâmico. Este último, na realidade, manteve uma vida clandestina, da qual os ocidentais só se deram conta no momento em que a URSS, tendo invadido o Afeganistão, precisou substituir as tropas de origem asiática por outras de origem européia.

A primeira expansão do direito soviético fora das fronteiras da URSS está ligada aos movimentos de modernização de teor laico e racionalista. A Turquia de Atatürk, por exemplo, inspirou-se também no direito soviético para modernizar as obsoletas estruturas jurídicas otomanas. Essas assimilações integravam uma eclética busca das fontes jurídicas mais aptas a favorecer o desenvolvimento econômico de áreas atrasadas. A mensagem do direito soviético que era assimilado dizia respeito não tanto à parte ideológica, mas ao espírito fortemente nacionalista e às medidas de industrialização forçada.

Efetivamente, o modelo jurídico soviético revelou-se adequado sobretudo aos países em via de desenvolvimento, para chegar a uma rápida industrialização, na ausência de uma tradição local de democracia: esta última pressupõe, entre outras coisas, a existência de uma burguesia empresarial. No fundo, nos países descolonizados repetiam-se as condições em que teve de operar o comunismo russo no momento da Revolução de Outubro. Muitos insucessos nesses transplantes jurídicos deveram-se ao fato de que as tradições do país receptor não eram compatíveis com as soviéticas, como veremos a seguir.

Depois da Segunda Guerra Mundial, a URSS foi a indiscutível segunda potência política do mundo. Seu modelo político-econômico (e portanto também jurídico) foi exportado não apenas na Europa Oriental, mas também fora da Europa.

Em 1949, a China derrubou a dinastia imperial e tornou-se um Estado comunista. O aspecto jurídico dessa evolução está descrito no capítulo IX, 5-6. Aqui é suficiente lembrar que a revolução chinesa teve um forte apoio da

URSS, e desta recebeu, entre outras coisas, também os modelos jurídicos para a modernização da nova China, os quais tomaram o lugar daqueles modelos – igualmente codicistas – de origem européia ocidental e de tendência político-liberal.

O socialismo real não estava agora limitado a um único Estado. As forças libertadas pela descolonização, a formação também cultural de uma classe política do Terceiro Mundo nos Estados comunistas, os projetos imperialistas da URSS, a freqüente incompreensão dos Estados Unidos sobre a verdadeira natureza das reviravoltas políticas do pós-guerra, tudo favoreceu o nascimento de Estados marxistas em todo o mundo. Esses "marxismos" eram muito diferentes uns dos outros e adequavam-se de várias formas e em medidas diferentes ao modelo soviético. Além do mais, numa época dominada pelo bipolarismo, às vezes a escolha do modelo soviético era pouco mais que uma declaração verbal com a qual uma classe política inseria o próprio Estado na órbita econômica e militar da União Soviética. De forma análoga, para poder receber a ajuda do Ocidente, nos anos 1990 alguns Estados islâmicos subscreveram convenções ou aprovaram normas constitucionais em defesa dos direitos humanos, mesmo que depois não as traduzissem na prática.

Na Ásia, surgiram estruturas políticas de inspiração soviética no Afeganistão, no Camboja, na Coréia do Norte, no Laos, na Mongólia, no Vietnã e, entre os Estados árabes, na Argélia, na Síria e no Iêmen. Na África, estavam ligados à União Soviética: Angola, Benin, Congo, Gana, Guiné-Bissau, Etiópia, Cabo Verde, Madagascar, Mali, Moçambique, Tanzânia e Zimbábue. Na América, tornaram-se marxistas Estados muito próximos dos Estados Unidos: Cuba, Nicarágua, ex-Guiana Holandesa (Suriname). Essa aceitação do modelo jurídico soviético atingiu o máximo desenvolvimento com o fim dos anos 1970, começando a declinar a partir dos anos 1980, paralelamente ao declínio do bloco soviético.

O panorama da expansão das concepções marxistas do direito e do Estado não estaria completo se não se recordassem duas tentativas de criar um Estado socialista, debeladas por uma intervenção estrangeira: o Chile e a pequena ilha de Granada.

Até aqui, foram examinados os casos em que um Estado, na sua totalidade, assumira formas organizativas de inspiração soviética e depois permanecera na órbita político-econômica da URSS. Ao lado dos governos centrais, existiam, porém, também governos locais. Por exemplo, o federalismo da constituição indiana permitiu a formação de governos locais de inspiração marxista. Também no Japão algumas administrações locais eram, ao menos nominalmente, comunistas. Poder-se-ia dizer o mesmo de alguns Estados da Europa Ocidental, entre os quais a Itália, que se caracterizava por ter o partido comunista mais forte do Ocidente. Mas aqui a associação se torna problemática: de fato, Cuba, Coréia do Norte e a região italiana da Emilia-Romagna eram realidades que tinham bem pouco em comum.

O ano de 1989 levou ao abandono geral da ideologia comunista e socialista. Dos antigos Estados comunistas sobrevivem apenas Cuba e Coréia do Norte: dois Estados esclerosados do ponto de vista político e reduzidos à fome pelo modelo econômico, ainda que com histórias bem diversas. De fato, porém, nenhum dos dois pode hoje constituir um modelo a ser imitado.

A ruína da ideologia comunista não significa, entretanto, que a ideologia liberal tenha resolvido os problemas que o comunismo se propunha resolver: daí a busca por uma "terceira via". Essa busca e esse termo não são novos: mesmo o fascismo e o nacional-socialismo se apresentaram como "terceira via" entre o capitalismo e o comunismo. Contudo, é lícito duvidar de sua existência.

A China parece à procura de uma "terceira via" própria entre comunismo e capitalismo, que consiste em enxertar um ramo de capitalismo no tronco do tradicional comunismo chinês. Os partidos social-democratas europeus (também formados dos restos dos partidos comunistas do Ocidente), por sua vez, procuram uma "terceira via" autônoma entre capitalismo e comunismo movendo-se na direção contrária: procuram manter vivo o frágil ramo das conquistas sociais no exuberante tronco do capitalismo. Voltaremos à situação chinesa, ao falar da evolução jurídica daquele Estado (no capítulo IX, 6, ver sobretudo o que se diz sobre a quinta fase). Sobre a natureza da "terceira via" ocidental reina uma grande incerteza: mais do que como uma visão autônoma da sociedade, ela se apresenta como uma política econômica capitalista exposta com a retórica da social-democracia.

ITINERÁRIO BIBLIOGRÁFICO

Para as obras de referência, veja-se a bibliografia do capítulo I.

Sobre o período anterior ao final do comunismo, pode-se ver:
Butler, William E., *Russian and Soviet Law. An Annotated Catalogue of Reference Works, Legislation, Court Reports, Serials, and Monographs on Russian and Soviet Law (Including International Law)*, Zug (Suíça), Inter Documentation Company, 1976, XVI-122 pp.
Feldbrugge, Ferdinand J. M., *Encyclopedia of Soviet Law*, Dobbs Ferry (NY), Oceana, Leiden, Sijthoff, 1973, 2 vols.
Mostecky, Vaclav; Butler, William E. (orgs.), *Soviet Legal Bibliography. A Classified and Annotated Listing of Books and Serials Published in the Soviet Union since 1917 as Represented in the Collection of the Harvard Law School Library as of January 1st*, Cambridge (Mass.), 1965, XI-288 pp. [contém 4.068 títulos, traduzidos também em inglês; de cada volume, oferece um sumário em inglês e a tradução inglesa do índice].

Sobre o período posterior ao final do comunismo, veja-se, além da *Review of Central and East European Law*:
Butler, William E., *Russian Law*, Oxford, Oxford University Press, 1999, XLI-692 pp.
Butler, William E., *Russian Legal Texts: The Foundation of the Rule of Law State and a Market Economy*, Londres, Simmonds & Hill, 1998, XI-829 pp.

Feldbrugge, Ferdinand J. M., *Russian Federation Legislative Survey (June 1990 – December 1993)*, Dordrecht, Nijhoff, 1994, pp. 373-647 (publicado na *Review of Central and East European Law*).
Kavass, Igor I., *Law in Russia and the Other Post-Soviet Republics: A Bibliographical Survey of English Language Litterature*, Buffalo (NY), Hein, 1997, XI-787 pp.

[Item 1] Sobre o fundamento ideológico do direito soviético: Riccardo Guastini, *Marx: dalla filosofia del diritto alla scienza della società. Il lessico giuridico marxiano. 1842-1851*, Bolonha, Il Mulino, 1974, 542 pp. [cerca de 150 pp. são um cuidadoso glossário jurídico marxista]; Mario G. Losano, *La teoria di Marx e di Engels sul diritto e sullo Stato*. Materiais para o Seminário de Filosofia do Direito, Turim, Clup, 1969, 188 pp. [é uma primeira introdução aos textos de Marx e Engels que tratam do direito; com bibliografia].
Sobre a teoria soviética do direito e do Estado: Stučka, Pašukanis, Vyšiniskij e Strogovič, *Teorie sovietiche del diritto*, org. por Umberto Cerroni, Milão, Giuffrè, 1964, LI-321 pp.; Pëtr Ivanovič Stučka, *La funzione rivoluzionaria del diritto e dello Stato e altri scritti*, introdução de Umberto Cerroni, Turim, Einaudi, 1967, XLVI-545 pp. Em ambos os volumes são muito úteis as introduções de Cerroni; Riccardo Guastini (org.), *Marxismo e teoria del diritto. Antologia di scritti giuridici*, Bolonha, Il Mulino, 1980, 274 pp.; Dieter Kühne, *Der marxistisch-sozialistische Rechtsbegriff. Eine kritische Stellungnahme*, Berlim/Munique, Duncker & Humblot, 1985, 123 pp. [contém uma descrição histórica do direito soviético, além da análise dos elementos formais e substanciais do conceito de direito segundo o marxismo, e uma bibliografia].
Mas o marxismo não é somente soviético; a escola austro-marxista produziu interessantes obras jurídicas, das quais está disponível em italiano Karl Renner, *Gli istituti del diritto privato e la loro funzione sociale*, Bolonha, Il Mulino, 1981, 248 pp.

Sobre as democracias populares européias: Amedeo Giannini, *Le costituzioni delle "Repubbliche popolari"*, Milão, Giuffrè, 1955, 62 pp. (foi publicado apenas o volume I: *Albania, Bulgaria, Ungheria*); um quadro completo da estrutura organizativa e da vida política desses países está em Robert Charvin, *Les États socialistes européens*, Paris, Dalloz, 1975, 554 pp. Monografias sobre cada um dos países se encontram na coleção "Comment ils sont gouvernés", publicada em Paris pela Librairie Générale de Droit et de Jurisprudence.
A série "Marxist Regimes. Politics, Economics and Society" consta de 36 volumes organizados por Bogdan Szajkowski, publicados

pela Frances Pinter Publishers, de Londres. Os elementos jurídicos são inferidos indiretamente da exposição histórica e politológica. Cada volume trata de um Estado, con algumas interessantes exceções: Tom Nossiter, *Marxist State Governments in India*, 1986; Bogdan Szajkowski, *Marxist Local Governments in Western Europe and Japan*, 1986; id., *Comparative Analysis*, 1987; Martin Read, *Cumulative Index*, 1987. Ademais: René Dekkers, *Introduction au droit de l'Union Soviétique et des Républiques populaires*, Bruxelas, Editions de l'Institut de Sociologie de l'Université Libre, 1963, 168 pp.

Sobre a burocracia cf. a bibliografia do capítulo III, *A estrutura do Estado*. Além disso: Pietro Grilli di Cortona, *Rivoluzioni e burocrazia. Continuità e mutamento degli Stati rivoluzionari*, Milão, Angeli, 1991, 217 pp.

[Itens 2-3] Sobre a história do direito russo:
Butler, William E., *Russian Law: Historical and Political Perspectives*, Leiden, Sijthoff, 1977, XI-266 pp.
Haumant, Émile, *La culture française en Russie (1770-1900)*, Paris, Hachette, 1910, 571 pp.
Kaiser, Daniel H., *The Growth of the Law in Medieval Russia*, Princeton (NJ), Princeton University Press, 1980 [bibliografia: pp. 275-304].

Primeiro e segundo períodos: a *Russkaia Pravda* foi traduzida em inglês por George Vernadsky, *Medieval Russian Laws*, Nova York, Columbia University Press, 1947, 106 pp., e em alemão por Goetz, Russisches Recht, *Zeitschrift für vergleichende Rechtswissenschaft*, vol. 28.

Terceiro período: do *Livro de justiça*, de 1497, existe uma tradução latina na obra de Sigmund von Herberstein, *Rerum Moscovitarum Commentarii*, publicada em 1550; a obra foi traduzida em italiano: *Commentarii della Moscova*, Veneza, 1592. A primeira edição russa é somente de 1819; uma mais recente foi organizada pela Academia das Ciências da URSS em 1952, *Sudebniki XV-XVI vekov* (*Livros de justiça dos sécs. XV-XVI*), em que se encontram textos também de outras épocas. Cf. ainda Horace W. Dewey, *Muscovite Judicial Texts 1488-1556. Compiled, Translated, and Edited, with Annotations and Selected Glossary*, Department of Slavic Languages and Literature, Ann Arbor (Mich.), 1966, 94 pp. [impressão anastática; contém as traduções inglesas acompanhadas por breves comentários].

Quarto e quinto períodos:
Beyrau, Dietrich; Čičurov, Igor; Stolleis, Michael (orgs.), *Reformen in Rußland des 19. und 20. Jahrhunderts. Westliche Modelle und russische*

Erfahrungen, Frankfurt a.M., Klostermann, 1996, 285 pp. [coleção de ensaios de vários autores, dedicados quase inteiramente às reformas jurídicas].

Kucherov, Samuel, *Courts, Lawyers and Trials under the Last Three Tsars*, Nova York, Praeger, 1953, IX-330 pp.

Liessem, Peter, *Verwaltungsgerichtsbarkeit im späten Zarenreich. Der Dirigierende Senat und seine Entscheidungen zur russischen Selbstverwaltung (1864-1917)*, Frankfurt a.M., Klostermann, 1996, XIV-386 pp. [esse "senado" foi concebido originariamente como órgão executivo, mas – depois das reformas liberais de 1864 – foi sendo transformado em um órgão de justiça administrativa. A pesquisa foi conduzida em 400 sentenças sobre a autonomia administrativa local. Contém uma microficha com biografias e dados de arquivo].

Silnizki, Michael, *Geschichte des gelehrten Rechts in Rußland. Jurisprudencija an den Universitäten des Russischen Reiches zwischen Entstehung und Etablierung 1700-1835*, Frankfurt a.M., Klostermann, 1997, XIV-457 pp.

Speransky, Mikhaïl M[ikhaïlovitch], *Précis des notions historiques sur la formation du corps des lois russes*. Tiré des actes authentiques déposés dans les archives de la 2ᵉ section de la Chancellerie particulière de S. M. l'Empereur, São Petersburgo, Pluchart, 1883, VII-187 pp.

Todaro Della Gallia, Antonio, *Istituzioni di diritto civile russo*, Turim, Roux, 1894, XXVIII-491 pp.

[Item 5] Sobre a URSS em geral: *Urss: le costituzioni 1977, 1936, 1924*, Florença, Edizioni del Riccio, 1977, 103 pp.; René David; John N. Hazard, *Le droit soviétique*. Tomo I: *Les donnés fondementaux du droit soviétique* (org. por René David), VIII-367 pp.; Tomo II: *Le droit et l'évolution de la société dans l'URSS* (org. por John N. Hazard), 409 pp., Paris, Librairie Générale de Droit et de Jurisprudence, 1954, 2 vols.; Tomaso Napolitano, *Istituzioni di diritto sovietico*, Turim, Utet, 1975, XXVIII-355 pp. Este autor organizou ainda a edição italiana do código civil e do código penal soviético para a Giuffrè. Além disso:

Barry, Donald D.; Ginsburg, George; Maggs, Peter B., *Soviet Law After Stalin*. Parte I: *The Citizen and the State in Contemporary Soviet Law*, Leiden, Sijthoff, 1977, XV-303 pp.; Parte II: *Social Engineering Through Law*, Alphen aan den Rijn, Sijthoff and Noordhoff, 1978, XIV-335 pp.

Biscaretti di Ruffia, Paolo; Crespi Reghizzi, Gabriele, *La costituzione sovietica del 1977. Un sessantennio di evoluzione costituzionale dell'URSS.*

Com acréscimo referente às modificações e às integrações decorrentes da lei federal de 1.° de dezembro de 1988 e Decreto do Soviete Supremo da URSS, Milão, Giuffrè, 1990, V-628 pp. O cap. II compreende uma história do direito constitucional soviético de 1917 a 1977: a obra é, no todo, uma introdução à história do direito público soviético, da qual oferece ainda textos legislativos e indicações bibliográficas.

Crespi Reghizzi, Gabriele, *Il cittadino Kirill Krapivin e la legge. 44 casi di diritto sovietico*, Milão, Giuffrè, 1983, XXXVII-187 pp.

Gsovski, Vladimir, *Soviet Civil Law. Private Rights and Their Background under Soviet Regime*, Ann Arbor, University of Michigan Law School, 1949, 2 vols.

Hazard, John N., *Communists and Their Law: A Search for the Common Core of the Legal Systems of the Marxian Socialist States*, Chicago, University of Chicago Press, 1969, XVI-560 pp. (bibliografia: pp. 533-9).

Lesage, Michel, *Le droit soviétique*, Paris, Presses Universitaires de France, 1975, 128 pp. [breve introdução elementar na coleção "Que sais-je?"].

Meder, Walter, *Das Sowjetrecht. Grundzüge der Entwicklung 1917-1970*, Frankfurt a.M., Berlim/Metzner, 1971, 588 pp. [útil descrição global da evolução do direito soviético].

Nelson, Daniel; White, Stephen, *Communist Legislatures in Comparative Perspective*, Albany, State University of New York Press, 1982, IX-201 pp.

Napolitano, Tomaso, *Delitti e pene nella società sovietica. I presupposti – Le pene – I delitti. In appendice il Codice Penale Sovietico aggiornato a tutto il 1980*, Milão, Giuffrè, 1981, XXII-417 pp.

Unger, L. Aryeh, *Constitutional Development in USSR*, Londres, Methuen, 1986, 319 pp. [contém textos e modificações das constituições soviéticas de 1918, 1924, 1936 e 1977, com um comentário para cada texto].

Waller, Michael, *Democratic Centralism. An Historical Commentary*, Albany, State University of New York Press, 1981, 155 pp.

A problemática relação entre comunismo e islamismo já havia sido estudada na época da União Soviética, não obstante o ateísmo oficial: Alexandre Bennigsen, *Soviet Strategy and Islam*, Nova York, St. Martin's Press, 1989, X-182 pp.; id., *Muslim of the Soviet Empire: a Guide*, Bloomington, Indiana University Press, 1986, XVI-294 pp.; Alexandre Bennigsen; Winbush S. Enders, *Muslim National Communism in the Soviet Union. A Revolutionary Strategy for the Colonial World*, Chicago, Center for Middle East Studies, 1980, XIX-267 pp.

[Item 6] Sobre a evolução jurídica na fase pós-comunista, é necessário limitar-se a algumas obras gerais sobre toda a antiga área comunista, à qual se acrescentam algumas indicações sobre cada uma das ex-democracias populares e sobre a Rússia (são omitidos porém os Estados que se separaram da ex-União Soviética).

Um quadro geral do direito sucessivo ao da URSS e das democracias populares está em Gianmaria Ajani, *Diritto dell'Europa Orientale*, Turim, Utet, 1996, XVIII-413 pp.; atualizado em: id., *Il modello postsocialista*, Turim, Giappichelli, 2.ª ed., 1999, XX-138 pp. (bibliografia: pp. XIII-XVIII). Ademais:

Bartole, Sergio, *Riforme costituzionali nell'Europa centro-orientale. Da satelliti comunisti a democrazie sovrane*, Bolonha, Il Mulino, 1993, 226 pp.

Biagini, Antonello; Guida, Francesco, *Mezzo secolo di socialismo reale. L'Europa centro-orientale dal secondo conflitto mondiale all'èra postcomunista*, Turim, Giappichelli, 2.ª ed., 1997, X-270 pp.

Biscaretti di Ruffia, Paolo, *1988-1990. Un triennio di profonde trasformazioni costituzionali. In Occidente, nell'Urss e negli Stati socialisti dell'Est europeo*, Milão, Giuffrè, 1991, XII-154 pp.

Ginsburg, George (org.), *The Revival of Private Law in Central and Eastern Europe: Essays in Honor of F. J. M. Feldbrugge*, Haia, Nijhoff, 1996, XV-667 pp.

Holmes, Leslie, *Post-communism. An Introduction*, Cambridge, Polity Press, 1997, XIV-380 pp.

Lanchester, Fulco; Ragionieri, Maria Pia (orgs.), *I successori dell'Impero. Le costituzioni degli ordinamenti dell'ex-Urss*, Milão, Giuffrè, 1998, VI-508 pp.

Verdussen, Marc, *La justice constitutionnelle en Europe Centrale*, Bruxelas, Bruylant, 1997, XII-258 pp.

Rússia

Barry, Donald D. (org.), *Toward the "Rule of Law" in Russia? Political and Legal Reform in the Transition Period*, Armonk (NY)/Londres, Sharpe, 1992, XXV-402 pp.

Barry, Donald D. (org.), *Law and the Gorbachev Era. Essays in Honor of Dietrich André Loeber*, Dordrecht, Nijhoff, 1988, XIX-426 pp.

Butler, William E., *Basic Legal Documents of the Russian Federation*, Nova York, Oceana, 1992, V-306 pp.

Danilenko, Gennadij M.; Burnham, William, *Law and Legal System of the Russian Federation*, Yonkers (NY), Juris, 1999, XXIII-636 [+ 9, 23] pp.

Evtimov, Erik, *Rechtsprobleme der Assoziierung des mittel- und osteuropäischen Länder und der Voraussetzungen für ihren Beitritt zur Europäischen Union: unter besonderer Berücksichtigung Bulgariens*, Berna, Lang, 1999, XVIII-130 + 41 pp.

Feldbrugge, Ferdinand J. M., *Civil Code of the Russian Federation*, First Part, Dordrecht, Nijhoff, 1995, pp. 238-431 (publicado na *Review of Central and East European Law*).

Frenkel, William G., *Commercial Law in Russia. A Legal Treatise*, Nova York, Juris, 1995, coleção em fascículos.

Frydman, Roman; Rapaczynski, Andrzej, *The Privatization Process in Russia, Ukraine and the Baltic States [...]*, Budapeste/Nova York, Central European University Press, 1993, XIII-276 pp.

Ganino, Mario; Filippini, Caterina (orgs.), *Dall'Urss alla Comunità di Stati Indipendenti*, Milão, Cuesp, 1992, 77 pp.

Iugoslávia

Benacchio, Giannantonio, *La proprietà nell'esperienza autogestionaria jugoslava*, Milão, Giuffrè, 1988, 292 pp.

Benacchio, Giannantonio, *La circolazione dei modelli giuridici tra gli slavi del Sud (Sloveni, Croati, Serbi)*, Pádua, Cedam, 1995, IX-305 pp.

Bianchini, Stefano (org.), *L'autogestione jugoslava*, Milão, Angeli, 1982, 324 pp.

Albânia

Jacques, Edwin E., *The Albanians. An Ethnic History from Prehistoric Times to the Present*, Jefferson (NC)/Londres, McFarland, 1995, XVIII-730 pp. [chega até o governo de Sali Berisha, 1992; bibliografia: pp. 711-20].

Bulgária

Melone, Albert P., *Law in a Fast Changing Society. First Bulgaria-American Conference on Law*, Sófia, St. Kliment Ohridski University Press, 1994, 139 pp.

Roggemann, Herwig et al. (org.), *Wege zur Privatisierung in Bulgarien: Rechtsvergleich und Rechtspraxis*, Berlim, Berlin-Verlag Spitz, 1994, 165 pp.

Tchecoslováquia, depois República Tcheca e Eslováquia

Eduard, Nowotny (org.), *Österreichisches Recht in seinen Nachbarstaaten Tschechien, Slowakei, Ungarn. (Symposion Jus 2000, II)*, Viena, Orac, 1997, 120 pp.

Polônia

Para uma atualização constante, veja-se a revista *Polish Legal Journal*, publicada em Lublin a partir de 1996.
Jedruch, Jacek; Davies, Norman, *Constitutions, Elections and Legislatures in Poland, 1493-1993. A Guide to Their History*, Nova York, EJJ Books, 1998, V-487 pp.
Mohlek, Peter, *Die Privatisierung von Staatsunternehmen in Polen*, Berlim, Berlin-Verlag Spitz, 1997, 400 pp. (dissertação da Universidade de Colônia).

Romênia

Firoiu, Dumitru V., *Istoria statului şi dreptului românesc*, Bucareste, Fundaţiei Chemarea, 1993, 391 pp.
Gionea, Vasile, *Studii de drept constituţional şi istoria dreptului*, Bucareste, Monitorul Oficial, vol. 1, 1993, 159 pp.; vol. 2, 1994, 271 pp.
România spre Statul de Drept – La Roumanie vers l'État de Droit – Romania towards the State Governed by the Rule of Law, Bucareste, Monitorul Oficial, 1993, 743 pp.

Hungria

Sárközy, Tamás, *The Right of Privatization in Hungary: 1989-1993*, Budapeste, Akadémiai Kiadó, 1994, pp. 264.
Tomislav, Borič, *Eigentum und Privatisierung in Kroatien und Ungarn: Wandel des Eigentumsrechtssystems und Entwicklung der Privatisierungsgesetzgebung*, Viena, Verlag Österreich, 1996, 276 pp.

Varga, Csaba, *Transition to the Rule of Law*, Budapeste, Akaprint, 1995, 190 pp.

[Item 7] Sobre o direito soviético como modelo de direitos extra-europeus, veja-se a bibliografia sobre a China no cap. IX e ainda:
Day, Alan J[ohn], *China and The Soviet Union. 1949-1984*, Burnt Hill (UK), Longman, 1985, 203 pp. [guia sobre as relações políticas entre os dois Estados, da Revolução chinesa até 1984].
Hooker, Michael Barry, *Legal Pluralism. An Introduction to Colonial and Neocolonial Laws*, Oxford, Clarendon Press, 1975, dedica todo um capítulo à estratificação do direito soviético sobre o da Ásia Central: *Law and Political Ideology: Legal Pluralism in the URSS*, pp. 410-53.

Capítulo V
O direito da América do Sul

1. *As colônias sul-americanas: uma história "ad hoc" para colônias "sui generis"*

Há pelo menos três razões que exigem estudar a história jurídica da América do Sul separadamente das outras histórias dedicadas às estratificações dos direitos europeus sobre os ordenamentos preexistentes na Ásia e na África.

Em primeiro lugar, o direito europeu – na forma específica do direito luso-castelhano – difundiu-se na América do Sul a partir do século XVI, ou seja, quase três séculos antes que a expansão do colonialismo europeu impusesse seu próprio direito aos outros continentes. Esse transplante jurídico na América do Sul ocorreu, portanto, segundo concepções políticas e por meio de instrumentos técnicos completamente diferentes dos que acompanharam a imposição dos direitos europeus, por exemplo, na Índia ou nos países árabes da margem meridional do Mediterrâneo. A catolicíssima Coroa de Castela efetivamente viu aquela inesperada ampliação territorial como um dom divino que comportava também um dever de evangelização. Assim, os pressupostos ideológicos eram completamente diferentes daqueles do imperialismo mercantil do século XIX, apoiado pelas canhoneiras. Por isso, as "leis das Índias" – ao menos formalmente – colocavam o território americano e seus habitantes no mesmo plano que os ibéricos, enquanto o colonialismo clássico do século XIX entrava em contato com as culturas autóctones impondo antes de tudo tratados iníquos, nos quais as populações indígenas eram formalmente colocadas em posição de inferioridade em relação ao colonizador. O fato de posteriormente a realização dos princípios jurídicos inspirados na moderação cristã ter sido confiada na América do Sul a aventureiros ambiciosos e sangüinários infelizmente foi a primeira das muitas tragédias daquele continente.

Em segundo lugar, no século XIX, a relação entre as metrópoles ibéricas e as colônias sul-americanas não foi envenenada pelo prolongamento de radicais contraposições raciais e por etnocentrismos exasperados, porque os conflitos sangrentos até o genocídio haviam ocorrido logo, ou seja, durante o século seguinte à descoberta. Mesmo onde existiram civilizações autóctones avançadas, como na área andina, sua violenta eliminação por parte dos conquistadores não deixou vestígios de um ordenamento normativo sobre o qual o de origem européia poderia estratificar-se. Por outro lado, nos lugares em que as culturas eram primitivas, sua destruição ou assimilação foi rápida e total desde as primeiras décadas após a descoberta. A vastidão do território permitiu, tanto na época quanto hoje, que áreas de primitivismo se mantivessem intactas, enquanto a vida e a modernização do continente se desenvolviam erodindo cada vez mais esses espaços. Em suma, também nos séculos XVIII e XIX a história jurídica da América Latina não apresenta estratificações entre sistemas jurídicos "fortes" e radicalmente diferentes, como, por exemplo, entre direito islâmico e direito metropolitano francês na Argélia ou na Tunísia, ou entre direito bramânico, islâmico e inglês na Índia. Os conflitos entre a metrópole e as colônias ocorriam por razões de liberdade política ou econômica e envolviam sobretudo pessoas da mesma cultura e, substancialmente, da mesma raça. De fato, os crioulos latino-americanos que combatiam contra os espanhóis peninsulares eram principalmente descendentes de imigrantes sobretudo da Andaluzia ou da Extremadura, aos quais se uniam uns poucos mestiços integrados – ainda que de forma conflitual – na sociedade crioula, enquanto até o final do século XIX os escravos eram excluídos da vida civil, tanto na América do Sul e do Norte, quanto no resto do mundo. Essas contraposições, intrinsecamente "entre parentes", muitas vezes conferiram às revoluções sul-americanas um caráter de acomodação entre as partes (muito latina, e portanto não necessariamente incruenta), impensável em outros conflitos coloniais. Como qualquer família, também a ibero-americana nas duas margens do Atlântico apresentava-se como uma entidade unida por vínculos de sangue e dividida por questões de interesse.

Em terceiro lugar, a independência das várias colônias sul-americanas pôde realizar-se quase simultaneamente devido à ocupação napoleônica da península Ibérica e ao conseqüente exílio dos legítimos soberanos. Enquanto para as colônias espanholas colocava-se o problema da fidelidade ou não à Coroa em exílio, o Brasil ascendeu de colônia à categoria de sede da casa reinante portuguesa, assumindo a dignidade de império. Passada a tempestade napoleônica, as velhas relações de força já estavam comprometidas. O Brasil continuou sua existência como império independente, sob a mesma dinastia que, entrementes, retornara também a Lisboa. Para os outros Estados da América Latina, ao invés, começava um penoso processo de separação política da metrópole espanhola, durante o qual – sobretudo nas primeiras décadas – se continuou a aplicar o direito "colonial", mesmo voltando-se os olhos para outros modelos europeus, como os códigos civis e comerciais da França e da Alemanha. O modelo constitucional preferido foi, porém, o das colônias inglesas da América setentrional, que haviam conquistado a independência recentemente. Essas assimilações foram depois complicadas pelas tendências ditatoriais, ou seja, pelo *caudilhismo*, termo com o qual se designa o cesarismo sul-americano, herança também do modelo napoleônico e das filosofias adotadas, sobretudo o comtismo.

A constante referência aos "modelos" inspiradores do direito sul-americano não deve induzir em erro. Os modelos adotados também foram desenvolvidos de forma autônoma, graças ao alto nível cultural atingido por alguns juristas daquele continente, como Andrés Bello, Dalmacio Vélez Sársfield ou Augusto Teixeira de Freitas, aos quais retornarei ao final deste capítulo. Só hoje a importância desses juristas começa a ser reconhecida também na Europa, juntamente com o enfraquecimento do eurocentrismo jurídico, que dominara incondicionalmente os séculos passados.

Por fim, são necessários alguns esclarecimentos sobre a terminologia empregada neste capítulo. Como em todo o livro, preferimos identificar cada área tratada por sua denominação geográfica, que se mostra mais precisa e, freqüentemente, menos eurocêntrica. Assim, *América Meridional* ou *América do Sul* parece-me preferível a América Latina. Do ponto de vista geográfico, a América Latina compreende também a América Central e o Caribe, que não são objeto destas páginas. Do ponto de vista etnográfico, a América do Sul não é toda latina: com os conquistadores e os imigrantes latinos convivem também as populações autóctones e os vastos grupos negros e mestiços herdados da época escravista, além de minorias de colônias eslavas, germânicas e asiáticas. Do ponto de vista político, enfim, a idéia de designar como "latina" a parte meridional da América fundamentou-se na política antiinglesa da França, sobretudo no século XIX, que pretendia contrapor, também no continente americano, um mundo latino a um mundo inglês.

Quando se fala de península *ibérica*, por sua vez, faz-se referência tanto à Espanha quanto a Portugal, como metrópoles das colônias sul-americanas. Os termos *Espanha* e *Castela* (e os correspondentes adjetivos) devem ser empregados com prudência, porque se referem a épocas históricas diferentes: o reino de Castela existia antes do reino da Espanha, embora Castela tenha continuado a existir no reino da Espanha. Todavia, algumas oscilações e anacronismos são inevitáveis, para não cair em pedantismos um tanto obsessivos. Antecipando o que será dito no capítulo VII sobre o direito islâmico, também para a península ibérica se fala de uma invasão *islâmica* ou *muçulmana*, mas se procura não qualificar tais eventos como *árabes*: de fato, os árabes são uma das etnias islâmicas ou muçulmanas, mas certamente não a única; em particular, na península ibérica foi relevante também a presença dos berberes, que são muçulmanos, mas não árabes.

2. Do direito romano ao direito espanhol e português

A civilização ibérica afunda suas raízes também jurídicas no mundo romano, do qual foi parte integrante e importante. Assim, é preciso tomar como ponto de partida a conquista romana da península ibérica para compreender a natureza do direito que ali se desenvolveu no decorrer de uma história extraordinariamente rica e complexa. Esse direito ibérico já estava consolidado quando, no final do século XV, passou às terras recém-descobertas. Essa transferência determinou a arquitetura do sistema jurídico vigente até hoje na América Central e do Sul. A evolução que antecedeu essa transferência transoceânica pode ser sintetizada em quatro fases.

a) A romanização da península ibérica (218 a.C.-409 d.C.). A descrição precedente do direito romano chegara até sua difusão no Oriente europeu e mediterrâneo, como conseqüência natural da divisão do Império Romano em um império do Ocidente e em um império do Oriente. Desde 218 a.C., porém, os romanos haviam iniciado, no Ocidente, a conquista também da península ibérica, concluída apenas dois séculos mais tarde, com as campanhas militares de Augusto. No território ibérico, o direito romano se afirmou com rapidez e intensidades diferentes, mais na costa que no interior, mais nas cidades que no campo, enquanto algumas áreas montanhosas, principalmente no norte, foram apenas perpassadas pela romanização. A península ibérica tornou-se península romana a partir de 133 a.C. e nela foi aplicado o direito romano. Deve-se lembrar, entretanto, que o direito romano clássico baseava-se no procedimento formulário e era aplicado apenas nos territórios itálicos, ao passo que nas colônias – e, portanto, também na península ibérica – aplicava-se a *cognitio extra ordinem*. Como em qualquer colônia, os direitos locais pré-romanos, a vulgarização do direito romano clássico, as disposições especificamente promulgadas por Roma para cada província contribuíram também na Ibéria para criar um sólido substrato jurídico de tipo romanístico, ainda que não coincidente com o direito romano clássico.

Após a divisão do Império Romano, a compilação de Justiniano esteve presente nas áreas ibéricas dominadas pelos bizantinos, isto é, apenas na costa da atual Espanha meridional, descendo de Alicante (Lucentum) até Gibraltar (Calpe) e, dali, subindo o golfo de Cádiz (Gades) até Lagos (Lacobriga), no extremo sul do atual Portugal, bem como na costa africana fronteira a Gibraltar e correspondente à parte do atual Marrocos espanhol. Mas a influência jurídica *direta* da compilação justiniana foi de fato irrelevante, porque superada pelos grandiosos deslocamentos de povos.

Por volta de 400 d.C., a debilidade do Império Romano do Ocidente abriu os desfiladeiros dos Pireneus às populações germânicas. Estas, por sua vez, três séculos depois, foram suplantadas pela expansão islâmica, destinada a durar até 1492. Tais eventos fazem da história ibérica uma das histórias européias mais movimentadas e fascinantes, e de sua história jurídica, um insuperável mostruário de estratificações. Aqui, porém, podemos apenas mencioná-las, limitando-nos a examinar sobretudo seu aspecto jurídico.

b) As invasões germânicas (409-711). Nos anos que precederam a queda do Império do Ocidente (ocorrida em 476 d.C.), sobre o substrato jurídico romanístico enxertou-se o direito germânico. De fato, o debilitado Império do Ocidente não tivera a força de combater as populações germânicas não-romanizadas (suevos, vândalos, alanos) que haviam invadido a península ibérica e por isso pedira a ajuda militar dos visigodos, população germânica em certa medida romanizada. Como os germanos – diferentemente dos hunos – não eram nômades e procuravam terras para se estabelecer, em troca de sua aliança os visigodos receberam dos romanos um território na Aquitânia, sul da França. Dali, eles organizaram várias campanhas contra os germanos estabelecidos na península ibérica, o que levou a uma progressiva fixação dos visigodos também naquela península. Naquela região eles fundaram um reino próprio, de cuja capital tomaram emprestado o nome do reino de Toledo.

Como o assentamento originário na França ocorrera através de uma divisão das terras entre os galo-romanos e os visigodos, os primeiros documentos jurídicos visigóticos referem-se a esse problema. O direito visigótico foi a seguir aplicado em ambos os lados dos Pireneus, uma vez que – como quase todos os direitos daqueles tempos – era um direito pessoal, e não territorial: ou seja, aplicava-se a quem pertencia a um certo povo, não a quem residia num determinado território. O documento fundamental do direito visigótico é o *Breviário de Alarico* ou *Lex Romana Visigothorum*, de 506: destinava-se apenas aos romanos que viviam em território visigótico, enquanto os visigodos seguiam seu próprio direito (cf. II, 4). Do direito visigótico, porém, sabe-se pouco, e mesmo esse pouco é incerto.

É improvável que o direito visigótico tenha substituído o romano, até porque os visigodos constituíam no máximo 5% da população ibérica da época. É mais provável o contrário, ou seja, que o direito romano tenha terminado por influenciar os costumes e o direito escrito dos visigodos, que eram uma população pró-romana.

A mais duradoura obra jurídica visigótica, o *Liber iudicum*, ou *Liber iudiciorum*, foi redigida por volta de 650 e está dividida em 12 livros, como o Código Justiniano. Com essa obra, foi superado o princípio da personalidade do direito – afirmado ainda na anterior *Lex Romana Visigothorum* – e suas disposições se aplicam tanto aos godos quanto aos romanos. (Por essa razão, foi chamada também *Lex Visigothorum*, pois àquela altura valia para todas as pessoas que viviam no território visigótico; mas prefiro não usar tal denominação, para evitar confusões.) Alguns de seus trechos remontam explicitamente a leis anteriores (*antiquae*) ou a revisões de leis anteriores (*antiquae emendatae*). Com ambos os termos o legislador visigótico se referia às primeiras leis promulgadas pelos reis visigóticos, que eram fortemente romanizadas. Em conclusão, o entrelaçamento entre direito romano e direito visigótico é quase sempre inextricável, também em decorrência da precariedade dos textos legados.

Na Espanha do século XIX, a co-presença dos direitos romano e visigótico gerou um reflexo da polêmica que dividira os germanistas e os romanistas alemães (cf. II, 8). Segundo o jurista Eduardo de Hinojosa (1852-1919), que em 1910 mencionava teses sustentadas por estudiosos alemães, o direito germânico-visigótico havia permanecido em estado latente sob a romanizante monarquia visigótica, tendo florescido depois de 711, ao lado do direito dos muçulmanos que haviam eliminado tal monarquia. Essa construção é hoje criticada, mas demonstra como até a história mais distante pode ser usada para fins políticos da atualidade. Na Alemanha, a luta entre germanistas e romanistas era a luta entre burgueses e aristocratas, entre partidários da França e partidários do feudalismo. No geral, nota um jurista espanhol moderno, "na base da tese germanista está um certo 'populismo', que em alguns historiadores adquiriu feições claramente racistas", enquanto os críticos daquela tese partem "de uma concepção elitista do direito, concebido como produto de uma minoria culta, que leva a subestimar qualquer direito consuetudinário que não se reflita em um livro"[1].

---

1. Francisco Tomás y Valiente, *Manual de historia del derecho español*, Madrid, Tecnos, 1988, p. 108.

c) *Al-Ándalus:* os muçulmanos na península ibérica e a *"Reconquista" (711-1492).* O reino visigótico caiu diante da invasão muçulmana que, partindo do estreito de Gibraltar, subiu lentamente toda a península ibérica, interrompendo-se apenas contra os bastiões montanhosos do norte, onde os católicos resistiram numa delgada área costeira diante do golfo de Biscaia. Naquela área formam-se os reinos dos quais nascerá o futuro Estado espanhol, mas nascem também os separatismos que ainda ensangüentam a Espanha contemporânea (mapa 4).

A partir do reino das Astúrias iniciou-se, por volta de 700, a reconquista da península, destinada a se tornar uma epopéia não apenas nacional: de fato, ela foi vivida como uma luta (e uma vitória) da cristandade contra os infiéis. A dinastia asturiana também forjou sua lenda política: a da própria descendência dos reis visigóticos. Essa continuidade legitimava sua pretensão de "re-conquistar" as terras que haviam pertencido aos reis visigóticos. Nas Astúrias, portanto, permaneceu em vigor o *Liber iudiciorum* dos visigodos, cujo uso se estendeu paralelamente à ampliação dos territórios reconquistados pelos cristãos.

Entrementes, por volta do ano 1000, ou seja, já no período da Reconquista, à diversificada estrutura geopolítica da península correspondia um acentuado pluralismo jurídico. O reino de Galícia, debruçado sobre o Atlântico, continha em germe o futuro Portugal, então simples condado; de fato, depois que a Galícia foi absorvida no reino de Leão, nasce Portugal precisamente de uma secessão de Leão e é reconhecido como reino em 1179. Os reinos de Leão, Navarra e Aragão estavam destinados a sofrer a hegemonia do reino de Castela, sob o qual fora finalmente unificada a Espanha. Para o Mediterrâneo, enfim, estava voltada a "Catalunha carolíngia", que continuou a tradição visigótica sem sofrer fortes influências islâmicas. As impenetráveis regiões do Norte ibérico conservavam as próprias especificidades desde a época da sua incompleta romanização. Ali, também a influência visigótica se afirmara apenas em parte, e

4a

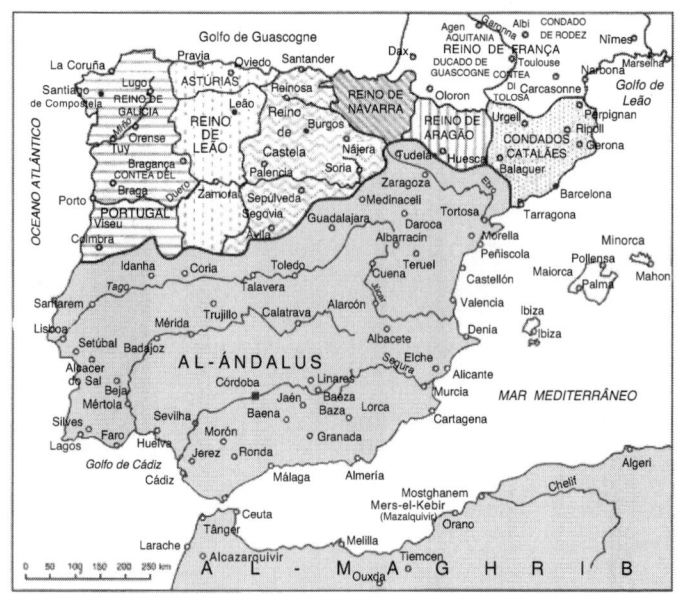

4b

4c

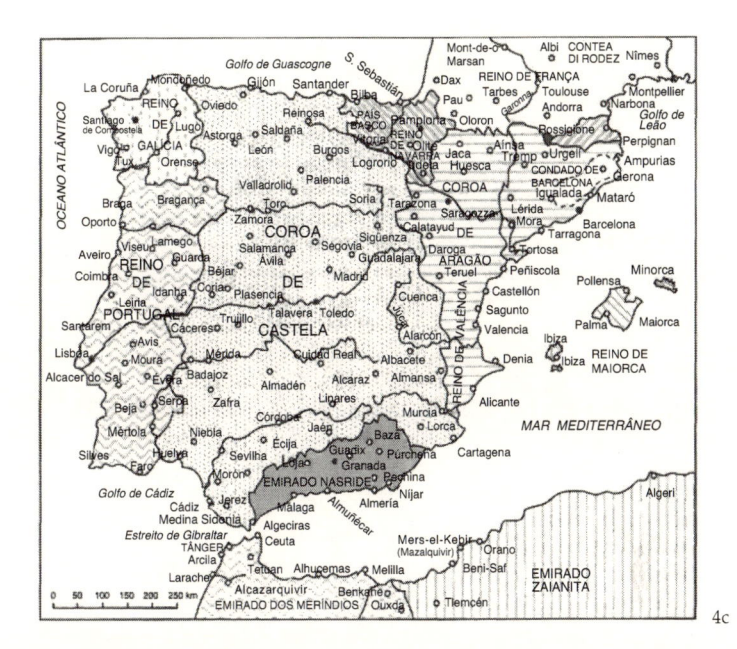

Mapa 4. A conquista árabe e a "Reconquista" espanhola da península Ibérica (711-1492).
(Fonte: J. López-Davalillo Larrea, *Atlas histórico*, 1970)

Mapa 4a. Da África do Norte, que fazia parte do califado omíada de Damasco, os muçulmanos desembarcaram em Gibraltar em 710. No ano seguinte, conquistaram Toledo e, pouco a pouco, toda a península, ultrapassando os Pireneus e invadindo o reino franco, onde foram detidos pela derrota de Poitiers, em 732. Estabilizado na península ibérica, o emirado de Al-Ándalus tornou-se parte do califado omíada, conservando a divisão provincial dos visigodos (que, por sua vez, a haviam herdado dos romanos). Al-Ándalus é, assim, uma pequena parte do império muçulmano ilustrado na figura 8.
Os reinos cristãos foram reduzidos a uma exígua faixa de terras montanhosas no extremo norte da península.
Mapa 4b. A "Reconquista" começou em 712 com a batalha de Cavadonga, na qual uma armada árabe foi vencida pelos hispano-visigóticos. Os reinos cristãos se expandiram individualmente e, entre eles, assumiu especial importância o grupo ocidental, com os reinos de Galícia, Leão e Castela. Em seguida Portugal se separou da Galícia, enquanto o reino de Castela passou a ter, com o passar do tempo, um peso preponderante na história espanhola.
Mapa 4c. No século XV, a península Ibérica já estava "reconquistada". O emirado sobrevivia na parte meridional, enquanto Portugal se tornara independente e o reino de Castela se estendera a boa parte da península. Esses reinos, contudo, eram abalados por freqüentes lutas entre os nobres e o soberano e por insurreições populares. Com a unificação de Castela e Aragão e com a derrota do emirado (que nesse meio tempo se transformara no reino de Granada), a epopéia da "Reconquista" chegou ao fim em 1492. Nesse mesmo ano começava, porém, a epopéia do "Descubrimiento" do Novo Mundo.

com dificuldade: é exemplar a circunstância de que, quando no Sul começou a invasão islâmica de 711, o rei visigótico Rodrigo estivesse ocupado no norte numa campanha contra os insurrectos bascos. Assim, nesses reinos cristãos da Idade Média, vislumbram-se as origens das peculiaridades lingüísticas de bascos, catalães e galegos (estes últimos falam uma língua semelhante ao português) e dos separatismos ainda vigentes.

A vitória sobre os muçulmanos tornara-se uma lenda; mas em 1921 Ortega y Gasset se perguntava com razão "como podia chamar-se 'Reconquista' algo que durou oito séculos", desde a batalha de Cavadonga em 722 até a tomada de Granada em 1492. De fato, naquele longo período cristãos e muçulmanos guerrearam com freqüência, mas também conviveram e negociaram por muito tempo, numa seqüência de acontecimentos alternados que imprimiram no mundo ibérico uma marca inigualável. Por outro lado, os reinos cristãos foram muitas vezes aliados contra os muçulmanos, mas com a mesma freqüência também foram inimigos uns dos outros. Atualmente critica-se a visão romântica que concebia a história espanhola como um desejo ininterrupto de restituir a "Espanha perdida" a um único soberano e a uma única religião: a católica.

O pluralismo jurídico foi uma das conseqüências mais típicas da estratificação de povos e civilizações na área ibérica. Já na época visigótica, cada senhor ditava normas para governar as terras obtidas (ou arrebatadas) do rei. Cada cidade estabelecia regras adequadas à própria estrutura social e econômica, uma vez que os problemas de um porto mediterrâneo eram diferentes dos problemas de um distrito minerário do Norte. Esse direito territorial se entrelaçava ainda com os direitos pessoais. Judeus, mouros e cristãos conviviam por longos períodos conservando cada um a própria religião e o próprio direito. Assim, os deslocamentos de fronteira acabavam alterando relativamente pouco a condição pessoal dos habitantes. Os cristãos que viviam entre os muçulmanos de Al-Ándalus podiam conservar a própria organização religiosa e judiciária pagando um tributo. Quando emigravam para os reinos cristãos do Norte, ou quando a fronteira da Reconquista se expandia para o Sul, eles voltavam a viver entre cristãos, entre os quais difundiam elementos da cultura muçulmana; na arquitetura, essa influência se verifica não apenas na península Ibérica, mas também em Lima; e ainda hoje em Toledo celebra-se uma missa de rito "moçárabe". Em ambos os casos, os católicos da área muçulmana eram designados com o epíteto de *moçárabes*. Simetricamente, os *mudéjares* (ou *mouriscos*) eram os muçulmanos que viviam nos reinos cristãos, conservando a própria religião e o próprio direito, mediante pagamento de um tributo. Uma terceira comunidade era a dos judeus, que viveu segundo as próprias leis em bairros específicos (*juderías*) até o decreto de 1492, que impôs a conversão ou a expulsão.

Além dos regimes jurídicos pessoais de origem religiosa, acrescentavam-se os derivados da nação, ou seja, do Estado de origem. Efetivamente, durante o esforço bélico verificaram-se ocupações alternadas dos territórios ibéricos, acompanhadas por fluxos de emigrantes destinados a repovoar as áreas subtraídas ao inimigo. Do ponto de vista jurídico, o Estado de origem era importante na política de repovoamento das cidades reconquistadas: por exemplo, os castelhanos enviados para repovoar a reconquistada Toledo – anteriormente visigótica; depois, muçulmana – levaram consigo o direito castelhano. A todos esses ordenamentos, enfim, acrescentavam-se os direitos derivados da condição pessoal, por exemplo, para os nobres e para os comerciantes. Uma condição particularmente relevante era a dos eclesiásticos, submetidos ao direito canônico (que em algumas partes era aplicado também aos súditos cristãos).

A retomada dos estudos jurídicos em Bolonha (cf. II, 7) levou o direito romano reelaborado pelos Glosadores a penetrar na península Ibérica, inicialmente na Catalunha (vizinha à França, empenhada em inúmeras atividades comerciais com as repúblicas marítimas italianas e sempre vinculada à tradição visigótica), depois nos outros territórios. O direito romano tornou-se, assim, também na Espanha, um direito comum, que se sobrepunha aos ordenamentos régios, pessoais e locais ou municipais (chamados *fueros*).

Por volta de 1400, a península Ibérica estava dividida em cinco reinos: os reinos de Portugal, Castela e Aragão, destinados a se fortalecer; o reino, cada vez mais secundário, de Navarra, destinado a ser absorvido pelo de Castela em 1512; o reino islâmico de Granada, apoiado pelos norte-africanos contra os ataques cada vez mais freqüentes dos reis católicos. Estes últimos eram movidos não apenas por uma arraigada aspiração religiosa, mas também por um interesse econômico preciso: a intensificação da navegação no oceano Atlântico na direção dos Açores, da África e das Índias Orientais exigia um controle total do estreito de Gibraltar. A conclusão *política* natural dessa situação chegaria mais ou menos no final do século, com a conquista de Granada – que assinalou o fim do domínio muçulmano na Europa – e a consolidação de duas monarquias na península Ibérica: a espanhola e a portuguesa. A inevitável conseqüência *jurídica* dessa estabilização político-territorial foi uma reorganização legislativa geral: as normas régias eram sistematizadas em várias coleções ou compilações (*recopilaciones*). Estas últimas tiveram uma importância não apenas peninsular, uma vez que constituíram o direito que, da Europa, emigrou para a América do Sul, onde permaneceu em vigor mesmo depois da independência daquelas colônias, ou seja, até as primeiras décadas do século XIX.

Em suma, a era moderna começou na península Ibérica com uma série de eventos que se concentraram em torno do final do século XV: o casamento de Isabel de Castela com Fernando de Aragão levou, em 1476, à unificação do reino espanhol, enquanto em 1492 ocorreu a reconquista de Granada e a descoberta da América.

3. As tentativas de sistematizar o direito ibérico

O pluralismo jurídico e os conturbados acontecimentos políticos da península ibérica tornaram necessária a contínua reorganização das normas jurídicas acumuladas no tempo. Algumas coleções chegaram até nós de forma apenas fragmentária, como o *Setenario*, o *Fuero Real* (ou *Fuero de las Leyes*) e o *Espéculo* (nome ligado às obras alemãs da mesma época, conhecidas exatamente como *Spiegel*, espelho: cf. II, 4), e atestam a constante ligação com o direito romano-canônico.

Com as *Siete Partidas*, compiladas de 1256 a 1265, Afonso X, chamado o Sábio, promoveu um dos principais textos jurídicos da Idade Média. A divisão em sete partes, da qual a obra toma o nome, é talvez uma alusão ao *Digesto*, também dividido em sete partes, ou tem um valor cabalístico, porque as letras com que se inicia cada uma das sete partes compõem o nome de Afonso (em espanhol, *Alfonso*, com sete letras). A obra é sistemática, ou seja, é dividida por matéria segundo a ordem justiniana, mas é enriquecida por numerosas citações de textos filosóficos ou sacros, a ponto de não ser claro se era um texto dedicado à prática ou ao estudo do direito. Tudo leva a crer, contudo, que somente em 1348 (com o *Ordenamiento de Alcalá de Henares*) ela tenha sido adotada oficialmente como texto legislativo. Reelaboradas no decorrer dos anos, as *Siete Partidas* constituíram por séculos um ponto de referência – ainda que indireto – para os juristas espanhóis e, portanto, também para os sul-americanos.

Portugal foi o primeiro a reorganizar as leis gerais, decisões régias, bulas pontifícias, normas consuetudinárias, sentenças de tribunais e normas de origem romana e canônica nas *Ordenações Afonsinas*, promulgadas em 1446-1447 pelo rei Afonso V. Já em 1521, tais normas foram atualizadas através das *Ordenações Manuelinas*, por determinação do rei Manuel I. Estas últimas conservaram a estrutura da obra anterior, mas previam que se seguisse a *communis opi-*

nio antes de aceitar a Glosa de Acúrsio ou a opinião de Bartolo de Sassoferrato.

Na Espanha, em 1484 o jurista Alonso Díaz de Montalvo publicou uma coleção de leis oficialmente denominada *Ordenanzas Reales de Castilla*, mas conhecida também como *Ordenamiento de Montalvo*, exatamente em razão do nome de seu autor. Não obstante a imprecisão dos textos reproduzidos, a presença de leis revogadas e a omissão de importantes leis vigentes, o *Ordenamiento de Montalvo* foi amplamente utilizado e várias vezes reimpresso. Procurou-se completá-lo em 1503, com o *Libro de las Bulas y Pragmáticas*, assim chamado porque incluía as bulas pontifícias que concediam a jurisdição eclesiástica aos reis de Castela e várias decisões régias, chamadas exatamente pragmáticas. Aqui, a técnica compilativa era diferente daquela do *Ordenamiento de Montalvo*, porque os textos eram reproduzidos integralmente.

As imprecisões do *Ordenamiento de Montalvo*, porém, levaram a freqüentes pedidos de esclarecimento aos soberanos, que em 1505 fizeram o parlamento (*Cortes*) da cidade de Toro promulgar 83 leis. Essas *Leyes de Toro* regulamentavam sobretudo o *mayorazgo** e os aspectos econômicos do direito matrimonial. Mesmo não constituindo um conjunto sistemático, tiveram uma importância fundamental na formação do direito privado espanhol, tanto que continuaram a ser designadas como *Leyes de Toro* mesmo depois de terem sido incluídas nas compilações subseqüentes. Nas Índias, em que se adotara todo o direito castelhano, este último era freqüentemente indicado como *Leyes de Toro tout court* (cf. abaixo, 8 c).

Só em 1567 pôde ser aprovada a *Nueva Recopilación de las Leyes de Castilla*, quase meio século depois da recomendação testamentária de Isabel, falecida em 1504. Com essa compilação desejava-se corrigir as falhas do *Ordenamiento*

---

* Regra sucessória de origem medieval, pela qual o patrimônio é transmitido ao parente mais próximo ou, no caso de vários parentes igualmente próximos, ao maior de idade: daqui deriva o nome da regra. (N. da T.)

de Montalvo, mas só se conseguiu fazê-lo em parte. Além disso, a produção legislativa obrigou a atualizar constantemente também essa *Nueva Recopilación*, acrescentando-lhe apêndices com as leis posteriores à própria compilação. As *Siete Partidas* e a *Nueva Recopilación* são consideradas as principais fontes do direito castelhano moderno.

As tentativas de reformar a *Nueva Recopilación* duraram até o século XVIII, mas não conseguiram produzir nenhum texto oficial. Conseguiu-se remediar o envelhecimento das coleções anteriores recorrendo a compilações particulares. Nestas, ao lado das leis espanholas, apareciam também textos normativos das colônias sul-americanas, como na bem-sucedida obra em 28 volumes de Antonio Javier Pérez y López, *Teatro de la legislación universal de España e Indias*, publicada entre 1791-1798.

Nos primeiros anos do século XIX, o exemplo do Código Napoleônico induziu muitos Estados a tentar semelhante solução legislativa, mas a Espanha preferiu seguir o caminho tradicional e aprovar, em 1805, a *Novísima Recopilación de las Leyes de España*: mas àquela altura a península ibérica estava prestes a ser ocupada pelas tropas napoleônicas.

Em conclusão, essa complexa legislação é relevante não apenas para a península ibérica: ela foi estendida diretamente às colônias hispano-americanas logo após o descobrimento da América e a ela se vincula sem cesuras também o direito dos Estados sul-americanos independentes.

4. As "Bulas alexandrinas", título jurídico para a soberania das Américas

No momento da descoberta da América, o primeiro quesito jurídico ao qual responder referia-se ao "justo título" dos soberanos de Castela para se tornarem seus senhores exclusivos. É preciso verificar agora como eles adquiriram esse direito e, depois, quais debates e dúvidas surgiram sobre esse seu "justo título" para dominar as Índias Ocidentais.

Como lembramos acima, no item 1, as colônias ibéricas na América do Sul foram colônias num sentido peculiar. Foram descobertas numa época em que o mundo europeu saía da Idade Média, mas ainda conservava em boa parte os ideais universalistas e religiosos daquele período. Eram colônias submetidas a monarquias católicas remanescentes de séculos de lutas contra os mouros infiéis e, portanto, habituadas a conceber a vitória na guerra como uma vitória da verdadeira fé. Exploradas segundo os ditames de uma economia que não podia ter nada em comum com o imperialismo industrializado do século XIX, as colônias ibero-americanas eram entidades sociais e políticas bem diferentes das colônias com as quais a Europa oitocentista ocupou quase todo o resto do mundo. Talvez os únicos elementos comuns a esses dois tipos de "colônias" tenham sido a devoradora sede de riqueza dos conquistadores e a superioridade tecnológico-militar da potência conquistadora em relação às populações conquistadas.

A bagagem do conquistador ibérico, porém, concentrava em si tanto a religião e o direito, quanto a espada e o ouro. Num mundo que ainda conservava uma profunda religiosidade e no qual todo poder descendia de Deus e de César, o triunfo da força bélica e o sucesso da exploração econômica não eram suficientes para justificar uma conquista e para agregar estavelmente um território colonial à metrópole. A legitimidade da posse devia fundamentar-se não apenas nos fatos, mas também nos valores: precisamente nos valores da religião e do direito.

Dessa forma – assim que, da névoa do gigantesco equívoco que acompanhou a descoberta de Colombo, as "Yndias del Mar Océano" emergiram primeiro como ilhas desconhecidas (também o México, no início, foi confundido com uma ilha por Cortés), depois como todo um continente desconhecido – logo surgiram dois problemas: antes de tudo, o problema da natureza jurídica, e portanto da legitimidade, daquela aquisição para a Coroa de Castela e de Aragão; e, pouco depois, o problema da natureza jurídica dos habitantes autóctones, ou seja, daqueles "índios" que perpetuam até hoje, na própria denominação, o equívoco de Colombo. Os dois quesitos não eram meramente teóricos: a legitimidade da posse das colônias americanas devia pôr os soberanos ibéricos ao abrigo das pretensões das outras potências européias, enquanto a natureza de súditos devia impedir a redução dos "índios" à escravidão. As controvérsias sobre esses dois temas duraram séculos.

Nas contendas entre soberanos, o papa era o árbitro. Como lembramos no capítulo II, 8, no Natal do ano 800 o papa Leão III colocara na cabeça de Carlos Magno a coroa de imperador do Sacro Império Romano: já na própria denominação, o poder temporal se fundia com o poder espiritual. A partir daquela data, o imperador tornou-se o braço terreno do papa, de quem recebera a investidura imperial. O papa gozava, assim, de uma autoridade que lhe permitia apresentar-se como árbitro nas controvérsias que envolviam os interesses vitais dos soberanos católicos.

A época dos grandes descobrimentos já pusera os papas diante do problema de regulamentar a aquisição dos novos territórios. Várias bulas pontifícias do século XIV haviam reconhecido o direito dos portugueses sobre a Guiné, sobre a Madeira e sobre os Açores. O Tratado de Alcáçovas de 1479 entre Espanha e Portugal reconhecera essa atribuição, concedera à Espanha as Canárias e repartira os grandes itinerários marítimos entre as monarquias católicas, reservando a Portugal o caminho ao longo da costa da África e aos espanhóis a rota atlântica das Canárias.

Na esteira dessa tradição, a atribuição do Novo Continente aos soberanos de Castela e de Portugal assumiu uma forma semelhante à da concessão de um feudo eclesiástico. Como já recordamos, uma extraordinária concomitância de eventos no *annus mirabilis* de 1492 favoreceu essa solução. De fato, em 1492 a monarquia espanhola arrancou dos muçulmanos o último baluarte ibérico, reconquistando Granada e completando assim a secular Reconquista da península; a purificação étnico-religiosa da península ibérica foi aperfeiçoada naquele mesmo ano com a expulsão dos judeus não convertidos, em nome daquela "pureza de sangue" que obcecará os espanhóis também na América; em agosto daquele mesmo ano, subiu ao trono pontifício, com o nome de Alexandre VI, o aragonês Rodrigo de Borja (ou Bórgia, para os italianos), que tivera todo o cuidado de estabelecer as melhores relações entre sua própria família e os reinantes da casa de Castela e de Aragão; enfim, exatamente naquele mesmo agosto zarpavam de Palos as caravelas de Cristóvão Colombo.

Quando Colombo retornou, em 1493, surgiu o problema da atribuição das novas terras, uma vez que sua rota subvertera as esferas de influência estabelecidas pelo Tratado de Alcáçovas. Os soberanos da Espanha e de Portugal entregaram a decisão ao papa, que resolveu o assunto rapidamente com as cinco "Bulas alexandrinas", destinadas a regulamentar por mais de três séculos as relações daqueles soberanos católicos, tanto entre eles, quanto com a Igreja. Em particular, a bula *Inter Caetera*, de 3 de maio de 1493, de Alexandre VI realiza a *donatio, concessio et adsignatio* do novo continente à monarquia espanhola[2]. É com esse título jurídico que se legitima a colonização espanhola dos territórios sul-americanos nos três séculos seguintes; assim, é oportuno examinar os seus pontos essenciais.

O documento pontifício começa reafirmando a *finalidade* suprema de "cuidar da salvação das almas e que os povos bárbaros sejam vencidos ou reconduzidos a esta fé", ou seja, à fé cristã, e constata que os soberanos espanhóis perseguiram esse objetivo "sem economizar nenhum esforço, despesa ou risco, até mesmo com o derramamento do próprio

---

2. As citações seguintes são extraídas de Alberto Filippi, *Bolívar, il pensiero politico dell'Indipendenza ispano-americana e la Santa Sede*, Nápoles, Edizioni Scientifiche Italiane, 1997, pp. 26-9, que interpola no texto da primeira *Inter Caetera* também o conteúdo da segunda *Inter Caetera*, promulgada no dia seguinte. As *Bulas Alejandrinas* foram cinco, promulgadas com extraordinária rapidez: *Inter Caetera* (3 de maio de 1493), *Eximiae Devotionis Sinceritas* (com a mesma data), *Inter Caetera bis* (4 de maio de 1493), *Piis Fidelium* (26 de julho de 1493) e *Dudum Siquidem* (26 de setembro de 1493).

sangue [deles] [...], como atesta a reconquista do reino de Granada da tirania sarracena". A bula avalia ainda os *fatos* da descoberta daquelas terras – habitadas por povos que "parecem muito dispostos a abraçar a fé católica" e repletas de "ouro, especiarias e muitas outras coisas preciosas" – e reconhece a fundada *intenção* dos monarcas espanhóis "de induzir as populações daquelas ilhas e terras a acolher a religião cristã". Um *preceito* conclui essas constatações:

> Não impelidos por vossas solicitações ou de outros em vosso nome sobre essa questão, mas por nossa pura benevolência, com segura certeza e na plenitude da autoridade apostólica, doamos, concedemos e conferimos a vós perpetuamente e nos termos das condições presentes, a vós e aos vossos sucessores, rei de Castela e de Leão, com a autoridade de Deus onipotente, a nós concedida na pessoa de São Pedro, e no Vicariato de Jesus Cristo, que exercemos na terra, todas as ilhas e terras firmes descobertas ou a serem descobertas, conhecidas e desconhecidas, do lado ocidental e meridional, delimitadas por uma linha constituída partindo do Pólo Ártico, ou setentrional, e indo até o Pólo Antártico, ou meridional,

passando a cem léguas das ilhas dos Açores e de Cabo Verde. Todavia, com a intensificação das expedições oceânicas, essa "linha alexandrina" acabou se revelando demasiado próxima de Portugal e da África e teve que ser modificada.

O próprio Alexandre VI, com o Tratado de Tordesilhas de 1494, deslocou-a para 370 milhas a oeste das ilhas de Cabo Verde: Portugal ficava assim legitimado a ocupar aquela parte do Brasil que se estendia na direção da Europa e corresponde ao atual Nordeste. "Um feliz golpe político – observa um historiador inglês –, que pode corroborar a suposição, até o momento não comprovada, de que a Corte portuguesa sabia da existência do Brasil, destinado a ser descoberto seis anos depois"[3]. Mas voltemos à bula pontifícia de 1493.

---

3. Harold V. Livermore, *A New History of Portugal*, Cambridge, Cambridge University Press, 1969, p. 131.

O preceito pontifício previa uma *exceção*: os monarcas espanhóis podiam ocupar as novas terras, desde que estas "não estivessem já na posse de um outro rei ou príncipe cristão antes do dia da natividade de nosso Senhor Jesus Cristo há pouco transcorrido, a partir do qual começa o presente ano de 1493". Assim, como a legitimidade da posse baseava-se na cristandade do príncipe, essa concessão permitia a conquista também militar das novas terras não submetidas a príncipes cristãos. Estava desse modo juridicamente legitimada a "Conquista" contra os povos autóctones sul-americanos: quase uma continuação também etimológica da "Reconquista" contra os muçulmanos, que acabara de ocorrer, e uma celeste recompensa ultramarina para os artífices da vitória cristã no Mediterrâneo.

Enfim, o preceito pontifício previa ainda uma *sanção:* "Qualquer pessoa que tenha qualquer título, mesmo imperial ou régio, estado, grau, ordem ou condição, está severamente proibida, sob pena de excomunhão *latae sententiae* na qual incorrerá automaticamente o autor da contravenção, de se dirigir para aquelas ilhas e terras firmes para obter mercadorias ou por outra razão." Essa sanção não era puramente espiritual: ela autorizava a Coroa espanhola a expulsar qualquer viajante dos seus territórios, não só para o bem dos próprios negócios, mas ainda para a salvação da sua alma. Da mesma forma, tornava-se desaconselhável qualquer forma de ingerência militar: o príncipe excomungado não era mais um príncipe cristão e, assim, deixava de vigorar o dever de outros monarcas cristãos de não agredi-lo. A excomunhão transformava em *guerra justa* a guerra contra o excomungado.

A ameaça da excomunhão estava destinada a perder uma parte crescente de sua eficácia com a Reforma Protestante, cujos seguidores não reconheciam a autoridade papal nem os seus preceitos, portanto. De fato, as rotas atlânticas seriam no futuro progressivamente ocupadas por piratas e contrabandistas franceses, ingleses e holandeses. Contudo, a Espanha procurou sempre fazer respeitar da forma mais rigorosa o próprio monopólio dos contatos com o Novo Continente. Alexander von Humboldt conseguiu viajar à América do Sul de 1799 a 1804, ou seja, já nos últimos anos de dominação espanhola. E, embora pertencesse à alta nobreza alemã e já fosse famoso como cientista, recorda como um fato excepcional ter recebido

> dois passaportes, um do Primeiro Secretário de Estado, outro do Conselho das Índias. Nunca a um viajante fora concedida uma autorização mais ampla, nunca o governo espanhol mostrara maior confiança num estrangeiro. [...] No passaporte da *Primera Secretaria de Estado* lia-se que eu "estava autorizado a usar em plena liberdade meus instrumentos físicos e geodésicos; em todas as possessões espanholas podia realizar observações astronômicas, medir a altura dos montes, recolher os produtos do solo e executar todas as operações que eu considerasse oportuno desenvolver para o progresso da ciência".[4]

A concessão pontifícia aos soberanos católicos foi naturalmente fonte de infinitas controvérsias. Como podia o papa "doar" um bem que não tinha? Que "doação" era aquela que o donatário devia conquistar com as armas? E ainda: com a mudança da dinastia, aquela doação podia considerar-se válida também para os Habsburgos ou os Bourbons, que não haviam sido protagonistas da Reconquista? Como sempre, as disputas americanas eram na verdade substancialmente européias.

Também na América do Sul as relações entre o papado e os próprios soberanos católicos nem sempre eram fáceis. A hierarquia era clara do ponto de vista teológico: todo poder provinha de Deus e seu vigário na terra o repartia entre os soberanos, que dessa forma governavam por graça de Deus. Na aplicação prática, contudo, surgiam atritos, pois o

---

4. Alexander von Humboldt, *Aus meinem Leben*, Autobiographische Bekenntnisse zusammengestellt und erläutert von Kurt-R. Biermann, Munique, Beck, 1987, pp. 70 ss.

poder da Igreja e o do soberano eram exercidos no mesmo território, e o prelado nomeado por Roma nem sempre agia no interesse da Coroa, nem o funcionário régio colocava sempre o bem da Igreja acima de seus interesses. A luta pela nomeação das autoridades eclesiásticas no Novo Mundo concluiu-se com o "Régio Padroado Indiano", ou seja, com o controle da Coroa – tanto a da Espanha quanto a de Portugal – sobre as hierarquias eclesiásticas: assim, se o papa era o vigário de Deus, esse padroado tornava os reis vigários do papa.

Nesse litígio, os jesuítas foram vistos pelo poder régio como *longa manus* papal e em 1768 foram expulsos da América do Sul, pouco antes da abolição da ordem em 1773. Portugal já percorrera esse caminho em 1759. Assim, os colonos espanhóis e portugueses dividiram entre si as ricas colônias jesuíticas do Paraguai, colocando um ponto final numa das mais interessantes experiências políticas mundiais: ainda hoje ela é objeto de discussão, sendo interpretada diferentemente como experiência humanitária para subtrair os índios aos conquistadores, como Estado eclesiástico no interior do Estado secular, como tentativa de fundir a Cidade de Deus com a do homem ou, também, como primeira experiência de gestão comunista de uma sociedade[5]. Não se tratava de uma experiência territorialmente limitada, como poderia fazer pensar a referência ao Paraguai: o nome derivava não do Estado (que não existia na época), mas da vasta "Província jesuítica do Paraguai", que se estendia desde o Rio da Prata até o Equador. Além disso, as colônias (*reducciones*) não se limitavam àquele território,

---

5. Limito-me a indicar um clássico de 1743, uma reconstrução e uma antologia: Ludovico Antonio Muratori, *Il cristianesimo felice nelle missioni dei padri della Compagnia di Gesù nel Paraguai*, org. por Paolo Collo, com uma nota de Angelo Morino, Palermo, Sellerio, 1985, 231 pp.; Alberto Armani, *Città di Dio e Città del Sole. Lo "Stato" gesuita dei Guarani (1609-1768)*, Roma, Studium, 1977, 251 pp.; uma antologia dos principais escritos sobre o assunto está em Paolo Collo (org.), *L'utopia e la guerra. L'esperimento dei Gesuiti nel Paraguay*, San Domenico di Fiesole, Edizioni Cultura della Pace, 1993, 124 pp.

nem os jesuítas eram a única ordem que as havia fundado. As comunidades indígenas das missões constituíam, enfim, um complexo econômico altamente desejável.

Todavia, mais do que a essa trama de competências eclesiásticas e prerrogativas régias (que, entre infinitas controvérsias e progressivos redimensionamentos, durou em certos casos até o início do século XX), é oportuno dirigir agora a atenção para as populações autóctones das Américas. De fato, como escreveu o aforista alemão Lichtenberg, "o primeiro índio que descobriu Colombo fez uma horrível descoberta".

5. Os índios, entre escravidão e servidão

A bula de 1493 previa que a evangelização dos índios fosse confiada a "homens probos e tementes a Deus, cultos, peritos e especialistas, com o fim de instruir os supracitados habitantes na fé católica e ensinar-lhes bons costumes, fazendo uso, nestas coisas, de todo o cuidado devido"[6]. Qualidades realmente essenciais para um evangelizador, mas improváveis num militar que se lançasse na temerária aventura de conquistar uma terra ultramarina da qual ignorava tudo.

De resto, não se deve pressupor nos soldados e corsários daquele tempo a percepção (e o medo) do risco própria dos tempos atuais. Basta ler as memórias de um deles para perceber que cada um tinha consciência de poder ser ele mesmo objeto das abomináveis crueldades que cometia contra os outros. As atrocidades faziam parte de uma vida aceita com um certo fatalismo cínico e serviam para demonstrar a coragem de um homem. Ainda em 1908, quando publicou o romance *Sangue e areia*, Blasco Ibañez fazia

---

6. *Inter Caetera*, cit. em Alberto Filippi, *Bolívar, il pensiero politico dell'Indipendenza ispano-americana e la Santa Sede*, Nápoles, Edizioni Scientifiche Italiane, 1997, p. 29.

ecoar *aquele* sonho das Américas no diálogo entre o bandido Plumitas e o toureiro Don Juan:

> Pizarro era um pobre coitado como nós – dizia o fora-da-lei –, que atravessou o mar e com doze ou treze rapazinhos sem dinheiro como ele desembarcou numa terra como Paraíso... [...]. No final, tornaram-se senhores e se apoderaram dos tesouros daqueles reis e quem conseguiu menos encheu sua casa até o teto de moedas de ouro, e nenhum deles deixou de se tornar marquês, general ou alto magistrado [...]. O que teria custado, ao senhor e a mim, juntamente com alguns desses bravos rapazinhos que me ouvem, fazer o que Pizarro fez, e ainda mais?

Mas os tempos haviam mudado:

> Volto a dizer que nascemos tarde, senhor Juan. O bom caminho fechou-se para os pobres. O espanhol não sabe o que fazer. Não tem mais para onde ir. O que podia ser dividido no mundo foi tomado pelos ingleses e por outros estrangeiros. A porta está trancada e nós, homens de fígado, devemos apodrecer dentro desse pátio. Eu, que talvez tivesse sido rei nas Américas ou em qualquer outro lugar...[7]

Assim é a roda da fortuna: o bandido comum é um conquistador frustrado; e o conquistador é um predador numa terra virgem onde ele mesmo estabelece o que é o direito; ambos são "homens de fígado", que não perdem a ocasião para demonstrá-lo.

Salvador de Madariaga, indulgente biógrafo de Hernán Cortés, por sua vez, não perde a ocasião para lembrar como o conquistador do México unia à dureza militar e à sede de riquezas também o respeito pelas formas jurídicas e o esforço evangelizador: os povos pouco a pouco

---

7. Vicente Blasco Ibañez, *Sangue e arena*, organização e tradução de Elena Clementelli, Milão, Newton, 1995, pp. 164 ss.

subjugados eram enfrentados tendo ao lado o escrivão e o religioso[8].

O encontro de cada conquistador com os índios era assinalado pela leitura do longo documento do *requerimiento*, que – segundo uma fórmula padronizada de 1512 – exigia a submissão sob ameaça de sanções. A primeira parte do documento explicava aos índios que existia um Deus uno e trino, criador do mundo; que, do outro lado do Oceano, uma pessoa representava na terra esse Deus e que esse vigário de Deus delegara ao rei o poder de governar todos os povos; também os índios deviam, então, aceitar esse Deus e submeter-se aos reis de Castela e de Aragão. É provável que os índios não compreendessem nada da construção teológico-institucional a eles exposta: seus parâmetros teológicos e institucionais eram completamente diferentes e, além de tudo, aquele texto espanhol era traduzido verbalmente por um intérprete, em geral índio. No caso de Cortés, ao adentrar pelo México, os índios não compreendiam mais o idioma costeiro e, portanto, a primeira tradução era retraduzida numa língua local: esse procedimento certamente não conferia maior clareza ao dogma trinitário.

Contudo, as conclusões práticas deviam ser mais convincentes que as argumentações teológicas. Efetivamente, depois de dizer aos índios que eles deveriam se converter ao novo Deus e se sujeitar ao longínquo rei, a fórmula do *requerimiento* intimava:

> Se não o fizerdes e por malícia perderdes tempo, certifico-vos que, com a ajuda de Deus, colocar-me-ei poderosamente contra vós, e far-vos-ei guerra em todos os lugares e de todos os modos ao meu alcance e submeter-vos-ei ao jugo e à obediência da Igreja e de Suas Altezas; e tomarei as vossas pessoas, as vossas mulheres e os vossos filhos, e fá-los-ei escravos; como tais, vendê-los-ei, deles disporei como Suas Altezas ordenarem. Tomarei os vossos bens, e far-vos-

---

8. Salvador de Madariaga, *Cortés*, tradução do inglês de Francesco Tentori Montalto, Milão, Dall'Oglio, 1981, 353 pp.

ei todo o mal e todo o dano que puder, enquanto vassalos que não obedecem e não querem receber o próprio Senhor, a ele resistindo e contrariando. E declaro que as mortes e os danos que disso decorrerem sejam imputados a vós, e não a Suas Altezas nem a mim ou a estes cavaleiros que comigo vieram. E daquilo que digo e intimo, peço ao presente escrivão que me dê testemunho por escrito.[9]

Assim, a primeira fase da colonização foi marcada pela escravidão dos índios, entregues aos espanhóis que chegavam nas colônias. A desumana exploração dos índios reduzidos à escravidão e a difusão de doenças européias, contra as quais os índios não tinham defesas imunitárias, levaram a um declínio tão dramático da população autóctone, a ponto de constituir um verdadeiro genocídio. A partir desse dado de fato, tomou forma a polêmica sobre a legitimidade da escravidão dos índios e a construção, sobretudo por parte dos anglo-saxões, da "lenda negra" da colonização espanhola. Diante dessas atrocidades, a menos de cinqüenta anos da descoberta, o papa e o imperador sentiram a necessidade de estabelecer oficialmente que os índios eram seres humanos e que, assim, a liberdade era um direito natural deles[10]. Eliminava-se dessa forma o direito de escravizá-los, mas não o dever de evangelizá-los: e por detrás dessa fachada a exploração dos índios podia continuar sob formas juridicamente mais brandas, mas de fato não menos severas que a escravidão, da qual se diferenciavam pelo fato de que o índio não podia ser vendido.

Entre os argumentos favoráveis a esse tratamento menos desumano, retornava a visão do desígnio divino, que oferecia ao catolicismo uma compensação pelas almas que perdera na Europa com a Reforma Protestante: de fato, em 1517 Lutero afixara suas teses na porta da igreja do castelo de Wittenberg.

---

9. Aldo Albonico; Giuseppe Bellini (orgs.), *Nuovo Mondo. Gli Spagnoli, 1493-1609*, Turim, Einaudi, 1992, p. 805.

10. *Sublimis Deus*, bula do papa Paulo III, de 1537.

A instituição da *encomienda* resolvia o problema jurídico da liberdade formal do índio e, ao mesmo tempo, regulamentava juridicamente o aspecto econômico do seu trabalho forçado em benefício do conquistador: o colono assumia o dever de evangelizar o índio, que o recompensava com o próprio trabalho. Assim, ao menos formalmente, o trabalho do índio não era prestado gratuitamente como o do escravo, mas era parte de uma troca. Do ponto de vista jurídico, enfim, a *encomienda* é um primeiro passo no caminho que devia transformar o escravo de bem móvel em pessoa humana.

Mas a realidade era bem diferente. Por exemplo, a exploração das minas de prata do Potosí, na atual Bolívia, fora possibilitada pelo trabalho forçado da *mita*. As condições de trabalho dos índios, porém, eram tais que essas formas de exploração econômica equivaliam à sua eliminação física: no Potosí, havia cerca de 80 mil índios no final do século XVI (a *mita* foi introduzida en 1574), mas em 1683 estavam reduzidos a pouco mais de 10 mil. No México, passou-se de 25 milhões de índios em 1519 a pouco mais de mil em 1605. As preocupações econômicas suscitadas por essa hecatombe estavam bem sintetizadas na frase: "sem índios, não há Índias". Assim, não há nenhum exagero no título da célebre obra que o "protetor dos índios", monsenhor Bartolomé de Las Casas, publicou em 1552: *Brevíssimo relato da destruição das Índias*.

Nesse meio tempo, porém, a solução da controvérsia jurídica sobre a natureza dos índios teve conseqüências fatais para a África, cujos habitantes (não sendo súditos ibéricos) podiam ser reduzidos à escravidão. Começava assim uma das páginas mais infames da história européia: a do tráfico de negros. Era paralela ao tráfico a discussão jurídica sobre a legitimidade da escravidão dos negros: o já citado Bartolomé de Las Casas (1474-1566) sustentava que a escravidão dos africanos era justa exatamente porque salvaguardava os índios; Francisco de Vitoria (1492-1546), fundador do direito internacional e inspirador da neo-escolástica Escola de Salamanca, viu no tráfico o meio para salvar a alma dos negros.

As discussões teológicas não foram de modo algum favoráveis aos africanos. Os portugueses haviam tecido uma rede mundial de bases comerciais e, em particular, graças ao Tratado de Tordesilhas, estavam presentes tanto na margem africana quanto na americana do Atlântico: eles foram, assim, os traficantes negreiros por excelência, ainda que validamente coadjuvados por outras potências européias. Só no século XVIII a Grã-Bretanha demonstrou um verdadeiro interesse em dificultar o tráfico de escravos; não por motivos morais, mas para colocar em dificuldades econômicas suas ex-colônias norte-americanas. A guerra de secessão nos Estados Unidos (1861-1865) foi também o conflito entre dois modelos de colonização que não podiam conviver no interior do mesmo Estado: o Norte era uma colônia de povoamento, fundada na imigração e na mão-de-obra livre e remunerada; o Sul (como a América do Sul) era, ao contrário, uma colônia de cultivo, fundada no tráfico e na mão-de-obra servil e gratuita. Este último modelo foi abalado, na América do Norte, pela vitória dos Estados do Norte. Também na América do Sul o modelo de produção escravocrata foi abalado por múltiplos fatores: não última, com o início do século XIX, a colonização direta das potências européias na África, que bloqueava as fontes de abastecimento de escravos para as plantações sul-americanas.

Séculos de escravidão levaram contudo a uma peculiaridade racial em ambas as Américas: a mestiçagem (*mestizaje, miscigenação*), vivenciada como um problema insolúvel de convivência ou como um enriquecimento social. Na impossibilidade de enfrentar o tema da escravidão nas Américas, é suficiente perguntar-se aqui por que a Antiguidade clássica do Mediterrâneo conheceu a escravidão, mas não a mestiçagem. Na Antiguidade, não se favorecia a reprodução dos escravos, porque os tempos de crescimento das crianças eram demasiado longos e, portanto, antieconômicos, enquanto as guerras e as transações comerciais forneciam um número suficiente de escravos adultos. Nas Américas, praticou-se a política contrária, porque a população local era pouco numerosa e o custo comercial dos escravos, elevado. Na América do Norte, após a proibição de 1808 de importar escravos, chegou-se a criá-los segundo regras eugenéticas para melhorar seu rendimento no trabalho. Na América do Sul, além disso, estavam vivas as tradições culturais ibéricas das uniões com raças diferentes durante o domínio muçulmano. Da exigência de povoar o continente e da ausência de objeções etnocêntricas (ao menos nas relações sexuais), nasceu na América do Sul o fenômeno da mestiçagem. Esse não é, todavia, um fenômeno homogêneo em todo o continente: os Estados do Cone Sul, como a Argentina e o Chile, quase não conhecem o problema; alguns Estados andinos, como o Peru, conservam ainda hoje uma numerosa população índia; o Brasil, enfim, vê na mistura de raças e na convivência entre elas um traço característico e específico da própria identidade nacional[11].

Com a disputa européia sobre a natureza das populações indígenas, ocorrida entre 1537 e 1551, fundaram-se as bases para regulamentar uma sociedade sul-americana que então se organizava em cinco classes, cujos direitos e deveres recíprocos era difícil estabelecer: os espanhóis peninsulares, enviados pela metrópole; os nascidos na América, ou crioulos (*criollos*)[12]; o que restava dos índios; os escravos afri-

---

11. No Brasil, nasce um "terceiro homem; nem europeu, nem tropical, mas uma combinação de ambos, numa expressão nova do ponto de vista físico e sobretudo sociológico": assim Gilberto Freyre explica ao leitor italiano o conteúdo do seu *Casa-grande e senzala*, na versão italiana: *Padroni e schiavi. La formazione della famiglia brasiliana in regime di economia patriarcale*, introdução de Fernand Braudel, tradução de Alberto Pescetto, Turim, Einaudi, 1965, XV-544 pp.; *Sobrados e mucambos*, na versão italiana: *Casa e catapecchie. La decadenza del patriarcato rurale brasiliano e lo sviluppo della famiglia urbana*, tradução de Alberto Pescetto, Turim, Einaudi, 1972, 2 vols. (XXV-766 pp.). Essa visão foi criticada desde o momento da primeira edição de *Casa-grande e senzala*: estava-se em 1933 e no Brasil já se consolidara o "integralismo", versão tropical do fascismo europeu.

12. Não se deve confundir o uso do termo "crioulo" em idiomas como o italiano e o português (nos quais significa "mestiço sul-americano do qual um

canos importados; a heterogênea massa de "meios-sangues", nascidos dos cruzamentos entre as várias raças presentes no continente sul-americano. A essa realidade étnica e social os espanhóis opunham a rigorosa concepção da "pureza de sangue", herança da guerra contra os mouros: assim como na península ibérica se discriminava quem tinha nas veias sangue mouro ou judeu, da mesma forma no continente americano se discriminava quem não tinha nas veias sangue espanhol-europeu. Alexander von Humboldt constatava que a cor da pele de uma pessoa decidia seu lugar na sociedade sul-americana, e que, na época de sua viagem ao México e às Antilhas, para 82% de índios e de mestiços havia 18% de brancos e, entre estes últimos, os crioulos gozavam de possibilidades bem limitadas de ascensão social. Os estudos mais recentes, embora forneçam dados mais analíticos e em parte diferentes, também confirmam essa ordem de grandezas.

Em 1815, o próprio Bolívar, nascido na América do Sul, sintetizava da seguinte forma as relações entre crioulos e espanhóis peninsulares:

> Estávamos separados, ou, melhor dizendo, ausentes do mundo, no que se refere à condução do governo e à administração do Estado. Não conseguíamos nunca ser vice-reis ou governadores, a não ser em circunstâncias excepcionais; raramente conseguíamos ser bispos e arcebispos; diplomatas, nunca; militares, só na condição de subalternos; nobres, sem privilégios reais; não conseguíamos ser, enfim, nem magistrados, nem financistas, e quase nunca comerciantes; tudo numa clara transgressão às nossas instituições.[13]

A exclusão dos outros grupos étnicos era quase total.

---

dos genitores é europeu") com o uso técnico próprio dos estudos de iberística, nos quais "crioulo" significa sobretudo "branco nascido na América do Sul" (não obstante às vezes esse termo possa indicar *também* os mestiços). A referência principal é ao continente no qual a pessoa nasceu, não à cor da pele.

13. Simón Bolívar, *Carta de Jamaica a Mr. Henry Cullen,* Kingston, 6 de setembro de 1815, em *L'unico scopo è la libertà. Scritti scelti di Simón Bolívar,* Roma, Presidenza del Consiglio dei Ministri, 1983, pp. 78 ss.

No Brasil, essas linhas de demarcação eram atenuadas. Um dos temas recorrentes nas observações dos viajantes europeus em visita à Corte imperial brasileira era a surpresa de encontrar mulatos em posições de destaque, algo impensável em outros lugares. Mas, como veremos mais adiante, a evolução do Brasil colonial foi diferente da evolução das colônias espanholas.

As reivindicações políticas das elites sul-americanas partiram exatamente desse estado de exclusão, mas no decorrer dos séculos tiveram bem pouca aceitação. A ascensão dessas elites ao poder só se tornou possível graças a um evento europeu: a conquista napoleônica de Portugal em 1807 e da Espanha em 1808, com o conseqüente exílio das respectivas casas reinantes (cf. abaixo, item 10).

No início do século XIX, separaram-se assim as histórias institucionais do Brasil e das colônias espanholas. A Corte dos Bragança transferiu-se de Lisboa para o Rio de Janeiro; o Brasil transformou-se de colônia em um império, que a sagacidade política dos primeiros reinantes brasileiros conseguiu manter unido, não obstante os turbulentos dias da independência sul-americana e apesar dos movimentos separatistas, periodicamente ressurgentes em revoluções locais. Em particular, a construção da figura do imperador Pedro II como ponto de referência da unidade nacional foi buscada com medidas conscientes e refinadas, que quase antecipam a construção midiática dos líderes da era televisiva[14].

As colônias espanholas, ao contrário, fragmentaram-se em vários Estados. Com a independência, os crioulos viram-se obrigados a resolver, com relação aos outros grupos nacionais, o mesmo problema de discriminação do qual, até aquele momento, eles próprios haviam sido objeto: qual possibilidade de ascensão social deveria ser atribuída aos

---

14. Uma documentada reconstrução e uma riquíssima iconografia encontram-se em Lilia Moritz Schwarcz, *As barbas do Imperador. D. Pedro II, um monarca nos trópicos*, São Paulo, Companhia das Letras, 1998, 623 pp.

índios, negros e mestiços? Reservar o poder às elites crioulas teria significado, para o restante da população sul-americana, apenas uma mudança de dominação e, para os crioulos, o uso da política em vantagem própria que eles mesmos haviam combatido quando os espanhóis ibéricos o praticavam com relação a eles. Um dos primeiros passos na direção de um governo representativo devia ser a abolição da escravidão: um processo que, no continente sul-americano, começou com Bolívar em 1816 e terminou no Brasil em 1888, onde essa iluminada decisão contribuiu de modo decisivo para a queda do Império. Era preciso depois resolver o problema entre os lealistas, fiéis aos reis ibéricos exilados por Napoleão, e os independentistas, por sua vez divididos entre centralistas e federalistas. Era preciso substituir uma economia colonial por uma economia nacional. Era necessário, em suma, construir um Estado e uma nação. Começava assim, em cada Estado sul-americano, o tortuoso caminho na direção de uma democracia difícil.

As elites sul-americanas estiveram à altura dessa tarefa? Os resultados foram muitas vezes frustrantes, mas a tarefa era imensa. Em 1958, um estudioso norte-americano da Roma clássica comparou as elites dos impérios romano, espanhol e anglo-americano. O seu impiedoso juízo sobre a elite sul-americana é uma síntese que peca não por falsidade, mas por unilateralidade, porque menciona apenas os aspectos negativos dos movimentos independentistas.

> A revolução da América espanhola foi obra de poucos indivíduos instruídos e ambiciosos. Uma grande parte da população parece ter sido efetivamente fiel à Espanha e à monarquia e, assim, era relutante em relação à ruptura. Seguiu-se uma dura guerra civil e, em certos territórios, especialmente na Venezuela, horrores e atrocidades até hoje pouco conhecidos. Os espanhóis da América espanhola asseguraram para si a libertação do governo da metrópole, mas tal ação não levou a nenhuma mudança na estrutura social. Tampouco foi iniciado nenhum processo real na direção da democracia, como ocorreu, ao contrário, depois de

pouco tempo, nas colônias inglesas da América do Norte. Não foi possível nenhuma forma de unidade, mas houve apenas a fragmentação, desde os primeiros dias da rebelião. Daí deriva aquela multiplicidade de repúblicas que temos hoje e cujo nome lembramos com dificuldade. Uma multiplicidade; e mesmo assim mantiveram suas características comuns. Desde sua libertação até hoje, as repúblicas da América Latina nos brindaram com uma longa série de oligarquias e tiranias.[15]

6. A organização das colônias ibéricas na América do Sul

Com a segunda metade do século XVI, e em particular com o reino de Filipe II, o controle da Coroa sobre os territórios sul-americanos tornou-se mais estrito, substituindo-se ao regime arbitrário dos conquistadores. Terminava assim a época dos *adelantados*, ou seja, dos cidadãos que, com base numa concessão régia (*Capitulación*), recebiam enormes poderes em troca de enormes tributos: um sistema não muito diferente daquele que os portugueses aplicavam no Brasil com as capitanias. A consolidação das estruturas institucionais tinha também a finalidade de aumentar a arrecadação fiscal que a Espanha esperava das colônias para sustentar sua política de grandeza.

Do ponto de vista formal, as Índias podiam ser regulamentadas por normas de diversos níveis. As *leis em sentido formal* eram promulgadas pelo rei e pelas Cortes, que podiam legislar também sobre as Índias, território anexado a Castela: mas isso raramente ocorreu. As *pragmáticas* eram disposições solenes promulgadas apenas pelo rei, sem a assistência das Cortes: em casos especiais, tiveram por objeto também as Índias, como as *Leyes Nuevas*, das quais falaremos em breve. A maioria das normas destinadas às Índias eram disposições administrativas para um ou outro funcio-

---

15. Ronald Syme, *Tre élites coloniali. Roma, la Spagna e le Americhe*, tradução de Pierlorenzo La Penna, Milão, Rizzoli, 1989, p. 55.

nário: as *Provisiones* eram mais formais, porque deviam ser assinadas por todos os membros do Conselho das Índias, ao passo que as *Reales Cédulas* eram apenas transmitidas por aquele Conselho.

As normas para as Índias podiam ser ditadas por organismos ibéricos ou americanos. Na Espanha, a autoridade suprema era naturalmente o rei que, nos assuntos indianos, era assistido por alguns organismos especializados: primeiramente, o Conselho das Índias, que funcionou de 1524 a 1812 como órgão político supremo para as colônias sul-americanas. Além das tarefas de legislação e de administração, ele desempenhava as funções de tribunal de recursos com referência aos tribunais coloniais (*audiencias*). A *Casa de Contratación* detinha o rigoroso monopólio comercial com as Índias e era acompanhada pelo *Consulado do Mar*, encarregado de julgar todas as causas que, de algum modo, envolvessem pessoas ou transações comerciais com as Índias; de 1503 a 1717, teve sede em Sevilha e, depois, até 1790, em Cádiz. A *Casa de Contratación* submetia os negócios com as Índias a limitações bem restritas: na *carrera de Índias* podiam mover-se apenas galeões espanhóis, de construção espanhola e carregados de mercadorias espanholas; eles partiam três vezes por ano, sob escolta militar e obedecendo a uma rota predeterminada, retornando do mesmo modo carregados de mercadorias coloniais. Igualmente rigorosos eram os controles sobre as pessoas que iam ou vinham das Índias, como vimos no testemunho de Alexander von Humboldt.

No território das colônias, outras instituições, correspondentes às ibéricas, deveriam aplicar as diretrizes; mas as distâncias e a impossibilidade para quem residia na Espanha de conhecer cada uma das exigências sul-americanas tornavam essas relações geralmente aproximativas.

Na América do Sul, os dois primeiros vice-reinos foram instituídos nos territórios mais próximos ao lugar da descoberta. O da Nova Espanha, em 1535, compreendia o atual México e a América Central e chegava até o interior da América do Norte, bem além da atual fronteira do Río Grande del Norte*[16]. O vice-reino do Peru, fundado em 1542, estendia-se por toda a costa pacífica (incluindo a capitania do Chile) e possuía uma notável extensão também na parte interna do continente. Mais tarde, a ele se acrescentaram os vice-reinos de Nova Granada, em 1717 (compreendendo a atual Colômbia, Equador, Panamá e a capitania-geral da Venezuela), e o vice-reino do Río de la Plata, em 1776 (mais ou menos coincidente com os atuais Estados da Argentina, do Uruguai, do Paraguai e com parte da Bolívia) (cf. mapa 5).

Em cada um dos vice-reinos o soberano estava representado por um vice-rei, que exercia as principais funções políticas, militares e judiciárias. Cada vice-reino, por sua vez, era dividido em províncias, dirigidas por um governador; enfim, no nível mais baixo da descentralização encontravam-se os municípios, dirigidos pelos conselhos municipais ou *cabildos*. Colocados na base dessa estrutura hierárquica, os *cabildos*, fontes no passado de não poucas agitações, podiam ser controlados mais de perto. Na verdade, esse controle muitas vezes acabou transformando os *cabildos* em órgãos sujeitos ao governador ou ao bispo. Em si, todavia, do ponto de vista técnico-político, a estrutura era capaz de representar a vontade popular, como demonstrou o *cabildo abierto* de Buenos Aires, ao proclamar a independência argentina em 1810.

A administração da justiça era representada por tribunais locais (*audiencias*) de primeira instância, contra cujas decisões se podia interpor recurso à *Real Audiencia* do vice-reino. O poder militar também era organizado segundo uma estrutura piramidal semelhante, embora os limites de

---

* O Río Grande del Norte ou simplesmente Río Grande é um curso fluvial que percorre a parte oriental da fronteira entre Estados Unidos e México. No México é denominado Río Bravo ou Río Bravo del Norte. (N. da R.)

16. A expansão para o Oeste levou os Estados Unidos a entrar em conflito com o México: a anexação do Texas em 1845 provocou a ruptura diplomática entre os dois Estados. Com a guerra contra o México de 1846-1848, os Estados Unidos conquistaram os Estados do Novo México e da Califórnia.

OS GRANDES SISTEMAS JURÍDICOS

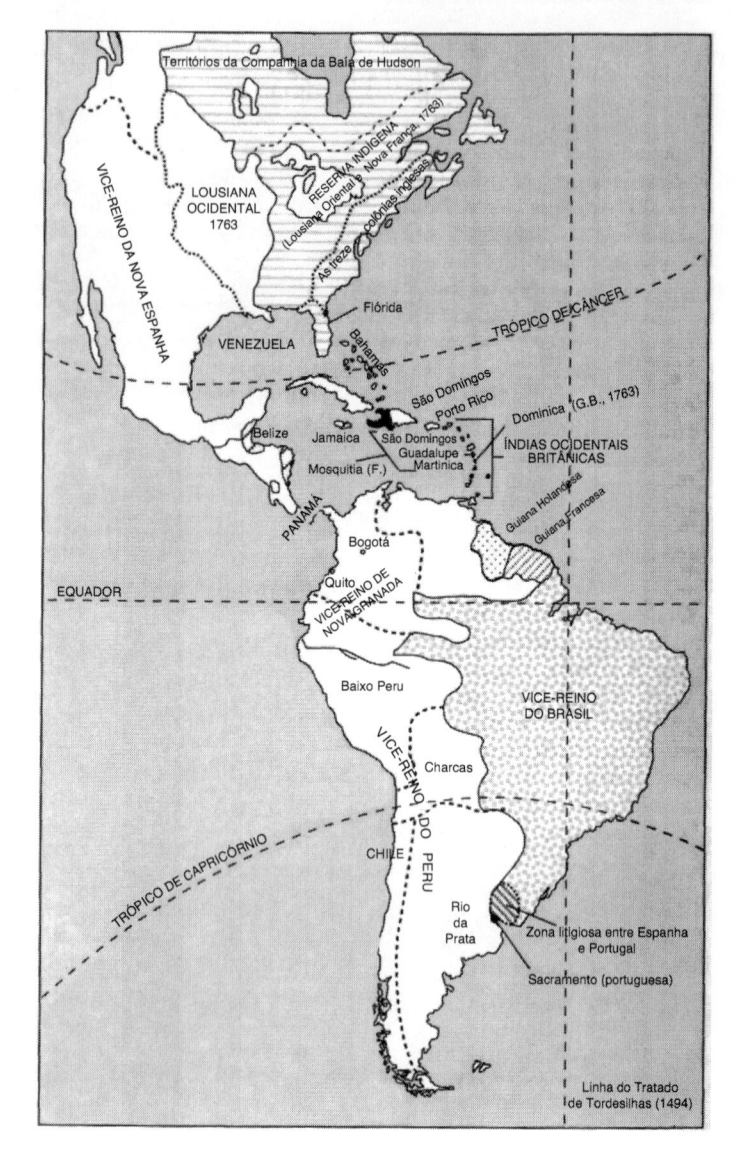

uma circunscrição militar não coincidissem necessariamente com os de uma circunscrição judiciária ou administrativa. Enfim, a multiplicação dos impostos exigia sempre maior cuidado na arrecadação e na repressão das fraudes: para tanto, foram instituídos os Tribunais de Contas na Cidade do México, em Lima e em Bogotá.

Por fim, ao controle centralizado do poder civil somou-se o controle central eclesiástico, com a abertura de tribunais da Inquisição na Cidade do México e em Lima em 1571, e em Cartagena das Índias, na atual Colômbia, em 1610.

Em síntese, nas colônias espanholas,

> a organização territorial e administrativa foi a seguinte: um vice-rei na chefia de cada vice-reino, que compreendia várias províncias; um governador na direção de cada província, que compreendia várias cidades, cada uma das quais possuía um conselho municipal; uma Audiencia que controlava cada distrito judiciário, constituído por várias províncias e, enfim, um capitão-geral que controlava várias províncias através dos distritos militares.[17]

Paralelamente a esse esforço organizativo, tentava-se reordenar também a legislação; foi nesse clima que se desenvolveram os trabalhos da *Recopilación* das leis indianas (cf. abaixo, item 8, *a*).

---

17. Marzia Rosti, *Modelli giuridici nell'Argentina indipendente: 1810-1910*, Milão, Giuffrè, 1999, p. 6.

◀ **Mapa 5.** O Novo Mundo por volta de 1750.

Partindo da região caribenha, onde aportou Cristóvão Colombo, a "Conquista" espanhola estendeu-se para o norte, constituindo o vice-reino da Nova Espanha, e para o sul, ocupando de um extremo a outro a América do Sul, com exceção do vice-reino do Brasil, delimitado inicialmente pela linha do Tratado de Tordesilhas (cf. acima, item 4). O mapa ilustra a situação após a Guerra dos Sete Anos (1756-1763), quando a Inglaterra vencedora tomou o Canadá e a Louisiana oriental dos franceses e a Flórida dos espanhóis. Os portugueses, aliados da Inglaterra, obtiveram a permissão de se expandir para o interior do continente. Na América do Norte, as possessões francesas e inglesas estavam destinadas a desaparecer com a revolução colonial norte-americana e com a formação e expansão dos Estados Unidos da América.

7. As raízes européias do direito sul-americano

Sobre a heterogênea sociedade sul-americana estendeu-se o direito em vigor na metrópole castelhana, integrado por disposições promulgadas especificamente para as novas terras. Tais disposições assumiram o nome de "direito indiano" e colocaram-se ao lado das normas do direito castelhano, às quais se recorria nos casos não regulamentados pelo direito indiano. Assim, o já riquíssimo quadro do direito ibérico – que compreende fontes romanas, visigóticas e islâmicas – abrilhantava-se com um novo ramo, ainda que esse ramo assumisse mais as formas normativas típicas do direito romano-canônico já existente em Castela. O estudo do direito sul-americano exige, assim, um conhecimento do direito ibérico[18] (de fato, de 1581 a 1640 Espanha e Portugal foram Estados unificados por um mesmo soberano) e, simultaneamente, do direito promulgado especificamente para as Índias. Sobre ambos os temas existem infinitas bibliografias e, por isso, é inevitável remeter aos textos citados nas notas e na bibliografia ao final deste livro.

A assimilação do direito português no Brasil foi total e simultânea, porque Portugal se transferiu para o Brasil, eliminando assim a distinção entre colônia e metrópole.

Para governar as novas terras, o reino de Castela organizou um articulado aparelho institucional e burocrático que devia aplicar as normas segundo uma precisa hierarquia. Efetivamente, como já afirmava Bartolo de Sassoferrato, um reino anexado a outro é comparável ao terreno anexado pela aluvião a um fundo, do qual segue o regime jurídico. As no-

---

18. Além dos textos citados na bibliografia ao final, veja-se, por exemplo, Alfonso García-Gallo, *Los orígenes españoles de las instituciones americanas. Estudios de derecho indiano*, Madri, Real Academia de Jurisprudencia y Legislación, 1992, 1.102 pp.; Sílvio Arturo Zavala, *Las instituciones jurídicas en la conquista de América*, México, Porrúa, 1988, 796 pp. Especificamente sobre o direito espanhol, veja-se José Manuel Pérez-Prendes, *Curso de historia del derecho español. Introducción, fuentes y materiales institucionales*, Madri, Universidad Complutense [1989], 1.324 pp.

vas terras, portanto, recebiam direta e imediatamente o direito da metrópole, sem que fosse necessária nenhuma promulgação ou atividade legislativa específica. A pirâmide institucional devia aplicar em primeiro lugar o direito indiano e depois, supletivamente, as fontes do direito castelhano, segundo uma ordem bem precisa[19]. Sobretudo nos primeiros decênios depois do descobrimento, essa admirável construção institucional e jurídica operou com um certo grau de aproximação, devido à imprevisibilidade das situações geradas naquelas terras desconhecidas e às enormes distâncias que dificultavam as comunicações, favorecendo decisões locais autônomas e autênticas insubordinações. O espírito dos primeiros tempos da Conquista era necessariamente o do lema "on s'engage et puis on voit":

> Governadores, magistrados, capitães – escreve De Madariaga – fluíam para a América com nomeações atribuídas vagamente para territórios nebulosamente conhecidos, com durações incertamente definidas, e, enquanto as solenes e prolixas cartas reais atravessavam o oceano em lentas caravelas, outros capitães já haviam invadido com a força das armas e por iniciativa própria as terras que o alcoviteiro de corte obtivera para si no papel. Os capitães lutavam contra os

---

19. Entre 1511 e 1614, as normas de direito castelhano, em caso de não-existência de equivalentes de direito indiano, foram diretamente aplicadas também na América do Sul. Inicialmente, seguiu-se esta ordem: *Leyes de Toro*; leis e pragmáticas anteriores; *Fuero Real*; *Siete Partidas*. Também as leis peninsulares sucessivas aplicaram-se diretamente às novas terras. Quando o acúmulo das normas tornou necessária uma fusão normativa orgânica, em Castela realizou-se uma *Nueva Recopilación* (1567), com a conseqüente mudança na ordem das normas supletivas em relação ao direito indiano: leis e pragmáticas sucessivas à *Nueva Recopilación*; a *Nueva Recopilación* mesma; *Fuero Real*; *Siete Partidas*. Com o ano de 1614, essa aplicação direta das normas ibéricas terminou: Filipe III ordenara que nas colônias americanas fossem aplicadas apenas as normas aprovadas através do Conselho das Índias. Cf. Abelardo Levaggi, *Manual de historia del derecho argentino (castellano-indiano/Nacional)*. Tomo I: *Parte general*, Buenos Aires, Depalma, 1998, pp. 149-84 (segunda edição ampliada).

índios com pólvora e bombardas, e uns contra os outros com tinta e papel; mas todos sabiam que naquela época, nas Índias, o único caminho seguro para alcançar o sucesso era o próprio sucesso.[20]

Essas disfunções foram diminuindo com a consolidação do governo colonial, mas nunca desapareceram, também por causa da lentidão das comunicações entre metrópole e América do Sul.

Afirmadas as instituições coloniais, o direito indiano teve de encontrar um caminho próprio que – partindo do método vigente na península ibérica, inspirado no *mos italicus* – lhe permitisse "mudar as soluções ou até mesmo – como no caso das leis de tutela dos índios – substituir os princípios medievais pelos do jusnaturalismo da Segunda Escolástica. O conceito de 'tierra nueva' foi um dos mais invocados para justificar a adoção de soluções diferentes daquelas do direito castelhano"[21].

Essa complexa transferência jurídica da metrópole, unida à evolução jurídica local, formou o substrato do direito destinado a reger os territórios tornados independentes no início do século XIX. Enquanto a transformação do direito público foi rápida e radical (e o modelo inspirador vinha das colônias norte-americanas, libertas havia pouco do jugo colonial), o direito privado transformou-se mais lentamente e nas repúblicas independentes as normas jurídicas coloniais sobreviveram por anos. As *Ordenações Filipinas* de 1595 (promulgadas quando Espanha e Portugal estavam unidos sob o reinado de Filipe II de Espanha e I de Portugal) permaneceram vigentes em Portugal até o final de 1867 e no Brasil até 1916[22].

---

20. De Madariaga, *Cortés*, cit., p. 163.
21. Abelardo Levaggi, *Manual de historia del derecho argentino*, Buenos Aires, Depalma, 1998, vol. I, p. 159.
22. Mário Júlio de Almeida Costa, *História do direito português*, Coimbra, Almedina, 1989, p. 285.

8. A gênese do "direito indiano" e as "Leyes de Indias"

Os eventos histórico-jurídicos examinados até aqui produziram um sistema jurídico conhecido como "direito indiano" por se referir especificamente às Índias Ocidentais. Desde seus primórdios, ele se apresentou como um amontoado heterogêneo de normas, freqüentemente de aplicação incerta e sujeitas a uma constante evolução. Nas colônias espanholas da América do Sul, existia assim um pluralismo jurídico muito articulado, fundado em três principais fontes do direito: os direitos espanhóis, canônicos e indígenas. São indicados no plural porque as peculiaridades das colônias impuseram um desdobramento de tais direitos. Efetivamente, os direitos espanhóis dividiam-se em direito castelhano e direito indiano; este último, por sua vez, em direito indiano peninsular e em direito indiano crioulo; o direito indiano crioulo, por seu turno, compreendia as normativas locais e os costumes. Analogamente, os direitos canônicos dividiam-se em direito canônico universal e direito canônico indiano; este último, em direito canônico indiano de origem pontifícia e em direito canônico de origem local (crioula). Enfim, existiam ainda os direitos indígenas, cuja importância diminuía cada vez mais com o fortalecimento do controle ibérico e com a conseqüente afirmação dos outros ordenamentos jurídicos.

Toda a evolução do direito indiano (entendido no sentido lato aqui ilustrado) pode ser encerrada em quatro fases.

a) O transplante do direito castelhano nas Índias (1492-1511). Nos anos imediatamente sucessivos à descoberta da América, os documentos jurídicos centrais foram as Bulas alexandrinas (cf. acima, item 4). Elas ofereciam aos soberanos de Castela o "justo título" para o domínio sobre o novo território de limites ainda incertos. O valor jurídico dessas bulas derivava do reconhecimento das bulas precedentes em favor dos portugueses e, também, da norma das *Siete Partidas*, em que "a concessão por parte do papa" a um soberano era reconhecida como um dos modos legítimos para adquirir uma terra. Nessa primeira fase, isso era suficiente para reconhecer a legitimidade do título.

As Bulas alexandrinas reconheciam aos soberanos espanhóis a aquisição das novas terras a título pessoal, ou seja, como um enriquecimento ocorrido durante o casamento; cada um dos dois soberanos – e não as respectivas Coroas – era proprietário da metade do bem e podia transmiti-lo aos próprios herdeiros. Por isso, após a morte de Isabel, Fernando continuou a se considerar proprietário da metade das Índias, e só com sua morte elas se tornaram propriedade exclusiva da herdeira Joana, a Louca. Os territórios assim adquiridos foram incorporados ao reino ibérico como *acessão*, figura jurídica da aquisição de propriedade que comportava a automática extensão do ordenamento jurídico do reino ibérico às colônias americanas. Dessa forma, todo o direito examinado acima, no item 2, foi automaticamente estendido às Índias; mas a extensão de direito não implicava também a sua aplicação de fato, dificultada por todas as incertezas descritas no item precedente.

Para resolver os problemas não previstos pelo direito de Castela, foram promulgadas normas destinadas apenas às Índias; o direito indiano nascia, por isso, como um direito especial, em relação ao qual o direito castelhano exercia uma função supletiva, intervindo somente em caso de sua incompletude. Nos séculos sucessivos, o equilíbrio entre os dois ordenamentos mudou: enquanto no início o articulado direito castelhano era mais usado que o direito indiano, ainda embrionário, progressivamente o direito indiano se enriqueceu com normas específicas que tornaram cada vez menos necessário o recurso ao direito castelhano.

b) A crítica da Conquista e a defesa dos índios (1511-1566). Com um veemente sermão contra a violência para com os índios, começou em 1511 um verdadeiro movimento indigenista, cuja figura central foi Bartolomé de Las Casas, ele mesmo um colono senhor de índios que depois abandonara os seus bens para se tornar dominicano. Os fatos históricos que provocaram esse movimento já foram expostos acima, no item 5. No plano jurídico, é preciso destacar dois elementos: em primeiro lugar, a grande liberdade com que esse debate – fortemente crítico em relação ao poder dos soberanos e dos governadores coloniais – desenvolveu-se tanto na literatura quanto nos organismos políticos; em segundo lugar, a aceitação de algumas dessas exigências indigenistas em duas leis promulgadas desde o início do próprio debate.

As *Leyes de Burgos*, promulgadas já em 1512-1513, compreendiam as normas propostas por uma "Junta de teólogos e juristas" nomeada pelo rei em 1512, às quais se acrescentaram as normas promulgadas pela rainha em 1513. O título oficial dessas normas já revelava sua intenção humanitária: *Ordenações reais para o bom governo e tratamento dos índios*. Como as críticas dos indigenistas dirigiam-se sobretudo à *encomienda*, essas leis ditavam regras sobre o número de índios a serem atribuídos aos colonos, sobre o trabalho indígena e sobre a instrução religiosa que se devia oferecer a eles. Em particular, procurou-se proteger o trabalho das mulheres e das crianças com menos de catorze anos. A aplicação dessas normas contrariava os interesses econômicos dos colonos, que fizeram de tudo para não aplicá-las, o que suscitou novas críticas dos indigenistas.

As *Leyes Nuevas* foram promulgadas em 1542 na intenção de realizar o que as *Leyes de Burgos* não haviam realizado. Como Bartolomé de Las Casas também participou da nova "Junta de teólogos e juristas", as novas normas revelaram-se muito restritivas em relação à *encomienda*, proibindo principalmente sua hereditariedade. Os colonos se insurgiram com tal violência contra essas leis que no Peru chegou a haver até um movimento independentista. Já em 1545 Carlos V revogou a norma que proibia a hereditariedade da *encomienda*: os índios atribuídos a um colono voltavam assim a ser escravos de fato, porquanto se proclamasse sua liberdade de direito.

Nessa disputa sobre o direito de poder escravizar ou não os índios, é preciso lembrar que Francisco de Vitória afirmou o princípio da livre circulação de qualquer pessoa por todos os mares e do livre comércio em todos os lugares e portos. Esse direito natural autorizava o uso da força contra quem a ele se opusesse, como ocorria então com os índios. Francisco de Vitória lançava assim as bases do direito internacional; ao mesmo tempo, sua teoria assume hoje uma atualidade particular, porque – tendo-se invertido a direção dos fluxos migratórios – ela poderia legitimar a atual imigração dos "extracomunitários" na Europa e dos "latinos" nos Estados Unidos. Com a morte de Bartolomé de Las Casas, em 1566, seu impulso legislativo pode ser considerado extinto; sua influência cultural, porém, constitui um fio constante, ainda que exíguo, para toda a época colonial e mesmo depois, até os nossos dias, que nele vêem um precursor da proteção dos direitos humanos.

O debate originado no direito indiano sobre as relações com os povos extra-europeus e o surgimento do direito internacional mostra claramente como a descoberta da América rompera os esquemas medievais: começava realmente uma época nova, aquela que, por convenção, os historiadores chamam de "moderna".

c) O apogeu do direito indiano: uma "Recopilación" para as Índias (1566-1680). Enquanto, por um lado, afirmava-se repetidamente que nas Índias eram aplicadas as leis castelhanas, por outro, era inevitável levar em conta as exigências particulares dessas novas colônias. Já em 1503 fora criada em Sevilha a *Casa de Contratación*, que até 1765 regulamentaria o monopólio do comércio entre metrópole e Índias, bem como o grande tráfico de ouro e prata dali proveniente. Em 1523, o Conselho Real de Castela instituíra um *Conselho das Índias* com tarefas políticas e legislativas cuja função era garantir o controle central da periferia indiana. Na verdade, os meios de comunicação da época tornavam pouco realista essa pretensão. Assim, pouco a pouco o direito indiano começou a se desdobrar em um direito indiano peninsular, que assumia as formas tradicionais do direito castelhano (leis, pragmáticas, provisões, cédulas reais), e um direito indiano crioulo, nascido das disposições das autoridades locais. Estas últimas tomavam como modelo formal a legislação castelhana, consolidando assim uma continuidade jurídico-formal entre o Velho e o Novo Mundo.

O direito indiano dilatava-se com decisões tomadas caso a caso, sem um plano sistemático; as administrações locais eram cada vez mais autônomas e reagiam às normas que chegavam da metrópole segundo o princípio "obedeça-se, mas não se aplique"; as normas (tanto ibéricas, quanto crioulas) eram emitidas com referência a lugares bem determinados e preferia-se até mesmo reiterar a mesma norma em vários lugares em vez de promulgar uma geral. Esse acúmulo desordenado de leis do direito indiano acarretou duas conseqüências: por um lado, a existência de um *corpus* de normas locais específicas tornava cada vez menos necessário o apelo às normas castelhanas, quase sempre inadequadas; por outro lado, repetia-se nas Índias o fenômeno de proliferação e confusão normativa que já ocorrera em Castela, tornando-se assim indispensável corrigi-lo com o mesmo instrumento legislativo: a consolidação da normativa vigente.

A essa expansão do direito indiano correspondeu a progressiva limitação da transferência do direito castelhano. Essa limitação começou em 1614: as normas promulgadas na península só seriam aplicadas nas Índias quando expressamente adotadas pelo Conselho das Índias e promulgadas com uma Cédula Real. Deixava de existir assim aquela transferência imediata e automática do direito ibérico para as Índias, que caracterizara o primeiro século da colonização sul-americana. Essa disposição referia-se ao direito *novo* que era promulgado na Espanha; mas logo foi necessário limitar também o apelo ao direito castelhano tradicional, genericamente designado nas Índias como *Leyes de Toro*. Com as determinações de Filipe II declaravam-se aplicáveis às Índias apenas a *Recopilación* castelhana de 1567 e as *Siete Partidas*. No mais, eram suficientes as normas do direito indiano, agora muito – ou melhor, demasiado – numerosas.

Filipe II já fizera reorganizar a partir de 1567 as normas existentes nas Índias num *corpus* que tivesse uma vigência paralela e paritária à legislação tradicional castelhana. Depois de várias e laboriosas tentativas, só em 18 de maio de 1680 Carlos II pôde promulgar a *Recopilación de las Leyes de los Reynos de las Indias*. Como nas obras castelhanas similares, vários textos normativos eram fundidos em uma única norma, cuja validade derivava da pragmática com que o rei promulgava a compilação. Contudo, deve-se registrar uma novidade em relação às normas das Índias: essa *Recopilación*, mesmo fundindo normas locais, tinha valor geral, ou seja, aplicava-se a todas as colônias espanholas da América do Sul. Enfim, ela não se ocupava do direito civil, pois para este último continuava a vigorar o direito castelhano, com as limitações expostas.

d) *Dos Bourbons a Napoleão: o fim do direito indiano (1680-1808)*. Pouco depois da compilação das leis das Índias, explodiu na Europa a guerra pela sucessão do trono da Espanha (1701-1714), que se concluiu com uma mudança de dinastia: à Espanha dos Habsburgos sucedia a dinastia dos Bourbons. As inovações introduzidas pela nova dinastia modificaram muito as relações entre a metrópole e as colônias e inovaram as estruturas administrativas das próprias colônias.

Como foi recordado (cf. acima, item 6), no início do século XVIII a organização territorial das colônias espanholas já compreendia os dois vice-reinos da Nova Espanha e do Peru, aos quais se acrescentaram os vice-reinos de Nova Granada em 1717 e o do Rio da Prata em 1776. A estes, nesse mesmo século, uniram-se oito capitanias: Venezuela, Chile, Porto Rico, Cuba, Louisiana (vendida em 1803 pela França aos Estados Unidos, que assim duplicaram sua superfície), Flórida (cedida em 1819 pela Espanha aos Estados Unidos), Guatemala e São Domingos.

A dinastia dos Bourbons dispôs-se a reconquistar terreno (e receitas fiscais) nas colônias sul-americanas. Tentou, assim, ainda que sem sucesso, promulgar códigos de tipo iluminista para as minas de prata e para os negros do Caribe. O comércio com as colônias foi favorecido pela instituição de companhias comerciais. Todos os portos espanhóis (e não apenas os de Cádiz e Sevilha) podiam agora negociar livremente com as colônias. Também a legislação peninsular sobre as Índias aumentara, de forma que muito cedo as *Leyes de Indias* de 1680 se revelaram envelhecidas e incompletas. Mas, se fora difícil promulgar aquela primeira compilação, foi efetivamente impossível substituí-la por uma mais adequada aos novos tempos. As novas compilações nunca foram concluídas. A própria constituição liberal de Cádiz de 1812, mesmo declarando sua validade para os espanhóis de ambos os hemisférios, não encontrou aplicação na América do Sul.

Não obstante os ajustes institucionais acessórios, toda a organização colonial se mostrava cada vez menos adequada aos novos tempos, agitados pelas idéias do Iluminismo. As antigas estruturas haviam nascido para afirmar colônias européias pouco povoadas num território desconhecido, mas habitado por índios quase sempre hostis. Essas colônias deviam defender-se por conta própria e enviar à metrópole a maior quantidade possível de riquezas, na forma de tributos ou bens a serem comercializados. Com o final do século XVIII, todavia, a pacificação do continente sul-americano podia considerar-se completa, ainda que de 1721 a 1808 tenham ocorrido seguidas revoltas, porém com caráter local. Assim, para conservar as colônias, era indispensável garantir o seu livre comércio. Em 1783 o conde Aranda propôs a Carlos III a criação de três reinos independentes – México, Peru e Costa Firme – confiados a herdeiros da monarquia espanhola: estava de fato convencido de que a única maneira de manter o vínculo com as colônias era atenuá-lo.

Embora fosse um soberano iluminista, Carlos III não quis aceitar essa reforma drástica e tentou uma reestruturação colonial, deixando intacto o número dos vice-reinos, mas reorganizando a máquina administrativa destes. Levando em conta o aumento da população e o verdadeiro peso econômico de cada distrito, reuniu-os em *intendências*. O governador-intendente tinha amplas competências administrativas e se submetia ao vice-rei e a um intendente fiscal e militar. Resultava daí um projeto administrativo mais aderente à realidade das colônias e uma redução das competências dos vice-reis. A realização dessa reforma, contudo, suscitou ressentimentos nos administradores coloniais: assim, ela se prolongou por anos e nunca foi aplicada em todo o território colonial. Em 1764, foi instituída a intendência de Cuba e em 1786 o México foi dividido em onze intendências; porém, o México setentrional e toda Nova Granada não foram atingidos pela reforma. Em suma, as colônias americanas enfrentaram o século XIX dirigidas por instituições decrépitas.

Contudo, as relações com a metrópole poderiam continuar ainda por muito tempo, com o acesso dos cargos públicos cada vez mais aberto aos criulos, com a extensão do comércio também a outros Estados, com medidas humanitárias aplicadas aos índios e aos escravos, enfim, com aquela movimentada alternância de queixas e de concessões que caracteriza o *status quo* nos países latinos. Em vez dessa transformação e da lenta desintegração do império colonial, a época napoleônica levou à revolução e à súbita ruptura entre colônias e metrópole.

9. O direito no Brasil colonial

O descobrimento do Brasil, ocorrido tão oportunamente em 1500, logo depois do Tratado de Tordesilhas (cf. acima, item 4), não foi acompanhado por um imediato interesse de Portugal pela nova possessão. Num primeiro momento, seus interesses continuaram voltados para as Índias Orientais e para o comércio que com elas desenvolvia, seguindo as tradicionais rotas ao longo da África e do sul da Ásia. Somente depois de cerca de trinta anos os soberanos portugueses perceberam o risco de perder aquela terra americana da qual se sabia bem pouco. Iniciaram assim sua colonização, mas sob o signo da parcimônia: a Coroa preferiu delegar a exploração das novas terras a empreendedores privados, limitando-se a conservar sua soberania formal e sobretudo a receber os tributos. Na origem, portanto, as colônias portuguesas do Brasil tinham uma estrutura feudal, embora o instituto feudal já estivesse ultrapassado na Europa. A Espanha, ao contrário, desde o início procurou evitar essa forma organizativa em suas próprias colônias e a Coroa se comprometeu diretamente na exploração colonial.

a) As capitanias (1532-1548). A colonização do Brasil começou em 1532, quando João III decidiu dividir o território brasileiro em quinze "capitanias" hereditárias, ou seja, em territórios costeiros de 50 milhas confiados a pessoas encarregadas de explorá-los economicamente e de expandi-los para o interior, de modo que não entrassem em conflito com os outros capitães que haviam recebido outras partes de costa limítrofe. Esse sistema de atribuição determina ainda hoje a geografia política dos Estados mais antigos do Brasil, isto é, os que se encontram no atual Nordeste, naquela parte do continente americano mais próxima da Europa e, portanto, de acesso mais fácil aos navegadores provenientes de Portugal e dos Açores. Ainda hoje aqueles Estados apresentam-se como pequenos trechos de terra costeira com um interior que penetra no continente perpendicularmente à linha do Tratado de Tordesilhas.

As quinze capitanias originárias foram concedidas com uma "carta de doação", com a qual o soberano se reservava todos os direitos alfandegários e o comércio das especiarias, bem como um quinto do comércio de metais e pedras preciosas e um décimo do comércio de qualquer outro produto. Esses territórios foram povoados por colonos que chegaram com o capitão, por criminosos deportados, por índios atribuídos aos colonos e por escravos negros. Os poderes concedidos aos capitães eram enormes. No plano fiscal, tinham até mesmo o direito a uma "redízima", ou seja, a receber um décimo sobre a dízima que os colonos pagavam ao rei. No plano judiciário, decidiam sem apelação todas as causas civis e podiam condenar à morte escravos, trabalhadores braçais e indígenas livres. As capitanias dispunham também de um direito de asilo, que acabou atraindo para o Brasil todos os tipos de pessoas pouco recomendáveis. A grande autonomia das capitanias nascia do desejo da Coroa de colonizar o Brasil sem investimentos diretos: os grandes poderes do capitão eram sua compensação pelas despesas com armamentos e viagem, pela colonização e pelo recolhimento dos tributos.

A experiência das capitanias fracassou porque alguns donatários nunca chegaram às colônias por falta de fundos ou de vontade, ou ainda por naufrágios ou combates com índios hostis. Outros ali chegaram, mas tiveram enormes dificuldades com os índios e com os colonos, especialmente com os ali instalados por direito de asilo. Ainda assim, na autonomia das capitanias pode-se vislumbrar a primeira escola política dos brasileiros, aquela que – unida aos problemas peculiares de sua terra – os tornou diferentes dos colonos espanhóis. Os portugueses que chegaram ao Brasil acostumaram-se a administrar sozinhos e a tratar com capitanias diferentes, mas igualitárias: talvez seja esta a primeira raiz daquele espírito federal que, a despeito de todas as revoltas, conseguiu manter unido o Brasil até os dias atuais.

As *Ordenações Manuelinas* regiam a pirâmide hierárquica das capitanias. Em particular, as relações entre capitães e soberano eram relações feudais mais estreitas que as existentes na época em Portugal, porém adequadas à situação peculiar das novas colônias:

> Os direitos dos colonos livres e os dolorosos deveres dos trabalhadores escravos codificavam-se na vontade e nos atos do donatário, chefe militar e chefe industrial, senhor da

terra e da justiça, distribuidor de sesmarias e de penas, construtor de vilas e empresário de guerras contra os índios.[23]

Era, em suma, uma situação análoga à observada na primeira época da colonização espanhola. Depois de uma quinzena de anos, esse sistema de doações foi submetido a um controle, com a criação de um governo-geral na Bahia.

b) Os governadores-gerais, depois vice-reis (1548-1807). Para coordenar as capitanias, em 1548 foi instaurado na Bahia um governo central para o Brasil, chefiado por um governador, que a partir de 1577 recebeu o título de governador-geral. O poder era dividido com um ouvidor-geral para a administração da justiça, com um procurador-mor para os assuntos fiscais e com um capitão-mor para a defesa. A centralização na Bahia, não obstante as aparências, acabou favorecendo as capitanias, porque a Bahia não tinha força suficiente para controlá-las, enquanto as livrava de algumas incumbências administrativas, melhorando sua defesa militar.

Naqueles anos, chegaram também ao Brasil os primeiros jesuítas, cuja presença se revelaria fundamental para a proteção dos índios e o desenvolvimento da instrução. De fato, a Coroa portuguesa também possuía um direito de patronato sobre a Igreja da colônia, consignado com uma bula pontifícia de 1514, e o dever de evangelizar os índios. Da mesma forma que nas colônias espanholas, os jesuítas organizaram também no Brasil comunidades indígenas com gestão autônoma em relação às autoridades civis. A prosperidade econômica dessas comunidades logo as levou a entrar em conflito com os colonos locais. Em Portugal, isso exigiu a criação de um "tribunal de consciência" (*Mesa de Consciência e Ordens*) que dirimia também essas controvér-

---

23. [José] Isidoro Martins Júnior, *História do direito nacional*, Brasília, Ministério da Justiça – Departamento de Imprensa Nacional, 1979, p. 109; essa obra, considerada um clássico da história jurídica brasileira, foi publicada pela primeira vez em 1895.

sias com uma jurisprudência fragmentária e freqüentemente contraditória. O contraste de interesses acabou assumindo a forma de conflito armado, como veremos depois, ao falar dos *bandeirantes*.

O direito privado continuava a ser dirigido pelas compilações portuguesas, notando-se que, a partir de 1603, as *Ordenações Filipinas* haviam substituído as *Manuelinas*. O direito público, ao contrário, teve sua própria evolução, após o acúmulo de atos normativos promulgados pela metrópole para organizar a colônia (regimentos, alvarás, cartas régias etc.).

O eixo do Brasil começou a se deslocar do Nordeste para o Sul em 1565, com a fundação do Rio de Janeiro. Esse fato também é reflexo de um acontecimento europeu. A expulsão dos protestantes da França levara à diáspora dos huguenotes, que, ao aportarem também no Brasil, fundaram uma "France Antarctique" na baía de Guanabara. Precisamente para enfrentar essa colonização, os portugueses fundaram então o Rio de Janeiro, destinada a ser a esplêndida capital do Brasil de 1763 a 1961 (quando a capital foi transferida para Brasília).

No final do século XVI, a agricultura brasileira produzia sobretudo açúcar. Em contrapartida, perdia importância a exportação de *pau-brasil*, madeira usada como corante por sua tinta vermelho-brasa, famosa a ponto de ter emprestado o nome à própria colônia[24]. Para aumentar a produção de açúcar, contudo, era preciso mais mão-de-obra, que podia ser fornecida ou pelos índios, reduzidos à escravidão, ou ainda pelos escravos negros importados dos domínios portugueses na África.

A polêmica sobre a escravidão dos índios, paralela à já examinada para as colônias espanholas, levou a Coroa portuguesa a promulgar em 1570 uma "lei sobre a liberdade

---

24. Ao que parece, em italiano essa madeira se chamava "verzino": "*Verzinum mercatores Itali, Hispani brasilum appellant*" (Pietro Martire, *Decadi*, I, l. IX).

dos índios", que – depois de ter sido hostilizada pelos colonos – foi revogada e substituída por outras leis igualmente ineficazes. Na caça aos índios especializaram-se organizações paramilitares, mas particulares, que adentravam no território brasileiro para capturar escravos e procurar riquezas minerais. Como essas colunas armadas eram precedidas por uma bandeira, as expedições foram chamadas de *bandeiras* e seus participantes, de *bandeirantes*. As bandeiras oriundas do Estado de São Paulo eram particularmente malvistas pela brutalidade com que enfrentavam os índios e pelos conflitos com as missões dos jesuítas. Contudo, deve-se registrar como mérito dos bandeirantes a primeira exploração do vastíssimo interior do Brasil; ainda hoje, a população brasileira está concentrada sobretudo no litoral, enquanto se rarefaz à medida que nos deslocamos para o interior[25].

O tráfico de escravos negros da África tornou-se cada vez mais intenso e determinou a estrutura demográfica do Brasil. As crônicas do século XIX falam de um país com uma forte presença de negros e mestiços; só com a imigração européia, entre os séculos XIX e XX, essa proporção mudaria, a favor decididamente dos brancos.

A união pessoal entre Espanha e Portugal entre 1581 e 1640 levou à instituição, em 1604, de um Conselho das Índias também em Lisboa, seguindo o modelo do espanhol: o "Conselho da Índia", transformado em "Conselho Ultramarino" em 1642. Cabia a ele decidir "sobre toda matéria e assunto de qualquer natureza, relativa aos Estados da Índia e do Brasil e aos territórios de além-mar, com exceção das ilhas dos Açores e da Madeira e da costa oriental da África". A esse conselho estava subordinada a administração civil e militar, fiscal e eclesiástica, além da judiciária. Tratava-se de um tribunal com competências também territo-

---

25. A Coroa organizava expedições semelhantes, as *entradas*, que porém não podiam ultrapassar – ao menos oficialmente – a linha do Tratado de Tordesilhas.

riais tão vastas que dois anos depois de sua criação tentou-se coordená-lo com outros organismos. Além disso, ao lado do "Conselho da Índia", continuavam a existir as instituições anteriores: na Bahia, havia um governador-geral, auxiliado por um tribunal de apelação (*Relação*) e por um intendente fiscal (*provedor-mor*), enquanto nas antigas capitanias todos os poderes estavam concentrados nas mãos do capitão-geral.

Nesse meio tempo, a miragem do ouro contagiara também os portugueses: em 1603 foi promulgado um código minerário para conceder aos cidadãos a exploração de jazidas, mediante pagamento de um tributo.

A intensificação da colonização tornou necessário, em 1621, dividir a colônia entre dois governadores-gerais, um para o Maranhão (ou seja, para o território do Nordeste e da região amazônica) e outro para o resto do Brasil. Maranhão e Brasil tornam-se, assim, *Estados*, dependentes ambos da Coroa e titulares de um poder legislativo autônomo (análogo ao que levara à criação do "direito indiano criou-lo" nas colônias espanholas). O aumento da importância econômica da colônia reflete-se também no fato de os governadores-gerais terem assumido, a partir de 1720, o título de vice-reis.

Os reflexos dos conflitos europeus e a intenção de usurpar as ricas plantações de açúcar levaram a duas tentativas de invasão do Brasil. Além dos huguenotes, na verdade mais refugiados que invasores, por volta de 1612 os franceses tentaram sem sucesso expandir-se na direção da foz do rio Amazonas. Mais duradoura e culturalmente muito significativa foi, ao contrário, a invasão dos holandeses no Estado de Pernambuco. A expedição de Maurício de Nassau controlou o Nordeste a partir da cidade de Recife, estendendo o domínio holandês sobre o lucrativo comércio do açúcar e dos escravos. Mas aquela expedição militar também se preocupou em administrar o território, fazendo-o estudar por naturalistas e retratar por pintores europeus. O breve domínio holandês – que durou efetivamente de 1624 a 1654 – deixou no Nordeste a lembrança de um bom governo e transmitiu à Europa a imagem do Brasil como terra de legendária beleza.

Os verdadeiros e temíveis adversários dos portugueses eram, porém, os espanhóis, cujas colônias circundavam o imenso espaço brasileiro colonizado apenas no litoral; e exatamente no litoral ocorriam constantes escaramuças, ligadas ao contrabando e à pirataria. O eixo do Brasil começava, nesse meio tempo, a se deslocar cada vez mais para o Sul; da região do açúcar no Nordeste nos séculos XVI-XVII (o já mencionado Pernambuco), à dos metais e das pedras preciosas nos séculos XVII-XVIII no centro (em 1720 foi criada a capitania de Minas Gerais, nome atual de um Estado brasileiro), à do café e do gado no Sul nos séculos XVIII-XIX (a região dos Estados de São Paulo e daqueles do Sul). Por isso, em meados do século XVIII também a capital foi transferida para o Sul, de Salvador, na Bahia, para o Rio de Janeiro. O ponto de atrito tornou-se então o estuário do Rio da Prata, sobre o qual se debruçavam os dois impérios coloniais. Em 1680, Portugal fundou na foz do Rio da Prata a colônia de Sacramento, destinada a conter os espanhóis e a constituir uma cabeça-de-ponte para uma eventual expansão para além daquele rio. Esse território, submetido a conquistas alternadas, deu origem ao atual Uruguai.

Só em 1777 as fronteiras entre os dois impérios coloniais foram estabelecidas no Tratado de Santo Ildefonso. O Brasil renunciava à expansão pelo Rio da Prata, mas podia expandir-se para o interior, ultrapassando a linha fixada pelo Tratado de Tordesilhas. A colônia portuguesa assumia assim as dimensões mais ou menos correspondentes às do Brasil atual. A situação das colônias espanholas, ao contrário, se revelaria bem mais complicada.

O Iluminismo europeu encarnou-se em Portugal na figura marcante do Marquês de Pombal (1699-1782), que procurou modernizar também a colônia sul-americana. Ordenou a consolidação das leis brasileiras e reformou o sistema judiciário: efetivamente, instituiu uma *Relação* no Rio de Janeiro e, nas províncias, as "Juntas de justiça", chamadas a resolver com processo sumário as causas menores, especialmente as relativas aos abusos do clero. Pombal facilitou o acesso de brasileiros às universidades portuguesas, das quais muitos jovens voltaram embebidos de idéias liberais que prepararam os movimentos independentistas no Brasil.

Novamente tentou-se mitigar a condição dos índios com um decreto de 1757. Mas a expulsão dos jesuítas em 1759, e a conseqüente dissolução de suas missões, não se traduziu decerto numa melhoria para os índios. A essa altura, porém, no horizonte europeu perfilava-se a Revolução Francesa e, sobretudo, o advento de Napoleão, destinado a abalar o equilíbrio do continente sul-americano.

10. O século das revoluções: Napoleão entre o "bem-estar da França" e a "felicidade da América"

No curso de poucas décadas três revoluções mudaram a ordem política mundial. A onda revolucionária começou na América, atingiu a Europa e dali retornou à América: em 1774, explodiu a revolução nas colônias inglesas destinadas a se tornar os Estados Unidos da América; em 1789, estourou a Revolução Francesa e, enfim, por volta de 1810, começaram as revoluções na América do Sul.

Os três eventos estavam reciprocamente vinculados pela circulação de modelos políticos novos, fundamentados na participação política de camadas cada vez mais amplas da população. Contra essa participação e contra o espírito nacional reagiram, no plano político, a Restauração de Metternich e, no plano diplomático e jurídico, o Congresso de Verona de 1822. A barreira anti-revolucionária mostrou-se eficaz na Europa, que até 1848 desfrutou de um longo período de estabilidade, paga porém com uma feroz repressão antiliberal. Mas essa barreira não foi eficaz na América do Sul: aqueles Estados não interromperam sua marcha para a independência, que coincidiu, todavia, com uma difícil relação com as formas democráticas de governo.

A essa altura, é oportuno retroceder alguns anos e lembrar o progressivo enfraquecimento da França até a explosão da (segunda fase da) Revolução Francesa em 1792 e a sucessiva ascensão ao poder de Napoleão Bonaparte. Adversária irredutível da França (que guilhotinara seu legítimo soberano e subvertera a ordem dinástica européia) era a monarquia inglesa, com seus aliados. Entre todas as questões daquele período, é necessário observar mais de perto as que freqüentemente são transcuradas no ensino tradicional europeu: as ambições extra-européias, ou melhor, universais de Napoleão.

A expansão colonial inglesa, consolidada nos anos da decadência pré-revolucionária da França, corria agora um sério perigo. Com a Louisiana na foz do Mississipi e a Guiana Francesa na foz do Amazonas, Napoleão controlava os dois maiores rios americanos. Em 1795, ele obtivera da Espanha uma parte do Haiti. Ali os negros haviam levado demasiado a sério a mensagem revolucionária de liberdade, igualdade e fraternidade e se rebelaram; mas Napoleão os subjugara de novo em 1801. Entrementes, interviera na Índia, proclamara a Austrália "Terre Napoléon" e restabelecera boas relações com o Império Otomano. A campanha da Espanha, iniciada já em 1793, levara ao acordo de Aranjuez (de 21 de março de 1801), um bom exemplo de como os destinos da Europa e da América faziam parte de uma única estratégia napoleônica: com aquele tratado, a Espanha devolveu a Louisiana à França e Napoleão criou o reino de Etrúria (a atual Toscana) para a filha e o genro do soberano espanhol Carlos IV. Os espanhóis, por sua vez, apoiaram as tropas francesas na invasão de Portugal (cf. acima, item 12 *a*).

Essa condescendência não salvou, contudo, a monarquia espanhola: a inépcia de Carlos IV entregou o território da Espanha a Napoleão em 1808. Após a sublevação no palácio de Aranjuez e a prisão do cínico primeiro-ministro Godoy, Carlos IV foi obrigado a abdicar em favor de Fernando VII. Para resolver a contenda, Napoleão os convida a ir a Bayonne, onde os dois são aprisionados. Enquanto Joaquim Murat reprimia a rebelião madrilenha de 2 de maio de 1808 com as tropas francesas que se encontravam na Espanha desde o ano anterior, quando haviam invadido Portugal, a Coroa da Espanha passou a José Bonaparte, chamado de volta do Reino de Nápoles. Com as rebeliões de Madri, Napoleão sofria uma primeira derrota e a Espanha começava uma revolução (ambígua, porque ao mesmo tempo liberal e aristocrática) que se encerraria com a restauração dos Bourbons. No turbilhão dos eventos que caracterizaram o qüinqüênio entre 1808 e 1813, Napoleão precisou ocupar-se também das colônias espanholas na América do Sul.

Sua finalidade era a exploração das riquezas daquelas terras em favor do império francês. Mas, para alcançá-la, empregou meios alternados: inicialmente, reafirmou o vínculo das colônias com a metrópole ibérica; depois, declarou-se paladino de sua independência. Esses posicionamentos, aparentemente contraditórios, mas coerentes nos objetivos, eram ditados por uma avaliação realista, tanto dos eventos ibéricos quanto da política inglesa.

De Bayonne, escrevia ao irmão José em 10 de maio de 1808: "A Espanha não é o Reino de Nápoles: são onze milhões de habitantes, mais cinqüenta milhões de rendas, sem contar as imensas rendas e as possessões de todas as Américas."[26] A Constituição de Bayonne conferia uma roupagem jurídica a esses interesses: atribuía maiores poderes aos crioulos, ao mesmo tempo que concedia à França as mesmas prerrogativas comerciais da Espanha.

A partir desse momento, Napoleão teve de travar uma luta contra o tempo, condicionada pelo controle inglês sobre os mares e pelas dificuldades de comunicação próprias

---

26. *Correspondance Napoléon*, Paris, Imprimerie Impériale, 1858-1869, tomo 17, p. 86, citado por Jacques Penot, Les hispano-américains et Napoléon, em *Les Espagnols et Napoléon. Actes du Colloque International d'Aix-en-Provence 13-15 Octobre 1983*, Aix-en-Provence/Marselha, Université de Provence, 1984, p. 51.

da época. A notícia da nova situação política da Espanha devia chegar o mais breve possível às colônias e, simetricamente, as colônias deviam fazer chegar o mais rápido possível as riquezas de que o império francês precisava. Dados os recursos técnicos da época, a distância das Américas constituiu um obstáculo insuperável às relações normais com a Europa.

O tema da distância era enfatizado também por Tocqueville, cujos argumentos sobre a invulnerabilidade militar dos Estados Unidos são sem dúvida válidos também para toda a América do Sul. Aos Estados Unidos, afirma Tocqueville, não podem chegar perigos militares advindos do império do México por três motivos: o "estado pouco avançado da civilização, a corrupção dos costumes e a miséria"[27]; nem das potências européias, porque "a distância em que se encontram as torna pouco temíveis"; em resumo, "a grande sorte dos Estados Unidos não está em possuir uma constituição federal que lhes permita sustentar grandes guerras, mas em estar localizados de modo a não ter que temer nenhuma guerra"[28]. Pode-se compreender melhor o incomensurável impacto emocional que o atentado de 11 de setembro de 2001, contra as Torres Gêmeas de Nova York, provocou nos americanos quando se considera que, desde a independência, esse foi o primeiro ataque direto do inimigo ao solo dos Estados Unidos.

Desafiando essa distância, Napoleão queria enviar à América o mais rápido possível os documentos sobre a mudança da dinastia na Espanha e sobre a nomeação dos novos ministros e generais: no total, vinte e três documentos reunidos pelo ministro do Exterior, o conde de Champagny. Essa documentação foi reforçada por um substancioso envio de armas. Vários exemplares do "courrier de Champagny" precisavam ser divididos entre pequenas embarcações capazes de fugir à frota inglesa.

---

27. Alexis de Tocqueville, *La democrazia in America*, Milão, Rizzoli, 1994, p. 165.
28. Ibid., p. 166.

Napoleão acompanhava pessoalmente esses preparativos, dava disposições para a construção das sete embarcações e para o seu financiamento, inquietava-se com a lentidão das obras e reclamava com o ministro: "Se à frente da minha marinha estivesse um Ministro sensato – escrevia –, depois de minhas palavras deveriam estar prontos quarenta navios [...] e, mesmo que esses quarenta navios fossem capturados, ao menos o Ministro teria cumprido o seu dever."[29] Mas a impaciência de Napoleão era injustificada: os estaleiros de Bayonne, entre maio de 1808 e fevereiro de 1809, montaram cerca de trinta dessas embarcações. Outros exemplares do "courrier de Champagny" foram entregues à marinha de guerra e aos piratas.

Não obstante as numerosas capturas efetuadas pelos ingleses, alguns pacotes chegaram ao destino, dando início à campanha napoleônica de informação das colônias espanholas. Mas os tempos tinham sido longos demais: as informações de Napoleão chegaram quase ao mesmo tempo que as difundidas pelos ingleses sobre a sublevação antifrancesa na Espanha.

Exemplar foi o ocorrido em Buenos Aires, onde os mensageiros de Napoleão esperavam poder contar com o apoio do general de origem francesa Jacques de Liniers, então vice-rei de La Plata. O emissário francês, o marquês de Sassenay, desembarcou fortuitamente nas proximidades de Montevidéu em 9 de agosto de 1808, mas o navio francês teve que ser afundado por seus próprios ocupantes para escapar dos ingleses. De Sassenay alcançou Montevidéu em 18 de agosto; exatamente naquele dia uma embarcação trazia de Cádiz a notícia da insurreição antinapoleônica. Logo as representações das autoridades francesas nas Antilhas e na Guiana informaram Paris de que em toda parte o "courrier de Champagny" fora recebido com frieza ou até mesmo com hostilidade. As colônias sul-americanas não se enfileiraram com José Bonaparte.

---

29. Penot, *Les hispano-américains et Napoléon*, cit., p. 55.

A dramática inferioridade naval de Napoleão e de seu irmão José pode ser resumida por um fato emblemático. Em 1811, o almirante Decrès continuava a pedir inutilmente a José Bonaparte que especificasse qual era a bandeira marítima do novo reino da Espanha, para diferenciá-la da bandeira dos rebeldes legitimistas. E a resposta não chegava pelo simples fato de que a Espanha napoleônica não tinha uma marinha propriamente dita. Conseqüentemente, apesar de algumas tentativas de desenvolver uma política sul-americana autônoma, José Bonaparte não tinha outra escolha senão seguir os movimentos do irmão imperial, transformado, nesse meio tempo, em defensor da independência das colônias espanholas.

A nova política foi anunciada em 12 de dezembro de 1809 pelo ministro do Interior, conde de Montalivet:

> Se a Espanha perder suas colônias, será porque o quis. O imperador não se oporá nunca à independência das nações continentais da América: esta independência está na ordem necessária dos eventos, está na justiça, está no bem compreendido interesse de todas as potências. Nada do que possa contribuir para a felicidade da América se contrapõe ao bem-estar da França, que será sempre suficientemente rica se for tratada com igualdade por todas as nações e em todos os mercados da Europa. Quer os povos do México e do Peru queiram estar unidos à sua metrópole, quer desejem se elevar às alturas de uma nobre independência, a França não se oporá a isso, desde que esses povos não contraiam nenhum vínculo com a Inglaterra.[30]

O imperador especificava que jamais seria obstáculo "à independência das nações *continentais* da América" porque, na área sul-americana, as possessões francesas eram sobretudo insulares. Mas, no resto do continente, a França passou para o lado dos rebeldes.

---

30. Exposé de la situation de l'Empire au 1ᵉʳ décembre 1809, em *Moniteur Universel*, 14 dezembro 1809, citado por Jacques Penot, *Les hispano-américains et Napoléon*, cit., p. 60.

Com essa reviravolta, começava uma guerra de agentes de tarefas misteriosas, encarregados de apoiar as insurreições sul-americanas, de armar os revoltosos e de informar a França. O agente Desmoland, dos Estados Unidos, dirigia uma rede de cerca de sessenta agentes que operava no México, na América Central, na Venezuela, na Nova Granada e em La Plata. O agente Jacques Athanase d'Amblimont, de New Orleans, recebera também a tarefa de fundar lojas maçônicas, para se filiarem à "Loja da amizade" da Filadélfia.

Como o sucesso de um agente secreto consiste precisamente em ser secreto, é difícil dizer qual fora a efetiva contribuição desses agentes para os movimentos de independência na América do Sul, porque muitas ações obscuras se entrelaçavam nos mesmos territórios. Os agentes secretos franceses agiam independentemente das autoridades oficiais napoleônicas, e todos eram vigiados com suspeita pelas juntas legitimistas na Espanha: o Conselho de Regência enviara Luis de Onís à Filadélfia para observar todas essas intrigas, às quais se acrescentavam, obviamente, as dos agentes ingleses.

Os interesses concretos da França evidenciam-se claramente numa carta que o ministro do Exterior, conde de Bassano, envia em 1811 ao general Sérurier, embaixador em Washington: "Sua Majestade não se limita mais a aprovar os princípios da independência: ajudará a colocá-los em prática com o envio de armas e com todos os meios de que dispõe, desde que a independência dessas colônias seja pura e simples e desde que não assumam nenhum vínculo especial com os ingleses."[31]

Com esse plano, a França continuava a política com a qual, no anos anteriores, favorecera a independência dos Estados Unidos; assim, os Estados Unidos – que até o mo-

---

31. *Dépêche du Ministère des Affaires Etrangères à Sérurier*, Compiègne, 16 septembre 1811 (*Correspondence politique États-Unis*, vol. 66, f. 98), citado por Jacques Penot, *Les hispano-américains et Napoléon*, cit., p. 64.

mento haviam mantido uma atitude de prudente espera – tinham agora o dever moral de colaborar com a França para a independência dos Estados da América do Sul. A mensagem do presidente Madison ao Congresso, de 5 de maio de 1811, confirmou essa convergência de intenções. Mas a política francesa continuava a ser apenas uma afirmação de princípios, porque a inferioridade naval os impedia de levar ajuda aos insurretos. Por isso Sérurier pedia que Washington ajudasse os rebeldes venezuelanos com armas e instrutores, enviados da França em navios dos Estados Unidos. Mas o terremoto de março de 1812 destruiu Caracas e o movimento revolucionário. No México, nenhuma ajuda pôde ser dada a Morelos. Os insurretos de Santa Fé e de Buenos Aires também ficaram sozinhos.

Agora não se devia mais enfrentar apenas um dramático problema de logística naval: Napoleão se deparava também com as derrotas da Espanha e da Rússia. Em 11 de dezembro de 1813, com o Tratado de Valençay, ele foi obrigado a restituir a Fernando VII a Coroa que ainda se chamava "da Espanha e das Índias", embora estas últimas já tivessem tomado o caminho da independência.

11. As colônias espanholas, de vice-reinos a repúblicas

Como dissemos, em 5 de maio de 1808 Napoleão obrigou a dinastia espanhola a abdicar em favor do irmão, José Bonaparte. A essa altura, toda a península Ibérica fora subtraída de suas dinastias tradicionais e, para as colônias sul-americanas, apresentava-se o dilema de qual governo da metrópole deveria ser considerado legítimo e a quem se deveria obedecer, portanto.

A situação de Portugal resolveu-se num caso único na história das elites no poder: a Corte portuguesa transferiu-se em massa de Lisboa para o Brasil, como veremos no próximo item.

A situação espanhola logo se mostrou mais complexa. Antes de tudo, explodiu uma inesperada revolta popular antifrancesa que durou de 1808 até a queda de Napoleão, em 1814. Nesse meio tempo, instalava-se em Madri o governo do invasor francês, enquanto na Andaluzia formava-se um governo legitimista, a "Junta Central Governativa do Reino" ("Junta Central Gubernativa del Reino" ou, mais brevemente, "Junta Suprema Central"), mais tarde transformada em "Conselho de Regência" ("Consejo de Regencia"). As colônias espanholas defrontaram-se assim com uma tríplice dúvida: num primeiro momento, precisavam entender o que estava realmente ocorrendo na metrópole; esclarecido este ponto, tinham de decidir se se alinhavam com o invasor francês ou se permaneciam fiéis à dinastia deposta e ao seu governo legitimista; ou ainda, se aproveitavam a ocasião para seguir o exemplo das colônias inglesas da América do Norte e proclamavam a própria independência. Em 1810, a história das colônias espanholas separou-se da história da agora ex-colônia portuguesa: esta última seguiu sua trajetória muito peculiar, enquanto para as primeiras começou um período tanto de guerra aberta contra as tropas enviadas pela Espanha para readquirir o controle do território quanto de lutas internas entre independentistas e lealistas, entre republicanos e monarquistas, entre federalistas e centralistas.

Os movimentos independentistas de 1810 tiveram início nas cidades litorâneas que, por suas transações comerciais – e também por estarem mais abertas às idéias que vinham da Europa e da América do Norte independente –, recebiam mais rapidamente as notícias do Velho Continente. Em 1810, os conselhos municipais de Buenos Aires e Caracas declararam a independência da Espanha, seguidos no mesmo ano pelos de Santa Fé de Bogotá, de Quito e de Santiago do Chile. A partir dessa data, surgem duas seqüências distintas, mas paralelas, de eventos: nas colônias, sucedem-se as lutas pela independência; na Espanha, são aprovadas as medidas necessárias para não perder as colônias sul-americanas.

Na península ibérica, a ocupação francesa terminou entre 1812 e 1814 e Fernando VII, movido por um exacerbado espírito de restauração, voltou ao poder. Porém, já em 1812 as Cortes de inspiração liberal haviam se reunido em Cádiz para dar uma nova constituição à Espanha. Essa constituição liberal teve uma grande influência teórico-política sobre a Espanha e sobre a América, mas não produziu nenhum efeito prático: nunca foi aplicada na América e já em 1814 foi revogada por Fernando VII. Dos trabalhos das Cortes também participaram os representantes das colônias sul-americanas, que sintetizaram os pedidos de seus concidadãos num documento conhecido como *Onze Proposições*. Enquanto elas eram discutidas, na Espanha chegavam notícias cada vez mais precisas sobre a amplitude dos movimentos sul-americanos e as próprias Cortes consideravam agora inevitável a intervenção militar contra os rebeldes, porque, como veremos, defendiam um liberalismo decididamente hispanocêntrico.

Na América do Sul, a situação era confusa. Antes de tudo, às tentativas de conciliar politicamente as divergências com as colônias, os espanhóis logo acrescentaram uma expedição militar, que se instalou nos territórios setentrionais do continente, ou seja, na Nova Granada e no Peru; em Lima chegaram bem cedo também os espanhóis fugitivos do vice-reino de Rio da Prata, onde apenas Montevidéu resistiu aos insurretos até 1816. De fato, na incerteza dos primeiros momentos, alguns cidadãos das colônias haviam decidido permanecer fiéis ao governo provisório da Junta Suprema Central que representava Fernando VII, ou seja, o soberano legítimo. Mas as dúvidas sobre a conveniência desse lealismo para com a Espanha se multiplicaram quando, em 1810, o poder da Junta foi delegado a um "Conselho de Regência" composto por cinco membros, dos quais um representava as Índias. Os crioulos não entendiam bem se aquele Conselho ainda representava a legítima monarquia, ou apenas a si mesmo. A confiança nas Cortes de Cádiz também foi abalada pela decisão de não admitir que os sul-americanos ali fossem representados com os mesmos critérios dos espanhóis. Efetivamente, a população espanhola era menos numerosa do que a sul-americana e, segundo os espanhóis, uma representação proporcional favoreceria demais as colônias em detrimento da metrópole. Em suma, com o passar do tempo, na América do Sul perdiam força as razões dos lealistas pró-espanhóis e se consolidavam as dos independentistas.

A Espanha vivia anos não menos conturbados. O absolutismo de Fernando VII havia sido seguido por um triênio liberal (1820-1823) e por uma década de retorno ao absolutismo (1823-1833), situação que decerto não tornara mais clara a política espanhola diante das colônias sul-americanas. No plano internacional, ademais, a posição espanhola recebeu um duro golpe dos Estados Unidos. Em 1822 estes reconheceram os Estados revoltosos da América do Sul e, na mensagem endereçada ao Congresso no ano seguinte, o presidente James Monroe enunciou a doutrina que, com o seu nome, estava destinada a reger os destinos da América do Sul até os nossos dias: qualquer intervenção espanhola ou estrangeira na América do Sul seria considerada um perigo para a paz dos Estados Unidos, porque lesiva a seus interesses vitais.

Seria impossível acompanhar aqui as ações, os mal-entendidos, os heroísmos e as intrigas que acompanharam a dissolução de cada vice-reino em um ou mais Estados nacionais. Dos heróis da independência sul-americana podemos apenas lembrar os nomes: Simón Bolívar (1783-1830) e José de San Martín (1776-1850). É suficiente indicar aqui como, nessa luta pela independência, emergiram os Estados da atual América do Sul.

Se em 1810 iniciaram-se as lutas pela independência, em 1820 começou a dissolução do poder espanhol na América do Sul. Em 1821 o vice-reino de Nova Espanha transformou-se no Estado do México. Em 1824 nasceram na América Central as Províncias Unidas, que contudo não permaneceram assim por muito tempo e se dividiram, formando a Guatemala, a Nicarágua, Honduras e El Salvador. O declínio do vice-reino do Peru começou em 1818 com a proclamação da independência do Chile e continuou em 1825, quando o Alto Peru tornou-se independente com o nome

O DIREITO DA AMÉRICA DO SUL

Mapa 6. A América Central e do Sul, 1810-1839.

Depois de 1830 – com a estabilização de cada um dos Estados antes coloniais – a geografia política da América do Sul assumiu sua forma atual. As correções de fronteiras, mesmo não tendo sido concluídas até hoje, substancialmente não alteraram sua imagem global.

de Bolívia. Ainda em 1825, o Uruguai declarou a própria independência do Brasil, que o absorvera em 1817. Nova Granada, depois de se tornar Grande Colômbia, em 1830 dividiu-se nos Estados do Equador, da Venezuela e da Colômbia (que por um breve período, como Estados Unidos da Nova Granada, tentara perpetuar a denominação tradicional).

Em síntese, entre 1821 e 1830 os vice-reinos espanhóis se desagregaram, enquanto a independência do Brasil foi declarada em 1822: naquela década originou-se, portanto, a geografia política da atual América do Sul.

No centro dessas subversões das colônias espanholas está um evento militar: a batalha de Ayacucho, no atual Peru, que em 1824 colocou um ponto final na presença militar espanhola no continente sul-americano. Apesar de alguns focos continuarem no Peru e de em 1829 o irredutível Fernando VII ter tentado ainda uma desastrosa campanha contra o México, a batalha de Ayacucho assinalou o final da dominação espanhola no continente sul-americano.

Voltam aqui à mente as palavras de Tocqueville sobre a invencibilidade das Américas. Suas considerações sobre a dificuldade de levar a guerra aos Estados Unidos explicam também o insucesso militar da Espanha contra suas colônias sul-americanas:

> Quanto às guerras continentais, é evidente que os povos europeus não podem pôr em risco a União americana. É muito difícil transportar e manter na América mais de 25.000 soldados, o que representa uma nação de cerca de 2 milhões de habitantes. A maior das nações européias, lutando desse modo contra a União, está na mesma condição de uma nação de dois milhões de habitantes contra uma de doze. Acrescentem a isso que o americano tem seus recursos à mão e o europeu se encontra a 1.500 léguas dos seus, e que a imensidão do território dos Estados Unidos por si só apresentaria um obstáculo insuperável à conquista.[32]

---

32. De Tocqueville, *La democrazia in America*, cit., p. 182. [Trad. bras. *A democracia na América*, São Paulo, Martins Fontes, L. 1, 2.ª ed., 2005; L. 2, 1998.]

Essas dificuldades não se deviam apenas às tecnologias militares do século XIX, mas subsistem até os dias atuais: basta pensar nos milagres realizados pela logística inglesa para fazer chegar seus aviões e navios às ilhas Malvinas/Falkland, durante o conflito de 1982.

À Espanha só restava agora administrar a derrota. Precisamente do México, onde sofrera sua última derrota, começou a série dos "tratados de paz e amizade" que, entre 1836 e 1894, deviam encerrar o contencioso hispano-americano. Neste processo de normalização, seguiram-se ao México, em 1844, a Venezuela e o Chile; em 1847, a Bolívia; em 1850, a Costa Rica e a Nicarágua. Com o fim das hostilidades e a retomada das transações, os novos tratados enriqueceram-se com cláusulas sobre o comércio, a navegação e a extradição: é o caso dos tratados com a República Dominicana em 1855 e com a Argentina em 1859. A estes acrescentaram-se, em 1863, o tratado com a Guatemala; em 1865, com o Peru e El Salvador; em 1870, com o Uruguai; em 1880, com o Paraguai; em 1881, com a Colômbia; em 1894, com Honduras. Nem todos os tratados com esses Estados entraram imediatamente em vigor: para alguns, passaram-se anos desde o momento da assinatura ao da ratificação. Somando tudo, para restaurar a ordem diplomática entre a Espanha e suas ex-colônias sul-americanas foi necessário cerca de meio século.

Continuavam abertos os problemas das relações diplomáticas com os dois territórios ocupados pelos Estados Unidos. Na verdade, os Estados Unidos haviam proposto comprar Cuba; todavia, diante da recusa dos espanhóis, aproveitaram a ocasião de algumas desordens internas para intervir. A breve guerra com a Espanha terminou em 1898 e naquele mesmo ano Cuba tornou-se independente. Também a ilha de Porto Rico foi objeto de um breve conflito militar em 1898, mas já no ano anterior a Espanha reconhecera sua independência. Em 1898, Porto Rico tornou-se um "território" dos Estados Unidos.

Do império onde o sol nunca se punha haviam restado à Espanha apenas Cuba, Porto Rico e Filipinas, todas cedidas aos Estados Unidos em 1898: ano trágico, que para a Espanha passou a designar uma época e uma atitude espiritual.

De fato, para a Espanha, 1898 não foi apenas o ano da derrota militar: foi o declínio repentino de valores tradicionais, de ideologias consolidadas e de sonhos imperiais num país que, havia décadas, se recusava a tomar consciência do progressivo desaparecimento do quanto de tradicional, de consolidado e de imperial alimentava as próprias crenças. No sonho imperial, as colônias eram terras da Coroa, ainda que o fossem sobretudo para ser exploradas. Com a guerra de Cuba, aquele último resquício de império colonial elevava-se a "solo da Pátria", a ponto de um jornalista espanhol explicar aos franceses (para os quais ainda ardia a derrota na guerra franco-alemã): "Cuba, para a Espanha, é a sua Alsácia-Lorena: nela está empenhada a honra." Aquele sonho era acalentado também na ilusão de uma potência militar, cuja decadência era encarada de olhos fechados, a ponto de o jornal *El País* escrever em 24 de fevereiro: "O problema cubano não será resolvido enquanto não enviarmos um exército para os Estados Unidos." O despertar do sonho foi cruel. Chegou com 50.000 soldados mortos de febre amarela, com "o dantesco espetáculo de repatriação dos soldados esfomeados, doentes e esfarrapados" nos portos espanhóis[33], com as cláusulas do Tratado de Paris, assim resumidas, com tétrico humorismo, por um jornal popular: "Sendo sábado, pagaram-nos a semana: vinte mil dólares, nem um centavo a menos; depois, expulsaram-nos da América, da Oceania, da Ásia, quase da África e por pouco também da Europa." Um despertar cruel, portanto. Por isso, a mudança de século viu a Espanha cair numa abulia profunda e, ao mesmo tempo, cobrir-se de fermentos novos, ambos conseqüências de 1898. Com aquele ano trágico começou a Espanha atual.

---

33. Manuel Tuñón de Lara, *España: la quiebra de 1898*, Madri, Sarpe, 1986, p. 30. Desse volume foram extraídas também as outras duas citações do texto.

Ao mesmo tempo, 1898 assinalou a primeira investida colonial dos Estados Unidos fora da área continental. Em 1898, a decadente potência imperial da Espanha, que imprimira sua marca na era moderna, cedia o passo aos Estados Unidos, a emergente potência imperial da era contemporânea.

12. O Brasil, de colônia a império

As campanhas militares francesas na Europa produziram conseqüências arrasadoras na Espanha, como vimos, e em Portugal, que estava em guerra com a França desde 1793 e por isso dependia inteiramente do apoio marítimo da Inglaterra. Incapaz de fazer frente aos ingleses no Egito, Bonaparte procurou diminuir-lhes a força militar, invadindo Portugal. Em 1801, Portugal teve que ceder parte de seu próprio território à Espanha e uma parte da Guiana portuguesa à França, ampliando assim as possessões sul-americanas desta. Quando Napoleão proclamou o "bloqueio continental" para impedir o comércio entre o continente, agora sob controle francês, e o inimigo inglês, a posição de Portugal tornou-se insustentável. De fato, um bloqueio, para ter sucesso, deve ser hermético, enquanto a costa portuguesa era aberta aos ingleses. Em julho de 1807 a França pediu que Portugal renunciasse à sua tradicional aliança com a Inglaterra: diante da sua recusa, respondeu com a invasão.

A situação geopolítica de Portugal levou à emigração em massa da classe política portuguesa para a colônia brasileira. O mar, na verdade, era a única via de salvação para um Estado que tinha as fronteiras terrestres inteiramente controladas pelos inimigos franco-espanhóis, mas possuía como aliado a Inglaterra, ou seja, a maior potência naval da época. O caso de Portugal e do Brasil é provavelmente o único em que a queda de uma grande monarquia européia e, ao mesmo tempo, a descolonização de uma área de dimensões subcontinentais ocorreram sem derramamento de sangue. Do Tejo, sob uma forte escolta inglesa, na manhã de 29 de novembro de 1807, zarpou uma frota que levava a bordo toda a elite política portuguesa. A família real e dez mil pessoas, seus pertences, as obras de arte, os arquivos, toda a biblioteca real rumaram para o Brasil, destinado a se transformar em curto espaço de tempo de colônia em império.

a) O reino e o império do Brasil (1808-1889). O rei português João VI, que chegou ao Brasil com sua corte em 1808, não gozava de boa reputação nem em seu país natal, nem no exterior. Todavia, os anos que passou no Brasil foram repletos de atividades, não apenas – como escrevia em 1810 – "para favorecer aquela parte dos meus vassalos entre os quais vim estabelecer-me", mas também "para que eles pudessem contribuir nas despesas necessárias para a magnificência e o esplendor do trono". De fato, a manutenção da gigantesca corte que cruzara o Atlântico, a criação de uma arquitetura imperial que desse o necessário brilhantismo à nova capital e as despesas militares tornavam urgentes uma série de reformas econômicas destinadas a se tornar irreversíveis. Essa exigência de rápido progresso econômico explica também por que as medidas tomadas quando da chegada da corte se referiam sobretudo ao Brasil urbano e costeiro, enquanto o restante do país continuava sua vida segundo os usos anteriores.

O Brasil colonial podia negociar apenas com a metrópole, que detinha um monopólio comercial tão rigoroso quanto o espanhol (cf. acima, item 6). Por isso, assim que chegou ao Brasil, João VI liberalizou o comércio e, de 1807 a 1815, os portos foram abertos às nações amigas. Nesse meio tempo, o Rio de Janeiro era transformado em capital com todas as instituições que isso comporta: da Casa da Moeda às escolas militares, da abertura à imigração européia à instituição de tribunais para todos os graus da jurisdição, porque não existia mais uma metrópole européia que desempenhasse as funções de última instância.

Concluída, porém, a trajetória do astro napoleônico, não foi possível restabelecer em Portugal a situação anterior à invasão francesa: os soldados ingleses continuavam a ocupar o território, a economia declinava e do Brasil não chegavam mais os galeões repletos de ouro e de mercadorias preciosas. Ao contrário, os portos brasileiros, agora abertos, subtraíam trânsito de mercadorias àqueles portugueses e, ademais, uma parte dos nobres, a essa altura estabelecidos no Brasil, ali gastava as riquezas produzidas por suas propriedades lusitanas.

Em 1821, uma revolução de militares constitucionalistas – a Revolução do Porto – permitiu convocar um parlamento (*Cortes*) que devia conduzir Portugal a uma monarquia constitucional. No entanto, a fonte da riqueza portuguesa havia sido e continuava a ser a exploração colonial: assim, a constituição era liberal para Portugal, mas "recolonizadora" para o Brasil. Nos liberais portugueses de 1821 repetem-se, enfim, as limitações iberocêntricas já encontradas nos liberais espanhóis de 1812, reunidos em Cádiz (cf. acima, item 11). Mas os representantes das colônias espanholas puderam ao menos apresentar suas exigências às Cortes de Cádiz, enquanto em Portugal os representantes brasileiros mal tiveram tempo de chegar à Europa, e já as Cortes haviam levado de volta a Lisboa o Supremo Tribunal de Justiça, o Conselho de Finanças, a Junta de Comércio e outros órgãos estatais. De resto, a representação brasileira nas Cortes era tão minoritária que não teria conseguido impedir aquelas transferências: os deputados brasileiros eram 75, contra os 130 portugueses.

Quando as Cortes exigiram que João VI deixasse o Brasil e retornasse a Lisboa, ele aceitou a contragosto e partiu do Rio de Janeiro em abril de 1821, ali deixando todavia como regente seu filho, Pedro. De fato, a transferência para Portugal de toda a casa reinante poderia ter provocado a secessão do Brasil, já habituado à autonomia administrativa. Mas foram precisamente as medidas de recolonização das Cortes que provocaram a separação entre Brasil e Portugal. Na verdade, poucos meses depois, em setembro de 1821, chegou ao Brasil a notícia de que todos os funcionários das "províncias brasileiras" seriam nomeados de Lisboa e de que o Regente também deveria retornar a Portugal. Diante dessas exigências inaceitáveis, o Regente recusou-se a voltar e em 7 de setembro de 1822 proclamou a independência do Brasil, tornando-se seu imperador com o nome de Pedro I.

Realizara-se assim o ciclo histórico que, entre 1808 e 1822, vira o Brasil tornar-se inicialmente sede da corte portuguesa, depois reino paritário ao de Portugal e Algarves e, enfim, império independente de Portugal. Agora, ligavam-no à antiga metrópole apenas os vínculos comuns relativos à dinastia, à língua, à cultura e à história.

Tornando-se imperador, Pedro I promulgou em 1824 uma constituição moderadamente liberal. Ela concedia uma certa liberdade de imprensa, de palavra e de religião; estabelecia o princípio da igualdade de todos os cidadãos perante a lei; instituía um parlamento bicameral, com uma Câmara eletiva e um Senado vitalício de nomeação imperial; mas, sobretudo, confiava ao imperador um "poder moderador" destinado a se tornar um tema constante nos estudos brasileiros de direito público. Com base no poder moderador, o imperador tinha um direito de veto suspensivo sobre as leis aprovadas pelo parlamento; nomeava os senadores e ministros; podia julgar em última revisão as sentenças dos tribunais; nomeava não apenas os altos funcionários, mas também os bispos. Poderes tão amplos poderiam parecer as atribuições de um soberano autocrático, se não tivessem sido equilibrados por um dever do imperador: todo ato executado no cumprimento do poder moderador devia ser endossado pelo ministro competente, que respondia por ele perante o parlamento. Gerava-se assim um sistema de controle e equilíbrio que se mostrou eficaz.

Com a proclamação da independência brasileira, Portugal perdera porém sua maior colônia. O contencioso entre os dois Estados foi resolvido atribuindo *pro forma* o título de imperador do Brasil ao rei de Portugal João VI, que o cedia, reconhecendo a independência da ex-colônia, ao filho, Pedro I, mediante o pagamento de uma dívida contraída com a Inglaterra e do valor em dinheiro dos palácios e dos bens deixados no Brasil. Com o Tratado do Rio de Janeiro de 29 de agosto de 1825, a independência do Brasil era assim aperfeiçoada também do ponto de vista formal, num processo muito mais rápido e linear que o ocorrido após a independência das colônias espanholas.

Talvez Pedro I tenha sido um soberano melhor que a fama a ele atribuída. Mas sua sujeição total aos ingleses, a repressão sangrenta dos movimentos liberais e seu procedimento arbitrário e incerto subtraíram-lhe a aceitação popular, tanto que em 1831 voltou a Portugal para suceder seu pai, João VI. Como seu pai já fizera com ele, Pedro I também deixou como regente seu filho, Pedro II, então com apenas cinco anos de idade. Os anos seguintes foram perturbados por intrigas de corte, inevitáveis com um Regente em tão tenra idade, e por revoltas em várias partes do país: não se deve esquecer que exatamente naquela época, em volta do Brasil, o império colonial espanhol estava desmoronando. Porém, mesmo naquele período difícil da regência, o Brasil conseguiu aprovar algumas leis avançadas: um novo e acurado código penal em 1830 e um código de processo penal em 1832, a abolição da pena de morte para crimes políticos, a instituição de parlamentos provinciais em 1834 (os quais, ao atribuir uma certa autonomia às aristocracias locais, atenuavam a resistência destas ao governo central e, assim, consolidavam a unidade policêntrica do império brasileiro) e uma primeira tímida lei sobre a abolição da escravidão.

Ao atingir a maioridade, em 1841, Pedro II tornou-se finalmente o soberano por quem a maioria dos brasileiros se sentia dignamente representada. O longo reinado do culto e estimado Pedro II – que durou de 1840 a 1889 – parecia ser a antítese do reinado de seu pai, Pedro I.

No centro dos debates da época estava a abolição da escravidão. Esse problema foi enfrentado num contínuo contraste entre princípios humanitários e exigências econômicas, que se refletia numa sucessão de leis, ora mais escravocratas, ora mais abolicionistas. Formalmente, a escravidão havia sido proibida pelo governo brasileiro em 7 de novembro de 1831, sem que, contudo, essa norma jamais tivesse sido aplicada. O comércio dos escravos foi abolido em 4 de setembro de 1850, mas o imperador não teve forças para tomar medidas mais radicais em razão das fortes resistências dos proprietários de escravos. Em 28 de setembro de 1871 a lei do "ventre livre" deveria ter conduzido gradualmente ao desaparecimento da escravidão, porque estabelecia que os filhos nascituros de escravos nasceriam livres. Enfim, a "lei áurea" de 13 de maio de 1888, assinada pela princesa Isabel, Regente durante uma viagem de Pedro II à Europa, concluiu o processo de libertação dos escravos. Naturalmente, a solução jurídica do problema da escravidão deixava abertos enormes problemas sociais, cujos efeitos perduram até hoje.

Em particular, a lei concedia a liberdade aos escravos sem nenhuma indenização para seus proprietários: desse modo, a generosa ainda que tardia "lei áurea" afetou tão profundamente os interesses dos proprietários de terras que abriu caminho para a rebelião contra a corte. Verificou-se então uma verdadeira inversão de frentes: os proprietários de terras, tradicional base de sustentação da monarquia, após a "lei áurea" enfileiraram-se com os republicanos; conseguiram, ainda, o apoio dos militares. A Coroa brasileira via-se obrigada a combater as duas forças mais ricas e mais bem organizadas do país, nas quais até então se apoiara para governar.

Pela última vez como imperador, Pedro II pôde demonstrar sua sábia benevolência e seu apego ao povo brasileiro: abdicou sem tentar opor nenhuma resistência armada, que naquela situação poderia transformar-se num banho de sangue. Em 17 de novembro de 1889, embarcou para o exílio. Sem dúvida aquele exílio sem resistência lhe foi recriminado, até mesmo asperamente, por quem colocava acima de tudo os interesses dinásticos e econômicos. Mas quem avalia com um mínimo de objetividade as relações entre as forças prestes a entrar em choque no Brasil da época não pode deixar de aprovar o comportamento de Pedro II, cuja dignidade e desinteresse o levaram a recusar até mesmo os não poucos privilégios que os adversários queriam conceder-lhe no momento da partida.

Com Pedro II, concluía-se, após 67 anos, uma experiência de transplante político único na América do Sul e talvez no mundo. Uma monarquia esclarecida era substituída por uma república conservadora.

b) Da república ao "Estado Novo" (1889-1937). Após a partida do imperador, o Brasil republicano e federal apresentava-se como um conjunto de vinte Estados, aos quais a nova constituição de 24 de fevereiro de 1891 reconhecia uma ampla autonomia. O modelo constitucional em que se inspirava o governo republicano era claro desde o nome do novo Estado: República Federal dos Estados Unidos do Brasil. Contudo, os primeiros presidentes republicanos tiveram de enfrentar revoltas internas ou foram eles mesmos adversários da constituição, suspendendo-a para ceder ao caudilhismo, a tentação autoritária sempre presente ou latente na América do Sul.

Não obstante as revoltas, o enorme Estado brasileiro conseguiu conservar a própria unidade, ao contrário dos vice-reinos espanhóis.

O início da república coincidiu com o início da industrialização do Brasil e, portanto, com a entrada em cena da questão social. Também a imigração européia trazia consigo novas idéias, além dos braços necessários para substituir os escravos nas plantações de café. O Brasil do início do século XX viu assim a mudança da própria estrutura social: os imigrantes europeus passaram de pouco mais de 100.000 no decênio 1860-1869 a quase dois milhões no decênio 1890-1899.

Uma tentativa política de responder à questão social foi o "tenentismo" de 1922: esse movimento de militares reformistas quis modernizar o país e remover a oligarquia; todavia, a crise econômica mundial – no ápice, com a queda da bolsa de 1929 – imprimiu-lhe uma fisionomia autoritária, personificada na presidência de Getúlio Vargas. Seu golpe de Estado em 1937 dissolveu o Congresso e aboliu os partidos. Nascia o "Estado Novo" que – não obstante sua natureza declaradamente autoritária – não tinha como modelo a ditadura fascista que naqueles anos se afirmara na Itália, ainda que com ela compartilhasse mais de uma característica. Na verdade, fora com o integralismo que o Brasil conhecera um movimento inspirado no fascismo italiano; os integralistas, aliás, tentaram um golpe de Estado em 1938 exatamente contra o Estado Novo, tendo sido reprimidos por Getúlio Vargas.

O Estado Novo pode ser visto como a variação tropical das ditaduras que dominaram a Europa daqueles anos: não apenas o fascismo, o nacional-socialismo e o stalinismo (no qual acabaram se concentrando os refletores da historiografia), mas também o franquismo na Espanha e o salazarismo em Portugal. O Estado Novo brasileiro leva o mesmo nome do Estado Novo português, que de 1930 a 1960 foi a denominação oficial da ditadura de Salazar.

A ditadura de Vargas assinalou uma forte cisão na história institucional do Brasil, tanto que se costuma distinguir a época da "República Velha" – de 1891 a 1930 – daquela do "Estado Novo", de 1937 a 1945.

O Estado Novo foi um exemplo de caudilhismo paternalista, cuja tentativa de modernização industrial estava associada a reformas sociais que se mostraram pouco incisivas e não transformaram a estrutura agrária do país. Mas a modernização industrial ocorreu com o apoio dos Estados Unidos e o Brasil participou ao lado deles da Segunda Guerra Mundial, na qual seu corpo expedicionário combateu na Itália.

13. Independência nacional e instabilidade política: a difícil democracia

Após a independência, torna-se impossível acompanhar sinteticamente a história jurídica do continente sul-americano, porque ela se divide em histórias jurídicas de cada um dos Estados; e cada uma delas mereceria uma reconstrução específica. É, assim, oportuno concluir o quadro histórico da América do Sul chamando a atenção para um elemento comum a todos os Estados daquele continente, independentemente da originária matriz espanhola ou portuguesa: a difícil relação com a democracia de tipo ocidental. Dificuldade que os observadores do século XIX já haviam salientado mais de uma vez.

Ao final do processo revolucionário, a aristocracia crioula substituiu a ibérica, levando consigo ao poder uma contraditória herança de democracia e de cesarismo. A predominância de uma ou do outro, juntamente com as influências internacionais muitas vezes demasiado prementes, geraram aquela instabilidade política que, nos cento e cinqüenta anos sucessivos ao fim da era colonial, impediram, entre outras coisas, também o desenvolvimento econômico do continente.

A origem dessa evolução está contida em germe nos eventos da primeira década do século XIX, que cortaram os vínculos políticos com a península ibérica. A partir de então, os Estados da América do Sul oscilaram entre democracia real, democracia forte, ditadura plena e ditadura atenuada, passando incessantemente de uma forma a outra. Para usar a terminologia de Carmagnani, é a longínqua gênese dos Estados sul-americanos que determina até nossos dias uma alternância e um entrelaçamento de várias formas de "dictadura", de "dictablanda", de "democradura" e de "democracia"[34].

---

34. Marcello Carmagnani; Giovanni Casetta, *America Latina: la grande trasformazione. 1945-1985*, Turim, Einaudi, 1989, p. 170; os autores empregam a terminologia citada ao analisar as décadas do segundo pós-guerra.

Também a história do Brasil continua a ser diferente, mas paralela à de seus vizinhos. Com o fim da Segunda Guerra Mundial, sob a pressão de forças internas e provenientes dos Estados Unidos, foi o próprio Getúlio Vargas, fundador do autoritário Estado Novo, que preparou um lento retorno à democracia liberal. Essa transição foi formalmente concluída pela lei constitucional de 28 de fevereiro de 1945, com a qual se convocavam novas eleições democráticas para a presidência e para o parlamento. Renascia assim uma frágil democracia, destinada a ser subjugada pela ditadura militar, que durou de 1964 a 1984.

Também nisso o Brasil vivenciou um drama comum a todo o continente sul-americano. Em 1976, Argentina, Bolívia, Brasil, Chile, Equador, Paraguai, Peru e Uruguai eram presididos por governos ditatoriais. As únicas democracias eram, na época, a Colômbia e a Venezuela. Em 1991, o quadro era mais sereno: todos esses Estados eram governados por democracias de tipo ocidental, ainda que frágeis.

14. Três juristas sul-americanos

Na impossibilidade de traçar nestas páginas a história jurídica de cada um dos Estados independentes da América do Sul, as biografias de três importantes juristas do século XIX podem oferecer uma primeira idéia de como ocorrera a elaboração do direito daqueles novos Estados. Em particular, dois elementos comuns devem ser ressaltados. Primeiramente, os juristas da América do Sul independente operavam em estreito contato com a doutrina jurídica e com o direito positivo da Europa, uma vez que a ruptura do vínculo político com a península ibérica não abalara as ligações culturais entre os dois mundos. Ademais, além de uma circulação transoceânica dos modelos jurídicos, existia ainda uma intensa circulação interna sul-americana não só dos produtos desses juristas, mas dos próprios juristas: tal circulação foi sem dúvida facilitada pela identidade ou semelhança das línguas cultas da América do Sul e pelos antecedentes culturais comuns que uniam as elites intelectuais do continente.

Enfim, essas poucas observações têm a função de convidar a tomar uma realista posição de eqüidistância entre os defensores da total originalidade da criação jurídica sul-americana e os adeptos da sua completa subalternidade em relação aos modelos europeus: existe um fundo de verdade em ambas as posições, mas nenhuma das duas é inteiramente verdadeira.

a) Andrés Bello (Caracas, 29 de novembro de 1781 – Santiago do Chile, 15 de outubro de 1865). Esse estudioso pode ser considerado o primeiro humanista da América independente, porque sua formação foi essencialmente literária e sua produção alternou sempre obras literárias e lingüísticas com obras históricas e jurídicas. Empreendeu ainda, mas sem concluir, o estudo do direito e da medicina; sua formação jurídica ocorreu sobretudo em Londres, onde chegou em 1810 com a delegação de Simón Bolívar.

A vida de Bello resume a história do novo continente: no início da carreira, foi funcionário na administração colonial espanhola em Caracas (até 1810); de Londres, assistiu posteriormente às guerras de independência do continente (1810-1829); no Chile, participou enfim das atividades de governo e atuou em todas as direções para criar um espírito unitário – uma identidade comum – nas novas repúblicas (1829-1865). Esse esforço para criar uma identidade comum pós-colonial é o fio que une todas as suas obras, as quais, de outra forma, poderiam parecer os ensaios dispersos de um polígrafo. E o instrumento para criar essa identidade comum era, para Bello, a instrução: uma instrução que tornasse as novas repúblicas conscientes de seu passado (daí seus escritos históricos), mas as organizasse para enfrentar um futuro independente (daí sua atividade jurídica e política).

Em Londres, fez-se intérprete dos interesses das novas repúblicas americanas como secretário da legação, inicialmente chilena, depois colombiana. O período londrino caracterizou-se por estudos intensos, mas por algumas dificuldades econômicas que o levaram a dar aulas particulares e a procurar outros empregos. Não obstante tudo, esse foi um período de extraordinária fecundidade intelectual para Bello, do qual se alimentaria sua obra futura.

Quando finalmente se perfilava a possibilidade de se tornar cônsul-geral do Chile em Paris ou em Lisboa, em 1829 o governo do Chile o chamou de volta à América do Sul como consultor para a legislação e para a educação nacional. Nessa função, fundou o Colégio de Santiago, que adquiriu tal renome a ponto de ser transformado, em 1842, na Universidade do Chile.

Sua atividade continuou a ser muito intensa também no Chile; mas deve-se lembrar que toda a atividade de Bello destinava-se a criar a identidade dos novos Estados sul-americanos e a reforçar seus recíprocos vínculos de solidariedade. A esse objetivo se vincula, em 1830, a criação do periódico *El Araucano*, do qual foi redator até 1853. Além disso, Bello assinalou o início da literatura romântica chilena com o poema *El incendio de la Compañía* e publicou numerosos estudos de crítica literária e lingüística, entre os quais uma *Gramática de la lengua castellana* com o significativo subtítulo: – *destinada al uso de los americanos.*

O ensino era para Bello o instrumento para gerar a nova identidade da América do Sul independente. Sua atividade educativa ia da função de reitor da Universidade do Chile ao ensino particular, ou à redação de uma gramática de espanhol para a escola primária (1851). Suas obras de cosmografia revelam uma importante ligação com o mais cosmopolita dos europeus da época: Alexander von Humboldt, que Bello conheceu pessoalmente e acompanhou ao cume do monte Ávila.

No âmbito do direito internacional, foi encarregado de arbitrar as controvérsias entre Estados Unidos e Equador em 1864, e entre a Colômbia e o Peru em 1865 (mas a saúde precária obrigou-o a renunciar a este último encargo). Sua principal obra teórica neste campo são os *Principios de derecho de gentes*, de 1832, no qual projeta um novo fundamento do direito internacional, que tivesse como eixo não os interesses das grandes potências européias, mas a "solidaridad americana" entre as jovens repúblicas daquele continente.

Sua imortal obra legislativa é o *Código civil de la República de Chile*, ao qual dedicou quase vinte anos de trabalho. Conhecido também como "Código Bello", entrou em vigor em 1855 e difundiu-se por toda a América do Sul: onde não foi adotado integralmente, serviu como modelo e como estímulo para a codificação local. Ainda que seja inegável o vínculo dessa obra com a legislação espanhola em vigor nas colônias sul-americanas, sua originalidade consiste em ter integrado essa tradição secular com as contribuições do direito positivo europeu mais moderno e com as idéias formuladas por Bentham sobre a codificação racional do direito.

Sua obra de escritor e de educador é, portanto, inteiramente dedicada a estruturar a nova realidade sul-americana. Seus cursos e seus livros de direito romano e de direito internacional servem de ponte entre a ciência européia e aquela que vai nascendo na América do Sul, onde a universidade por ele fundada é concebida também como o cadinho de novas levas de juristas.

b) Augusto Teixeira de Freitas (Bahia, 19 de agosto de 1816 – Estado do Rio, 12 de dezembro de 1883). A formação daquele que é unanimemente considerado o maior jurista brasileiro da Independência ocorreu nas universidades de São Paulo e Olinda, fundadas em 1827 – ou seja, após a Independência do Brasil – para substituir a tradicional relação com a universidade portuguesa de Coimbra.

Sua carreira foi a de um jurista nascido de família nobre, a dos barões de Itapagipe, e habitante da então capital do Brasil, na qual exerceu inicialmente a função de juiz. Em 1843, transferiu-se para o Rio de Janeiro, onde foi membro do Conselho de Estado, de 1845 a 1880. À diferença de outros importantes juristas, Teixeira de Freitas nunca participou ativamente da vida política brasileira, mesmo tendo recebido importantes encargos judiciários e legislativos e a máxima condecoração brasileira, a Ordem da Rosa. O respeito que o cercava devia-se unicamente à sua atividade de jurista prático e teórico.

Como conselheiro do governo imperial, foi encarregado de organizar a *Consolidação das Leis Civis,* ou seja, uma coletânea orgânica semelhante às que a tradição luso-espanhola trouxera para as colônias. Efetivamente, o ponto de partida para o trabalho de Teixeira de Freitas foram o direito romano, do qual era um profundo conhecedor, e as *Ordenações Filipinas,* que vigoraram também no Brasil independente até 1916.

Consciente de que a época das compilações mais ou menos orgânicas já terminara e de que chegara o tempo para uma codificação autônoma, elaborou entre 1860 e 1864 um "esboço" ou "projeto" de código civil para o Brasil independente (*Esboço de Código Civil*). Segundo outros, a preparação do código começara já em 1858 (Affonso Fontainha, *História dos monumentos do Distrito Federal, Biografias,* 1954). Tratava-se de uma obra gigantesca – de fato, atingia quase cinco mil artigos – e ao mesmo tempo original, porque se distanciava do *Código Napoleônico* em muitos pontos: inicialmente, antecipando o código civil alemão de 1900, dividia o código civil em uma parte geral e uma parte especial; nesta, introduzia a distinção entre direitos reais e direitos pessoais, chegando a liberalizar as normas jurídicas relativas à escravidão.

Essa obra codificatória recebeu um enorme prêmio em dinheiro, mas não teve um imediato reconhecimento legislativo no próprio país. Foi entretanto adotada pelo argentino Vélez Sársfield e, através dessa mediação, influenciou o código civil argentino de 1869, que assimilou amplos segmentos dessa obra.

Seu plano sucessivo para uma codificação global do direito privado brasileiro tampouco prosperou. Teixeira de Freitas continuou assim sua atividade de advogado e estudioso, redigindo obras práticas, como o *Prontuário das leis civis* e o *Aditamento do código Comercial*, ou ainda didáticas, como o *Vocabulário jurídico*.

c) *Dalmacio Vélez Sársfield (Amboy [Córdoba], 18 de fevereiro de 1800 – Buenos Aires, 30 de março de 1875)*. Formado na Universidade de Córdoba, na Argentina, esse jurista atuou em Buenos Aires como advogado, como deputado no Congresso Constituinte de 1824 e como professor de direito. Sua instrução enciclopédica compreendia também o conhecimento das línguas antigas e modernas, da matemática e da cosmografia, tanto que sua primeira função como docente, a ele conferida pelo presidente Rivadavia, teve por objeto a economia política. Uma de suas obras duradouras não é, com efeito, apenas jurídica: ele fundou o Banco da Província de Buenos Aires, que contribuiu de modo decisivo para o desenvolvimento da jovem república.

Eleito deputado para o Congresso Nacional Constituinte, foi um dos signatários da constituição de 1826, que desencadeou uma sangrenta guerra civil. Vélez Sársfield sofreu suas graves conseqüências: exilado e, nesse ínterim, aprisionado, participou das negociações entre os representantes do caudilho Juan Manuel de Rosas e o governo da sua província, testemunhou as atrocidades da guerra civil e foi ainda testemunha dessa guerra no tribunal. Transferindo-se para Buenos Aires a fim de exercer a advocacia, foi igualmente ameaçado pelos sicários do ditador Rosas. Quando a vida se tornou impossível na Argentina, exilou-se em Montevidéu em 1842. Seu retorno à Buenos Aires de Rosas e a restituição de uma parte de seus bens levaram a suspeitar que tivesse passado às fileiras dos "rosistas". A realidade era mais humana e menos maniqueísta: Rosas não pretendia abrir mão dos serviços do hábil jurista, e este último procurou conciliar a situação sem se comprometer diretamente.

É exemplar a esse respeito o conflito entre Rosas e a Santa Sé para a nomeação de um bispo. O ditador pediu a Vélez Sársfield para redigir o ato que seria posteriormente transmitido do seu gabinete, mas este recusou-se a tal colaboração direta. Em vez disso, propôs-se a escrever um tratado de direito eclesiástico, no qual sua teoria jurídica forneceria o fundamento da decisão governamental. Desse evento originou-se o seu *Derecho Público Eclesiástico. Relaciones del Estado con la Iglesia en la antigua América española*, publicado em 1871.

A partir de 1852, seu *cursus honorum* – sempre tempestuoso, como os tempos que a Argentina atravessava – o viu de 1857 a 1872 como ministro em quase todos os governos, salvo breves interrupções. Quando a idade o obrigou a se aposentar, em 1872, do cargo de ministro do Interior e também da vida política, o presidente Sarmiento dirigiu à câmara dos deputados e ao país uma mensagem que recordava os méritos de Vélez Sársfield: "deixa como contribuição à vida nacional os códigos civil e comercial, o primeiro recenseamento da república e a rede dos telégrafos".

Vejamos mais de perto sua obra de legislador. Em colaboração com Carlos Tejedor preparou a constituição provincial portenha de 1854 e, com Eduardo Acevedo, o *Código de Comercio* argentino de 1857.

Tendo sido encarregado em 1864 pelo presidente Mitre de elaborar um projeto de código civil para a Argentina, completou o encargo em 1869 e teve a rara satisfação de ver o próprio projeto aprovado sem alterações pelas duas casas do parlamento. O modelo francês foi certamente determinante; todavia, Vélez Sársfield soube distanciar-se dele e conservar aquelas soluções do tradicional direito hispânico-indiano que deram bons resultados: no regime das águas, por exemplo, estabeleceu que as águas que não nascessem e morressem no mesmo terreno deviam ser de domínio público; a solução francesa, ao contrário, dava maior peso ao domínio privado, inadequado à realidade geográfica da América do Sul.

A indiscutível autoridade do código civil de Vélez Sársfield foi também um reconhecimento indireto da obra de Teixeira de Freitas, cujo trabalho pioneiro recebeu menor reconhecimento público.

15. A difusão extra-européia do direito codificado

Com o exame da difusão do direito ibérico na América do Sul termina a análise da difusão extra-européia do direito codificado. Antes de passar aos direitos que possuem origens e estruturas profundamente diferentes, pode ser útil traçar um quadro do conjunto dessa difusão, aludindo também àquelas transferências que não foi possível tratar e indicando os outros sistemas jurídicos com que o direito codificado faz divisa e, freqüentemente, se funde.

Como vimos, o direito codificado de origem romanística não rege apenas a Europa de Lisboa a Vladivostok e da Sicília ao Cabo Norte: ele se estende para além dos oceanos, paralelamente à expansão colonial européia. A disposição desses direitos europeus fora da Europa desenha *ex negativo* o mapa do poder (e, portanto, do direito) islâmico. Já com o início do século XV o poder muçulmano tendia a defluir da península ibérica para se elevar pela balcânica: em 1415, Henrique de Portugal tomou Ceuta, no Marrocos, dos árabes, que então passaram a ter como objetivo Constantinopla, ocupando-a em 1453. Estabelecidas de forma tão sólida no Oriente Médio e no norte da África, as armadas muçulmanas fecharam a saída mediterrânea do Caminho da Seda. A esse evento traumático os europeus reagiram com medidas tanto comerciais quanto militares. Essas medidas culminaram com o ano de 1492: Colombo abriu a rota atlântica, que permitia desviar do bloqueio muçulmano, e os árabes perderam Granada e, com esta, a península ibérica. À medida que decaíam as nações européias mediterrâneas, o domínio do mundo dividia-se entre as atlânticas, especialmente entre Espanha e Portugal.

As colônias dessas duas potências colocaram-se ao longo das rotas seguidas para desviar dos Estados muçulmanos, chegando às Índias Orientais mediante a circunavegação da África (os portugueses) ou passando pelo México para, a partir dali, chegar às Filipinas (os espanhóis). As maciças colônias espanholas extinguiram-se em 1898 (cf. item

11). As minúsculas bases portuguesas disseminadas ao longo da rota do Oriente sobreviveram, porém, até o final do milênio: Goa foi ocupada pela Índia em 1961 (cf. VIII, 8, *c*); no arquipélago indonésio, Timor Leste tornou-se independente em 1975 (em concomitância com a "Revolução dos Cravos", que assinalou o fim da ditadura de Salazar em Portugal), mas foi logo ocupado pela vizinha e muçulmana Indonésia e só pôde recuperar a independência com as eleições de 1999, controladas pela ONU e seguidas por massacres contra os timorenses católicos; Macau – seguindo a trajetória da colônia britânica de Hong Kong – voltou à China no final de 1999 (cf. a parte final de IX, 6). Como conseqüência da escolha obrigatória dessas rotas americanas e asiáticas, a África do Norte e o Oriente Médio conheceram o domínio (e o direito) europeu apenas a partir do século XIX: assim, vamos nos ocupar dessa sobreposição do direito inglês e francês ao direito islâmico ao tratar deste último (cf. VII, 10).

No século XVI, porém, o direito europeu continental se difundiu na América centro-meridional, onde se consolidaram os domínios espanhóis e portugueses, enquanto ali permaneceu circunscrita a importância das influências inglesas, francesas e holandesas.

Com o final da época colonial, ou seja, com o século XIX, os Estados compreendidos entre a Califórnia e o Cabo Horn promulgaram constituições e códigos autônomos, graças à independência, obtida pacificamente no Brasil e de forma sangrenta nos países sul-americanos de língua espanhola. O vínculo com a Europa continuou muito forte, contudo. Nesses novos Estados, por exemplo, a doutrina do comtismo encontrou um consenso muito mais amplo que no continente europeu: a influência política exercida pelo comtismo na América Latina talvez seja comparável apenas à influência do marxismo na Europa Oriental[35]. Rio de

---

35. Ivan Lins, *História do positivismo no Brasil*, 2.ª ed. rev. e ampl., São Paulo, Companhia Editora Nacional, 1967, 707 pp., com uma bibliografia de

Janeiro e Porto Alegre, no Rio Grande do Sul, têm ainda hoje um templo comtiano. Partindo da cultura ibérica comum, cada um desses países desenvolveu todavia sua própria história política e jurídica[36].

Na mesma época, o direito português afirmou-se nas possessões asiáticas de Portugal, que constituíam, porém, escalas de um *hinterland* pouco extenso: o direito português terminou, assim, por não exercer nenhuma influência nos territórios circunvizinhos, uma vez que faltavam homens para ocupá-los. Efetivamente, Portugal – que na época não atingia nem mesmo um milhão de habitantes – devia controlar a oeste as rotas que, de Lisboa, conduziam ao Brasil e, a leste, as rotas que atravessavam suas possessões africanas de Angola e de Moçambique, chegando até a Índia, a China e o Japão (cf. IX, 1).

Ao longo das mesmas rotas, os sinais jurídicos holandeses são menos esparsos e mais consistentes. Na África, a colônia de Cabo Verde foi conquistada em 1652 pela Companhia Holandesa das Índias Orientais. Aos costumes africanos sobrepôs-se uma legislação romano-holandesa, ou seja, o direito que se desenvolvera na Holanda mediante a introdução de elementos germânicos na estrutura romana tradicional. O direito romano-holandês foi substituído em parte pelo direito inglês em 1806, data da ocupação britânica daquela colônia. Esse direito misto estendeu-se a outros Estados do sul da África: Natal, Estado Livre de Orange (1849), Rodésia (1898) e África Sul-Ocidental (1920); era, além disso, aplicado nos juízos entre brancos no Lesoto, na

---

positivistas brasileiros (pp. 671-82). A circulação e a reelaboração das idéias positivistas na América Latina, especialmente no Brasil, com particular atenção à influência italiana no nascimento das ciências sociais, foram analisadas por Marcela Varejão no seu volume *Il positivismo dall'Italia al Brasile. Giuristi, sociologia del diritto e legislazione (1822-1935)*, Milão, Giuffrè, 2005, 465 pp.

36. Pedro Enríquez Ureña, *Storia della cultura nell'America spagnola*, Turim, Einaudi, 1961, pp. 64-8 (sobre as primeiras constituições); pp. 82-4 (sobre as codificações); mais do que uma exposição, trata-se de um elenco de medidas legislativas nos países da América do Sul (incluindo o Brasil, não obstante o título da obra).

Suazilândia e em Botsuana. O atual direito sul-africano apresenta-se como uma mescla de direito romano, holandês e inglês. O direito público (ou seja, o direito constitucional e administrativo) é de origem inglesa, bem como os procedimentos e as normas sobre as provas. No direito penal estão presentes elementos romano-holandeses e ingleses. Boa parte das normas comerciais são puramente inglesas, enquanto para os contratos os elementos romano-holandeses constituem uma base na qual intervêm sucessivas modificações inspiradas no direito inglês. As normas sobre a propriedade e sobre a família são romano-holandesas, ainda que a forma do testamento seja extraída do direito inglês.

Um direito romano-holandês corrigido pelo Common Law encontra-se ainda no Ceilão (originariamente – ou seja, até 1505 – colônia portuguesa), onde sua continuação fora estabelecida pela ordenança de 23 de setembro de 1799.

Os ordenamentos jurídicos da Escócia, do Québec, da Louisiana e das Ilhas Maurício demonstram como Civil Law e Common Law são ordenamentos compatíveis e, no máximo, unificáveis. Historicamente, porém, essa fusão nem sempre se verificou: na Guiana Holandesa, por exemplo, o direito inglês substituiu inteiramente o direito romano-holandês a partir de 1.º de janeiro de 1917. O mesmo ocorreu para os territórios espanhóis transferidos para os Estados Unidos (Flórida, Novo México, Texas, Califórnia): com estes, transferimo-nos inteiramente para a área do direito anglo-americano.

ITINERÁRIO BIBLIOGRÁFICO

Para as obras de referência, cf. a bibliografia do capítulo I.

Península ibérica

Para um panorama das questões ibéricas na história européia veja-se: *The New Cambridge Modern History*, vol. IX: *War and Peace in an Age of Upheaval: 1793-1830*, Cambridge, Cambridge University Press, 1965, XIV-748 pp.

López-Davalillo Larrea, Julio, *Atlas histórico de España y Portugal. Desde el Paleolítico hasta el siglo XX*, Madrid, Sintesis, 1999, 223 pp. [os mapas, acurados e coloridos, são acompanhados de amplos textos explicativos].

Sobre os direitos germânicos da península ibérica, vejam-se ainda os manuais de história do direito alemão, por exemplo, aqueles elencados na bibliografia do cap. II.

Espanha

Um excepcional repertório que acumula um século de publicações, coletadas com o trabalho de duas gerações de bibliófilos, é o raro Antonio Palau y Dulcet, *Manual del librero hispano-americano*, Barcelona, Libraria Anticuaria de A. Palau, 1948-1987, 28 volumes de autores; 7 volumes de índices e apêndices.

Uma fonte bibliográfica importante, ainda que do século XIX, é Manuel Torres Campos, *Bibliografía española contemporánea del derecho y de la política: 1800-1880. Con tres apéndices relativos a la bibliografía extranjera sobre el derecho español, a la Hispano-americana y a la portuguesa-brasileña*, Madrid, Librería de Fernando Fe, 1883, 208 pp.; id., *Bibliografía española contemporánea del derecho y de la política. Conclusión. Bibliografía de 1881 a 1896*, Madrid, Librería de Fernando Fe, 1898, 168 pp.

Nos (até o momento) 35 volumes da monumental *Historia de España* fundada por Ramón Ménendez Pidal (Madrid, Esapa Calpe, 1982-1996), cf. o vol. 18: *La época de los descubrimientos y las conquistas (1400-1570)*, 1998, 751 pp., e o vol. 31, tomo 2: *La época de la Ilustración. Las Indias y la política exterior*, 1988, XXIV-880 pp. Na *Historia de España* dirigida por Manuel Tuñón de Lara (Barcelona, Labor), cf. o vol. 5: *La frustración de un imperio (1476-1714)*, 1982, 508 pp.; vol. 6: *América hispánica*, 1983, 526 pp.; vol. 13: *Textos y documentos de la América hispánica (1492-1898)*, 1986, LXXXVI-478 pp.

Entre as numerosas obras de história do direito espanhol, vejam-se:

Hinojosa [y Naveros], Eduardo de, El elemento germánico en el derecho español, em *Obras*, Madrid, Consejo Superior de Investigaciones Científicas, 1948, vol. II, pp. 407-70 [clássico defensor da germanicidade da sociedade ibérica medieval, hoje refutado por García-Gallo e Alvaro d'Ors].

Tomás y Valiente, Francisco, *Manual de historia del derecho español*, Madrid, Tecnos, 1988, 630 pp. [manual completo, desde as origens pré-romanas até a constituição de 1978, com aberturas também sobre os eventos socioeconômicos que influenciam as mudanças jurídicas].

Portugal

Obras gerais sobre Portugal:
Mattoso, José, *História de Portugal*, Lisboa, Estampa, 1992-1994, 8 vols.
Medina, João (org.), *História de Portugal dos tempos pré-históricos aos nossos dias*, Amadora, Ediclube, s.d. [1995], 15 vols.
Reis, António, *Portugal contemporâneo*, Lisboa, Alfa, 1990-1992, 5 vols. (de 1820 a 1992).
Serrão, João; Marques, A. H. de Oliveira (orgs.), *Nova história de Portugal*, Lisboa, Presença, 1990, vols. 1-5; pp. 11-2.

A "Collecção Horizonte Histórico" de Lisboa contém várias obras que se referem à colonização portuguesa e, em particular, ao Brasil:
Cunha, Pedro Penner da, *Sob fogo: Portugal e Espanha entre 1800 e 1820*, Lisboa, Horizonte, 1988, 254 pp.
Manique, António Pedro, *Portugal e as potências européias: 1807-1847. Relações externas e ingerências estrangeiras em Portugal na primeira metade do século XIX*, Lisboa, Horizonte, 1988, 147 pp.
Pinto, Orlando da Rocha, *Cronologia da construção do Brasil, 1500-1889*, Lisboa, Horizonte, 1987, 215 pp.
Proença, Maria Cândida, *A Independência do Brasil. Relações externas portuguesas, 1808-1825*, Lisboa, Horizonte, 1987, 135 pp.
Silva, Maria Beatriz Nizza da, *Movimento constitucional e separatismo no Brasil: 1821-1823*, Lisboa, Horizonte, 1988, 143 pp.

América Latina

Uma vez que, depois do direito indiano, a história jurídica da América do Sul se divide na história de cada um dos direitos nacionais, fornecemos ao leitor algumas indicações bibliográficas gerais sobre os estudos latino-americanistas, acompanhadas de uma bibliografia seletiva para cada um dos Estados da América do Sul.

Uma bibliografia especializada é Alberto Villalón-Galdames, *Bibliografía jurídica de América Latina (1810-1865)*, Santiago do Chile, Editorial Jurídica de Chile, 1968, vol. 1; 1969, vol. 2, 320 pp. Úteis indicações histórico-jurídicas para toda a área sul-americana encontram-se na vastíssima bibliografia dividida em seções (pp. 221-63) do volume de Marzia Rosti, *Modelli giuridici dell'Argentina indipendente: 1810-1910*, Milão, Giuffrè, 1999, XXVI-306 pp.

Um instrumento fundamental de trabalho sobre a história geral da mesma área é *The Cambridge History of Latin America*, Cambridge, Cambridge University Press, 1984-1995, 11 volumes. Em especial, o vol. XI é uma bibliografia subdividida por áreas geográficas e por assuntos: Leslie Bethell (org.), *The Cambridge History of Latin America*, vol. XI: *Bibliographical Essays*, Cambridge, Cambridge University Press, 1995, XXVIII-1.043 pp. Subdividida por temas em 10 capítulos (repartidos, por sua vez, por Estados), esse volume não dedica ao direito uma bibliografia específica, mas alguns títulos podem ser encontrados sobretudo em temas como "Economy, Society, Politics". Cf. também Charles C. Griffin (org.), *Latin America. A Guide to the Historical Literature,* Austin/Londres, University of Texas Press, 1971, XXX-700 pp. Um quadro sintético dos problemas gerais da América Central, do Sul e do Caribe, sobretudo a partir do século XIX, encontra-se em Thomas E. Skidmore; Peter H. Smith, *Modern Latin America*, 4.ª ed., Oxford, Oxford University Press, 1997, XI-465 pp.

Sobre o distanciamento das colônias sul-americanas da Europa: John Lynch (org.), *Latin American Revolutions 1808-1826. Old and New World Origins*, Norman/Londres, University of Oklahoma Press, 1994, pp. XIII-409; a revisão da obra publicada pela editora Knopf, de Nova York, 1965, reúne ensaios de várias épocas e autores. Sobre o fenômeno especial da tendência aos governos autoritários nos novos Estados sul-americanos: John Lynch, *Caudillos in Spanish America: 1800-1850*, Oxford, Clarendon Press, 1992, XVII-468 pp. Sobre a situação da península ibérica (com amplas referências aos problemas das colônias sul-americanas): John Lynch, *The Hispanic World in Crisis and Change: 1598-1700*, Oxford, Blackwell, 1992, X-448 pp.

Francisco Morales Padrón, *América hispana*, Madrid, Gredos, 1986; vol. 1: *Hasta la creación de las nuevas naciones*, 367 pp.; vol. 2: *Las Nuevas Naciones*, 359 pp. [respectivamente vols. 14 e 15 da *Historia de España*].

Uma cronologia que faz a correlação entre datas européias e sul-americanas desde as origens aos dias atuais é: Josefa Vega; Jesús Oyamburu; Pedro A. Vives, *Una cronología de Iberoamérica*, Madrid, Marcial Pons, 1994, 191 pp. Amplos textos e muitas imagens caracterizam Nicolás Kanellos, *Chronology of Hispanic-American History. From the Pre-Columbian Times to the Present*, Detroit (MI), Gale Research, 1995, LI-427 pp.

Obras gerais

Bernal de Bugeda, Beatriz, Historiografía jurídica hispanoamericana en el siglo XX, em *Setenta y cinco años de evolución jurídica en el mundo*, México, Unam, 1979, vol. II, pp. 43-61.

Bolívar, Simón, *Bolívar Legislador. Recopilación de documentos*, LII Legislatura, Comisión permanente, Congreso de la Unión, México, Editorial Porrúa, 1983, 254 pp.

Bandeira, Moniz, [Luiz Alberto], *O expansionismo brasileiro e a formação dos Estados na Bacia do Prata*, 3.ª ed., Brasília, Revan/Universidade de Brasília, 1998, 254 pp.

Bravo Lira, Bernardino, Etapas históricas del Estado constitucional en los países de habla castellana y portuguesa (1811-1980), *Revista de Estudios Histórico-Jurídicos*, Valparaíso, 1980, pp. 35-84.

——, Relaciones entre la codificación europea y la hispanoamericana, *Revista de Estudios Histórico-Jurídicos*, IX, 1984, pp. 51-64.

Castán Vasquez, José María, *La influencia de la literatura jurídica española en las codificaciones américanas*, Madri, Real Academia de Jurisprudencia y Legislación, 1984, 186 pp.

Couture, Eduardo J., *Trayectoria y destino del derecho procesal latinoamericano*, Montevidéu, Impresora Moderna, 1942; reimpressão: Buenos Aires, Depalma, 1999, 84 pp.

Eder, Phanor J., *A Comparative Survey of Anglo-American and Latin-American Law*, Nova York, Oxford University Press, 1950; reimpressão: Littleton (Co.), Rothman, 1981, XII-257 pp.

——, Law and justice in Latin America, em *Law, a Century of Progress. 1835-1935*, Nova York/Londres, 1937, pp. 39-82.

——, *Principios característicos del 'common-law' y del derecho latinoamericano, con concordancia entre los códigos argentinos y la legislación del Estado de Nueva York*.

Kennedy, Hugh, *Muslim Spain and Portugal. A Political History of al-Andalus*, Londres/Nova York, Longman, 1996, XVI-342 pp. [cobre o período de 711 a 1492; com ampla bibliografia, árvores genealógicas e mapas].

Levaggi, Abelardo (org.), *Fuentes ideológicas y normativas de la codificación latinoamericana*, Buenos Aires, Universidad del Museo Social Argentino, 1992, 379 pp.

Rauchhaupt, W. von, *Correlaciones en el desarrollo de los derechos de Europa y de América. Estudio de comparación genética de derechos*, Buenos Aires, 1928.

Sobre o direito anterior à conquista espanhola e sobre o direito da época colonial:

Altamira Crevea, Rafael, Penetración del Derecho castellano en la legislación indiana, *Revista de Historia de América*, México, 23, 1947, pp. 1-53; 24, 1947, pp. 313-41; 25, 1948, pp. 69-134.

García-Gallo, Alfonso, *Estudios de Historia del Derecho Indiano*, Madri, Instituto Nacional de Estudios Jurídicos, 1972, 816 pp.

——, La ciencia jurídica en la formación del Derecho hispanoamericano en los siglos XVI al XVIII, em *La formazione storica del diritto moderno in Europa*, vol. I, Florença, Olschki, 1977, pp. 317-54.

——, Los principios rectores de la organización territorial de las Indias en el siglo XVI, *Anuario de Historia del Derecho Español*, XL, 1970, n. 1, pp. 313-47.

Zorraquín Becú, Ricardo, El sistema político indiano, *Revista del Instituto de Historia del Derecho*, n. 6, Buenos Aires, 1954, pp. 31-65; n. 7, 1955-1956, pp. 17-41.

Enfim, na impossibilidade de dar indicações exaustivas sobre cada um dos Estados sul-americanos, a bibliografia que segue apresenta de modo sumário poucos títulos, que podem ser úteis para iniciar uma eventual pesquisa.

Argentina

Sobre a história jurídica da Argentina, está disponível uma obra em italiano: Marzia Rosti, *Modelli giuridici dell'Argentina indipendente: 1810-1910*, Milão, Giuffrè, 1999, XXVI-306 pp., da qual já foi recordada a vastíssima bibliografia dividida em seções (pp. 221-63). Vejam-se, ademais:

Germán J. Bidart Campos, *Historia política y constitucional argentina*, Buenos Aires, Ediar, 1976-1977, 3 vols.

Leiva, Alberto David, Los estudios de historia del derecho en la República Argentina durante los últimos veinte años, *Quaderni Fiorentini*, vol. 8, 1979, pp. 455-64.

Levene, Ricardo, *Manual de historia del derecho argentino*, 5.ª ed., Buenos Aires, Depalma, 1985, 487 pp.

Linares Quintana, Segundo Vélez, *Derecho constitucional e instituciones políticas, teoría empírica de las instituciones públicas*, Buenos Aires, Abeledo-Perrot, 1970, 3 vols. [contém ainda o texto dos mais significativos documentos juspublicistas argentinos].

Sobre a história do direito privado:

Cabral Texto, Jorge, *Historia del Código Civil argentino*, Buenos Aires, Menéndez, 1920, 296 pp.

Tau Anzoátegui, Víctor, *La codificación en la Argentina (1810-1870). Mentalidad social e ideas jurídicas*, Buenos Aires, Imprenta de la Universidad, 1977, 408 pp.

——, *Las ideas jurídicas en la Argentina (siglos XIX-XX)*, 2.ª ed., Buenos Aires, Abeledo-Perrot, 1987, 156 [+ 4] pp.

Tau Anzoátegui, Víctor; Martiré, Eduardo, *Manual de Historia de las Instituciones Argentinas*, 6.ª ed., Buenos Aires, Macchi, 1996, XXIII-615 pp. [com bibliografia].

Zorraquín Becú, Ricardo, La recepción de los derechos extranjeros en la Argentina durante el siglo XIX, *Revista de Historia del Derecho*, n. 4, Buenos Aires, 1976, pp. 325-59.

Brasil

Uma bibliografia relativa ao direito positivo e atualizada anualmente é *Bibliografia brasileira de direito*, Brasília, Senado Federal, Subsecretaria de Biblioteca, a partir de 1967-1968; em 1997-1998 chegara ao volume 15. São, ao contrário, obras histórico-jurídicas:

Macaulay, Neill, *Dom Pedro I. A luta pela liberdade no Brasil e em Portugal: 1798-1834*, Rio de Janeiro, Record, 1993, 411 pp. [o original é norte-americano: *Dom Pedro: The Struggle for Liberty in Brazil and Portugal*, Durham, Duke University Press, 1986, XIV-361 pp.

Machado Neto, Antonio Luiz, *História das idéias jurídicas no Brasil*, São Paulo, Grijalbo, 1969, 235 pp.

Nascimento, Walter Vieira do, *Lições de história do direito*, 9.ª ed., Rio de Janeiro, Forense, 1997, VIII-295 pp. [sobre o direito brasileiro: pp. 191-227; bibliografia: pp. 237-45].

Valladão, Haroldo, *História do direito especialmente do direito brasileiro*, 2.ª ed., Rio de Janeiro, Freitas Bastos, 1974, 2 vols.

Wolkmer, Antonio Carlos, *História do direito no Brasil*, Rio de Janeiro, Forense, 1998, XII-170 pp. [bibliografia: pp. 147-57].

Sobre o Brasil holandês

Gouvêa, Fernando da Cruz, *Maurício de Nassau e o Brasil holandês. Correspondência com os Estados Gerais*, Recife, Editora Universitária UFPE, 1998, XI-241 pp.

Mello, Evaldo Cabral de, *O negócio do Brasil. Portugal, os Países Baixos e o Nordeste 1641-1669*, Rio de Janeiro, Topbooks, 1998, 273 pp.
Mello, José Antônio Gonçalves de, *Tempos dos flamengos. Influência da ocupação holandesa na vida e na cultura do norte do Brasil*, 3.ª ed., Recife, Massangana, 1987, 294 pp. [texto clássico sobre o tema, publicado em 1947].
Joaquim de Sousa-Leão, *Frans Post 1612-1680*, Amsterdam, Van Gendt, 1973, 176 pp. [estudo completo sobre o "Canaletto do Brasil", com as reproduções de 140 pinturas e de 63 desenhos].

Chile

Bascuñán Valdés, Aníbal, *Elementos de historia del derecho*, Santiago do Chile, Editorial Jurídica de Chile, 1954, 237 pp.
Campos Harriet, Fernando, *Historia constitucional de Chile*, 6.ª ed., Santiago do Chile, Vera y Gianini, 1983, 430 pp.
Eyzaguirre, Jaime, *Historia de las instituciones políticas y sociales de Chile*, 14.ª ed., Santiago do Chile, Editorial Universitaria, 1967, 212 pp.
Villalobos R., Sergio, *Breve historia de Chile*, 12.ª ed., Santiago do Chile, Editorial Universitaria, 1997, 188 pp.

Colômbia

Davis, Robert Henry (org.), *Colombia*, Oxford, Clio Press, 1990, XXI-204 pp. (faz parte da World Bibliographical Series; compreende ainda textos jurídicos).
Gómez Hoyos, Rafael, *La independencia de Colombia*, Madri, Mapfre, 1992, 380 pp.
Uribe Vargas, Diego, *Las constituciones de Colombia: historia, crítica y textos*, 2.ª ed., Madri, Ediciones de Cultura Hispánica, 1985, 3 vols.

Equador

Arízaga Cevallos, Benjamín, *Historia del derecho civil ecuatoriano*, Quito, Talleres Gráficos Nacionales/Casa de la Cultura Ecuatoriana, 1963-1969, 3 vols.

Paraguai

Fiorani, Flavio, *I Paesi del Río de la Plata. Argentina, Uruguay e Paraguay*, Florença, Giunti, 1992, 188 pp.
Mariñas Otero, Luis, *Las constituciones del Paraguay*, Assunção, Ediciones de Cultura Hispánica, 1978, 271 pp.

Peru

Alzamora, Román, *Curso de historia del derecho peruano*, Lima, Imprenta del Estado, 1876, 2 vols.
——, *Historia del derecho peruano*, Lima, 1945.
Basadre Grohmann, Jorge, *Los fundamentos de la historia del derecho*, Lima, Librería Internacional del Perú, 1956, XXIV-413 pp.
——, *Historia del derecho peruano*, Lima, Editorial Antena, 1937, 322 pp. (e reimpressões seguintes).

Uruguai

Andrade de Ochoa, Ruth, *Curso de historia del derecho*, Montevidéu, Acali, 1978-1979.
Cutolo, Vicente Osvaldo, *El aporte jurídico argentino en la cultura uruguaya (1821-1852)*, Buenos Aires, Elche, 1957.
Gross Espiell, Héctor, *Las constituciones del Uruguay, con una historia constitucional*, 2.ª ed., Madrid, Ediciones de Cultura Hispánica, 1978, 539 pp.
Narancio, Edmundo M., *La independencia de Uruguay*, Madrid, Mapfre, 1992, 415 pp.

Venezuela

Bello Lozano, Humberto, *Historia de las fuentes e instituciones jurídicas venezolanas*, 7.ª ed., Caracas, La Lógica, 1983, XV-542 pp. [sobre o direito venezuelano: pp. 405-524].
Carrillo Batalla, Tomás Enrique, *Historia del derecho venezolano*, Caracas, 1963.
——, *Historia de la legislación venezolana*, Caracas, Biblioteca de la Academia de Ciencias Políticas y Sociales, 1984.
González, Manuel, *Historia del derecho*, 3.ª ed., Caracas, La Lógica, 1990, 591 pp. [sobre o direito venezuelano: pp. 189-538].

México

Embora faça parte da América Central, estando assim excluído do atual volume, uma sumária bibliografia também sobre esse país pode ser de auxílio em pesquisas futuras.

Sobre a história do direito público mexicano:
Floris Margadant, Guillermo, México, 75 años de investigaciones histórico-jurídicas, em *Setenta y cinco años de evolución jurídica en el mundo*, México, Unam, 1979, vol. II, pp. 63-80.
Guzmán, Ricardo Franco, Setenta y cinco años de derecho penal mexicano, em *Setenta y cinco años de evolución jurídica en el mundo*, México, Unam, 1978, vol. I.
Pérez Nieto-Castro, Leonel, Notas para una monografía del derecho internacional privado mexicano durante el siglo XIX, a partir de la independencia, em *Libro del Cincuentenario del Código Civil*, México, 1978, pp. 199-224.
Sayeg Helú, Jorge, *Introducción a la historia constitucional de México*, México, Unam, 1978, 200 pp. (bibliografia: pp. 181-200).

Sobre a história do direito privado mexicano:
VV. AA., *Five Centuries of Law and Politics in Central México*, org. por Ronald Spores e Ross Hassing, Nashville (Tenn.), Vanderbilt University, 1984, 286 pp.
Clagett, Helen Lord, *A Guide to the Law and Legal Literature of the Mexican States*, The Library of Congress, Washington, Gordon Press, 1979, V-180 pp.
Cruzado, Manuel, *Bibliografía jurídica mexicana*, México, Imprenta de Estampillas, 1905, 385 pp.
Esquivel Obregón, Toribio, *Apuntes para la historia del derecho en México*, 2.ª ed., México, Editorial Porrúa, 1984, 2 vols.
González, María del Refugio, *Estudios sobre la historia del derecho civil en México durante el siglo XIX*, México, 1981.

[Item 1] Sobre o comtismo na América Latina: Filippo Barbano; Carlos Barbé; Mariella Berra; Mabel Olivieri; Elke Koch; Weser Ammassari, *Sociologia, storia, positivismo. Messico, Brasile, Argentina e l'Italia*, Milão, Franco Angeli, 1992; e, especificamente sobre o Brasil, Mario Aldo Toscano, *Liturgie del moderno. Positivisti a Rio de Janeiro*, Lucca, Maria Pacini Fazzi Editore, 1992, 184 pp.; uma ampla resenha destes dois volumes está em: Mario G. Losano; Marzia Rosti, Le scienze sociali nei rapporti fra l'Italia e l'America Latina, *Sociologia del*

Diritto, XXI, n. 2, 1994, pp. 53-78; cf. Marcela Varejão, *Il positivismo dall'Italia al Brasile. Giuristi, sociologia del diritto e legislazione (1822-1935)*, Milão, Giuffrè, 2005, 465 pp., com bibliografia [tese de doutorado defendida na Università degli Studi di Milano em 1999, analisa a reelaboração das idéias positivistas européias na América Latina, com particular atenção à influência italiana no nascimento das ciências sociais no continente e na legislação brasileira].

[Item 11] Orde, Anne, *The Eclipse of Great Britain: The United States and British Imperial Decline, 1895-1956*, Nova York, St. Martin's Press, 1996, VIII-262 pp.

[Item 12 b] Trindade, Hélgio, *Integralismo. O fascismo brasileiro na década de 30*, Porto Alegre, Universidade Federal do Rio Grande do Sul, 1974, 388 pp. [tese de doutorado apresentada em 1971 à Universidade de Paris-Sorbonne com o título: *L'Action Intégraliste Brésilienne. Un mouvement de type fasciste des années Trente*; bibliografia nas pp. 361-78].

[Item 14] *Andrés Bello y el derecho latinoamericano*. Congresso Internacional (Roma, 10-12 de dezembro de 1981), Caracas, La Casa de Bello, 1987, 530 pp.
Guzmán Brito, Alejandro, *Andrés Bello codificador. Historia de la fijación y de la codificación del derecho civil en Chile*, Santiago do Chile, Ediciones de la Universidad de Chile, 1982, 2 vols.
Meira, Sílvio, *Teixeira de Freitas: o jurisconsulto do Império*, 2ª ed., Brasília, Cegraf, 1983, pp. XXV-884 [contém ainda ilustrações da época e reproduções de documentos; bibliografia secundária nas pp. 541-59].
Schipani, Sandro (org.), *Augusto Teixeira de Freitas e il diritto latinoamericano*. Atas do Congresso (Roma, 12-14 de dezembro de 1983), Pádua, Cedam, XXIV-561 pp.
—— (org.), *Dalmacio Vélez Sársfield e il diritto sudamericano*, Pádua, Cedam, 1991, XXIV-684 pp. [anais do congresso de 1986].
Zorraquín Becú, Ricardo, *Estudios de historia del derecho*, Buenos Aires, Abeledo-Perrot, 1992, vol. 3, pp. 407-33.

[Item 15] Vejam-se as bibliografias dos caps. VII, VIII, IX e parte daquela do cap. VI (*Os direitos consuetudinários africanos*). Alguns exemplos específicos da difusão do direito europeu continental fora da Europa são:

Horst, Marleen H. van den, *Het Rooms Hollandse Recht in Sri Lanka*, [Deventer], FED, 1984, XIII-99 pp.

Papachristos, Athanase C., *La réception des droits privés étrangers comme phénomène de sociologie juridique*, prefácio de Jean Carbonnier, Paris, Librairie Générale de Droit et de Jurisprudence, 1975, XX-151 pp. [com base em observações concretas (refletidas na ampla bibliografia comentada), o autor propõe uma sistematização das causas e dos efeitos da adoção de direitos estrangeiros].

Zimmermann, Reinhard, *Das römisch-holländische Recht in Südafrika. Einführung in die Grundlagen und Usus hodiernus*, Darmstadt, Wissenschaftliche Buchgesellschaft, 1983, XIII-222 pp.

Capítulo VI
O costume e o direito

1. A relevância do costume numa visão mundial do direito

Os direitos codificados tendem a transcurar o costume jurídico, porque este tem atualmente um peso muito limitado nos sistemas socioeconômicos dirigidos por lei escritas, gerais e abstratas. Exatamente por isso é necessário ressaltar mais uma vez que o costume é um tema de fundamental importância quando se supera a barreira do direito codificado em que vivemos e se enfrenta um exame global dos direitos hoje em vigor no mundo. Nesses direitos, o costume se revela uma estrutura fundamental. Isso vale não apenas para as sociedades primitivas, nas quais o direito é exclusivamente consuetudinário, e para as sociedades coloniais e pós-coloniais, nas quais um direito ocidental se sobrepôs apenas em parte aos usos e costumes locais, mas também para as sociedades industriais mais avançadas, como a inglesa e a norte-americana. Estas últimas – como veremos em detalhe nos itens 3 e 4 – são reguladas por um direito consuetudinário especial chamado "Common Law".

É evidente que a fixação de normas escritas caminha passo a passo com o desenvolvimento da economia, com a complexidade das transações comerciais e com a crescente ingerência do Estado em todos os setores da vida social. Porém, não é obrigatório que as normas escritas devam assumir necessariamente a forma de códigos e de leis gerais e abstratas. Costume e forma escrita de cada preceito não são noções incompatíveis, como demonstram todo o direito anglo-americano e, no continente europeu, a redação de coleções dos usos comerciais.

A lei, em sentido técnico, começou a substituir radicalmente o costume apenas com o advento dos senhores renascentistas na Europa continental. Fora dessa área geográfica e antes dessa época histórica, o direito era o reino inconteste do costume. Ainda que a expansão da Europa e a maior aplicação do seu direito codificado às transações comerciais tenham levado a sobrepor em muitos países a lei geral e abstrata ao costume, é difícil explicar por que hoje se atribui tão pouca relevância ao costume no campo jurídico.

Duas explicações parecem possíveis, uma no âmbito prático, outra no âmbito teórico. No âmbito prático, o jurista europeu continental usa atualmente em medida quase exclusiva as disposições escritas, que em geral negam qualquer relevância jurídica aos usos não conformes a elas; conseqüentemente, o estudo do costume torna-se para ele irrelevante, por ser desprovido de finalidades concretas. No campo teórico, ao invés, o silêncio sobre o costume é um silêncio embaraçado, porque a teoria jurídica dominante na Europa ainda é a positivista: para essa teoria, é direito apenas o positivo, ou seja, o estatuído pelo Estado. Ora, o costume é norma jurídica de origem não-estatal e, enquanto tal, incompatível com as construções teóricas do positivismo jurídico. Prefere-se, por isso, relegá-la às margens de todo estudo ou até silenciar sobre ela.

Esses problemas culturais, típicos da Europa continental, não devem impedir, porém, uma clara visão da importância do costume, tanto para a compreensão dos direitos positivos em vigor fora do continente europeu, quanto para a construção de teorias jurídicas realmente gerais. Por isso, as páginas seguintes reservam ao costume um espaço incomparavelmente mais amplo do que o dedicado a ele nos manuais sobre os direitos codificados.

Na prática, este capítulo termina por reproduzir no seu conteúdo a estrutura de todo o livro, dedicado ao direito em geral: inicialmente, descreve os sistemas jurídicos fundamentados no costume – ou seja, o sistema anglo-americano e um sistema primitivo – e o peso que o costume conserva nos direitos codificados, para passar, enfim, à teoria do costume. Da mesma forma, todo o livro examina, um por um, vários direitos positivos vigentes, para chegar depois às abstrações fundadas em tais direitos, ou seja, à teoria do direito.

2. A noção de costume

As necessidades e os medos modelam as ações do homem primitivo ou arcaico. Movendo-se num mundo para ele imprevisível, o homem tende a repetir constantemente os comportamentos que conseguem satisfazer suas exigências sem provocar-lhe danos, por ele interpretados freqüentemente como reações dos espíritos que animam a natureza. Tomam forma, assim, os costumes. Estes apresentam um elemento objetivo, que consiste na repetição de um certo comportamento, e um elemento subjetivo, que consiste em acreditar que seja bom adotar aquele comportamento. *O costume é um comportamento repetido na convicção de que seja bom comportar-se assim.* Essa definição é mais ampla do que a aceita pelos juristas, porque o costume é um fato social que se estende para além do direito; em particular, introduzindo um juízo de valor subjetivo no elemento objetivo, ao final deste capítulo (item 28), será possível explicar melhor a noção jurídica de costume, contornando alguns problemas debatidos e não resolvidos pelos juristas[1].

Nas sociedades primitivas, as normas consuetudinárias operam no interior de grupos ainda não estruturados de modo articulado e não podem, assim, contar com um mecanismo judiciário comparável àquele que assiste as normas

---

1. Dada a amplitude do campo, para o estudo do elemento objetivo do costume – ou seja, para a descrição dos vários comportamentos – remetemos às obras antropológicas e etnográficas, uma vez que tais disciplinas se ocupam sobretudo de descrever os comportamentos consuetudinários concretos.

das sociedades evoluídas. Conseqüentemente, sua força vinculante fundamenta-se ou na sanção positiva da reciprocidade (com base na qual um sujeito aceita adotar um certo comportamento porque a ele vincula uma obrigação de outro na qual está interessado), ou na sanção negativa, ou seja, na punição derivada de antepassados reverenciados ou de divindades temidas, ou seja, de seres sobrenaturais. Em especial, nas sociedades arcaicas ou primitivas caracterizadas pela responsabilidade de grupo, o indivíduo que conhece o comportamento "justo" (porque o descobriu empiricamente, ou então porque o conhece por tradição ou pela revelação) tende a apresentá-lo como uma norma para os outros membros do grupo, para evitar que o desvio gere uma punição coletiva. Usando a terminologia moderna, nessa fase primitiva da vida associativa, o comportamento justo é também exato, e vice-versa; o que serve para a obtenção do objetivo é recomendável: fato e valor coincidem em uma unidade indistinta. Por isso, nos sistemas jurídicos mais ligados ao costume, o termo que designa a lei jurídica abarca um âmbito semântico que, nas línguas ocidentais, ultrapassa as fronteiras das leis em sentido físico: esse é o sentido de *dharma* para o direito indiano (cf. VIII, 3) e, de certa forma, de *fă* para o direito chinês (cf. IX, 2, *a*).

Não obstante as referências ao sobrenatural, porém, o elemento essencial do comportamento consuetudinário é sua justeza-exatidão, ou seja, a conformidade com o objetivo concreto. Recorrendo à mais rica terminologia alemã, não é tanto *gerecht* ou *richtig* (isto é, *correto* ou *exato*), quanto *zweckmässig* (ou seja, ao pé da letra, adequado ao objetivo e, assim, *oportuno, apropriado*). "Essas regras – escreve Malinowski – são seguidas porque sua utilidade prática é reconhecida pela razão e atestada pela experiência."[2]

A importância do costume como fator de organização social está portanto diretamente ligada à evolução econô-

---

2. Bronislaw Malinowski, *Crime and Custom in Savage Society*, Londres, Kegan Paul, Trench, Trubner, 1940, p. 52. Essa é a terceira reedição da obra, publicada pela primeira vez em 1926.

mica e tecnológica de uma certa sociedade. O costume nasce e se afirma numa economia circunscrita, na qual as trocas tendem a ocorrer sempre no interior de um grupo de pessoas caracterizado por uma escassa mobilidade interna. A mobilidade externa, nesse contexto, é irrelevante: o direito consuetudinário dos nômades berberes, que resistiu à islamização, nasce num grupo em que mudar de lugar não implica mudar de papel. Essa constância de relações intersubjetivas vale não apenas para limitadas sociedades agrárias e primitivas, mas também para grupos mais articulados, como, por exemplo, os comerciantes medievais, sejam árabes, sejam europeus. Movemo-nos sempre em uma economia cujo ritmo evolutivo lento é determinado pela produção agrícola e cuja lenta propagação das informações é determinada pelo caráter individual da comunicação, oral ou escrita, em cópia única. O habitat do costume é portanto a sociedade agrária e, em certos casos, pré-letrada, na qual o comportamento social aceito se aprende por tradição ou por imitação, ou então gera-se por si, mediante tentativas sucessivas para alcançar um resultado prático: de fato, o comportamento anômalo impedirá o desviante de atingir a finalidade desejada.

Os comportamentos consuetudinários não podem ser reagrupados numa categoria homogênea: eles vão desde regras de convivência ou hábitos intersubjetivos, ainda não codificados mesmo nas sociedades evoluídas, até as regras para a produção e a troca de bens e serviços, que nos países evoluídos são objeto de um conjunto de normas escritas. Poder-se-ia falar de *hábitos* para as regras de boa educação, de *usos* para as regras comerciais e de *costumes* para as regras mais próximas das matérias regulamentadas por leis escritas. A arbitrariedade dessas distinções está demonstrada pela evolução da terminologia jurídica italiana. O código comercial italiano de 1882 previa o recurso aos "usos mercantis" (art. 1) na falta de disposições contidas em leis comerciais (cf. também II, 11). O código civil de 1865, ao contrário, não falava do costume em termos gerais como uma fonte de direito, ainda que o mencionasse em casos específicos. Assim, formou-se uma doutrina, segundo a qual o termo "usos" se referia exclusivamente aos usos mercantis previstos no código comercial, ao passo que "costume" referia-se apenas ao direito civil. Com a fusão desses dois códigos no código civil de 1942, a distinção doutrinária perdeu sua razão de ser, também porque o art. 8, *c.* 1, das *Disposições sobre a lei em geral* refere-se apenas a "usos".

Por isso considero mais simples usar apenas o termo "costume" para indicar todos os comportamentos consuetudinários. Isso responde também à origem do costume nas sociedades primitivas: nelas, não existe um direito positivo e, portanto, ele está amalgamado a todos os outros aspectos da vida social. Os costumes são uma parte relevante da cultura de um povo, de modo que, ao se oferecer uma definição de cultura, oferece-se também uma de costume. Esse procedimento pode ser visto com clareza na definição proposta por Kluckhohn e Kroeber, na obra em que classificaram e analisaram centenas de definições de cultura:

> A construção lógica, a cultura, baseia-se no estudo do comportamento e dos produtos do comportamento. Ela remonta ao comportamento porque o conceito de cultura torna mais inteligível o comportamento e permite, em considerável medida, fazer previsões a propósito do comportamento presente em áreas especiais. Mas a cultura não é o comportamento nem a pesquisa do comportamento na sua concreta completude. Parte da cultura consiste em normas para o comportamento ou em padrões de comportamento; uma outra parte consiste ainda em ideologias aptas a justificar ou racionalizar certos modos selecionados de comportamento. Enfim, cada cultura inclui amplos princípios gerais de seletividade e de ordem ("os máximos denominadores comuns") com base nos quais os modelos de, para e sobre o comportamento, em áreas de conteúdo cultural muito diferentes, são redutíveis a prudentes generalizações.[3]

---

3. Clyde Kluckhohn, Alfred Kroeber, *Culture. A Critical Review of Concepts and Definitions*, Harvard University Press, Cambridge (Mass.) 1952, pp. 181 e 189; trad. it. *Il concetto di cultura*, Bologna Il Mulino, 1972, pp. 385 s.

Desse conjunto indistinto de regras sociais, éticas e jurídicas originaram-se as normas jurídicas, cuja afirmação e compilação na forma escrita reduziram progressivamente o âmbito de aplicação dos costumes nas sociedades modernas. A relevância jurídica dos costumes varia de acordo com o sistema social em que eles são aplicados, com a natureza de cada setor jurídico em que se manifestam. Nos direitos vigentes, o costume ainda tem grande importância no Common Law, no direito islâmico e no direito dos países emergentes, nos quais ao lado de uma legislação importada ou imposta pelo Ocidente se coloca uma legislação consuetudinária: a esse tema é dedicado o exame do direito consuetudinário africano (abaixo, itens 12-20). Em contrapartida, é mínima a importância do costume nos direitos dos países europeus continentais, ainda que isso represente a inversão, verificada no decorrer de uma longa evolução histórica, de uma situação que se prolongou por séculos: a essa evolução e à relevância do costume no direito positivo atual são dedicados os itens 22-27 deste capítulo. Entre esses dois extremos situam-se os ordenamentos jurídicos em que o costume e a lei escrita têm uma relação mais equilibrada, como o direito islâmico ou indiano, para os quais remeto aos capítulos VII e VIII. Assim estará disponível o material empírico sobre parte do qual foi construída a teoria ocidental do costume jurídico: a essa teoria é dedicado o item 28 deste capítulo.

O direito consuetudinário inglês

3. Os vínculos originários entre a Europa e as ilhas britânicas

Enquanto os sistemas jurídicos latino-germânicos fundamentam-se no direito romano, na Inglaterra desenvolveu-se um sistema jurídico diferente, em parte vinculado e em parte contraposto ao direito romano. Antes do ano 1000 d.C., coexistiam no território britânico normas de origem germânica (ligadas também à dominação dinamarquesa na parte oriental da ilha) e normas de direito romano e canônico, introduzidas no momento da cristianização (664 d.C.) e destinadas a permanecer em vigor até os nossos dias para as matérias matrimonial e sucessória. A esses direitos e aos diferentes usos locais em vigência nos vários Estados das duas maiores ilhas britânicas se sobrepôs em 1066 o direito introduzido pela conquista normanda.

A unidade política da Grã-Bretanha (com exceção da Escócia) realizada por Guilherme, o Conquistador, teve como conseqüência direta também a unificação do direito. Esse direito unificado foi chamado "direito comum", Common Law, porque substituía os direitos particulares anteriormente em vigor. S. F. C. Milsom inicia com estas palavras a sua história do direito inglês: "O Common Law é o subproduto de um triunfo administrativo."[4]

A época da conquista normanda das ilhas inglesas coincide com a época do grande florescimento jurídico italiano. O vínculo entre a Escola italiana e o nascente Common Law é representado pelo mesmo Lanfrancus (Lanfranco) Dialecticus que já vimos abandonar o ensino do direito lombardo em Pavia para passar ao estudo da teologia no monastério normando de Bec (cf. II, 7). Depois de 1066, quando se tornou arcebispo de Canterbury, Lanfranco se dedicou ao direito anglo-saxão, auxiliado pelo substrato germânico comum que une tal direito ao direito lombardo.

A implantação da dominação normanda na Inglaterra era facilitada também pelo fato de que as normas consuetudinárias próprias dos normandos eram germânicas, sendo os normandos uma população originária da Noruega. Sob a influência de Lanfranco e de outros juristas versados no direito romano e germânico (o arcebispo Teobaldo, Vacário), tomou forma o núcleo originário do Common Law.

---

4. Stroud Francis Charles Milsom, *Historical Foundations of the Common Law*, Londres, Butterworths, 1969, p. I.

4. Os Inns of Court e a tradição forense na Grã-Bretanha

A *curia regis*, ou seja, a corte de Guilherme I, tornou-se o centro da vida administrativa e jurídica do novo reino. Ao redor da *curia regis* logo se condensou uma classe profissional forense muito homogênea, da qual saíam os juízes que, com suas sentenças, acabaram criando o Common Law. Esse é, portanto, um direito consuetudinário, mas num sentido especial: *o costume que é fonte desse direito não nasce do comportamento popular, e sim do comportamento dos juízes.*

A partir do século XIV, em torno da *curia regis* formam-se as quatro organizações corporativas dos juristas, chamadas *Inns of Court* e até hoje existentes (Inner Temple, Middle Temple, Gray's Inn, Lincoln's Inn).

O funcionamento dos *Inns of Court* ilustra algumas inimitáveis particularidades sociológicas do sistema jurídico inglês. Os *Inns* são as instituições em que o bacharel em direito é iniciado na profissão forense e, depois, sustentado no decorrer do seu exercício. Fora do tribunal, a assistência jurídica é oferecida pelo *sollicitor*; se a negociação extrajudicial não dá resultados, abre-se uma causa num tribunal e, a essa altura, a assistência jurídica pode ser oferecida apenas pelo *barrister*. A analogia com o procurador e com o advogado italianos é, assim, apenas parcial.

Quem, depois de concluir a *Law School*, deseja tornar-se *barrister* inscreve-se numa das quatro *Inns of Court*, as únicas autorizadas a formar os advogados que exercem sua atividade perante os Tribunais da Inglaterra e de Gales. Para poder ser chamado a fazer parte do *Bar* – mais ou menos, a ordem dos advogados – o bacharel deve freqüentar o seu *Inn*. Um ponto central da socialização são os jantares comuns realizados na grande sala central: em grupos de quatro, todos os membros do *Inn* sentam-se à mesa em ordem de antiguidade e, depois do jantar, participam de debates, processos fictícios (*moots*), concertos. Essa atividade social é acompanhada por exames profissionais, superados os quais o praticante é proclamado *barrister* pelos dirigentes do seu *Inn*. Agora poderá falar da barra (*bar*, precisamente) do tribunal.

Mapa 7. O reino da Inglaterra por volta de 1150.

Quase um século depois da conquista normanda, na época de Henrique II Plantageneta (1133-1189), o reino da Inglaterra se estendia também por sobre um vasto território francês. Explica-se assim a fusão de institutos germânicos e romanistas no Common Law (cf. pp. 324 ss.) e a dupla natureza do direito consuetudinário francês (cf. pp. 358 ss.).

A colegialidade do aprendizado continua na profissão. Os advogados atuam em grupos fixos (*chambers*), cujos escritórios ficam nos edifícios do respectivo *Inn*. Depois do exame, o novo advogado realiza seis meses de noviciado (*pupillage*) num desses grupos, e pode ser chamado a fazer parte de um deles ou então a trabalhar como autônomo.

A comunidade forense torna-se ainda mais homogênea pela ausência de uma rígida divisão entre as carreiras dos juízes e dos advogados: efetivamente, os juízes da High Court são escolhidos entre aqueles que fazem parte da ordem dos advogados. O sistema das tradições comuns e dos conhecimentos pessoais, adquiridos nos *Inns* desde os anos de juventude, permeia assim todo o sistema judiciário inglês.

Houve um tempo em que o isolamento de casta dos juristas contribuía até para a linguagem usada nos tribunais: os documentos eram escritos em latim, mas nos tribunais se falava em francês. Uma lei de 1362 tentara substituir a "lange français, qest trope desconue" pela "la lange du paiis", mas no século XVIII ainda existiam juristas que afirmavam que o inglês não era capaz de exprimir os problemas técnicos do direito[5].

5. *O direito romano e a formação do Common Law*

A unidade jurídica, a centralização judiciária e a homogeneidade da classe forense explicam por que o direito romano não foi adotado na Grã-Bretanha, mesmo sendo favorecido pelas dinastias dos Tudor e dos Stuart. Enquanto na Alemanha a divisão em pequenos Estados tornava indispensável aceitar o direito romano como mínimo denominador comum jurídico, a Grã-Bretanha já possuía o seu direito comum. Nesse sentido, costuma-se contrapor

---

5. Frederic William Maitland, The Anglo-French Law Language, em *The Cambridge History of English Literature*, Cambridge, Cambridge University Press, 1907, vol. I, pp. 407-12.

o Common Law ao Civil Law, entendendo por este último o direito europeu continental de origem romanística. Durante toda a época dos Tudor e dos Stuart, existiu uma áspera luta entre os tribunais que aplicavam o direito romano e os tribunais do Common Law, oriundos da especialização da *curia regis* (Court of Exchequer para questões fiscais, mas também civis; Court of King's Bench, para crimes contra a paz do rei, ou seja, para delitos penais; Court of Common Pleas, para aplicar o Common Law aos súditos). Os tribunais que aplicavam o direito romano não conseguiram afirmar-se e desapareceram, superados pelas cortes nacionalistas que, paradoxalmente, se obstinavam em não fazer uso da língua nacional.

O direito inglês foi então regulado por quatro sistemas normativos:

– o *Common Law*, aplicado pelas três cortes citadas;

– o *Law Merchant*, direito comercial que compreendia normas de direito internacional privado, de direito marítimo, além de regulamentos de feiras e mercados. Analogamente ao que vimos para a Europa continental, esse direito era aplicado por tribunais especiais, destinados a confluir depois no Common Law. Esses tribunais especiais eram tanto formais (Courts of Staple, nos grandes centros comerciais; High Court of Admiralty, para a pirataria e o comércio marítimo), quanto informais (Pie Powder Courts, tribunais dos pés empoeirados, como ironizavam em anglo-francês os solenes juízes régios sobre seus colegas mercadores, que chegavam no tribunal com os "pieds poudrés");

– o *direito canônico*, que, administrado inicialmente pela Igreja de Roma, acabou sendo absorvido em boa parte pelo Common Law, quando a Reforma Protestante fez do rei da Inglaterra também o chefe da Igreja reformada, que tomou exatamente o nome de Igreja Anglicana;

– enfim, a *equity* que, diferentemente do direito comercial e eclesiástico, continuou até 1873 a ser aplicada por um tribunal específico, a Court of Chancery. O item 7 expõe mais detalhadamente a *equity*.

6. O enrijecimento do Common Law

Depois do século XII, com Henrique I e Henrique II, a aplicação do direito foi uniformizada para toda a Grã-Bretanha (com exceção da Escócia que, não incluída na Coroa inglesa, continuava a utilizar o direito romano) e ocorreu por intermédio de juízes itinerantes, que em nome do rei aplicavam a justiça, inicialmente civil, depois também penal. O procedimento consistia em obter uma ordem escrita do rei (*writ*, pronúncia: writ) que intimasse o réu a comparecer em juízo e a demonstrar que o autor não tinha razão. Devia existir uma correspondência entre o tipo de *writ* e o pedido, em estreita analogia com as formas de ação típicas do direito romano. Se não estava previsto um certo tipo de *writ* que remediasse uma certa situação, a ação não podia ser proposta ("no writ, no remedy").

Originariamente, todavia, esse problema não existiu porque o rei tinha liberdade para configurar os *writs* como quisesse. Desse modo, porém, muitas ações judiciais eram subtraídas aos tribunais feudais e confiadas aos tribunais reais: por isso, os feudatários, num momento de predomínio sobre o tribunal central, obrigaram Henrique II a promulgar as Provisions of Oxford (1258), que restringiam os tipos de *writs* aos existentes antes de 1258. Em cada sistema jurídico, a exigência de certeza parece prevalecer sobre a de flexibilidade: uma situação formalmente análoga se encontra também no direito islâmico, com a decisão de fechar a "porta do esforço", ou seja, de impedir a extensão doutrinal do direito sagrado (cf. VII, 3).

Graças às Provisions of Oxford, por cerca de trinta anos o Common Law não sofreu evoluções, mas logo a situação se mostrou insustentável. Em 1285, Eduardo I procurou corrigir o enrijecimento do Common Law proclamando o Statute of Westminster II, que representava uma solução conciliatória entre as exigências dos feudatários e a liberdade dos *writs* existente antes de 1258: de fato, nele se admitia a concessão de novos *writs*, mas apenas para satisfazer pretensões análogas às já existentes antes das Provisions of Oxford. Tendo passado à história do direito inglês com o nome de *In consimili casu*, essa decisão reiniciou o processo evolutivo do Common Law, porém segundo esquemas mais conservadores.

O fortalecimento do governo régio, entretanto, acabou desautorizando a jurisdição feudal. Ao núcleo originário do Common Law (constituído pelo direito penal e pelo direito da propriedade) acrescentaram-se os contratos e a responsabilidade extracontratual (*torts*). Ambas as matérias penetraram no Common Law e ali se desenvolveram sob a influência dos conceitos romanísticos análogos, mas precisaram ser tortuosamente deduzidos do *Writ of Trespass*, o qual – remontando a uma época em que a responsabilidade penal ainda não se diferenciava da civil – no decorrer dos séculos se revelou uma "fértil mãe de ações" ("fertile mother of actions", Henry Maitland).

Por esses meios, formaram-se as atuais normas do Common Law relativas aos contratos, à propriedade, à responsabilidade civil e às normas penais.

7. A equity *como solução para o rígido Common Law*

Desde a conquista normanda, era possível recorrer em grau de apelação ao rei contra as decisões dos tribunais reais. Em seguida a decisão desses casos foi delegada ao Lorde Chanceler, que era ao mesmo tempo o secretário e o capelão do rei: ele tendia, assim, a decidir os casos com base em normas mais morais do que jurídicas. Por isso, sua jurisdição se chamou *equity* (*eqüidade*).

O fato de ser desvinculada das normas jurídicas imprimiu grande impulso à *equity*, quando o Common Law foi freado pelas Provisions of Oxford e pelo Statute of Westminster II: efetivamente, para a *equity* não valia a restrição sobre os tipos de *writs*. Esse desenvolvimento levou a *equity* não apenas a substituir, mas também a entrar em concorrência com o Common Law, o que, por volta do final do século XVII, levou a sentenças conflitantes para casos análogos. O conflito foi resolvido em 1616 por Francis Bacon, a quem James I submetera um clamoroso caso de conflito, o *Earl of Oxford Case*: ele decidiu que, em caso de conflito, a *equity* prevaleceria sobre o Common Law. Essa decisão reduziu os casos de conflito, mas não os eliminou. A conciliação dos dois ordenamentos só ocorreu com sua fusão, regulamentada pelo Judicature Act de 1873.

A flexibilidade da jurisdição da *equity* permitiu introduzir novos direitos (como os relativos aos *trusts*, por exemplo) e novas soluções (como as *injunctions* e as *specific performances*). Todavia, aos olhos dos juristas anglo-saxões, não obstante os freqüentes conflitos, a *equity* permaneceu sempre um complemento do Common Law, "a gloss", como afirmou Maitland.

O lado negativo dessa flexibilidade da *equity* foi a incerteza que ela podia gerar, por estar ligada não a normas jurídicas, mas aos critérios morais do Lorde Chanceler. Sobretudo no século XVII, suas oscilações foram tão intensas que John Selden afirmou: "A eqüidade varia de acordo com as dimensões do pé do Lorde Chanceler" ("Equity varies with the length of the Chancellor's foot"). Por isso, entre o final do século XVII e a metade do século XVIII a *equity* tornou-se mais formal e rígida. Com o século XIX, ela se apresentava praticamente como um sistema muito próximo ao do Common Law. O Judicature Act de 1873 limitou-se a sancionar o resultado de uma longa evolução histórica, estabelecendo que Common Law e *equity* deveriam ser administrados pelos mesmos tribunais, que deveriam dar precedência à *equity* em caso de conflito entre os dois sistemas normativos.

A escolha de uma das duas vias judiciárias tem hoje relevância sobretudo processual, uma vez que um juízo de *equity* não pode ser confiado a um júri ("trial by jury"). Todavia, a passagem de uma forma para outra comporta simplesmente a transmissão das atas ao tribunal competente. Na Grã-Bretanha, por exemplo, se as partes decidem passar do processo de *equity* ao do Common Law, fazem transmitir as atas da Chancery Division à Queen's Bench Division da High Court; nos Estados Unidos, da seção de *equity* à de Common Law do mesmo tribunal. Antes de 1873, porém, a situação era mais complexa e a escolha errônea do caminho a seguir podia levar o tribunal a indeferir o pedido do autor.

8. O direito britânico atual

Entre 1873 e 1907 tomou forma o sistema judiciário britânico dos nossos dias. O Judicature Act de 1873 não somente fundiu *equity* e Common Law, mas ainda reestruturou todo o sistema judiciário inglês. Foi instituída uma Corte Suprema, dividida em duas seções: 1) Court of Appeal (que substituía a Court of Exchequer Chamber, originariamente tribunal de recursos para o Common Law); 2) High Court, por sua vez dividida em Queen's Bench Division (na qual confluíram os tribunais preexistentes de Common Law, ou seja, a Queen's Bench, Common Pleas e Exchequer Courts); Chancery Division (que continuava a anterior Chancery Court de *equity*); Probate, Divorce and Admiralty Division (na qual confluíam os tribunais originados da evolução do direito comercial e eclesiástico). O *Appellate Jurisdiction Act* de 1876 instituía a House of Lords como tribunal supremo da Grã-Bretanha, incluindo a Escócia. Em 1907, enfim, o *Criminal Appeal Act* instituía um tribunal de recursos para delitos penais, enquanto o tribunal de recursos dentro da Supreme Court conservava a competência apenas para os casos civis.

Como ordenamento jurídico de um Estado que refutou vitoriosamente a Revolução Francesa e, portanto, ignora a divisão de poderes, o Common Law prevê que o vértice judiciário coincida com o parlamento. Com a mencionada reforma de 1876, os Law Lords ou Lords of Appeal in Ordinary tornaram-se membros não-hereditários da Câmara Alta. O Lorde Chancellor exerce a presidência tanto da Câmara, quanto dessa corte e nomeia os juízes, acumulando assim funções políticas, judiciárias e administrativas. As audiências ocorrem segundo as formas parlamentares e na sede do parlamento, sem aquela coreografia de togas e perucas tão inerente à administração do direito inglês. Nesse amálgama de formas judiciárias e parlamentares, encontra sua expressão mais plástica a característica fundamental do Common Law: a de ser um direito feito sobretudo pelos juízes.

9. As fontes do direito britânico atual

As fontes do direito britânico são, em ordem crescente de importância, o costume, a lei e os precedentes judiciários.

a) O costume. Como todos os grandes sistemas jurídicos, também o Common Law absorve e organiza os costumes preexistentes no território britânico, de forma que, com o século XIV, pode-se dizer que o costume geral como fonte de direito foi substituído pelo precedente jurisprudencial. Os usos locais, ao contrário, continuam a existir ainda hoje, mas além de apresentar as características subjetivas e objetivas expostas abaixo, no item 28, precisam ser exercidos por "tempo imemorável". Esse conceito foi especificado afirmando que os costumes locais devem estar em vigor desde o final do reino de Henrique II, ou seja, desde 1189. Dada a dificuldade de provar positivamente essa existência, os tribunais ingleses presumem que remonte a tempo imemorável (ou seja, a antes de 1189) qualquer uso praticado de "que alguém se lembre", admitindo porém a prova contrária: a norma consuetudinária não é reconhecida se, por exemplo, o terreno sobre o qual se pretende o reconhecimento da servidão de passagem ficou por muito tempo alagado e, portanto, impraticável.

b) A lei. A importância da legislação direta e delegada foi aumentando, até assumir um caráter fundamental (ainda que não predominante) a partir do século XIX. Não existindo a divisão de poderes, no Common Law britânico não existe distinção entre direito constitucional e administrativo. O controle sobre a conformidade da legislação delegada pertence aos tribunais, com base na "Ultra Vires Doctrine": se uma repartição pública ou uma empresa privada excedem o poder a elas atribuído, seus atos são declarados nulos. Falando em termos continentais, o poder Judiciário inglês exerce um controle sobre os poderes Legislativo e Executivo com os mesmos instrumentos com que controla as pessoas jurídicas de direito privado.

Como o precedente jurisprudencial é a principal fonte do Common Law, os juízes sempre interpretaram de modo restritivo a legislação (Statute Law), limitando ao máximo a incidência desta no Common Law. Essa restrição leva o juiz inglês a aplicar apenas aquilo que está inequivocamente expresso no texto de lei, segundo uma técnica interpretativa que é bem diferente da utilizada na Europa continental. Conseqüentemente, também a técnica de redação das leis é diferente da européia continental. Enquanto nesta última busca-se a expressão sintética, na qual o juiz possa subsumir o maior número de casos concretos, o órgão legislativo inglês deve especificar até nos mínimos detalhes os casos e as modalidades que pretende regular, sabendo bem que a falta de indicação de um caso em especial não será suprida pelo juiz mediante o recurso ao mais amplo *genus* regulado pela mesma lei. O juiz, ao contrário, verá nesse silêncio legislativo o elemento técnico que lhe permite desaplicar a disposição legislativa e continuar a aplicação dos precedentes judiciários àquele caso concreto em especial.

Se a essa situação de fato se acrescenta que também a preparação jurídica do legislador inglês está vinculada ao

Common Law, ou seja, ao estudo de milhares de sentenças, compreende-se por que as leis anglo-americanas são extremamente analíticas e detalhadas: por um lado, elas nascem de uma mentalidade jurídica habituada a agregar numerosos casos concretos análogos por matéria, dos quais o jurista extrai certos princípios gerais, relutando, porém, em formulá-los de maneira sintética e definitiva; por outro lado, esses princípios devem indicar todos os casos existentes ou presumíveis para os quais se deseja que a lei seja aplicada pelo juiz, do qual já se conhece a tendência para reduzir ao mínimo a aplicação das normas contidas na lei.

Uma situação análoga encontra-se nos contratos entre indivíduos, sujeitos também eles à interpretação restritiva por parte do juiz. Os redatores tanto dos *statutes* quanto dos contratos desenvolveram toda uma técnica de definição de cada termo e das cláusulas inseridas por prudência. Os textos, assim redigidos, além de muito prolixos e pesados (também pelo fato de que os redatores dos contratos privados outrora eram remunerados por palavra), sofriam também poucas alterações com o passar do tempo, uma vez que os redatores tendiam a não abandonar formulações e definições já consagradas em juízos anteriores. Hoje essa postura tanto dos juízes como dos redatores de leis e contratos tem se atenuado, paralelamente à progressiva consolidação da legislação.

c) O precedente jurisprudencial. Não obstante a afirmação cada vez mais clara dessa linha evolutiva, o direito britânico era e continua a ser um direito feito essencialmente por juízes. Essa continuidade jurídica é a expressão da continuidade política que caracteriza a história constitucional inglesa. Seu próprio nome – doutrina do precedente – exprime o elo que liga o juiz atual às decisões dos seus antecessores, até os séculos mais longínquos. Os livros de texto que preparam os juristas práticos ingleses dos nossos dias contêm advertências que, na Europa continental, pareceriam no mínimo bizarras: os estudantes são informados de que os precedentes que remontam ao período que vai do final do século XIII até a metade do século XVI não são mais utilizados, enquanto algumas coleções dos séculos XVII e XVIII podem ser utilmente citadas em tribunal em apoio às próprias teses.

Os precedentes, ou seja, as decisões de casos análogos àquele em exame, contêm o direito vigente em forma não-codificada. Por isso, fala-se do Common Law como de um direito consuetudinário quando é contraposto ao Statute Law, entendido este último como o direito promulgado pelo parlamento sob forma de lei. Assim, o termo "Common Law" tem ao menos três significados distintos, dependendo de sua contraposição ao Statute Law, ao Civil Law ou à *equity*.

Diante de um caso concreto, o juiz deve perguntar-se como foram decididos anteriormente casos análogos. A situação mais freqüente é aquela em que já existe um estável núcleo de sentenças que identificam com clareza a decisão a ser tomada; atendo-se a elas, o juiz promulgará então uma sentença que passará a fazer parte do Common Law na qualidade de "declaratory precedent", ou seja, como precedente que continua uma certa tradição jurisprudencial. Não é raro, todavia, que o juiz não encontre (ou afirme não encontrar) precedentes para uma situação nova: decidirá, então, segundo os princípios gerais de direito (e aqui se entende por que o sistema do Common Law tem tanto cuidado ao gerar uma classe de juristas tão homogênea do ponto de vista sociocultural) e sua sentença tornar-se-á um "original precedent", ao qual deverão remontar os juízes sucessivos. Dessa forma, um direito declaradamente conservador consegue adaptar-se a cada nova situação social e econômica.

As vantagens e as deficiências do Common Law são em certa medida simétricas às do direito continental: sua possibilidade de se adaptar ao caso concreto é maior do que nos sistemas jurídicos de normas gerais e abstratas, mas estas são redutíveis a um *corpus* limitado e sistemático, enquanto os precedentes tendem a formar uma floresta indestrinçável e extensa. A extensão dos precedentes torna às vezes materialmente impossível ter uma visão clara da situação jurídica de certos setores, fazendo vacilar a certeza do direito: por isso o direito inglês conheceu a "consolidação" de vastos setores (ou seja, a redação de textos únicos, que fixassem os pontos principais do Common Law, extraídos dos precedentes considerados mais significativos) e codificações setoriais (por exemplo, os Law of Property Acts, de 1922-1925, que introduziram uma nova regulamentação do setor). Não obstante uma vasta polêmica sobre o assunto, a Grã-Bretanha nunca chegou a estabelecer códigos gerais nos moldes dos europeus continentais. O termo "código" (*code*) está presente no direito inglês e nos direitos dele derivados num sentido claramente diferente do europeu-continental: ele indica uma *coletânea*, um digesto, uma *colagem* de normas em parte novas, em parte preexistentes. Um "code" é, portanto, mais semelhante ao nosso "texto único" que ao nosso "código".

Como vimos, os tribunais ingleses são organizados segundo uma hierarquia, que se reflete também na doutrina do precedente: cada tribunal vincula o inferior e, em certos casos, a si mesmo. No nível mais elevado está a House of Lords, que vincula a si mesma e todos os tribunais inferiores. Um regime especial rege os precedentes dessa corte relativos aos casos escoceses, uma vez que, se a decisão da House of Lords se referir a problemas nos quais o direito escocês se afasta do direito inglês, as cortes inglesas não terão força vinculante; se, ao contrário, o caso escocês levar a decidir um assunto que possua igual regulamentação na Inglaterra e na Escócia, o precedente restringirá os tribunais de ambos os territórios. A Court of Appeal vincula a si mesma e os tribunais inferiores, enquanto a Court of Criminal Appeal vincula apenas os inferiores: entre esses dois tribunais de recurso existe, então, uma influência de fato, mas não um vínculo recíproco estabelecido formalmente. Através da Divisional Court e da High Court se desce às County Courts, que estão vinculadas aos precedentes de todas as outras, mas não têm o poder de estatuir precedentes obrigatórios.

Em qualquer nível, deve-se buscar a obrigatoriedade do precedente na *ratio decidendi*. A estrutura de uma sentença anglo-saxônica é constituída geralmente de uma sucinta exposição do fato, da decisão e do motivo que levou o juiz a decidir naquele sentido (*ratio decidendi*). É evocando aquela *ratio* que os juízes sucessivos decidirão se aquele precedente se adequa ou não ao caso concreto a ser decidido. Um mesmo caso pode gerar vários precedentes, se sua decisão é ilustrada por uma pluralidade de razões. Até a opinião discordante pode constituir precedente, mas as observações incidentais do juiz (*obiter dicta*) não podem ser levadas em consideração.

Existem ainda meios através dos quais o juiz pode desvincular-se dos precedentes, quando a aplicação deles leva a resultados que ele considera injustos. Se um tribunal superior decide não se ater ao precedente formulado por um tribunal inferior, deve apenas pronunciar-se nesse sentido, e o precedente será *overruled* e substituído por aquele novo e de nível superior. O tribunal inferior, por sua vez, só poderá se desvincular do precedente do tribunal superior apontando diferenças de fato entre o caso em exame e aquele objeto do precedente. Esse procedimento, não incomum, foi criticado por gerar sentenças tortuosas e repletas de sutilezas, que contribuem para tornar ainda mais pesado o acúmulo de precedentes que todo jurista precisa estudar. Por outro lado, ao juiz de grau inferior não resta outra saída senão adaptar regras antigas a situações novas. Em tempos recentes, porém, paralelamente à criação de uma mentalidade menos hostil à legislação estatal, tornam-se mais freqüentes as sentenças em que o magistrado se pronuncia respeitando o precedente, mas convidando o poder Legislativo a intervir para regular a matéria de modo novo.

No sistema de Common Law, os meios para o conhecimento dos precedentes sempre tiveram importância excepcional: não por acaso, entre os primeiros produtos da imprensa na Inglaterra encontramos uma coleção de casos que vai de 1270 a 1535, chamada *Year Books*. Nessa coleção, estão reunidos os elementos que, naquela época, os representantes da profissão forense consideravam de maior interesse para sua atividade prática: assim sendo, a parte processual e as argumentações dos advogados freqüentemente se sobrepõem à sentença propriamente dita, a ponto de às vezes nem sequer se reproduzir a decisão do caso. Esgotados os *Year Books*, a documentação legal foi continuada a título particular até 1886, quando o Incorporated Council of Law Reporting iniciou sua atividade juntamente com os quatro Inns of Court. Um dos cuidados constantes foi o de reduzir ao mínimo as sentenças antigas, eliminando as superadas: a reedição concisa, empreendida paralelamente aos "Law Reports", mesmo reduzindo as velhas coleções, atingiu 176 volumes. Como os "Law Reports" se limitam aos casos mais importantes, também nos dias atuais as coleções oficiais são integradas por coleções particulares. Esses instrumentos pouco maneáveis são integrados pelos *Digests*, ou seja, por complexas classificações de casos, acompanhadas por breves resumos e pelas indicações necessárias para encontrá-los nas coleções de jurisprudência.

Para o jurista de Common Law, esses instrumentos de trabalho têm a mesma importância dos códigos para o jurista europeu continental.

10. *Dois institutos típicos do Common Law*

Neste ponto, só nos restaria examinar cada uma das partes do Common Law, que não coincidem exatamente com as divisões do direito europeu continental. A primeira grande dicotomia que desaparece é aquela entre direito público e direito privado, substituída por outra radicalmente diferente, entre Common Law e *equity*. Na prática, todavia, o direito anglo-americano atual não prevê a exposição da matéria segundo essas duas categorias, mas funde as disposições de Common Law e de *equity* em temas homogêneos: contratos, responsabilidade extracontratual, propriedade, *trusts*. A essas divisões devem ser acrescentados o direito penal, os procedimentos e o direito público (no interior do qual se discute se se deve distinguir ou não, como dissemos, um direito constitucional e um direito administrativo). Tratar desses assuntos, ainda que brevemente, não é possível e talvez nem mesmo necessário: embora a história do direito anglo-saxão seja diferente da história do direito europeu continental, hoje o primeiro regula uma realidade política e econômica muito semelhante à da Europa continental. Os institutos jurídicos dos dois sistemas evoluíram, portanto, por caminhos distintos na direção de metas semelhantes, o que em certa medida pode dispensar a descrição do conteúdo de cada instituto de Common Law num estudo de tipo elementar como o presente. Em complementação ao que dissemos até o momento, sejam suficientes as menções sobre o instituto do *trust* e sobre a natureza dos direitos reais.

a) Os trusts. O *trust* é um instituto em que uma pessoa (*trustee*) recebe a propriedade de um bem móvel ou imóvel em benefício de uma outra pessoa, denominada beneficiário ou, em anglo-normando, "cestui que use" ("aquele que usa"). Este último termo remete o instituto à noção romana de uso, como parece confirmar a disputa sobre a propriedade das casas dos frades franciscanos, vinculados pelo voto de pobreza, e resolvida por Roma afirmando tratar-se de *usus*, e não de *dominium*. Ainda que, num primeiro momento, a disputa pareça desenvolver-se segundo conceitos romanos, é difícil estabelecer seus termos com clareza, até porque se tratava "mais de uma situação que de uma instituição" (Plucknett: "a situation rather than an institution"). Pode haver uma pluralidade de *trustees* e de beneficiários e, entre estes últimos, pode ser incluído também aquele que instituiu o *trust* ("settlor of the trust").

Originariamente, o instituto foi usado para evitar os encargos fiscais impostos pelos senhores feudais no momento da morte do proprietário do bem. Instituindo o *trust*, o bem era confiado a uma pessoa ou a uma entidade, com a tarefa de deter a propriedade desse bem em benefício de outras pessoas indicadas pelo instituidor do *trust*: essas outras pessoas podiam, assim, usufruir dele sem estar sujeitas à imposição.

Esse tipo de acordo não era, porém, tutelado pelo Common Law, de forma que aquele que recebia a propriedade em benefício de alguém podia manter o bem e não transferir os seus frutos, sem que os beneficiários tivessem uma solução legal contra a violação da vontade do fundador do *trust*. Como se tratava de um comportamento imoral, o Chanceler não hesitou em utilizar soluções de *equity* contra essa situação e, a partir do século XIV, os problemas dos *trusts* (ou, como se dizia à época, dos *uses*) tornaram-se de competência da Court of Chancery.

No entanto, essa tutela jurídica tornou tão generalizado o uso do instituto (e a conseqüente evasão fiscal) que em 1535 Henrique VIII promulgou um Statute of Uses, com o qual estabeleceu que o beneficiário do *trust* seria considerado proprietário do bem, sem levar em conta de forma alguma o proprietário formal a quem o instituidor do *trust* transferira a propriedade. A aversão a este *statute* foi geral e constante: os juristas buscaram todos os meios para evitá-lo e, entre outras vias, imaginaram a transferência da propriedade do instituidor do *trust* para A em benefício de B, que por sua vez recebia aquele benefício em prol de C. Esse duplo uso (ou "use upon a use") é uma figura discutível, mas aplicando a ele o estatuto de Henrique VIII chegava-se ao resultado desejado: A ficava totalmente excluído, porque o estatuto atribuía a propriedade a B, que, porém, estava obrigado para com C pelo segundo *use* ou *trust*; e C podia fazer valer sua pretensão diante da Court of Chancery. O *trust* adquirira assim sua forma moderna. O Statute of Uses, ainda que esvaziado, continuou a existir até 1925, quando foi substituído pelo Law of Property Act e pelo Trustee Act ou pelos negócios fiduciários do direito europeu continental.

Os *trusts* constituem hoje uma matéria muito ampla, da qual só podemos indicar aqui os princípios gerais, úteis para quem queira confrontá-los com as fundações religiosas do direito islâmico (cf. VII, 6).

Os *trusts* podem ser antes de tudo privados, se o beneficiário é uma única pessoa ou um grupo bem identificado de pessoas, ou podem ser públicos, se buscam uma finalidade humanitária. O *trust* pode, pois, ser expresso (se o proprietário o institui de modo inequívoco), implícito (ou presumido) e construtivo. O complexo regime dos *trusts* nasce da combinação de todas essas categorias.

No caso de *trust expresso privado*, o proprietário deve instituí-lo de modo inequívoco, segundo a regra das três certezas: certeza das palavras que determinam manter um certo comportamento; certeza do objeto do qual se transfere a propriedade; certeza dos beneficiários. Os tribunais ingleses interpretam os testamentos instituindo *trusts* com muito rigor: por exemplo, o *trust* não será instituído se o testador requer, mas não ordena, a execução de certas operações, como no caso em que ele afirme no testamento ter "plena confiança" no fato de que a esposa dividirá eqüitativamente os bens entre os filhos (Re Adams & Kensington Vestry, 1884).

No *trust expresso público* existe maior elasticidade, uma vez que a indeterminação dos beneficiários não impede o *trust*: com a extinção destes, o juiz indica como beneficiário do *trust* um outro grupo que busque finalidades compreendidas na "general charitable intention" indicada pelo fundador (doutrina que, em anglo-normando, é chamada de *cy près*).

Nos outros casos, ao contrário, o *trust* é imposto pelo tribunal como único meio para evitar resultados injustos ou contrários à vontade do fundador. No caso dos *trusts implícitos*, não existe uma declaração expressa do fundador nem a favor do *trust*, nem contra ele. Todavia, o tribunal presume que o fundador queira o *trust* (por exemplo, se ele instituiu um *trust*, mas ainda sobram bens, a parte restante é confiada ao *trustee* como *trust* implícito, em benefício do fundador ou de seus herdeiros), ou então considera injusto que ele não seja instituído (em caso de aquisição em nome de terceiros, mas com dinheiro próprio, se o adquirente A transfere o bem para B, pressupõe-se que não queira doá-lo e o tribunal institui B como *trustee* em favor do adquirente e dos seus herdeiros; ou ainda, no caso da instituição explícita de um *trust*, cujo beneficiário deixa de existir).

Os *trusts construtivos* são, por sua vez, impostos pelo tribunal no interesse da administração da justiça: por exemplo, se o vendedor transfere ao adquirente a posse do bem antes de ter recebido toda a soma devida, o adquirente torna-se *trustee* em benefício do vendedor até ocorrer o pagamento.

b) Os direitos reais. Guilherme, o Conquistador, concebeu a batalha de Hastings (1066) como um juízo de Deus, um ordálio que devia indicar o futuro senhor da Inglaterra. Sua vitória se traduziu, em termos jurídicos, na aquisição da propriedade de todo o solo inglês; a centralização política traduziu-se num sistema administrativo de tipo feudal, em que cada pessoa, em qualquer nível, possuía a terra apenas como representante do soberano central. O sistema feudal inglês, em linhas gerais, não divergia daquele do continente: uma pirâmide de súditos ia dos *tenants in capite*, ou seja, dos senhores que recebiam a terra diretamente da Coroa, passando por uma série de vassalos intermediários, até chegar à categoria mais baixa, os servos de gleba. A peculiaridade dos direitos reais ingleses consiste na sua continuidade desde a época feudal aos nossos dias, sem nenhuma interrupção comparável à introduzida pela Revolução Francesa nos direitos reais da Europa continental.

Somente no século XIX manifestou-se a necessidade de corrigir os já excessivos anacronismos presentes nesse setor do Common Law. Em 1833, a Administration of Estates Act permitiu que se pagassem as dívidas do defunto também com sua propriedade da terra, enquanto anteriormente os credores só podiam ser pagos com a propriedade mobiliária. Em 1882, foram reformulados os *trusts* que tivessem por objeto uma propriedade fundiária. A transferência dos imóveis, enfim, foi simplificada pelas leis de 1881 e 1897. Mas foi somente com uma série de leis promulgadas em 1925 que a matéria foi profundamente inovada e adaptada às exigências modernas: foram abolidas formas de propriedade ligadas a situações agora anacrônicas (*copyhold* ou propriedade atribuída na Baixa Idade Média aos servos de gleba e registrada junto ao senhor); assimilou-se a propriedade real à mobiliária (geralmente estendendo à primeira as formas que originariamente valiam apenas para a segunda) e, enfim, simplificou-se a transmissão da propriedade fundiária. As formas de propriedade (*estate*) foram reduzidas a duas, os direitos legais (ou seja, diferentes dos garantidos pela *equity*) foram reduzidos a seis e a transmissão de propriedade foi vinculada à forma escrita (*deed*). Embora essa delimitação reduzisse muito os tipos de direitos reais possíveis sob o regime feudal, o sistema de Common Law permaneceu muito mais elástico do que o rigidamente padronizado em uso nos direitos latino-germânicos.

11. A difusão extra-européia do Common Law

O Common Law foi aplicado em todos os países em que se estendeu a dominação britânica. Na América do Norte, ele constituiu o fundamento do direito do Canadá e dos Estados Unidos da América. Por terem estrutura federal, esses Estados (assim como a Austrália) se diferenciam do modelo britânico sobretudo no direito público.

A evolução mais notável se observa nos Estados Unidos, em decorrência de sua violenta separação da Coroa com a Revolução de 1775. As treze colônias, ao se tornarem independentes, continuaram a ter um Common Law de cunho feudal no direito privado, mas assumiram uma estrutura constitucional fundamentada no federalismo e na rígida divisão de poderes, desconhecida na Grã-Bretanha. Por isso, o estudo do direito positivo americano apresenta diferenças por vezes profundas em relação ao direito britânico: as prerrogativas de cada Estado e as da federação estão rigidamente fixadas, a ponto de cada Estado ter duas ordens de tribunais, um para os problemas estatais, outro para os federais.

Na sua versão estadunidense, o Common Law se estendeu aos territórios subtraídos do México (Califórnia, Novo México) e da Espanha (Flórida), nos quais o direito europeu efetivamente desapareceu, enquanto a Louisiana ainda conserva traços da dominação francesa originária não apenas no nome, mas também no direito privado, que é codificado. Filipinas e Porto Rico têm americanizado cada vez mais o próprio direito de origem espanhola. Recentemente, o Common Law americano foi introduzido em territórios afetados pela expansão econômica e militar dos Estados Unidos (Ilhas Virgens, Canal do Panamá, Guam, Samoa Ocidental).

O direito britânico originário (que não abrange todas as ilhas inglesas: dele se distanciam no todo ou em parte a Escócia, a Irlanda e algumas ilhas da Mancha) se afirmou em numerosos Estados asiáticos, nos quais se sobrepôs aos direitos locais, como na Birmânia, na Malásia, no Paquistão e na Índia (cf. VIII, 8), enquanto nas colônias africanas e na Oceania (Austrália e Nova Zelândia) se sobrepôs aos costumes locais. Com formas peculiares, o Common Law se encontra ainda no Sudão e em Israel.

O Common Law anglo-americano e o direito europeu continental, que agora regem a maioria da população mundial, tendem a se aproximar: o Common Law está passando por uma extensão dos *statutes* e das *consolidations* em detrimento do puro "judge made law", enquanto a jurisprudência vai assumindo importância crescente em muitos países de Civil Law. Por exemplo, naqueles países que têm um tribunal constitucional, o direito constitucional tende cada vez mais a se tornar um direito jurisprudencial.

Tabela 1. *A tradição jurídica do Ocidente*

Revolução	Movimento do direito	Princípios constitucionais	Princípios legais
1075 Revolução Papal	Renovação do direito romano e canônico	Igreja visível, hierárquica, legal; separação entre Igreja e Estado	Princípios de razão, consciência e desenvolvimento
1517 Reforma Alemã	Adoção do direito romano	Monarquia absoluta; burocracia estatal (Estado burocrático racional)	Liberdade de contrato; liberdade de testamento; direito conceitualista
1640 Revolução Inglesa	Restauração do *Common Law*	Sistema parlamentar; aristocracia da terra; independência da magistratura	Propriedade ligada às comunidades familiares; liberdade das sociedades; direito tradicionalista
1789 Revolução Francesa	Códigos napoleônicos	Democracia individualista; separação de poderes; governo da opinião pública	Propriedade privada absoluta concebida em termos contratuais; direito contratualista
1917 Revolução Russa	Ambigüidade entre codificação e abolição do direito	Partido único sobreposto ao aparelho estatal; constituição flexível; anulação da divisão dos poderes com a preponderância do Executivo	Abolição da propriedade privada dos meios de produção; função promocional do direito no planejamento

Fonte: Berman, 1965.

Os direitos consuetudinários africanos

12. Proposta de um itinerário jurídico extra-europeu

Os direitos extra-europeus serão agora examinados em função de sua crescente complexidade. Por complexidade entendo não tanto o número de normas, quanto a pluralidade de estratificações de ordenamentos normativos diferentes. Sob esse ponto de vista, o direito mais simples é aquele, ainda existente, das sociedades pré-letradas: a título de exemplo, serão examinados alguns aspectos dos direitos consuetudinários locais das sociedades da África ao sul do Saara, que possuem um direito em geral não escrito, ao qual se sobrepôs o direito europeu. O critério de distinção entre este e outros sistemas jurídicos é sua técnica de difusão: um direito consuetudinário africano é transmitido oralmente, enquanto os direitos arcaicos evoluídos e os principais sistemas jurídicos vigentes fazem uso da escrita.

Onde surge a escrita, surge o direito em sentido moderno. Em Susa, a antiga capital babilônica, em 1902, a descoberta do código de Hamurabi faz remontar o início da lei escrita a mais de quatro milênios dos dias atuais. O direito se desloca para o Ocidente com a escrita: da Babilônia ao Egito, à Grécia, a Roma. As raízes do direito romano, afirmava Jhering, estão na Babilônia: afirmação historicamente pouco aceitável, a não ser no sentido de que um certo tipo de civilização, da qual o direito é um dos aspectos, nasce na Babilônia e se difunde pelo mundo, assumindo configurações muito diferentes. Na direção do Oriente, a primeira etapa da civilização babilônica é a Índia: a esta dirigiremos nossa atenção depois de ter examinado o direito islâmico. Este último é um ordenamento teocrático que engloba elementos de direito consuetudinário e de direitos mais evoluídos, enquanto o direito indiano apresenta uma maior complexidade: numa base primitivo-consuetudinária se insere uma normativa derivada da religião hindu, à qual se amalgama o direito islâmico, até o momento em que, a partir do século XVII, o direito inglês se sobrepõe a todos esses ordenamentos. A China conhece uma experiência análoga, que conflui na adoção do direito ocidental depois de 1911 e, em particular, do direito soviético depois de 1949. O Japão, ao contrário, segue seu próprio caminho, concluído, também este, com uma adoção do direito europeu continental.

O itinerário jurídico extra-europeu aqui traçado identifica também a estrutura desta obra. Será mais fácil seguir esse caminho se, a partir deste momento, procurarmos esquecer Euclides e Descartes, símbolos do pensamento sistemático que permeia a concepção européia do direito (cf. I, 3).

Ao tratar dos direitos consuetudinários primitivos e, especialmente, do direito africano, é preciso antes de tudo esclarecer em qual sentido deve ser entendida a noção de "crescente complexidade" em que se fundamenta a estrutura expositiva deste livro: a esse problema é dedicado o próximo item. Seguirá, depois, uma descrição sumária dos direitos consuetudinários africanos, tomados como exemplo dos direitos pré-letrados (itens 14-19). Enfim, para ilustrar quais formas podem assumir outros direitos primitivos, o capítulo se encerra com um *excursus* sobre os índios da América do Norte.

13. A noção de "complexidade social"

A complexidade social está ligada também ao desenvolvimento tecnológico da sociedade em exame. Em geral, as sociedades tecnologicamente atrasadas apresentam formas organizativas relativamente pouco articuladas. Simetricamente, o elevado grau de desenvolvimento tecnológico é uma das causas da complexidade própria das sociedades modernas. Essa característica se reflete também no sistema jurídico, cuja complexidade pode, todavia, depender também da estratificação de mais sistemas jurídicos no mesmo território. Existe, assim, uma complexidade jurídica devida a eventos não diretamente ligados ao nível tecnológico atingido, mas correlacionável a questões históricas peculiares de um povo ou de um território.

Como o aprimoramento e a especialização das tecnologias levou a formas sociais cada vez mais complexas, seríamos tentados a criar uma classificação segundo a qual também os sistemas jurídicos evoluem do simples para o complexo.

Os limites dessa teoria foram esclarecidos no decorrer do debate entre os antropólogos americanos. E. Adamson Hoebel se distanciara das teorias evolucionistas de Henry S. Maine, sustentando que o desenvolvimento das sociedades não é linear, nem constante (no sentido de que certas fases intermediárias podem estar ausentes)[6]. A evolução das sociedades da estrutura simples à complexa não resistia à verificação *empírica* a que os antropólogos podiam submetê-la. Por isso o texto de Hoebel evita o termo *evolution* – carregado de reminiscências darwinianas – e prefere usar *trend*, que está isento de hipotecas a doutrinas superadas[7]. No plano *conceitual*, todavia, o próprio Hoebel indica cinco tipos de organizações sociais progressivamente mais articuladas, nas quais o direito assume formas mais complexas. Esses tipos são:

1) as sociedades de simples caça e coleta, nas quais a relação jurídica é puramente individual (*face-to-face*);

2) as sociedades bem organizadas de caçadores, como a dos cheyennes (da qual nos ocuparemos ao final deste capítulo), na qual um primeiro núcleo de riqueza permite substituir a pena física pela indenização;

3) as sociedades que praticam a horticultura, como as dos ashantes da Costa do Ouro (o atual Gana) ou dos habitantes das ilhas Trobriand, na Nova Guiné, em que toma forma um direito propriamente dito, ligado à segurança na produção dos bens e à densidade de população que tal produção permite;

4) as sociedades com poder centralizado, em que a complexidade da produção torna necessária uma relação jurídica despersonalizada;

5) as sociedades que sofreram a revolução urbana e, assim, vêem conviver grupos (clãs) de origens diferentes, de modo que se torna indispensável delegar a um funcionário público o exercício do poder sancionador.

Na trajetória determinada por esses cinco tipos, a psicologia parental é progressivamente coadjuvada por uma psicologia de grupo ou de comunidade. Assim, o poder de

---

6. Edward Adamson Hoebel, *Il diritto nelle società primitive*, Bolonha, Il Mulino, 1973, 496 pp.

7. A observação está em Leopold Pospisil, E. Adamson Hoebel and the Anthropology of Law, *Law and Society Review*, VII, 1973, pp. 537-59.

impor sanções passa pouco a pouco do indivíduo ao clã e, enfim, aos funcionários da comunidade; em outros termos, o sistema jurídico torna-se cada vez mais complexo por causas internas[8].

A análise empírica dos ordenamentos revela, entretanto, também uma complexidade externa ao sistema jurídico. Esta se deve não apenas à evolução tecnológica, mas também a eventos históricos como as relações comerciais, a conquista por parte de outros povos, e assim por diante. O direito, nascido num certo contexto social, passa a outro contexto, onde se sobrepõe ao direito autóctone. Tomam forma, assim, os transplantes jurídicos, como os chama Alan Watson[9], ou seja, as estratificações de sistemas jurídicos diferentes.

Os principais sistemas jurídicos vigentes fora da Europa são fruto de transplantes ou estratificações de origem européia: de fato, a expansão colonial levou os direitos da Europa (seja continental, seja insular) a se sobrepor aos direitos autóctones dos outros quatro continentes. A isso se acrescentam as questões históricas extra-européias, também elas repletas de conquistas militares e, portanto, de estratificações jurídicas.

O estudo das assimilações, dos transplantes, das estratificações, do pluralismo jurídico – eis alguns dos termos usados para designar o fenômeno – é um estudo localizado, específico e minucioso, desenvolvido em segmentos precisos de um ordenamento jurídico (por exemplo, o contrato, o regime matrimonial, a divisão das águas) e destinado a determinar transições e persistências, influências e permanências, inovações e tradicionalismos no interior de um determinado segmento do ordenamento jurídico, numa época bem definida. Esse estudo é o reino do jurista e particularmente do historiador do direito. É, portanto, um estudo diferente da pesquisa sociojurídica. No entanto, fornece a esta

---

8. Cf. Francesco Remotti, *Temi di antropologia giuridica*, Turim, Giappichelli, 1982, VI-203 pp.

9. Alan Watson, *Legal Transplants: An Approach to Comparative Law*, Edimburgo, Scottish Academic Press, 1974, XIV-106 pp.

última o material empírico para verificar a correção das próprias generalizações.

14. Fragmentariedade e constância nas regras das sociedades primitivas

Não existe um único direito consuetudinário africano, mas uma fragmentação de sociedades e de ordenamentos freqüentemente muito diferentes uns dos outros. Cada fragmento é objeto de análises setoriais de antropólogos e etnógrafos, enquanto os juristas costumam evitar estudos comparativos gerais e teóricos e se dedicam aos problemas suscitados pela aplicação prática do direito em cada sociedade colonial, primeiro, e em cada Estado independente, depois. Por isso, não estamos na presença de um *corpus* unitário como o Common Law, objeto dos itens anteriores. Todavia, a fragmentação e a incerteza dos direitos consuetudinários primitivos não impedem os estudos gerais. Aliás, estes são necessários e, se realizados com prudência, podem lançar uma ponte não apenas entre as várias culturas africanas, mas também entre sociedades primitivas de continentes diferentes.

"Não pode existir uma disciplina autônoma que se limite ao estudo das sociedades primitivas. Não haveria interesse em procurar interpretar os cultos religiosos dos povos primitivos fora dos esquemas de uma teoria geral das religiões. Uma teoria sobre a natureza fundamental do direito deve claramente abranger as normas dos povos, tanto civilizados quanto selvagens."[10] Essa indicação metodológica de Evans-Pritchard é, ao mesmo tempo, a constatação de uma das dificuldades típicas dos comparatistas: enfrenta-se o direito primitivo interpretando-o à luz do direito que já se conhece. Em especial, os juristas tendem a identi-

---

10. Edward Evan Evans-Pritchard, *Social Anthropology – an Inaugural Lecture Delivered before the University of Oxford on February 4, 1948*, citado em Taslim Olawale Elias, *The Nature of the African Customary Law*, Manchester, Manchester University Press, 1956, p. 35.

ficar o direito com a legislação escrita, sobretudo se for de padrão ocidental, e conseqüentemente o estudo dos direitos das sociedades pré-letradas é deixado aos etnólogos e antropólogos. O jurista, de fato, não consegue isolar o fenômeno jurídico dos outros fenômenos sociais, aos quais o direito está inextrincavelmente ligado, e chega ao ponto de dizer que aquelas sociedades não possuem direito.

Os etnógrafos e antropólogos, porém, tendem a amontoar observações empíricas sobre casos particulares e muitas vezes fazem com que os dados expostos pareçam impossíveis de sistematizar. De suas páginas, todavia, o jurista pode extrair notícias passíveis de generalização: eles mesmos se deram conta disso e afirmaram expressamente a correção metodológica dessas generalizações.

> Em todas essas tribos observei uma semelhança entre suas concepções do direito e a prática, o que me faz supor que certos princípios possam ser comuns a todos os bantos desses países. Tive ainda a sorte de encontrar na África oriental alemã alguns trabalhos alemães sobre outras tribos, das quais tenho pouco ou nenhum conhecimento pessoal, e também ali encontrei muitas informações que coincidiam com minhas observações[11].

Mas é possível ir ainda mais além no caminho da generalização, como escreve Gluckman a propósito dos usos indonésios chamados "adat":

> O que me impressiona, como antropólogo especializado na África negra, é a semelhança fundamental entre o direito dos "adat" e o direito africano. *É como se os limites da economia primitiva e a organização de pequenas comunidades locais, segundo um esquema de relações parentais, produzissem regras jurídicas semelhantes.*[12]

---

11. Charles Dundas, Native Laws of Some Bantu Tribes of East Africa, em *Journal of the Royal Anthropological Society*, 51, 1921, pp. 217-8.
12. Max Gluckman, em *Journal of Comparative Legislation*, parte III, vol. 31, 1949, p. 60; grifo meu.

15. Indivíduo e grupo nas sociedades primitivas africanas

Testemunhos diretos europeus e árabe-hispânicos registram florescentes reinos africanos a partir de 300 d.C. O desenvolvimento do comércio e do artesanato pressupõe um nível de organização política e jurídica, se não igual, decerto comparável ao dos direitos arcaicos europeus. O escasso desenvolvimento do direito na África subsaariana depende da expansão das sociedades existentes ao norte do Saara: sobre esses impérios africanos se abateu, de fato, a guerra santa do Islã; depois, antes que pudessem reorganizar-se, chegaram os europeus com a cristianização, o tráfico de escravos e a economia colonial. Nessas condições, as sociedades africanas conseguiram organizar-se apenas em famílias e tribos; e nesse nível se deteve também o seu direito.

O direito africano consuetudinário vigente manifesta-se em dois tipos de organização social, segundo a divisão proposta por Radcliffe-Brown e Forde[13]. O primeiro tipo, mais simples, não possui estrutura hierárquica centralizada de poder, nem administração ou instituições jurídicas. Grupos de cultura e interesses homogêneos, no mais das vezes territorialmente contíguos, se reúnem sob um conselho de anciãos, que representam igualmente cada núcleo, e sob certos sacerdotes, aos quais são confiadas tarefas tanto rituais quanto jurídicas. O segundo tipo, mais organizado, baseia-se num chefe central, do qual dependem chefes locais, que representam o soberano perante os próprios súditos, e estes últimos perante o soberano. Ao poder central corresponde uma administração que recolhe tributos e une poder central e forças locais. Diversamente da sociedade do primeiro tipo, esta sociedade não é mais necessariamente homogênea, porque não raro se fundamenta na conquista. Nela começam a se manifestar mediações de interesse, sob a forma de sociedades secretas, com funções políticas em

---

13. Alfred Reginald Radcliffe-Brown; Daryll Forde, *African Systems of Kinship and Marriage*, Londres, Oxford University Press, 1950, VIII-399 pp.

certa medida comparáveis às das sociedades secretas chinesas do século XIX[14]. Enquanto nas sociedades do primeiro tipo a divergência termina em conflito, em vingança, nas do segundo tipo já existe uma tentativa de mediação. Citando Locke, comparam-se as primeiras às sociedades que nascem do *pactum unionis*; as segundas, às que nascem do *pactum subiectionis*[15].

Em ambas, porém, a prática mágico-religiosa e a administração da justiça confluem numa única pessoa que tem uma posição especial tanto em relação ao poder quanto em relação aos súditos. Ambas as sociedades parecem fundamentar-se na participação popular, devido à falta de instrumentos repressivos.

> Os sentimentos africanos atribuem uma importância especial ao respeito do procedimento por meio do qual todos os membros da comunidade em questão são capazes de fazer ouvir a própria voz na determinação das questões relevantes para ela. Na África colonial britânica, é raro encontrar estruturas em que a forma de governo indígena anteriormente em vigor possa ser descrita como autocrática. Também não existem muitos casos em que essa forma poderia ser definida como autoritária em sentido estrito. Uma característica dominante dos sistemas indígenas de governo foi que – independentemente do fato de o poder estar nas mãos de chefes individuais ou de uma classe dominante e diferentemente dos regimes absolutos de uma certa fase da história européia – estes não possuíam instrumentos através dos quais pudessem obrigar a obediência às próprias ordens.[16]

---

14. Frederic William Butt-Thompson, *West African Secret Societies, their Organizations, Officials and Teaching*, Londres, Whiterby, 1929, 320 pp.; Fei-Ling Davis, *Le società segrete in Cina (1840-1911). Forme primitive di lotta rivoluzionaria*, Turim, Einaudi, 1971, pp. 89 ss.

15. Sobre essas noções, cf. III, 7, nota 6.

16. William Malcolm Hailey, *Native Administration in the British African Territories*, parte IV: *A General Survey of the System of Native Administration*, Londres, 1951, p. 2.

A concepção teocrática islâmica era, portanto, em grande medida incompatível com essas estruturas sociais e se sobrepôs com efeito destrutivo nos reinos africanos da Nigéria do Norte e da Costa do Ouro, bem como em amplas zonas de Gâmbia, do Sudão, de Serra Leoa, de Uganda e de Zanzibar.

16. *O direito de propriedade nos costumes africanos*

Os indivíduos agem no interior de um grupo, cujo chefe resolve as disputas interindividuais segundo o costume. Nesse sentido, o clã se apresenta exteriormente como um todo unitário. A propriedade fundiária, que nas sociedades primitivas é a base da economia, refere-se ao grupo e, em seu interior, é repartida entre os indivíduos. O peso predominante do grupo se faz sentir, porém, na transferência da propriedade, que não é possível se não se completou a concessão ou se não existe o consenso da família. Um chefe nigeriano afirmou ao West Africa Land Committee, em 1912: "Considero que a terra pertence a uma vasta família, muitos membros da qual estão mortos, poucos estão vivos e inúmeros ainda não nasceram."[17] Dessa concepção derivam ao menos duas conseqüências jurídicas. Inicialmente, a propriedade do solo pertence à família, enquanto a posse da parcela pertence ao indivíduo, segundo direitos reais que prevêem poderes mais amplos do que os típicos dos direitos reais europeus. Além disso, não existe a noção de prescrição extintiva ou aquisitiva: quem vai trabalhar na cidade julga ainda ter a posse da terra, mesmo que não a cultive mais; ou então o herdeiro de quem recebeu o uso da terra de um indivíduo poderá ter o imóvel requerido mesmo depois de duas ou três gerações, quando as testemunhas do ato originário já tiverem morrido.

---

17. Citado por Elias, *The Nature of the African Customary Law*, cit., p. 162.

A propriedade comum da terra produz como resultado a responsabilidade do clã, caso um membro cometa um crime: só o clã, de fato, dispõe dos meios para pagar a indenização.

Aquele tipo de propriedade é também a base das normas sobre o matrimônio, em geral acompanhado de um pagamento à família da esposa. Numa sociedade agrária, cada pessoa vale pelo trabalho que pode realizar e pelos filhos que pode gerar, aumentando assim a riqueza do grupo do qual passa a fazer parte. As complexas normas matrimoniais, tão caras aos estruturalistas, têm também a função de harmonizar a distribuição da riqueza: se do grupo sai uma mulher, empobrecendo-o, entram, porém, bens que em parte a substituem; se no grupo entra uma mulher, enriquecendo-o, dali sai, todavia, um valor correspondente em bens.

O direito do clã, entretanto, não se aplica a todos que vivem numa certa comunidade. A sociedade primitiva conhece dois tipos de escravidão, um mais severo, derivado da guerra, outro atenuado, derivado da falta de pagamento da dívida. Um caso à parte, na realidade muito raro, é constituído pela presença de comunidades inferiores, que vivem em condições semelhantes à escravidão: estas são em certa medida comparáveis à casta inferior na sociedade indiana.

17. Delitos penais e civis no direito consuetudinário africano

Uma volumosa literatura procura em vão estabelecer se os delitos cometidos nessas sociedades primitivas são de natureza penal ou civil. Sir Henry Maine reduzia todo o direito primitivo apenas ao direito penal, enquanto Malinowski, criticando-o, caía no excesso oposto, reconhecendo em tal situação apenas direito civil. Essa disputa não chegou a um denominador comum, porque procurava no direito primitivo uma distinção alheia a ele, mas foi importante no plano da aplicação do direito consuetudinário indígena na época colonial: os juízes, geralmente europeus, procuravam aproximar o mais possível o direito africano ao da própria metrópole, para facilitar uma aplicação homogênea. No plano teórico, ao invés, toda generalização sobre essa base é falseada pela heterogeneidade dos conceitos europeus em relação às realidades indígenas. A confusão aumentou ainda mais pelo fato de que uma mesma norma consuetudinária era analisada segundo conceitos europeu-continentais, ou anglo-americanos, por sua vez diferentes.

No direito consuetudinário africano, os juristas anglo-saxões chegam a identificar delitos civis e penais, tomando como ponto de referência os correspondentes delitos no Common Law. Devem, porém, admitir que em alguns pontos fundamentais os dois ordenamentos divergem: ao buscar a manutenção da ordem, as normas africanas tendem a prescrever comportamentos, enquanto as européias tendem a proibi-los; as primeiras objetivam a reintegração do bem danificado; as segundas, a punição do culpado; as primeiras vigoram no interior de grupos restritos; as outras, para toda uma nação. A continuidade no tempo do clã (ou seja, a comunhão de antepassados e descendentes) introduz descriminantes desconhecidos no Ocidente: certos comportamentos desviantes são remetidos à influência de uma vida anterior à vida atual do sujeito, enquanto outros delitos exigem não um ressarcimento, mas a propiciação de um antepassado falecido, que extingue qualquer conseqüência do comportamento ilícito.

Certas noções, típicas dos direitos europeus, não conhecem uma elaboração explícita, mas são deduzidas por abstração dos fatos concretos. Por exemplo, no caso de homicídio, parece que muitas tribos não consideram o elemento subjetivo do delito, identificando assim dolo e culpa, homicídio com e sem dolo; em certos casos, porém, o delito voluntário é punido com pena dupla em relação ao involuntário (observações de Wagner sobre os bantos kavirondo). Não existindo registros de sentenças, não se sabe, entretanto, se os casos observados pelo antropólogo são a regra ou a exceção. Segundo Elias, a grande maioria dos homicídios seria preterintencional e desse fato o observador europeu extrairia a impressão de que o direito consuetudinário africano não leva em conta o elemento subjetivo.

Tão logo a sociedade está suficientemente organizada, o homicídio, seja qual for a forma como é cometido, é punido não com a *faida* (delitos em série decorrentes de vingança entre famílias), mas com o pagamento do preço do sangue. O preço deve ser pago pelo clã do autor do delito; mas a recusa do pagamento por parte do clã é interpretada como expulsão do culpado, que então pode ser morto pelos familiares da vítima sem provocar outra *faida*.

Até o momento falamos de eventos que, com base nas concepções européias, pertenceriam ao direito penal. No entanto, se se admite que no direito primitivo existem formas de contrato, afirma-se também que existem ilícitos civis. Também aqui, a tendência a aplicar categorias ocidentais ao costume africano dá frutos aceitáveis apenas para as sociedades africanas evoluídas. Nestas, encontram-se contratos de matrimônio, de trabalho cooperativo agrícola, de prestação de um serviço específico (geralmente de parteira ou de médico), e assim por diante. Nos contratos de tipo econômico, uma figura-chave é o intermediário, única garantia probatória numa sociedade que não conhece a escrita. Todos esses contratos são protegidos contra a inadimplência e a fraude; todavia, a ausência de órgãos específicos da execução exclui a prestação compulsória, no caso, por exemplo, em que o adquirente se recuse a pagar o preço combinado ou retirar uma coisa encomendada.

Do costume africano derivam ainda exemplos de responsabilidade extracontratual ligados à economia agrícola: devastação de campos por parte de animais, incêndios involuntários etc. Na averiguação de certos casos, percebe-se contudo que o observador tem em mente os exemplos clássicos dos *torts* anglo-americanos. Nos Estados Unidos da América, por exemplo, ficou famosa a polêmica entre os adeptos do *fence-in* e os do *fence-out*[18]: os primeiros afirma-

---

18. "To fence" significa "cercar"; assim, as duas expressões podem ser traduzidas por "trancar dentro" e "trancar fora", no sentido descrito no texto.

vam que cabia ao criador manter os animais num recinto para evitar danos aos campos de outrem; os segundos, ao invés, entendiam que cabia ao agricultor cercar os seus campos para evitar que o gado os danificasse. Obviamente, a exatidão da teoria depende do tipo de economia do território: se ali prevalece a criação, será imprudente o agricultor que não cercar o seu campo; se ali prevalece a agricultura, será imprudente o criador que não trancar o seu gado. A evolução das sentenças da teoria do *fence-out* à do *fence-in* acompanha a transformação do Ocidente, de grande pradaria em celeiro do mundo. Uma versão africana dessa teoria encontra-se no povo akamba, para o qual existe culpa se os animais danificam uma colheita alheia durante o dia, não existindo culpa se isso ocorre à noite: a rapidez com que cai a noite equatorial e os perigos que ela apresenta explicam a avaliação diferente do mesmo comportamento.

Em relação aos bens móveis, o poder de disposição do indivíduo não é limitado pela família. Mas na origem do direito consuetudinário africano (e, ainda hoje, nas tribos mais primitivas) a visão animista do mundo leva a conceber os objetos pessoais como o prolongamento da personalidade individual, de forma que o furto se configura como atentado à integridade da vítima, sendo assim punido com penas severíssimas (mutilação ou morte). Também a transferência pactual da propriedade mobiliária leva a acordos para evitar essa diminuição do indivíduo: quem adquire uma vaca paga uma lança "pela sua cauda", pois se considera que a personalidade do vendedor possa sair dali para ser transferida para a lança (tribo Lango). A essa noção pode-se atribuir também o costume dos povos primitivos e arcaicos de enterrar o defunto com suas armas e outros bens.

Da venda ou locação de bens imóveis nascem débitos e créditos. A falta de pagamento do débito levava à servidão do devedor, em formas menos severas que a escravidão, mas decerto semelhantes às corrigidas, em Roma, pela *Lex Poetelia* (326 a.C.).

18. As sanções e sua aplicação

Assim como partir de noções européias de direito e costume leva a discutir se as regras seguidas pelos africanos são ou não direito, da mesma forma partir de setores etnográficos limitados dificulta a identificação das razões gerais com base nas quais o direito consuetudinário é respeitado, ainda que não existam tribunais no sentido europeu do termo. Em geral, pode-se dizer que agem três motivações: as sanções religiosas e mágicas; a responsabilidade coletiva; a expulsão e a ridicularização. Na prática, esses elementos podem estar no todo ou em parte presentes numa sociedade primitiva, segundo uma ordem de importância que não coincide com a do elenco precedente. Assim, por exemplo, entre os axântis as sanções sociais parecem vir em primeiro lugar e as religiosas por último. Observando uma situação análoga na Melanésia norte-ocidental, Malinowski relata casos de sortilégios capazes de anular a sanção divina. Os três tipos de estímulo à obediência podem também ser historicamente sucessivos: inicialmente, a sanção é religiosa; em seguida, passa a executores humanos e conhecidos, os quais lhe atribuem um caráter inicialmente social, depois legal.

Nas sociedades fragmentárias, quem vê cometer um delito deve capturar o culpado e entregá-lo ao chefe. Devido à severidade das penas, quase sempre físicas, o culpado tende a subtrair-se à justiça sumária, à qual freqüentemente se encontra exposto, refugiando-se num santuário (templo, bosque sagrado, casa de um chefe), onde ocorrerá o julgamento. Antes do domínio europeu, todavia, existiam vários reinos africanos com um aparelho administrativo embrionário que se encarregava de prender os culpados dos delitos mais graves, delitos que chamaríamos penais. Para os ilícitos que chamaríamos civis, por sua vez, havia em ambos os tipos de sociedade africana o recurso voluntário a um ancião, que podia recusar-se a julgar apenas se a matéria fosse irrelevante ou muito grave, e portanto de competência do chefe reconhecido pelo grupo.

Na aplicação das penas, as relações no interior do grupo eram menos duras do que as relações entre grupos diferentes. Uma prova disso é fornecida por uma ficção processual dos fang. Quem sofreu um delito dirige-se para uma cidade ou distrito diferentes daqueles em que habita o ofensor e golpeia a primeira cabra ou a primeira mulher que encontra. Desse modo, ele torna o réu culpado também do segundo delito, que provoca a intervenção de uma comunidade diferente daquela de origem e, portanto, o risco de uma sanção mais severa. De uma maneira mais edulcorada, essa ficção se apresenta sob forma da prática comum de recorrer a um tribunal para uma ofensa grave (efetivamente cometida com o único objetivo de poder recorrer àquele tribunal), procurando fazer com que venha à tona a ofensa originária no decorrer das investigações sobre o segundo delito (axântis). Essa prática de recorrer ao tribunal mais elevado é típica das sociedades em que as normas processuais não são rigorosas.

O processo africano consuetudinário configura-se como uma arbitragem *sui generis*, ou seja, não coincidente com a noção continental ou inglesa de arbitragem: de fato, o veredito do árbitro só é aceito depois de ter sido formulado e, se as partes não ficarem satisfeitas, o caso poderá ser submetido a outra pessoa. Essa liberdade processual é máxima nas sociedades menos estruturadas e vai diminuindo com o aumento da organização social.

Enquanto os delitos menores (pequenos furtos, infrações às normas comerciais) são resolvidos no local, os delitos que põem em risco a comunidade – diretamente ou na figura de seu chefe – são objeto de processos cujos procedimentos são menos flexíveis. Se o autor é conhecido, é levado perante os juízes, que podem ser anciãos nomeados para aquele caso específico ou pessoas que possuem uma estável função religioso-jurídica. Tais juízes avaliam as provas e emitem um veredito, imediatamente executado.

Quando o culpado é desconhecido, recorre-se ao feiticeiro: mais uma vez o procedimento para iniciar um juízo liga o mundo mágico ao mundo jurídico. Repetem-se então as formas típicas de todo direito primitivo: o ordálio, o juramento, a adivinhação. Esta última, porém, costuma ser apenas o primeiro passo para determinar as pessoas que deverão jurar ou sujeitar-se ao juízo de Deus. O juízo de Deus consiste em beber veneno, tocar um ferro em brasa, ser jogado na água: dessas provas, supõe-se que o culpado não sairá ileso. O juramento é uma forma atenuada do juízo precedente: o acusado jura, sobre um objeto ritual, que não cometeu o delito; se mente, desgraças se abaterão sobre ele e sobre sua família, segundo o tipo de juramento realizado. A confiança na sanção divina contra quem jura em falso faz com que o juramento resolva o processo.

19. A sacralidade do costume

O caráter originariamente sagrado da norma consuetudinária implica a impossibilidade de sua revogação. Para adaptá-la às diferentes exigências sociais recorre-se a ficções que aparentemente respeitam a norma, enquanto de fato a escamoteiam. Essa situação é típica dos direitos religiosos: o exame do direito islâmico revela ficções muito refinadas (cf. VII, 7 b).

Com o decorrer do tempo, a ficção acaba tomando o lugar da norma originária. Por exemplo, os bathongas prevêem uma cerimônia que dissolve os laços de sangue e assim torna possíveis casamentos que o costume consideraria incestuosos. Se um membro de um clã mata outro, a pena de morte deve ser aplicada ao réu, evitando infringir o tabu que proíbe matar um membro do próprio clã: organiza-se então uma batalha fictícia, na qual o réu é "acidentalmente" morto (wachagas) ou confia-se sua morte a indivíduos de tribos estrangeiras ou de grupos intocáveis (ovambos).

Quando a ficção não basta mais para adequar as regras sociais à evolução econômica, a única solução é estabelecer novas regras ou aceitar a imposição destas: foi assim que a legislação de origem européia e islâmica se inseriu nos costumes africanos.

20. A introdução dos direitos ocidentais nos costumes autóctones

À medida que os impérios coloniais europeus se estendiam na África negra, o direito europeu se conjugava ao direito consuetudinário, sobrepondo-se a ele apenas em parte: de fato observa-se a tendência a regular com normas de origem européia apenas as novas transações promovidas pela potência colonial, deixando sobreviver as normas consuetudinárias nos setores que menos interferiram nas atividades econômicas.

O costume sofria assim uma evolução, por exemplo, quando a propriedade deixava de ser comum e inalienável para se tornar uma propriedade individual e transferível. Ao lado dessa evolução, o novo mundo econômico que surgia no solo africano era regulado *ex novo* pela legislação processual, civil, penal e comercial inspirada na legislação da potência colonizadora.

Embora hoje não mais exista, o poder colonial deixou traços conspícuos na estrutura jurídica dos novos Estados. É tarefa de pesquisas monográficas examinar em que medida o Common Law e as legislações européias continentais conseguem conviver com os direitos locais, aos quais o nacionalismo e sobretudo o integralismo religioso conferem hoje um novo vigor.

21. "Excursus": o ordenamento da sociedade cheyenne

Os direitos primitivos não se limitam, porém, à África: em todos os continentes hoje existem ainda centenas de sistemas jurídicos primitivos, mais ou menos complexos, mais ou menos estudados. Como exemplo desses direitos, é suficiente aqui mencionar a vida jurídica dos cheyennes.

Essa tribo da América setentrional vivia segundo regras que, mesmo primitivas, depois se revelaram menos embrionárias do que supunha a antropologia do século XIX. Pode-se dizer que essa antropologia era dominada pela concepção de Henry S. Maine, segundo a qual as sociedades primitivas evoluem de um sistema de normas baseado nas relações entre famílias para um sistema fundamentado na livre relação entre indivíduos, ou seja – usando a terminologia de Maine –, do *status* ao contrato[19].

O sucessivo desenvolvimento da antropologia, a partir dos anos 20 do século XX, levou à coleta de material empírico que obrigava a rever a concepção de Maine. Em especial, Hoebel observou que à análise de Maine haviam escapado dois importantes dados de fato: em primeiro lugar, também os sistemas jurídicos primitivos apresentam formas de contrato esporádicas; em segundo lugar, nos clãs e nas tribos são comuns também grupos não-parentais, como as irmandades de homens.

Em 1935 e 1936, Hoebel pôde estudar essas *fraternities* em suas pesquisas de campo entre os cheyennes, população à qual dedicou uma obra considerada até hoje fundamental. A obra é duplamente relevante para quem se ocupa de problemas jurídicos, porque foi escrita em conjunto com o jurista Karl N. Llewellyn, um dos maiores representantes do realismo jurídico americano. Dessa colaboração nasceu um volume em que as considerações antropológicas não prevalecem sobre as jurídicas[20].

Os fatos observados e analisados pelos dois autores situam-se em torno dos anos entre 1820 e 1880. A sociedade

---

19. Henry Sumner Maine, *Ancient Law* cit. Sobre essa obra cf. R. Redfield, Maine's Ancient Law in the Light of Primitive Society, *The Western Political Quarterly*, III, 1950, pp. 574-89; E. Adamson Hoebel, Status and Contract in Primitive Law, em *Cross Cultural Understanding*, Nova York, Harper & Row, 1964, pp. 284-94; Leopold Pospisil, Modern and Traditional Administration of Justice in New Guinea, *Journal of Legal Pluralism and Unofficial Law*, XIX, 1981, pp. 93-116.

20. Karl Nickerson Llewellyn; E. Adamson Hoebel, *The Cheyenne Way*, Oklahoma, Oklahoma University Press, 1941. Além da pesquisa de campo desenvolvida em 1935 e em 1936 (reserva do rio Tongue, Lame Deer, Montana), informações úteis foram extraídas também do mais vasto estudo sobre os cheyennes de G. Bird Grinnel, *The Cheyenne Indians. Their History and Way of Life*, New Haven (Conn.), Yale University Press, 1923, 2 vols.

à qual se referiam não mais existia no momento da pesquisa de campo, mas os cheyennes conservavam uma recordação ainda precisa de tal sociedade.

Antes da dominação por parte dos brancos, os cheyennes eram dirigidos por um Conselho dos quarenta e quatro, formado por homens particularmente respeitados que permaneciam no cargo por dez anos. Eles decidiam sobre a paz e a guerra e se constituíam em tribunal para os casos de homicídio. Tal Conselho era auxiliado por seis sociedades militares, guiadas por chefes que, em caso de guerra, tinham poderes absolutos. Em tempos de paz, ao invés, essas sociedades militares desenvolviam verdadeiras funções de polícia tribal, velando pelo tranqüilo desenvolvimento das cerimônias religiosas e pelo respeito das regras na caça ao bisão. Por exemplo, em caso de fundada suspeita de caça ilegal, a tenda do suspeito podia ser revistada apenas pelos membros das sociedades militares.

Hoebel examina as decisões judiciárias tomadas por esses órgãos e identifica mais de quarenta casos em que as instituições cheyennes se atêm ao princípio do *stare decisis*, ou seja, ao princípio de seguir os critérios segundo os quais, anteriormente, haviam sido resolvidos casos análogos. Hoebel encontra, assim, nessa sociedade primitiva um dos princípios fundamentais do Common Law.

Outros elementos sublinham o caráter já evoluído da sociedade cheyenne. O Conselho dos quarenta e quatro podia reabilitar quem tivesse sido condenado ao exílio se, depois de um certo tempo, a pessoa dava sinais de remorso e prometia solenemente não mais assumir um comportamento reprovável. Enfim, em analogia ao que se encontra em muitos direitos antigos, os cheyennes conheciam o direito de asilo: refugiar-se na tenda do "detentor do chapéu abençoado" equivalia a refugiar-se no templo romano ou na igreja cristã.

Todavia, nem todas as sociedades primitivas nem todas as sociedades indígenas da América do Norte alcançavam esse nível de organização jurídica. O próprio Hoebel oferece interessantes análises dos povos kiowa e comanche, o primeiro menos evoluído do que os cheyennes, o segundo notavelmente mais atrasado. Mesmo limitando o exame aos indígenas da América setentrional, abre-se aqui um infinito campo para a pesquisa comparada[21].

A sobrevivência do costume nos direitos codificados

22. O elemento consuetudinário nos direitos codificados

Também a Europa continental foi primitiva. Também ela conheceu o domínio do direito consuetudinário. Melhor dizendo, não obstante a crescente e, enfim, exclusiva importância assumida pela promulgação de leis formais, também esse continente nunca se libertou completamente do costume jurídico. Em seus vários ordenamentos encontram-se ainda hoje normas que evocam os costumes jurídicos que regulam determinadas matérias e normas que estabelecem a relevância do costume no âmbito de um sistema jurídico codificado.

Antes de prosseguir no itinerário extra-europeu proposto no item 12, será oportuno completar o exame do costume jurídico analisando o quanto deste último sobrevive no direito europeu continental. A noção de costume jurídico chegou aos direitos europeus continentais através do direito romano e do direito feudal. Depois de examinar a noção de costume nesses dois sistemas jurídicos, seria impossível estudar cada um dos direitos positivos para verificar qual o peso atribuído ao costume em cada um deles. Vamos nos limitar, portanto, ao direito canônico e ao direito italiano: o

---

21. Uma bibliografia selecionada foi preparada pelo próprio Hoebel: *The Plains Indians. A Critical Bibliography*, Bloomington (Ind.)/Londres, Indiana University Press, 1977, pp. X-75. Ademais, o volume *The Cheyenne Way* faz parte de uma série da Oklahoma University Press iniciada em 1932, "The Civilization of the American Indian Series", que hoje compreende mais de cem volumes sobre o tema.

primeiro é importante porque atribui ao costume um destaque que outros direitos codificados não lhe reconhecem; o segundo, ao invés, é um bom exemplo da escassa relevância do costume num ordenamento codificado vigente.

O debate sobre a natureza do costume jurídico foi incluído como item conclusivo desta seção (e não no início do raciocínio sobre o costume, no momento em que se definiu sua noção no item 2) por duas razões. A primeira está ligada ao método seguido neste livro: as abstrações baseadas em certos dados empíricos são examinadas apenas depois de se fornecer uma descrição de tais dados. A segunda razão está ligada à natureza europeu-continental do debate sobre o costume: como já mencionamos no item 1, esse debate é dominado pelo positivismo jurídico e o direito positivo a que se refere essa teoria é o de cada um dos Estados da Europa continental. É somente aqui, de fato, que surgem graves problemas teóricos em conciliar a noção de costume com a de direito, se por este último se entende exclusivamente o produzido pelo Estado. No Common Law e nos direitos primitivos ou arcaicos, esse problema não se apresenta, ou se apresenta em termos completamente diferentes.

Paradoxalmente, portanto, a atividade de elaboração teórica da noção de costume atinge o seu ponto máximo nos juristas que se remetem a ordenamentos nos quais o costume tem um peso mínimo, mas é mínima nos juristas que se remetem a ordenamentos nos quais o costume tem maior importância.

23. O costume no direito romano

Do direito grego os juristas romanos assimilaram a distinção entre "nómoi égraphoi" e "nómoi ágraphoi", ou seja, entre leis escritas e leis não-escritas: "Do direito não-escrito deriva o direito confirmado pelo uso – lê-se no § 9 do *Título I, 2* (*De iure naturali et gentium et civili*) das *Instituições* de Justiniano. Efetivamente, os longos costumes confirmados pelo consenso dos consorciados imitam a lei."[22] O sucessivo § 12 demonstra que, ao se referir à imitação, Justiniano não estabelece uma relação hierárquica, mas configura uma relação de igualdade entre lei (entendida como modelo) e costume (que deveria assemelhar-se à lei): de fato, a lei pode ser modificada *tacito consensu populi*.

O direito escrito e o direito não-escrito apresentam-se, assim, como fontes paritárias: desde as origens, de fato, a contraposição entre *ius scriptum* e *ius non scriptum* se referia mais à produção da norma (autoritativa para o primeiro e tradicional para o segundo), do que às técnicas usadas na sua difusão.

Não podemos traçar aqui um quadro da doutrina romanística do costume e em especial da natureza contraditória dos pareceres dos juristas romanos (*consilia prudentium*), vistos por Gaio como fonte do *ius scriptum* e por Pompônio como fonte do *ius non scriptum*. Qualquer que fosse a natureza e a relevância doutrinária do costume, Justiniano não teve outro meio senão o de se remeter a ele, ao indicar aos codificadores como separar o que é vivo do que é morto no direito romano do seu tempo, exortando-os a adotar as normas não-obsoletas e, entre estas, apenas aquelas que o costume afirmasse vigentes (constituição *Deo auctore*, § 10). Com base nesse princípio, tomou forma a compilação justiniana (cf. II, 3).

O texto principal para compreender as questões jurídicas do costume até os nossos dias é a passagem extraída de uma constituição de Constantino, de 319: "O costume e os usos prolongados têm uma autoridade não pequena, a qual, porém, não pode chegar ao ponto de suplantar a razão ou a lei"[23] (C. 8, 52, 2). Na legislação civil dos anos seguintes, esse texto é muitas vezes omitido e a ele são preferidos os outros dois que – no mesmo *Título 8, 52* – prescrevem a observân-

---

22. *Ex non scriptum ius venit, quod usus comprobavit. Nam diuturni mores consensu utentium comprobati legem imitantur.*

23. *Consuetudinis ususque longaevi non vilis auctoritas est, verum non usque adeo sui valitura momento, ut aut rationem vincat aut legem.*

cia do costume. De fato, à progressiva decadência do império correspondeu a crescente influência que os costumes provinciais exerciam no direito da capital. O advento dos bárbaros acentuou ainda mais a predominância do elemento consuetudinário (próprio dos vencedores) sobre o direito escrito romano (que não podia mais contar com uma eficiente estrutura estatal que o fizesse respeitar).

A *Lex Romana Visigothorum* de 506 (já encontrada na Ibéria: cf. V, 2 *b*) adotou a noção mais ampla de costume, excluindo o trecho de Constantino acima citado, e foi além: a *interpretatio* que acompanha os textos das outras duas constituições afirma que o costume – ou seja, o direito visigótico – encontra seu limite não na lei, mas apenas na *publica utilitas*. Nesse contexto bárbaro, também o direito romano volta a ter uma aplicação consuetudinária, ligada à aplicação não mais territorial, mas pessoal do direito. Os bárbaros usam seus costumes germânicos; os romanos, ao invés, conservam as próprias leis na medida em que eles mesmos o desejem e os dominadores o aceitem. A convivência de dois ordenamentos jurídicos no mesmo território levou a um processo de ajuste recíproco, que incidiu na natureza do direito romano justiniano. Os sujeitos passaram a usar cada vez mais o instituto jurídico que lhes convinha, sem levar em conta o ordenamento que deveria ter sido aplicado com base no princípio da personalidade.

24. O costume no direito feudal

O mais grandioso produto dessa adaptação recíproca dos dois ordenamentos jurídicos é o direito feudal, desenvolvido da metade do século X até o século XI, e estendido depois a uma série de situações não estritamente feudais, num processo variado e irregular cuja história pediria um estudo à parte. A desagregação da autoridade central, que favoreceu a afirmação do direito feudal, levou também ao surgimento de costumes locais, destinados inicialmente a eliminar os obstáculos colocados pela personalidade do direito às trocas comerciais. Quanto mais se debilita o poder central, mais se articula o direito feudal; mas, quanto mais se afirma a classe feudal, mais deve defender-se quem dela está excluído. A partir do século XI, formam-se associações de todos os tipos, reguladas por estatutos e por usos. Daqui se originam as sucessivas estruturas jurídicas da época renascentista e comunal: e sempre se tratou de estruturas jurídicas consuetudinárias.

O costume medieval consolida-se porque o poder estatal é débil, mas encontra obstáculo no poder eclesiástico, que não apenas reconhece seu perfil antiautoritário, mas também tem a força para corrigi-lo. A teoria do costume elaborada pelo direito canônico é muito mais restritiva que a do poder civil. O ponto de partida é, mais uma vez, o já citado *Título* 8, 52 do *Codex*, que reproduz a constituição de Constantino, a qual, por sua vez, subordina o costume à *ratio* e à *lex* (cf. o item anterior). Enquanto a interpretação visigótica ampliara o âmbito do costume, identificando a razão com a *publica utilitas*, Agostinho (354-430) fixa o princípio segundo o qual "a razão e a verdade devem ser antepostas ao costume" (*ratio et veritas consuetudini praeponenda est*). Com isso a razoabilidade (*rationabilitas*) de um costume é atrelada à verdade revelada, da qual é depositária a hierarquia eclesiástica: cabe a esta última, portanto, o exclusivo juízo (*adprobatio*) sobre a aceitabilidade de um costume. O consenso geral dos membros do grupo é substituído assim pela aprovação específica da hierarquia eclesiástica. Essa doutrina encontra-se ainda hoje no cânone 25: "Na Igreja, o costume adquire força de lei unicamente com base no consenso do competente superior eclesiástico."[24]

A autoridade imperial procurou assimilar essa doutrina canonística para limitar ao menos os costumes contrários às leis. Na prática, porém, a sua *adprobatio* era muitas vezes

---

24. *Consuetudo in Ecclesia vim legis a consensu competentis Superioris ecclesiastici unice obtinet.*

ditada pela impossibilidade de se opor a um costume que, de fato, já se afirmara. Por outro lado, a variedade dos usos e a dificuldade em identificá-los às vezes tornavam precária tal aprovação. Para garantir-se contra qualquer tipo de arbítrio e para introduzir maior certeza foram organizadas várias coleções de costumes, identificados mediante juízos de escabinato (*laudamenta*) e colhidos oficialmente desde as épocas mais remotas.

A primeira coleção é provavelmente o *Liber iurium reipublicae Januensis* (por volta do ano 1000), mas o trabalho de compilação se estende somente com o século XII (*Constitutum usu* de Pisa, 1160; *Liber consuetudinum Mediolani*, 1216; *Usus Venetorum*, segunda metade do século XII; e numerosos outros na Itália meridional e nas ilhas). Na época comunal, a aplicação do direito consuetudinário assim fixado – enquanto norma excepcional local – prevalece sobre o direito romano, não obstante o renascimento do interesse culto por este último.

Na Alemanha, o direito local foi codificado nos célebres "Espelhos" (por exemplo, o *Sachsenspiegel*), e só no século XV o direito escrito romano será adotado como direito comum (cf. II, 8).

Em sua parte meridional, a França repete a situação jurídica italiana, uma vez que ali se encontra o direito romano ao lado do costume. Em sua parte setentrional, prevalece o direito consuetudinário introduzido pelos normandos. Tal direito foi recolhido em obras célebres (*Coutumes du Beauvoisis*, *Grand Coutumier de France*, *Somme Rurale*), cujas disposições se sobrepõem às romanas. A passagem desse direito consuetudinário da França norte-ocidental para a Inglaterra contribuiu para a formação do Common Law (cf. VI, 3).

A reunião por escrito dos costumes, se por um lado testemunha sua crescente importância, por outro abre caminho para seu declínio em relação à lei, pela qual poderão ser mais facilmente absorvidos. Mas ainda há muito caminho a percorrer: na Europa, o direito permanece essencialmente consuetudinário desde a Roma clássica até a época do absolutismo, que visa eliminar o particularismo dos ordenamentos pessoais e locais, mantido com altos e baixos nos séculos precedentes. Esse predomínio do direito escrito abre passagem para as codificações da época iluminista, que culminaram no código civil francês de 1804 (cf. II, 9): a partir dessa data, a já secundária importância do costume como fonte de direito declina cada vez mais. No século XIX, o costume conheceu apenas dois momentos de revivescência, sem nenhuma conseqüência duradoura, porém: a Escola histórica do direito e a Escola do direito livre.

25. O costume no direito canônico

Num direito codificado, a relevância jurídica do costume depende do peso que o poder Legislativo pretenda atribuir-lhe. Não existe, portanto, um critério geral, mas um critério que varia de um ordenamento para outro.

O código canônico reconduz o costume sob o controle da autoridade eclesiástica, exigindo sua *adprobatio* e colocando-o assim no mesmo plano da lei. Sob esse ponto de vista, o atual ordenamento da Igreja Católica difere dos outros ordenamentos jurídicos em vigor exatamente pela regulamentação minuciosa à qual submete a afirmação de um costume.

Essa tendência quantificatória dos comportamentos habituais deve-se talvez àquela parte da teologia moral que se ocupa dos pecados definidos exatamente como "consuetudinários" e oferece critérios práticos para os confessores: nos pecados de ação cometidos sozinhos (por exemplo, o furto), o hábito se forma com cinco recidivas ao mês; nos pecados de ação cometidos com outros (por exemplo, a fornicação), o hábito se forma com uma recidiva ao mês, durante um ano; se, enfim, se trata de pecados de pensamento ou de palavra, o hábito se forma com uma ou duas recidivas ao mês durante um ano.

Uma quantificação desse tipo encontra-se também na doutrina canônica do costume jurídico. Aqui, inicialmente, o costume pode ser *optima legum interpres* (cân. 29); pode, ainda, integrar as normas canônicas vigentes se, com a aprovação do superior eclesiástico, a comunidade de fiéis manteve por quarenta anos um certo comportamento com o *animus se obligandi* (requisito subjetivo – cf. abaixo, item 28 *a* – que, por exemplo, pode evitar o surgimento de um costume fundamentado na crença errônea da sua obrigatoriedade ou então seguido sem a vontade de obrigar-se); pode, enfim, inovar ou revogar o direito positivo da Igreja – mas não aquele divino – desde que seja *rationabilis* e "prescrito legitimamente para o arco de quarenta anos" (*legitime per annos quadraginta continuos et completos praescripta*, cân. 27. 1).

O código canônico resolveu ainda a controvérsia sobre as normas que proíbem a formação de costumes num certo setor, estabelecendo que o costume pode infringir também essa proibição, desde que o comportamento que constitui seu objeto seja mantido desde tempos imemoriais ou pelo menos há cem anos.

Em conclusão, o único limite imposto pelo direito canônico ao costume é a explícita reprovação por parte da autoridade eclesiástica, porque isso faria desaparecer um elemento essencial para a sua formação.

26. O costume no direito italiano

Em quase todos os ordenamentos jurídicos codificados, o costume tem uma importância muito inferior àquela que acabamos de ver para o direito canônico. Será suficiente examinar aqui o ordenamento jurídico italiano, que no art. 15 das *Disposições sobre a lei em geral*, com que se inicia o código civil, prevê que "as leis só serão revogadas por leis posteriores, por declaração expressa do legislador, ou por incompatibilidade entre as novas disposições e as precedentes, ou porque a nova lei regulamenta toda a matéria já regulamentada por lei anterior". A preponderância da lei é em seguida confirmada pelo art. 8, c. 1: "Nas matérias reguladas pelas leis e pelos regulamentos os usos têm eficácia somente quando evocados por estes." Assim, o costume poderá ser utilizado tanto nos campos não regulamentados por normas escritas, quanto nos casos em que integra o conteúdo ou facilita a compreensão de uma norma*. Alguns autores consideram que, como caso-limite, o costume pode substituir-se à norma supletiva ou dispositiva, ou seja, à norma derrogável pelos indivíduos. Por exemplo, a relação de trabalho doméstico é regulamentada pelas normas previstas pelo inciso II do título IV, "e, enquanto mais favoráveis ao prestador de serviços, pela convenção e pelos usos" (art. 2.240 c.c.). Nesse caso, o indivíduo pode decidir se segue a lei ou o costume. Em geral, porém, o costume é assimilado pela lei mediante a remissão: no código civil vigente, isso ocorre em mais de uma centena de casos, porque – ao fundir o código civil e o código comercial (cf. II, 10-11) – se tornou explícita a remissão geral aos usos mercantis contida no art. 1 do código comercial.

A fixação dos usos ocorre por meio de coleções oficiais, das quais já vimos as origens medievais (cf. acima, item 24). Os usos ali descritos têm valor "até prova contrária" (art. 9 c.c.). A identificação dos costumes é, portanto, menos certa que a das leis: enquanto um texto de lei publicado no Diário Oficial é o único válido até ser substituído por uma norma modificadora, o texto de um costume recolhido pelo Ministério da Indústria e Comércio[25] ou por uma Câmara de Comércio[26] pode ser demonstrado como juridicamente irrelevante com base em precedentes jurisprudenciais, em pareceres de órgãos públicos ou em testemunhos individuais.

---

* "Quando a lei for omissa, o juiz decidirá o caso de acordo com a analogia, os costumes e os princípios gerais de direito" (Lei de Introdução ao Código Civil brasileiro vigente de 2002, art. 4º, com remissões aos arts. 126, 127, 335 e 1.109 do Código de Processo Civil brasileiro vigente). (N. da T.)

25. Cf. o decreto-lei do Chefe do Estado Provisório, de 27 de janeiro de 1947, n. 152, art. 1.

26. Cf. o texto único, de 20 de setembro de 1934, n. 2011, art. 32, em conexão com o decreto-lei do Lugar-tenente, de 22 de setembro de 1944, n. 315.

Em decorrência disso, nem todos os usos estão contidos nas coleções oficiais e, em contrapartida, nem todos os usos ali reunidos são válidos.

Com base nesses elementos cognoscitivos, caberá ao juiz estabelecer na prática se o costume em que se fundamenta uma reivindicação existe ou não. Se se tratar de um uso interpretativo, o julgamento de recurso será possível como nos casos de controvérsia sobre a interpretação dos contratos e, tratando-se de uma investigação de fato, deverá ser excluído o recurso ao Supremo Tribunal. Ao contrário, se se trata de um costume propriamente dito, o recurso é sem dúvida admissível. Efetivamente, o art. 360, 3 do código de processo civil vigente prevê o recurso ao Supremo por "violação ou falsa aplicação de normas de direito" (e o costume, mesmo nos limites já vistos, é sem dúvida uma norma de direito). Contudo, o problema era menos claro na formulação do código civil de 1865, que falava de "violação ou falsa aplicação da lei" (art. 517, 3).

O costume, mesmo se relevante no direito privado, não se limita apenas a essa área. Os sistemas jurídicos modernos prevêem que a matéria penal só pode ser regulamentada pela lei formal, ou seja, que um comportamento só pode ser declarado crime por intermédio de uma lei formal (*nullum crimen, nulla poena sine lege*). Não obstante essa reserva legal, o costume encontra aplicação também no direito penal. Efetivamente, entre as descriminantes está previsto "o exercício de um direito" (art. 51 c.p.), e um direito subjetivo pode fundamentar-se tanto numa norma, quanto num costume[27].

Muito mais extensa é a relevância prática e doutrinária do costume no direito internacional. Na teoria das fontes desse ramo do direito, o costume era tradicionalmente asso-

---

27. Cfr. Giuseppe Bettiol, *L'efficacia della consuetudine nel diritto penale*, Giuffrè, Milão 1931, 56 pp.; id., Sulla consuetudine penale, em *Rivista italiana di diritto penale*, 1957, pp. 321 ss. "Não há crime quando o agente pratica o fato: I – em estado de necessidade; II – em legítima defesa; III – em estrito cumprimento do dever legal ou no exercício regular do direito" (Código Penal brasileiro vigente, art. 23, III). (N. da T.)

ciado ao tratado internacional: essas duas formas de acordo – tácito o costume, explícito o tratado – eram o *ius voluntarium* que se associava ao direito natural. A reação ao jusnaturalismo, iniciada no final do século XIX, levou a distinguir o costume do tratado, renunciando-se a defini-lo como acordo tácito e retornando à noção privatista de comportamento repetido. A essa noção de costume recorrem não apenas numerosos estudos, mas ainda sentenças de tribunais internacionais. O estatuto do Tribunal Internacional de Haia, por exemplo, indica o costume como "prova de uma prática geral aceita como direito" (art. 38).

No direito constitucional, o costume tem uma relevância especial, ainda que às vezes essa relevância pareça decorrente mais da importância social da matéria regulamentada que da função do costume em si. Quando um ordenamento adquire ou muda uma certa estrutura institucional (ou seja, quando um ordenamento é instaurado, entra em crise ou sofre uma revolução), subsiste a dúvida de que as normas produzidas conforme as regras observadas anteriormente não sejam efetivamente mais seguidas. A eficácia das normas produzidas em períodos de instabilidade institucional só pode ser esclarecida verificando se de algum modo elas continuam a ser aplicadas. Em abstrato, isso pode parecer um caso de costume interpretativo; todavia, a importância da matéria faz com que esses costumes se elevem ao nível de costumes constitucionais, que teriam um grau superior em relação aos puramente certificativos. (Como seria possível depois conciliar isso com a teoria da divisão dos poderes é outro problema.) Também nesse campo a relevância do costume depende em larga medida da definição de constituição que se adote: por isso, as considerações a seguir são enunciadas como juízos hipotéticos.

Se se admite que o direito constitucional consolida em forma jurídica princípios ideológicos de alcance geral, o costume torna-se o meio para analisar qual é, na prática, o conteúdo de tais princípios. Efetivamente, o significado a eles atribuído por quem exerce o poder se revela nas normas jurídicas positivas em que esses princípios são traduzidos: conseqüentemente, a partir da observação do comportamento consuetudinário dos órgãos legislativos pode-se apreender o conteúdo a ser atribuído concretamente aos princípios gerais de um ordenamento.

Se se admite a possibilidade de lacunas no direito e, particularmente, no direito constitucional, a doutrina tende a admitir a possibilidade de preenchê-las recorrendo aos costumes. Enquanto no direito privado italiano vigente o costume é desprestigiado em favor da analogia e dos princípios gerais do ordenamento (cf. o final do item seguinte), a natureza de *ius singulare* atribuída às normas constitucionais torna impossível preencher as lacunas recorrendo às técnicas interpretativas usadas no direito civil. No direito constitucional, o costume assume o caráter de acordo ou convenção entre os institutos previstos pela constituição (ou melhor, entre as pessoas que os ocupam) em vista de um bom funcionamento dos organismos estatais: assim, seus requisitos objetivos são muito mais limitados que no direito privado (cf. abaixo, item 28 *a*).

No item 3 do capítulo III já examinamos algumas mudanças introduzidas pelo costume no direito constitucional dos Estados Unidos.

Também o direito constitucional italiano, de hoje e de ontem, oferece exemplos importantes de costume. O Estatuto Albertino previa que os ministros fossem escolhidos livremente pelo rei. Todavia, tal disposição, porquanto juridicamente clara, revelou-se desde o início historicamente inadequada, e os ministros foram escolhidos pelo rei de acordo com o parlamento. A repetição dessa prática levou à introdução, por via consuetudinária, da monarquia parlamentar na Itália. A Constituição republicana de 1948 afirma que "nenhum ato do presidente da República é válido se não é endossado pelos ministros proponentes, que assumem a responsabilidade por ele" (art. 89). De fato, porém, os presidentes da República realizaram inúmeros atos sem esperar a proposta ministerial: nesse campo, pode tomar corpo um costume constitucional contrário ao texto da constituição.

Ao que parece, esses costumes constitucionais podem constituir objeto de juízo por parte do Tribunal constitucional, assim como o costume jurídico comum pode constituir objeto de recurso no Supremo (cf. o início deste item). Uma decisão do Tribunal constitucional provocaria, porém, complicações maiores, porque a aceitação de um costume contrário à constituição tornaria impossível para o próprio Tribunal, num segundo momento, declarar inconstitucional uma norma que se adequasse a esse costume, violando, portanto, a constituição escrita. Por outro lado, o Tribunal não poderia declarar inconstitucional uma lei que se conformasse à constituição escrita, e portanto estivesse em desacordo com o costume, ainda que aceito pelo Tribunal.

Nesse campo, todavia, muitas dificuldades são apenas de linguagem: procura-se, de fato, formular em termos técnico-jurídicos a solução de problemas que são predominantemente políticos.

27. O valor do costume com relação à lei

Nos vários exemplos de costume extraídos de cada um dos setores jurídico-positivos vimos que a relação entre costume e lei varia de um ordenamento para outro e, no mesmo ordenamento, de uma época para outra. Em abstrato, a doutrina ocidental exprime esse valor diferente do costume em relação à lei distinguindo entre costume superior, costume equivalente e costume inferior à lei (*consuetudo contra, praeter, secundum legem*).

O primeiro caso – *consuetudo contra legem* – é aquele exemplificado pelos direitos mais arcaicos ou primitivos e pelo Common Law: a lei estabelecida pelo soberano tem uma função complementar em relação ao costume, que prevalece em caso de conflito com a lei estabelecida. Na ausência de constituição escrita, coloca-se assim um limite preciso ao poder soberano: as normas promulgadas por ele prevalecem sobre as consuetudinárias (ou seja, sobre o Common

Law) somente enquanto leis excepcionais. Daí a interpretação o mais restritiva possível do Statute Law, por um lado, e sua cautelosa e detalhadíssima formulação lingüística, por outro, para evitar sua inobservância (cf. VI, 9 *b*). Por isso em Hobbes a teorização do absolutismo coincide com a crítica à primazia do Common Law.

Nos ordenamentos continentais, os exemplos de costume contrário, ou seja, superior, à lei estabelecida desapareceram com a Revolução Francesa e com a aceitação da teoria da divisão de poderes: o poder legislativo atribuído ao parlamento não tolera concorrentes.

O segundo caso – *consuetudo praeter legem* – é exemplificado com o direito canônico: a lei estabelecida e o costume jurídico estão no mesmo plano, ou seja, o costume sucessivo revoga a lei, mas (diferentemente do caso anterior, de costume superior à lei) a lei sucessiva revoga o costume. O código comercial italiano de 1882 dispunha no art. 1: "Em matéria de comércio observam-se as leis comerciais; onde estas não dispõem, observam-se os usos mercantis; os usos locais ou especiais prevalecem sobre os gerais. Subsidiariamente, aplica-se o direito civil." Assim, se numa certa matéria se utiliza uma disposição civil, mas em seguida se forma um costume, este último revoga a disposição civil; se depois, porém, intervém uma norma comercial para regular o contexto, esta última norma revoga o costume. Essa paridade parece absolutamente normal ao jurista de hoje; todavia, até o final do século XIX, o costume ainda tinha força suficiente para questionar até as mais claras disposições do código civil. Tal código determinava no art. 5, por exemplo, que "as leis só serão revogadas por leis posteriores, por declaração expressa do legislador", excluindo assim o costume superior à lei. Mesmo assim, a sentença de 27 de junho de 1883 do Supremo Tribunal de Turim afirmava expressamente que aquele art. 5 não excluía outras formas de revogação da lei. É neste contexto que se coloca o problema do desuso.

Este último termo deve ser entendido numa acepção mais restrita do que poderia parecer à primeira vista. Antes de tudo, uma norma jurídica não pode cair em desuso, mas apenas ser revogada: na ausência de revogação, a norma pode talvez não ser aplicada, mas juridicamente continua a existir e o juiz pode evocá-la a qualquer momento. Fala-se, então, de uma "revivescência" da norma.

Casos desse tipo não são puramente teóricos. Já vimos, ao examinar os Estados pós-comunistas europeus, a importância da falta de revogação dos códigos pré-comunistas, e portanto a "revivescência" desses códigos após o fim do Estado comunista (cf. IV, 6 b). Na Itália, anos atrás, foi reaplicada a norma penal que punia o *plagio*, ou seja, a sujeição de uma pessoa ao próprio querer, de forma a anular-lhe a autonomia e a personalidade: mesmo que tal situação não fosse mais considerada um delito pela opinião pública, a norma correspondente não havia sido revogada e, assim, podia ser aplicada. Exatamente a controvérsia suscitada por essa "revivescência" levou à revogação formal da norma sobre tal delito. Uma recuperação análoga ocorreu a partir dos anos 1990, quando os tribunais italianos recorreram à norma sobre a escravidão – ainda presente no código penal, mesmo que por decênios não mais tivesse sido aplicada – para punir a exploração e a segregação de imigrantes clandestinos.

Ao contrário da norma, o costume é essencialmente um dado de fato e desse modo pode ser cancelado pelo desuso: isso ocorre apenas quando um certo costume é substituído por um outro costume de conteúdo contrário. Se, em vez disso, um costume cai em desuso, ou seja, simplesmente não é aplicado, nem por isso deixa de existir: assim como a norma, ele poderá ser reexumado quando necessário.

O terceiro caso – *consuetudo secundum legem* – é aquele exemplificado pelos direitos europeus continentais que se remetem ao Código Napoleônico: nestes, a lei, como fonte de produção do direito, superou completamente o costume, que subsiste apenas na medida em que é conforme à lei ou regulamenta matérias de que a lei não se ocupa. A fonte jurídica dessa doutrina do costume é o art. 30 da lei de 30 Ventoso, ano XII, que revogava os costumes gerais e locais nas matérias reguladas pelo Código Napoleônico. A fonte política encontra-se na doutrina da divisão de poderes: de fato, essa divisão deixaria de existir caso se atribuísse o poder Legislativo também a órgãos diferentes dos institucionalmente designados na legislação. Partindo dessas premissas jurídicas e políticas, não apenas desaparece a possibilidade do costume contrário à lei, mas torna-se incerta também a existência do equivalente à lei. A legislação codicista está efetivamente vinculada a teorias jusfilosóficas que concebem o direito como sistema que tudo regula, de forma que ou se exclui até mesmo a existência de lacunas jurídicas, ou se prevê preenchê-las com as "disposições que regulam casos semelhantes ou matérias análogas" (ou seja, com a analogia): "onde o caso permaneça duvidoso, decidir-se-á segundo os princípios gerais do direito" (art. 3, c.c. it. de 1865). Essa disposição levou a questionar por longo tempo se os princípios gerais podiam coincidir com o costume: a doutrina decidiu que não, e o costume foi assim relegado, ao menos no direito privado, àquele papel subordinado a que já aludimos.

Todavia, mesmo a legislação mais recente não pode excluí-lo completamente. A empresa familiar, regulamentada pela lei n. 151, de 19 de maio de 1975, entrou em vigor no código civil vigente no art. 230 bis, cuja última disposição prevê: "As comunhões tácitas familiares no exercício da agricultura são reguladas pelos usos que não contrariem as normas anteriores."

28. As teorias jurídicas do costume

Com base na multiforme realidade dos costumes, da qual as páginas anteriores procuraram oferecer uma idéia, a doutrina jurídica realizou dois sucessivos níveis de abstração.

O primeiro consiste em identificar as características comuns aos vários costumes: esse procedimento compreende a identificação de três tipos de costumes em função de suas diversas relações com a lei escrita, examinadas no item anterior, e a análise dos elementos objetivos e subjetivos do costume, examinados a seguir.

O segundo nível de abstração consiste em identificar o fundamento da juridicidade de um costume, ao encontrar uma resposta para a pergunta: por que um comportamento *de fato* torna-se a partir de certo momento uma regra *de direito*?

A disputa sobre a juridicidade do costume está ligada à constatação de que – para a existência de um ordenamento – não basta que as normas sejam válidas (isto é, estabelecidas segundo certas formalidades, por órgãos competentes); elas também precisam ser de fato eficazes, ou seja, efetivamente aplicadas. O jurista tende a privilegiar o lado formal dessa problemática, mas a realidade social o obriga a atenuar sua predileção pelo formalismo. O próprio Kelsen, que queria separar claramente o mundo do direito daquele da realidade, precisou admitir que uma norma jurídica só existe se, além de válida, é em certa medida eficaz.

Enquanto a teoria positivista do direito introduz assim um pingo de realidade no formalismo, o contrário ocorre com o costume: o jurista sente a necessidade de atribuir um mínimo de validade formal a essas regras sem dúvida eficazes, com o objetivo de reconduzir ao âmbito jurídico os comportamentos por elas regulamentados. Para poder dizer em que consiste o caráter jurídico de um costume, porém, é necessário já ter respondido à pergunta: o que é o direito? Essa questão é o objeto do segundo nível de abstração examinado a propósito do direito positivo vigente (cf. X, 2-3). Assim, a análise dos problemas do costume se funde com a dos problemas do direito positivo: atribuindo um certo fundamento ao direito positivo, aceita-se implicitamente também uma certa teoria sobre a natureza jurídica do costume. Como essas doutrinas são elaboradas por juristas ocidentais, muitas vezes seu pressuposto tácito é a contraposição entre o direito positivo como lei escrita e o costume como regra não-escrita. Mas essa contraposição é inexata. Basta pensar na miríade de sentenças que formam o Common Law para perceber que também a norma consuetudinária muitas vezes é uma norma escrita. A diferença em relação ao direito positivo está ligada apenas ao modo de produção.

Examinemos agora os dois níveis de abstração relativos ao costume.

a) Os elementos objetivos e subjetivos do costume. Como o costume prescreve regras de conduta, os juristas dele se ocupam, juntamente com a lei, na teoria das fontes do direito. Todos são quase unânimes em atribuir ao costume o caráter de *fonte de cognição do direito*: o fato de uma norma jurídica ser constantemente interpretada de um certo modo reforça no jurista a convicção de que aquela é a interpretação correta: "o costume é o melhor intérprete das leis" (*consuetudo optima legum interpres*). Em contrapartida são divergentes as opiniões sobre seu caráter de *fonte de produção do direito*: aqui é necessário estabelecer se o costume pode gerar aquela regra social particular que é a norma jurídica, ou seja, se pode desenvolver em relação ao direito uma função constitutiva, e não apenas cognoscitiva. O costume, enfim, gera usos e comportamentos que não são necessariamente direito mas podem ser juridicamente relevantes, quer porque o próprio costume é considerado fonte primária do direito, quer porque é evocado expressamente por uma norma de direito positivo. Por isso, independentemente da posição assumida sobre o valor jurídico do costume, os juristas foram obrigados a definir os seus elementos objetivos e subjetivos, para poder antes de tudo afirmar que um certo comportamento social é um costume. Só depois de esclarecer esse ponto é possível discutir sua relevância jurídica.

A determinação dos *elementos objetivos do costume* é inteiramente regida pela contraposição com o direito positivo. Enquanto este último se origina dos procedimentos legislativos e judiciários, o costume nasce da tradição. A passagem do tempo é, assim, considerada o elemento essencial para gerar o costume. Mas quanto tempo é necessário para que uma série de atos, ou seja, um comportamento repetido, se torne costume? A resposta varia de um ordenamento para outro. O cânone 27 do *Codex iuris canonici* fixa o período de quarenta anos; o Common Law exige que o costume seja anterior a 1189 (cf. VI, 9 *a*). Porém, as legislações modernas, em geral, não fixam períodos rígidos nem critérios objetivos precisos: de fato, seria impossível indicar uma regulamentação unitária válida tanto para o direito privado quanto para o direito público.

Generalidade, uniformidade, continuidade, publicidade e freqüência são requisitos que valem sem dúvida para a gênese do costume privatista. Todavia, se para gerar um costume é necessário que o comportamento seja geral, como pode surgir um costume constitucional, a partir do momento em que o órgão que pode praticar aquele comportamento específico é quase sempre um só? Também a freqüência é irrelevante no costume de direito público, porque um só ato de quem detém o poder basta para criar o precedente. Na verdade, tanto no costume quanto em toda a vida social, falar de comportamentos como de elementos equivalentes que paritariamente funcionam como parcelas de uma soma algébrica é uma abstração indevida: seria preciso considerar também o peso político de quem realiza um certo comportamento. Um único comportamento do órgão soberano basta para criar o costume, enquanto um comportamento do juiz cria o precedente: embora a doutrina jurídica do precedente seja diferente daquela do costume, no direito público a fronteira entre elas torna-se evanescente. Um comportamento individual, contudo, vale apenas se for amplificado pela repetição no espaço e no tempo.

Se não se leva em conta o peso intrínseco de cada comportamento e, portanto, se procura identificar características válidas para todos os comportamentos consuetudinários indistintamente, realizam-se extensões arbitrárias, porque unilaterais: uma doutrina chega assim a negar ao costume aquelas características que uma outra considera peculiares a ele. A repetição freqüente de certos atos no tempo pode ser considerada desnecessária, quando o comportamento é muito difundido em certa sociedade ou em determinado ambiente[28]. A própria repetição do comportamento pode parecer supérflua para o surgimento de um costume, tendo em vista que certos costumes de direito constitucional nascem de um único ato; mas, também no campo privatista, como dizer que um ato isolado não tem valor? No plano puramente lógico, como pode uma soma de valores iguais a zero gerar – a partir de certo momento – um valor diferente de zero? Cada ato individual é, portanto, um costume *in nuce*.

Essas objeções à visão tradicional do elemento objetivo do costume fundamentam-se no plano lógico, mas não levam em conta outros elementos. A passagem do tempo, por exemplo, é também um forte argumento ideológico, porque as doutrinas que se remetem ao direito consuetudinário são quase sempre doutrinas conservadoras, e a remissão aos tempos passados serve para legitimar a desconfiança de tais doutrinas em relação aos novos tempos. Analogamente, a repetição constante de certos atos garante a existência e a difusão de um costume já em vigor, mesmo não dizendo nada sobre sua origem.

O *elemento subjetivo do costume* é identificado na *opinio iuris et necessitatis*. Efetivamente, os comportamentos sociais que apresentam as características objetivas ilustradas anteriormente são decerto costumes sociais, mas não necessariamente costumes jurídicos: tornam-se tais quando se mantém aquele comportamento "na convicção (*opinio*) de que ele é jurídico".

Essa teoria pode explicar por que os indivíduos se atêm a um costume já existente, mas não como surgiu esse costume. Além disso, Ernst Zitelmann primeiro, seguido depois na Itália por Pietro Bonfante e por Francesco Ferrara, viram nessa teoria uma petição de princípio, que em 1942 encontrou clara e radical expressão na análise de Norberto Bobbio:

---

28. Giuseppe Ferrari, *Introduzione ad uno studio sul diritto pubblico consuetudinario*, Milão, Giuffrè, 1950, p. 67.

A norma consuetudinária pressupõe para sua formação a convicção, em quem a observa, de que uma norma jurídica preexista. O círculo vicioso é evidente: por um lado, considera-se a *opinio* como um elemento constitutivo da norma consuetudinária, o que em outras palavras significa: a *opinio* é um pressuposto necessário da obrigatoriedade; por outro, define-se a *opinio* como a convicção de se submeter a uma norma jurídica, o que em outras palavras significa: a *opinio* pressupõe uma obrigação preexistente. A norma consuetudinária não se constitui se não existe a *opinio*; mas a *opinio*, por sua vez, implica uma norma já constituída.[29]

As consistentes críticas ao elemento objetivo e subjetivo do costume revelam como os juristas procuram atribuir *a posteriori* uma explicação formal a certas situações de fato empiricamente constatadas num contexto social.

b) A juridicidade do costume. Enquanto o primeiro nível de abstração concentrou-se no costume em si, analisando seus dois elementos constitutivos, o segundo nível de abstração procura explicar o fundamento da juridicidade dos costumes assim identificados, concentrando-se na relação entre costume e ordenamento jurídico. O paralelismo entre teorias do direito e teorias do costume torna possível resumir as doutrinas do costume segundo o esquema que servirá, no capítulo X, para expor as doutrinas do direito: a escolha de uma teoria do direito implica, de fato, a aceitação da correspondente teoria do costume. A distinção inicial é entre teorias que definem o direito com base na forma ou no conteúdo; no âmbito deste último, é possível ainda considerar o elemento subjetivo (tanto ativo: quem faz a norma, quanto passivo: seu destinatário) ou objetivo (ou seja, a ação prescrita). Tais divisões – examinadas mais detalhadamente no item 4 do capítulo X – são aplicáveis também ao costume.

---

29. Norberto Bobbio, *La consuetudine come fatto normativo*, Pádua, Cedam, 1942, p. 53.

O critério da forma identifica na imperatividade o fundamento do direito: a norma consuetudinária torna-se jurídica, portanto, apenas se adotada pelo legislador. O costume se dilui assim na lei, como aliás é inevitável nesse caso-limite: de fato essa teoria considera do ponto de vista exclusivamente formal um dado como o costume que, por sua natureza, é exclusivamente substancial. Por isso as teorias sobre o costume procuram explicar sua natureza com referência não à sua forma, mas ao seu conteúdo.

Ao examinar seu elemento subjetivo ativo – quem produz a norma consuetudinária – a doutrina romano-canônica e a sua antagonista, a da Escola histórica alemã, afirmam que o costume deriva seu caráter jurídico do sujeito que o realiza, ou seja, o povo. Com este último termo, porém, as duas doutrinas compreendem algo bem diferente. A doutrina romano-canônica vê no povo uma abstração política à qual se remete toda atividade da legislação, quer direta (lei), quer indireta (costume). Se, por um lado, essa explicação justifica a igualdade de condições das duas fontes de produção do direito, a sua abstração, por outro lado, torna possível sua acolhida mesmo num contexto histórico em que a lei se sobrepõe ao costume. Quando nas monarquias absolutas à ficção do povo legislador se substitui a vontade do soberano, o costume deixa de ser uma fonte autônoma de produção do direito e só adquire valor jurídico quando evocado pela lei, expressão da vontade soberana. Retorna-se assim ao mesmo resultado ao qual chegam as teorias imperativas do direito, examinadas anteriormente.

No âmbito de uma consolidação mais geral da nação alemã e de uma paralela defesa contra os princípios da Revolução Francesa, no século XIX a Escola histórica do direito, com Savigny e Puchta, reagiu à concepção romano-canônica do costume, afirmando que o fundamento do costume é o povo, povo entendido porém como entidade de certo modo empírica, e não como abstração política. Essa afirmação visava reconduzir o direito consuetudinário germânico ao mesmo nível do direito romano (adotado na Alemanha, mas não mais à altura das necessidades econômicas dessa nação), evitando o revolucionário princípio da codificação. A menção ao povo permitia à Escola histórica do direito seguir a crescente corrente do nacionalismo, passando sem danos entre o Cila do código revolucionário e o Caríbdes da adaptação do agora esgotado direito romano (*usus modernus Pandectarum*: cf. II, 8). Mas o terreno da Escola histórica não era o empirismo, e sim a metafísica, pois ela indicou não o povo historicamente existente, mas o espírito do povo (*Volksgeist*) como a fonte do direito tanto consuetudinário quanto legislativo. Enquanto em sua época a Escola histórica conseguiu dar início a um amplo debate sobre o direito consuetudinário, contribuindo assim para a tomada de consciência da nação alemã, hoje sua doutrina do costume parece tão abstrata quanto a romano-canônica por ela criticada.

Uma doutrina atual bem difundida identifica a juridicidade do costume em seu elemento subjetivo passivo, ou seja, no comportamento dos consorciados. É essa doutrina que se remete à *opinio iuris et necessitatis*. Em relação às teorias expostas anteriormente, ela explica não a origem do costume, mas sua perpetuação; mas, mesmo levando em conta esse limite, tal teoria incorre nas graves críticas já expostas (cf. acima, *a*).

Enfim, mais aderente à realidade jurídica dos Estados modernos, a teoria dos juristas anglo-americanos e da Escola alemã do direito livre considera sujeitos passivos das normas (legislativas ou consuetudinárias) não os consorciados, mas os juízes: as regras sociais se transformam em costumes jurídicos quando o juiz decide atribuir a elas a tutela prevista pelo procedimento judiciário. Um primeiro limite dessa teoria é dado pela impossibilidade de explicar os costumes que não podem ser deduzidos em juízo, como por exemplo os constitucionais. Mesmo limitando-se aos costumes entre indivíduos, porém, essa teoria termina por anular a autonomia do costume, como ocorre nas teorias que reconduzem sua juridicidade ao reconhecimento por parte da lei, ou seja, à vontade do soberano. Nos escritos de John Austin (1790-1857) ou de Hermann Kantorowicz (1877-1940), efetivamente, todo o direito é obra do juiz, de forma que não existe diferença entre o costume reconhecido pela lei ou pela vontade do príncipe e o costume aceito na sentença do juiz. Na verdade, o problema somente foi deslocado: falta explicar por que o juiz aceita aquele determinado costume. Se o juiz *deve* levá-lo em conta, é preciso reconhecer que a norma consuetudinária já possui sua própria juridicidade obrigatória também para o juiz, a qual é, assim, anterior ao seu juízo. Se o juiz *pode* levá-lo em conta, falta explicar por que, entre todos os costumes possíveis, ele aceita apenas os relativos ao caso a ele submetido; e, em particular, por que – entre os costumes eventualmente concorrentes – ele prefere um aos restantes. Não se pode oferecer uma resposta exclusivamente formal a essas perguntas: a atenção se desloca para a matéria regulamentada pelo costume. Passa-se assim a examinar as teorias que procuraram identificar a juridicidade do costume no elemento objetivo do seu conteúdo.

Um primeiro passo para a definição material do costume foi realizado por críticos do elemento subjetivo, ou seja, da *opinio iuris*. Francesco Ferrara – depois de observar que o costume deve ser uso, e não apenas pensamento – afirma que esse uso deve ter "a estrutura e o conteúdo de uma norma de direito. Nem todo o costume torna-se direito, mas apenas o que recai sobre um objeto que por sua natureza é capaz e passível de uma disciplina jurídica"[30]. Também Norberto Bobbio e Alf Ross identificam o costume jurídico em função da matéria regulamentada. Em particular, Bobbio distingue entre "regras meramente extrínsecas e não necessárias à existência do grupo", como a moda, e "regras que afetam a estrutura, a natureza e as próprias finalidades do grupo"[31].

Os termos ainda abstratos das definições de Ferrara e de Bobbio (e de outros mais) podem tornar-se mais concretos quando se retorna à definição do direito (I, 1) e à teoria san-

---

30. Francesco Ferrara, *Trattato di diritto civile italiano*, Roma, 1921, vol. I, p. 139.
31. Bobbio, *La consuetudine come fatto normativo*, cit., p. 77.

cionatória (X, 4 *e*). Se se aceita essa visão do direito, o ordenamento jurídico protege aquelas regras sociais que se formam espontaneamente em matéria de relevância econômica direta ou indireta. Direta, sobretudo no direito comercial e civil (como demonstra o exame dos artigos do código civil vigente em que se mencionam os usos e os costumes); indireta, no caso dos costumes publicistas relativos ao funcionamento do aparelho estatal (cujo caráter de estrutura para a redistribuição dos bens foi citado a propósito dos direitos administrativo e tributário nos itens 7-8 do capítulo III).

Se retomarmos a definição de costume com que iniciamos este capítulo (o costume é um comportamento repetido na convicção de que é *bom* se comportar desse modo), perceberemos claramente por que não empreguei nessa definição termos como "justo", "obrigatório" etc.: o fundamento do costume, assim como o da lei, não se encontra no direito. A força das exigências econômicas gera normas segundo formas institucionais ou espontâneas: quando não se pode impedir a formação de normas espontâneas, o ordenamento jurídico deve adotá-las. Mas entre o ordenamento jurídico contemporâneo, fundamentado na lei, e a produção consuetudinária de normas existe diversidade e conflito, assim como entre a economia programada contemporânea e a sobrevivência em tal economia de formas de livres trocas.

Os tratados jurídicos tendem a evitar esses temas socioeconômicos, chegando a uma explicação puramente formal do fenômeno empírico do costume. Bobbio observa que as teorias sobre o costume baseadas na *opinio iuris*, na tutela judicial e na matéria são três modos parciais de examinar um único problema: cada um desses remete ao outro, segundo o esquema circular ilustrado na figura 3.

Porém, esse círculo só se fecha fazendo violência à noção de matéria e substituindo-a por seu reflexo jurídico, ou seja, a regra. Esse salto lógico encontra expressão lingüística em Bobbio: "Qual é o meio para provar que uma *matéria* tem particular relevância social? Observa-se o comportamento dos consorciados e as modalidades de tal comportamento: tender-se-á a responder que tem particular relevância social, é justa, é necessária, aquela *regra* que é geral e constantemente repetida com a particular convicção da sua obrigatoriedade."[32]

Para quebrar o círculo, Bobbio propõe passar do exame das normas isoladas ao exame do ordenamento, oferecendo uma síntese exemplar do fenômeno consuetudinário do ponto de vista formal:

> Vamos tentar partir da definição de ordenamento jurídico como conjunto de normas garantidas por uma sanção institucionalizada: chamaremos direito consuetudinário aquelas regras, produzidas por repetição constante, geral, uniforme etc., que passam a fazer parte de um ordenamento assim definido. Existem dois modos principais pelos quais uma regra se torna parte de um ordenamento: 1) enquanto contribui para fazer surgir e para fazer agir os poderes aos quais é confiado o funcionamento do mecanismo da sanção; 2) enquanto oferece aos poderes assim constituídos critérios para o juízo dos conflitos de interesse que podem surgir entre os membros do grupo (ou entre estes e os órgãos dirigentes). Portanto, se partimos da definição acima de ordenamento jurídico, consideraremos normas jurídicas todas aquelas que naquele ordenamento cumprem ou uma ou outra das duas funções. Voltemos então à nossa pergunta principal: quando é que uma regra do costume se torna uma regra jurídica? Com base nas considerações anteriores, deveríamos dizer que uma regra do costume se torna jurídica no momento em que se torna regra de um certo sistema jurídico. Isso ocorre, aceita aquela definição de ordenamento jurídico, nestes dois casos: 1) quando de tais regras depende ou nelas se inspira a formação de órgãos constitutivos do ordenamento; 2) quando tais regras são aceitas pelos órgãos assim constituídos como critérios para a resolução de um conflito de interesse. Na primeira categoria inserem-se os chamados costumes constitucionais; na segunda, os costumes do direito privado, incluindo os usos mercantis.[33]

---

32. Norberto Bobbio, Consuetudine (teoria generale), em *Enciclopedia del diritto*, Milão, Giuffrè, 1961, vol. IX, p. 435; grifo meu.

33. Bobbio, Consuetudine, cit., p. 436.

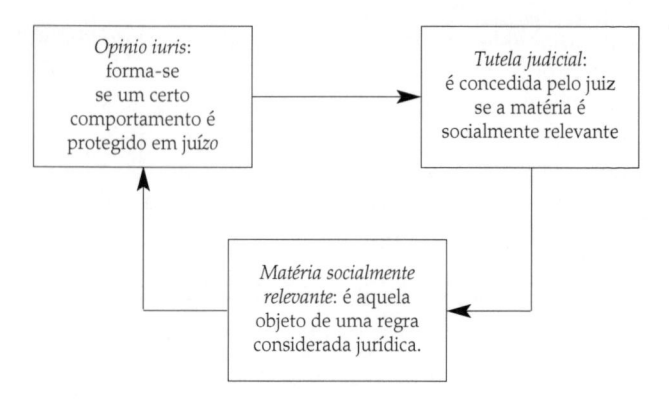

```
┌─────────────────────┐         ┌─────────────────────┐
│   Opinio iuris:     │         │  Tutela judicial:   │
│     forma-se        │────────▶│ é concedida pelo juiz│
│   se um certo       │         │  se a matéria é     │
│  comportamento é    │         │ socialmente relevante│
│  protegido em juízo │         │                     │
└─────────────────────┘         └─────────────────────┘
           ▲                               │
           │                               │
           │         ┌───────────────────┐ │
           │         │ Matéria socialmente│ │
           └─────────│ relevante: é aquela│◀┘
                     │ objeto de uma regra│
                     │ considerada jurídica│
                     └───────────────────┘
```

Figura 3. Explicação da *opinio iuris* no costume.

Essa análise formal ilustra bem *como* funciona o mecanismo da assimilação do costume no ordenamento jurídico, considerando já pressuposta a formação da regra. No entanto, só é possível compreender *por que* o mecanismo de tal assimilação funciona deste modo e *por que* surgiram aquelas regras quando se abandona a explicação formal e se atribui a termos como "matéria objeto do costume", "conflito de interesses" etc. um preciso significado econômico. Tal significado é, porém, historicamente condicionado pelo grau de desenvolvimento da sociedade em exame e, assim, a teoria do costume (e do direito) que nele se baseia não pode aspirar a uma absoluta validade nem no tempo, nem no espaço.

ITINERÁRIO BIBLIOGRÁFICO

Para as obras de referência, veja-se a bibliografia do capítulo I.

O direito consuetudinário inglês

Uma história detalhada do Império Normando, integrada com mapas e bibliografia, é: John Le Patourel, *The Norman Empire*, Oxford, Clarendon Press, 1976, 416 pp.

Uma clássica obra sobre o Common Law é: Oliver Wendell Holmes, *Il diritto comune (anglo-americano)*, trad. Francesco Lambertenghi, Sondrio, Moro, 1889, 556 pp. A primeira edição em inglês é de 1881. Uma introdução simples ao direito inglês é: J. A. Iliffe, *Lineamenti di diritto inglese*, Pádua, Cedam, 1966, XXVIII-335 pp. Uma definição sintética dos conceitos técnico-jurídicos encontra-se em Earl Jovitt; Clifford Walsh (orgs.), *The Dictionary of English Law*, Londres, Sweet & Maxwell, 1959, 2 vols.

Já em 1601 William Fulbecke escrevia *A Parallele, or Conference of the Civil Law, the Canon Law and the Common Law of England*, Londres, 1601. Um atento observador do direito anglo-americano é Gino Gorla, Reports e raccolte di giurisprudenza nella comparazione tra Common Law e diritto italiano, em J. Limpens (org.), *Liber amicorum Baron Louis Frederiq*, Gent, Story-Scientia, 1966, pp. 497-505; id., Interessi e problemi della comparazione fra il nostro diritto e il Common Law, em *Studi in memoria di Tullio Ascarelli*, Milão, Giuffrè, 1969, vol. II, pp. 937-55. Uma perspectiva inversa é adotada por John Henry Merryman, *La tradizione di civil law nell'analisi di un giurista di Common Law*, apresentação de Gino Gorla, Milão, Giuffrè, 1973, X-242 pp. [tradução da obra *The Civil Law Tradition. An Introduction to the Legal Systems of Western Europe and Latin America*, Stanford (CA), Stanford University Press, 1969, IX-172 pp.]. Sempre no âmbito dessa troca de perspectivas culturais veja-se Alan Watson, *La formazione del diritto civile*, Bolonha, Il Mulino, 1986, 270 pp. [tradução da obra inglesa de 1981, que descreve a evolução do direito romano para os códigos da Europa Ocidental]. Enfim, sobre a permanência do direito romano no direito escocês, David L. Carey Miller (org.), *The Civilian Tradition and Scots Law*, Berlim, Duncker & Humblot, 1997, 392 pp.

Algumas obras gerais sobre o Common Law são estas:

Bradney, Anthony et al., *How to Study Law*, Londres, Sweet & Maxwell, 1986, cerca de 200 pp. [após uma introdução ao sistema jurídico inglês, a obra ensina a encontrar e a analisar *cases*, *statutes*, artigos e manuais; os exercícios permitem avaliar a aprendizagem].

Coing, Helmut; Nörr, Knut Wolfgang, *Englische und Kontinentale Rechtsgeschichte*, Berlim/Munique, Duncker & Humblot, 1985, 89 pp. [projeto para estudar a história das relações entre direito inglês e direito continental].

David, René, *Le droit anglais*, Paris, Presses Universitaires de France, 1982 [breve introdução elementar na série "Que sais-je?"].

Franchis, Francesco de, *Italian/English Law Dictionary*, Londres, Sweet & Maxwell, 1986, 1.545 pp. [com amplas explicações, cf. bibliografia do cap. I, publicado também pela Giuffrè de Milão, 1985, XII-1.548 pp.; obra importante, já citada na bibliografia do cap. I].

Fulbecke, William [1560-1603], *A Direction, or Preparative to the Study of the Law*, Londres, Wight, 1600 (reeditado: Londres, Gregg, 1987) [recomendações ao estudante de direito da época elisabetana; a ser acompanhado pelo volume de Bradney, acima citado].

Prest, Wilfrid R., *The Rise of the Barristers. A Social History of the English Bar (1590-1640)*, Oxford, Clarendon Press, 1986, XVI-442 pp.

Radzinowicz, Leon; Hood, Roger, *A History of English Criminal Law and its Administration from 1750*; vol. 5: *The Emergence of Penal Policy in Victorian and Edwardian England*, Oxford, Clarendon Press, 1990, XV-839 pp. [descreve o período entre 1830 e a Primeira Guerra Mundial, com referência também à Europa continental e aos Estados Unidos. O vol. 4 é de 1968].

Simpson, Alfred W., *A History of the Common Law of Contract: The Rise of the Action of Assumpsit*, Oxford, Clarendon Press, 1987, XLVII-646 pp.

[Item 11] Brauneder, Wilhelm (org.), *Grundlagen transatlantischer Rechtsbeziehungen im 18. und 19. Jahrhundert*, Frankfurt a.M., Lang, 1991, 287 pp. [refere-se somente às relações com a América do Norte].

Os direitos consuetudinários africanos

Para as obras de referência, veja-se a bibliografia do capítulo I; especialmente, o volume de Chambliss e Seidmann ali mencionado. O jurista pode extrair boas noções introdutivas do livro de Gérald Gaillard, *Dictionnaire des ethnologues et des anthropologues*, Paris, Colin, 1997, 286 pp.; Robert H. Winthrop, *Dictionary of Concepts in Cultural Anthropology*, Nova York, Greenwood Press, 1991, XIV-347 pp.

Para uma definição da noção de "cultura", com especial referência ao uso da antropologia para compreender a modernização dos novos Estados: Clifford Geertz, *Interpretazione di culture*, Bolonha, Il Mulino, 1987, 448 pp. (com especial referência à sociedade balinesa); Clyde Kluckhohn; Alfred L. Kroeber, *Il concetto di cultura*, 2.ª ed., Bolonha, Il Mulino, 1982, 434 pp.

Sobre os problemas gerais do eurocentrismo e do etnocentrismo: Vittorio Lanternari, *L'"incivilimento dei barbari". Problemi di etnocentrismo e d'identità*, Bari, Dedalo, 1983, 314 pp.; Vernon Reynolds, *The Sociobiology of Ethnocentrism: Evolutionary Dimensions of Xenophobia, Dis-*

crimination, Racism and Nationalism, Athens, University of Georgia Press, 1987, XX-327 pp.

Uma exposição das principais teorias antropológico-jurídicas especialmente redigida para os estudantes encontra-se em Riccardo Motta, *Teorie del diritto primitivo: un'introduzione all'antropologia giuridica*, Milão, Unicopli, 1986, 211 pp. (com bibliografias). Ademais: Wolfgang Fikentscher, *Modes of Thought. A Study in the Anthropology of Law and Religion*, Tübingen, Mohr, 1995, XXIX-652 pp. Uma constante atualização é fornecida pelo periódico *Law and Anthropology: International Yearbook for Legal Anthropology*, Dordrecht, Nijhoff, a partir de 1986 (organizado pelo Working Group on Legal Anthropology da Universidade de Viena).

Algumas obras clássicas e gerais sobre os direitos consuetudinários africanos e, em geral, primitivos são: Henry James Sumner Maine, *Ancient Law, its Connections with the Early History of Society and its Relation to Modern Ideas*, Londres, Murray, 1861, VI-415 pp. (esta é a primeira edição, à qual se seguiram inúmeras outras); Alberto Ermanno Post, *Giurisprudenza etnologica*, trad. it. de Pietro Bonfante e Carlo Longo a partir da edição alemã [...], Lodi, Società Editrice Libraria, 1908, 2 vols. Para atualizar essa obra clássica, pode-se consultar John Gilissen (org.), *Introduction bibliographique à l'histoire du droit et à l'ethnologie juridique*, Bruxelas, Université de Bruxelles, 9 volumes em fascículos, cuja publicação começou em 1963 e cessou em 1988.

Uma história geral da África, com mapas e bibliografia (e, além disso, escrita por um africano) é: Joseph Ki-Zerbo, *Storia dell'Africa nera. Un continente tra la preistoria e il futuro*, Turim, Einaudi, 1977, XXXI-902 pp.

A partir de 1981 a Unesco publicou uma *General History of Africa*, em oito volumes. Em especial, veja-se o vol. VII: *Africa Under Colonial Domination 1880-1935*, Londres, Heinemann, 1985, XXVII-865 pp.; vol. VIII: *Africa since 1935*, 1993, XXVIII-1.025 pp.

Uma outra obra de referência fundamental é: *The Cambridge History of Africa*, Cambridge, Cambridge University Press: vol. I: J. Desmond Clark (org.), *From the Earliest Times to c. 500 BC*, 1982; vol. 2: John D. Fage (org.), *C. 500 BC to AD 1050*, 1978; vol. 3: Roland Oliver (org.), *C. 1050 to c. 1600*, 1977; vol. 4: Richard Gray (org.), *C. 1600 to c. 1790*, 1975; vol. 5: John E. Flint (org.), *C. 1790 to c. 1870*, 1977; vol. 6: *From 1870 to 1905*, 1985; vol. 7: *From 1905 to 1940*, 1986; vol. 8: Michael Crowder (org.), *1940 to 1975*, 1984, cerca de 800 pp.

O contexto histórico que leva à adoção de um direito europeu por parte de um outro povo está quase sempre ligado à colonização ou à tentativa de colonização. Por isso, uma boa leitura preliminar é: Guy De Bosschère, *I due versanti della storia*, Milão, Feltrinelli, 1972-1973, 2 vols. (vol. I: *Storia della colonizzazione*; vol. II: *Storia della decolonizzazione*). Sobre a história colonial indicamos aqui apenas alguns volumes fundamentais e gerais:

Christopher, Anthony J., *Colonial Africa*, Londres, Croom Helm, 1984, 232 pp.

Eisenstadt, Samuel N.; Michel Abtibol; Naomi Chazan (orgs.), *The Early State in African Perspective. Culture, Power and Division of Labor*, Leiden, Brill, 1988, 210 pp. [vejam-se sobretudo os ensaios sobre a influência do cristianismo, do Islã e do marabutismo na formação dos Estados africanos].

Fieldhouse, David K., *Economics and Empire, 1830-1914*, Londres, MacMillan, 1984, XII-531 pp. [sobre os impérios francês e inglês]; id., *Colonialism 1870-1945. An Introduction*, Londres, MacMillan, 1983, 151 pp., com bibliografia; id., *The West and the Third World: Trade, Colonialism, Dependence and Development*, Oxford, Blackwell, 1999, XII-378 pp.

Sobre a comparação jurídica e as sociedades primitivas, uma obra geral é: Edward Adamson Hoebel, *Il diritto delle società primitive. Uno studio comparato sulla dinamica dei fenomeni giuridici*, Bolonha, Il Mulino, 1973, 492 pp. (com ampla bibliografia); a edição original de 1954 trazia o título *The Law of the Primitive Man*. Pesquisas setoriais e aprofundadas são: Bronislaw Malinowski, *Crime and Custom in Savage Society*, Londres, Kegan, 1940, XII-132 pp. (é um dos livros mais famosos nessa área); Max Gluckman, *The Ideas in Barotse Jurisprudence*, Manchester, Manchester University Press, 1972, XLVIII-299 pp.; Paul Bohannan, *Justice and Judgement among the Tiv*, Londres/Nova York, Oxford University Press, 1968, XX-221 pp. (reeditado pela Waveland Press, Prospect Heights [Ill.] 1989, XXIX-221 pp.); Jacques Vanderlinden, *Les systèmes juridiques africains*, Paris, Presses Universitaires de France, 1983, 127 pp. [breve introdução elementar na série "Que sais-je?"].

Sobre as relações entre direitos africanos atuais e direitos europeus: *Atti del convegno: Problemi dell'armonizzazione del diritto privato in Africa e del diritto internazionale privato nelle relazioni commerciali con l'Africa* (Roma, 4-6 de dezembro de 1972), Milão, Giuffrè, 1974, 296 pp. (relatórios em francês e em inglês). Ademais: Dominque Darbon (org.), *La création du droit en Afrique*, Paris, Karthala, 1997, 496 pp.; Gordon R. Woodman (org.), *African Law and Legal Theory*, Dartmouth, Aldershot, 1995, XXIX-474 pp.; Amsatou Sow Sidibé, *Le pluralisme juridique en Afrique. L'exemple du droit successoral sénégalais*, Paris, Librairie Générale de Droit et Jurisprudence, 1991, 383 pp.; Ringo Willy

Tenga, *Custom and Law with Reference to the Tanganika Legal System*, Ann Arbor, 1995, pp. VIII-309 [tese de doutorado em microfilme].

Sobre a situação particular da África do Sul: Dawid van Wyk (org.), *Rights and Constitutionalism. The New South-African Legal Order*, Oxford, Clarendon Press, 1995, LIV-720 pp. [bibliografia: pp. 665-94]; David Dyzenhaus, *Hard Cases in Wicked Legal Systems: South African Law in the Perspective of Legal Philosophy*, Oxford, Clarendon Press, 1991, XVIII-289 pp.

Outros direitos primitivos

Brandon, Thomas Isaac (org.), *Aboriginal People and Canadian Law*, Manitoba, Bearpaw Publishers, 1996, VII-311 pp.
Hocking, Barbara (org.), *International Law and Aboriginal Rights*, Londres, Croom Helm, 1987, 288 pp. [a maior parte dos ensaios se refere à tutela jurídica dos aborígines australianos].
Libby, Ronald T., *Hawke's Law: The Politics of Mining and Aboriginal Land Rights in Australia*, Nedlands, University of Western Australia Press, 1989, XXVII-175 pp. (também University Park [Pa.], Pennsylvania State University Press, 1992), XXXI-175 pp.
Montalvo-Despeignes, Jacqueline, *Le droit informel haïtien*, Paris, Presses Universitaires de France, 1976, 160 pp.
Morse, Bradford W., *Aboriginal Peoples and the Law: Indian, Metis and Inuit Rights in Canada*, Ottawa, Carleton University Press, 1989, XLV-890 pp.
Wilson, Margaret (org.), *Justice and Identity: Antipodean Practices*, S. Leonards (NSW), 1995, XVI-223 pp. [sobre os maoris].

A sobrevivência do costume no direito codificado

Para uma clara análise dos problemas teóricos colocados para o costume: Norberto Bobbio, *La consuetudine come fatto normativo*, Pádua, Cedam, 1942, 95 pp. Um clássico sobre o tema é Georg Friedrich Puchta, *Das Gewohnheitsrecht*, Erlangen, Palm, 1828, vol. 1, XVI-234 pp.; vol. 2, 1837, XVI-292 pp. A esse respeito, cf. Bruno Montanari, *Arbitrio normativo e sapere giuridico: ... a partire da G. F. Puchta*, Milão, Giuffrè, 1984, XVI-238 pp.

Dos problemas concretos postos pelos costumes italianos e pelas coleções de usos em vários setores da economia ocupou-se Cajo

Enrico Balossini, de quem assinalamos duas obras gerais: *La rilevanza giuridica delle "regole sociali"*, Milão, Giuffrè, 1965, 552 pp.; *Il diritto delle consuetudini e degli usi*, Milão, Giuffrè, 1974, 362 pp.; ainda: Enrico Bassanelli; Antonio Carrozza (orgs.), *Raccolta sistematica degli usi agrari*, Bolonha, Pàtron, 1985, 2 vols.

Veja-se ainda:

Assier-Andrieu, Louis (org.), *Une France coutumière. Enquête sur les "usages locaux" et leur codification (XIXe – XXe siècles)*, Paris, CNRS, 1990, 207 pp.

Comotti, Giuseppe, *La consuetudine nel diritto canonico*, Pádua, Cedam, 1993, X-196 pp.

Gilissen, John, *La coutume*, Turnhout, Brepols, 1982, 122 pp. [sobre os costumes medievais].

Gouron, André, *Droit et coutume en France aux XIIe et XIIIe siècles*, Aldershot, Variorum, 1993, com variada numeração de páginas; textos em alemão e em francês.

Hanga, Vladimir, *Les institutions du droit coutumier roumain*, Bucareste, Ed. Academiei, 1988, 160 pp.

Pellegrino, Piero, *L'"animus communitatis" e l'"adprobatio legislatoris" nell'attuale dottrina canonistica della consuetudine antinomica*, Milão, Giuffrè, 1995, VI-341 pp.

Raynal, Maryse, *Justice traditionnelle, justice moderne: le devin, le juge et le sorcier*, Paris, L'Harmattan, 1994, 337 pp.

Renteln, Alison D. (org.), *Folk Law. Essays in the Theory and Practice of Lex non Scripta*, Madison (Wis.), University of Wisconsin Press, vol. 1, 1995, XVI-597 pp.; vol. 2, 1995, 599-1.037, pp.

Capítulo VII
O direito islâmico

1. Características gerais

Ao lado do Common Law e do direito codificado, o direito islâmico constitui o terceiro grande sistema jurídico mundial. Todavia, a importância teórica do seu estudo não reside apenas na sua difusão, que o torna comparável aos outros dois grandes sistemas, mas também em sua diversidade em relação a eles. Um grande islamista europeu escreveu que o direito islâmico "é um fenômeno tão diferente de todas as outras formas de direito [...] que o seu estudo é indispensável para avaliar adequadamente toda a extensão dos possíveis fenômenos jurídicos"[1]. "Islã" significa efetivamente "total submissão a Deus", e o direito islâmico não se subtrai a tal submissão. Ao abordar o direito islâmico, portanto, é mais que nunca necessária uma disposição para guardar distância das concepções jurídicas próprias do nosso direito. Além disso, especialmente após a revivescência islâmica dos últimos decênios ("revivalismo": cf. abaixo, item 12), é mais que nunca necessário diferenciar o direito islâmico do uso político que muitos regimes fazem dele.

O direito islâmico atual é o resultado da sobreposição de uma doutrina religiosa relativamente avançada aos cos-

---

1. Joseph Schacht, *An Introduction to Islamic Law*, Oxford, Oxford University Press, 1964, p. V.

tumes de uma sociedade tribal relativamente primitiva (a do Egiaz), mas já exposta à influência cultural, e portanto jurídica, de persas, hebreus e cristãos. Essa sobreposição de ordenamentos diferentes leva não a substituições, mas a interpenetrações. Os princípios revelados pelo arcanjo Gabriel a Maomé (cerca de 570-632) são realmente adequados àquele tipo particular de sociedade. Ao mesmo tempo, porém, esses preceitos foram codificados num texto sagrado, o Corão, que reflete diretamente a vontade divina e, portanto, não pode ser inovado pelo homem. É esse o texto fundamental do direito islâmico clássico, que só no século XIX será acompanhado, mas nem sempre substituído, por codificações de origem européia.

Vinculado a um texto escrito em árabe, o direito islâmico sofre a influência do espírito da língua e da cultura árabe. Uma língua que reproduz por escrito apenas as consoantes abre caminho para complexas disputas filológicas (e cria também dificuldades de transliteração no alfabeto latino[2]). Além disso, a mentalidade árabe, mais algébrica que geométrica, tende a agregar as noções, mas não a sistematizá-las: os poucos princípios jurídicos fixados para sempre pelo Corão constituem, por isso, a base de uma casuística inextrincável para quem os aborda com uma mentalidade euclidiana ou cartesiana. Essas dificuldades se apresentam constantemente nas passagens de um sistema jurídico para outro. O jurista europeu continental fica desorientado, no Common Law, pelo excesso de casos particulares e pela ausência de princípios gerais. Analogamente, no direito islâmico, o jurista ocidental se perde nas infinitas especificações que, dos princípios corânicos, se ramificam nas aplicações concretas. Mas obviamente vale também o contrário. O jurista do Common Law se perde na abstração das construções

---

2. No presente volume, os vocábulos árabes são transcritos, quando possível, seguindo a forma usada na *Encyclopaedia of Islam*, mas eliminando os sinais diacríticos. Nas citações e títulos dos livros e artigos conserva-se, todavia, a grafia adotada por cada autor.

européias continentais, enquanto para os árabes "o direito muçulmano oferece, pela primeira vez na história da civilização, o aspecto de um sistema filosófico desenvolvido a partir de princípios fundamentais, enquanto o direito romano era apenas uma compilação empírica de receitas legais"[3]. Na realidade, cada jurista acostumado a pensar segundo um certo direito encontra enormes dificuldades ao passar para um sistema jurídico diferente.

Vinculado a um texto sagrado, o direito islâmico está subordinado ao ritual religioso; por isso a ciência jurídica é vinculada pela teologia, ainda que essas disciplinas tenham na cultura islâmica uma extensão e uma relação recíproca diferentes das que possuem na cultura ocidental[4]. As categorias jurídicas e rituais são mais matizadas do que as européias: enquanto para nosso direito vigora a lógica binária do lícito e do ilícito, para o direito islâmico o ato jurídico pode ser obrigatório, recomendado, permitido, reprovado e proibido. Tanto no ritual quanto no direito, não existe correspondência entre obrigatório e válido, nem entre proibido e nulo. Essas categorias livres tampouco se referem apenas ao direito: mesmo uma oração pode ser nula.

Nascido de uma pregação dirigida inicialmente ao cidadão comerciante e depois ao beduíno guerreiro por um profeta que teve uma vida muito curta; subordinado a preceitos religiosos e, como estes, imutável; difundido em pouco tempo num território que ia da Indonésia à Espanha, e dos Bálcãs à Nigéria do Norte, o direito islâmico traz em si uma fratura irreparável: sua adaptação a novos tempos e novas sociedades é incompatível com sua intangibilidade. No entanto, ele pôde sobreviver e se expandir graças à capacidade de conviver com outros direitos e à natureza de suas fontes, as quais conseguiram em ampla me-

---

3. Malek Bennabi, *Vocation de l'Islam*, Paris, Seuil, 1954, p. 16.
4. Gustav Edmund von Grunebaum (org.), *Theology and Law in Islam. Second Giorgio Levi della Vida Biennial Conference*, Wiesbaden, Otto Harrassowitz, 1969, pp. 105.

dida integrar as disposições corânicas, mesmo sem inová-las formalmente.

A mistura de preceitos religiosos e jurídicos própria do direito islâmico cria graves problemas terminológicos quando se pretende traduzir em língua ocidental um termo do mundo islâmico. Convém, assim, delimitar a matéria jurídica com uma série de anéis concêntricos, em cuja área central se encontram os temas mais próximos de nossa concepção do direito.

O conjunto de normas religiosas, jurídicas e sociais diretamente baseadas na doutrina corânica recebe o nome de *sharia*. Nesta última convivem regras teológicas, morais, rituais e aquelas que chamaremos de normas de direito privado, acompanhadas de normas fiscais, penais, processuais e de direito bélico. *Sharia* significa, literalmente, "o caminho a seguir", mas pode ser traduzido ainda como "lei divina", no sentido em que se fala de "lei" na Bíblia.

"A disciplina acadêmica com que os estudiosos descrevem e exploram a *sharia* é chamada comumente *fikh*. O termo designa uma atividade humana, e não pode portanto ser atribuído a Deus ou, usualmente, ao Profeta." Tratar-se-ia, assim, de uma contraposição semelhante à existente entre "direito" e "ciência do direito" (ou "jurisprudência"); porém, desde logo a *Encyclopaedia of Islam* adverte que, tendo-se tornado a revelação divina acessível através da atividade dos estudiosos, "e considerando-se que este último [o *fikh*] é na prática o único acesso ao direito, os dois termos às vezes são empregados como sinônimos, se bem que *sharia* conserve uma conotação de divino, e *fikh*, uma conotação de

Mapa 8. A conquista islâmica (622-750). ▶

O império islâmico estende-se do Cáucaso aos Pireneus, passando pelo Oriente Médio e pela África setentrional. A expansão subseqüente fez com que atingisse os Bálcãs (onde chegou a ocupar as atuais Bósnia e Hungria). A conquista (711) e a perda (1492) da península ibérica estão ilustradas mais detalhadamente no mapa 4. O âmbito do direito islâmico é contudo mais amplo, uma vez que em direção ao Oriente inclui também o Paquistão e a Indonésia, ao passo que na África chega até o 10° paralelo boreal, como se vê no mapa 9c.

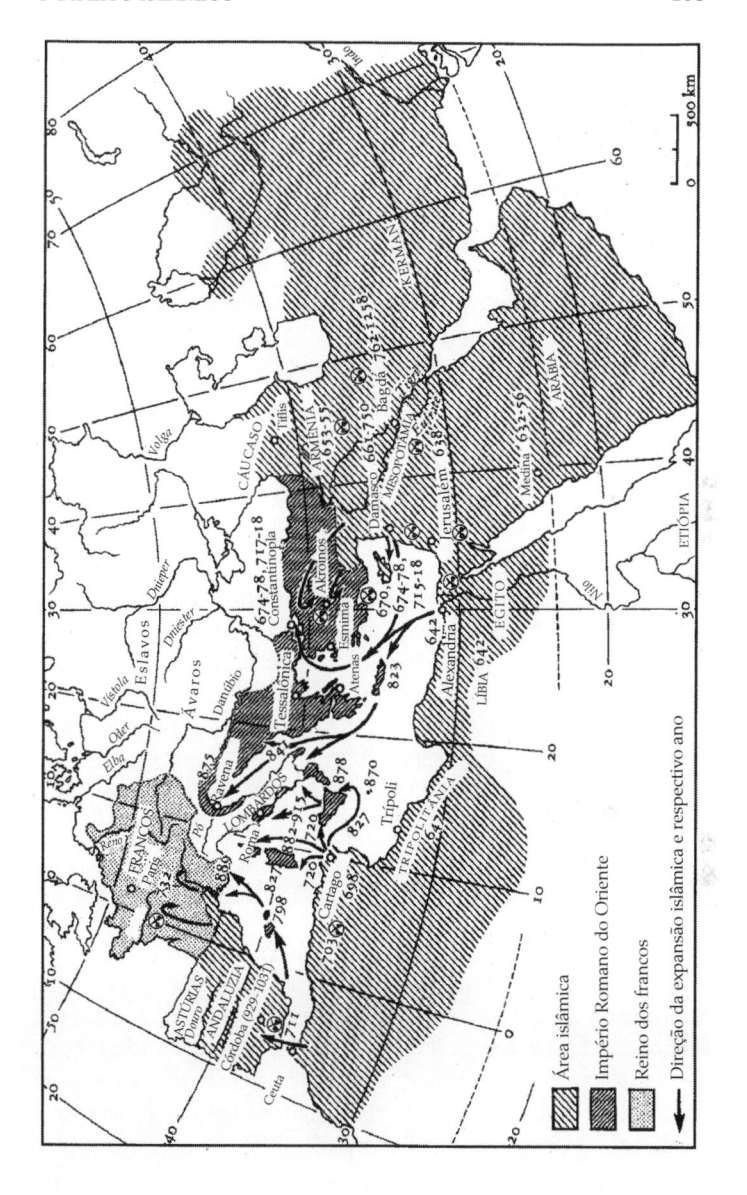

O DIREITO ISLÂMICO

humano"[5]. Nessa primeira aproximação do direito islâmico, pode ser suficiente lembrar a distinção, embora depois se utilize o termo *sharia* para indicar tanto o direito divino quanto a ciência que estuda esse direito divino.

2. As fontes do direito islâmico

As fontes do direito islâmico coincidem com as fontes da teologia islâmica e por esse motivo seria mais exato designá-las como fontes teológico-jurídicas. Também o jurista em sentido ocidental não existe para o direito islâmico, que, na figura do *alim* (plural: *ulama*), identifica o teólogo-jurista perito em *fikh*. Para distinguir o jurista ocidental (o "jurisconsulto") do teólogo-jurista islâmico, este último, nas línguas ocidentais, é muitas vezes designado com o termo "jurisperito". Naturalmente, hoje existem nos Estados islâmicos também faculdades de direito semelhantes às ocidentais. Mas o direito islâmico, tendo surgido no contexto de uma religião sem hierarquias eclesiásticas, sempre foi uma atividade individual e informal. Só em 1896 foi instituído no Egito um currículo de estudos que levava à obtenção do título de *alim*.

As fontes teológico-jurídicas canônicas são quatro: o Corão, a tradição sagrada (*sunnah, suna*), a opinião concordante e a interpretação analógica. A estas acrescentam-se algumas fontes não-canônicas, usadas de fato na vida jurídica de vários Estados islâmicos.

a) O Corão. A palavra "Corão" (*Alcorão, Qur'an, Quran, Koran*) deriva do verbo árabe "recitar em voz alta". Essa obra se compõe de 144 *suras*, ou seja, capítulos de várias dimensões, todos introduzidos pela fórmula "em nome de Deus, clemente e misericordioso", que se tornou depois a fórmula ritual com que se iniciam os escritos árabes (portanto, também os contratos, por exemplo). O Corão explica a pró-

---

5. *The Encyclopaedia of Islam*, 2.ª ed., Leiden, Brill, 1997, v. *Sharia*.

pria origem remetendo a um modelo do livro conservado no céu. Partes dele foram paulatinamente reveladas a Maomé, que as ditou aos discípulos. Dessa origem derivam dois fatos relevantes: em primeiro lugar, o Corão contém a palavra de Deus, e não a de Maomé, que era apenas o intermediário da revelação; em segundo lugar, o Corão não é um livro orgânico. De fato, a revelação a Maomé não seguiu a ordem da "mãe do livro", do modelo celeste; além disso, os trechos revelados foram reunidos em volume, após a morte do Profeta, segundo critérios não apenas cronológicos, mas também de assunto ou de rima.

A obra, que surgiu por volta do ano 650, não é, portanto, um livro no sentido moderno do termo. É uma coleção de textos heterogêneos, escritos em prosa rimada, em que as revelações podem até ser contraditórias. Os comentários procuraram esclarecer cada ponto em separado, seja com a análise do texto, seja com a remissão a tradições orais, atribuídas ao próprio Profeta ou aos seus discípulos.

Enquanto fonte jurídica, o Corão oferece pouco material. Dos 6.237 versículos que o compõem, cerca de 10% se referem a temas jurídicos em sentido lato. Ao direito de família e a temas civilistas são dedicados 70 versículos; 30, ao direito penal; 25, às relações internacionais; 13, a procedimentos judiciários; 10, respectivamente, ao direito público e ao direito econômico-fiscal[6].

b) A tradição sagrada (sunnah ou suna). Maomé solucionara casos concretos ou emitira opiniões que podiam contribuir para preencher de modo autêntico as lacunas do Corão. Uma "tradição" (*hadith*) deve ser um relato transmitido por uma corrente ininterrupta de narradores confiáveis e ter por objeto um comportamento de Maomé, cuja ação é inspirada por Deus. Como é fácil imaginar, no mundo islâmico não

---

6. Khizr Muazzam Khan, Juristic Classification of Islamic Law, *Houston Journal of International Law*, 1983, vol. 6, pp. 24-7; exemplos de formulação corânica de princípios jurídicos: 3:104; 17:33; 24:2.

existe uma opinião unitária e concordante sobre quais *hadith* devem ser consideradas confiáveis: uma coleção de *hadith* do século IX elenca 300.000, das quais apenas 8.000 são consideradas autênticas; uma outra elenca 600.000, mas as consideradas autênticas não chegam a 3.000. E mais: não existe consenso quanto à indicação de quais *hadith* são autênticas e quais não o são.

No século IX foram preparadas coleções de *hadith* que relatavam os comportamentos, as palavras e até os silêncios do Profeta, das quais se podia extrair regras de comportamento não expressas pelo Corão. O conjunto dessas coleções constitui a tradição sagrada, a *suna*, e é seguida pela maioria dos muçulmanos, que assumem o nome de "sunitas". Eles reconhecem – como a quase totalidade dos muçulmanos – os "cinco pilares da sabedoria" (ou seja, a profissão de fé em Alá, a oração pública e privada, a obrigação da caridade, o jejum anual no Ramadã e a peregrinação a Meca); mas, especialmente, ao determinar os comportamentos admitidos, indiferentes ou proibidos para os fiéis, incluem entre os comportamentos prescritos a obediência a quem detém a autoridade estatal, por decisão da comunidade ou por escolha de seu predecessor. Porém, para os sunitas, a autoridade estatal não pode interpretar o Corão ou a suna para tomar uma decisão política.

Nisso os sunitas se diferenciam claramente dos xiitas (por sua vez, divididos em outras seitas), que não reconhecem a sucessão de Maomé depois do quarto califa, como os outros muçulmanos, e sustentam que o governo do Islã deve ser buscado na sucessão dos chefes espirituais (*imames*). O imame pode ter ou não um poder temporal, mas é sempre considerado inspirado por Alá. Quando detém também o poder temporal, sua autoridade espiritual gera uma gestão teocrática do poder: a seita dos xiitas está na origem da revolução khomeinista do Irã em 1979. Os sunitas, ao invés, não aceitam essa concepção e distinguem o poder espiritual do poder temporal.

c) *A opinião concordante da comunidade* (ijma). Corão e *suna*, interpretados segundo técnicas minuciosas, ainda deixavam alguns problemas sem solução; além disso, as opiniões de cada *alim* não tinham força suficiente para integrar a palavra de Deus. Todavia, uma tradição da suna afirma que, se a comunidade dos juristas-teólogos dá o seu consenso geral a uma teoria, ela não pode estar errada. Esse consenso (*ijma*) não é fácil de definir, porque pode ser o consenso dos *ulema* de uma certa época, ou ainda um comportamento consuetudinário popular que acaba impondo aos *ulema* até mesmo crenças não estritamente conformes ao Corão. De fato, a *ijma* é entendida como o consenso dos jurisperitos mais eminentes, desde que seu número seja razoavelmente grande e seus pareceres, claramente formulados. O princípio segundo o qual a comunidade dos muçulmanos, ou seja, dos jurisperitos, não pode errar tem para o Islã – e especialmente para os sunitas – uma relevância comparável ao dogma da infalibilidade na Igreja Católica. Sua função foi comparada à do precedente jurisprudencial no Common Law: o consenso dos eruditos impõe um limite à arbitrariedade de cada juiz. Para os xiitas, ao invés, a inspiração divina do imame põe em segundo plano a opinião concordante dos jurisperitos.

d) *A interpretação analógica* (qiyas). Essa fonte é especificamente jurídica, no sentido de que o uso da analogia – instrumento incontestável na teologia – foi objeto de graves controvérsias na solução de casos judiciários, porque se considerava sacrílego usar a razão humana para preencher uma aparente lacuna divina. Um exemplo de extensão analógica de uma norma pode ser o seguinte: reconhece-se à mulher, vítima de um delito, uma indenização igual à metade da que caberia a um homem, porque ao homem cabe uma herança dupla em relação à da mulher.

A inclusão da analogia entre as fontes do direito islâmico teve a função de resolver definitivamente essas controvérsias, talvez devidas ao fato de a analogia ser um aporte externo ao Islã. Esse método penetrou no pensamento islâmico através das conquistas dos países de cultura iraniano-helenística e floresceu na dinastia dos abássidas (ou seja, em 700-800 d.C. – segundo o calendário islâmico – no século II-III da Hégira[7]). Foi sob essa dinastia que o direito islâmico assumiu sua forma atual e nessa forma se cristalizou. Com a passagem da capital imperial de Damasco para Bagdá, a transferência cultural entre conquistadores e conquistados ocorreu também com a assunção de funcionários sírios nas províncias antes bizantinas, ou de persas e aramaicos nas províncias anteriormente persas, enquanto o árabe tornou-se a língua comum a essas culturas diversas. É nesse ponto que elementos do pensamento grego foram englobados no raciocínio jurídico-teológico do Islã, assim como normas justinianas e hebraicas foram englobadas no respectivo direito. Depois, com o final da dinastia abássida em 935 d.C., os regionalismos também jurídicos do Islã se fortaleceram; mas o direito sagrado, o *fikh*, já se petrificara como uma efusão de lava ao final de seu percurso. Esse direito apresenta-se como um conglomerado de materiais heterogêneos, mas unidos de modo indissolúvel: por exemplo, a semelhança de certos institutos islâmicos com análogos institutos bizantinos é tão forte que pode ser explicada não como o produto de evoluções socioeconômicas análogas, mas apenas como empréstimo de uma cultura para a outra.

e) As fontes não-canônicas. As fontes não-canônicas examinadas até aqui são as próprias do direito islâmico clássico.

---

7. Em setembro de 622 d.C. Maomé precisou fugir de Meca para Medina, onde seu ensinamento era bem acolhido. O cômputo dos anos do calendário muçulmano tem início nessa data. Para distingui-lo de outras datações, fala-se de "era da Hégira", uma vez que *higrah* em árabe significa "migração". Para saber qual data do nosso calendário gregoriano corresponde *aproximadamente* a uma certa data da Hégira, bastará acrescentar 622 a esta última. O resultado é, porém, aproximado, porque o califa Omar fez coincidir o ano 1 da Hégira não com setembro (data da fuga), mas com o início do ano solar muçulmano, que cai em 16 de julho.

Todavia, a extensão das conquistas islâmicas e a permanência dos grandes Estados islâmicos até o século XIX tornavam indispensável integrar de fato o sistema clássico das fontes com outros instrumentos, ligados a uma atividade legislativa e judiciária mais desenvolvida ou então a tradições locais específicas. Porém – convém repetir –, essas fontes não-canônicas são acrescentadas aqui para completar uma história jurídica (no sentido ocidental) do Islã: elas não fazem parte das fontes clássicas islâmicas.

É preciso distinguir os países islâmicos regidos por um direito consuetudinário não-islâmico (como a Indonésia, da qual falaremos abaixo, ao final do item 10) e os países de direito islâmico em que o costume (*urf*) parece ter sido excluído das fontes do direito devido à concepção do consentimento da comunidade dos sábios. O *urf*, todavia, tem sua existência não-oficial, ligada a situações anteriores à islamização de um certo território, e contribui para integrar o direito islâmico. Um costume local pode estabelecer, por exemplo, o termo em que deve ser pago o dote.

Também as decisões judiciárias tendem a integrar esse direito, segundo as preferências de cada escola, das quais falaremos em breve: os maliquitas seguiam as decisões de Medina; os hambalitas e os hanafitas, as iraquianas e os shafitas, a de Meca. Efetivamente, a fuga de Maomé de Meca para Medina dividiu o ensinamento do Profeta em duas partes, uma mais adequada a uma sociedade de mercadores; outra, a uma de beduínos.

A estabilização do império islâmico e, a seguir, a formação de parlamentos geraram como última fonte o decreto do soberano (*qanun*, derivado do grego *kànon*) de cada país, introduzindo assim uma dupla jurisdição: enquanto o cádi, juiz religioso, continuou a aplicar a lei sagrada, os tribunais laicos aplicaram o *qanun*.

Em tempos recentes, recorreu-se ao conceito de "interesse público" (*maslaha*), entendido em sentido amplo. Na Tunísia, por exemplo, introduziu-se um limite à poligamia, ressaltando que um homem não pode comportar-se de igual maneira com todas as esposas e que essa desigualdade de tratamento (sobretudo econômico), além de ser contrária ao preceito corânico, é contrária também ao interesse público.

3. As quatro Escolas sunitas

Após a morte de Maomé, surgiram divergências políticas e teológicas às vezes violentas sobre o modo de interpretar o Corão e de dispor o Estado muçulmano. No decorrer de lutas que se arrastaram até o século IX, o movimento islâmico dividiu-se em várias seitas, as principais das quais ainda hoje são duas: os sunitas, assim chamados porque se proclamam seguidores da *suna* (cf. item 2 *b*), são os mais numerosos; e os xiitas, que se opõem aos sunitas por antigos desacordos sobre a sucessão do Profeta e, em tempos recentes, também por razões ideológicas. A essas seitas principais (que sofreram numerosos cismas internos), acrescentam-se várias outras relativamente menores. Mesmo partindo de um núcleo comum, cada uma elaborou seu próprio *fikh*, ou seja, seu próprio sistema teológico-jurídico. Por exigências de concisão, contudo, precisamos limitar o exame apenas às Escolas ou ritos da seita principal: a dos sunitas.

Já mencionamos o processo de estabilização do direito islâmico sob a dinastia dos abássidas no século VIII. Durante essa estabilização do direito islâmico, as controvérsias teológicas impediram que as extensões analógicas do direito sagrado fossem encaminhadas numa única direção: nasceram assim quatro Escolas ortodoxas e numerosas Escolas heréticas. Ainda hoje o direito islâmico de cada um dos Estados remete-se a essas Escolas ou ritos, freqüentemente presentes em várias proporções na mesma nação. O direito islâmico não é portanto unitário, mesmo porque, tendo sido formado na época da expansão da potência árabe, não recebeu do exterior nenhum impulso para a unificação. Ao contrário, o direito hebraico, mesmo apresentando análogas controvérsias de escola, foi unificado no Talmude porque a destruição de Jerusalém fez aquela comunidade temer a perda da própria tradição.

As quatro Escolas islâmicas ortodoxas trazem o nome de seus fundadores. A Escola *hanafita* é a mais liberal, porque tende a sublinhar o caráter formal do comportamento do fiel, mas, uma vez respeitada a forma, admite que com as ficções é possível atenuar algumas proibições do Corão (cf. abaixo, item 7 *b*). A Escola *maliquita* é rigorosa: atém-se o mais possível à *suna* e limita ao máximo o consenso dos jurisperitos no desenvolvimento do direito. A Escola *shafita* ocupa uma posição intermediária entre as anteriores. Enfim, a Escola *hambalita* segue a *shafita* no que se refere ao raciocínio jurídico, mas exige um respeito estrito da *suna* e ainda mais estrito do Corão; sua importância tornou-se relevante no século XIX, quando se gerou uma forte comunhão de intenções entre os hambalitas e o movimento dos wahhabitas, até hoje dominante na Arábia Saudita.

As quatro Escolas islâmicas ortodoxas realizaram a extensão do direito sagrado com uma certa liberdade até a queda da dinastia dos abássidas (ocorrida em 1258, com a conquista mongólica de Bagdá). A partir daquela data, não foram mais possíveis interpretações extensivas: como se costuma dizer, foi fechada a "porta do esforço". Nos séculos seguintes, o direito islâmico permaneceu imutável, ainda que heterogêneo. Hoje, os quatro ritos ortodoxos se encontram em todo o mundo islâmico: o rito hanafita é difundido na Turquia, Egito, Índia, Paquistão e na ex-URSS; o rito maliquita, no Magreb; o rito shafita, na Indonésia, Síria e África oriental; o rito hambalita, que é o mais tradicionalista, na Arábia. Como essas Escolas são todas ortodoxas e como o juiz muçulmano era único e não registrava os casos decididos, o sujeito do direito islâmico podia passar de um rito para outro sem nenhuma formalidade nem definitividade. Isso não é possível, contudo, para as heresias e seitas. Entre estas últimas, lembramos o sufismo, ponte entre o monasticismo oriental e o cenobitismo ocidental, e os wahhabitas, rigidamente conservadores, cuja força foi aumentando nos tempos modernos. Estes últimos controlam hoje as cidades santas e amplas regiões da Arábia.

As características externas conferidas ao direito islâmico por sua peculiar evolução não devem induzir a erro. Sua casuística não o aproxima do direito anglo-americano: de fato, ele ignora o precedente obrigatório. A aparente fluidez das normas, por outro lado, não deve levar a subestimar sua funcionalidade: inúmeros judeus mencionados nos textos da Geniza (cf. abaixo, item 7 *a*) prefeririam recorrer a institutos islâmicos também nas relações comerciais com seus correligionários. No século XX, na Líbia, o contrato agrícola de "mugharasa" teve ampla aplicação "também entre italianos, o que é curioso"[8].

4. *Rigidez e flexibilidade no direito islâmico*

A superioridade do elemento religioso sobre o jurídico comporta a sujeição do crente enquanto tal ao direito islâmico, independentemente de sua pertinência a um Estado com um sistema jurídico diferente. Essa dissociação permitiu que a conquista árabe inserisse o seu direito ao lado do preexistente num certo território, remediando assim muitas carências do direito islâmico. Exemplos dessa co-vigência de ordenamentos são a península ibérica (na qual os cristãos podiam viver no território conquistado pelos muçulmanos e os muçulmanos, naquele conquistado pelos cristãos: cf. V, 2 *c*) e o subcontinente indiano (no qual o direito islâmico convive com o hindu e com o Common Law: cf. VIII, 7-8).

A pluralidade de ordenamentos não atinge, assim, a unidade formal do direito islâmico. Sua origem divina tornava impensável teorizar a gênese de um ramo autônomo de direito, ditada por exigências concretas, como ocorrera no Ocidente com o direito comercial: ao menos em princípio, a

---

[8]. Georges-Henri Bousquet, *Du droit musulman et de son application effective dans le monde*, Argel, Imprimerie Nord-Africaine, 1949, p. 20.

palavra de Deus excluía suplementos humanos. Embora esse princípio teológico tenha sido sempre afirmado pelos jurisperitos islâmicos, sua aplicação efetiva teria levado à destruição do direito islâmico. Na realidade, Bergsträsser[9] nele identificou três setores com diferentes graus de rigidez: 1) as normas relativas aos ritos, à família e à herança são as mais ligadas aos preceitos sagrados (e a elas eu acrescentaria as normas penais: cf. abaixo, item 9); 2) as normas de direito público são desvinculadas dos preceitos sagrados e podem até mesmo ser consideradas fora da noção islâmica de direito sagrado (fikh); 3) as normas relativas ao direito da economia (e, especialmente, ao direito comercial) encontram-se a meio caminho entre as duas categorias anteriores.

Adotando como critério de classificação o grau de aderência ao direito sagrado, examinaremos inicialmente o direito de família, depois o da economia e, enfim, o direito público.

5. A família no direito islâmico

O direito islâmico dirige-se não ao indivíduo, mas à família. Esta, contudo, é diferente da família ocidental, por estar ligada unicamente à figura do pai: com a morte deste, o velho núcleo familiar se dissolve e um novo toma forma. As normas patriarcais estabelecidas pela lei sagrada regulamentam o matrimônio, a filiação e a herança, ou seja, as estruturas fundamentais na transmissão e na conservação da propriedade familiar.

Depois de enunciar a superioridade sociopolítica e jurídica do homem sobre a mulher, o Corão fixa em quatro o número de esposas, deixando indeterminado o número de concubinas. A essa poligamia sincrônica acrescenta-se ainda aquela poligamia especial diacrônica, que é o instituto do

---

9. Gotthelf Bergsträsser, *Grundzüge des islamischen Rechts*, adaptado e organizado por Joseph Schacht, Berlim, Walter de Gruyter, 1935, p. 3.

repúdio (*talak*), com base no qual o marido pode livrar-se de uma esposa pronunciando uma certa fórmula. Como para cada esposa o homem deve pagar uma quantia, o único limite à extensão da família islâmica é a riqueza do indivíduo. Toda a estrutura matrimonial está em função da poligamia e da inferioridade da mulher em relação ao homem. Poligamia e concubinato, por outro lado, são o único meio através do qual o homem pode ter relações sexuais sem cometer um delito contra Alá e incorrer nas graves sanções que serão examinadas abaixo, no item 13 *b*.

O matrimônio é um contrato que pode ser precedido de uma promessa, que não tem, contudo, valor obrigatório. Ele é celebrado sem formalidades oficiais – convém lembrar que o estado civil, no sentido ocidental do termo, é estranho à civilização islâmica – e é válido se entre as duas partes não existem impedimentos (que correspondem mais ou menos aos do direito europeu no que se refere ao parentesco, mas aos quais se acrescentam inúmeras prescrições religiosas, que variam também de um rito para outro), se existe consentimento das partes, se há a constituição de um dote por parte do homem e se são respeitadas as formalidades exigidas.

Segundo a Escola hanafita, o consentimento da esposa menor de idade e virgem não é necessário se o pai ou o avô paterno a obriga ao casamento; ela pode ser obrigada a se casar, mas tem a possibilidade de pedir a dissolução do matrimônio se chegar ilibada ao momento da puberdade. Recorde-se que no direito islâmico a "maioridade" é entendida no sentido físico e coincide, portanto, com a chegada à puberdade, enquanto nos direitos ocidentais a "maioridade" é entendida em sentido intelectual e coincide com a chegada a uma idade determinada por lei: em decorrência disso, no direito islâmico, as mulheres tornam-se puníveis antes dos homens. Segundo outras Escolas, também o homem menor de idade pode ser obrigado ao matrimônio.

Esse instituto jurídico existia na Europa nas tribos germânicas, mas foi abolido pelo cristianismo. Ele encontra uma explicação na exigência das tribos guerreiras de ter uma elevada taxa de natalidade.

O dote marital tem talvez uma função de freio com relação ao repúdio e, ao mesmo tempo, de garantia de sustento para a esposa repudiada ou a viúva. Sua importância é demonstrada pelo fato de que não pode ser fictício, sob pena de nulidade do matrimônio. Também esse instituto foi comparado à *Morgengabe* do direito germânico, ou seja, ao presente (*Gabe*) a que a esposa tinha direito pela manhã (*Morgen*: daí o nome), após a primeira noite do matrimônio. Na prática, todavia, freqüentemente o dote é depositado apenas em parte e o resíduo constitui um crédito – muitas vezes inexigível – da esposa com relação ao marido.

A forma do matrimônio é simples: basta a declaração de vontade de ambas as partes diante de duas testemunhas do sexo masculino e juridicamente capazes. Essa ausência de formalidade, em países de estado civil aproximado, às vezes exige averiguações sucessivas diante do cádi, que em geral as resolve mediante juramento. Depois do casamento, os bens dos cônjuges são separados e a esposa tem sua própria capacidade patrimonial e jurídica independente do consentimento do marido.

As obrigações do marido com relação às esposas são condicionadas pela poligamia: manutenção de cada esposa em moradia independente, abstenção de maus-tratos, consumação das núpcias e coabitação assídua, bem como rodízio regular das noites para cada esposa.

As causas de dissolução do matrimônio – além das derivadas desses direitos ou deveres, do (raro) divórcio por consentimento mútuo e, obviamente, da morte – podem ser a inobservância de cláusulas especificamente anexadas ao contrato matrimonial ou a coação paterna ao matrimônio: mas aqui as opiniões variam de uma Escola para outra. A essas causas devem-se acrescentar ao menos dois institutos: a abjuração do Islã de um dos cônjuges (mesmo que ao homem seja permitido casar com uma judia ou cristã, na esperança de convertê-la) e o repúdio, que pode assumir várias formas, mas conduz sempre ao resultado de afastar a mulher do teto conjugal, eventualmente com a parte de dote que lhe cabe e desde que o marido não mude de idéia. É preciso esclarecer que o marido não poderá voltar atrás se repetir por três vezes a fórmula do repúdio: a essa altura, a separação será definitiva. No entanto, a mulher repudiada poderá voltar para o primeiro marido se, casando-se novamente, for repudiada pelo segundo marido. A mulher pode divorciar-se recorrendo ao cádi, pela inadimplência do marido de algumas obrigações essenciais. A determinação dessas causas de divórcio varia de uma Escola para outra; por exemplo, o rito hanafita admite o divórcio apenas em caso de impotência fisiológica do marido. Como se vê, o direito matrimonial islâmico oferece um bom exemplo da ramificação casuística típica desse ordenamento.

Sendo pecado qualquer relação sexual fora do casamento ou do concubinato, o direito islâmico reconhece apenas a filiação legítima. Ignora, porém, a legitimação, a adoção e o reconhecimento dos filhos ilegítimos. É considerado legítimo o filho nascido ao menos seis meses após o casamento, uma vez que essa duração mínima da gravidez é inferida do Corão. Na ausência de dispositivos sobre a duração máxima, contudo, desenvolveu-se uma jurisprudência baseada na suposição de que "a criança adormecida" pode permanecer no ventre da mãe por dois anos, para os hanafitas, quatro para os hambalitas e sete para os maliquitas.

A estrutura familiar e particularmente a posição de inferioridade da mulher refletem-se sobretudo no direito sucessório, em que a mulher, mesmo sendo admitida à herança, pode receber apenas uma cota inferior à dos herdeiros homens. Em todo o caso, na sucessão tanto testamentária quanto *ab intestato*, o herdeiro não continua a personalidade do defunto, de forma que não existe a aceitação com benefício de inventário: o herdeiro não pode renunciar, mas responde apenas pelo montante igual ao patrimônio herdado.

Até aqui expusemos os traços comuns do direito matrimonial no Islã clássico. Hoje, porém, é preciso avaliar a legislação matrimonial Estado por Estado, pois alguns admitem o matrimônio civil (ou secularizado), outros aceitam formas mistas e outros ainda se atêm às prescrições tradicionais. A transformação política de um regime implica freqüentemente a passagem de uma forma matrimonial a outra.

A consolidação dos regimes inspirados no fundamentalismo islâmico, hoje comumente chamados "fundamentalistas", abriu uma discussão de caráter mundial sobre a posição da mulher no Islã, discussão muitas vezes comprometida por preconceitos etnocêntricos e políticos. Também nesse caso, é preciso lembrar que o Islã inclui uma pluralidade de correntes. Na verdade o Islã admite uma certa liberdade da mulher. Ela tem uma capacidade mais limitada no âmbito do direito de família, porém mais ampla no âmbito de negócio. O problema da mulher no Islã atual é que essas possibilidades existem na doutrina, mas são diversamente (e muitas vezes restritivamente) aplicadas na prática. Os modernistas (cf. abaixo, item 12 *a*) defendem uma progressiva aproximação aos modelos ocidentais (por exemplo, no Líbano); os tradicionalistas são favoráveis a uma prudente autonomia feminina (por exemplo, no Egito, mas também, para certos aspectos, sobretudo profissionais, no Irã); os fundamentalistas, enfim, vão até mesmo além da interpretação restritiva da letra do Corão (com a segregação feminina, com a proibição de instrução e de trabalho: por exemplo, no Afeganistão dos talibãs).

Para evitar generalizações equivocadas, é preciso levar em conta duas linhas de pensamento: no plano teórico, uma vez que não existe *um* Islã, assim como não existe *um* cristianismo, uma pluralidade de pontos de vista pode conviver no mesmo Estado; no plano concreto, se se fala de um Estado específico, é preciso estar bem informado sobre sua realidade sociopolítica, e não aplicar a ele esquemas gerais predeterminados; ademais, deve-se dispor de dados confiáveis – e aqui se encontram muitas vezes dificuldades insuperáveis – entre a letra das leis e sua efetiva aplicação na sociedade. Não apenas nas sociedades islâmicas, o principal problema das mulheres é o homem.

6. As várias formas de propriedade

O instituto da propriedade ressente-se da irrelevância da propriedade fundiária, pouco difundida entre os nômades da época de Maomé, e das limitações impostas à propriedade mobiliária por uma ética contrária a qualquer forma de risco ou de juros. Dessa situação derivam duas diferenças fundamentais em relação à propriedade européia continental. A primeira consiste na restrição da noção de propriedade (que é apenas de Deus, do qual o homem é um substituto) e na correspondente ampliação da noção de posse, a ponto de tornar às vezes incertos os limites entre as duas noções. A segunda consiste numa série de medidas destinadas a regulamentar mais a troca do que a compra e venda, pois as transações ocorriam numa sociedade carente de dinheiro líquido. A estrutura da família muçulmana leva ainda a tutelar a co-propriedade integral, dificultando o pedido de divisão dos bens por parte de um co-proprietário (ou, mais corretamente, de um "comunista"). Esse posicionamento visa impedir um excessivo loteamento dos terrenos, que nos territórios árabes só excepcionalmente são ricos. A ausência de uma sólida estrutura administrativa, por sua vez, gerou as fundações beneficentes (*waqf*), instituto característico dos países islâmicos e obstáculo não pequeno no caminho de sua modernização. Examinemos agora brevemente tais formas de propriedade típicas do direito islâmico.

A forma mais plena de propriedade é o *milk*, que está muito próximo da nossa propriedade privada, mas com um forte caráter sagrado que, por exemplo, tornou impossível introduzir na Turquia a desapropriação por utilidade pública antes de 1885, enquanto, por outro lado, vetou desde o início toda forma de ato competitivo e de abuso de direito. Essa plena propriedade (mobiliária ou imobiliária, pouco importa, porque a distinção é pouco relevante no direito islâmico) é adquirida tanto pelos modos clássicos do direito europeu (por exemplo, ocupação, acessão, venda, sucessão), quanto nas formas especificamente ligadas à economia árabe. Quem ara e cultiva uma terra morta dela adquire a plena propriedade; quem cultiva com sementes de outro deve restituir a semente, mas tem a plena propriedade do produto. Em países desérticos, esses modos de aquisição impõem uma regulamentação precisa do uso comum da água: existe toda uma literatura sobre a perfuração dos poços no mesmo terreno, ou em terrenos vizinhos, sobre o uso da água de um rio para irrigar os campos segundo uma complexa hierarquia, na qual os terrenos do lado mais alto têm precedência sobre os do lado mais baixo, e as terras vivificadas têm precedência sobre as terras mortas.

Os bens de plena propriedade estão sujeitos ao regime fiscal da *zakat*, enquanto os sujeitos ao *kharaj* caracterizam-se por um direito atenuado de propriedade, que se situa entre as noções européias de plena propriedade e posse. Esta última, por sua vez, é mais ampla do que nos direitos europeus, porque concede ao possuidor, mesmo de má-fé, os frutos do bem (Escola maliquita) e uma indenização para as melhorias feitas no bem. Todavia, não está prevista uma tutela da posse diante do cádi.

Como para a propriedade e a posse, assim também para os direitos reais menores (usufruto, uso, servidão etc.) não existe correspondência exata entre os direitos europeu e islâmico: neste último encontram-se formas mais gerais do que as européias e, de qualquer forma, não tipificadas, de modo que, por exemplo, os indivíduos podem configurar o usufruto como julgam mais oportuno. Sob esse ponto de vista, o direito islâmico mostra-se mais próximo do Common Law que do direito europeu continental.

Freqüentemente a propriedade imobiliária assume a forma de co-propriedade, da qual o indivíduo pode retirar-se. Todavia, para preservar a unidade do bem no âmbito da família, o direito sagrado prevê o instituto da *shefa*, que pode ser descrito como a obrigação do terceiro adquirente de uma parte de revendê-la aos outros co-proprietários. O instituto configura-se como a sucessão de duas vendas: a primeira, do co-proprietário, que deseja ceder a sua parcela ao terceiro adquirente; a segunda, do terceiro adquirente aos outros co-proprietários. Conseqüentemente, no intervalo entre as duas vendas o terceiro adquire os frutos, pode estipular contratos de locação, instituir servidão etc., que os co-proprietários depois precisarão cumprir. Na África do Norte, para evitar essa expulsão do terceiro, recorre-se a uma ficção: no contrato, além da menção do preço, é inserida também a menção de uma quantia imprecisa doada aos pobres. Desse modo, torna-se impossível avaliar o valor exato da transação e, portanto, obter sua revenda forçada. Esta última é sempre impossível quando a cessão da parcela de co-propriedade ocorreu a título não-oneroso.

A embrionariedade da administração estatal árabe induziu a instituir fundações beneficentes (*waqf*), que consistem em tornar um bem inalienável e devolver seus frutos a uma entidade social ou religiosa. Depois, o instituto foi desviado também para finalidades menos beneficentes, para substituir os legítimos sucessores por pessoas diferentes ou para evitar o confisco dos bens por parte do soberano. Essas segundas finalidades explicam por que foram introduzidas as noções de beneficiário intermediário (que pode ser qualquer pessoa: especialmente, o próprio fundador do *waqf*) e de beneficiário final (que é a entidade social ou religiosa). Entre os árabes de rito maliquita, o *waqf* está obrigado a admitir também as filhas, caso contrário, é nulo; todavia, é lícito que eles recorram também ao *waqf* de rito hanafita, que permite excluir as filhas da herança. O contrário ocorre entre os cabilas, cujo costume impede as filhas de herdar: eles recorrem ao *waqf* de rito maliquita para incluir também as filhas entre os herdeiros.

Os bens constituídos em *waqf* públicos são administrados por repartições específicas, como, por exemplo, o Ministério dos *Waqf* no Egito. Efetivamente, o recurso ao *waqf* difundiu-se a ponto de gerar bens de mão-morta que constituíram um grave obstáculo ao desenvolvimento econômico dos países islâmicos. Na segunda metade do século XIX, eram inalienáveis três quartos dos terrenos cultiváveis da Turquia, metade dos da Argélia e um terço dos da Tunísia.

Os bens móveis, enfim, circulam sobretudo por meio de contratos baseados no consentimento das partes, que não necessitam de formas específicas, embora se submetam à proibição substancial da álea e dos juros. Por isso a sociedade de capitais teve um peso limitado na evolução econômica do Islã, enquanto se desenvolveram várias formas de contratos associativos ligados às exigências de colaboração agrícola e assim fundamentados mais no trabalho que no capital. Paralelamente, o contrato de compra e venda é visto como um contrato de troca. Esse direito das obrigações (que, enquanto tal, não existe no direito islâmico) revela uma economia agrícola que elabora formas jurídicas alternativas à circulação do dinheiro.

Ao redor deste último a religião difundiu um halo de reprovação muito forte, não superado pelo Islã mesmo em tempos recentes. Com a revivescência do Islã na segunda metade do século XX, essa avaliação negativa do dinheiro ressurgiu e levou à fundação de bancos islâmicos (cf. abaixo, item 13 *a*). Também essa visão das finanças como atividade pecaminosa pode contribuir para explicar por que, no século XIX, os países islâmicos tiveram muito mais dificuldades do que os países do Extremo Oriente na adaptação ao capitalismo europeu, que exigia precisamente a reviravolta das relações entre religião e economia.

7. *A gênese não-divina do direito comercial islâmico*

A predominância do elemento religioso sobre o jurídico, contudo, não deve levar a supor um enrijecimento de comportamentos, inconcebível numa sociedade em que as transações comerciais tinham um peso relevante. A Escola hanafita, formada no Iraque, pôde ser interpretada como "o mais atualizado direito comercial médio-oriental da Idade Média que chegou aos nossos dias, superando o material encontrado nas fontes rabínicas, cristãs e sassânidas"[10].

a) Os usos comerciais. A religião judaica proíbe os próprios fiéis de pronunciar o nome de Deus, mas não de escrevê-lo; proíbe, porém, de destruir o documento em que esse nome está escrito. Como os contratos entre judeus e comerciantes de outras crenças iniciavam com uma invocação a Deus, eles não podiam ser destruídos, mas eram acumulados num depósito ou arquivo, denominado *Geniza*, no qual estavam destinados a permanecer para sempre. A reorganização e o estudo dos documentos conservados até hoje em alguns desses depósitos permitiu constatar que os usos comerciais possuíam uma grande difusão no Mediterrâneo medieval. A Geniza do Velho Cairo (*Fustat*), por exemplo, reúne cartas e documentos de mercadores muçulmanos, cristãos e judeus escritos entre a metade do século XI e a metade do século XIII d.C.[11] Udovitch observou que existe uma correspondência biunívoca ("one to one correspondence")[12] entre a importância das transações expressas nos papéis da Geniza e a dimensão dos textos jurídicos da Escola hanafita a elas dedicados. De fato, o espírito em que atuam os jurisperitos hanafitas oscila entre dois extremos. Por um lado, "não era intenção do jurista construir um código comercial eficiente; sua preocupação central era a tarefa mais elevada de organizar os preceitos divinos num completo sistema de deveres religiosos, com base nos quais todo muçul-

---

10. Abraham L. Udovitch, The "Law Merchant" of the Medieval Islamic World, em Gustav Edmund von Grunebaum (org.), *Logic in Classical Islam Culture. First Giorgio Levi della Vida Biennial Conference*, Wiesbaden, Otto Harrassowitz, 1967, p. 130.
11. Sobre a natureza dos documentos conservados, cf. Shelomo D. Goitein, The Cairo Geniza as a Source for the History of Muslim Civilization, *Studia Islamica*, III, 1955, pp. 75-91.
12. Udovitch, The "Law Merchant" of the Medieval Islamic World, cit., p. 128.

mano deveria viver. O caráter de direito comercial do direito hanafita não era consciente, mas incidental"[13]. Por outro lado, porém, os jurisperitos hanafitas eram sensíveis às exigências concretas: "A avaliação em vista do lucro e o lugar central e respeitável que este ocupava nas considerações deles bastariam para alegrar o coração de qualquer grande industrial do século XX."[14]

Entre os motivos que essa Escola apresenta para atribuir validade jurídica a institutos comerciais só em parte conciliáveis com a lei sagrada encontra-se também o costume, que por si mesmo está excluído das fontes canônicas do direito islâmico.

Um desses institutos era a comenda, que consistia em confiar uma soma de dinheiro a um agente, para que a utilizasse nos comércios; ao final do contrato, o agente restituía o capital e uma parcela do lucro, mantendo para si a parte restante do próprio lucro. A principal característica da comenda era a de que o risco decorrente do transporte ou do mau resultado do negócio recaía inteiramente sobre quem conferia o capital. Segundo a lei sagrada, esse contrato teria sido inadmissível devido à indeterminação do lucro e à imaterialidade do serviço do agente.

O jurisperito hanafita Sarakhsi, ao contrário, considera lícita a comenda porque "as pessoas precisam desse contrato. De fato, quem tem um capital pode não ter a possibilidade de desenvolver uma atividade comercial profícua, enquanto quem poderia desenvolvê-la pode não ter o capital. E só se pode obter o lucro com ambos, ou seja, com o capital e com a atividade comercial. Permitindo esse contrato, atinge-se o objetivo de ambas as partes"[15].

---

13. Ibid., p. 130.
14. Ibid., p. 122.
15. O trecho está traduzido em inglês em Udovitch, The "Law Merchant" of the Medieval Islamic World, cit., p. 116. O princípio aqui ilustrado para os indivíduos é o mesmo que se encontra na Europa, a partir do século XVII, para chegar à formação de companhias comerciais de capital misto, estatal e privado, e, em seguida, às sociedades anônimas.

A menção ao costume é ainda mais clara num trecho de Shaybani que admite a licitude de um contrato em que uma parte atribui o uso de seu estabelecimento (bem imaterial, portanto, não admitido como concessão numa sociedade) a um artesão que ali trabalha e transfere uma parte dos lucros ao proprietário (soma indeterminada, portanto, causa de invalidade do negócio):

> Ele permitiu esse acordo por ter sido constantemente utilizado nos negócios sem que ninguém o questionasse. Opor-se a transações que são de uso comum entre as pessoas é por si só um ilícito. Para evitar isso, esse contrato é permitido. De fato, não existe nenhum texto que o anule, e as pessoas necessitam dele.[16]

b) As ficções jurídicas ("hiyal"). As exigências econômicas que não conseguem se impor através do costume freqüentemente ingressam no direito islâmico através das ficções, das quais esse direito está particularmente repleto. Nele, a ficção continua a desempenhar o papel substancialmente inovador a que aludimos ao examinar os direitos primitivos. Os *hiyal*, ou ficções, permitem preservar o dogma religioso e, ao mesmo tempo, as transações comerciais. O ato jurídico lícito é utilizado então para uma finalidade que lhe é alheia, contornando, mas não infringindo, a letra da sagrada escritura.

Um primeiro exemplo de ficção é o já mencionado recurso às fundações beneficentes no direito hereditário. Um outro exemplo é oferecido pela proibição de cobrar juros, contornada mediante uma dupla venda fictícia: o sujeito A vende um certo bem a B e recebe o preço x (esse preço não corresponde ao valor intrínseco do bem, mas é a soma dada como empréstimo); depois de algum tempo, o sujeito B venderá um bem a A, recebendo dele o preço $x + y$, em que y são os juros sobre o capital x pelo período especificado.

---

16. Ibid., p. 117.

Admitido o princípio da validade da comenda e da sociedade, ainda restava um obstáculo: o direito sagrado não admitia concessões de bens diferentes do dinheiro, ou seja, do ouro e da prata. A razão da proibição consistia na dificuldade de calcular, ao final do contrato, o valor exato do bem concedido. Por outro lado, a falta de liquidez do mundo islâmico tornava necessário contornar a lei sagrada também nesse ponto. Eis então o que propõe Shaybani:

> Eu disse: O que acha de duas pessoas que pretendem formar uma sociedade com seus bens; uma delas possui mercadorias no valor de 5.000 *dirham* e a outra, no valor de 1.000 *dirham*? Ele disse: Não é permitido constituir uma sociedade concedendo bens. Eu disse: A que tipo de ficção jurídica eles podem recorrer, de modo que possam se tornar sócios das mercadorias que possuem? Ele disse: O proprietário das mercadorias de 5.000 *dirham* deve adquirir cinco sextos das mercadorias do seu colega com um sexto das próprias mercadorias. Assim fazendo, serão sócios proporcionalmente às respectivas cotas no investimento; o proprietário das mercadorias de 1.000 *dirham* torna-se proprietário de um sexto do investimento total, e seu colega torna-se proprietário de cinco sextos deste.[17]

Tal ficção revelou-se tão prática que num primeiro momento os textos jurídicos a citaram logo após a proibição do contrato: depois, terminaram por apresentá-la como uma disposição vigente, sem nem sequer mencionar mais a proibição. Os documentos da Geniza atestam um uso difuso e complexo desse contrato, com repartições assimétricas de cotas representadas por bizarras frações como 9/84 ou 59/150.

8. O direito público

Aquele que no direito europeu se chama de direito público não faz parte do direito islâmico em sentido estrito

---

17. O trecho está traduzido em inglês em Udovitch, cit., p. 121.

(*fikh*). Embora as primeiras divergências entre muçulmanos tenham sido de natureza política e geraram, entre outras coisas, a grande divisão entre sunitas e xiitas, os problemas teóricos do Estado e da política foram enfrentados quando o Estado já estava consolidado. Os tratadistas, sobretudo os sunitas, atuaram "à sombra do Estado", gerando "um elaborado e elegante *corpus* jurisprudencial e uma teoria formal do califado"[18]. Todavia, "as gerações subseqüentes consideraram extremamente difícil distinguir nessa literatura o que era descrição e o que era prescrição". Também o direito público muçulmano é ramificado, repleto de opiniões contraditórias e, conseqüentemente, difícil de sintetizar sem cometer simplificações excessivas. O surgimento de tratados de direito público é tardio (como vimos também no direito europeu continental) e coincide com a decadência do califado, no século V da Hégira. De fato, Maomé morreu antes de conseguir codificar as normas para a gestão do Estado islâmico, que pôde assim ser administrado com a máxima flexibilidade. Esta última era indispensável para um Estado que conhecia uma contínua expansão baseada na guerra.

O valor da guerra domina o Corão, que porém proíbe o derramamento de sangue de outro muçulmano. A guerra (*harb*) é lícita apenas para expandir ou restaurar o Islã. O mundo inteiro fica assim dividido em duas partes: as terras do Islã e as terras da guerra, ou seja, aquelas ainda governadas pelos infiéis. O dever do bom muçulmano é participar da guerra santa (*jihad*) para reconduzir as terras da guerra ao governo dos muçulmanos. A difusão do radicalismo islâmico terminou por fazer atribuir ao termo *jihad* um único e sinistro significado, enquanto na diversificada realidade islâmica o termo *jihad* pode assumir três significados diferentes: o primeiro continua a ser naturalmente o de guerra contra os infiéis, ao qual porém se acrescenta um segundo signifi-

---

18. Nazih N. Ayubi, *Political Islam. Religion and Politics in the Arab World*, Londres/Nova York, Routledge, 1991, p. 2; é um livro que ajuda a compreender o pensamento político islâmico com uma clara exposição e uma boa bibliografia (pp. 257-76).

cado, o de choque ou polêmica em relação aos muçulmanos não-fervorosos ou desviados pelos modismos ocidentais, e um terceiro, de luta ou esforço pessoal para cumprir o melhor possível os preceitos corânicos, apesar das dificuldades materiais e ambientais. Assim, *jihad* pode ser a guerra sem trégua contra um diabólico Ocidente, ou uma campanha igualmente rude para restabelecer o uso de roupas tradicionais (sobretudo femininas, mas também masculinas), ou ainda o esforço individual de rezar voltado para Meca cinco vezes ao dia, mesmo quando se trabalha na linha de montagem de uma indústria francesa. Segundo as categorias ocidentais, a primeira acepção da *jihad* poderia ser qualificada como fundamentalista, a segunda como tradicionalista, a terceira (talvez) como modernista.

O governo dos muçulmanos é liderado pelo califa, monarca absoluto representante de Deus na terra, ao qual estão submetidos todos os muçulmanos, independentemente da nacionalidade. A natureza pessoal do direito islâmico explica eventos incompatíveis com os direitos ocidentais: por exemplo, a perseguição dos inimigos do Estado islâmico mesmo no interior das fronteiras de um outro Estado, como freqüentemente se verificou a partir dos anos 1960. Todavia, a natureza pessoal do direito islâmico não deve ser vista apenas como uma justificação do assassinato político. Ela tem um alcance geral e, na época clássica, dirigiu todas as relações no âmbito do Estado islâmico: em especial, somente a personalidade do direito tornou possível uma expansão territorial muito rápida sem contínuos choques com as populações subjugadas. Vimos um exemplo concreto nas terras de al-Ándalus, quando na península ibérica conviviam árabes, judeus e cristãos, usando normas romanas, germânicas e islâmicas (cf. V, 2).

No Estado islâmico, os crentes convivem com os infiéis, tolerados se seguem uma das religiões que Maomé considera reveladas, as chamadas "religiões do livro", porque fundamentadas, como o Islã, numa Escritura Sagrada: os judeus, os cristãos, os zoroastrianos e os hindus. A idéia do proselitismo pacífico é alheia ao Islã, que de fato não tem missões assim como as conhece o cristianismo. A conversão ocorre com a espada, no sentido de que as populações subjugadas tendem a se converter sobretudo para evitar uma inferioridade jurídica e material em que se vêem imersas no Estado islâmico. Explica-se assim por que se denomina "santa" a guerra de conquista: ela é o instrumento do proselitismo islâmico e, graças a ela, a religião revelada será difundida por todas as partes.

Essa distinção com base na fé entre os cidadãos do mesmo Estado islâmico perdurou até o século XIX; depois, deu lugar a uma concepção mais próxima da ocidental. Em 1839 o Império Otomano reconheceu a igualdade dos próprios cidadãos em todos os campos, exceto o militar. As concepções parlamentares, mais tarde, minaram a supremacia exclusiva da lei corânica. Em suas grandes linhas, porém, as estruturas do Estado islâmico haviam subsistido por cerca de um milênio e hoje renascem num número crescente de Estados. A igualdade laica entre cidadãos tem sido cada vez mais substituída por uma legislação que traça uma linha divisória entre crentes e não-crentes. Nos Estados onde foi restabelecido o direito penal islâmico, por exemplo, o não-muçulmano não pode testemunhar num processo contra um muçulmano.

a) Religião e fisco. A lei sagrada se ocupara do direito fiscal, prevendo dois tipos de impostos, a que já aludimos ao analisar a propriedade. Os fiéis pagam anualmente a *zakat*, ou seja, o imposto sobre o gado, a colheita, os bens comerciais etc. É um óbolo legal que a lei destina aos pobres, aos participantes da guerra santa e à libertação dos escravos e dos devedores. Contra a escravidão, ainda hoje presente em certas áreas muçulmanas, o Islã tem portanto uma dupla arma: de forma preventiva, a proibição dos juros (se forem excessivamente altos, o devedor não consegue restituir o capital e torna-se escravo do credor, segundo uma regra típica dos direitos arcaicos e primitivos); de forma sucessiva, o resgate mediante a *zakat*, que funciona como um fundo de solidariedade entre fiéis.

O peso tributário recaía, porém, sobretudo sobre os infiéis cristãos e judeus, que pagavam dois impostos: uma capitação para cada pessoa do sexo masculino (*jizia*) e um tributo fundiário (*kharaj*), que variava em função do modo de conquista do território em que se encontrava o terreno e era mais elevado se este tivesse sido conquistado com a guerra, mais moderado se a aquisição tivesse sido pacífica. Os proventos da guerra santa, por sua vez, representam um aporte moderado aos cofres estatais, uma vez que são distribuídos quase integralmente (quatro quintos, segundo o rito maliquita) entre os combatentes. Os despojos de guerra, por outro lado, são a forma mais prática de remunerar um exército sem construir um complexo aparelho administrativo.

Parece que a magnanimidade religiosa dos árabes e o rigor de seu fisco foram causas não menos importantes de conversões em massa, que davam aos neófitos a possibilidade de se submeter ao tributo menos voraz da *zakat*. Em seguida, foram criadas regras para evitar esse aumento de fiéis em detrimento da arrecadação fiscal: estabeleceu-se que a mudança de religião não implicava uma mudança de regime tributário. Desde então, o *kharaj* se aplica aos imóveis sem levar em conta a religião de seu proprietário.

b) A influência bizantina sobre a estrutura judiciária: o cádi. Depois da morte de Maomé o poder unitário passara aos califas. Porém, com a transferência da capital para Bagdá, as províncias mediterrâneas tornaram-se de fato independentes do califa: no século VIII d.C. a Espanha era governada pelo emir de Córdoba; no século IX, formaram-se os emirados do Egito, do Magreb, do Khorasan. As cruzadas se abateram assim sobre um califado já desprovido de poder e confiado à defesa das tropas turcas.

Paralelamente ao esvaziamento do poder central, tomou forma a administração local, baseada na administração justiniana nas províncias bizantinas da Síria e do Egito, conquistadas no século VI d.C. Dos magistrados auxiliares aos quais o governador bizantino delegava a administração da justiça surgiu o cádi, um juiz monocrático religioso que no decorrer dos séculos se tornaria uma das figuras mais características do direito islâmico.

Com base no princípio islâmico segundo o qual o poder de julgar cabia apenas ao soberano, originariamente o cádi era nomeado pelo soberano ou ainda, por delegação, pelos governadores. Em casos excepcionais, o cádi podia ser nomeado pela comunidade na qual devia atuar. Ainda mais excepcionalmente, na Sicília chegou até a ser nomeado pelos infiéis, ou seja, pelos cristãos da ilha.

O cargo de cádi, reservado apenas aos muçulmanos, era originariamente ligado ao rito ou Escola mais difundida num certo território. Ainda no começo do século XX, Tunísia e Argélia possuíam um cádi maliquita (ao qual recorria a maioria da população) e um hanafita. Por volta da metade do século XIX, porém, o Império Otomano abolira os cádis que não fossem hanafitas, por ser essa a Escola oficial do império, independentemente das crenças das populações locais.

A função de cádi não tinha estrutura hierárquica e não era remunerada. De fato, as grandes cidades islâmicas possuíam um "grão-cádi", cujas tarefas não podiam todavia ser equiparadas às de um chefe da magistratura. Além disso, ele é um juiz monocrático, ou seja, decide apenas os casos a ele submetidos: o direito islâmico, de fato, não conhece colegiados judiciais.

À atividade do cádi não estava vinculada nem mesmo uma competência por matéria. Sozinho, o cádi decidia, portanto, causas civis e penais e contra sua decisão não existia recurso, mas apenas uma solicitação – ainda que puramente teórica – ao soberano. Esse rigor era amenizado pelo fato de que o direito islâmico não conhecia a autoridade da coisa julgada (situando-se assim nos antípodas do Common Law, que se fundamenta na coisa julgada). Portanto, o mesmo fato podia ser decidido por um outro juiz, ou então o cádi podia emitir uma nova sentença sobre o mesmo caso, sob certas condições. Essa informalidade do juízo parece ser um resíduo do direito romano primitivo (cf. VI, 18). Hoje, toda a legislação de origem ocidental aceita, ao contrário, o princípio romano do *ne bis in idem*: não se pode ingressar com duas causas pelo mesmo objeto.

Todo esse procedimento atesta a irrelevância do precedente. O procedimento diante do cádi era oral e não havia arquivos escritos das decisões, cuja existência e execução estavam a cargo de duas testemunhas oficiais, que faziam parte da repartição do cádi. Todo o processo era contraditório e, na medida do possível, o direito islâmico procurava evitar proceder à revelia. A aversão à escrita reflete-se também no regime das provas: a testemunhal prevalecia sobre a escrita, exatamente ao contrário do que acontece no direito bramânico, que atua numa sociedade culturalmente mais avançada (cf. VIII, 5).

Essa estrutura judiciária foi generalizada na época dos sultãos otomanos e a ela se sobrepôs a dominação européia do século XIX. A afirmação do direito de origem européia levou à formação de tribunais laicos e à progressiva limitação dos poderes do cádi. Na Índia, os ingleses chegaram a aboli-lo. Ao mesmo tempo, a difusão da escrita como instrumento de certificação consegue inserir-se na estrutura oral do processo: as testemunhas oficiais do processo dirigido pelo cádi tornam-se notários e escrivães, cujas atas, chanceladas pelo juiz, impedem a repetição do mesmo processo.

9. O direito penal islâmico

O direito penal islâmico não apresenta uma distinção clara entre pecado e delito, dado o caráter religioso de todo o sistema jurídico. Conseqüentemente, o direito penal surge como disciplina relativamente autônoma apenas por volta do século XII da Hégira. Os delitos penais podem ser divididos em três grandes categorias.

À primeira categoria pertencem os delitos expressamente punidos pelo Corão e pela *suna*. Esses delitos recebem o nome de delitos *hudud* (singular: *hadd*), são os mais graves e o juiz tem em relação a eles um poder discricionário muito limitado. Contra tais delitos, a religião nascente é defendida com dureza: a flagelação e a pena de morte punem os crimes contra Alá, como a apostasia, a blasfêmia ou o adultério; será possível aprofundar alguns aspectos deste último no item 13 *b*. Penas corporais severas são aplicadas a delitos graves como o furto ou o banditismo. Tais delitos são sempre perseguidos oficialmente, pois se dirigem contra Deus e o Estado é o substituto de Deus na terra. Os sete delitos *hudud* estão sintetizados na tabela 2, segundo o fato específico, a prova exigida e a punição prevista[19]: obviamente, os limites de cada termo estão relacionados às categorias islâmicas, e não às definições ocidentais. No regime das provas, pode-se observar que são exigidas muitas confissões: de fato, para evitar que a confissão seja extorquida, o acusado tem a obrigação de repetir a confissão tantas vezes quantas são as testemunhas acusatórias previstas pela lei.

Na segunda categoria estão os delitos de sangue, que são denominados de delitos *qisas*. Também aqui as penas são determinadas pelo Corão e pela *suna*, portanto a discricionariedade do juiz é limitada. Tais delitos são punidos com a pena do talião, a qual – a critério da vítima ou de sua família – pode ser substituída pelo preço do sangue ou pelo perdão. No recurso ao talião pode-se ainda perceber a estrutura de um ordenamento pré-islâmico análogo ao já exposto para os direitos primitivos, uma vez que o juiz islâmico não leva em conta a voluntariedade do ato, mas se limita a impedir a vingança, garantindo a aplicação imparcial da pena do talião ou, se a parte lesada aceita, o pagamento do preço do sangue. A recordação da sociedade pré-islâmica primitiva é muito forte no rito maliquita, que atribui ao grupo do culpado a responsabilidade de pagar o preço do sangue. Tais normas (como as disposições já mencionadas sobre a escravidão) assinalam a passagem de uma sociedade primitiva para uma sociedade mais evoluída e visam apenas corrigir usos preexistentes mediante uma atenuação das penas.

---

19. As tabelas aqui reproduzidas são extraídas de Matthew Lippman; Sean McCoinville; Mordechai Yerushalmi, *Islamic Criminal Law. An Introduction*, Westport, Praeger, 1988, pp. 39-45.

O DIREITO ISLÂMICO

Tabela 2. Delitos islâmicos: punições "hudud"

Delito	Prova	Sanção
Adultério	Quatro testemunhas ou confissões	Pessoa casada: morte por lapidação. O réu é conduzido para um lugar isolado. As pedras são jogadas primeiro pelas testemunhas, depois pelo cádi, enfim pelo restante da comunidade. Para as mulheres, é escavado um fosso para acolher o corpo. Pessoa não-casada: cem chicotadas. A Escola maliquita pune os homens não-casados também com um ano de prisão ou de exílio.
Difamação	Acusação infundada de adultério	Pessoa livre: oitenta chicotadas. Escravo: quarenta chicotadas. O réu veste uma roupa leve durante a fustigação.
Apostasia	Duas testemunhas ou confissões	Homem: morte por decapitação. Mulher: detenção até o arrependimento.
Banditismo	Duas testemunhas ou confissões	Se associado a homicídio: morte por decapitação. O cadáver é depois crucificado e exposto. Sem homicídio: amputação da mão direita e do pé esquerdo. Se preso antes da realização do delito, detenção até o arrependimento.
Uso de bebidas alcoólicas	Duas testemunhas ou confissões	Pessoa livre: oitenta chicotadas (apenas quarenta, segundo a Escola shafita). Escravo: quarenta chicotadas. A fustigação pública é efetuada com um bastão, mas sem exagerar: a mão de quem fustiga não deve se elevar acima de sua cabeça, para não lacerar a pele do réu. Exige-se a presença de um médico. Os golpes devem ser dirigidos a todas as partes do corpo, menos rosto e cabeça. Durante a punição, o homem fica em pé; a mulher, sentada. A fustigação é infligida por um especialista na lei corânica, de forma a ser justamente adequada.
Furto	Duas testemunhas ou confissões	No primeiro delito, amputação de uma mão, na altura do pulso, efetuada por um médico. No segundo delito, amputação da outra mão, na altura do pulso, efetuada por um médico. No terceiro delito, amputação de um pé na altura do tornozelo, efetuada por um médico.
Rebelião	Duas testemunhas ou confissões	Se capturado: pena de morte. Se o réu se rende ou é preso: pena *tazir*.

Fonte: M. Lippman, 1988.

O jurista ocidental tende a considerar excessiva uma discricionariedade que oscila entre uma pena grave como o talião (que pode comportar lesões ou até mesmo a morte do culpado) e o perdão. Esta última alternativa torna-se mais compreensível se lembramos que o direito islâmico clássico não levava em conta a voluntariedade do ato: em caso de acidente, por exemplo, o perdão é uma solução justa. Com a introdução dos códigos de tipo ocidental, no século XIX, a ação judiciária seguiu os esquemas próprios do direito, por exemplo, francês ou inglês: e desta vez foram freqüentemente os súditos islâmicos que não compreenderam o motivo de certas normas e desaprovaram a aplicação de certas penas. A tabela 3 reproduz os delitos *qisas* descrevendo seus fatos específicos, o regime probatório e a pena.

A terceira categoria de delitos – denominados *tazir* – compreende enfim os comportamentos que em cada época

Tabela 3. *Delitos islâmicos: punições "qisas"*

Delito	Prova	Sanção
Homicídio voluntário com uma arma	Duas testemunhas ou confissões	Morte segundo a pena do talião executada pela família da vítima; indenização (pagamento em dinheiro ou em bens à família da vítima); exclusão da herança; ou perdão.
Homicídio voluntário	Duas testemunhas ou confissões	Sanção pecuniária a ser paga em três anos; exclusão da herança; expiação religiosa (penitência); ou perdão.
Homicídio por fato involuntário	Duas testemunhas ou confissões	Sanção pecuniária; exclusão da herança; expiação religiosa (penitência); ou perdão.
Homicídio indireto	Duas testemunhas ou confissões	Sanção pecuniária; perda da herança.
Lesão corporal voluntária	Duas testemunhas ou confissões	Pena do talião (ao réu é infligido o mesmo dano físico causado na vítima); ou indenização proporcional ao valor do dano físico infligido à vítima.
Lesão corporal involuntária	Duas testemunhas ou confissões	Indenização.

Fonte: M. Lippman, 1988.

foram considerados nocivos à boa convivência social, mas para os quais nem o Corão nem a suna prevêem penas específicas. A punição desses delitos recai assim no âmbito da discricionariedade do juiz. Por esse motivo é difícil estabelecer com precisão seus fatos específicos, porque eles variam de um lugar para outro e de uma época para outra. Pode-se identificá-los sobretudo *ex negativo*: os delitos que não são nem *hudud* nem *qisas* são *tazir*. Para fornecer uma idéia geral desse tipo de delito, é necessário recorrer portanto às fontes históricas consolidadas, ou seja, aos textos medievais que indicam quais eram *à época* os delitos *tazir*. Dessa forma, o elenco apresentado na tabela 4 tem um valor unicamente histórico, no que se refere a cada fato específico e respectivas penas; a categoria dos delitos *tazir* ainda hoje faz parte do direito islâmico, mas os fatos específicos e as sanções variam segundo as determinações de cada Estado.

Nos delitos *tazir*, a pena é aplicada discricionariamente pelo juiz, segundo um princípio de individualização ao qual os direitos ocidentais chegarão muito mais tarde. As sanções, contudo, ainda são as típicas de um Estado não estruturado administrativamente: prisão, fustigação, confisco dos bens (mas não multa paga ao Estado), censura do juiz e assim por diante, até a sanção social, consistente em tirar de modo ignominioso o turbante do culpado. O turbante era o símbolo externo do *status* social de quem o vestia, e assim essa pena não é diferente, no Ocidente, daquela de arrancar as patentes do militar rebaixado.

Em relação aos delitos ocidentais, os delitos *tazir* impressionam pela heterogeneidade dos fatos específicos – desde a sodomia à desobediência ao marido – e pela grande discricionariedade do juiz, o qual (mas, repito, apenas nos delitos *tazir*) pode prescrever penas que vão da advertência à pena capital. Recorde-se, porém, que as penas aqui examinadas devem ser comparadas às do direito europeu medieval, não às atuais: os dados citados são os que nos chegam da Idade Média islâmica. O que hoje permanece é a grande discricionariedade do aparelho estatal e do juiz para definir e punir esse tipo de delito. Mas a discricionariedade não significa necessariamente arbitrariedade. No passado esta era indispensável devido à imprecisão dos limites que definiam o delito: nesse amplo campo de ação, o juiz – que devia ser culto e religioso – avaliava caso a caso como decidir, levando em conta também o consenso da comunidade dos jurisperitos (cf. acima, item 2 c). É claro que se o juiz não é culto nem religioso, mas é instrumento de uma ditadura, o elemento dissuasivo implícito nas penas corânicas torna-se um instrumento de repressão política. A tabela 4 – que, ao contrário das anteriores, traz dados históricos – reproduz os delitos *tazir*, descrevendo seu fato específico, seu regime probatório e a pena correspondente.

Essa mistura de elementos sociais, religiosos e jurídicos perdura até os nossos dias: o art. 381 do código de processo penal egípcio estabelece que o tribunal do júri deve ouvir a opinião do *mufti* da república antes de pronunciar uma sentença de morte. Indubitavelmente, assiste-se a uma atenuação da influência religiosa, como demonstra o fato de o Supremo Tribunal de Justiça do Cairo ter declarado que, no caso acima mencionado, a opinião do *mufti* não é obrigatória.

A parte estritamente técnico-jurídica do direito penal islâmico originário é carente de muitas noções geralmente consideradas essenciais para um direito penal ocidental: o direito penal islâmico ignora, por exemplo, as noções de tentativa, de reincidência, de cumulação das penas e de circunstâncias atenuantes ou agravantes. Todavia, o elemento que mais diferencia o direito penal islâmico dos outros é a ausência de considerações do elemento subjetivo: para a aplicação da sanção, é suficiente o resultado material, seja ele deliberado ou não. Essa concepção reflete-se também no campo privatista, onde não existe a distinção entre responsabilidade contratual e extracontratual: ou seja, faltam inteiramente aqueles *torts*, que constituem um dos pilares do sistema jurídico anglo-americano. Obviamente, não são considerados puníveis o menor (que, no direito islâmico, é o impúbere) e os incapazes de entendimento e de vontade própria por insanidade ou por intoxicação.

O DIREITO ISLÂMICO 437

Tabela 4. *Delitos islâmicos: punições "tazir"*

Fatos específicos e sanções variam segundo as normas de cada Estado e não podem, portanto, ser sintetizados; os exemplos aqui apresentados foram extraídos de textos clássicos medievais do direito islâmico.

Delito	Prova	Sanção
Sodomia	Quatro testemunhas ou confissões	O réu é morto por espada e cremado; ou sepultado vivo; ou ainda jogado de um edifício alto, e lapidado.
Importação, exportação, transporte, produção ou venda de vinho	Duas testemunhas ou confissões	Detenção por cinco anos; até trinta chicotadas.
Delitos menores (desobediência ao marido, insultos a terceiros)	Duas testemunhas ou confissões	Advertência do cádi; repreensão com palavras e ações; remissão da sentença.
Deserção	Duas testemunhas ou confissões	Banimento (exclusão das relações sociais).
Apropriação indébita, falso testemunho	Duas testemunhas ou confissões	Denúncia e advertência pública: exposição do réu em vários bairros da cidade, anúncio público do delito e da pena; penas pecuniárias.
Evasão fiscal	Duas testemunhas ou confissões	Penas pecuniárias; seqüestro das propriedades do réu.
Vários delitos menores	Duas testemunhas ou confissões	Até quarenta açoites com uma vara ou com um chicote sem nós.
Réu reincidente por um delito *tazir*	Duas testemunhas ou confissões	Detenção: a critério do cádi, pode variar de um dia até a prisão perpétua.
Usura, corrupção, violação dos deveres inerentes aos negócios fiduciários.	Duas testemunhas ou confissões	A pena fica a critério do cádi.

Fonte: M. Lippman, 1988.

10. A inserção do direito europeu no direito islâmico

A evolução do direito islâmico foi cada vez mais influenciada pela expansão colonial européia: no século XVIII, a Grã-Bretanha começou sua expansão na Índia (cf. VIII, 8); entre os séculos XVIII e XIX a Rússia tsarista ocupou vastos territórios muçulmanos na Ásia Central. Depois do grande abalo sofrido pelo mundo islâmico em razão da conquista napoleônica do Egito (1798-1801), essas influências periféricas sobre o Islã deram um salto qualitativo por volta de 1830, com a expansão francesa na África do Norte.

Normas de origem ocidental uniram-se assim às tradicionais e, com o passar do tempo, formaram-se duas ordens de tribunais que aplicavam os dois sistemas normativos. Os tribunais islâmicos decidiam os casos de estado pessoal (direito de família, herança, *waqf*), enquanto os laicos aplicavam normas de origem ocidental, muitas vezes em conflito com o direito islâmico. O afastamento do modelo clássico variava de um Estado para outro: foi mínimo nos Estados árabes, muito tradicionalistas, e máximo na Turquia, depois de Kemal Atatürk[20].

Em todo o caso, a ingerência direta da Europa no mundo islâmico provocou a adoção de numerosos institutos europeus que subsistiram mesmo depois do declínio da Europa como potência colonial.

Pode-se muito bem fazer coincidir o início desse declínio com a guerra russo-japonesa de 1904-1905, que trazia consigo os germes de uma reviravolta universal: pela primeira vez um Estado não-europeu derrotava uma moderna potência européia, destruindo a aura de invencibilidade que circundava os exércitos brancos em todos os impérios coloniais. Essa vitória japonesa foi, portanto, um sinal que fez ressurgir os nacionalismos em toda a Ásia. No mundo islâmico, esse exemplo funcionou sobretudo com os indianos e com os indonésios, que constituem o grupo muçulmano numericamente mais consistente. Na Rússia, aquela derrota contribuiu de modo determinante para fazer eclodir o descontentamento popular na revolução de 1905 que, mesmo fracassada, assinalou de fato o fim do império tsarista e preparou aquela revolução de 1917, da qual nasceria a União Soviética (cf. IV, 3 *e*).

---

20. Esse tema está tratado de forma mais ampla em Mario G. Losano, *L'ammodernamento giuridico della Turchia (1839-1926)*, 2.ª ed., Milão, Unicopli, 1985, 155 pp.

Na Arábia, depois da guerra de 1914-1918, a função de guia da seita tradicionalista dos wahhabitas teve um forte peso antieuropeu. Depois do final da Segunda Guerra Mundial, os vários Estados e colônias surgidos do desmembramento do Império Otomano encaminharam-se para a independência nacional, conservando, porém, em seu direito, as estruturas européias que haviam recebido no período colonial.

Muitas vezes as influências se cruzam: o Egito, por exemplo, foi conquistado em 1882 e anexado pelos ingleses em 1914; todavia, seu direito é influenciado predominantemente pelo modelo francês. Este último continua vivo sobretudo nos países do Oriente Médio e nas ex-colônias do norte da África. O Irã apresenta algumas particularidades em relação aos outros Estados islâmicos modernos, porque nele tomou o poder a "heresia" xiita, presente também em certas comunidades indianas, iraquianas e libanesas. Enquanto tais comunidades imprimiram um impulso dinâmico ao direito islâmico, a Arábia e o Afeganistão continuaram a ser países fortemente estáticos.

Uma forma muito aberta de Islã europeizado estava presente, contudo, na ex-Iugoslávia, que contava com muçulmanos albaneses e turcos no sul, e iugoslavos convertidos na Bósnia-Herzegóvina[21]. A europeização manifestava-se sobretudo no direito de família: não existia a coação parental às núpcias, enquanto o matrimônio – que não era poligâmico – e o repúdio precisavam ocorrer diante do cádi. Quando o presente volume foi publicado pela primeira vez, em 1978, a referência aos muçulmanos dos Bálcãs podia parecer um detalhe erudito ou uma menção polêmica contra a pretensa laicidade dos Estados comunistas. O final destes últimos provocou um renascimento de conflitos religiosos também nos Bálcãs, do qual surgiu uma série de guerras locais que

---

21. Mekhmed Bégovitch, *Le droit musulman en Yougoslavie*; Abdesselam Balagija, *Les musulmans yougoslaves*. Ambos os trabalhos são teses defendidas na Faculté de Droit de Argel.

culminaram – mas infelizmente não se encerraram – com a guerra do Kosovo de 1999: o maior conflito europeu depois do final da Segunda Guerra Mundial. O Islã europeizado sofreu uma radicalização cujo alcance é por enquanto difícil de prever.

Formas ainda mais mistas de direito islâmico encontram-se na Índia (da qual tratará o próximo capítulo) e na Indonésia, sobre a qual é oportuno dizer algumas palavras.

Analogamente ao que veremos ao estudar a penetração inglesa na Índia, no início do século XVII a penetração holandesa na Indonésia foi confiada à Companhia Holandesa das Índias Orientais, que administrou a colônia até 1815, quando foi substituída também formalmente pelo Estado holandês. Incorrendo no erro já cometido pelos franceses e pelos ingleses, os holandeses institucionalizaram em certa medida o direito islâmico no período de seu domínio, que vai de 1850 a 1900. Somente no decorrer do século XX, os antropólogos verificaram que sob uma crosta de direito islâmico sobreviviam costumes locais incompatíveis com tal direito, mas profundamente arraigados na população e semelhantes aos costumes que se encontravam nos povos situados entre Madagascar e Formosa[22].

O exemplo mais evidente dessa contradição encontra-se na estrutura familiar, que é oposta à islâmica. Na família indonésia, a importância do homem não é muito diferente da importância da mulher, o que leva o islamista francês Bousquet a falar de uma "famille cognatique" (ou seja, matrilinear), para contrapô-la à agnação islâmica, ou seja, à família patrilinear muçulmana. O caso-limite é constituído

---

22. *Ada* ou *Adat* é o termo com que se indica, também em árabe, o costume pré-islâmico: cf. esse verbete na *The Encyclopaedia of Islam*. Ver ainda: Cornelis van Vollenhoven, *Het Adatrecht van Nederlandsch-Indië*, Leiden, Brill, 1906, 3 vols. Mais atuais: Paul Rudolf Nunheim, *Adat, Macht und lokale Eliten*, Wiesbaden, Steiner, 1982, XVI-345 pp. [análise empírica realizada em Flores, Indonésia, em 1975-1976]; Silvia Strauss-Zettler, *Zwischen Adat und Emanzipation: Lebensbedingungen westjawanischer Frauen*, Bad Honnef, Deutsche Stiftung für Internationale Entwicklung, 1989, 94 pp.

pelas ilhas mais intensamente islâmicas do ponto de vista religioso, no qual, porém, a família tem uma estrutura matriarcal. Esses usos, embora incompatíveis com o direito islâmico, com ele convivem; sobre tudo isso se enxertou depois a lei holandesa, impondo, por exemplo, o registro dos matrimônios.

A Indonésia, ao se tornar independente, tornou-se também o maior Estado muçulmano, com mais de duzentos milhões de habitantes; a presença de áreas com maioria católica – herança da colonização portuguesa – produziu violentos conflitos no momento da declaração de independência do Timor Leste (cf. V, 15).

11. A abolição do direito islâmico em alguns Estados

Com o século XIX, a influência do Ocidente reduziu num primeiro momento o âmbito de aplicação da *sharia*; num segundo momento, como veremos, os partidários da *sharia* obtiveram vitórias em alguns Estados, num fenômeno denominado "revivalismo islâmico". Três fatores reduziram a importância da *sharia* nos Estados islâmicos. Inicialmente, a difusão de uma educação de tipo moderno, que criava especializações e carreiras diferentes das tradicionais. Além disso, a formação de Estados nacionais levou a aceitar a idéia de uma codificação de tipo europeu-continental. Os códigos não foram necessariamente fruto de uma imposição colonial. Foram as poderosas autoridades otomanas que promulgaram em 1870-1876 uma codificação parcial do direito hanafita que, sob o nome de Medjellé, abriu caminho para os códigos dos países islâmicos. Enfim, a formação de uma oposição política nos países islâmicos baseou-se no pensamento ocidental (desde o pensamento da Revolução Francesa, ao do socialismo e do comunismo), mas o atrelou à tradição islâmica, vinculando-se aos aspectos de justiça social implícitos na *sharia*. Esse vínculo é contudo limitado, pois não tenta recuperar a rica tradição cultural do *fikh*.

Esse enfraquecimento do direito islâmico levou, em alguns Estados, à sua abolição oficial: assim ocorreu, por exemplo, na Turquia, na Albânia e na ex-União Soviética.

A Turquia, baluarte do Islã, começou uma série de reformas no século XIX, mas depois da Primeira Guerra Mundial Mustafa Kemal Atatürk imprimiu a esse movimento uma força e um radicalismo comparáveis apenas à modernização japonesa. Todas as instituições islâmicas foram atingidas: na escrita, o alfabeto árabe foi substituído pelo latino e, nas orações, a língua árabe foi substituída pela turca; fez e turbante foram proibidos com penas severas; a mesquita de Santa Sofia – igreja arrebatada dos cristãos e portanto símbolo da expansão islâmica – foi transformada em museu. O direito islâmico foi eliminado: o Império Otomano já elaborara um código comercial (1850) e um código penal (1858) de inspiração francesa, criando também o sistema judiciário para garantir sua aplicação. A república turca renovou também os códigos: o novo código penal (1926) inspirava-se no italiano; o código comercial, no alemão e no italiano; o código das obrigações, no homônimo código suíço; enfim, o código de processo civil do Cantão de Neuchâtel tornou-se o modelo do homólogo código turco. O radicalismo com que foram executadas essas reformas é evidente na entrada em vigor do código civil de 1926: ao contrário do que ocorrera com o código penal de 1858, esse código civil não admitia a sobrevivência nem mesmo temporária de normas anteriores, intervindo nos direitos mais próximos da tradição, com uma dureza que explica em parte seu insucesso inicial. De fato, a população continuou a seguir o direito islâmico sobretudo no âmbito matrimonial, obrigando o legislador a intervir para legitimar os filhos nascidos de casamentos apenas religiosos: casamentos considerados inexistentes numa sociedade laica fundada no código civil.

A Albânia talvez tenha se mostrado mais original que a Turquia em seu esforço de modernização. Independente desde 1912 e monarquia de 1928 a 1938 (ano da ocupação italiana), conheceu sob Zogu I uma política kemalista que, no âmbito jurídico, levou não à simples adoção de códigos estrangeiros, mas a tentativas de elaboração. Assim, o código civil é baseado nos códigos francês e italiano; a enfiteuse tem como modelo a lei francesa de 1902; a *shufa*, o decreto egípcio de 29 de março de 1900; as obrigações, o projeto de código comum franco-italiano.

Depois da Segunda Guerra Mundial, o advento do comunismo nos Bálcãs levou ao desaparecimento de qualquer forma de direito religioso, completando assim o processo de laicização já iniciado na Albânia. O modelo dessa laicização era a política praticada pela União Soviética desde 1917: independentemente da política religiosa seguida pela União Soviética e por cada um dos Estados balcânicos, para todos os cidadãos vigorava apenas o direito nacional.

Com a queda dos governos comunistas, a Albânia e os territórios da ex-União Soviética vêem-se agora obrigados a lidar com uma crescente revivescência do Islã, transformado num movimento religioso que alimenta o separatismo e exige um crescente reconhecimento também político. A Turquia mantém o princípio da laicidade do Estado, mas na política cotidiana também esse Estado é obrigado a reconhecer – ao menos na prática – um peso crescente aos movimentos islâmicos. Retomando a história dessas laicizações, é preciso levar em conta que, a partir dos anos 1980, elas foram cada vez mais questionadas pelos movimentos islâmicos: não se pode excluir que, em alguns casos, elas possam acabar sendo arquivadas como um parêntese de laicismo abandonado na história política do século XX.

12. *Do primeiro reformismo ao "revivalismo" islâmico*

A opinião pública ocidental teve de se defrontar com a consolidação do "fundamentalismo" islâmico sem conhecer seus antecedentes culturais, mas baseando-se em argumentos etnocêntricos que remontam aos preconceitos do colonialismo ou aos ressentimentos suscitados pela descolonização. A atitude psicológica do Ocidente diante do Islã e do direito islâmico pode ser dividida em duas fases, cuja linha de demarcação poderia ser, por comodidade, a revolução khomeinista de 1979 no Irã. Foi naquele momento que a opinião pública se deu conta do despertar do Islã; mas, na realidade, o seu renascimento havia começado décadas antes. Nos anos 1970, ainda parecia difusa a convicção de que o Islã (e seu direito) estava destinado a se ocidentalizar cada vez mais, e por isso seu ressurgimento pegou despreparada a opinião pública ocidental. Naquela década, o renascimento do Islã foi identificado com o fundamentalismo, e além disso com seus aspectos mais violentos e desabonadores. Para restabelecer a seqüência histórica, convém examinar separadamente esses dois lados da visão ocidental do Islã e, enfim, fornecer uma breve reconstrução histórica do processo de renovação do Islã.

a) Até 1960: a caminho da ocidentalização do Islã. Até a metade do século XX, os diversos graus de realização do direito islâmico eram interpretados também como possíveis fases diacrônicas de uma evolução histórica cujo fim último era a aceitação substancial da cultura e do direito ocidental. Os primeiros fenômenos de fortalecimento do Islã nos países de direito consuetudinário (por exemplo, na África subsaariana) eram vistos como a passagem de uma fase pré-islâmica para uma estrutura islamizada, entendida porém como primeiro passo na direção de formas sociais mais modernas, ou seja, mais ocidentalizadas. Os Estados laicizados – dos quais vimos alguns exemplos no item anterior – eram considerados o ponto de chegada de uma evolução, na qual se encontravam ainda empenhados (em posições mais ou menos avançadas) os países islâmicos incluídos entre os conservadores, como a Arábia, e os reformistas, como a Síria. Constatava-se que àquela altura mais de um sexto da comunidade islâmica não usava mais o seu direito, abolido pelo nacionalismo laico (Turquia) ou pelo comunismo europeu e asiático. No plano jurídico, essa evolução levara o direito islâmico a conviver com estruturas européias, como uma organização judiciária com tribunal de recursos e Supremo Tribunal, uma administração central dos *waqf* e a implantação de modernos sistemas de estado civil. Algumas práticas pareciam então incompatíveis com uma estrutura social moderna e, portanto, destinadas a desaparecer: a segregação das mulheres, a coação parental às núpcias, a poligamia e o repúdio.

Em síntese, o direito islâmico parecia ter sua própria posição como ponte entre os direitos históricos (primitivos, não-ocidentais) e aqueles vigentes (modernos, ocidentais). Era imaginado, pois, como um direito em via de extinção, e assim pareceu de fato a mais de um arabista nos anos imediatamente sucessivos à Segunda Guerra Mundial.

b) Depois de 1960: um repentino retorno ao Islã e ao seu direito. A partir dos anos 1960, porém, verificou-se um fenômeno imprevisto: ao processo de ocidentalização tecnológica se acoplou uma reavaliação da religião (e portanto do direito) do Islã. Ao invés de eliminar o direito islâmico adotando os códigos e a legislação parlamentar de tipo ocidental, numerosos Estados muçulmanos passaram a reintroduzir as normas islâmicas naqueles códigos e leis. A lapidação ou a amputação da mão do ladrão, tradicionalmente aplicadas na conservadora Arábia Saudita, voltaram a ser usadas na Líbia, nos Emirados Árabes Unidos e no Paquistão. No Egito, em 1977, foram apresentadas quatro propostas legislativas para introduzir penas severas contra a usura, a lapidação contra os adúlteros, o corte da mão do ladrão, o corte da perna para o ladrão reincidente e, enfim, a pena de morte para o apóstata.

Seria muito simples reduzir esse retorno às origens a um mero expediente de certos governos militares, como o paquistanês, para dispor de um severo direito marcial justificado pela tradição islâmica e pela vontade divina. Embora esse componente não deva ser subestimado, assiste-se a uma recuperação dos próprios valores originários, por séculos ofuscados pela busca de uma cultura de tipo europeu. Mais uma vez a influência da base econômica sobre a superestrutura jurídica é muito mais tortuosa do que poderia sugerir um esquematismo demasiado fácil.

c) Breve história do reformismo islâmico. O renascimento do Islã nas primeiras décadas do século XX remonta, por um lado, ao Corão e, em especial, ao nascimento do wahhabismo na Arábia Saudita, como corrente intransigente de retorno à pureza originária da religião; e, por outro, vincula-se a uma série de influências ocidentais, como a difusão da imprensa em língua árabe, a evolução no sentido moderadamente liberal do Império Otomano e o proselitismo das Igrejas cristãs nas áreas tradicionalmente islâmicas. Esse retorno às origens do Corão e da *suna*, depuradas das crenças e instituições medievais, teria levado, no plano político, a nivelar as divisões entre seitas islâmicas, unificando assim os Estados árabes (pan-arabismo), e, no plano jurídico, a superar as controvérsias entre as várias Escolas, abrindo caminho para a unificação jurídica do Islã. Enquanto os sunitas, tradicionais defensores da divisão entre Estado e religião, eram em grande parte favoráveis às reformas, as grandes potências com interesses nas áreas islâmicas – França, Inglaterra e Império Otomano – viram com desconfiança as aspirações pan-arabistas do movimento reformista. Além disso, no interior do mundo islâmico, o choque ocorria diretamente entre os reformistas e os conservadores pertencentes às tradições criticadas como medievais, como por exemplo os Irmãos Muçulmanos e outras poderosas confrarias.

A renovação do pensamento islâmico, além de se remeter a uma antiga tradição corânica, em tempos mais recentes evoluiu em três fases.

A primeira fase situa-se entre o final do século XIX e o início do século XX e é reflexo dos sucessos ocidentais no campo das ciências físico-naturais, das teorias positivistas, com sua fé no progresso da humanidade, favorecido pelas ciências e pela convicção de que uma maior eficiência do aparelho estatal teria produzido mais prosperidade e bem-estar para todos. Os reformistas dessa época inseriram essas visões ocidentais no contexto da tradição islâmica e as difundiram entre os crentes.

Na segunda fase (que vai do início do século XX a 1950) o pensamento reformista difundiu-se em todos os países árabes e gerou uma grande quantidade de escritos. Mas as aspirações sociais suscitadas pela abertura reformista não encontraram eco na realidade, dando origem a uma frustração destinada a aumentar no decorrer das décadas seguintes e a assumir formas cada vez mais radicais.

Na terceira fase, que vai dos anos 1950 até os nossos dias, as reviravoltas que se seguiram à Segunda Guerra Mundial levaram a uma inversão das relações de força: os reformistas de *entre-deux-guerres* foram vistos como partidários da ordem social tradicional (que não atendera às legítimas aspirações de justiça e bem-estar) e, em contraposição a ela, retomaram força as estruturas mais tradicionalistas, como os mencionados Irmãos Muçulmanos. Ao mesmo tempo, a influência dos modernos meios de comunicação levava à difusão de idéias novas – do existencialismo ao marxismo – e a novas aspirações políticas, que inicialmente culminaram na independência de vários Estados durante os anos 1950 e depois levaram à substituição das monarquias tradicionais por outras formas em alguma medida republicanas.

Ao final desse processo de reformas, no atual mundo islâmico é possível distinguir três correntes freqüentemente em conflito recíproco: os *modernistas*, que propendem para uma ocidentalização do mundo islâmico ao menos nos aspectos sociais, econômicos e jurídicos; os *tradicionalistas*, que em certa medida correspondem aos reformistas clássicos, ou seja, àqueles fiéis do Islã tolerante, aberto para o Ocidente e pronto a renovar – mas não a renegar – a própria tradição cultural; enfim, os *fundamentalistas*, que pregam a rejeição até mesmo violenta de tudo o que é ocidental, o retorno à fé integral do passado, a construção de um Estado teocrático e a aplicação rigorosa e extrema da lei corânica.

O erro da visão ocidental consiste em ignorar essa riqueza de fermentos e em identificar o Islã atual apenas com os fundamentalistas, devido às violências que acompanham suas reivindicações, em vista da tomada do poder, e ao atraso social que caracteriza suas realizações no exercício do próprio poder.

13. O futuro do direito islâmico como retorno ao antigo

Na impossibilidade de acompanhar a história legislativa de cada Estado islâmico, é oportuno examinar alguns casos concretos que documentem o retorno à tradição islâmica no mundo atual. O renascimento do direito islâmico no mundo moderno será a seguir ilustrado por três casos concretos.

O primeiro se refere ao direito comercial e tem como objeto a proposta de criar bancos inspirados nos princípios islâmicos. Tem-se dessa forma um exemplo daquele universalismo islâmico que não se identifica com o Estado nacional de modelo ocidental: de fato, o banco islâmico é destinado aos crentes, independentemente da nação a que pertencem. Essa parte se remete diretamente à exposição geral sobre o direito comercial islâmico do item 7.

O segundo caso se refere ao direito penal e tem como objeto a aplicação do direito islâmico no Paquistão na repressão de relações sexuais ilícitas (*zina*). Essa parte se remete diretamente à exposição geral sobre o direito penal islâmico do item 9.

O terceiro caso se refere ao direito público e tem como objeto a organização estatal do Afeganistão, revelando não apenas a precariedade da implantação do direito ocidental, mas também a revivescência de formas tribais. Essa parte se remete diretamente à exposição geral sobre o direito público islâmico do item 8.

Mesmo em sua diversidade, esses três casos documentam a crise profunda dos modelos jurídicos importados do Ocidente.

a) A caminho de um sistema bancário islâmico. Um exemplo específico tanto de conflito entre estratificações jurídicas, quanto de retorno construtivo à tradição, é o debate sobre a compatibilidade entre um sistema bancário moderno e a fidelidade aos preceitos religiosos do Islã. Nesse caso, o contraste clássico entre inovação e tradição afeta um dos setores vitais da sociedade atual e, sobretudo, o afeta numa área geopolítica em que as vicissitudes do mercado petrolífero criaram uma prosperidade mais financeira que empresarial.

A perspectiva islâmica obriga os europeus – e em particular os italianos, pioneiros na atividade bancária e comerciantes com toda a área mediterrânea – a inverter a própria visão histórica etnocêntrica. A história da Europa e do Islã registra uma série de altos e baixos simétricos: cada vitória do Islã é uma derrota para a Europa e vice-versa. Assim, na Europa, às angústias decorrentes da expansão islâmica seguiu-se o desabrochar do Renascimento. Simetricamente, no Islã, à época áurea da expansão até os Pireneus, e quase até Viena, seguiu-se um período de debilidade, em que costumes alheios conseguiram se difundir nas terras do Islã:

> Um aspecto da vida que representou um enorme desafio para a cultura islâmica foi o tipo de prática bancária que se desenvolveu na época do Renascimento europeu. A difusão de empresas atuantes nesse setor nos países islâmicos – onde não existia nenhuma alternativa para as pessoas desejosas de se libertar desse sentimento de culpa – deu origem a um problema de consciência nas populações islâmicas, principalmente porque essas empresas "pareciam estar em conflito com o Islã, e até mesmo se mostraram hostis a ele"[23].

Alguns rejeitaram inteiramente a atividade bancária, outros procuraram aceitar seus aspectos não conflitantes com

---

23. Sami Hassan Homoud, *Islamic Banking: The Adaptation of Banking Practice to Conform with Islamic Law*, Londres, Arabian Information, 1985, p. 2; a citação mencionada por Homoud está em Jean Paul Row, *Islam in the West*, Beirute, 1960.

o Islã; outros, enfim, superaram todos os problemas morais, aproveitando as possibilidades oferecidas pelo sistema bancário europeu. É com esse conflito íntimo que Homoud explica a imagem ocidental "das sociedades islâmicas, como dominadas pela passividade e incapazes de estar à altura dos meios para progredir nesta vida"[24]. Só lhes restava "render-se a eles e aceitar sua necessidade"[25].

Depois da era de ouro, portanto, vem a era da sujeição: as atividades dos bancos são suspeitas de usura (e, assim, incompatíveis com a lei islâmica ou *sharia*); todavia, são tacitamente aceitas, ainda que com graves reservas no próprio foro íntimo. Esses conflitos refletem-se na produção doutrinária que tenta traçar um limite entre juros lícitos e usura ilícita: tema bem conhecido também no Ocidente, mas que no Oriente bloqueou a aceitação das atividades bancárias e retardou o desenvolvimento econômico que elas permitiam. O problema da usura impedia de conciliar a crença religiosa com as ambições de prosperidade.

Os eventos que a Europa chama de "descolonização" são, para os países do Islã, a era do despertar. O debate sobre os bancos, sobre os juros e sobre a usura também adquiriu um novo impulso e, sobretudo, novas tentativas de solução. A soberania nacional adquirida fazia com que tais tentativas não fossem apenas teóricas.

Em 1961 foi instituído no Cairo o College of Islamic Research, que, a partir de seu II Congresso Anual de 1965, chama a atenção dos estudiosos islâmicos para a exigência de criar uma alternativa islâmica ao sistema bancário ocidental. Não se pensava em empresas concorrentes no plano econômico, mas em empresas inspiradas em princípios diferentes, de tal forma que o fiel pudesse recorrer a elas sem sentimento de culpa.

Uma primeira experiência nesse sentido já ocorrera de 1961 a 1971 com o equivalente da caixa econômica da cidade-

---

24. Ibid.
25. Ibid., p. 3.

zinha de Meit Ghamr, no Egito. A primeira consagração legislativa parece, porém, remontar à lei egípcia n. 66 de 1971, com a qual Nasser (1918-1970) instituiu o Social Bank: esse banco não podia tratar "com terceiros fazendo uso de juros, nem recebendo-os, nem pagando-os". Em 1972, a Jordânia confiou a administração dos bens dos órfãos a uma entidade que devia investi-los de modo compatível com o direito islâmico. O Dubai Islamic Bank, instituído em 1975, quis "operar numa base diferente da usura e de tudo o que possa se revelar usurário". Enfim, a partir de 1974, o Islamic Bank for Development reunia vinte e três Estados islâmicos "com a finalidade de ajudar conjuntamente o desenvolvimento econômico e o progresso social dos povos dos Estados-membros e das sociedades islâmicas, em harmonia com o direito islâmico (*sharia*)".

Debate doutrinário e experiências bancárias concretas foram assim acumulando-se numa direção diferente da seguida pelos bancos ocidentais. A conclusão dessas observações deve ser não tanto a específica análise dos contratos bancários considerados admissíveis ou não à luz da *sharia*, mas sim as finalidades perseguidas com esses bancos, finalidades que, paradoxalmente, são novas porque se remetem à tradição.

O efeito da usura não se limita aos aspectos psicológicos – observa Homoud –, representados pelo desconforto íntimo e pela perda da tranqüilidade de consciência, mas tem dimensões mais amplas e profundas. De fato, a filosofia do banco, à luz dos esquemas derivados de sua origem européia, fundamenta-se na convergência do capital com o capital: o banco empresta apenas aos ricos. A aplicação dessa concepção impede que muitas categorias de cidadãos (ainda que não se preocupem com os problemas da licitude moral ou não das operações) obtenham vantagens dos grandes excedentes de dinheiro derivados dos bens depositados no banco. De fato, eles possuem apenas a própria força física ou intelectual, mas naquela concepção não há lugar para uma convergência entre capital e trabalho. Esse impedimento levou ao trabalho assalariado quem não possuía capitais; vários setores econômicos do Estado tiveram que encontrar um emprego para um crescente número de pessoas. Se os trabalhadores assalariados, especialmente os técnicos e os especialistas, tivessem acesso a um capital proporcional à habilidade e à capacidade de cada um, poderiam deixar de ser assalariados para se tornar produtores, com grande benefício próprio e, portanto, da sociedade.

Para alcançar esse objetivo, procura-se conciliar a moderna técnica bancária com a rígida tradição do direito islâmico.

b) A repressão das relações sexuais ilícitas ("zina") no Paquistão. O direito do Paquistão moderno conhece três estratificações: uma tribal originária (e ainda em parte conservada), uma islâmica e uma ocidental do Common Law. O mundo indo-paquistanês foi um dos primeiros a desenvolver um direito moderno que levasse em conta duas civilizações: o direito anglo-muçulmano (cf. VIII, 8 *b*). Tratava-se, porém, de uma reforma imposta do exterior, enquanto já existia um reformismo indo-islâmico com sua própria tradição inserida no contexto do movimento pan-islâmico já examinado. Os conflitos mais graves verificaram-se entre o direito ocidental introduzido pelos colonizadores e o direito islâmico que ressurgiu com a independência. De fato, algumas normas do direito islâmico estão em contraste com valores ocidentais, como a certeza do direito, a proteção dos direitos humanos, a igualdade entre cidadãos (e dessa forma contrariam também os tratados que os ratificam, ainda que subscritos por Estados islâmicos).

Apenas com a separação da Índia do Paquistão, em 1947, e com a formação de um Estado islâmico no Paquistão, o reformismo autóctone encontrou seu caminho. Trinta anos depois da independência, a influência do "revivalismo" islâmico fazia-se sentir também na legislação, com a proibição de bebidas alcoólicas, apostas, prostituição e locais noturnos de diversão.

Diferentemente do Irã, a formação de um Estado islâmico no Paquistão não teve raízes populares; todavia, o Islã foi aceito favoravelmente por amplas camadas da população, ainda que tenha sido imposto para justificar um regime desprovido de legitimação formal, por ter nascido do golpe de Estado de julho de 1977 de Muhammad Zia ul-Haq. E exatamente em 1977 teve início um processo de islamização do direito penal paquistanês que representava um retrocesso – ao menos do ponto de vista cronológico – em relação ao direito anglo-muçulmano da Índia colonial e unida. Essa tendência foi reforçada em 1979, com a promulgação das *Ordenanças hudud*, assim designadas pelo tipo de pena que prescreviam (cf. item 9): a *Ordenança zina*[26] faz parte desse grupo e diz respeito aos delitos contra a moral sexual, aos quais os fundamentalistas atribuem especial importância.

Essa ordenança refere-se a uma série de delitos, entre os quais convém deter-se apenas nos de estupro, adultério e fornicação (*zina*). Para esses delitos, estão previstas penas quase idênticas, mesmo porque na prática a polícia tende a desclassificar o estupro para fornicação: nos registros, os dois delitos não são mantidos separados. O estupro se realiza com a relação sexual entre duas pessoas não validamente casadas entre si e contra a vontade de uma das partes. A fornicação e o adultério são a relação sexual consensual entre duas pessoas não validamente casadas. A casuística é complexa e aqui é necessário detalhar alguns pontos da ordenança: para um exame completo, existe uma pesquisa italiana que ilustra as características jurídicas desse tema[27].

---

26. *Offence of Zina (Enforcement of Hudood) Ordinance*, n. VII, 1979: essa norma propõe "to bring in conformity with the Injunctions of Islam the law relating to the offence of *zina*", e precisamente "to modify the existing law relating to *zina* so as to bring it in conformity with the Injunctions of Islam as set out in the Holy Quran and Sunnah". O texto integral está contido em *Hudood Laws in Pakistan*, foreword by Gul Muhammad Khan, Lahore, Kausar Brothers, s.d., 144 pp.

27. Elisa Giunchi, *Radicalismo islamico e condizione femminile in Pakistan*, Turim, L'Harmattan Italia, 1999, p. 107. Esse interessante volume, nascido de uma tese de doutorado na Universidade de Cambridge, analisa várias senten-

As penas são inspiradas no clássico rigor islâmico: se o réu é uma pessoa no pleno uso dos seus direitos (*muhsan*: pessoa maior de idade, livre, muçulmana, de mente sã, que tenha tido relações sexuais apenas com o cônjuge regularmente casado; ou, se não casada, ilibada), o adultério é punido com a lapidação (que não é prevista pelo Corão) e a fornicação, com cem chicotadas. No caso do estupro, se o réu é *muhsan*, a pena é a lapidação; se não, a pena são cem chicotadas ou "qualquer outra pena, incluída a pena de morte, que o tribunal julgue oportuna". Essas são as penas máximas, mas existe uma casuística que prevê a possibilidade de uma redução dessas penas; além disso, o regime das provas dificulta a condenação às penas máximas por tais delitos. Entretanto, essas poucas menções já oferecem uma idéia da severidade das penas e da discricionariedade de sua aplicação.

As ordenanças inspiradas no direito islâmico às vezes entram em conflito com o direito vigente. Se o réu é menor de idade, as penas para ambos os delitos são reduzidas a cinco anos de detenção e/ou trinta chicotadas e/ou uma pena pecuniária. A menoridade é determinada pelos dezoito anos para o homem e dezesseis para a mulher, ou então pela chegada da puberdade. Essas disposições sobre a mulher estão em contraste com o código penal (que considera não a maturidade sexual, mas a capacidade de entendimento e de vontade própria) e também com a Convenção das Nações Unidas sobre os Direitos da Criança, ratificada também pelo Paquistão.

O problema do choque entre o velho ordenamento de origem anglo-muçulmana e as novas ordenanças "revivalistas", bem como o problema da ampla margem de discricionariedade deixada ao juiz, exigem uma breve menção também às reformas judiciárias de inspiração islâmica realizadas no Paquistão.

ças dos tribunais islâmicos paquistaneses. Outras estão contidas no texto em inglês, mais amplo, da tese de 1994, intitulada *The Enforcement of the Zina Ordinance by the Federal Shariat Court in the Period 1980-1990, and Its Impact on Women*, que pode ser consultada na University Library de Cambridge.

No Paquistão, após a instituição dos tribunais islâmicos que, desde 1978, se colocam ao lado dos tribunais preexistentes, uma reforma constitucional efetuada em 1985 introduziu o direito islâmico como direito do Estado. Os juízes paquistaneses podem, assim, subtrair-se ao direito positivo para fundamentar-se, através da constituição, num "outro" direito. Um típico exemplo dessa divergência de valores encontra-se também na ordenança sobre os delitos sexuais, âmbito em que se enfrentam valores conflitantes muito arraigados. Um estudo sobre 156 sentenças referentes àquela ordenança chega à conclusão de que, "sobretudo a partir da introdução do art. 2-A na Constituição, os juízes do Tribunal Federal Shariat têm evocado explicitamente as fontes do direito islâmico, chegando até mesmo a suspender normas de direito estatutário e a aplicar a *sharia* não codificada"[28]. Continua sem resposta o problema de saber até que ponto o apelo ao direito islâmico é um fim (ou seja, o retorno à pureza das origens, contraposto à corrupção ocidental) ou um meio (para afirmar o *status quo* político e sociocultural existente). É todavia um dado de fato que normas jurídicas anteriores, promulgadas segundo os princípios ocidentais, são hoje desaplicadas.

c) *Estado e tribos no Afeganistão.* Os dois elementos sociais que mais influem no direito do Afeganistão são o tribalismo e o Islã. O problema específico a ser aqui ressaltado é a persistência do tribalismo através de todas as formas de estratificação política – e, conseqüentemente, também jurídica – até os dramáticos dias de hoje.

Ainda na atualidade o país conhece na prática a divisão de seis principais grupos étnicos em numerosas tribos independentes. Tais tribos habitam vales isolados e falam mais de vinte idiomas diferentes. Os eventos históricos que no decorrer das décadas envolveram o Estado afegão como um todo terminaram por se resolver graças à combativida-

---

28. Elisa Giunchi, *Radicalismo islamico e condizione femminile in Pakistan*, cit., p. 107.

de e à coesão das tribos, que saíram desses eventos cada vez mais fortalecidas.

Começa-se a falar de um Estado afegão independente no século XVIII, mas apenas em 1836 ascende ao poder uma dinastia que dá os primeiros passos para a modernização do país. Em primeiro lugar, ela se propõe enfraquecer os vínculos tribais e indicar um ponto de agregação aceito por todos: esse ponto só podia ser a religião islâmica, à qual recorreram tanto as tribos quanto o novo soberano, proclamado "guia de todos os fiéis".

O tímido processo de formação de uma administração central foi interrompido por um evento externo: o Afeganistão se tornara uma peça frágil mas importante no "grande jogo" entre ingleses e russos. Temendo que os russos buscassem uma saída para os mares quentes passando pela Índia britânica, os ingleses tentaram conquistar o Afeganistão. As duas guerras anglo-afegãs destruíram o embrião de Estado unitário que estava sendo criado e fortaleceram o poder tribal. Até 1920, por exemplo, o alistamento militar continuou a ter lugar em nível tribal e não nacional.

A formação de um Estado em certa medida centralizado continuou até 1978, quando o país foi invadido pela União Soviética. Formalmente, o Afeganistão tornou-se um Estado centralizado no modelo soviético e essa estrutura foi ratificada em 1980 por uma nova constituição. A realidade, porém, movia-se na direção oposta.

> Historicamente, a resistência à dominação estrangeira sempre foi uma tarefa das tribos e de seus chefes religiosos. Isso está se repetindo também hoje, e o Afeganistão rural está voltando ao controle tribal. A rebelião e a luta contínua levaram à queda da autoridade do governo central nas tribos. O vazio daí decorrente foi facilmente preenchido pelas formas tradicionais de autoridade tribal [...]. A história se repete: assim como as guerras anglo-afegãs do século XIX aumentaram o poder e a influência dos chefes tribais e religiosos, também a invasão soviética deu novo impulso a essas forças.[29]

---

29. Mohammed H. Kamali, *Law in Afghanistan*, Leiden, Brill, 1985, p. 5.

Dessas premissas pode-se concluir que no Afeganistão toda estratificação jurídica foi obrigada a se submeter às rígidas leis patriarcais das tribos. Um terreno de observação particularmente fértil é o direito matrimonial afegão, em que convivem costumes locais não previstos pelo direito islâmico e – até 1989 – tentativas modernistas de origem soviética que se traduziram em leis muitas vezes não aplicadas, embora formuladas com prudentes formas de recíprocas transigências. Depois da retirada das tropas soviéticas em 1989, o país atravessou um período de guerra civil que certamente não chegou ao fim com a tomada de Cabul por parte dos talibãs e com a formação de um Estado fundamentado numa visão radical do Islã. As tentativas anteriores de modernização jurídica foram substituídas por uma aplicação muito rígida do direito islâmico.

Entre as quatro Escolas ortodoxas do direito islâmico, o direito afegão adota em campo matrimonial a Escola hanafita, mas a interpreta de modo mais estrito. O divórcio com sentença judiciária foi concedido pela primeira vez à mulher em 1977, quando a legislação civil adotou a interpretação mais liberal da Escola maliquita referente ao tema. Todavia, permaneciam (e parece que até o momento ainda continuam) usos, como o altíssimo preço da esposa e a dispendiosa cerimônia nupcial, que na prática transformam o matrimônio num privilégio exclusivo dos mais abastados; o casamento entre crianças; a escolha do esposo ou da esposa por parte dos pais e, enfim, uma poligamia menos controlada do que em outros países, onde também se adota o direito islâmico.

Sobre um direito consuetudinário tribal que convivia com um direito religioso, a *sharia*, com a ocupação por parte da ex-URSS se sobrepôs – mas, ao que parece, apenas formalmente – um direito com estrutura européia e conteúdo marxista. A edição anterior deste livro, em 1988, apresentava três possíveis cenários:

> As perspectivas de uma futura reforma parecem depender dos eventos políticos e militares. Se prevalecer um regime

de tipo soviético, verificar-se-á provavelmente uma profunda disparidade entre direito formal e realidade social: algo mais semelhante à Turquia kemalista que às repúblicas soviéticas da Ásia Central (habitadas, note-se, por algumas etnias presentes também no Afeganistão). Se retornar um governo em certa medida autônomo, as propostas de reforma legislativa parecem levar à adoção das interpretações corânicas menos restritivas já aceitas em outros Estados islâmicos; todavia, na cultura afegã poderia consolidar-se também um regime integralista moldado no Irã de Khomeini.

Essa última perspectiva foi a que se traduziu em realidade com o governo dos talibãs*.

A invasão soviética do Afeganistão durou de 1979 a 1988. No ano seguinte, a União Soviética havia completado a retirada de suas tropas do Afeganistão, que permanecia contudo dilacerado entre facções islâmicas contrapostas, entre as quais acabou predominando a fundamentalista. Já a Constituição de 30 de novembro de 1987 proclamara o Islã religião de Estado; todavia, nos anos 1990, o Afeganistão aplicou as prescrições islâmicas de modo tão extremo que, em certos aspectos, retrocedeu à Idade Média, sobretudo no que se refere à condição feminina e aos direitos civis.

ITINERÁRIO BIBLIOGRÁFICO

Para as obras de referência, veja-se a bibliografia do capítulo I.

A obra fundamental de referência para qualquer trabalho sobre o Islã é a nova edição de *The Encyclopaedia of Islam. New Edition*, org. por Clifford E. Bosworth; E. Van Donzel; B. Lewis e Ch. Pellat Leiden, Brill, 1979-1998, até o momento, em 10 vols. [muitas vezes, em dois

---

* Acusado de abrigar o terrorista Osama bin Laden, suposto responsável pelos atentados de 11 de setembro de 2001 nos Estados Unidos, o regime talibã é alvo de uma ofensiva da Aliança do Norte apoiada por mísseis e bombardeios norte-americanos e é derrubado em 7 de dezembro daquele mesmo ano. (N. da R.)

tomos; a parte alfabética chegou em 1997 às letras San-Sze; para os volumes anteriores, já foram publicados índices e glossários]; além disso, a partir de 1980 foram publicados também os suplementos, que atualizam os volumes já impressos. Os verbetes estão organizados alfabeticamente e não poucos são especificamente jurídicos. Na mesma época foi publicada também uma edição em francês: *Encyclopédie de l'Islam*. A primeira edição desta obra, publicada em 1913-1936 em quatro volumes e um suplemento, foi reimpressa em 1987 pela editora Brill de Leiden [em 9 volumes, para um total de 5.164 pp.] com o título *First Encyclopaedia of Islam 1913-1936*. É útil para reconstruir a evolução histórica de institutos jurídicos descritos nos verbetes atuais.

A transliteração do árabe em caracteres latinos cria dificuldades na consulta dessas obras: de fato, muitas vezes, nos textos ocidentais, a mesma palavra pode ser transcrita de maneira diferente, o que dificulta a pesquisa alfabética, por exemplo, na *Encyclopaedia of Islam*. Esta última usa uma transcrição científica precisa, mas difícil de reproduzir; além disso – por ser uma obra destinada a especialistas em orientalismo – freqüentemente ilustra os conceitos sob o verbete árabe: por exemplo, o reformismo islâmico encontra-se não no verbete *Reform*, mas nos verbetes *Islah* e *Nahda*. Os glossários e os índices que acompanham os volumes ajudam a encontrar, sob o vocábulo em inglês ou francês, o correspondente termo árabe usado como verbete na *Encyclopaedia of Islam*.

As várias edições dessa obra devem ser acompanhadas com o *Index Islamicus*. A série dessas bibliografias começa com Wolfgang H. Behn, *Index Islamicus: 1665-1905. A Bibliography of Articles on Islamic Subjects in Periodicals and Other Collective Publications*, Millersville (Pa.), Adiyok, 1989, XXX-869 pp. Tal obra encontra sua continuação na série: *Index Islamicus. A Bibliography of Articles on Islamic Subjects in Periodicals and Other Collective Publications*, compilada por J[ames] D. Pearson et al., Heffers Cambridge (a partir de 1966: Londres, Mansell), 13 volumes até 1991. Uma terceira publicação traz o título: *Index Islamicus. New Books, Articles and Reviews on Islam and the Muslim World*, compilada por J[ames] D. Pearson et al., Londres/Munique, Bowker/Saur, 1958. Existe ainda como *Index Islamicus on CD-ROM*.

A essas bibliografias acrescentou-se, a partir de 1977 até 1993, como atualização trimestral do *Index Islamicus*, *The Quarterly Index Islamicus. Current Books, Articles and Papers on Islamic Studies*, Londres, Mansell, que cessou com o vol. 17 de 1993.

Uma lista das dissertações em inglês sobre todos os temas relevantes para o islamista (e, assim, também sobre o direito) encontra-se em: Peter Sluglett (org.), *Theses on Islam, the Middle East and North West Africa 1880-1978*. Accepted in the Universities in the United Kingdom and Ireland, Londres, Mansell, 1983, 160 pp.

Como complemento das obras anteriormente citadas, veja-se: Laila Zwaini; Rudolph Peters, *A Bibliography of Islamic Law: 1980-1993*, Leiden, Brill, 1994, IX-239 pp.

Temas jurídicos são objeto da série "Studies in Islamic Law and Society" (Leiden, Brill): 1. *Islamic Law and the State*, 1996; 2. *Islamic Banking and Interest*, 1996; 3. *Family and Courts in Modern Egypt*, 1997; 4. *The Formation of the Sunni School of Law*, 1997; 5. *Islamic Maritime Law*, 1998; 6. *Endowments, Rulers and Community*, 1998; 7. *Contingency in Sacred Law*, 1999; 8. *Islamic Law and Legal System*, 2000; 9. *Islamic Law and Culture*, 1999.

Devem ser recordadas duas obras clássicas italianas. Um dos mais vastos manuais europeus de direito muçulmano foi: David Santillana, *Istituzioni di diritto musulmano malichita con riguardo anche al sistema sciafeita*, Roma, Istituto dell'Estremo Oriente, 1938-1943, 2 vols. Também a mais célebre obra italiana sobre os árabes na Sicília contém alusões às instituições jurídicas: Michele Amari, *Storia dei Musulmani in Sicilia*, Catânia, Prampolini, 1933-1939, 3 vols.

Para um primeiro enquadramento histórico: Robert Mantran, *L'espansione musulmana dal VII all'XI secolo*, Milão, Mursia, 1969, 263 pp. [clara obra de referência, com bibliografias por assunto e quadros cronológicos]; Reinhard Schulze, *Il mondo islamico nel XX secolo*, Milão, Feltrinelli, 1998, 544 pp. [partindo do impacto do colonialismo moderno sobre a cultura islâmica, o volume chega até a afirmação atual das ideologias islâmicas, com referência também às áreas periféricas do Islã, como a Indonésia ou os Estados nascidos da dissolução da ex-URSS]. Além disso:

Amin, Sayed H., *Islamic Law and Its Implications for Modern World*, Glasgow, Royston, 1989, 399 pp.

——, *Islamic Law and the Contemporary World. Introduction, Glossary and Bibliography*, Glasgow, Royston, 1985, IX-190 pp.

An-Na'im, Abdullahi A., *Toward an Islamic Reformation: Civil Liberties, Human Rights, and International Law*, Syracuse (NY), Syracuse University Press, 1990, XVI-253 pp.

Al-Azmeh, Aziz (org.), *Islamic Law: Social and Historical Contexts*, Londres, Routledge, 1988, IX-277 pp.

Bannerman, Patrick, *Islam in Perspective. A Guide to Islamic Society, Politics, and Law*, Londres, Routledge, 1988, VIII-278 pp.

Gerber, Haim, *Islamic Law and Culture; 1600-1840*, Leiden, Brill, 1999, 156 pp.
Gleave, Robert, *Islamic Law: Theory and Practice*, Londres, Tauris, 1997, VI-248 pp.
Johansen, Baber, *Contingency in Sacred Law. Legal and Ethical Norms in Muslim fiqh*, Leiden, Brill, 1999, XIII-521 pp.
Rosen, Lawrence, *The Anthropology of Justice: Law as Culture in Islamic Society*, Cambridge, Cambridge University Press, 1989, XVI-101 pp.
Starr, June, *Law as Metaphor. From Islamic Courts to the Palace of Justice*, Albany (NY), State University of New York Press, 1992, XLI-243 pp.
Weiss, Bernhard G., *The Spirit of Islamic Law*, Athens, University of Georgia Press, 1998, XIV-211 pp.

Sobre o direito islâmico em vários Estados:
Brown, Nathan J., *The Rule of Law in the Arab World. Courts in Egypt and the Gulf*, Cambridge, Cambridge University Press, 1997, XVII-258 pp.
Chalabi, El-Hadi, *L'Algérie, l'État et le droit*, Paris, Arcentère, 1989, V-306 pp.
Christelow, Allan, *Muslim Law Courts and the French Colonial State in Algerie*, Princeton (NJ), Princeton University Press, 1985, XXI-311 pp.
Facchi, Alessandra, *L'evoluzione del diritto fondiario algerino (1830-1986)*, Milão, Unicopli, 1987, 162 pp. (com ampla bibliografia).
Fluehr-Lobban, Carolyn, *Islamic Law and Society in the Sudan*, Londres, Cass, 1987, XVII-320 pp.
Hooker, Michael Barry, *Islamic Law in South-East Asia*, Singapore, Oxford University Press, 1984, XXX-330 pp.
Kamali, Masoud, *Revolutionary Iran, Civil Society and State in the Modernization Process*, Aldershot, Ashgate, 1998, XX-318 pp.
Youssef, Michael, *Revolt against Modernity. Muslim Zealots and the West*, Leiden, Brill, 1985, IX-188 pp. [sobre a modernização do Egito].

Sobre o direito islâmico na Indonésia: Theodor Willem Juynboll, *Manuale di diritto musulmano secondo la dottrina della scuola sciafita*, tradução de Giovanni Baviera, Milão, Vallardi, 1916, XIX-338 pp. Este manual se refere à situação indonésia (o autor é um orientalista holandês do século XIX). Além disso, realizou-se um estudo de primeira mão sobre a estrutura dos tribunais islâmicos indonésios (sua história, organização, procedimentos) e sobre seu posicionamento em relação ao direito de família (divórcio e herança), concluído com uma análise sobre o fundamento político do conservadorismo jurídico islâmico na Indonésia: Daniel S. Lev, *Islamic Courts in Indonesia. A Study in the Political Basis of Legal Institutions*, Berkeley, University of California Press, 1972, XI-281 pp.; cf. ainda: Herman Slaats, *Traditional Decision Making and Law: Institutions and Processes in an Indonesian Context*, Yogyakarta, Gadjah Mada University Press, 1992, XIII-208 pp. A evolução jurídica mais recente está em: S. Pompe (org.), *Indonesian Law: 1949-1989. A Bibliography of Foreign-Language Materials with Brief Commentaries on the Law*, Nijhoff, Dordrecht, 1992, XXXII-439 pp.; *Indonesia and the Rule of Law. Twenty Years of "New Order" Government*. Study prepared by the International Commission of Jurists, Londres, Pinter, 1987, XII-208 pp.

Para as obras sobre o direito da Índia depois da separação do Paquistão em 1947, veja-se a bibliografia do cap. VIII. Não existe a obra: Ahmad Nurrudin (org.), *The Growth of Muslim Separatism in the Indian Sub-Continent, 1857-1947*. An Annotated Bibliography, Londres, Mansell, cerca de 350 pp. [1.350 títulos anotados desde a revolta dos Sepoys à fundação do Paquistão]: o volume havia sido anunciado nos catálogos da editora Mansell (e por isso fora incluído na edição anterior deste livro), mas a própria editora me confirmou que o livro não foi publicado.

Aspectos específicos do direito islâmico foram ilustrados nas seguintes obras:

Al-Azmeh, Aziz (org.), *Islamic Law: Social and Historical Contents*, Londres, Croom Helm, 1987, pp. 224 [obra coletiva sobre temas específicos relativos a vários Estados regulamentados pelo direito islâmico].

Alami, Dawoud S., *The Marriage Contract in Islamic Law: In the Shariah and Personal Status Laws of Egypt and Morocco*, Londres, Graham & Trotman, 1992, XXVIII-170 pp.

Amin, Sayed Hassan, *Middle East Legal Systems*, Glasgow, Royston, 1985, XV-434 pp.

Anderson, Norman, *Law Reform in the Muslim World*, Londres, Athlone, 1976.

Bassiouni, M. Cherif (org.), *Islamic Criminal Justice System*, Nova York, Oceana, 1982, 255 pp. [estudo abrangente e técnico do direito penal islâmico atual].

Bennigsen, Alexandre; Lemercier-Quelquejay, Chantal, *Le soufi et le commissaire. Les confréries musulmanes en URSS*, Paris, Seuil, 1986, 310 pp.

Bennigsen, Alexandre; Wimbush, S. Enders, *Muslims of the Soviet Empire. A Guide*, Bloomington (Ind.), Indiana University Press, 1986, XVI-294 pp.

Burton, John, *The Sources of Islamic Law: Islamic Theories of Abrogation*, Edimburgo, Edinburgh University Press, 1990, XI-235 pp.

Charles, Raymond, *Le droit musulman*, 6.ª ed., Paris, Presses Universitaires de France, 1982, 128 pp. [breve introdução elementar da série "Que sais-je?"].

Cilardo, Agostino, *Studies on Islamic Law of Inheritance*, Nápoles, Istituto Universitario Orientale, 1990, 63 pp.

Coulson, Noel J., *A History of the Islamic Law*, Edimburgo, Edinburgh University Press, 1964, VIII-264 pp. [história do direito islâmico, da origem até os nossos dias, incluindo o contato entre direito ocidental e islâmico].

Dia, Mamadou, *Islam, sociétés africaines et culture industrielle*, Dakar, Les Nouvelles Éditions Africaines, 1975, 165 pp.

Diwan, Paras, *Muslim Law in Modern India*, 4.ª ed., Allahabad, Allahabad Law Agency, 1987, XXVI-352 pp.

Djamour, Judith, *The Muslim Matrimonial Court in Singapore*, Londres, Athlone, 1966, 189 pp.

Esposito, John L., *Women in Muslim Family Law*, Syracuse (NY), Syracuse University Press, 1982, XII-155 pp.

Hussain, Asaf, *Islamic Movements in Egypt, Pakistan and Iran*, Londres, Mansell, 1983, 182 pp.

Hussain, Freda (org.), *Muslim Women*, Nova York, St. Martin's Press, 1984, 232 pp.

Kettani, Ali M., *Muslim Minorities in the World Today*, Londres, Mansell, 1986, 288 pp.

Khalilieh, Hassan S., *Islamic Maritime Law. An Introduction*, Leiden, Brill, 1998, XXI-202 pp.

Kurdi, Abdulrahman A., *The Islamic State. A Study Based on the Islamic Holy Constitution*, Londres, Mansell, 1985, 160 pp.

Johanson, Baber, *The Islamic Law on Land Tax and Rent: The Peasants' Loss of Property Rights as Interpreted in the Hanafite Legal Literature of the Mamluk and Ottoman Periods*, Londres, Croom Helm, 1988, 143 pp.

Lippman, Matthew et al., *Islamic Criminal Law and Procedure: An Introduction*, Nova York, Praeger, 1988, XV-168 pp. [é uma síntese muito eficaz dos conceitos fundamentais do direito penal islâmico; bibliografia: pp. 140-55].

Malekian, Farhad, *The Concept of Islamic International Criminal Law. A Comparative Study*, Londres, Graham & Trotman, 1994, XVI-213 pp.

Mallat, Chibli (org.), *Islamic Family Law*, Londres, Graham & Trotman, 1990, XIC-395 pp.

Mir-Hosseini, Ziba, *Marriage on Trial. A Study of Islamic Family Law: Iran and Morocco Compared*, Londres, Tauris, 1993, XIII-245 pp.

Mostafa, Mahmoud, *L'évolution de la procédure pénale en Egypte et dans les pays arabes*, Paris, Presses Universitaires de France, 1973, 117 pp.

Nasir, Jamal J., *The Islamic Law of Personal Status*, Londres, Graham & Trotman, 1986, XIV-328 pp.

——, *The Status of Women under Islamic Law and Under Modern Islamic Legislation*, Londres, Graham & Trotman, 1990, VII-151 pp.

Parviz, Owsia, *Formation of Contract. A Comparative Study under English, French, Islamic and Iranian Law*, Londres, Graham & Trotman, 1994, LIX-621 pp.

Patel, Rashida, *Islamisation of Laws in Pakistan?*, Karachi, Faiza Publishers, 1986, 238 pp. [série sobre a normativa islâmica que entrou em vigor mais recentemente no Paquistão, criticada de dentro e por uma advogada sensível aos problemas da mulher na sociedade reislamizada].

Qureshi, Mohammed A., *Muslim Law of Marriage, Divorce and Maintenance*, Nova Déli, Deep & Deep, 1992, XXXIX-455 pp.

Rayner, Susan E., *The Theory of Contract in Islamic Law. A Comparative Analysis with Particular Reference to the Modern Legislation in Kuwait, Bahrain and the United Arab Emirates*, Londres, Graham & Trotman, 1991, XXII-445 pp.

Sanad, Nagaty, *The Theory of Crime and Criminal Responsibility in Islamic Law*, Chicago (Ill.), Office of International Criminal Justice, 1991, 107 pp.

Spuler, Bertold, Die Lage der Muslime in Jugoslawien, *Die Welt des Islams*, XXVI, 1986.

Toll, Christopher (org.), *Law and the Islamic World: Past and Present*, Copenhague, Munksgaard, 1995, 184 pp.

Vatikiotis, Panayiotis Jerasimof, *Islam and the Nation-State*, Londres, Croom Helm, 1987, 128 pp. [ilustra a incompatibilidade entre a noção ocidental de Estado nacional e o Islã, que prefere a noção de *umma*, ou seja, de Estado universal dos fiéis sem referência aos atuais limites nacionais].

Vermeulen, Urbain, *Law, Christianity and Modernism in Islamic Society*, Louvain, Peeters, 1998, XVIII-299 pp. (atas do congresso na Universidade Católica de Louvain).
Ziadeh, Farhat J., The Role of Lawyers in Egypt, *Law and Society Review*, III, nov. 1968-fev. 1969, pp. 407 ss.

[Item 3] Hallaq, Wael B., *A History of Islamic Legal Theories. An Introduction to Sunni usul al-fiqh*, Cambridge, Cambridge University Press, 1997, pp. IX-294; Christopher, Melchert, *The Formation of the Sunni Schools of Law, 9th-10th Centuries C. E.*, Leiden, Brill, 1997, XXX-243 pp.

[Item 5] Joseph Prader, *Il matrimonio nel mondo*, prefácio de Alberto Trabucchi e introdução de Murad Ferid, 2.ª ed. atualizada, Pádua, Cedam, 1986, XXVIII-632 pp. [a primeira parte examina o matrimônio nos países europeus e de derivação européia, e também no direito islâmico, africano, chinês, japonês, hindu, *adat* e centro-asiático; na segunda parte, o direito vigente de 111 Estados; com bibliografia]; Ron Shaham, *Family and the Courts in Modern Egypt. A Study Based on Decisions of the Sharia Courts: 1900-1950*, Leiden, Brill, 1997, XV-262 pp.

[Item 11] Um exemplo típico dessa abolição do direito islâmico encontra-se na modernização turca. Para uma bibliografia sobre esse fenômeno, cf. Mario G. Losano, *L'ammodernamento giuridico della Turchia (1839-1926)*, 2.ª ed., Milão, Unicopli, 1985, pp. 145-5.

Um quadro geral do Império Otomano encontra-se em Kemal H. Karpat (org.), *The Ottoman State and Its Place in World History*, Leiden, Brill, 1974, VI-129 pp.; Peter F. Sugar, *Southeastern Europe under Ottoman Rule, 1354-1804*, Seattle, University of Washington Press, 1977, 384 pp. [história geral da dominação otomana nos Bálcãs].

Sobre a Turquia, como herdeira do Império Otomano, cf. Bernard Lewis, *The Emergence of Modern Turkey*, Oxford/Londres, Oxford University Press, 1969, XI-524 pp. (com bibliografia); Stanford J. Shaw, *History of the Ottoman Empire and Modern Turkey*, Cambridge, Cambridge University Press, 1977: vol. 1, *Empire of the Gazis, 1280-1808*; vol. 2 (com Ezel Kural Shaw), *The Rise of Modern Turkey, 1808-1975*. Sobre o declínio do Império Otomano: Alan Palmer, *The Decline and Fall of the Ottoman Empire*, Londres, Murray, 1992, IX-306 pp. Sobre a herança do Império Otomano na bacia mediterrânea: L[eon] Carl Brown (org.), *Imperial Legacy. The Ottoman Imprint on the Balcans and the Middle East*, Nova York, Columbia University Press, 1996, XVI-337 pp. Enfim, sobre a história da Turquia moderna: Erik J. Zürcher, *Turkey. A Modern History*, Londres, Tauris, 1998, XIV-405 pp.

VV. AA., *Political Modernization in Japan and Turkey*, Princeton (NJ), Princeton University Press, 1970, VII-502 pp.: perguntamo-nos sempre por que a transferência da Europa para o Japão produziu resultados tão diferentes da transferência da Europa para a Turquia. Nessa obra, dois estudos expõem a situação turca e a japonesa para cada tema enfrentado (sociedade tradicional, influências estrangeiras, economia, instrução, meios de comunicação, burocracia, exército, política). O material é interessante, mas falta coordenação. Especificamente ao direito é dedicado todo um fascículo da *Rivista di Diritto Svizzero*: *Fünfzig Jahre Türkisches Zivilgesetzbuch. Cinquantenaire du Code Civil Turc*, 1976, n. 3, pp. 221-341. Os textos são em alemão e francês. Sobre a influência do Islã, cf. Rudolf Peters, Religious Attitudes Towards Modernization in the Ottoman Empire. A Nineteenth Century Pious Text on Steamship, Factories and the Telegraph, *Die Welt des Islams*, XXVI, 1986.

Ver ainda:

Barnes, John Robert, *An Introduction to Religious Foundations in the Ottoman Empire*, Leiden, Brill, 1986, XII-184 pp.

Iannettone, Giovanni, *Politica e diritto nelle interrelazioni di Solimano il Magnifico*, Nápoles, Edizioni Scientifiche Italiane, 1991, 268 pp.

Imber, Colin, *Studies in Ottoman History and Law*, Istambul, Isis Press, 1996, IX-337 pp. (textos em inglês e em francês).

Tucker, Judith E., *In the House of the Law: Gender and Islamic Law in Ottoman Syria and Palestine*, Berkeley (CA), California University Press, 1998, XI-221 pp.

[Item 13 *a*] Um primeiro quadro do conjunto está em: Daphne Buckmaster, *Islamic Banking: An Overview*, Londres, Institute for Islamic Banking and Insurance, 1996, VIII-177 pp.; Ahmed Abdel-Fattah El-Ashker, *The Islamic Business Enterprise*, Londres, Croom Helm, 1987, 288 pp. [estudo documentado com análise de casos concretos extraídos dos bancos egípcios e das atividades financeiras de empresas industriais; uma parte teórica explica também os fundamentos da economia islâmica, comparando-a com a capitalista e com a socialista]; Arthur Gloom, *Islamic Law and Business: Contracts and Legal Protection in Economic Relations with the Arab Countries of the Gulf Area*, Zurique, Reisehochschule, 1982, pp. 211 (atas de um congresso); Chibli Mallat, *Islamic Law and Finance*, Londres, Graham & Trotman, 1988, XIV-196 pp. (atas de um congresso); Nicholas D. Ray, *Arab Islamic Banking and the Renewal of Islamic Law*, Londres, Graham & Trotman, 1995, XI-195 pp.; Fuad [Al-]Omar, *Islamic Banking: Theory, Practice & Challenges*, Karachi, Oxford University Press, 1996, XXI-137 pp.; Abdullah Saeed, *Islamic Banking and Interest. A Study of the Prohibition of Riba and Its Contemporary Interpretation*, Leiden, Brill, 1996, VI-169 pp.; Nabil A. Saleh, *Unlawful Gain and Legitimate Profit in Islamic Law; Riba, Gharar and Islamic Banking*, Cambridge, Cambridge University Press, 1986, XII-130 pp.; Frank E. Vogel; Samuel L. Hayes, *Islamic Law and Finance: Religion, Risk, and Return*, The Hague, Kluwer, 1998, XV-330 pp.

[Item 13 c] Vartan Gregorian, *The Emergence of Modern Afghanistan: Politics of Reform and Modernization 1880-1945*, Stanford (CA), Stanford University Press, 1969, 586 pp.; Mohammad H. Kamali, *Law in Afghanistan: A Study of Constitutions, Matrimonial Law and the Judiciary*, Leiden, Brill, 1985, VIII-265 pp. Sobre a situação depois da invasão soviética: Sayed H. Amin, *Law, Reform and Revolution in Afghanistan. Implications for Central Asia and the Islamic World*, Glasgow, Royston, 1993, 206 pp.

Capítulo VIII
O direito indiano

1. A Índia, amálgama de sistemas jurídicos

Expandindo-se para o Oriente, a civilização babilônica chegou à Índia (cf. VI, 12). Aqui, a confluência de povos heterogêneos, divididos entre arianos e não-arianos, encontra equilíbrio num sistema social que separa claramente os dois grupos, repartindo-os num complexo sistema de castas. Essa confluência é fusão, mas não confusão: dela deriva a rigidez que influencia a estrutura do direito bramânico. A esse direito, tratado sumariamente nas páginas seguintes, sobrepuseram-se no decorrer dos séculos outros dois sistemas jurídicos já vistos: o islâmico e o anglo-saxão. Será assim suficiente mencionar brevemente a estrutura do direito bramânico, para depois passar a um exame das influências que os outros dois exerceram sobre ele.

2. A relevância jurídica das castas

A estrutura de castas condiciona o direito da Índia antiga. A casta mais elevada, a dos brâmanes, é superior ao próprio rei. O direito bramânico evoluiu no sentido de uma progressiva laicização, de forma que a relação entre brâmanes e rei, ou seja, entre religião e Estado, se inverteu. Muitas das antigas normas sobre as castas, todavia, sobreviveram até os dias atuais, sobretudo no âmbito das normas sobre o matrimônio e sobre a filiação, especialmente intercastas: o tratado de Gautama, por exemplo, elencava vinte e oito castas mistas resultantes desses matrimônios. Naturalmente, a revogação das normas tradicionais mediante normas mais modernas não bastou para abolir as castas. Elas constituem ainda hoje um problema social não resolvido.

Não obstante isso, em relação ao direito islâmico, o direito indiano refletia uma teologia mais flexível: admitia-se o empréstimo a juros, desde que estes não superassem cerca de 15% ao ano, e era lícita a sucessão dos filhos, tanto homens quanto mulheres. Mas era no âmbito que hoje chamaremos penal que as relações de casta revelavam plenamente sua dureza.

Os impuros, ou seja, os sem casta (sudras), estavam expostos a penas cruéis e desproporcionadas. Se um sudra surrava uma pessoa de casta superior, era-lhe amputado o membro com o qual havia golpeado. Se era hóspede, precisava trabalhar para pagar a hospitalidade. Uma série de normas visavam ainda impedi-los de sair do estado de ignorância, ou seja, de conhecer as escrituras: se se descobria um sudra que escutava a recitação dos *Veda*, enchiam-se suas orelhas com chumbo derretido; se era capaz de recitá-los, tinha a língua cortada; se os sabia de cor, era esquartejado. Em relação à casta superior dos brâmanes, pois, não existia nenhuma proteção jurídica para os sudras: os brâmanes podiam ofendê-los impunemente.

No extremo oposto dos sudras, a casta dos brâmanes gozava de privilégios especiais: quem acusava um brâmane era acusado da mesma falta e, se a primeira acusação se mostrasse infundada, vinha a se encontrar na posição de duplamente culpado. Quem encontrava um tesouro era obrigado a informar o rei, exceto os brâmanes. A importância da descoberta de um tesouro não deve ser subestimada em sociedades que acumulam riquezas sobretudo na forma de metais e pedras preciosas, e não conhecem o sistema bancário, o que leva os bens a serem confiados a terceiros ou escondidos. Isso explica por que os direitos arcaicos mais evoluídos, como o bramânico e o romano, previam regras precisas sobre a descoberta dos tesouros e sobre o instituto do depósito.

3. O direito clássico da Índia

O direito bramânico forma-se e evolui entre 100 a.C. e 1100 d.C.: ao final dessa época, de fato, a expansão muçulmana atinge a Índia e ali introduz um novo ordenamento jurídico que – em parte sobrepondo-se e em parte correndo paralelo ao direito preexistente – bloqueia sua evolução, embora não o elimine.

> O direito hindu – escreve Mayne – tem a mais antiga árvore genealógica entre todos os sistemas jurídicos conhecidos e até hoje não mostrou sinais de decrepitude. No nosso tempo, ele governa povos que vão da Caxemira ao Cabo Comorin e têm em comum apenas a submissão àquele direito.[1]

O direito originário, de fato, sobreviveu mesmo depois que, ao final do século XVII, a Companhia das Índias Orientais começou a aplicar o direito inglês em alternativa ou em paralelo aos dois sistemas jurídicos então em vigor.

A terminologia usada nos textos fundamentais do direito bramânico ressente-se da origem religiosa dos tratados.

A noção de direito é expressa com os termos *dharma* e *vyavahāra*. Do primeiro foram indicados cinco significados:

> Em primeiro lugar, significa religião, que é uma categoria da teologia; em segundo lugar, significa virtude (oposta a pecado ou vício), que é uma categoria da ética; em terceiro lugar, significa direito, que é uma categoria da jurisprudência; em quarto lugar, significa justiça; em quinto lugar, dever.

---

1. John Dowson Mayne, *Treatise on Hindu Law and Usage*, 11.ª ed. org. por N. Chandrasekhara Aiyar, Madras, Higginbothams, 1953, prefácio à primeira edição.

Como essa pluralidade de significados levaria ao desespero o jurista moderno, Sarkar propõe uma definição jurídica do termo, hoje comumente aceita, que deriva em muito da preparação anglo-saxônica dos juristas indianos modernos: *dharma* são "os privilégios, os deveres e as obrigações de um homem, seu critério de conduta como membro da comunidade ariana, como membro de uma casta e como pessoa em uma certa fase de sua vida"[2]. O termo *vyavahāra* indica, por sua vez, "direito civil, direito positivo, processo legal, causa ou disputa"[3]. Pode-se concluir então que *dharma* são as verdades ou os princípios jurídicos contidos nas fontes escritas do direito bramânico, do qual se ocupará o próximo item. *Vyavahāra* é, por outro lado, o direito positivo. Encontra-se assim, em certa medida, a distinção que nos direitos ocidentais contrapõe o direito como deveria ser ao direito como efetivamente é.

4. As fontes do direito bramânico

Os textos originários do direito bramânico são o *Dharmasūtra*, ou seja, a coleção de apotegmas e máximas (*sūtra*) que se referem ao conjunto de regras religiosas e sociais com as quais se adquirem méritos morais (*dharma*); a aquisição desses méritos é um dos três objetivos da existência humana. Os outros são a aquisição de bens (*artha*), objeto de tratados análogos denominados *arthasūtra*, que se dirigem aos soberanos e dão diretrizes ao governo, e o prazer sexual (*kāma*), tratado no *Kāmasūtra* e dirigido não mais ao soberano, mas aos cidadãos de classe elevada.

Os *Dharmasūtra* – redigidos provavelmente entre 900 e 300 a.C. – têm por objeto todas as regras necessárias para adquirir méritos morais, de forma que a matéria jurídica se

---

2. U. C. Sarkar, *Epochs in Hindu Legal History*, Hoshiarpur, Vishveshvaranand Vedic Research Institute, 1958, p. 19.

3. Ibid., p. 21.

encontra neles limitada e dispersa. Além disso, a forma aforística muitas vezes tornava difícil a compreensão desses textos. Para remediar esses inconvenientes, foram redigidos os *Dharmasāstra*, ou composições métricas de assuntos jurídicos: com eles, começam os tratados propriamente jurídicos, mesmo que ainda distantes das formas às quais estamos acostumados. Entre eles, deve-se recordar o célebre Código de Manu (Manusmrti), redigido entre o século II a.C. e o século II d.C., o qual, juntamente com os escritos de Yājñavalkya e Narada, constitui o eixo do sistema jurídico bramânico. Com eles, ocorre um certo distanciamento dos textos védicos e uma maior consideração pelos direitos humanos. Seus temas serão posteriormente retomados por uma vasta Escola de comentadores.

O Código de Manu despertou o entusiasmo de Friedrich Nietzsche, que em 31 de maio de 1888 escrevia: "Tudo o que sabemos dos outros grandes códigos morais parece ser a imitação dele, senão a caricatura. A começar pela moral egípcia; e o próprio Platão simplesmente me parece ter sido bem instruído por um brâmane."

Nietzsche fala dessa obra como se fosse uma obra moral, e não jurídica. De fato, mesmo sendo designada como "Leis" ou "Código" de Manu, ela

> não é um código no sentido corrente do termo, que em geral indica uma coleção unicamente de regras sobre as relações entre os homens e sobre as penas para os vários delitos. Com efeito, o Código de Manu é o "Livro da Lei" como o entendiam os antigos e compreende tudo o que se refere à conduta civil e religiosa do homem. De fato, além das matérias normalmente presentes num código, nas Leis de Manu encontram-se também: uma cosmogonia; algumas idéias da metafísica; os preceitos que determinam a conduta humana nos diversos períodos da vida; numerosas regras sobre os deveres religiosos, sobre as cerimônias do culto, sobre os costumes religiosos e sobre as expiações; regras para a purificação e a abstinência; máximas da moral; noções de política, arte militar e comércio; uma exposição – enfim – das penas

e recompensas depois da morte, além das várias transmigrações da alma e dos meios para alcançar a felicidade[4].

Esse desordenado conjunto de preceitos ocupa quase três mil dísticos, com a prolixidade característica dos textos clássicos indianos. Os outros *Dharmaśāstra* apresentam uma estrutura semelhante, mas não podemos nos ocupar deles aqui.

Os temas que hoje chamaríamos de direito público, por sua vez, integram outros tratados, que recaem na outra categoria do *artha*: com a arte do governo, efetivamente, não se adquirem méritos morais, mas se administram e aumentam os bens materiais. De forma mais sistemática e sutil, encontramos aqui a separação já observada no direito islâmico entre normas de direito sagrado (*fikh*) e normas de direito público. O tratado mais célebre é o de Kautilya (*Kautilya Arthaśāstra*), que trata da administração do Estado e da atividade punitiva, ou seja, daquela série de noções heterogêneas mas úteis à gestão do Estado que também na Europa sobreviveram até o final do século XIX sob o nome geral de "ciência do Estado" (*Staatswissenschaft*).

Deve-se observar, por fim, que esse tratado de Kautilya é geralmente reconhecido como o modelo do *Kāmasūtra*, que nele se inspirou ao estruturar a matéria: completa-se assim a mistura entre elementos profanos e celestes.

As fontes textuais são acompanhadas desde as origens pelo costume e pelo édito real, que tem o caráter de sentença inapelável, não de ato legislativo. Entre as fontes do direito, os manuais indianos mencionam às vezes o matrimônio e a filiação: este é outro reflexo das relações subjetivas derivadas do contraste entre a rigidez do sistema de castas e a inevitabilidade das relações entre as castas. Estão de fato

---

4. August-Louis-Armand Loiseleur Deslongchamps, no prefácio a *Lois de Manou, comprenant les institutions réligieuses et civiles des Indiens*, Paris, Éditions d'Aujourd'Hui, 1976, pp. V ss. (reimpressão anastática).

previstas numerosas formas lícitas e ilícitas de matrimônio, com conseqüentes categorias de filhos com direitos e deveres diferentes.

Essa situação não é porém exclusiva da Índia antiga, mas é típica de todas as sociedades hierarquizadas: na sociedade nobiliárquica européia, em caso de casamento entre uma pessoa da aristocracia e uma burguesa ou plebéia (*mésalliance*) surgiam problemas análogos, embora menos complexos. Ainda nas revistas jurídicas do século XIX não são raros os escritos, por exemplo, sobre as obrigações alimentares referentes aos casamentos entre nobres e plebeus[5].

5. A evolução da estrutura judiciária indiana

Na prática judiciária, o antigo direito indiano revela-se mais próximo dos direitos europeus que dos anglo-americanos. O vínculo com o texto sagrado que enuncia por escrito os princípios jurídicos gerais é direto, porque antes do contato com a Grã-Bretanha o direito bramânico não se preocupara em reunir por escrito as sentenças e costumes, que tiveram, assim, uma importância secundária nas decisões judiciais. Não escaparam dessa sorte nem mesmo as decisões régias, que em geral assumiam a forma de sentenças, e não de atos legislativos, como já recordamos.

Ao *dharma*, o direito como deveria ser, se contrapõe a *vyavahāra*, o direito como é, sobretudo na prática dos tribunais. A administração da justiça reflete a complexidade peculiar da sociedade de castas: ao que parece, existiam três tribunais reais, com possibilidades de recurso do inferior ao supremo, constituído pelo próprio rei; a eles se acrescentavam três tribunais de origem popular, hierarquicamente or-

---

5. August Wilhelm Heffter, Die Versorgung der Wittwen und Kinder bei standeswidrigen Ehen des deutschen hohen Adels, *Zeitschrift für das deutsche Recht*, II, 1839, pp. 1-25.

ganizados (do inferior ao superior: Pūga, Sreni, Kula). A dominação muçulmana limitou-se a introduzir novos juízes nos três primeiros, mantendo inalterados os populares. O advento dos ingleses ampliou o papel dos tribunais: hoje, o juiz indiano é preparado como o colega britânico e se atém às regras tradicionais (para o Common Law) do *stare decisis* e do *communis error facit ius*[6]. Se não encontra precedentes britânicos, porém, retorna à literatura jurídica tradicional (bramânica), que é adaptada às exigências modernas.

Entre as regras processuais que se encontram nesses textos antigos repetem-se formas tradicionais dos direitos arcaicos e primitivos, em especial o juízo de Deus. Ao contrário do direito islâmico, porém, desde a origem a prova escrita é privilegiada: só se chegará ao ordálio se não existir prova escrita ou, subsidiariamente, testemunho humano. A existência do instituto processual do juízo de Deus não é necessariamente um sintoma de primitivismo do ordenamento jurídico que a ele recorre: na Grã-Bretanha, por exemplo, foi revogado formalmente apenas em 1819, com um ato legislativo[7].

Embora mais arcaico que o direito islâmico, o direito bramânico já conhecia as circunstâncias agravantes, duas das quais são particularmente relevantes. A primeira é a reincidência, concebida segundo critérios atuais. A segunda é o conhecimento das escrituras sagradas, uma vez que, segundo as concepções da sociedade indiana antiga, o delito cometido pelo sábio era mais grave que o cometido pelo ignorante. Essa disposição provavelmente visava atenuar o poder das castas superiores com relação às inferiores.

---

6. Respectivamente, "ater-se às decisões precedentes" e "o erro comum constitui um direito". Esta última frase no *Digesto* referia-se apenas a um erro material ao designar o objeto no negócio jurídico. Hoje, na Europa continental legitima de fato a aparência legal de um negócio formalmente não-perfeito. No Common Law, assumiu um significado ainda mais amplo e pragmático: uma norma reconhecida pela comunidade é considerada válida mesmo que se fundamente num erro.

7. *Maitland's Legal History*, Thornton's Case, pp. 62-3.

6. A consolidação do direito bramânico nos "Nibandha"

A partir dessas regras mais antigas, numerosos comentadores passaram a deduzir regras mais adequadas à sociedade indiana durante sua evolução. Na sua arquitetura geral, porém, o direito indiano antigo já está consolidado: Kautilya, Manu, Yājñavalkya e numerosos outros recolhem de modo sistemático os pontos jurídicos contidos nas escrituras religiosas, atestando uma progressiva afirmação das sanções jurídicas em relação às divinas.

O aumento dos textos jurídicos nos comentários e nos *Nibandha* (dos quais falaremos dentro em pouco) está ligado ao crescente papel dos juristas como intérpretes das escrituras e ao fato de que suas próprias interpretações acabavam se tornando fontes de direito. Por isso, muitos dos textos jurídicos mais antigos só chegaram até nós através dessas citações.

Os *Nibandha*, em especial, foram redigidos na época de transição do direito bramânico originário para o direito misto indo-islâmico introduzido pela dominação muçulmana. Por esse motivo, os mais tardios entre esses comentários delineiam decisivamente as estruturas fundamentais do direito bramânico, exatamente para afirmar sua originalidade e autonomia em relação a um outro sistema jurídico, nascido numa sociedade com usos e religião profundamente diferentes.

7. O direito islâmico ao lado do bramânico

O ano de 1100, ao qual se pode fazer remontar a influência islâmica sobre o direito bramânico, é uma data convencional, como muitas vezes ocorre na história indiana, cujo maior problema é a cronologia. De fato, o período de transição dura muito e nem sempre as fontes são claras e cronologicamente confiáveis. A gradualidade dessa assimilação favoreceu a conservação do já conspícuo *corpus* de normas indianas, que por outro lado os muçulmanos, segundo seus costumes, não queriam suplantar inteiramente.

Depois da consolidação do domínio islâmico, os dois sistemas jurídicos conseguiram conviver: no direito civil, para os indianos vigorava o direito bramânico e para os muçulmanos, o islâmico; no direito penal, ao contrário, a jurisdição era única. Essa existência paralela foi facilitada pela homogeneidade fundamental dos sistemas jurídicos bramânico e islâmico, fundamentados em prescrições religiosas e sociais em ampla medida compatíveis. Nos casos de costumes inconciliáveis, retornava-se então à distinção religiosa: assim, a venda de carne de porco era lícita para os indianos mas ilícita para os muçulmanos, aos quais, por outro lado, era permitido abater as vacas, sagradas para os indianos. A compatibilidade residia, em última análise, no fato de que ambos os sistemas jurídicos deduziam as leis de textos sagrados de origem divina, aos quais era submetida toda a sociedade.

A evolução dos dois sistemas jurídicos também apresentava um notável paralelismo. As fontes do direito bramânico são a revelação (*Veda*), a tradição (*Smṛti*), as opiniões e as interpretações dos juristas (*Nibandha* e comentários). Essas quatro fontes correspondem às do direito islâmico, em que a revelação está contida no Corão, a tradição na suna, o consenso dos sábios na *ijma* e as interpretações no *qiyas* (cf. VII, 2). Essas afinidades estruturais levaram a influências recíprocas dos dois sistemas, hoje difíceis de determinar. Na origem, por exemplo, o direito islâmico previa o testamento, mas não a adoção, enquanto o contrário ocorria no direito bramânico, que recorria à adoção para alcançar os objetivos que também o direito romano buscava com o testamento. A adoção parece ser um traço comum a todos os direitos indo-europeus, ao passo que o testamento seria um aporte do direito romano ao islâmico, transferido depois para o direito indiano.

Outra causa de interpenetração dos dois direitos foram as conversões, muitas vezes maciças, de indianos ao islamismo, acompanhadas porém da conservação de costumes específicos: certos grupos conservaram o direito hereditário indiano e a Calcutta High Court chegou a permitir aos muçulmanos receber juros, ainda que isso fosse proibido pelo Corão. A aceitação desses desvios indianos do direito islâmico clássico não surpreende, uma vez que, como vimos, os próprios países islâmicos recorriam a ficções jurídicas para alcançar os mesmos resultados, socialmente necessários mas formalmente inadmissíveis. Em outras partes, em contrapartida, os indianos aceitaram o direito islâmico, que permitia às mulheres herdar (no distrito de Shialkat), ou então o juramento na mesquita era considerado satisfatório também pela contraparte indiana.

Enquanto a semelhança dos delitos e das penas permitia unificar os processos penais relativos a muçulmanos e indianos, estes últimos continuaram a aplicar seu direito civil através dos teólogos (*paṇḍit*) e das assembléias de aldeia (*panchayat*). Estas últimas continuaram a funcionar até os nossos dias, ainda que com poderes limitados pelos Village Panchayat Acts.

A interpenetração dos sistemas jurídicos não deve, porém, levar a pensar numa convivência pacífica das duas comunidades religiosas. A comunidade islâmica da Índia colonial era uma das maiores do mundo e reunia cerca de um terço dos crentes; era, contudo, uma minoria em relação à comunidade hindu. O conflito entre as duas comunidades sempre foi intenso e serviu não pouco à Grã-Bretanha para manter submissa a jóia de sua Coroa com um exército limitado. Essas tensões explodiram por ocasião da independência, em 1947, com a divisão do território nos dois Estados do Paquistão (muçulmano) e da Índia (hinduísta), acompanhada por cruentas rebeliões. A guerra indo-paquistanesa de 1965 foi apenas mais uma manifestação dessa antiga rivalidade.

8. *O Common Law ao lado do direito indo-islâmico*

a) *A Companhia das Índias Orientais*. Em 1612, a Companhia das Índias Orientais construiu sua primeira base indiana em Surat, onde o direito português preexistente foi revogado. Já em 1615, Sir Thomas Roe obteve do imperador Jahangir alguns privilégios para os ingleses. A Companhia iniciava assim uma atividade administrativa e judiciária destinada a durar até 1858, quando o controle da Índia passou diretamente à Coroa britânica em decorrência da revolta dos Sepoys, ou seja, os soldados nativos do exército britânico. Nesse longo período de gestão privada da administração pública, a tendência dos ingleses foi de restringir progressivamente o âmbito dos direitos bramânico e islâmico, mesmo permitindo sua sobrevivência nos setores mais ligados à tradição e, ao mesmo tempo, os menos relevantes para o desenvolvimento das transações comerciais.

O primeiro passo de Sir Thomas Roe foi o de fazer com que as disputas entre os ingleses fossem regulamentadas pelo direito inglês, enquanto o direito indiano seria aplicado mesmo no caso em que uma parte fosse inglesa e a outra indiana. A estratificação dos direitos ampliou-se com o aumento dos territórios controlados pela Companhia: como o direito inglês era aplicado aos seus funcionários, passou a ser aplicado inicialmente também aos indianos que prestavam serviços à Companhia, depois aos que residiam em seus territórios. Esse direito inglês podia ser aplicado pelas Royal Courts, instituídas diretamente pela Coroa, ou pelos tribunais da Companhia, com conseqüentes conflitos não só entre tribunais, mas também entre órgãos de execução.

A influência do direito inglês difundiu-se juntamente com a ampliação da rede comercial da Companhia, cujos dirigentes faziam as vezes também de juízes e de executores. Não possuindo noções específicas de direito, esses funcionários limitavam-se a aplicar mais o *common sense* que o Common Law, o que permitia arbitrariedades, mas eventualmente também uma adaptação mais flexível às exigências locais. Assim, em Madras, criada em 1639 como agência da Companhia, a justiça era administrada pelo agente no que dizia respeito à White Town, enquanto a Black Town seguia o direito indiano. O poder judiciário do agente de Madras aumentou com a importância econômica daquela base, que entre o final do século XVII e as primeiras décadas do século XVIII teve três tribunais: o tribunal local originário da Black Town, a Mayor's Court (que, entretanto, dependia da Companhia e não da Coroa, ao contrário das outras instituídas a seguir com o mesmo nome) e um tribunal do almirantado para os delitos marítimos e comerciais. Bombaim e Calcutá tiveram uma história judiciária análoga à de Madras.

Enquanto os franceses, na Argélia, inicialmente subtraíram apenas o direito penal aos tribunais islâmicos, os ingleses na Índia subtraíram também a matéria fundiária, as normas sobre as provas e a organização da justiça.

A partir de 1765, a Companhia das Índias Orientais estendeu seu controle sobre o Divã de Bengala, Bihar e Orissa, penetrando assim numa área de direito islâmico para administrar sua justiça civil e fiscal, enquanto a área penal continuava a ser competência do nababo local. Em 1772, chegou-se a uma reorganização desse sistema de tribunais heterogêneos, nascidos na esteira da expansão econômica da Companhia. Confirmou-se, porém, o princípio de que indianos e muçulmanos conservavam suas próprias normas para os litígios relativos à família, à herança, às castas e aos problemas religiosos. Os juízes britânicos passaram a ser subsidiados por especialistas nos dois direitos, para garantir a correção também teológica das decisões.

A partir dessa reforma, o direito anglo-saxão estendeu-se cada vez mais, reduzindo de forma correspondente o âmbito dos outros dois sistemas jurídicos através de uma série de reformas, devidas sobretudo a Lorde Cornwallis e a Lorde Bentinck.

b) A Coroa britânica. Depois da revolta dos Sepoys, em 1858, a Coroa inglesa decidiu assumir diretamente a administração da justiça na Índia. A reforma da administração indiana foi regulamentada com o *Indian Act* de 1858: tal lei, aliás, dissolvia a Companhia das Índias Orientais, que de qualquer forma já desde 1833 desempenhava apenas funções administrativas sob a direção do parlamento britânico.

Em Londres, os negócios indianos foram confiados a um ministério específico para a Índia. Neste país, a Coroa foi diretamente representada por um vice-rei, acompanhado a partir de 1861 de um "Legislative Council", que não era um parlamento, mas um aparelho administrativo. Com o *Indian Act*, o império mongol – embora na prática não mais existisse – chegou ao fim também no plano formal, e o título de imperatriz da Índia passou em 1876 à rainha Vitória. Começava para a Índia um século de dominação britânica: a *pax britannica*, que durou até o início da Segunda Guerra Mundial.

A paixão política do debate sobre a descolonização, e a inevitável reação a ele, levaram a ressaltar apenas um dos dois aspectos da *pax britannica*: o repressivo ou o liberal. Na verdade, o domínio colonial britânico na Índia constituiu provavelmente o máximo de entendimento compatível com um regime colonial do século XIX. O domínio britânico foi sem dúvida um domínio colonial. No exterior, a beligerante *pax britannica* comandou três guerras contra o Afeganistão (para impedir a expansão da Rússia tsarista para os "mares quentes") e três guerras contra a Birmânia (para evitar a expansão da França na Indochina). O Afeganistão permaneceu independente, como Estado-tampão (cf. VII, 13 c); a Birmânia, enfim, foi anexada ao império. No interior do país, o protecionismo britânico controlou a nascente indústria têxtil indiana para proteger a metrópole inglesa. Mas o domínio britânico garantiu também uma boa administração. Favoreceu a formação do "Indian National Congress", um movimento inspirado nas idéias reformistas que muitos jovens indianos levavam para seu país depois de realizar seus estudos na Grã-Bretanha. Não era um parlamento, mas talvez possa ser definido como uma escola de parlamentarismo: de fato – no respeito das normas britânicas – empenhou-se com sucesso contra a discriminação dos indianos nos tribunais e contra as tradições indianas menos compatíveis com o novo espírito liberal (por exemplo, combateu o costume das meninas-esposas). Essas formas institucionais favoreceram a formação na Índia de uma consciência nacional, ciente do grande valor da própria cultura, e de uma cultura política de tipo ocidental e parlamentar. Esses movimentos indianos tinham como interlocutores os funcionários do "Indian Civil Service", que certamente defendiam os interesses imperiais, mas eram o resultado de uma seleção e de uma preparação específicas, que os tornava funcionários coloniais não necessariamente sangüinários e obtusos. Essa estrutura administrativa gerou um hábito de discussão democrática (compativelmente com a situação colonial) que caracterizou todo o processo da independência indiana.

A administração da justiça também reflete essa política colonial. A partir da metade do século XIX, a influência inglesa sobre a administração judiciária indiana tornou-se cada vez mais forte e os tribunais indianos tiveram os tribunais ingleses como modelo de funcionamento. Como não mais existiam tribunais religiosos, um juiz muçulmano podia ver-se obrigado a decidir problemas familiares de católicos; um indiano, problemas hereditários de muçulmanos, e assim por diante.

A presença cada vez mais numerosa de juízes ingleses obrigou-os a se ocupar também de textos jurídicos islâmicos. Segundo alguns observadores, nesses juízes ingleses não se encontra a paixão e a profundidade de certos juízes *arabisants* franceses. Antes do fim da Segunda Guerra Mundial, diz-se, as principais fontes do juiz britânico na Índia eram, para o direito islâmico, a versão realizada por Hamilton no século XVIII de uma adaptação persa do *Hedaya* (obra de direito hanafita) e uma coleção do mesmo século. Os resultados obtidos foram, porém, surpreendentes: o amálgama de Common Law e direito islâmico tornou-se um subsistema jurídico dotado de vida própria.

Em 1864, quando os juízes eram todos ingleses, foram suprimidos os cádis que deviam auxiliá-los nos problemas jurídicos islâmicos. A partir desse momento, o direito anglo-indiano teve uma reviravolta decisiva.

É verdade que àquela época eles já dispunham de um número suficiente de precedentes sobre os quais fundamentar suas decisões. O fato é que, em suas mãos, o direito muçulmano assumiu, em sua apresentação técnica, um caráter puramente anglo-saxão: o direito fundamenta-se sobretudo nas sentenças promulgadas por ocasião de "casos" anteriores já julgados. [...] Basta abrir um livro de direito muçulmano indiano (Anglo-Muhammadan Law) para ver que a matéria ali é tratada exatamente como se fosse direito inglês.[8]

Os próprios ingleses percebiam essa inovação. Sir Roland Wilson observava de fato que, mesmo involuntariamente, a casuística da prática judiciária, própria do Common Law, substituíra a casuística dos jurisperitos, própria do direito islâmico. Para a mentalidade indiana habituada à citação textual, essa anglicização do sistema jurídico mostrou-se aceitável e até poucos anos atrás não era possível imaginar um retorno integral ao direito islâmico clássico nem mesmo no Paquistão; hoje, porém, o invólucro jurídico herdado dos ingleses parece conter cada vez mais soluções jurídicas inspiradas no Islã mais intransigente e integralista (cf. VII, 12).

Depois da participação da Índia na Primeira Guerra Mundial, os movimentos pela independência tornaram-se mais fortes e se traduziram em solicitações de reformas constitucionais cada vez mais incisivas. A lealdade para com a metrópole durante a guerra e a pressão dos movimentos independentistas levaram à nova constituição de 1918, o *Government of India Act*. Este se caracterizava por um duplo princípio de governo, ou seja, por uma diarquia. A constituição reservava ao governo *central* as tarefas fundamentais de política exterior e militar, bem como a determinação das normas de direito penal; suas decisões não estavam sujeitas a nenhum controle parlamentar. Nas *províncias*, ao contrário, os indianos foram associados à administração. No que se refere à polícia e aos impostos, o governador britânico de-

---

8. Georges-Henri Bousquet, *Du droit musulman et de son application effective dans le monde*, Argel, Imprimerie Nord-Africaine, 1949, p. 56.

cidia com a assistência de um conselho, do qual faziam parte dois ingleses, mas também dois indianos; a instrução era contudo transferida inteiramente aos indianos, através de um complexo sistema de conselhos provinciais. No entanto, o medo de atividades subversivas impediu a entrada em vigor dessa constituição. A desilusão dos indianos manifestou-se numa oposição ao regime colonial britânico, que não cumprira suas promessas: infelizmente, em 1919, um choque com o exército custou aos indianos 400 mortos e passou à história como o banho de sangue de Amritsar, do nome da cidade em que ocorreu.

A partir desse momento a resistência indiana manifestou-se na recusa em colaborar com as autoridades britânicas e na desobediência civil. A alma dessa resistência não-violenta foi Mohandas Karamchand Ghandi (1869-1948), o teórico da não-violência e o pai da independência indiana.

Sobre a aplicação da constituição de 1919, que nesse meio tempo entrara em vigor, os indianos se dividiram: os seguidores de Gandhi continuaram na desobediência civil, outros propuseram aplicá-la para poder aproveitar as aberturas aos indianos nela previstas. Nas longas negociações com os ingleses, tornaram-se cada vez mais evidentes as divisões de origem religiosa entre os indianos: toda tentativa de instituir órgãos representativos chocava-se sempre com as desconfianças recíprocas de hindus e muçulmanos, às quais se acrescentava também o problema do direito de voto aos "sem casta". Como não se chegava a nenhum acordo, em 1932 o primeiro-ministro britânico decidiu proteger oficialmente as minorias religiosas garantindo-lhes um mínimo de representantes ao lado da arrasadora maioria hinduísta. Contra esse *Communal Award* Gandhi iniciou um jejum total até obter sua revogação.

Um novo ordenamento foi introduzido com a constituição de 1935, que dividia a Índia em duas províncias, levando em conta que ao Partido do Congresso, hinduísta, se contrapunha então uma Liga dos Muçulmanos. Com essa constituição, desaparecia também o sistema da "diarquia", próprio da constituição anterior. A explosão da Segunda Guerra Mundial e um gesto precipitado dos ingleses aprofundaram ainda mais a divisão religiosa: de fato, no início das hostilidades, o vice-rei britânico proclamou a beligerância da colônia indiana, sem consultar previamente seus representantes. Os hinduístas do Partido do Congresso retiraram sua colaboração com a administração inglesa, enquanto a Liga dos Muçulmanos aceitou a participação na guerra. Foi nesse contexto que a Liga dos Muçulmanos formulou oficialmente o pedido para constituir um Estado islâmico autônomo, separado do resto da colônia indiana: o Paquistão. Todavia, essas discussões de política interna foram cada vez mais sufocadas pela guerra e pela ameaça iminente da invasão japonesa, que já chegara às portas do subcontinente indiano.

O conflito religioso voltou a se manifestar em toda sua gravidade no final da guerra, com choques violentos entre as duas facções. Agora só restava ao governo britânico aceitar o que parecia inevitável: a independência da colônia indiana e sua simultânea divisão em dois Estados separados, segundo um plano aceito por muçulmanos e hindus em 1947. Terminava assim a história da colônia britânica da Índia.

c) A Índia independente. Com o fim da história colonial indiana, começa a história de dois Estados limítrofes – a Índia e o Paquistão – em perpétuo estado de tensão. De fato, a divisão acordada com a Grã-Bretanha baseou-se no princípio da formação de dois Estados determinados segundo a religião dos habitantes: o Paquistão devia reunir os muçulmanos e a União Indiana, os hindus. Na verdade, séculos de vida comum haviam criado áreas mistas difíceis de atribuir com segurança a um dos dois Estados.

Uma dessas áreas, a Caxemira, foi e é objeto de tensões também militares, que levaram a uma série de conflitos indo-paquistaneses. A história da Caxemira é marcada pela divisão entre as duas religiões. Desde o século XIX, sua população, cerca de 80% muçulmana, era governada por uma dinastia hindu. Depois da separação dos dois Estados nascidos da colônia indiana, a Caxemira tentou formar um Estado independente. Em 1947, infiltrações de guerrilheiros paquistaneses obrigaram o marajá a pedir ajuda à Índia, que ocupou o território, unindo-o administrativamente ao de Jammu, província de predominância hindu. Para o Paquistão a região é economicamente importante porque controla as águas que irrigam suas planícies, especialmente o alto curso do rio Indo; para a Índia a região é estrategicamente vital porque faz fronteira também com a China (com a qual a Índia esteve em guerra em 1962). Por essas razões históricas, desde 1947 uma série de conflitos contrapôs Índia e Paquistão, que na corrida armamentista chegaram até a desenvolver armas atômicas. Um conflito local poderá assim ter conseqüências de gravidade incalculável.

Enquanto em 1858 a revolta dos Sepoys assinalara a passagem da administração da justiça indiana da Companhia das Índias Orientais para a Coroa, em 1949 a Assembléia Constituinte indiana, antecipando a constituição que entraria em vigor em 26 de janeiro de 1950, separou a administração da justiça da Coroa inglesa e instituiu o Supremo Tribunal, principal órgão judiciário do novo Estado indiano independente. Sob seu controle, continua ainda hoje a evolução dos princípios dos três sistemas normativos que dirigiram a milenar história indiana.

A constituição de 1950 deu à Índia a estrutura de uma república presidencial, com um sistema bicameral de deputados eleitos e de representantes de cada um dos Estados da União Indiana. A independência do novo Estado manifestou-se também na reapropriação dos pequenos territórios indianos que ainda estavam sob domínio colonial. Entre 1950 e os anos seguintes, as áreas sujeitas à França voltaram pacificamente a fazer parte da Índia, enquanto as possessões portuguesas de Goa, Diu e Damão foram ocupadas militarmente pelos indianos em 1961. A partir dessa data não existem mais colônias em todo o subcontinente indiano.

Na política legislativa interna, o Estado indiano tentou reformar os aspectos menos aceitáveis da tradição hindu, promulgando em 1955 o *Hindu Marriage Act* (que melhorava a posição da mulher, regulamentando a poligamia e o divórcio) e reformando em 1956 o direito hereditário.

Em conclusão, a evolução da União Indiana criou uma democracia de tipo ocidental que, apesar dos problemas do subdesenvolvimento, da corrupção e das guerras locais, pode ser considerado um modelo positivo de transição do regime colonial para o democrático. Seu direito segue, assim, a estrutura formal do Common Law, adotando normas de tipo ocidental adaptadas às peculiaridades de um Estado gigantesco e heterogêneo. Sobretudo, mesmo tendo nascido de uma divisão fundamentada na religião dos habitantes, a União Indiana é um Estado laico. Em contrapartida, a evolução do Paquistão foi profundamente diferente: a emenda constitucional de 1985 adotou o islamismo como religião de Estado e, portanto, o Paquistão tornou-se uma ditadura de tipo teocrático. Algumas conseqüências jurídicas desse regime teocrático foram examinadas no item 13 *b* do capítulo VII.

A análise dessa evolução jurídico-política leva a uma hesitante reflexão sobre a vitalidade da transferência de culturas. Ambos os Estados nasceram do mesmo regime colonial e por muito tempo compartilharam as mesmas lutas anticoloniais; contudo, a evolução diferente da Índia e do Paquistão parece confirmar a superficialidade das influências ocidentais – mesmo prolongadas e profundas, como no caso da cultura inglesa sobre o subcontinente indiano – sobre as sociedades tradicionais e, portanto, os rumos diferentes ou até opostos que podem tomar as transferências ocidentais em sociedades tradicionais diferentes. Retorna aqui a mesma questão que surge a propósito do resultado diferente obtido pela transferência ocidental na Turquia e no Japão (cf. VII, 11 e a bibliografia relativa).

9. A polêmica sobre a codificação do direito indiano

Além de afetar a estrutura e a atividade dos tribunais indianos, a influência anglo-saxônica foi exercida também através da atividade legislativa. De fato, o progresso econômico do século XIX exigiu uma radical reestruturação da confusa situação jurídica existente na Índia, a partir da então inaceitável regra islâmica segundo a qual apenas os crentes podiam testemunhar em tribunal. Em 1833, criaram-se portanto comissões legislativas com a tarefa de consolidar os usos e as normas existentes em vários campos. Também para a Índia chegara o momento de enfrentar o problema da codificação, que naqueles anos estava dividindo os europeus.

Note-se, porém, que o termo "codificação" indica para os ingleses não a redação de um código único (como, por exemplo, o Código Napoleônico), mas a reorganização, a consolidação, a fusão das várias normas existentes.

Lorde Macaulay, defensor de uma codificação indiana desse tipo, considerava que essa tarefa seria particularmente simples na Índia:

> A obra de consolidar um sistema vasto e não escrito de jurisprudência é muito mais fácil de executar e é efetuada muito melhor por poucas cabeças que por muitas, por um governo como o da Prússia ou da Dinamarca que por um governo como o da Inglaterra. Um tranqüilo grupo de dois ou três juristas veteranos é, para essa finalidade, um instrumento infinitamente melhor do que uma ampla assembléia popular, dividida – como ocorre quase sempre – em facções contrapostas. Parece-me, então, que exatamente este seja o momento em que se pode atribuir mais facilmente à Índia um código legislativo completo e escrito. É uma obra que não pode ser realizada, a não ser à custa de graves dificuldades, numa época de liberdade. É a obra especificamente própria de um governo como o da Índia, ou seja, de um despotismo iluminado e paterno.

Falando na Câmara dos Comuns, Lorde Macaulay explicara de forma lapidar seu projeto: não se tinha certeza de que as normas vigentes na Índia podiam ou deviam ser logo unificadas; de qualquer modo, "quer aqueles sistemas possam ser reestruturados ou não, vamos procurar estudá-los e compilá-los. [...] Nosso princípio é simplesmente este: uniformidade onde se possa consegui-la; diversidade onde se deve tê-la; mas, em qualquer caso, certeza".

A essa visão européia corresponde a visão indiana expressa pela Comissão para a Legislação:

> A lei hindu e a lei muçulmana derivam as respectivas autoridades da religião hindu ou muçulmana. Em decorrência disso, assim como um legislador britânico não pode estabelecer princípios religiosos hindus ou muçulmanos, não pode tampouco criar normas jurídicas hindus ou muçulmanas. Um código de direito muçulmano ou a consolidação de qualquer setor desse direito, se realizado como tal pelo Legislative Council indiano, não poderia ter a pretensão de ser considerado um verdadeiro direito pelos muçulmanos, mas apenas uma exposição do direito, que pode até ser inexata.[9]

A preparação dos códigos indianos foi confiada a três comissões legislativas. A primeira foi instituída em 1834 sob a presidência de Lorde Macaulay, com a tarefa de reorganizar o direito penal, que era o setor mais confuso. O projeto de código apresentado por essa comissão em 1837 só entrou em vigor em 1860, mas nesse meio tempo abriu caminho para uma reforma do sistema de castas (*Cast Disabilities Removal Act*, 1850): a partir dessa data, a conversão de um muçulmano ou de um hindu ao cristianismo não implicava mais a perda de suas propriedades.

A segunda comissão legislativa foi instituída em 1853 e apresentou vários relatórios, entre os quais o mais importante é o segundo. Fixou os princípios das futuras codificações e colocou em vigor o código de processo civil (1859) e penal (1861), além do já mencionado código penal elaborado pela primeira comissão.

A terceira comissão entrou em funcionamento em 14 de dezembro de 1861 para elaborar o direito civil indiano. De

---

9. As citações referentes ao debate sobre a codificação indiana foram retiradas de U. C. Sarkar, *Epochs in Hindu Legal History*, Hoshiarpur, Vishveshvaranand Vedic Research Institute, 1958, pp. 349-51.

sua atividade derivaram o *Indian Succession Act* (1865, emendado em 1925 e 1928), que finalmente deu uma normativa àquelas sucessões que não recaíam no direito islâmico ou bramânico, como as sucessões de cristãos, judeus, armênios, anglo-indianos, persas etc. Em 1872, era reformada a matéria probatória (*Indian Evidence Act*), até então regulamentada pelas normas islâmicas, agora incompatíveis com as exigências da economia moderna, e a matéria contratual (*Indian Contract Act*), originariamente regulamentada pelos direitos bramânico e islâmico. Esta última lei, interferindo numa matéria em que os usos locais estavam muito arraigados, encontrou resistências e foi criticada.

Da consolidação da normativa indiana ocupou-se também a quarta comissão legislativa, nomeada em 11 de fevereiro de 1879. Nessa, como nas anteriores, confirmou-se o desejo de se ater o mais possível ao modelo legislativo anglo-saxão.

Todavia, a influência inglesa se estendera não apenas para os setores mais diretamente atingidos pelo desenvolvimento econômico, mas também para aqueles que, por tradição, pareciam mais arredios a qualquer evolução. Numerosas leis adaptaram assim o direito de família às concepções européias: as viúvas foram autorizadas a contrair novas núpcias (1856), as mulheres tiveram reconhecido o direito de herança (1937, com emendas sucessivas e sua revogação para inclusão no *Hindu Succession Act*, 1956), proibiu-se que meninas fossem dadas como esposas em tenra idade, o que criava o flagelo das meninas viúvas (*Child Marriage Restraint Act*, 1929). Essas reformas modificavam hábitos antigos. Por exemplo, em 1928-1929, a ampliação da capacidade de herdar a todos os descendentes capazes de entendimento e de vontade própria colocava um ponto final numa disposição milenar, que remontava a Manu: com base nela, o herdeiro recebia os bens do falecido apenas para resgatá-lo das penas eternas, e por isso a qualificação de herdeiro só podia caber a quem por religião, sexo e casta fosse capaz de executar os ritos necessários.

Ao final dos anos 1940, por fim, todo o edifício das proibições de casta ao casamento foi abalado desde os alicerces – do ponto de vista jurídico –, removendo inicialmente as causas mais tradicionais de invalidade de matrimônio entre indianos (por exemplo, a pertença a diversas subdivisões da mesma casta, 1946), enquanto a partir de 1949 passaram a ser considerados válidos também os casamentos entre castas. Essa longa evolução foi concluída em 1955 com o *Hindu Marriage Act*. Mais uma vez é preciso lembrar, contudo, que a prática corrente muitas vezes não se adequa às normas oficiais e continua a seguir as tradições, ainda que de forma atenuada.

As concepções européias da codificação revelaram-se com particular nitidez no projeto de uma codificação geral do direito indiano, formulado pela primeira vez em 1941 e submetido à discussão parlamentar a partir de 5 de fevereiro de 1951. Essa construção, contrária ao espírito do direito indiano, foi objeto de discussões ásperas, que impediram sua aprovação. Por outro lado, algumas de suas normas respondiam a exigências reais da sociedade indiana. Chegou-se assim à solução conciliatória de extrair do código as partes mais urgentes, que se tornaram leis à parte: a primeira foi o *Hindu Marriage and Divorce Bill* (1952).

Conseqüentemente, na sua forma atual, o direito indiano mostra-se semelhante a um direito anglo-saxão: costumes que remontam a tempos imemoriais e acompanhados de normas escritas fundamentam e acompanham uma prática judiciária caracterizada pelo princípio do precedente obrigatório. O conteúdo dessas normas, dessas sentenças e desses usos é obviamente diferente do anglo-saxão, mas é correto afirmar que o direito inglês conferiu a forma definitiva ao direito indiano vigente.

ITINERÁRIO BIBLIOGRÁFICO

A biblioteca de referência para os estudos jurídico-políticos sobre a Índia é a da School of Oriental and African Studies, em Londres.

O arquivo principal para os estudos sobre a Índia é o India Office Library and Records, em Londres, que mantém ainda os arquivos da East India Company (1600-1858), Board of Control (1784-1858), India Office (1868-1947) e Burma Office (1937-1948).

Para as obras de consulta, veja-se a bibliografia do capítulo I. Não existe, porém, ao invés, a obra: Ahmad Nurrudin (org.), *The Growth of Muslim Separatism in the Indian Sub-Continent, 1857-1947*. An Annotated Bibliography, Londres, Mansell, cerca de 350 pp. [1.350 títulos anotados desde a revolta dos Sepoys à fundação do Paquistão]: o volume havia sido anunciado dessa forma nos catálogos da editora Mansell (e por isso fora incluído na edição anterior do presente volume), mas a própria editora me confirmou que o livro não foi publicado.

Sobre as relações entre a cultura indiana e a européia, uma boa leitura preliminar pode ser o volume do sociólogo e indianista francês Louis Dumont, *La civiltà indiana e noi*, Milão, Adelphi, 1987, 161 pp.

Além das obras citadas no texto, é preciso mencionar obras gerais; inicialmente, a *Cambridge History of India*, Cambridge, Cambridge University Press (desde 1922), que engloba, porém, todos os aspectos da história indiana; o mesmo vale para o fundamental *Handbuch der Orientalistik*, nas partes relativas à Índia. Obras mais ligadas à vida jurídica e política: Donald Eugene Smith, *India a Secular State*, Princeton (NJ), Princeton University Press, 1963, XIX-518 pp.; Michelguglielmo Torri, *Dalla collaborazione alla rivoluzione non violenta. Il nazionalismo indiano da movimento di élite a movimento di massa*, Turim, Einaudi, 1975, VIII-364 pp.

Como primeira introdução aos dois grandes sistemas jurídicos de origem não-européia existentes na Índia, veja-se, para o direito islâmico: Ahmad Aquil, *Mohammedan Law*, Allahabad, Central Law Agency, 1982, XXII-272 pp. [12.ª ed. de uma obra simples e completa, com referências também ao direito hindu]; Paras Diwan, *Muslim Law in Modern India*, Allahabad, Allahabad Law Agency, 1987, XXVI-352 pp.; Rubya Mehdi, *The Islamization of the Law in Pakistan*, Richmond, Curzon Press, 1994, 329 pp. (e a bibliografia do cap. VII); para o direito hindu: R. K. Agarwala, *Hindu Law*, Allahabad, Central Law Agency, 1982, XXXVIII-417 pp. [12.ª ed. de um manual de estilo análogo ao de Ahmad Aquil; ambos os textos são usados no ensino universitário].

Em relação à Índia antiga, sobre um autor italiano hoje redescoberto: Carla Faralli; Alessandra Facchi, *L'etnologia giuridica di Giuseppe Mazzarella (1868-1958). Antologia di scritti*, Milão, Unicopli, 1998, XV-93 pp. (contém os escritos metodológicos, e ainda uma bibliografia primária e secundária: pp. 16-20).

Uma reimpressão anastática da tradução do código de Manu foi realizada na França: August-Louis-Armand Loiseleur-Deslongchamps (org.), *Lois de Manou, comprenant les institutions réligieuses et civiles des Indiens suivi d'une notice sur les Védas [par H. T. Colebrooke]*, Paris, Éditions d'Aujourd'Hui, 1976, XI-460 pp. Existe também uma tradução inglesa do mesmo texto, do século XVIII, organizada por William Jones. Ademais:

Das, Ram M., *Crime and Punishment in Ancient India. With Particular Reference to Manusmrti*, Leiden, Brill, 1982, XII-170 pp.

Kaul, Anjali, *Administration and Law in Ancient India*, Nova Déli, Sarup, 1993, VIII-208 pp.

Kölver, Bernhard (org.), *Rechts, Staat und Verwaltung im klassischen Indien – The State, the Law, and Administration in Classical India*, Munique, Oldenbourg, 1997, VII-257 pp. (textos em inglês e alemão).

Lingat, Robert, *Les sources du droit dans le système traditionnel de l'Inde*, La Haye, Mouton, 1967, pp. 328.

Rocher, Ludo, "Lawyers" in Classical Hindu Law, *Law and Society Review*, III, nov. 1968-fev. 1969, pp. 383 ss.

Saletore, Bhasker Anand, *Ancient Indian Political Thought and Institutions*, Bombaim/Nova York, Asia Publishing House, 1968, XIV-695 pp.

Sharma, Ram Sharan, *Aspects of Political Ideas and Institutions in Ancient India*, Déli-Varanasi-Patna, Motilal Banasidass, 1968, XVIII-336 pp.

Supakara, Shraddhakar, *The Law of Evidence in Ancient India*, Calcutá, Punthi Pustak, 1990, XXXVIII-283 pp.

Sobre o direito muçulmano na Índia colonial: Neil Benjamin Edmondstone Baillie, *A Digest of Moohummudan Law on the Subjects to which it is Usually Applied by British Courts of Justice in India*. Compiled and translated from authorities in the original Arabic [...], Londres, Smith, Elber and Co., 1865, 2 vols.; do mesmo autor: *Land Tax of India according to the Moohummudan Law* [...], Londres, Smith, Elder and Co., 1873, LXXII-87 pp.; Philip B. Calkins, A Note on Lawyers in Muslim India, *Law and Society Review*, III, nov. 1968-fev. 1969, pp. 403 ss. Sobre as profissões forenses indianas ver ainda abaixo nesta mesma bibliografia.

Sobre o direito da Índia pós-colonial: Marc Galanter, *Law and Society in Modern India*, Nova Déli, Oxford University Press, 1989, C-329 pp.

Em particular, sobre o direito público: Durga Das Basu, 6.ª ed., Nova Déli, *Constitutional Law in India*, Prentice-Hall of India, 1991,

XLII-544 pp.; Shree Govind, Mishra, *Constitutional Law of India*, Uppal, Nova Déli, 1993, X-256 pp.; Trimbak K. Tope, *Constitutional Law of India*, 2.ª ed., Lucknow, Eastern Book, 1992, LXXXVIII-1.032 pp.

Sobre o direito de família: Ratna Kapur, *Subversive Sites. Feminist Engagements with Law in India*, Sage, Nova Déli, 1996, 352 pp.; Archana Parashar, *Women and Family Law Reform in India: Uniform Civil Code and Gender Equality*, Nova Déli, Sage, 1992, 348 pp.; Krishan Lal Sethi, *Law of Divorce and Maintenance in India* [com um suplemento de 1993]; Indore, Lal, 1993, XC-104 + 764 pp.; Basant K. Sharma, *Divorce Law in India. Interspousal Conflicts in Relation to Maintenance, Property and Custody of Children*, Nova Déli, Deep & Deep, 1989, XXXII-429 pp.

Sobre os problemas persistentes das castas e do pluralismo jurídico: Robert D. Baird, *Religion and Law in Independent India*, Nova Déli, Manohar 1993, X-401 pp.; Mohammad Shabbir, *Parsi Law in India. As Amended by Act of 1988*, Allahabad, Law Book Co., 1991, XXVI-153 pp.; Braj M. Sinha, *India Faces Shudra Revolution: Violent or Peaceful? A Study Based on P. R. Sarkar's Law of Social Cycle*, Nova Déli, Neo-Humanistic Education Foundation, 1991, IV-290 pp.

[Item 8 *a*] Obras completas sobre a Companhia das Índias são: John Keay, *The Honourable Company: A History of the English East India Company*, Nova York, Macmillan, 1994, XXII-474 pp. (bibliografia: pp. 457-64); Philip Lawson, *The East India Company: A History*, Londres, Longman, 1993, X-188 pp.; Ramkrishna Mukherjee, *The Rise and Fall of the East India Company*, Berlim, VEB Deutscher Verlag der Wissenschaften, 1955, XV-269 pp.

[Item 8 *b*] Ram P. Sikka, *The Civil Service in India: Europeanisation and Indianisation under the East India Company (1765-1857)*, Nova Déli, Uppal Publishing House, 1984, XII-249 pp.

[Item 9] O debate inglês sobre a estrutura do império indiano (centralizado como na época dos mongóis, ou federal como os Estados Unidos?) e sobre a possibilidade de delegar poderes aos próprios indianos é analisado em Ann B. Callender, *How Shall We Govern India? A Controversy Among British Administrators, 1800-1882*, Nova York, Garland, 1987, 346 pp.

Sobre a codificação indiana escreveu também Henry James Sumner Maine, *Minutes 1862-69; with a Note on Indian Codification Dated 17th July 1879*, Calcutá, Office of the Superintendent of Government,

1892, VII-247 pp.; Harold Lewid Levy, Lawyer-Scholars, Lawyer-Politicians and the Hindu Code Bill, 1921-1956, em *Law and Society Review*, III, nov. 1968-fev. 1969, pp. 303 ss.

Uma ampla resenha sobre a profissão de advogado na sociedade indiana (comparada com a de outros Estados não-europeus) encontra-se em *Law and Society Review*, III, nov. 1968-fev. 1969. Eis os títulos de ensaios não mencionados em outras partes do presente volume: Marc Galanter, *Introduction: The Study of the Indian Legal Profession*, pp. 201 ss.; Peter Rowe, *Indian Lawyers and Political Modernization: Observations in Four District Towns*, pp. 219 ss.; Charles Morrison, *Social Organization at the District Courts: Colleague Relationships Among Indian Lawyers*, pp. 251 ss.; T. G. Bastedo, *Law Colleges and Law Students in Bihar*, pp. 269 ss.; Herbert Christian Laing Merillat, *Law and Land Reform in India*, pp. 295 ss.; G. Oliver Koppell, *The Indian Lawyer as Social Innovator: Legal Aid in India*, pp. 299 ss; Charles Morrison, *Lawyers and Litigants in a North Indian District: Notes on Informal Aspects of the Legal System*, pp. 301 ss.; George H. Gadbois Jr., *Indian Supreme Court Judges: A Portrait*, pp. 417 ss.; Samuel Schmitthener, *A Sketch of the Development of the Legal Profession in India*, pp. 337 ss.; Robert Kidder, *Report of the Conference on the Comparative Study of the Legal Profession With Special Reference to India*, pp. 415 ss. Enfim, Marc Gallanter, *An Incomplete Bibliography of the Indian Legal Profession*, pp. 445 ss.

Sobre o conflito indo-paquistanês originado da divisão entre os dois Estados: Douglas Allen, *Religion and Political Conflict in South Asia: India, Pakistan and Sri Lanka*, Westport (Ct.), Greenwood Press, 1992, VIII-227 pp.; Selig S. Harrison (org.), *India and Pakistan: The First Fifty Years*, Washington, DC, Woodrow Wilson Center Press, 1999, XII-216 pp.; S[hri] P[rakash] Shukla, *India and Pakistan: The Origins of Armed Conflict*, Nova Déli, Deep & Deep, 1984, IX-319 pp.; Robert Wirsing, *India, Pakistan and the Kashmir Dispute. On Regional Conflict and its Resolution*, Nova York, St. Martin's Press, 1994, XII-337 pp.

Capítulo IX
Os direitos da Ásia Oriental

1. A expansão ocidental na Ásia Oriental

As primeiras notícias precisas sobre o Japão chegaram à Europa por volta da metade do século XVI, sobretudo através dos jesuítas. Uma carta de 1549 de Nicola Lancillotto descreve com interesse e respeito os habitantes dessa terra "muito saudável e de grandes ventos": "gente discreta e nobre, que ama a virtude e as letras, e tem grande veneração pelos literatos. E seus costumes e modo de reger a república na paz e na guerra e suas leis são como as nossas, salvo que a justiça é por palavras, e por isso muito mais expedita, e ainda mais severa"[1].

Todavia, depois dos contatos inicialmente promissores – iniciados pelo português Fernão Mendes Pinto em 1542 e continuados por holandeses e ingleses –, o Japão se fechou por dois séculos aos estrangeiros, assustado pelos desequilíbrios sociais que a difusão do cristianismo e os novos comércios podiam produzir. Com a deportação dos católicos para Macau e Manila, ordenada em 1614, começaram trinta anos de lutas contra os europeus e contra o catolicismo, que culminaram em 1635 com a proibição para os estrangeiros de pisar em solo japonês, e aos japoneses de dali sair. Só os

---

1. Giovanni Battista Ramusio, *Navigazioni e viaggi*, Turim, Einaudi, 1979, vol. II, p. 1.017. A obra é de 1554.

comerciantes holandeses e chineses foram tolerados na ilha de Deshima, em frente a Nagasaki. Procurou-se anular qualquer vestígio de contato com os europeus, como demonstra o caso do jesuíta milanês Giovan Battista Porro (1575-1639), que foi morto, juntamente com toda a aldeia por ele convertida. Desde aquela data, na orla do Japão não encontraram refúgio nem mesmo os náufragos das baleeiras que se aventuravam naqueles mares. Os japoneses foram proibidos de navegar em alto-mar e foram destruídos os portulanos e as cartas náuticas desenhadas sob influência ocidental.

Na primeira metade do século XIX, porém, a busca de novos mercados levou as grandes potências ocidentais a se defrontar com os impérios da Ásia Oriental que não haviam conhecido a colonização por parte das grandes companhias comerciais. Nessa fase os europeus mostraram às culturas da Ásia Oriental a sua face mais brutal, impondo os próprios comércios com a força das armas. Em 1839 a Grã-Bretanha iniciou as hostilidades contra o Império Chinês, que se opunha ao seu tráfico de ópio e em 1842 conseguiu vencê-lo, reduzindo fortemente sua soberania nacional e arrancando-lhe a colônia de Hong Kong. Com a segunda guerra do ópio (1856-1860) a China foi reduzida a Estado semicolonial, enquanto se difundiam aqueles tratados iníquos, cuja abolição será um objetivo constante da política chinesa nos anos seguintes.

Por volta da metade do século XIX, o total fechamento do Japão constituía um sério obstáculo à navegação do Pacífico: para chegar das costas americanas do Pacífico aos primeiros postos avançados europeus na Ásia, os navios precisariam se reabastecer de carvão e víveres exatamente no arquipélago japonês. E os projetos em curso levavam a prever movimentos ainda mais intensos naquela área. Naqueles anos, efetivamente, enquanto o Império Russo começava a projetar a ferrovia transiberiana, nos Estados Unidos o empresário Asa Whitney apresentou ao Congresso o plano de uma estrada de ferro para unir a costa atlântica com a pacífica. Esta abriria as portas da Ásia para os comerciantes da Nova Inglaterra e, ao mesmo tempo, permitiria a exploração da parte central do continente americano. Aquelas terras, de fato, desde as expedições exploratórias das primeiras décadas do século XIX haviam sido indicadas como o "Great American Desert", para indicar que eram despovoadas (não áridas). Por esse motivo a colonização as evitara, passando diretamente para a faixa costeira entre a Califórnia e o Estado de Washington, unida à costa atlântica por caminhos quase intransitáveis. A ferrovia transcontinental americana foi a primeira a ser concluída porque depois da guerra civil assumia o valor também simbólico de instrumento de repacificação e de unificação nacional. Em 10 de maio de 1869, os trilhos da Union Pacific, provenientes da costa do Pacífico, uniram-se, em Promontory Summit (Utah), com os da Pacific Railroad, provenientes da costa atlântica. Nesse meio tempo, a linha transiberiana, que havia muito tempo já constituía uma via de comunicação viária e fluvial, começava a se tornar também uma artéria ferroviária. Essas modernas vias de comunicação estavam então prestes a circundar o mundo: só não podiam fazê-lo devido à intransitabilidade das ilhas japonesas.

Por isso, em 1853-1854 a frota do comodoro Matthew K. Perry obrigou o Japão a quebrar seu isolamento e a assinar um tratado comercial com os Estados Unidos. Outros tratados se seguiram, com as principais potências européias. Depois de dois séculos de isolamento que haviam provocado sua estagnação tecnológica, o Japão era violentamente aberto ao comércio com as potências ocidentais, segundo os esquemas coloniais com que estas últimas estavam habituadas: o Japão, como ocorrera com a China, também se deparou com o problema de eliminar os tratados iníquos, impostos a ele devido à sua inferioridade militar.

A iniqüidade dos tratados consistia sobretudo em atenuar as prescrições alfandegárias em benefício das grandes potências e em subtrair aos tribunais locais as controvérsias dos ocidentais. Em favor desses foros privilegiados os ocidentais alegavam a diferença entre o direito europeu e o direito local, cujo procedimento não garantia suficientemente as relações jurídicas de tipo ocidental. Assim, para o Japão e para a China, a europeização do aparelho judiciário e estatal apresentou-se como uma passagem obrigatória para reconquistar sua plena soberania e, portanto, a efetiva paridade com as potências ocidentais. Começou assim aquele fenômeno de modernização que, em meio século, faria do Japão uma das potências mundiais de tipo ocidental, enquanto a China entraria numa fase de contínuas redefinições políticas que nem hoje parecem ter chegado ao fim[2].

2. Os direitos tradicionais na China e no Japão

Na modernização da Ásia Oriental inverte-se a milenar relação que considerava a cultura japonesa dependente da chinesa. A ocidentalização do direito e da administração pública na China começou primeiro, mas continuou de forma mais lenta e gradual que no Japão. Neste último, ao contrário, a assimilação dos ordenamentos europeus realizou-se com um radicalismo tão extremo quanto extremo fora anteriormente o fechamento do país às influências estrangeiras. Assistido por juristas ocidentais, o Japão conseguiu ser o primeiro a elaborar uma série de códigos e de leis de tipo europeu. A China, ao preparar uma legislação análoga, pôde fazer com que os conselheiros ocidentais fossem acompanhados por conselheiros japoneses. Em ambos os impérios, a atividade dos inovadores inseriu-se numa tradição jurídica só em parte comum à China e ao Japão e, de qualquer forma, radicalmente diferente da ocidental.

a) O direito clássico chinês. Na China, o direito tinha uma posição subsidiária em relação à ética confuciana, que via nas leis um sinal de corrupção moral, porque elas obrigavam

---

2. Essa é a tese de Victor Nee e James Peck (orgs.), *China's Uninterrupted Revolution. From 1840 to the Present*, Nova York, Pantheon, 1975, 480 pp.

o homem a comportamentos que este deveria ter por convicção interna. Por volta do século III a.C. à Escola confuciana se contrapôs a dos legistas, assim chamados por considerarem que nas leis claras e nas punições severas estava o fundamento de uma ordenada continuidade do império. Depois da alternância no predomínio de uma escola e de outra, o direito chinês inspirou-se numa posição conciliatória, destinada a perdurar até a introdução do direito ocidental no século XIX.

A base da vida social é o preceito moral (*lì*), que só é acompanhado pelo jurídico (*fǎ*) quando o indivíduo não é tão virtuoso a ponto de se ater espontaneamente aos ditames da moral: por estarem mais direcionadas a impedir ou a reprimir comportamentos que a prescrevê-los, as leis chinesas clássicas eram sobretudo de natureza penal. A discricionariedade do juiz era ampliada numa medida incompatível com a exigência ocidental de certeza do direito: a norma tornava-se apenas um ponto de referência não-obrigatório. Os preceitos morais, em especial, eram o fundamento da família patriarcal que, por sua vez, era o modelo do Estado. A moral tornava-se assim o critério para avaliar as ações dos funcionários estatais e do imperador.

Essa legitimação moral do imperador chinês é radicalmente diferente da legitimação dinástica do imperador japonês. Enquanto na China a sucessão das dinastias é vista como uma alternância natural de decadências e regenerações morais, a estrutura do Estado japonês fundamenta-se na continuidade de uma única dinastia de origem divina, que se faz remontar ininterruptamente do atual imperador até o mítico Jimmu e à mítica data de 660 a.C. Conseqüentemente, enquanto a ideologia imperial japonesa é essencialmente nacionalista, a ideologia imperial da China é universalista, como sua moral, e coloca a própria China – chamada precisamente por isso de Império de Meio – no centro do mundo.

b) O direito clássico japonês. A história do Japão demonstra todavia que o forte sentimento nacional não impediu de modo algum a adoção, inicialmente da cultura chinesa, depois da européia. Por volta de 400 a.C., a escrita chinesa foi introduzida no Japão, onde se difundiu também o confucionismo, que influenciou a religião nacional, o xintoísmo, sem tomar o lugar dela. Por volta do final de 500 d.C. também o budismo penetrou no Japão e ali se afirmou rapidamente, convivendo com as outras duas crenças. Na mesma época, foi introduzido no Japão o direito chinês. Dois séculos depois, começaram as codificações japonesas, das quais apenas restam notícias e fragmentos encontrados em comentários sucessivos. Tais comentários, ainda que limitados, revelam o quão fielmente os textos japoneses se inspiraram nos modelos chineses.

Por volta de 1200 d.C., os senhores militares (*shōgun*, xógum) passaram a exercer o poder de forma autônoma; fiéis, porém, à ficção de que o poder cabia apenas ao imperador, os xóguns não revogaram os códigos imperiais, limitando-se a impedir que fossem aplicados. Cada senhor decidia autonomamente os litígios, produzindo assim um direito que variava de um território para outro. Houve também reformas: os samurais passaram a gozar de um foro privilegiado; as penas, originariamente atenuadas pela influência chinesa, retomaram sua antiga crueldade, exigida também pelas lutas internas que devastavam o Japão. Para os samurais, parece remontar a essa época o costume do *seppuku* (o *haraquiri*), enquanto a pena de morte assumiu as formas atrozes do esquartejamento, da morte na fogueira, da crucificação.

Com a predominância da família xogunal dos Tokugawa (1603), a paz voltou ao Japão e o direito foi reformado. Os tribunais locais, dependentes do Estado ou do feudatário, foram subordinados a um tribunal central com sede em Edo (a atual Tóquio). A legislação articulou-se em leis públicas e leis secretas. Estas últimas eram sobretudo códigos processuais e político-morais para os funcionários de graus mais elevados. As leis públicas, ao contrário, destinavam-se apenas a uma ou a outra classe. As normas escritas eram quase sempre de natureza penal, enquanto as de natureza civil eram quase inexistentes e terminavam por se confundir com as normas fiscais, como ocorria com a normativa sobre as casas de moradia e sobre os limites das propriedades agrícolas. As relações de direito civil eram dirigidas sobretudo por costumes, que o leitor ocidental encontra na coleção organizada por John Henry Wigmore[3].

Até o final da época Tokugawa (1868), esses costumes eram semelhantes aos chineses, não tanto porque houvesse uma imitação direta, mas porque a cultura dos dois países era muito semelhante (e o Japão defendia a própria cultura com o fechamento do país aos estrangeiros). Como na concepção sino-nipônica o direito era subordinado à moral e como a sociedade japonesa era estruturada segundo uma rígida hierarquia, as normas promulgadas pelos xóguns com validade para todo o império delegavam amplos poderes a ordenamentos jurídicos intermediários: o pai podia punir as filhas; o responsável pelo monastério, os que dele dependiam; os chefes de uma profissão ou de uma camada social, aqueles que a elas pertenciam. Para os delitos menores, por sua vez, tolerava-se o uso tipicamente japonês dos camponeses de fazerem justiça por si mesmos, com sanções sobretudo sociais. Ao final da época Tokugawa, assim, o direito japonês era em suas grandes linhas análogo ao chinês, enquanto as disposições particulares variavam de um lugar para outro.

Desde o início da época xogunal (ou seja, desde o século XIII) a administração pública japonesa adequou-se cada vez mais ao modelo chinês. A sucessiva evolução do Estado japonês é ilustrada por uma comparação entre Japão e Alemanha, sugestiva porque entre os dois países existem efetivamente intrigantes paralelismos históricos, mas discutível porque busca num passado longínquo o fundamento de um evento político contingente, ou seja, o eixo Roma-Tóquio-Berlim (1936).

---

3. John Henry Wigmore, *Law and Justice in Tokugawa Japan. Materials for the History of Japanese Law and Justice under the Tokugawa Shogunate (1603-1867)*, Tóquio, Kokusai Bunka Shinkokai, 1967-1986, 20 vols.

Na época em que na Alemanha ocorreu a fusão entre os costumes germânicos e a religião católica, o xintoísmo japonês fundiu-se com o budismo e com a ética estatal confuciana.

Sobre esses fundamentos, no sul da principal ilha japonesa, em Nara e em Kyoto, forma-se um sólido Estado burocrático, como ao mesmo tempo ocorria conosco [ou seja, na Alemanha] sob os carolíngios. Em ambos os países segue-se depois a época do Estado feudal e, enquanto a Ordem dos Cavaleiros Teutônicos e os camponeses colonizam o Oriente europeu, no Japão se constitui um novo centro de cultura guerreira e nacional na parte setentrional da ilha mais importante, o xogunato de Kamakura, nas proximidades da atual Tóquio. As formas especificamente japonesas que o budismo assume nessa época têm muito em comum com a mística alemã e com a Reforma. Depois, vem a época dos Ashikaga, com seus castelos cavalheirescos, suas vendetas e o código de honra dos samurais, e enfim o Estado de polícia e de ordem, no qual – tanto no Japão quanto na Prússia – as velhas forças da ordem cavalheiresca e da fidelidade feudal recebem um novo sentido na classe nobiliárquica que governa o Estado. Porém, enquanto na Alemanha o Estado de polícia se desenvolve em cada um dos territórios, o Japão daquela época já havia conquistado a unidade sob a dinastia xogunal dos Tokugawa, que novamente tem sua sede nos territórios norte-ocidentais, onde hoje se encontra Tóquio, assim como hoje na Alemanha o eixo se desloca na direção da Prússia e dos territórios colonizados a leste do Elba.[4]

Em 1867, a queda da família dos Tokugawa coincidiu com a restauração do efetivo poder do imperador e com a abertura violenta do Japão aos ocidentais: começava a época Meiji (1868-1912), no decorrer da qual o Japão – partindo de uma tecnologia equiparada à européia do século XVII – em meio século se torna uma potência militar capaz de derrotar o império tsarista.

---

4. Heinrich Herrfahrdt, Japans Staatsentwicklung, vom Dritten Reich her gesehen, *Deutsche Juristenzeitung*, XLI, 1936, pp. 1.266 ss.

Ao analisar a europeização do direito chinês e do direito japonês, partiremos deste último, mesmo considerando que, no amplo processo de modernização, ele fora precedido pelo chinês: entre os dois, o Estado japonês foi efetivamente o primeiro a levar a termo no próprio território um homogêneo sistema jurídico de tipo ocidental, destinado a servir de modelo para outros países asiáticos.

3. A ocidentalização do direito japonês

O fechamento do Japão aos estrangeiros, apesar de rigoroso, não foi obviamente total, porque a presença dos chineses e dos holandeses em Nagasaki permitia uma afluência controlada de notícias do exterior. Esses contatos eram administrados por um organismo oficial, o Bansho Shirabedokoro, ou seja, a Repartição para o estudo das obras em línguas européias. Entre as línguas através das quais os japoneses procuravam se manter a par dos progressos europeus nas ciências naturais e na tecnologia, o holandês era tido em grande consideração. Várias vezes o governo xogunal fez exceção ao princípio do fechamento do país para admitir médicos holandeses e alemães (Kämpfer, 1690-1692; Thunberg, 1775-1776; Von Siebold, 1823-1829 e 1859-1861). Depois do início do século XIX, às traduções técnicas se uniram as políticas e as jurídicas. Em 1843, quando o senhor de Echizen fez traduzir a constituição holandesa, já estava em curso o debate político que desembocaria na completa reforma do aparelho estatal japonês.

Afastada a família Tokugawa e restaurado o poder imperial, em 1870 foi instituída a Repartição para o estudo dos sistemas governamentais estrangeiros, sob a direção de Etō Shimpei (1835-1874), aluno da faculdade de direito de Paris e futuro ministro da Justiça. As numerosas leis francesas traduzidas por essa repartição penetraram na vida jurídica japonesa através das sentenças dos juízes, que tendiam a se remeter a elas quando faltava uma norma escrita japonesa e o costume local não era univocamente identificável. Por essa via, a obra de Etō Shimpei facilitou a assimilação dos futuros códigos de tipo europeu.

Para escolher os modelos nos quais inspirar-se, o governo japonês enviou delegações em todo o mundo; sua escolha recaiu, enfim, na França napoleônica, que naqueles anos gozava de um incomparável prestígio militar e político em todo o mundo. Aquele Código Napoleônico que já vimos dominar a cena européia (cf. II, 9) estava agora no centro da atenção japonesa.

A batalha de Sedan (1870) e a fundação do Império Alemão (1871) suscitaram em todo o mundo um crescente interesse pela nascente potência alemã criada por Bismarck. Também no Japão a atenção se concentrou na Alemanha, e a Prússia tornou-se o modelo em que mais diretamente se inspiravam os governantes japoneses.

Pode-se observar um reflexo dessa mudança na influência dos conselheiros estrangeiros, chamados a auxiliar os juristas japoneses na obra de modernização jurídica. Enquanto num primeiro tempo prevaleciam os franceses, por volta de 1880 os mais ouvidos são os alemães, enquanto os conselheiros de outras nacionalidades recebem funções menos relevantes. No todo, trata-se de um grupo de 37 especialistas assim divididos: 16 franceses, 7 alemães, 7 ingleses, 4 americanos, 2 holandeses e 1 italiano[5]. Suas atividades acompanhavam a dos japoneses até a abolição, em 1899, dos tratados iníquos, com os quais o Japão havia sido obrigado a conceder condições privilegiadas às grandes potências. Com o século XX, a evolução jurídica do Japão torna-se autônoma, mesmo não perdendo nunca de vista os direitos estrangeiros.

---

5. Noboru Umetani, *Oyatoi gaikokujin. Seiji hosei*, Tóquio, Kajima Kenkyujo Shuppan-kai, 1971, vol. I, apêndice. Como esses conselheiros tinham importância diferente, o autor do volume não conseguiu reconstruir o nome original de todos; para alguns, limita-se a indicar a transcrição em *katakana*.

4. Uma periodização do direito japonês moderno

Do início da época Meiji até os dias atuais, a evolução jurídica japonesa pode ser dividida em cinco fases.

Na *primeira fase* (1869-1888) os problemas de política interna e externa produzem efeitos jurídicos contrastantes, que preparam o terreno para reformas mais amplas e harmoniosas. No campo do direito penal, cada xógum conservara em vigor os códigos chineses, acompanhando-os porém de novas disposições. Daí resultara um direito penal que mudava de uma província para outra e era portanto incompatível com o restaurado poder central do imperador. Enquanto comissões de juristas e de homens de Estado japoneses visitavam os principais países europeus e americanos para estudar-lhes as leis, a reforma penal se ateve aos velhos esquemas de origem chinesa, de modo que foi necessário proceder a três reformas numa década (1871, 1873, 1880) para adequar a normativa penal à realidade japonesa em rápida evolução. O último desses códigos já possui uma feição européia: é efetivamente obra do francês Gustave-Émile Boissonade de Fontarabie (1825-1910), sem dúvida um dos mais influentes conselheiros no Japão[6]. A ele se deve também o código de processo penal, diretamente inspirado no francês, mas destinado ao insucesso porque faltava uma organização judiciária de tipo ocidental capaz de aplicá-lo. Essa apressada legislação penal era condicionada pela exigência de política externa de oferecer no tempo mais breve possível a imagem de um Estado organizado segundo critérios ocidentais, de modo a obrigar as potências estrangeiras a renunciar aos seus privilégios, sobretudo ao da extraterritorialidade.

A reforma do direito civil era politicamente menos urgente do que a do direito penal. Boissonade começou a tra-

---

6. Sobre Gustave Boissonade, Hermann Roesler e Alessandro Paternostro (1853-1899) veja-se meu artigo, Tre consiglieri giuridici europei e la nascita del Giappone moderno, *Materiali per una storia della cultura giuridica*, 1973, vol. I, pp. 519-677.

balhar em 1875; todavia, ultrapassara-se demais a fatal data de Sedan: o projeto de inspiração francesa deveria ter entrado em vigor em 1893, mas encontrou notáveis dificuldades. Segundo Hozumi Nobushige, um dos maiores juristas da época, a concepção do código francês ainda estava muito ligada à estrutura familiar, enquanto o governo japonês queria desagregá-la por ser inadequada às novas relações de produção a serem instauradas no império. Parecia preferível o sistema pandectista alemão, que já regia o Estado em que mais se inspirava o Japão, a Alemanha imperial[7]. Foi portanto ao alemão Hermann Roesler (1834-1894) que foi confiado o projeto de código comercial, pronto também em 1890 e também ele dominado pela polêmica sobre os códigos, que era na verdade uma última tentativa de impedir a modernização do Japão. Enquanto o código civil proposto por Boissonade nunca entrou em vigor, o código comercial de Roesler foi desmembrado em leis individuais sobre os setores-chave da economia japonesa: bancos, bolsa e sociedades.

A *segunda fase* (1889-1899) inicia-se com a entrada em vigor da nova constituição, elaborada segundo o modelo alemão e sob a influência de Hermann Roesler; ela estava destinada a vigorar até 1946. Um dos primeiros atos do parlamento japonês foi bloquear um código civil excessivamente francês e um código comercial excessivamente alemão, dando início a um trabalho de codificação que levasse em conta também os usos japoneses, especialmente no campo do direito de família. Também o direito comercial foi reformulado, levando em conta figuras especificamente japonesas (por exemplo, o *banto*, correspondente ao "comprador", ou seja, ao agente nativo que efetuava aquisições por conta do comerciante europeu e, por isso, na China, era designado com aquele vocábulo português). Enfim, no início de 1890, foi inteiramente reformada a administração judiciária, que se estruturou como na Alemanha.

---

7. Hozumi Nobushige, *Lectures on the New Japanese Civil Code as Material for the Study of Comparative Jurisprudence*, 2.ª ed., Tóquio, 1912, pp. 50 ss.

A partir da metade dos anos 1880, o Japão apresenta uma estrutura política e jurídica comparável à dos maiores Estados ocidentais. Para estes últimos, torna-se assim impossível conservar o privilégio da extraterritorialidade. A revisão dos tratados iníquos começa em 1894, com a Inglaterra, à qual se seguem pouco a pouco as outras potências, cujos novos tratados entrarão em vigor simultaneamente a partir de 1899. Em menos de cinqüenta anos, o Japão chegou a tratar de igual para igual com aqueles Estados que lhe haviam imposto com violência a abertura dos portos.

A *terceira fase* (1900-1913) representa um período de sedimentação depois das tumultuadas modificações das décadas anteriores. A única importante reforma legislativa é a do código penal. O anterior, de origem francesa, foi substituído por um texto que, mesmo não tendo sido elaborado por um conselheiro ocidental, não apresenta características especificamente japonesas: a cultura penalística ocidental já havia sido praticamente absorvida no Japão e permeia esse código, caracterizado por uma extrema brevidade. As relações com a Alemanha continuam a ser muito estreitas, como o demonstram a legislação sobre as marcas e patentes e as emendas ao código de processo civil. A tranqüilidade jurídica dessa fase não deve, porém, induzir em erro: exatamente em 1904-1905 teve lugar a guerra russo-japonesa, cujas agitadas conseqüências já foram brevemente ilustradas ao se analisar a Rússia em IV, 3 *e* e os Estados coloniais em VII, 10.

A *quarta fase* (1914-1945) é caracterizada inicialmente por uma rápida adoção de formas parlamentares européias, malogradas depois num processo de cada vez mais profunda fascistização do Estado. As duas primeiras décadas do século XX foram de qualquer forma anos de intensa vida constitucional: formaram-se poderosos partidos políticos e, por um certo tempo, a época Taishō pareceu ligar o próprio nome ao advento de um sistema bipartite no Japão. Nessa época, a opinião pública se dissocia dos problemas de política externa para passar aos de política interna: o Japão abandona o papel de país subdesenvolvido e adquire consciência do próprio peso econômico e político. Surgem também as primeiras menções de reforma social. Mas a crise dos anos 1930 imprime uma brusca guinada a esse processo: o eixo político se desloca cada vez mais à direita, enquanto as reformas jurídicas visam sobretudo fortalecer ao máximo a já florescente economia monopolista e, em seguida, regular a participação do Japão na Segunda Guerra Mundial, tragicamente concluída com o bombardeio atômico de Hiroshima e Nagasaki.

A *quinta fase* inaugura-se com a nova constituição de 1947, de inspiração americana. O símbolo mais evidente do novo espírito que permeia o pós-guerra é a declaração do imperador Hirohito, o qual – infringindo uma legendária tradição que durou dois milênios e meio – em 1946 afirmou que a dinastia imperial não tinha origem divina.

Os estreitos vínculos com os Estados Unidos levam hoje o Japão a buscar o modelo americano de desenvolvimento econômico. Todavia, ainda que a substância de muitas recentes disposições jurídicas tenha como origem os correspondentes institutos americanos, a forma jurídica dessas disposições ainda continua a ser aquela herdada dos países europeus. Como na Alemanha atual, a americanização da economia não leva à adoção do Common Law.

5. *A ocidentalização do direito chinês*

As guerras do ópio haviam demonstrado que as velhas estruturas estatais chinesas não eram capazes de conter o ímpeto expansionista das potências ocidentais. A dinastia manchu, no poder a partir de 1644, iniciou em 1898 um programa de reformas que não foi levado a termo porque na Corte prevaleceram as tendências conservadoras antiocidentais. A fracassada revolta dos Boxer de 1901 pode ser interpretada como a última tentativa de se opor com força à ocidentalização, com o único resultado de tornar ainda mais onerosos os tratados iníquos, contra os quais os chineses se batiam em vão desde 1843-1844.

OS DIREITOS DA ÁSIA ORIENTAL 511

O fosso entre China e Japão no processo de modernização, mais ainda que pelas datas, torna-se mais visível pela presença do próprio Japão entre as potências estrangeiras que gozam de extraterritorialidade em solo chinês. Só em 1902 a Inglaterra anunciou a disponibilidade das grandes potências em renunciar à extraterritorialidade. A dinastia manchu, praticamente nos últimos anos de poder, tomou o caminho das reformas sem ter um sólido controle do país, como ocorrera no Japão. As reformas transformaram-se então em revoluções, que dividiram a história também jurídica do país em cinco fases bem delineadas: a primeira é imperial; a segunda, republicana; a terceira, nacionalista; a quarta, comunista e a quinta – por ora – a da "economia socialista de mercado".

6. Uma periodização do direito chinês moderno

Antes de examinar o direito público da China contemporânea, é preciso destacar duas dificuldades que o jurista ocidental deve enfrentar, sem nunca conseguir superá-las completamente.

A dificuldade menor é constituída pela língua e pelas peculiaridades legislativas da China, em especial a imperfeita publicidade das leis. Mesmo depois da Revolução Cultural, dois sinólogos estadunidenses enfatizaram que "as traduções inglesas de importantes documentos jurídicos são freqüentemente representações nem um pouco completas dos textos originais", mesmo tratando-se de "traduções oficiais ou quase oficiais". Além disso – e aqui o estudo jurídico torna-se ainda mais árduo – "algumas leis chinesas não são públicas, sendo assim inacessíveis aos estudiosos ocidentais"[8].

A maior dificuldade do jurista contemporâneo que estuda o direito chinês é que a diferença bem conhecida entre

---

8. Ralph H. Folsom; John H. Minan (orgs.), *Law in the People's Republic of China. Commentary, Readings and Materials*, Dordrecht, Nijhoff, 1989, p. XVIII.

lei escrita e regra aplicada torna-se incomensurável na China. À parte os eternos problemas da língua, que valem para todas as disciplinas, o direito deve levar em conta a estrutura política e social. Com a China, essas dificuldades são extremas: num país vastíssimo existem enormes contrastes entre cidade e campo (no qual vive 80% da população), e a criação das novas áreas de desenvolvimento símil-capitalista fez aumentar ainda mais esses contrastes. Além disso, cada norma jurídica chinesa nasce sujeita à ideologia: é o partido comunista que decide se e como aplicá-la. Mas quem pode verificar se no campo alguém segue a ideologia ou o direito, ou ainda o costume secular? Mais uma vez surge uma discordância entre lei escrita e sua real aplicação. Esse contraste mostrou-se particularmente evidente no caso de estratificações entre direitos muito diferentes (por exemplo, na europeização do direito turco, ou na remoção dos obstáculos de castas na Índia), mas não é um apanágio apenas dos direitos extra-europeus: é uma constante de todos os direitos positivos, que freqüentemente colocam lado a lado leis nobres e práticas lastimáveis.

Durante um seminário sobre a evolução constitucional da China moderna, uma estudante sinóloga encontrou um provérbio que, inspirando-se nas lojas chinesas, exprime de modo fulgurante essa miséria dos direitos positivos: "Pendura-se uma cabeça de carneiro; por baixo, vende-se carne de cachorro."

A *primeira fase* (1903-1911) vai da abolição da extraterritorialidade à queda da dinastia manchu. Aqui, como também no Japão, a reforma do direito penal está em primeiro lugar. Essa matéria era normatizada pelo código da dinastia Ch'ing, chamado *Da cin lü lì*[9]. Em vigor desde 1646, ele constituía a súmula dos usos e das normas tradicionalmente vigentes na China. Uma parte de suas disposições são fundamentais (*lü*), as outras são acessórias (*lì*). A partir de 1746, estas últimas foram revistas a cada cinco anos. Esse texto de-

---

9. A transcrição em *pinyin* é: *Da qīng lü lì*.

sordenado compreende três comentários e contém disposições não apenas de direito público e privado, mas ainda prescrições rituais e familiares: é uma obra jurídica grandiosa, mas inconciliável com uma moderna concepção européia do direito. Em 1908, esse código foi reformado em sentido europeu, distinguindo o direito penal do direito civil e humanizando as penas.

Paralelamente, estava sendo elaborado um código penal provisório, segundo um modelo parecido com o alemão. Na realidade, a influência alemã chega à China através da mediação japonesa: na base da elaboração chinesa estava o código penal japonês de 1907, que, por sua vez, tomava como modelo o código imperial alemão. Ademais, o jurista japonês Okada Chotaro forneceu à comissão chinesa o material jurídico ocidental sobre o qual trabalhar na tarefa de comparação. Os juristas chineses estavam particularmente atentos à experiência japonesa porque esse país conseguira superar problemas muito semelhantes àqueles que a China estava enfrentando. Por isso também na nova codificação civil chinesa uma posição de destaque foi atribuída ao conselheiro japonês Matsuoda Yoshitada.

Os cinco livros do código civil chinês revelam uma forte influência alemã e a precisa determinação de infringir a tradição chinesa, que no campo civilista se fundamentava não tanto em normas escritas (como no direito penal), mas especialmente nos textos clássicos, costumes e sentenças. O mesmo espírito radicalmente inovador manifesta-se ainda no código de comércio, publicado a partir de 1903. Esse código, porém, era obrigado, em razão da própria matéria, a levar em conta a realidade chinesa, desde a figura já recordada do "comprador" (cf. acima, item 4) ao reconhecimento das funções desenvolvidas pelas corporações, que, aliás, desempenhavam tarefas análogas às de uma bolsa, uma vez que em encontros cotidianos fixavam os preços das mercadorias e a cotação da prata. No direito comercial tinham, além de tudo, especial importância as sentenças promulgadas pelos tribunais. Essa importância do precedente judiciário aproxima o direito chinês do Common Law e é particularmente perceptível no direito comercial, até porque um dos dois autores do projeto de código comercial, Wu Ting-fang, estudara na Inglaterra.

O modelo alemão-japonês retorna, em contrapartida, nos "Princípios constitucionais" promulgados em 1908. Essa tentativa extrema de salvar a dinastia permaneceu em vigor apenas até 1911.

A *segunda fase* (1912-1927) vai da proclamação da república, que assinala o fim do Estado confuciano que durou dois mil anos, até a formação do governo nacionalista de Chiang Kai-shek. Os "Princípios gerais da estrutura do governo provisório" substituíram os anteriores "Princípios constitucionais" e introduziram na China uma república presidencial, inspirada diretamente no modelo americano. O poder passou então ao governo provisório de Nanquim, do qual era presidente Sun Yat-sen. Quando Yüan Shih-k'ai assumiu a presidência, os seguidores de Sun Yat-sen conseguiram fazer aprovar uma constituição de tipo francês (11 de março de 1912), que aumentou os poderes da Assembléia Nacional, construída à imagem do Congresso americano. O poder retornou ao presidente com a constituição de 1º. de maio de 1914, elaborada sob a influência do americano Frank J. Goodnow (1859-1939). A fracassada tentativa de golpe de Estado de Yüan Shih-k'ai – que fizera retornar a capital a Pequim – abriu uma fase de vigência puramente formal das normas constitucionais: a constituição de 1912 foi recolocada em vigor em 1916, suspensa em 1917, substituída em 1923, revogada em 1924 e decididamente abandonada em 1927, com a vitória dos nacionalistas. Durante todo esse tempo, Sun Yat-sen e seu partido (Kuomintang) fizeram do respeito efetivo aos ideais republicanos, sancionados pela constituição de 1912, a base de uma série alternativa de regimes nacionalistas, instalados em Cantão.

O espírito inovador que animava a classe política republicana chocou-se, todavia, com a instabilidade institucional e com as dificuldades bélicas. Apesar disso, continuaram os trabalhos de codificação empreendidos sob a dinastia manchu e aprofundou-se o conhecimento dos direitos estrangeiros. Nessa época têm lugar as missões na China de Jean Escarra e de Georges Padoux. Este último, juntamente com os japoneses Itakura Matsutarō e Iwata Shin, trabalhou no projeto de código civil, ao qual a partir de 1921 deu sua contribuição também Jean Escarra, que substituiu os dois japoneses. Não obstante essa preponderante presença francesa, o projeto de código civil publicado em 1925 reproduz o modelo alemão-japonês também no delicado setor do direito de família. A mediação japonesa do direito alemão repetiu-se também para as numerosas leis em que foi desarticulado o projeto de código comercial de 1912.

Também na China, assim como no Japão, a efetiva aplicação dessas leis desde o momento da sua entrada em vigor foi facilitada pela atividade dos tribunais durante os trabalhos preparatórios: os juízes chineses, de fato, integraram os textos clássicos e os costumes locais com as normas do primeiro projeto de código civil chinês. As sentenças do tribunal supremo (acessíveis também aos ocidentais, graças à tradução francesa de Escarra)[10] serviram de ajuda para os tribunais inferiores e prepararam assim o terreno para a efetiva adoção das normas de cunho europeu contidas na redação definitiva do código civil.

No direito penal, ao contrário, a atividade reformista foi limitada e as normas elaboradas na época imperial permaneceram substancialmente em vigor até 1928.

É preciso ter consciência, porém, de que a exposição realizada até aqui é muito formal e provavelmente não corresponde a toda a realidade jurídica chinesa da época. O Kuomintang visava, de um lado, a modelos de tipo ocidental, mas de outro aceitava o dualismo entre cidade e campo também no âmbito jurídico: as normas de tipo ocidental encontravam aplicação nas cidades, enquanto no campo

---

10. Jean Escarra, *Recueil des sommaires de la jurisprudence de la Court Suprême*, Xangai, 1924-1926, 3 vols.

permanecia o arbítrio, ainda que sob a forma da tradicional responsabilidade coletiva. Esse sistema jurídico multifacetado permitiu que os comunistas se organizassem e se movessem com relativa facilidade, mas ao mesmo tempo – ao final do período do poder nacionalista – permitiu a eclosão de uma repressão sangrenta.

A *terceira fase* (1927-1949) caracteriza-se pelo governo nacionalista de Chiang Kai-shek e por sua luta anticomunista, antes e depois da Segunda Guerra Mundial. O governo nacionalista instituiu comitês para a revisão dos projetos de código já elaborados. O código civil, nascido com a consultoria de Escarra e de Padoux, foi fundido com o código comercial e drasticamente reduzido: de 1.522 artigos em 1925, passou a 1.225, incluindo também a matéria comercial.

No enorme trabalho de comparação jurídica que está na base do projeto foram levados em conta também códigos e leis de países não-europeus: o código civil e comercial do Sião (1923-1925), o código civil turco (cf. VII, 11) e o brasileiro, para algumas normas de direito familiar. Pela primeira vez tomaram-se como modelo também as normas soviéticas sobre a família, promulgadas em 1918 e revistas em 1922, bem como o código civil soviético de 1922. Essa atenção dirigida ao direito de família visa substituir a noção de unidade familiar, própria da tradição chinesa, pela noção de unidade popular, pregada por Sun Yat-sen.

O estudo dos direitos estrangeiros e as inovações revolucionárias caminharam lado a lado com a conservação das estruturas chinesas impossíveis de modificar. Todo o direito hereditário, por exemplo, está reduzido a poucas normas, para deixar o máximo de espaço para os costumes; nos direitos reais adotou-se também a figura tipicamente chinesa do *dien*, um instituto análogo à anticrese[11] muito difundido no campo.

---

11. "Anticrese é o contrato com o qual o devedor ou um terceiro se obriga a entregar um imóvel ao credor, como garantia do crédito, com a finalidade de fazer perceber ao credor os frutos, a eles imputando os juros, se devidos, e, depois, ao capital" (art. 1.060 do código civil italiano). A disposição no atual código civil brasileiro de 2002 é a seguinte: "Art. 1.506. Pode o devedor ou ou-

Também o projeto de código penal elaborado em 1919 sob as indicações de Padoux sofreu um remanejamento e foi publicado em 1928. Nesse projeto, as normas européias se fundem com outras extraídas dos códigos penais sudanês (1889), egípcio (1904) e siamês (1908), mas com resultados pouco felizes. Em 1931, ele foi submetido a revisão, com a assistência de Padoux e de Attilio Lavagna, conselheiro do Supremo Tribunal de Justiça italiano. Esse código entrou em vigor em 10 de julho de 1935.

A doutrina de Sun Yat-sen inspirou ainda a legislação constitucional. Em 4 de outubro de 1928 foi promulgada uma "Lei sobre a organização" inspirada diretamente na constituição soviética. Ela foi substituída por um texto constitucional propriamente dito em 1935-1936. A atividade legislativa foi, porém, interrompida pelo ataque japonês em 1937 e, bem cedo, à guerra com o exterior se acrescentou a luta entre nacionalistas e comunistas, concluída com a vitória destes últimos em 1949.

Iniciou-se, assim, a *quarta fase* do direito chinês, que vai de 1949 a 1982, ano da entrada em vigor da constituição atual. Os cinqüenta anos entre 1949 e 1989 foram caracterizados por quatro constituições (1954, 1975, 1978 e 1982) e por uma legislação de tipo socialista, versada em formas de origem européia extraídas tanto da modernização chinesa até aqui delineada, quanto do modelo soviético em que a China originariamente se inspirou (cf. IV, 5). Em especial, o partido comunista foi concebido como guia de toda atividade social, logo também daquela jurídica: o direito torna-se, para usar uma frase atribuída a Lênin, "o programa do partido expresso na linguagem do poder". Assim, as estruturas do partido comunista se sobrepõem às do Estado, e em última análise prevalecem sobre elas.

---

trem por ele, com a entrega do imóvel ao credor, ceder-lhe o direito de perceber, em compensação da dívida, os frutos e rendimentos. §1º É permitido estipular que os frutos e rendimentos do imóvel sejam percebidos pelo credor à conta de juros, mas se o seu valor ultrapassar a taxa máxima permitida em lei para as operações financeiras, o remanescente será imputado ao capital."

O jurista ocidental move-se aqui num campo minado, porque a proximidade no tempo dessas normas jurídicas e sobretudo a contínua evolução da sociedade em que seriam aplicadas impediram até agora a formação de uma síntese capaz de ajudá-lo a distinguir as linhas evolutivas do direito chinês contemporâneo. Faltam também, com maior razão, obras que informem sobre a efetiva aplicação dessas normas. As notícias fragmentárias e muitas vezes contraditórias de que hoje se dispõe permitem que qualquer argumentação política sobre o direito chinês contemporâneo apresente provas em seu favor: e isso certamente não contribui para esclarecer o problema.

A constituição de 20 de setembro de 1954 é a primeira após a vitória do comunismo na China e encerrou as confusas vicissitudes constitucionais examinadas na terceira fase. É a constituição de uma China "democrática popular", que de um lado se remete ao modelo constitucional soviético de 1936, mas de outro deve fazer conviver um espírito socialista com um sistema de meios de produção ainda parcialmente capitalista. O artigo 10 reflete essa situação com uma solicitude desconhecida nas constituições das outras democracias populares:

> O Estado garante, em virtude da lei, os direitos dos capitalistas às propriedades dos meios de produção e dos outros capitais. O Estado adota, em relação à indústria e ao comércio capitalistas, uma política de melhor utilização, de limitação e de transformação. Através do controle exercido pelos órgãos administrativos do Estado, da diretriz fornecida pelo setor de Estado da economia e do controle exercido pelas massas operárias, o Estado utiliza os fatores positivos da indústria e do comércio capitalistas que são benéficos à prosperidade nacional e ao bem-estar do povo; limita os respectivos fatores negativos que não são benéficos à prosperidade nacional e ao bem-estar do povo; encoraja e orienta a transformação das diversas formas do capitalismo e substitui progressivamente a propriedade capitalista pela propriedade de todo o povo. O Estado proíbe todo comportamento ilícito do capitalista capaz de prejudicar o interesse público, de perturbar a economia nacional e de comprometer os planos econômicos do Estado.

Nessa fase da construção do socialismo, a China atua em harmonia com a URSS e com as outras democracias populares, cuja amizade é mencionada no preâmbulo.

A constituição de 1954, em artigos análogos ao agora citado, garantia – além de algumas formas de propriedade capitalista – também a propriedade fundiária (art. 8) e artesanal (art. 9), reservando-se todavia o direito de direcioná-los para formas cooperativas. Durante os anos seguintes, essas importantes reformas econômicas tornaram-se realidade: a reforma socialista da agricultura foi completada em 1955, a da indústria e do comércio em 1956; em 1958, as comunas eram uma forma organizativa presente em todo o território nacional.

Entrementes, em 1954-1957 consumou-se a ruptura entre URSS e China comunista. No plano jurídico, essa mudança de modelo significou o abandono da construção de um sistema jurídico formalizado de tipo europeu-continental, ainda que na versão soviética. Proclamou-se a necessidade de retornar à flexibilidade da tradição chinesa, que porém implicava uma menor certeza do direito. Cessaram os intercâmbios de estudantes de direito e as recíprocas visitas de juristas. O código penal e o de processo penal, inspirados no modelo soviético e cujos projetos estavam àquela altura já prontos para aprovação, foram retirados.

As novas (e escassas) formulações jurídicas perderam todo contato com a realidade histórica daqueles anos. O "grande salto adiante" da economia, pregado por Mao Tse-tung de 1957 a 1965, produziu uma catástrofe que precipitou a China numa terrível carestia. A "Revolução Cultural" iniciou, de 1966 a 1976, uma década de anarquia, violências e medidas contraditórias, da qual seria inútil, especialmente no Ocidente, querer encontrar um fio condutor de legalidade. Por outro lado, os excessos das "Guardas Vermelhas" não eram pura insanidade: eles encontraram terreno propício no espírito tradicional chinês, contrário ao formalismo do direito. Este último, aliás, foi incluído entre os elementos que impediam a plena realização do comunismo: os tribunais foram desmantelados; as faculdades de direito, fechadas; os juízes, os advogados, os docentes e o pessoal ligado ao mundo jurídico foram enviados para a reeducação no campo. Muitas vezes essa reeducação terminou com a morte por privações. A atividade que fora "judiciária" passou a ser exercida pelas Guardas Vermelhas sem nenhum limite legal. As próprias constituições promulgadas naqueles anos (1975 e 1978) não tiveram nenhuma concreção.

A Revolução Cultural e a confusa situação política que a acompanhou e a ela se seguiu encontraram expressão na constituição que entrou em vigor em 17 de janeiro de 1975. Com razão afirmou-se ser tal diploma "um documento anormal, que registra a turbulência política chinesa numa situação anormal"[12].

Com base nessa constituição, a China se declarava "um Estado socialista de ditadura do proletariado" (art. 1). A mudança nas relações de produção introduziu no texto a regulamentação da comuna popular agrícola, "organização que integra a administração governamental e a gestão econômica" (art. 7), enquanto a proteção da propriedade privada reduzia-se de forma correspondente apenas ao "direito de propriedade dos cidadãos sobre as respectivas rendas de trabalho, suas economias, casas e outros meios de sustento" (art. 9). O preâmbulo determinava, além disso, a ruptura com a URSS através de um ataque à sua política social-imperialista de agressão. A inevitabilidade de um conflito futuro transparecia também no artigo 10, que prescrevia para o Estado a obrigação de "preparar-se em vista de uma guerra" e de consolidar "a independência e a segurança do país".

Essa constituição possuía apenas trinta artigos. Como sempre ocorre nas constituições breves, eram princípios políticos expressos em forma jurídica e refletiam a ideologia extremista da Revolução Cultural que grassara de 1966 a 1976.

---

12. Zhu Guobin, Constitutional Law, em Wang Chenguang; Zhang Xianchu (orgs.), *Introduction to Chinese Law*, Hong Kong/Singapura, Sweet & Maxwell Asia, 1997, p. 34.

Também a constituição de 1978, mesmo apresentando-se com o dobro de artigos, não se distanciava do modelo político propugnado pela constituição anterior: continuavam a predominar conceitos como os de revolução permanente, ditadura do proletariado, predomínio do partido comunista sobre o aparelho estatal.

Depois da Revolução Cultural, a incerteza sobre o direito era tão grande que em 1979 o Partido Comunista chinês precisou declarar expressamente válidas as normas promulgadas depois de 1949, e não contrárias às últimas decisões do partido; na dúvida se estavam revogadas ou não, foram republicadas – muitas vezes com emendas – numerosas leis dos anos anteriores. Retornava-se penosamente aos modelos soviéticos abandonados nos anos 1950. A partir de 1979, surgiram importantes textos legislativos: as leis eleitorais, o código penal e o de processo penal, as leis sobre o matrimônio, sobre a tributação das *joint ventures*, sobre os títulos acadêmicos e sobre as profissões legais (1980). Esse fervor legislativo preludiava a promulgação da nova constituição de 1982. No entanto, deve-se levar em conta um elemento comum, para unir essa legislação chinesa aos esquemas teóricos seguidos até aqui: "No direito soviético, também os procedimentos jurídicos chineses representam uma versão modificada das tradições do Civil Law próprias da Europa Ocidental."[13]

Com a *quinta fase* (de 1982 até hoje), depois de quase vinte anos de anarquia, a China voltou aos princípios da constituição de 1954. A nova constituição possui 138 artigos e serve de base para uma primeira abertura política rumo à democracia e ao reconhecimento dos direitos humanos fundamentais. A leitura do texto é ambígua (e a experiência das três constituições anteriores deveria ter ensinado a estar atento não ao escrito, mas aos fatos): são reafirmados os "quatro princípios fundamentais" (marcha na direção do socialismo, ditadura do proletariado, função de guia confiada

---

13. Folsom; Minan (orgs.), *Law in the People's Republic of China*, cit., p. 16.

ao partido comunista, fé no marxismo-leninismo). O segundo capítulo dessa constituição abre, porém, uma fresta para o Ocidente: em vários pontos os cidadãos chineses são exortados a melhorar a civilização material socialista. Menos ideologia e mais bens de consumo, em síntese. Algumas aberturas para um maior respeito à legalidade encontram-se nas normas que impõem o respeito da constituição, como no art. 5, cuja formulação não parece contudo tranqüilizadora para um jurista ocidental: "Todos os atos contrários à Constituição devem ser investigados."

Especialmente relevante para a posição internacional da China é a previsão, contida sempre na constituição de 1982, da unificação do país. A cidade-Estado de Hong Kong, obedecendo aos tratados internacionais, voltou a fazer parte da China em 1997. A colônia portuguesa de Macau seguiu o mesmo caminho em 1999. Para evitar traumas na transição, a China proclamou o princípio: "um país, dois sistemas", pretendendo com isso dizer que na China comunista podiam conviver um sistema socialista e um capitalista.

Retorna com essa frase a eterna busca pela "terceira via". A incorporação da economia de Hong Kong, mercado financeiro de importância mundial, acompanhada da decisão de criar áreas especiais de desenvolvimento símil-capitalista em Xangai e em outras partes da China, criou uma série de expectativas populares – mais bens de consumo, mais democracia – e tornou necessária uma dupla intervenção constitucional. Em 1988 foi reformada a propriedade privada, também da terra; em 1993, a emenda transformou a "economia de Estado" em "State-owned economy", indicou novos modos de gestão das empresas de propriedade estatal e introduziu o mágico e misterioso conceito de "economia socialista de mercado". Essa reforma suscitava enormes problemas: no mesmo território – ainda que gigantesco como aquele chinês – podem conviver dois modelos de desenvolvimento opostos como o capitalista e o socialista? A ditadura do Partido Comunista e a economia de planejamento são compatíveis com a liberdade de ação que é o pressuposto da economia de mercado? E, enfim, é possível conceder a liberdade aos mercados, mas não aos cidadãos?

A resposta para essas questões veio com a tragédia da praça Tienanmen de 4 de junho de 1989: a morte daqueles cidadãos indefesos, talvez milhares, que pediam mais liberdade é o símbolo da repressão que se realiza em todo o território nacional. O elemento mais dramático desse evento é que os manifestantes mortos e, depois, os oposicionistas presos pediam aquilo que o próprio governo havia prometido na constituição de 1982 e em suas sucessivas emendas. Com o reconhecimento da inviolabilidade da propriedade privada e com o abandono da planificação socialista, as sucessivas revisões constitucionais de 1999, de 2003 e de 2004 deslocaram ainda mais o eixo político chinês na direção do capitalismo, mas não na direção da democracia liberal: a tutela dos direitos humanos permanece, por ora, uma norma simbólica.

Essa gravíssima contradição interna envolve um país com mais de um bilhão de habitantes, divididos em mais de cinqüenta nacionalidades, e provocou uma dupla conseqüência. No plano internacional, muitas simpatias pela China desapareceram (assim como na Europa desapareceram muitas simpatias comunistas depois das repressões soviéticas) e cada vez mais freqüentemente os contatos econômicos com o Ocidente terminam por levantar o problema dos direitos humanos. Até que ponto é eleitoralmente aconselhável que um chefe de Estado ocidental apóie um regime repressivo como o chinês? Até quando se pode ter como adequada a resposta da China, segundo a qual a tarefa do governo consiste antes de tudo em alimentar os chineses, depois pensar nos direitos humanos? Qualquer previsão é temerária: mas o 1989 da praça Tienanmen deveria recordar à elite política chinesa o 1989 conhecido pelos Estados comunistas europeus.

ITINERÁRIO BIBLIOGRÁFICO

Para as obras de consulta, veja-se a bibliografia do capítulo I. Sobre a história geral da colonização e descolonização, encontram-se indicações na bibliografia do cap. VI, *Os direitos consuetudinários africanos.*

Obras gerais sobre a Ásia Oriental:

Borsa, Giorgio, *La nascita del mondo moderno in Asia orientale. La penetrazione europea e la crisi delle società tradizionali in India, Cina e Giappone*, Milão, Rizzoli, 1977, 604 pp. [das origens ao início da modernização japonesa, bibliografia selecionada e glossário].

Holden, Furber, *Imperi rivali nei mercati d'Oriente, 1600-1800*, Bolonha, Il Mulino, 1986, 512 pp.

Panikkar, Kavalam Madhava, *Storia della dominazione europea in Asia dal Cinquecento ai giorni nostri*, Turim, Einaudi, 1972, 545 pp.

Reischauer, Edwin O.; Fairbank, John, *Storia dell'Asia orientale*, Turim, Einaudi, 1974, 2 vols. O primeiro volume – *La grande tradizione*, XVI-806 pp. – vai das origens da civilização chinesa à época Tokugawa no Japão. O segundo volume – *Verso la modernità*, XVIII-976 pp. – é uma história global da modernização asiática. Ambos os volumes levam em conta também as áreas menores; essa história global é corroborada por uma experiência didática de quase quarenta anos: as aulas que deram origem à obra iniciaram em 1939.

Romein, Jan, *Il secolo dell'Asia. Imperialismo occidentale e rivoluzione asiatica nel secolo XX*, Turim, Einaudi, 1969, XXVIII-536 pp. [obra dedicada sobretudo ao século XX, com bibliografia e cronologia].

Tucci, Giuseppe (org.), *Le civiltà dell'Oriente. Storia, letteratura, religioni, filosofia, scienze e arti*, Roma, Casini, 1958, XVII-1.263 pp. [há também algumas seções dedicadas ao direito de cada Estado da Ásia Oriental].

China

Obras bibliográficas: *Revue bibliograghique de la Chine*, editada desde 1955 pela École des Hautes Études en Sciences Sociales de Paris. Ademais: Malte Schindhelm, *Auswahlbibliographie zum modernen Recht der Volksrepublik China*, Neuwied, Metzner, 1989, 172 pp.; Frank Joseph Shulman (org.), *Doctoral Dissertations on China, 1971-1975. A Bibliography of Studies in Western Languages*, Seattle (Wash.), Londres/Washington University Press, 1978, XX-329 pp.

Obras gerais sobre a China: Jean Chesneaux; Marianne Bastid e Marie-Claire Bergère, *La Cina*, Turim, Einaudi, 1974, 2 vols. [história geral de 1840 a 1921, com bibliografia e apêndices documentários: nas pp. 44 ss. encontram-se as penas previstas pelo *Da cing lü lì*]. Tuan-Sheng Ch'ien, *The Government and Politics of China*, Cambridge (Mass.), Harvard University Press, 1950, XVIII-526 pp. [para o jurista são importantes o cap. IV: *The Impact of the West and the Fall of the Monarchy*; o cap. XIII: *Legislation and Legislative Process*; o cap. XVII: *Law and the Administration of Justice*. Úteis apêndices cronológicos, bibliográficos e de textos constitucionais do período 1908-1949]. William L. Tung, *The Political Institutions of Modern China*, The Hague, Martinus Nijhoff, 1964, XIII-408 pp. [obra sobre o "constitutional development and government structure of twentieth-century China", p. I; apêndice de textos constitucionais]. Sobre a constituição de 1975: Cesare Donati; Franco Marrone; Francesco Misiani, *Stato e costituzione in Cina*, Milão, Mazzotta, 1977, 270 pp.

Sobre a história do direito chinês: Oskar Weggel, *Chinesische Rechtsgeschichte*, Leiden, Brill, 1980, XI-298 pp.

Uma boa leitura introdutória "sobre o espírito do direito chinês confrontado com as informações dos ordenamentos jurídicos europeus ou de derivação européia" (p. XI) é: Ernesto dell'Aquila, *Il diritto cinese. Introduzione e principî generali*, Pádua, Cedam, 1981, XII-288 pp. A ampla bibliografia permite aprofundar temas específicos. Georges Padoux, *List of English and French Translations of Modern Chinese Laws and Regulations* [Pequim, 1936]: deve tratar-se de um extrato da *Chinese Social and Political Science Review*, XIX, 1936, pp. 567-644, ao qual se acrescentou uma atualização de 8 pp., até 1966. Jean Escarra, *Le droit chinois; conception et évolution, institutions législatives et judiciaires, science et enseignement*, Pequim/Paris, Vetch/Sirey, 1936, XII-559 pp. [nessa obra está concentrada toda a experiência acumulada nos anos passados na China como conselheiro jurídico]. Um relatório oficial de Escarra é: *La codification du droit de la famille et du droit des successions (livre IV et V du Code Civil de la République chinoise)*. Rapport presenté au Conseil Législatif du Gouvernement National, Xangai, Imprimerie de l'Orphelinat de T'ou-Sè-Wè Zi-Ka-Wei, 1931, 87 pp. O problema dos tratados iníquos era urgente; Escarra reuniu alguns artigos seus sobre o assunto, que foram publicados com o prefácio de Wang Chung-hui, ministro da Justiça: *Droit et intérêts des étrangers en Chine* [...], Paris, Sirey, 1928, XXVIII-88 pp.; retomando o tema da extraterritorialidade, já abordado num relatório de 1923, Escarra publica *Le régime des concessions étrangères en Chine*, Paris, 1930,

140 pp. A concessão italiana de Tientsin é tratada na segunda parte do volume de Cajo Enrico Balossini, *Concessioni in Cina*, Florença, Sansoni, 1934, 94 pp.

Um quadro do conjunto da situação atual do direito chinês está em: Wang Chenguang; Zhang Xianchu (orgs.), *Introduction to Chinese Law*, Hong Kong/Singapura, Sweet & Maxwell Asia, 1997, XVIII-586 pp. Uma constante atualização é oferecida pelas monografias que esse mesmo editor publica na série *China Law Series*. Uma antologia de documentos e textos sobre o direito chinês depois de 1982 é o volume de Ralph H. Folsom; John H. Minan (orgs.), *Law in the People's Republic of China. Commentary, Readings and Materials*, Dordrecht, Nijhoff, 1989, XVIII-1.076 pp.; em apêndice, a tradução em inglês da Constituição da República Popular da China de 1982; do Código de Processo Penal de 1979; do Código Penal (*Criminal Law*) de 1979; do Código de Processo Civil de 1982; dos Princípios Gerais de Direito Civil, de 1986. Em ambas as coleções os textos estão subdivididos por matérias, partindo do direito constitucional e chegando ao direito tributário.

A relevância da burocracia na cultura chinesa é tratada na obra de Balazs, recordada na bibliografia do cap. III, na seção *A estrutura do Estado*.

Sobre a situação em Hong Kong: a) como colônia: Peter Wesley-Smith, *Unequal Treaty: 1898-1997. China, Great Britain and Hong Kong's New Territories*, Hong Kong, Oxford University Press, 1983, XIX-270 pp.; b) entre 1985 (*Joint Declaration* entre Grã-Bretanha e China) e 1997 (passagem de Hong Kong à China) vejam-se os documentos: Drafting Committee for the Basic Law, *The Draft Basic Law of the Hong Kong Special Administrative Region of the People's Republic of China*, Hong Kong, Consultative Committee for the Basic Law, 1988, 110 pp.; *Reference Paper for the Basic Law of the Hong Kong Special Administrative Region of the People's Republic of China*, Hong Kong, 1989, 102 pp. Uma descrição sintética da situação de Hong Kong e Macau está em Ralph H. Folsom; John H. Minan (orgs.), *Law in the People's Republic of China. Commentary, Readings and Materials*, Dordrecht Nijhoff, 1989, pp. 911-42. Uma avaliação da anexação à China está em: Yash P. Ghai, *Hong Kong's New Constitutional Order. The Resumption of Chinese Sovereignty and the Basic Law*, Hong Kong, Hong Kong University Press, 1999, XIX-616 pp.; Gerard A. Postiglione, *Hong Kong's Reunion with China: The Global Dimensions*, Armonk (NY), Sharpe, 1997, XV-304 pp.; Gungwu Wang (org.), *Hong Kong's Transition: A Decade After the Deal*, Hong Kong, Oxford University Press, 1995, XV-163 pp.

Sobre Macau: a) como colônia: Fok Kai Cheong, *Estudos sobre a instalação dos portugueses em Macau*, Lisboa, Gradiva, 1996, 118 pp.; Lourenço M. da Conceição, *Macau entre dois tratados com a China: 1862-1887*, Macau, Instituto Cultural, 1988, 182 pp.; b) sobre a passagem à China: Martin P. Scheuer, *Die Rechtslage von Hongkong und Macau nach den "Gemeinsamen Erklärungen" vom 19. Dezember 1984 und 13. April 1987. Unter besonderer Berücksichtigung der chinesischen Verfassung und der "Grundgesetzte" (Basic Law, Lei Básica)*, Frankfurt a. M., Lang, 1993, XXXVIII-422 pp.

Sobre Taiwan: John F. Copper, *Taiwan: Nation-State or Province?*, Boulder, Westview Press, 1996, XII-220 pp.; Jean-Marie Henckaerts (org.), *The International Status of Taiwan in the New World Order: Legal and Political Considerations*, Londres, Kluwer, 1996, XVIII-337 pp.

Alguns aspectos específicos do direito da República Popular da China estão ilustrados nas seguintes obras:

Bernhardt, Kathryn (org.), *Civil Law in Qing and Republican China*, Stanford (Cal.), Stanford University Press, 1994, XII-340 pp.

Bertinelli, Roberto, *Verso lo Stato di diritto in Cina. L'elaborazione dei principi generali del codice civile della repubblica popolare Cinese dal 1949 al 1986*, Milão, Giuffrè, 1989, VI-148 pp.

Cigliano, Maria (org.), *Atti del convegno internazionale di studi Ricciani*, Macerata-Roma, 22-25 out. 1982, Leiden, Brill, 1984, 276 pp. [reúne as atas do congresso que celebrou o quarto centenário da chegada de Matteo Ricci à China. Importante para estudar as primeiras relações entre Europa e China; não contém ensaios sobre o direito].

Chen, Albert H., *An Introduction to the Legal System of the People's Republic of China*, Singapura, Butterworths Asia, 1992, XIII-291 pp.

Cohen, Jerome Alan, The Impact of Tradition Upon Chinese Communist Criminal Procedure, *Law and Society Review*, III, nov. 1968-fev. 1969, pp. 409 ss.

——, *Contemporary Chinese Law: Research Problems and Perspectives*, Cambridge (Mass.), Harvard University Press, 1970, 380 pp.

Jones, William C. (org.), *Basic Principles of Civil Law in China*, Armonk (NY), Sharpe, XVIII-378 pp.

Hulsewé, Antony Francis Paulus, *Remnants of Ch'in Law. An Annotated Translation of the Ch'in Legal and Administrative Rules in the 3rd Century B.C. discovered in Yün-meng Prefecture, Hu-pei Province, in 1975*, Leiden, Brill, 1985, VIII-244 pp. [análise aprofundada de um exemplo de direito chinês arcaico; uma bibliografia de Hulsewé está em: Wilt L. Ildema; Erik Zürcher, *Thought and Law in Qin and Han China*, Leiden, Brill, 1990, pp. 15-25].

Leng Shao-chuan; Chiu Hungdah, *Criminal Justice in Post-Mao China: Analysis and Documents*, Albany (NY), State University of New York Press, 1985, XVIII-330 pp.

Losano, Mario G., Il contributo di Attilio Lavagna al codice penale cinese del 1935, em Lionello Lanciotti (org.), *Il diritto in Cina*, Florença, Olschki, 1978, pp. 137-57.

Munro, Robin, *Punishment Season: Human Rights in China after Martial Law. An Asia Watch Report*, Nova York, Human Rights Watch, 1990, 173 pp.

Murphy, J. David, *Plunder and Preservation. Cultural Property Law and Practice in the People's Republic of China*, Hong Kong, Oxford University Press, 1995, XVI-205 pp.

Ren, Xin, *Tradition of the Law and Law of the Tradition. Law, State, and Social Control in China*, Newport (Conn.), Greenwood Press, 1997, XVIII-174 pp.

Tsien, Tche-Hao, *Le droit chinois*, Paris, Presses Universitaires de France, 1982 [breve introdução elementar na coleção "Que sais-je?"].

Van der Sprenkel, Sybille, *Legal Institutions in Manchu China*, Londres, Athlone, Londres, 1972, 178 pp.

Sobre os desenvolvimentos mais recentes:

Ladany, Lazlo, *Law and Legality in China: The Testament of a Chinawatcher*, Honolulu, University of Hawaii Press, 1992, XI-179 pp. [obra póstuma de um jesuíta húngaro com profundo conhecimento da China e da língua chinesa, morto em Hong Kong em 1990 e por anos editor da *China News Anakysis*. O autor, obviamente, é anticomunista, mas não "fanaticamente anticomunista" como afirmava Simone de Beauvoir; o livro é de grande interesse].

Japão

Matthias K. Scheer, *Japanisches Recht in westlichen Sprachen: 1974-1989. Eine Bibliographie*, Hamburgo, Scheer, 1992, XXXIX-880 pp.

Sobre os contatos entre japoneses e ocidentais na época do fechamento, cf. M. Paske-Smith, *Western Barbarian in Japan and Formosa in Tokugawa Days, 1603-1868*, 341 pp. publicadas em 1930 e reimpressas anastaticamente por Salomon em 1968; Yasunori Gunji, *Dall'isola del Giapan. La prima ambasceria giapponese in Occidente*, Milão, Unicopli, 1985, 179 pp. Sobre o modo de ver o Japão: Peter Dale, *The Myth of the Japanese Uniqueness*, Londres, Croom Helm, 1986, 233 pp.

Sobre o direito japonês arcaico, a primeira obra que os amigos japoneses me recomendaram ler foi: Nobushige Hozumi, *Il culto degli antenati e il diritto giapponese*, org. por Emilio Albertario e Pietro de Francisci, Milão, Hoepli, 1923, 131 pp. (é o paralelo nipônico da obra de Fustel de Coulanges para o direito helênico e romano).

A modernização do direito é objeto de Richard H. Minear, *Japanese Tradition and Western Law. Emperor State and Law in the Thought of Hozumi Yatsuka*, Cambridge (Mass.), Harvard University Press, 1970, 244 pp.: a obra é na verdade a biografia cultural do chefe da corrente conservadora do direito constitucional japonês. Ao seu adversário, mais conhecido, porque aberto ao Ocidente, é dedicado um estudo de Frank O. Miller, *Minobe Tatsukichi. Interpretation of Constitutionalism in Japan*, Berkeley, University of California Press, 1965, XI-392 pp. O único estudo sobre o conselheiro alemão que contribuiu para o nascimento da constituição japonesa é Johannes Siemes, *Hermann Roesler and the Making of the Meiji State*. An Examination of his Background and his Influence on the Founders of Modern Japan & the Complete Text of the Meiji Constitution Accompanied by his Personal Commentaries and Notes, Tóquio, Sophia University and Tuttle, 1968, XII-252 pp. Ademais:

Antonetti, Guy (org.), *Boissonade et la réception du droit français au Japon*, Paris, Société de Législation Comparée, 1991, 104 pp.

Ch'en, Paul Heng-chao, *The Formation of the Early Meiji Legal Order. The Japanese Code of 1871 and Its Chinese Foundation*, Oxford, Oxford University Press, 1981, XV-204 pp.

Haley, John O., *The Spirit of Japanese Law*, Athens, University of Georgia Press, 1998, XX-251 pp.

Ishii, Ryosuke, *Japanese Legislation in the Meiji Era*, traduzido e adaptado por William J. Chambliss, Tóquio, Kassai Publishing Printing Co. (Pan Pacific Press), 1958, 741 pp.

Losano, Mario G., Tre consiglieri giuridici europei e la nascita del Giappone moderno, em *Materiali per una storia della cultura giuridica*, vol. III, I, Bolonha, Il Mulino, 1973, especialmente pp. 568-99 [sobre Gustav Boissonade, Herman Roesler e Alessandro Paternostro].

—, La recezione dei modelli giuridici europei nella realtà giapponese: Hermann Roesler (1834-1894), em *Sociologia del diritto*, XI, 1984, n. 3, pp. 29-44.

—, Il consigliere giuridico Alessandro Paternostro (1853-1899): problemi attuali della ricerca sulla sua attività, em *Atti del settimo congresso di studi sul Giappone*, Florença, Aistugia, 1985, pp. 61-74.

Schenk, Paul-Christian, *Der deutsche Anteil an der Gestaltung des modernen japanischen Rechts und Verfassungswesen: Deutsche Rechtsdenker im Japan der Meiji-Zeit*, Stuttgart, Steiner, 1997, 396 pp.

Steenstrup, Carl, *A History of Law in Japan Until 1868*, Leiden, Brill, 1991, XII-202 pp. [reconstrói o fundamento histórico-jurídico do direito Meiji e pode constituir o início de posteriores pesquisas graças à ampla bibliografia (pp. 160-89) dividida por assuntos].

Takii, Kazuhiro (org.), *Lorenz von Stein Arbeiten für Japan*, Frankfurt a.M., Lang, 1998, 286 pp.

Sobre o direito positivo japonês: Yosiyuki Noda, *Introduction au droit japonais*, Paris, Dalloz, 1966, 285 pp.; Arthur Taylor von Mehren (org.), *Law in Japan. The Legal Order in a Changing Society*, Cambridge (Mass.)/Tóquio, Harvard University Press/Tuttle, 1964, XXXVIII-706 pp. Ambos os trabalhos contêm uma descrição completa dos vários setores do direito e oferecem uma bibliografia (também em línguas ocidentais) para aprofundar cada tema. Cf. ainda:

Igarashi, Kiyoshi, *Einführung in das japanische Recht*, Darmstadt, Wissenschaftliche Buchgesellschaft, 1990, XXII-192 pp.

Marutschke, Hans-Peter, *Einführung in das japanische Recht*, Munique, Beck, 1999, XIV-271 pp.

Oda, Hiroshi, *Japanese Law*, Londres, Butterworth, 1993, pp. XXXIV-444, [descreve os vários ramos do direito japonês vigente, introduzindo também temas ligados à profissão jurídica. Amplas tabelas permitem encontrar as leis e as sentenças mencionadas].

Alguns aspectos específicos do direito japonês estão ilustrados nas seguintes obras:

Beer, Lawrence W.; Itoh, Hiroshi, *The Constitutional Case Law of Japan, 1970 Through 1990*, Seattle, University of Washington Press, 1996, XIV-688 pp.

Blanpain, Roger (org.), *Employment Security: Law and Practice in Belgium, Bulgaria, France, Germany, Great Britain, Italy, Japan and the European Communities*, Leuven, Peeters Press, 1994, 207 pp.

Ch'en, Paul Heng-chao, *The Formation of the Early Meiji Legal Order. The Japanese Code of 1871 and its Chinese Foundation*, Oxford, Oxford University Press, 1981, XV-204 pp.
Coing, Helmut (org.), *Die Japanisierung des westlichen Rechts*, Tübingen, Mohr, 1990, X-452 pp.
Dando, Shigemitsu, *The Criminal Law of Japan: The General Part*, Littleton (Col.), Rothman, 1997, XXIV-521 pp.
Dore, Ronald P., *Land Reform in Japan*, Londres, Athlone, 1984, pp. 542.
Eisenstadt, Samuel N., *Japanese Models of Conflict Resolution*, Londres, Kegan Paul, 1990, XI-238 pp.
Eubel, Paul, et al., *Das japanische Rechtssystem. Ein Grundriß mit Hinweisen und Materialien zum Studium des japanischen Rechts*, Frankfurt a. M., Metzner, 1979, XIII-757 pp.
Goodman, Grant K., *Japan: The Dutch Experience*, Londres, Athlone, 1985.
Hanami, Tadashi, *Labour Law and Industrial Relations in Japan*, 2.ª ed., Deventer Kluwer, 1985, 171 pp.
Henderson, Dan Fenno, Japanese Lawyers: Types and Roles in the Legal Profession, em *Law and Society Review*, III, nov. 1968-fev. 1969, pp. 411 ss.
Ishii, Ryosuke, *Japanese Legislation in the Meiji Era*, traduzido e adaptado por William J. Chambliss, Tóquio, Kassai Publishing Printing Co. (Pan Pacific Press), 1958, 741 pp.
Losano, Mario G., Tre consiglieri giuridici europei e la nascita del Giappone moderno, em *Materiali per una storia della cultura giuridica*, vol. III, I, Bolonha, Il Mulino, 1973, especialmente as pp. 568-99 [sobre Gustav Boissonade, Hermann Roesler e Alessandro Paternostro].
——, La recezione dei modelli giuridici europei nella realtà giapponese: Hermann Roesler (1834-1894), *Sociologia del Diritto*, XI, 1984, n. 3, pp. 29-44.
——, Il consigliere giuridico Alessandro Paternostro (1853-1899): problemi attuali della ricerca sulla sua attività, *Atti del settimo congresso di studi sul Giappone*, Florença, Aistugia, 1985, pp. 61-74.
Miyazawa, Toshiyoshi, *Verfassungsrecht (Kempo)*, tradução, adaptação e organização de Robert Heuser e Yamasaki Kazuaki, Köln/Berlim/Bonn/Munique, Heymanns, 1986, XXXIX-348 pp. [tradução do maior manual japonês de direito constitucional, publicado pela primeira vez em 1929].
Rahn, Guntram, *Rechtsdenken und Rechtsauffassung in Japan. Dargestellt an der Entwicklung der modernen japanischen Zivilrechtsmethodik*, Munique, Beck, 1990, XVI-470 pp.

Oka, Yoshitake, *Five Political Leaders of Modern Japan*, Tóquio, University of Tokyo Press, 1986, VIII-232 pp. [No quadro da evolução política japonesa de 1860 a 1940 são descritas as biografias de Ito Hirobumi (1841-1909), Okuma Shigenobu (1838-1922), Hara Takashi (1856-1921), Inukai Tsuyoshi (1855-1932) e Saionji Kimmochi (1849-1940)].

Ramseyer, J. Mark, *Japanese Law: An Economic Approach*, Chicago, University of Chicago Press, 1998, XXI-310 pp.

Port, Kenneth L., *Comparative Law: Law and Legal Process in Japan*, Durham (NC), Carolina Academic Press, 1996, XV-830 pp.

Wigmore, John (org.), *Law and Justice in Tokugawa Japan*, Tóquio, University of Tokyo Press, 1969-1986, 20 vols. [a obra, monumental e fundamental para conhecer o direito privado da época Tokugawa, contém material legislativo e documentário de fontes diversas].

Woodiwiss, Anthony, *Law, Labour and Society in Japan. From Repression to Reluctant Recognition*, Londres, Routledge, 1992, XII-187 pp.

Zentaro, Kitagawa, *Rezeption und Fortbildung des europäischen Zivilrechts in Japan*, Frankfurt a. M./Berlim, Metzner, 1970, 221 pp.

Coréia

Hahm, Pyong-choon, *Korean Jurisprudence, Politics and Culture*, Seul, Yonsei University Press, 1986, XX-572 pp. [Hahm (1932-1983) foi um eminente docente e homem político sul-coreano, entre outras coisas, embaixador nos Estados Unidos. O volume reúne vários ensaios também sobre a história do direito coreano; contém uma bibliografia dos escritos de Hahm].

Kim, Myung-Ki, *The Korean War and International Law*, Claremont (Cal.), Paige, 1991, XIV-291 pp.

Losano, Mario G., *Il diritto economico giapponese*. 2.ª ed. amp. com um apêndice sobre o direito coreano, Milão, Unicopli, 1984, 138 pp.

Pitschas, Rainer, *Entwicklungen des Staats- und Verwaltungsrechts in Südkorea und Deutschland*, Berlim, Duncker & Humblot, 1998, 297 pp.

Song, Sang-hyon (org.), *Introduction to the Law and Legal System of Korea*, Seul, Kyung Mun Sa Publ. Co., 1983, XIII-1187 pp.

Yoon, Dae-Kyu, *Law and Political Authority in South Korea*, Boulder, Westview Press, 1990, XIII-247 pp.

Cho, Sung Y., *Law and Legal Literature of North Korea: a Guide*, Washington, Library of Congress, 1988, IX-256 pp.

Mapa universal dos sistemas jurídicos da época colonial (1923)

A elaboração de um mapa universal dos sistemas jurídicos foi tentada por John H. Wigmore como conclusão do terceiro volume da obra *A Panorama of World's Legal Systems* (Saint Paul, Zest Publishing Company, 1928, quadro XVI e pp. 1.131-46). Obrigado a fornecer em preto-e-branco a composição de quatro variáveis, Wigmore realizou um esforço de síntese válido até hoje. Sua única limitação é a referência aos Estados existentes em 1923, dos quais não indicava, contudo, os limites políticos. Para maior clareza, esses limites foram aqui restabelecidos. De fato, depois de mais de oitenta anos de revoluções políticas, os símbolos usados por Wigmore identificam áreas de cultura jurídica válidas ainda hoje. Aliás, a referência ao regime colonial esclarece a estratificação de direitos diferentes em territórios contíguos, nos quais ainda persistem aqueles mesmos sistemas jurídicos mistos.

Os três mapas analíticos identificam com símbolos as quatro variáveis que serão agora examinadas.

Os Estados estão representados por números, correspondentes ao nome do Estado numa lista em ordem alfabética colocada na frente de cada mapa. Em cada mapa, a numeração recomeça do início.

Os sistemas jurídicos são subdivididos em três categorias. A base da classificação é constituída pelos *sistemas jurídicos puros*, que são representados com letras maiúsculas. Eis o elenco desses sistemas:

A sistema anglo-americano
C sistema chinês
G sistema germânico
I sistema indiano
J sistema japonês
M sistema muçulmano
R sistema romanístico
E sistema eslavo
ES sistema eslavo-soviético
T sistema tribal

Dois sistemas puros podem fundir-se e gerar um novo sistema, realizado por um poder soberano autóctone e aplicável a todos os habitantes daquele Estado. É o caso do direito japonês. Essa *fusão de sistemas jurídicos* é representada por duas letras maiúsculas, que, na tabela anterior, indicam os dois sistemas que fazem parte da fusão. O direito japonês, assim, será representado com o símbolo RJ.

Nos regimes coloniais, notava-se, porém, a tendência não a fundir, mas a sobrepor dois sistemas jurídicos. Nesses *sistemas jurídicos compostos* a união de direitos diferentes não ocorre sob uma soberania

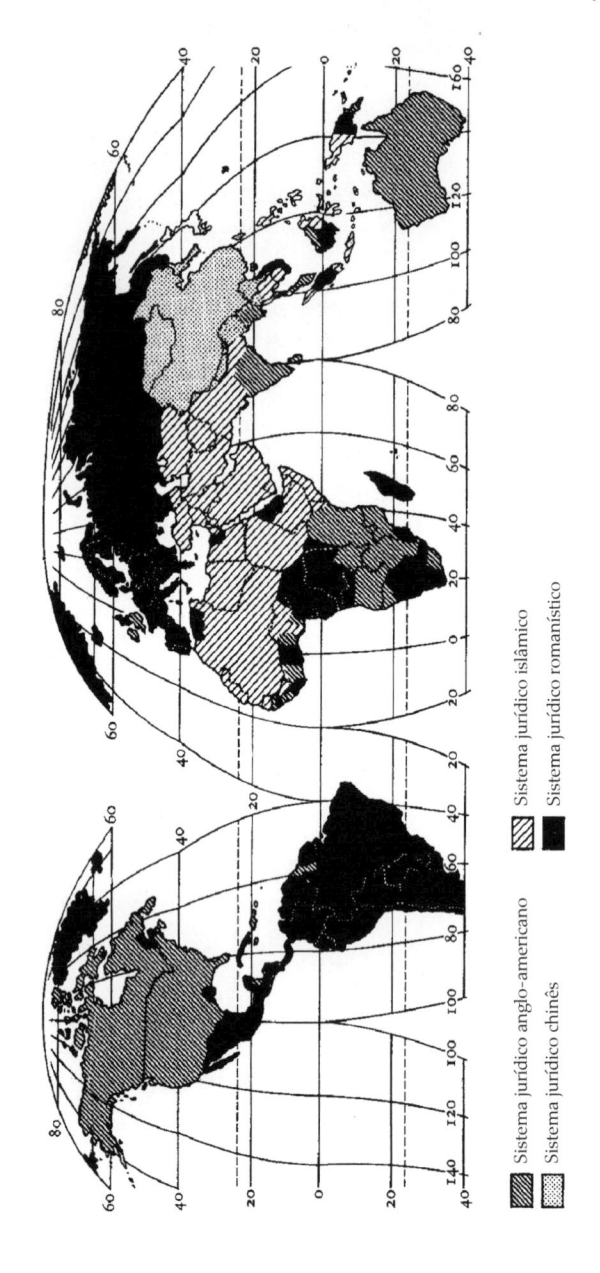

534   *OS GRANDES SISTEMAS JURÍDICOS*

autóctone e o direito é compósito também na sua aplicação, uma vez que cada subordenamento se aplica a um reagrupamento diferente de pessoas. Um sistema jurídico composto é representado por uma letra maiúscula e por uma minúscula, identificando assim também as relações de força entre os dois sistemas jurídicos. O direito da Argélia colonial será, então, representado pelo símbolo Rm.

Uma síntese tão ampla comporta simplificações e escolhas subjetivas, especialmente nos territórios de fronteira entre vários sistemas jurídicos. Todavia, o objetivo tanto desses mapas quanto deste livro é identificar linhas gerais, não descrever situações específicas.

Combinando o número que representa cada Estado com o símbolo apto a descrever seu direito, pode-se então identificar a estrutura jurídica dos continentes. Uma visão de síntese dos quatro sistemas jurídicos mundiais é oferecida pelo mapa da página anterior.

No momento de apresentar esses mapas ao leitor, Wigmore os antecede de algumas considerações gerais fundamentadas nas vastas comparações realizadas nos três volumes de sua obra.

"Consideremos os dezesseis sistemas jurídicos mundiais, assim como os indiquei anteriormente: seis deles desapareceram como sistemas jurídicos: o egípcio, o mesopotâmico, o grego, o hebraico, o celta e o canônico; cinco sobrevivem como híbridos: o romano, o germânico, o eslavo, o marítimo e o japonês; três sobrevivem mais ou menos puros: o chinês, o indiano e o muçulmano; dois são híbridos de nova criação: os sistemas romanístico e anglo-saxão.

Dos seis sistemas jurídicos que desapareceram, desapareceram também os respectivos governos ou Estados, enquanto não desapareceram os povos que os originaram, por exemplo, os egípcios e os hebreus. Pode, assim, ser uma generalização aceitável dizer: *um sistema jurídico pode morrer sem que seu povo se extinga?*

Dos cinco que sobrevivem como híbridos, dois – o direito romano e o marítimo – não estão mais ligados a um povo. Pode, assim, ser

◄ **Mapa 9a.** Os quatro sistemas jurídicos de relevância mundial.

O mapa de Wigmore, publicado em 1928, ressaltava as áreas dominadas pelo direito anglo-americano, muçulmano e romanístico. Este último, porém, interrompia-se nos Urais, e assim toda a Ásia centro-setentrional parecia excluída de qualquer influência por parte desses sistemas. Como em 1928 a URSS era um Estado unitário, o sistema romanístico de Wigmore deve ser estendido até Vladivostok. Integrando a visão excessivamente ocidental de Wigmore, identifica-se melhor também a área do direito chinês, que desde a Antiguidade fora um sistema jurídico de relevância mundial. Não o foi, porém, o direito japonês, que rege uma potência econômica mundial com base territorial limitada.

uma generalização aceitável dizer: *um sistema jurídico pode sobreviver em parte, independentemente do povo que o gerou?*

Nos três que sobrevivem em estado puro, sobrevivem os respectivos povos, mas, em dois casos, não as respectivas formas estatais. Pode, assim, ser uma generalização aceitável dizer: *um sistema jurídico pode sobreviver ainda que não sobreviva seu sistema político?*

Se examinamos agora os seis sistemas jurídicos que desapareceram e os três que persistem em estado puro, vemos que em três dos primeiros seis (os sistemas egípcio, mesopotâmico e celta) desapareceu também a classe profissional que administrava o direito; que nos dois cuja classe profissional não desapareceu (os sistemas hebraico e canônico) o sistema jurídico sobrevive, ainda que não como direito. Além disso, nos três que sobrevivem em estado puro (ou seja, nos sistemas chinês, indiano e muçulmano), nota-se que a classe profissional sempre sobreviveu, apesar das mudanças políticas. Enfim, exatamente a classe profissional foi o instrumento que criou os dois sistemas jurídicos mais recentes, ou seja, os sistemas romanístico e anglo-saxão.

Chega-se, assim, à generalização que constitui a hipótese preferida do autor [ou seja, Wigmore]: o elemento central para a criação ou a sobrevivência de um sistema jurídico é a formação e a permanência de um *corpus* de idéias técnico-jurídicas; e esse *corpus* é, por sua vez, o resultado da existência de uma classe de teóricos e de práticos do direito, que criaram e conservaram aquele *corpus* independentemente da continuidade do sistema político ou do povo. Em resumo: *o surgimento e a continuidade de um sistema jurídico dependem do desenvolvimento e da sobrevivência de uma classe profissional altamente especializada*" (pp. 1.227-1.229).

As conclusões do comparatista norte-americano prestam-se a pelo menos duas reflexões para o jurista atual. Inicialmente, pode ser interessante verificar se esta última generalização é fundamentada, confrontando-a com as próprias experiências. Mas, além disso, pode ser surpreendente analisar cada um dos grandes sistemas jurídicos proposto por Wigmore e descobrir quantos deles estão hoje mudados em relação à maneira como ele os descrevia ainda nas primeiras décadas do século XX.

Nos mapas que seguem, a cada Estado das Américas (9b), da Europa e da África (9c), da Ásia e da Oceania (9d) está associado um número, que remete à lista de nomes dos Estados que acompanha cada um dos mapas, e uma letra, que remete aos dez sistemas jurídicos elencados na p. 533. Os sistemas mistos estão indicados com duas letras: a maiúscula indica o sistema predominante; a minúscula, o sistema complementar.

América

R	1.	Argentina
R	2.	Bolívia
R	3.	Brasil
A	4.	Canadá
R	5.	Chile
R	6.	Colômbia
R	7.	Cuba
R	8.	Equador
R	9.	Estados centro-americanos
A	10.	Estados Unidos
A	11.	Guiana britânica
R	12.	Guiana francesa
R	13.	Guiana holandesa
A	14.	Honduras britânico
A	15.	Índias Ocidentais britânicas
R	16.	Índias Ocidentais francesas
AR	17.	Louisiana
R	18.	México
AR	19.	Panamá
R	20.	Paraguai
R	21.	Peru
AR	22.	Porto Rico
AR	23.	Québec
R	24.	Uruguai
R	25.	Venezuela

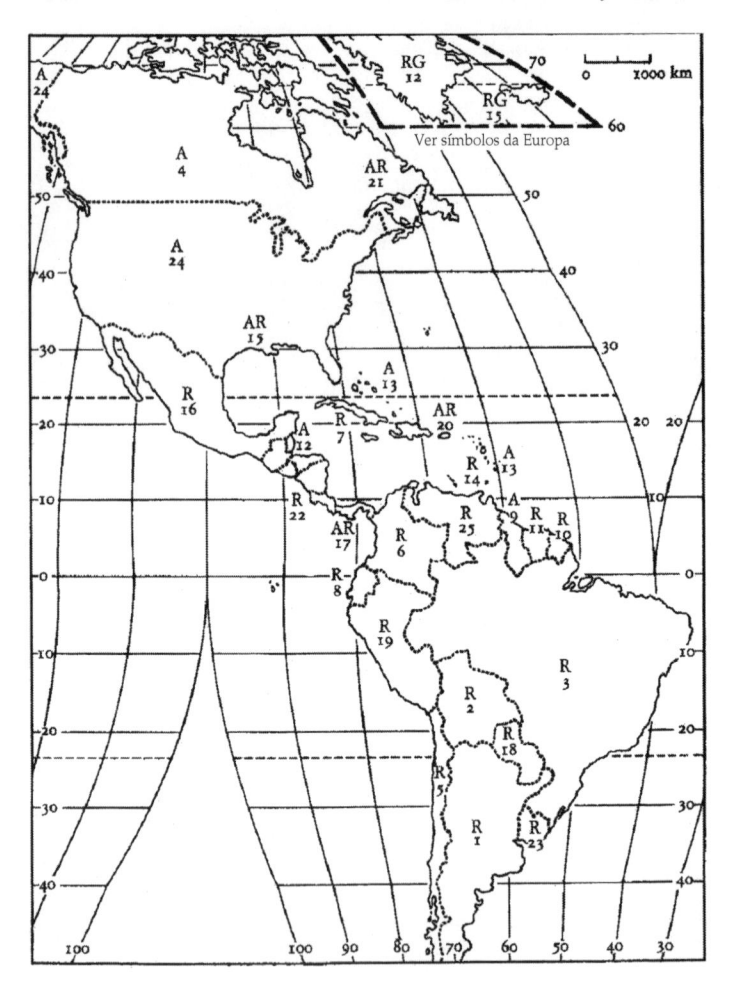

Mapa 9b. Américas.

OS DIREITOS DA ÁSIA ORIENTAL

Europa

RS	1. Albânia
R	2. Alemanha
R	3. Áustria
R	4. Bélgica
RS	5. Bulgária
RG	6. Dinamarca
AR	7. Escócia
R	8. Espanha
RG	9. Estônia
RG	10. Finlândia
R	11. França
R	12. Grécia
RG	13. Groenlândia
R	14. Holanda
R	15. Hungria
A	16. Inglaterra
A	17. Irlanda
RG	18. Islândia
R	19. Itália
RS	20. Iugoslávia
RG	21. Letônia
RS	22. Lituânia
RG	23. Noruega
RS	24. Polônia
R	25. Portugal
RS	26. Romênia
RG	27. Suécia
R	28. Suíça
RS	29. Tchecoslováquia
RSS	30. URSS

África

AR	1. Abissínia
At	2. África do Sul
RT	3. África sul-ocidental britânica
Rm	4. Algéria
Rt	5. Angola
Rt	6. Congo belga
Rt	7. Congo francês
Am	8. Costa do Ouro
RM	9. Egito
Rm	10. Eritréia
At	11. Libéria
Rm	12. Líbia
Rt	13. Madagascar
Rm	14. Marrocos
Rt	15. Moçambique
Am	16. Nigéria britânica
Rm	17. Nigéria francesa
At	18. Rodésia etc.
Am	19. Serra Leoa
Am	20. Somália britânica
Rm	21. Somália italiana
Am	22. Sudão
Am	23. Tanganica
Rm	24. Tunísia
Am	25. Uganda e Quênia

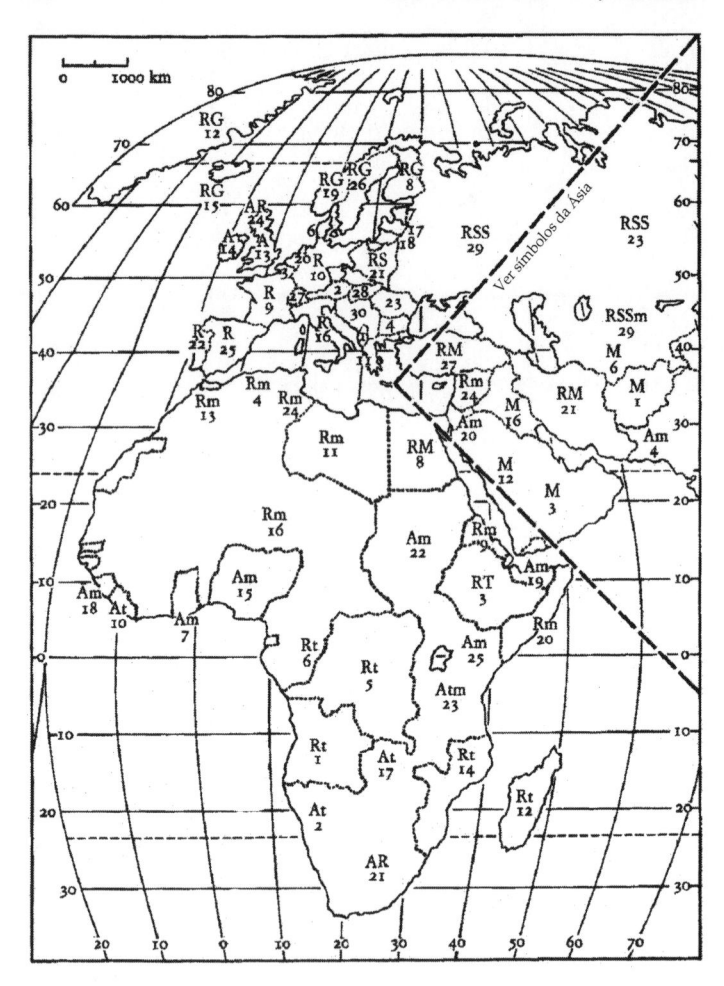

Mapa 9c. Europa e África.

OS DIREITOS DA ÁSIA ORIENTAL

Ásia

M	1.	Afeganistão
Rc	2.	Anam
M	3.	Arábia
Am	4.	Belucistão
Ai	5.	Birmânia
M	6.	Buchara
Ri	7.	Camboja
RC	8.	China
RJ	9.	Coréia
AR	10.	Filipinas
M	11.	Hejaz
Ami	12.	Índia
Am	13.	Índias Orientais britânicas
Rm	14.	Índias Orientais holandesas
M	15.	Iraque
RJ	16.	Japão
RC	17.	Manchúria
RSSi	18.	Mongólia externa
RCi	19.	Mongólia interna
Am	20.	Palestina
RM	21.	Pérsia
RI	22.	Sião
RSS	23.	Sibéria
Rm	24.	Síria
I	25.	Tibete
Rc	26.	Tonkin
RM	27.	Turquia
RCm	28.	Turquistão chinês
RSSm	29.	Turquistão russo

Oceania

A	1.	Austrália
A	2.	Havaí
At, Rt	3.	Melanésia e Micronésia
A	4.	Nova Zelândia

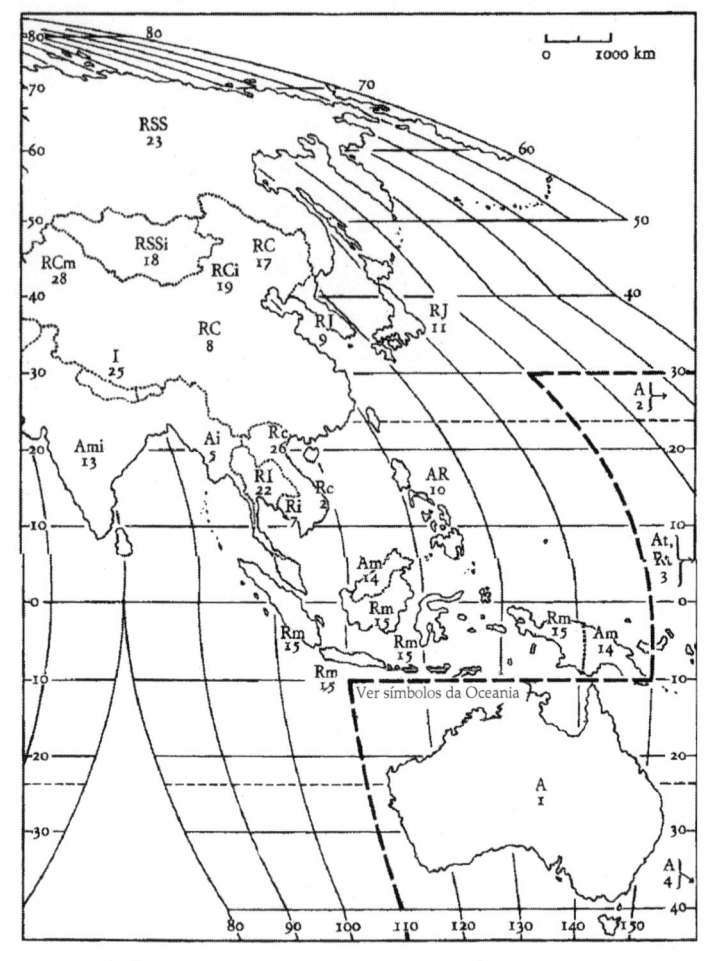

Mapa 9d. Ásia e Oceania.

Capítulo X
Dos direitos positivos às teorias do direito

1. Os dois níveis de abstração jurídica

A partir da descrição sumária do que são e de como evoluíram alguns grandes sistemas jurídicos vigentes deve-se concluir que a composição de cada um deles é um conjunto de disposições específicas, destinadas a regulamentar aspectos específicos da vida social. Na prática do direito, de fato, não ocorre que alguém precise ocupar-se de todo um sistema jurídico na sua globalidade, mas apenas de setores concretamente relevantes para o problema a ser resolvido.

A identificação da lei sob a vigência da qual anteriormente foram realizados atos jurídicos ainda hoje relevantes ou a estratificação de vários ordenamentos no mesmo território exigem que o jurista coteje normas de ordenamentos diferentes: essa comparação poderá ser diacrônica ou sincrônica, dependendo de ter por objeto normas vigentes em épocas diferentes no mesmo lugar, ou normas vigentes na mesma época em lugares diferentes. Não faltam ainda exemplos de comparação que combinam essas duas posições básicas.

A esses dois tipos de comparação correspondem as matérias tradicionalmente denominadas história do direito e direito comparado.

2. O primeiro nível de abstração

As comparações diacrônica e sincrônica constituem o primeiro nível de abstração em relação ao material bruto oferecido pelo direito positivo, na medida em que buscam pontos de contato ou de contraste entre ordenamentos jurídicos diferentes. As finalidades do direito comparado são eminentemente práticas: por volta do século XIII, os romanistas deram início à comparação literalmente torcendo o nariz para o direito lombardo, *ius foetidissimum*, vituperado como *non lex, sed fex*, mas, ainda assim, o direito do vencedor.

a) A comparação sincrônica (ou direito comparado). Objeto desse primeiro nível de abstração podem ser as normas jurídicas que regulamentam problemas práticos com extensão diversa. A comparação entre normas de Estados diferentes é uma atividade cotidiana em todas as empresas multinacionais: elas precisam adaptar seus produtos às normas de cada país importador e por isso precisam ter um quadro completo, por exemplo, das normas sobre a poluição produzida pelos gases emitidos pelos carros ou sobre a porcentagem de mercúrio admitida no atum congelado.

De objetos limitados como esses, pode-se passar a temas cada vez mais amplos, até alcançar aqueles que têm relevância direta para a pesquisa científica, e apenas indireta para a prática do direito: existe no direito islâmico uma teoria das obrigações comparável à do direito europeu-continental? Quais são os pontos de contato entre Common Law e Civil Law? Todas essas pesquisas, das mais setoriais às mais gerais, têm em comum, porém, a característica de partir do direito positivo e de efetuar generalizações segundo um procedimento indutivo.

A exigência de concreção leva o comparatista a analisar não apenas a letra das disposições jurídicas, mas também sua efetiva aplicação, uma vez que todos os sistemas de direito positivo apresentam discrepâncias mais ou menos relevantes entre a formulação lingüística das normas e o uso que delas se faz na prática. O contraste entre direito vigente e direito vivo, entre *law in the books* e *law in action*, é uma das principais dificuldades que o comparatista encontra quando trata dos grandes sistemas jurídicos modernos. Essa distinção fundamental será retomada no final deste capítulo (item 5). Além disso, a tendência a estudar problemas que tenham uma relevância prática (ou seja, econômica) leva o comparatista a privilegiar sobretudo o cotejo entre institutos jurídicos dos Estados economicamente hegemônicos: a comparação apresenta-se assim com uma forte carga de etnocentrismo.

Este último está também ligado ao fato contingente de que, quando se comparam dois direitos, um – o próprio – é em geral mais conhecido do que o outro: não raro essa situação de fato termina por constituir a base para juízos de valor. Por exemplo, durante a ocupação italiana da Líbia, não se quis respeitar as normas sobre as distâncias entre poços, típicas do direito local (cf. VII, 6) e comprometeu-se então o desenvolvimento agrícola de vastas zonas. O desprezo pela norma local baseava-se assim no pressuposto de que o direito conhecido (o próprio, o europeu, o civilizado) era superior ao desconhecido (o alheio, o islâmico, o primitivo).

Assim, enquanto existe uma comparação jurídica cultivada por vastas organizações nacionais e internacionais, que se manifesta em escritos, pesquisas e cursos universitários, não existe uma verdadeira etnologia jurídica comparada que confronte os dados jurídicos das sociedades economicamente hegemônicas com os dados recolhidos, por exemplo, por Bachofen, Sumner Maine e Post sobre o direito das sociedades primitivas[1].

Apenas recentemente esse tipo de comparação foi usado na prática, em conexão com a intervenção militar norte-americana no Sudeste asiático: porém, as noções adquiridas pelos antropólogos e pelos etnólogos sobre as sociedades locais menos evoluídas foram utilizadas não para amalgamá-las de forma menos traumática com as mais avançadas,

---

1. Johann Jakob Bachofen (1815-1887), Sir Henry James Sumner Maine (1822-1888) e Hermann Post (1839-1895) podem ser considerados os pais fundadores da antropologia (ou etnografia) jurídica.

mas para desagregá-las mais rapidamente a partir de seu interior. Uma situação análoga está se repetindo também com os índios sul-americanos. Esse uso destrutivo da antropologia e da etnografia (tanto jurídicas, quanto gerais) é objeto de uma vasta polêmica sobre a função dos cientistas que se ocupam dessas disciplinas.

b) *A comparação diacrônica (ou história do direito)*. A história do direito também se caracteriza por uma forte aderência ao direito positivo, do qual estuda a evolução. Toda a exposição anterior deve ter demonstrado que ela é um instrumento indispensável para compreender por que determinados institutos assumiram sua forma atual. Se, porém, observamos a produção italiana no campo da história jurídica e as relativas disciplinas de ensino, percebemos que se dedica mais atenção ao direito medieval e menos atenção à história do direito dos séculos XVIII e XIX, relegando-a entre os estudos de história da política ou das instituições.

Pode-se apresentar vários motivos para essa limitação: em primeiro lugar, exatamente porque a história do direito explica muitas coisas, o jurista tradicional prefere não introduzir um discurso político (e esse termo tem para ele uma conotação negativa) numa disciplina que pretende apresentar-se como científica (e esse termo, por sua vez, tem para ele conotações positivas). Além disso – quando se escreve a história jurídica também de tempos recentes – o tecnicismo da matéria une-se a concepções jurídicas que isolam o direito do resto da realidade: nascem assim histórias jurídicas fechadas em si mesmas, nas quais apenas ocasionalmente se correlacionam as disposições normativas concretas com a história política e econômica de uma certa área cultural. Por outro lado, o direito, se não tem uma história independente, tem contudo sua própria técnica, que muito freqüentemente é ignorada pelo simples historiador. Assim, se é preciso rejeitar uma história do direito fechada em si mesma, também não se deve aceitar aquela explicação do direito que, de fato, o subestima com fórmulas do tipo "o direito é uma superestrutura da base econômica". A análise histórica e jurídica não termina, e sim começa com essas fórmulas, que devem ser ilustradas por fatos e normas historicamente identificadas.

O caráter comum de comparação une estreitamente a pesquisa comparatista à histórica, que de resto são por vezes difíceis de distinguir. Por exemplo, ao se estudar a influência do direito bizantino (que não é mais vigente) sobre o direito islâmico vigente, realiza-se uma pesquisa que compreende ambos os métodos.

3. O segundo nível de abstração

a) A filosofia do direito na Europa continental. O segundo e extremo nível de abstração deveria consistir em identificar os elementos comuns a todos os ordenamentos jurídicos empíricos estudados, seja de modo diacrônico, seja de modo sincrônico. Nesse nível, porém, a história da cultura jurídica européia continental apresenta uma fratura: enquanto no estudo dos direitos positivos e nas comparações diacrônicas e sincrônicas procede-se indutivamente, partindo do material empírico próprio de certos ordenamentos jurídicos, o grau extremo de abstração, por seu turno, abandona toda referência à realidade e responde aos problemas mais gerais do direito – o que é o direito e o que é a justiça –, remetendo-se não mais aos sistemas jurídicos empíricos, mas a sistemas filosóficos e teológicos, no interior dos quais a definição do conceito de direito e de justiça é obtida em função dos axiomas em que se baseia todo o sistema. Se se aceita a grande dicotomia entre filosofias idealistas e materialistas, constata-se que a filosofia do direito desenvolveu-se sobretudo nas filosofias idealistas, enquanto as materialistas desinteressaram-se do direito em si, porque o diluíram em ciências mais próximas da realidade, como a biologia, a sociologia, a economia etc.[2]

---

2. Como todas as generalizações, também esta não deve ser tomada em sentido absoluto: Benedetto Croce não era decerto um materialista, porém enquadrou o direito na economia.

As grandes questões sobre o direito e sobre a justiça recebem da filosofia do direito tradicional respostas idealistas, das quais qualquer manual da matéria fornece um prontuário histórica ou analiticamente organizado. A filosofia do direito termina assim por se tornar a exposição do setor jurídico dos grandes sistemas filosóficos, perdendo portanto todo contato com os direitos positivos, uma vez que seu objeto não é mais o direito positivo, mas a idéia de direito enquanto dado universal e permanente. A análise anterior dos direitos positivos, por sua vez, deve ter mostrado como esses direitos são particulares e contingentes.

A idéia de direito de que se ocupam os grandes sistemas filosóficos, além disso, é a hipóstase dos direitos positivos europeus. Por outro lado, todo o discurso da filosofia do direito está vinculado à filosofia ocidental: os temas do direito e da justiça encontram-se nos tratados sobre a política e sobre a moral iniciados pela filosofia grega, da qual sofrem a influência sistematizadora (cf. I, 3); participam da mistura de teologia e filosofia, própria do pensamento cristão (cf. II, 7); ingressam, enfim, nas várias teorias filosóficas modernas como elemento estrutural ineludível de sistemas abrangentes. Explica-se assim o eurocentrismo incondicional da filosofia do direito, que nunca verificou suas asserções sobre um direito não-europeu.

b) A "Jurisprudence" anglo-americana. Se deixarmos o continente europeu e as terras que adotaram sua cultura, não encontraremos uma filosofia do direito análoga à que floresceu na tradição greco-latino-germânica. No direito islâmico, sua temática é objeto da teologia (cf. VII, 1); no direito indiano, é dividida entre teologia e teoria jurídica anglo-saxônica; no Common Law, desenvolveu-se uma ciência, chamada "Jurisprudence", que só aparentemente tem o mesmo objeto da filosofia do direito.

A "Jurisprudence" anglo-americana, de fato, coloca-se como segundo nível de abstração em relação ao direito positivo: seu nível é, na verdade, superior ao das comparações na medida em que busca noções comuns a todos os institutos jurídicos do Common Law (ainda que os autores tendam a falar de "direito" [law] *tout court*, eles de fato têm como ponto de referência apenas o ordenamento jurídico em que vivem). Todavia, exatamente enquanto teoria que busca elementos jurídicos gerais através de um procedimento indutivo que parte de cada norma no Common Law, a Jurisprudence distingue-se claramente da filosofia do direito continental, que procede, ao contrário, dedutivamente da idéia de direito para o nível inferior, sem porém nunca descer ao nível dos ordenamentos jurídicos positivos. O sistema britânico desenvolve, assim, três níveis jurídicos, homogêneos porque empíricos (direito positivo; comparações; Jurisprudence). Por sua vez, o direito continental apresenta dois níveis empíricos (direito positivo e comparações), que do particular sobem ao geral, e um terceiro nível abstrato (filosofia do direito), que, do geral, desce a um particular: este último, contudo, não coincide com o particular do qual partem os dois primeiros níveis. A ciência jurídica européia continental apresenta, portanto, três níveis não-homogêneos, interrompidos por uma terra de ninguém na qual a teoria geral do direito busca seu lugar.

Historicamente, a teoria geral do direito origina-se do processo de separação do direito de todas as outras disciplinas. Talvez as premissas para a gênese da teoria geral do direito possam ser procuradas na época que presencia a queda do Sacro Império Romano e a progressiva redução do poder temporal da Igreja, em seguida à Reforma Protestante. Do século XIII ao século XVII, ou seja, de Gregorio de Rimini a Francisco Suárez, discute-se o problema da subsistência de uma moral independentemente também da existência de Deus: é provável que a queda do Sacro Império Romano e a progressiva redução do poder temporal da Igreja, que culminou com a Reforma Protestante, sugerissem encontrar fundamentos alternativos para os problemas morais. A polêmica sobre a subsistência das obrigações morais também no caso da inexistência de Deus conduz às teorias de Grócio, que fundamenta o direito natural não mais em Deus, mas na razão humana. Com o racionalismo kantiano, o direito natural recebe um fundamento *a priori* e se separa definitivamente da experiência. Na Alemanha, a reação da Escola histórica do direito a esse processo de abstração levou a redescobrir as fontes históricas do direito. Todavia, esse sobressalto de empirismo foi arrebatado pelas exigências práticas de "construir" aquele material bruto segundo esquemas conceituais extraídos dos grandes sistemas filosóficos, que eram os da filosofia clássica alemã: a filosofia do direito continuava, assim, a ser idealista, ainda que tivesse assumido um aspecto historicista. A partir dos escritos com os quais Karl Friedrich von Gerber aplica a teoria construtivista, criada para o direito romano, também ao direito germânico público e privado, até os escritos de Hans Kelsen, procura-se analisar os elementos estruturais do direito (por exemplo, a norma, a sanção, o sistema). A teoria geral do direito parece assim apresentar uma comunhão de temas com a empírica Jurisprudence anglo-americana: a semelhança é, todavia, enganadora. A teoria geral do direito procura ocupar a terra de ninguém entre a filosofia do direito e os direitos empíricos, mas parte, por sua vez, de pressupostos filosóficos e procura descer a níveis mais abaixo do que o faz a filosofia do direito: mas a filosofia do direito permanece vinculada ao método dedutivo, ao procedimento do geral (idéia de direito) para o particular (elemento comum a tudo o que se apresenta como direito, não a todos os direitos empíricos). O exemplo mais evidente de quanto a teoria filosófica condiciona a teoria geral do direito é oferecido, na minha opinião, pelos pressupostos neokantianos de Hans Kelsen, que o levaram a construções que não têm correspondência na realidade jurídica. A "Jurisprudence", por sua vez, tem sempre sob os olhos essa realidade. Uma das asserções recorrentes em todos os escritores dessa matéria refere-se à utilidade que as generalizações propostas pela Jurisprudence têm – ou ao menos deveriam ter – para o jurista prático. Assim, as construções da filosofia do direito e da teoria geral do direito visam à descrição exaustiva do direito numa sistemática que termina por se tornar um fim em si mesma e por violentar a realidade; as construções da Jurisprudence, ao contrário, são flexíveis, empíricas, formuladas de modo a compreender toda a realidade jurídica, mesmo em prejuízo da sistematicidade da exposição.

As técnicas (também expositivas) da filosofia do direito européia continental e da Jurisprudence anglo-americana são claramente diferentes, sobretudo quando se compara o modo como dois autores daquelas Escolas – Kelsen e Terry – constroem classificações que abrangem todo o ordenamento jurídico.

A doutrina pura do direito de Hans Kelsen (1881-1973) é o triunfo da exposição sistemática: basta ler rapidamente o índice para perceber que cada item pode encontrar-se apenas ali, onde Kelsen o colocou, porque é fruto dos anteriores e condiciona os seguintes. Também a linguagem é tão rigorosa quanto a arquitetura da obra. A estrutura hierárquica que Hans Kelsen atribui ao ordenamento jurídico é enunciada com rigor geométrico:

> O ordenamento jurídico não é um sistema de normas jurídicas postas uma ao lado da outra em condições de paridade, mas sim uma estrutura hierárquica formada por vários planos de normas jurídicas. Sua unidade é produzida pelo nexo resultante do fato de que a validade de uma norma, produzida de conformidade com outra norma, repousa nesta última, cuja produção, por sua vez, é determinada por outra: um procedimento ao inverso, que termina na norma fundamental pressuposta. A norma fundamental, hipotética no sentido agora especificado, é portanto o fundamento supremo da validade, na qual se alicerça a unidade desse nexo de produção.[3]

Sem ambigüidades lingüísticas, esse sistema se apresenta como inclusivo de qualquer fenômeno jurídico. E por isso mesmo é justamente criticado, tanto por partir de uma norma que não existe (a norma fundamental), quanto por

---

3. Hans Kelsen, *La dottrina pura del diritto*, ensaio introdutório e tradução de Mario G. Losano, Turim, Einaudi, 1966, p. 252.

não conseguir descer na prática a ponto de explicar o costume jurídico (que é uma situação sobretudo de fato, cf. VI, 28).

Seguindo, por sua vez, a tradição da Jurisprudence, Henry Taylor Terry (1843-1936) desenvolve uma quadripartição dos direitos subjetivos, que constitui uma inovação na doutrina do Common Law. A quadripartição não é, porém, enunciada com clareza, mas deve ser encontrada pelo leitor em meio a outros elementos da exposição. O capítulo fundamental é intitulado *Duties and Rights in General*: a primeira parte identifica três categorias de deveres; a segunda, a rigor, deveria ser dedicada aos direitos subjetivos e à respectiva quadripartição. Em vez disso, Terry tem como óbvia a divisão e se põe a ilustrar cada categoria que compõe a quadripartição. Passa assim em revista os *Correspondent Rights*, aos quais faz seguir os *Permissive*, os *Protected* e os *Facultative Rights*. Agora a quadripartição está completa (ainda que não tenha sido enunciada), mas Terry não termina aqui: enuncia outras categorias, nas quais utiliza as primeiras quatro categorias fundamentais. Apenas a partir disso o leitor se dá conta de que a exposição destas últimas terminou. A indeterminação caracteriza não apenas a construção da obra, mas também sua formulação. O ponto dedicado aos *Direitos e deveres perfeitos e imperfeitos* ilustra exemplarmente a deliberada imprecisão terminológica com a qual o jurista de Common Law procura não excluir nenhum aspecto da multiforme realidade. Eis como Terry define os direitos e deveres imperfeitos: "Existem muitos casos nos quais não há ação judiciária e, não obstante, de algum outro modo é atribuída em maior ou menor medida uma tutela ou uma dedutibilidade em juízo, de forma que esses direitos e deveres devam ser considerados de alguma maneira existentes."[4]

---

4. Henry T. Terry, *Some Leading Principles of Anglo-American Law Expounded with a View to its Arrangement and Codification*, Filadélfia, Johnson, 1884, p. 116. Sobre esse autor – que foi por muito tempo conselheiro jurídico do Japão, cf. IX, 3 – e sobre sua obra aqui mencionada, cf. Mario G. Losano, Le fonti dei "concetti giuridici fondamentali" de Wesley N. Hohfeld, em *Materiali per una storia della cultura giuridica*, VI, 1976, pp. 336-69.

Na verdade, a Jurisprudence responde a uma precisa exigência prática dos direitos não-codificados, como é o caso precisamente do Common Law: a grande quantidade de precedentes ou de normas exige que os princípios fundamentais que lhe servem de base sejam identificados e expostos sistematicamente, para orientar a atividade prática do jurista. A Europa Continental conheceu uma disciplina análoga à Jurisprudence: a enciclopédia jurídica. Essa disciplina consistia numa exposição ordenada dos principais problemas jurídicos e servia sobretudo aos estudantes como primeira orientação no *mare magnum* das disposições extraídas do direito romano. Estava portanto destinada a se tornar supérflua tão logo o direito positivo tivesse assumido uma forma mais rigorosa: e de fato se extinguiu em concomitância com a afirmação das grandes codificações.

4. Algumas definições de direito

A filosofia do direito pode ser delimitada no tempo e no espaço: seu início pode ser vinculado à filosofia grega e pode-se fazer coincidir sua área de extensão com a área de influência da Europa continental. Embora esses limites – estreitos em relação aos da história universal – identifiquem direitos positivos relativamente homogêneos, a filosofia do direito oferece uma pluralidade de definições do direito e da justiça. Limitando-me unicamente às definições de direito, procurarei oferecer não tanto uma exposição completa, mas uma chave interpretativa.

Um critério útil para caracterizar o direito em relação aos outros sistemas normativos, como a moral ou as regras sociais, pode consistir em distinguir as definições de direito baseadas na forma e as baseadas no conteúdo; no âmbito do conteúdo, por sua vez, certas definições consideram o elemento objetivo (a ação prescrita) ou subjetivo (seja ativo: quem emite a norma; seja passivo; a quem é dirigida a norma).

a) A teoria da imperatividade. Levando em consideração a forma do direito, uma das definições vê na *imperatividade* sua característica peculiar: os preceitos jurídicos são imperativos (ou seja, comandos), enquanto os morais e os sociais não o são. Essa distinção é útil sobretudo para distinguir o direito dos usos e costumes, mas torna difícil traçar a linha de demarcação entre direito e moral: os preceitos desta última são às vezes considerados imperativos, às vezes meros conselhos. Em Kant chega-se à inversão da distinção, considerando imperativos apenas os preceitos morais, enquanto as normas jurídicas são vistas como juízos hipotéticos (se é A, então deve ser B). A variedade de possíveis comandos imagináveis na prática e a dificuldade em identificar entre eles um que seja especificamente jurídico levaram a buscar outras definições de direito.

Passando da forma ao conteúdo das normas jurídicas, é preciso distinguir se a definição se fundamenta nas ações regulamentadas pela norma, nos sujeitos que a promulgam ou ainda naqueles a que se destina.

b) A teoria da socialidade. Desde as origens da filosofia do direito, afirmou-se que a *socialidade* é a característica das normas jurídicas: essa definição é especialmente útil para distinguir o direito, que regulamenta relações intersubjetivas, da moral, na qual as ações são dirigidas ou a si mesmas ou a Deus. Desde a *Ética a Nicômaco* de Aristóteles, passando pelo jusnaturalismo cristão e racionalista, até chegar a Kant, o critério da socialidade, embora vago, ajudou a traçar um limite entre direito e moral, durante o processo de identificação de uma disciplina jurídica autônoma. Apresentado como válido em absoluto, esse critério está ligado à evolução dos Estados europeus e não serve para caracterizar o direito das sociedades arcaicas e primitivas. Nestas, efetivamente, o critério da socialidade não ajuda a distinguir as regras jurídicas das convenções sociais ou dos preceitos religiosos. A partir do século XIX, a teoria da socialidade assume a forma mais específica de teoria da relação intersubjetiva (Savigny). Mais uma vez, essa definição se apresenta com pretensões de validade universal, ao passo que expressa em perspectiva jurídica um momento bem preciso da história européia: ela considera o direito como elemento regulador das relações entre indivíduos concorrentes no interior da sociedade burguesa.

c) A teoria da finalidade. Entretanto, a definição fundamentada na noção de socialidade da ação (mesmo em sua forma específica de teoria da relação jurídica) revela-se demasiado genérica para uma sociedade complexa como a européia moderna. Para definir o direito, não basta mais contrapor uma ação social qualquer (ou seja, intersubjetiva) às outras. Não se pode considerar jurídica qualquer ação intersubjetiva: a atenção dos filósofos do direito desloca-se por isso da socialidade para a *finalidade* da ação e considera jurídica apenas aquela que busca o bem comum. Todavia, o problema foi aqui apenas deslocado, uma vez que é preciso verificar o que é e por quem é determinado o bem comum. Toda a polêmica concentra-se aqui em apresentar o bem comum como dado objetivo, quando na verdade se trata de um juízo de valor imposto a toda a sociedade, através do ordenamento jurídico, por quem detém o poder. Segundo essa definição, é direito aquele sistema normativo que realiza um certo ideal de bem comum, ou seja, de justiça. Quando, porém, tenta-se definir a justiça, tende-se a oferecer fórmulas abstratas, capazes de abrigar qualquer conteúdo. Locke é talvez o único a dizer claramente que, para a sociedade na qual ele vive, o bem comum consiste na garantia da propriedade privada[5].

Para evitar a noção imprecisa de socialidade e a noção valorativa de bem comum, tentou-se identificar a essência da norma jurídica não em seu elemento objetivo, e sim no subjetivo.

---

5. John Locke, *Segundo tratado sobre o governo civil*, § 131.

d) A teoria da soberania. Definindo o direito em função do sujeito do qual ele deriva, as teorias estatalistas, diretamente ligadas ao Estado moderno, afirmam que só as normas promulgadas pelo poder soberano são direito. É uma teoria útil para delimitar o direito do Estado centralizado em relação à infinidade de usos locais e direitos particularistas, de um lado, e em relação aos ordenamentos normativos concorrentes, como os direitos da Igreja, dos mercadores e dos povos, do outro.

Uma variante ainda mais pragmática dessa corrente é formulada pela Escola realista americana e pela Escola alemã do direito livre: é direito aquele comando do soberano garantido pelos tribunais. Sem aquela aplicação, efetivamente, o comando do soberano seria um mero *flatus vocis*. Típica para um país de "judge made law" (cf. VI, 4 ss.), essa teoria aparece também na Europa continental, na formulação de Hermann Kantorowicz, que afirmava a necessidade de deixar os juízes livres para encontrar a norma a ser aplicada também fora das normas jurídicas vigentes. Enquanto essas Escolas propõem que, em alguns casos, o juiz se transforme em legislador, outras teorias não quiseram prejudicar a supremacia do poder soberano, ressaltando que existe uma relação privilegiada entre quem emite a norma e quem a faz aplicar. A tese de Hans Kelsen, segundo a qual a norma é um juízo hipotético contido num preceito dirigido pelo soberano ao juiz, encontra confirmação não apenas no Common Law, mas também nos direitos japonês e chinês anteriores à influência européia: de fato, recordou-se que naqueles direitos eram utilizadas normas "secretas", ou seja, promulgadas pelo soberano para seus juízes, mas não para o restante dos súditos.

A definição do direito como emanação do poder soberano é pensada em função do Estado laico e centralizado de tipo europeu. Essa definição perde todo significado quando referida, por exemplo, ao direito islâmico: como o poder soberano pertence a Deus, desaparece precisamente aquela distinção entre normas morais e jurídicas objetivada pela teoria européia e rejeitada pela teoria islâmica; se, ao contrário, por poder soberano se entende a autoridade exercida de fato pelo califa (nome que significa exatamente "vigário" de Deus), atribui-se a qualificação de direito a uma série de disposições que não fazem parte do direito islâmico em sentido estrito. Mas agora essa teoria não mais corresponde nem mesmo à realidade européia: a doutrina que acompanhou a formação dos Estados nacionais não se adapta a uma época que vê organismos supranacionais dotados de poderes limitados, mas endereçados a pessoas físicas e jurídicas dos Estados-membros, e assiste a um renascimento da descentralização regional e das autonomias locais.

e) A teoria da sanção. A teoria que define o direito em termos que descrevem claramente sua função no mundo atual é aquela que – passando dos sujeitos ativos aos passivos do direito – vê na *sanção externa e organizada* o elemento característico da norma jurídica. A sanção à qual se remete essa teoria não é assim uma reação qualquer a um comportamento desviante, mas aquele múltiplo conjunto de coações, de cujas finalidades nos ocupamos amplamente no item 17 do capítulo III. O direito é então distinto tanto da moral, cujas normas possuem apenas uma sanção interna (o pecador terá a alma cortada pelo remorso, e não os pulsos cortados pelas algemas), quanto do costume, no qual a sanção externa tem o caráter inconstante e imprevisível do desaparecimento de uma contraprestação ou da ocorrência da autoproteção e da vingança, típicas dos ordenamentos primitivos desprovidos de organizações judiciárias (cf. VI, 18). Por essa definição, portanto, não seria direito nem o direito primitivo, nem talvez o direito islâmico clássico, devido à incerteza processual que o caracterizou.

A definição do direito em função da sanção externa e organizada capta toda a essência envolvente e repressiva do Estado contemporâneo, ainda que possa ser alvo de algumas críticas fundamentadas, que, porém, atingem apenas seus aspectos marginais. As objeções mais relevantes são, na minha opinião, sobretudo as duas seguintes: *a*) existem normas desprovidas de sanção: a essa objeção os adeptos da teoria sancionatória respondem que é o ordenamento jurídico que é sancionado no seu todo e, portanto, algumas normas desprovidas de sanção não invalidam toda a teoria; *b*) existem ordenamentos sem sanção, como o direito internacional: responde-se que hoje existem acordos que regulamentam o uso da represália e da guerra, que são as sanções do direito internacional.

As críticas têm fundamento, e as respostas, em certa medida, são artificiosas. No primeiro caso, de fato, se se estabelece que a característica lógica de todas as normas jurídicas é a de serem sancionadas de modo externo e organizado, a única alternativa é considerar não-jurídicas aquelas disposições que não apresentam essa característica. O direito positivo, ademais, prevê expressamente a possibilidade de normas não-sancionadas: o artigo 154 do código de processo civil italiano, por exemplo, prevê a obrigação de observar as normas processuais "mesmo quando a inobservância não implica nulidade ou outra sanção particular"*. No caso do direito internacional, por sua vez, as normas que regulamentam as sanções da guerra e da represália não são sancionadas: sua observância é confiada assim à boa vontade das partes.

Toda essa discussão é conduzida segundo o critério sistemático que está na base das concepções jurídicas européias continentais: toda a matéria deve ser exposta segundo uma organização que compreenda todos os aspectos do material a ser descrito, inserindo-os numa estrutura que culmine num princípio único, do qual o todo depende. Se nesse sistema não se consegue incluir um elemento do direito positivo, todo o sistema desmorona: em especial, se construo uma teoria jurídica que culmina no conceito de sanção ex-

---

* Por exemplo, no Código de Processo Civil brasileiro vigente, art. 244: "Quando a lei prescrever determinada forma, sem cominação de nulidade, o juiz considerará válido o ato se, realizado de outro modo, lhe alcançar a finalidade". (N. da T.)

terna e organizada, mas descubro que existem normas sem essa sanção, devo abandonar toda a construção.

Se, entretanto, se considera que a tarefa de uma teoria jurídica não é apresentar um sistema abrangente, mas fornecer a explicação dos elementos caracterizadores de um certo direito historicamente verificado, a avaliação da teoria sancionatória do direito muda radicalmente. Mesmo que não explique alguns aspectos marginais do direito, essa teoria acerta o alvo no que diz respeito aos aspectos mais relevantes do direito que nos circunda. Se algumas normas não são sancionadas, são normas não-essenciais à sobrevivência do Estado ou à convivência na sociedade. Em outros casos, a sanção existe, mas não é de natureza jurídica: existem ali disposições processuais que, se não forem respeitadas, poderão receber uma sanção disciplinar por parte da autoridade que exerce um controle hierárquico sobre aquele tribunal ou (no caso das numerosas normas não-sancionadas que se encontram nos procedimentos legislativos regionais e estatais) poderá ocorrer uma sanção política na forma de voto de desconfiança, ou ainda a não-reeleição.

O jurista tradicional objetará que com isso se extrapola o âmbito estritamente jurídico: e de fato todas estas páginas são dedicadas à ligação do direito com o mundo em que ele se manifesta. Se abandonamos o eixo da teoria jurídica tradicional – que consiste no pensamento sistemático e no isolamento do direito em relação aos outros aspectos da sociedade – e a substituímos pelo estudo das características empiricamente predominantes e pela ligação do direito com as outras disciplinas sociais, a teoria sancionatória do direito é a que melhor explica o fenômeno jurídico no mundo moderno.

5. *Teorias funcionais e estruturais do direito*

Na filosofia do direito estão presentes teorias relacionadas a uma economia liberalista e teorias relacionadas a uma economia coletivista. Em ambos os sistemas econômicos, cada sistema legislativo assumiu as formas próprias dos direitos europeus continentais, de forma que a teoria sancionatória parece oferecer uma explicação estrutural suficiente para todos eles. Todavia, a polêmica continua, porque a concepção liberal-burguesa e a marxista encaram o direito a partir de um ponto de vista diferente.

A concepção liberal-burguesa pergunta-se *o que o direito é estruturalmente*, prescindindo das relações do direito com outros aspectos da realidade que o circundam e o condicionam. De fato, pouco importa que as normas de direito positivo sejam deduzidas de princípios metafísicos, como fazem os jusnaturalistas, ou de outras normas de direito positivo, como fazem os positivistas jurídicos; o importante para essa concepção é que, em ambos os casos, o objeto de investigação seja o direito em si, não relacionado com a economia, a sociedade etc. A concepção marxista, ao contrário, pergunta-se *para que serve o direito*, no contexto de uma doutrina que tem por objeto a análise global da sociedade e na qual o direito é visto, portanto, nos seus vínculos funcionais com outros setores da realidade social.

Embora o tema necessite de uma exposição bem mais longa, é lícito afirmar que as duas linhas de pesquisa não se excluem reciprocamente, mas se completam. A escolha de uma e não de outra é uma escolha política: o teórico idealista tenderá a uma análise estrutural do direito, que permite criar elegantes sistemas teóricos sem enfrentar questões práticas; o materialista tenderá a optar pela segunda teoria, que permite analisar de dentro um dos mecanismos nos quais se manifesta a luta entre as classes.

Essa distinção, apenas mencionada, entre função e estrutura do direito pode ser combinada à ilustrada anteriormente, entre direito vivo e direito vigente, extraindo daí quatro categorias que permitem concluir estas páginas dedicadas aos níveis de abstração, introduzindo uma classificação das principais disciplinas gerais relacionadas hoje ao direito.

a) Pesquisas sobre a estrutura do direito vigente. O primeiro grupo de pesquisas se pergunta o que é o direito vigente. Elas examinam a estrutura das normas jurídicas assim como são encontradas nos textos legislativos, sem colocar-se o problema de sua efetiva aplicação. Nesse grupo, encontram-se as generalizações da enciclopédia jurídica, do estruturalismo jurídico, da teoria geral do direito, além daquelas pesquisas que consideram o direito mais como fenômeno lingüístico do que como fenômeno político e são indicadas com a qualificação de lingüística jurídica ou de lógica jurídica.

b) Pesquisas sobre a função do direito vigente. O segundo grupo de pesquisas pergunta-se para que serve o direito vigente. Ou seja, qual é o valor buscado pelo direito, entendendo-se, porém, esse direito como direito livresco, não como direito efetivamente aplicado: aqui se inserem as pesquisas tradicionais da filosofia do direito, que estuda o direito, globalmente considerado, como parte de um sistema filosófico, teológico ou político preexistente.

c) Pesquisas sobre a estrutura do direito vivo. O terceiro grupo de pesquisas pergunta-se o que é o direito vivo. É esse o âmbito da sociologia do direito e das disciplinas similares a ela, como por exemplo a comparação ou a história jurídica. Alguns de seus problemas são os seguintes: o que é a realidade jurídica em relação às normas no papel? Qual é o posicionamento (de aceitação ou de recusa) dos consorciados em relação a certas normas específicas, e qual conhecimento têm delas? Qual é a demanda de justiça de uma certa sociedade? A estrutura judiciária responde efetivamente a essa exigência? Quais são os valores nos quais se inspiram explícita ou implicitamente os juízes e os advogados?

d) Pesquisas sobre a função do direito vivo. O quarto grupo de pesquisas pergunta-se para que serve o direito vivo. Essas pesquisas propõem-se identificar os fins políticos e, em especial, político-econômicos, que certos institutos jurídicos perseguem, quer para individuar sua inadequação em relação às exigências sociais, quer para propor sua realização através do procedimento legislativo. A política do direito deverá receber da sociologia do direito as informações necessárias para avaliar se aquele determinado direito vivo realiza efetivamente as finalidades político-econômicas perseguidas e se os consorciados reagem positivamente ou não àquelas normas. Na prática, porém, a política do direito pode produzir efeitos distorcidos devido à intervenção de grupos de pressão que fornecem dados errôneos sobre os quais efetuar as previsões, ou então devido a uma avaliação equivocada dos efeitos da normativa proposta. As distorções produzidas pela intervenção dos grupos de pressão aumentam, por exemplo, de acordo com as dimensões das empresas detentoras do poder econômico. Contra isso, o único remédio será de natureza política. As distorções produzidas por erros de previsão, por sua vez, podem encontrar uma eficaz correção nas técnicas modernas. O planejamento científico do direito mediante técnicas da simulação estratégica já foi usado, por exemplo, para avaliar os efeitos sociais da introdução do imposto sobre circulação de mercadorias e serviços na República Federal Alemã.

ITINERÁRIO BIBLIOGRÁFICO

Para as obras de referência, cf. a bibliografia do capítulo I.

[Item 2] A amplitude dos assuntos tratados pela história do direito e pelo direito comparado torna impossível indicar qualquer obra que resuma em si essas metodologias: quase todas as obras citadas neste livro são obras de historiadores ou comparatistas, quando não as duas coisas ao mesmo tempo.

Uma boa obra padrão da qual partir para o direito comparado é a de René David, *Les grands systèmes de droit contemporains. Droit comparé* [...], Paris, Dalloz, 1966, 640 pp. A segunda edição está traduzida em italiano: *I grandi sistemi giuridici contemporanei. Diritto comparato*, Pádua, Cedam, 1967, 551 pp.

[Item 3] O acesso ao *mare magnum* das obras filosófico-jurídicas é facilitado por Guido Fassò, *Storia della filosofia del diritto*, Bolonha, Il Mulino, 1966-1970, 3 vols. A estrutura e a exposição são claras e de fácil consulta; as bibliografias são selecionadas.

Um manual clássico na linha idealista é Giorgio Del Vecchio, *Lezioni di filosofia del diritto*, Milão, Giuffrè, 1965, XI-408 pp.: essa é a décima terceira edição do volume. Um estudo rigorosamente juspositivista encontra-se em Hans Kelsen, *Lineamenti di dottrina pura del diritto*, Turim, Einaudi, 1973, 227 pp., ou ainda na segunda edição, *La dottrina pura del diritto*, Turim, Einaudi, 1975, CV-418 pp. Um neokantiano que viveu dramaticamente os eventos do nazismo e da última guerra, até dividir o próprio pensamento em duas fases, é Gustav Radbruch, *Propedeutica alla filosofia del diritto*, Turim, Giappichelli, 1959, 237 pp.

Uma história do positivismo italiano centrada na figura de Biagio Brugi (1855-1934) é a obra de Giovanni Marino, *Positivismo e giurisprudenza*, Nápoles, Esi, 1986, 268 pp.

Uma visão européia ocidental está em John Kelly, *A Short History of Western Legal Theory*, Oxford, Clarendon Press, 1992, XVI-466 pp.; uma comparação com as culturas não-européias encontra-se em Mitsukuni, Yasaki, *East and West: Legal Philosophies in Japan*, Stuttgart, Steiner, 1987, 202 pp.

Sobre as correntes de pensamento socialistas, veja-se Norbert Reich (org.), *Marxistische und sozialistische Rechtstheorie*, Athenaüm Frankfurt a. M., Fischer, 1972, 235 pp. [é uma antologia que inclui também o pensamento não-soviético, como por exemplo os austromarxistas]; Mario Sbriccoli, *Elementi per una bibliografia del socialismo giuridico italiano*, Milão, Giuffrè, 1976, 169 pp.; na bibliografia do capítulo IV encontram-se, enfim, as obras de alguns teóricos soviéticos do direito.

Para a teoria geral do direito, vejam-se os dois cursos mimeografados de Norberto Bobbio, *Teoria della norma giuridica*, Turim, Giappichelli, 1958, 245 pp.; *Teoria dell'ordinamento giuridico*, Turim, Giappichelli, 1960, 218 pp., reunidos com o título de *Teoria generale del diritto*, Turim, Giappichelli, 1993, 297 pp.

Para a sociologia do direito, veja-se Renato Treves, *Sociologia del diritto*, Turim, Einaudi, 1987, XV-354 pp.

No pensamento jurídico anglo-americano, a obra de John Austin (1790-1859) tem importância primordial, pois a ela se remetem os escritores sucessivos: John Austin, *The Province of Jurisprudence Determined and the Uses of Jurisprudence*, com uma introdução de H. L. A. Hart, Nova York, Humanity Press, 1968, XXXI-396 pp. Uma obra monumental e posterior é Roscoe Pound, *Jurisprudence*, St. Paul, West Publishing Co., 1959, 5 vols. Um outro livro célebre é Julius Stone, *The Province and Function of Law: Law as Logic, Justice and Social Control. A Study in Jurisprudence*, Buffalo, William Hein, 1968, 918 pp.

CRONOLOGIA*

660 a.C.   Mítica data da origem da dinastia imperial japonesa, p. 501.
Fundação de Bizâncio, p. 34 n.
séc. VI a.C.   Código gortínio de Creta, p. 14.
326 a.C.   *Lex Poetelia* sobre a escravidão, p. 359.
séc. III a.C.   Contraposição entre confucianos e legistas (China), p. 501.
200 a.C.   Guerra de Aníbal e primeira divisão do direito romano, p. 31.
100 a.C.-1100 d.C. Arco evolutivo do direito bramânico, p. 471.
séc. I-III   Jurisprudência clássica romana, p. 31.
235 d.C.   Morte de Alexandre Severo, migrações bárbaras e segunda divisão do direito romano, p. 32.

---

* Esta cronologia contém apenas as principais datas citadas no texto e nas legendas e notas. Sua função é ajudar a localizar os temas que se concentram em torno de certas datas e, além disso, tornar mais evidentes o desenvolvimento e entrelaçamento paralelo de cada sistema jurídico. A explicação que acompanha algumas datas é deliberadamente sumária, pois a remissão à página ou páginas permite remontar ao texto (e, nesse caso, o número da página está em redondo) ou às legendas e notas (nesse caso, o número da página está em itálico) em que o tema está explicado com maiores detalhes. Para maiores aprofundamentos, enfim, tanto as explicações contidas nesta cronologia quanto nas correspondentes páginas do texto ou nas legendas e notas explicativas permitem um acesso mais articulado ao *Índice analítico* e ao *Índice dos nomes*.

246 d.C.	Início da migração dos hunos para o Ocidente, p. 39.
300	Testemunhos sobre reinos africanos, p. 353.
326	Bizâncio torna-se Constantinopla, p. 34 n.
375	Invasão dos hunos, p. 39.
395	Divisão do Império Romano, p. 35.
400	Redação do *Livro siro-romano*, fonte do Fetha Nagast abissínio, p. 47.
475	Redação do *Codex Euricianus* (direito visigótico), p. 40.
476	Fim do Império Romano do Ocidente, p. 35.
500	O budismo e o direito chinês penetram no Japão, p. 502.
506	*Lex Romana Visigothorum* na Ibéria, p. 219.
528	Início da compilação justiniana, p. 36.
529	16 de fevereiro. Entra em vigor a primeira versão do *Codex* justiniano, p. 37.
533	30 de dezembro. Entram em vigor o *Digesto* e as *Instituições*, p. 37.
534	29 de dezembro. Entra em vigor a segunda versão do *Codex* justiniano, p. 37.
535-565	Promulgação das *Novellae constitutiones* justinianas, p. 37.
568	Estabelecimento dos lombardos na Itália, p. 40.
622	Fuga ("hégira") de Maomé, de Meca para Medina, p. 408 n.
650 ca.	Surge o Corão, p. 405.
664	Cristianização da Inglaterra, p. 324.
711-843	Lutas pela heresia iconoclasta, p. 43 e n.
711	O Islã invade a península ibérica, p. 40.
722	Carlos Magno conquista o reino lombardo, p. 41. Com a batalha de Cavadonga começa a "Reconquista", p. 224.
732	A batalha de Poitiers bloqueia os muçulmanos na França, p. 223.
740	Publicação da *Écloga Isáurica*, p. 43.

843-1052	Dinastia macedônica: apogeu do Império Bizantino e traduções da compilação justiniana (*Basiliká*), pp. 43 s.
879	Publicação do *Próchiron*, p. 43.
930	O parlamento islandês começa a se reunir em Thingvellir (até 1798), p. 14.
935	O direito islâmico se consolida ao final da dinastia abássida, p. 408.
988	Conversão ao catolicismo de Sérvia, Bulgária e Rússia, pp. 43, 155.
século XI	Início do uso dos "nomocânones" na Igreja oriental, p. 46.
	Início das compilações chamadas *Russkaia Pravda*, p. 157.
1050-1453	Declínio do Império Bizantino, p. 45.
1054	A Igreja de Constantinopla se separa da Igreja de Roma, p. 159.
1056	Expansão islâmica com os soberanos seljúcidas, p. 45.
1066	Guilherme I conquista a Inglaterra (batalha de Hastings), p. 324.
	Lanfranco, natural de Pavia, se dedica ao direito anglo-saxão, p. 50 e n.
1075	Separação da Igreja de Roma do Império Romano-Germânico, p. 52.
1100	Começa a influência islâmica sobre o direito bramânico (Índia), p. 447.
1183	Tratado de paz de Constança e independência das comunas italianas, p. 74.
1189	Data da qual decorre o "tempo imemorável" para os costumes ingleses, p. 333.
1200	Início da época xogunal no Japão, p. 502.
1215	Proibição para o clero de participar dos ordálios, 116.
	Magna Carta e constitucionalismo (Grã-Bretanha), p. 75.
1231	*Liber constitutionum* do parlamento de Melfi, p. 73.

1237	Início da dominação mongol nos principados russos, p. 159.
1258	Provisions of Oxford e interrupção da evolução do Common Law, p. 329.
	Conquista mongol de Bagdá; fim dos abássidas, p. 441.
1270-1535	Época da qual provêm os casos reunidos nos *Year Books* ingleses, p. 339.
1285	Statute of Westminster II e retomada da evolução do Common Law, p. 329.
1291	Fim das cruzadas e retirada dos católicos da Palestina, p. 45.
1348	O *Ordenamiento de Alcalá de Henares* adota oficialmente as *Siete Partidas* (Espanha), p. 227.
1362	Primeira tentativa de substituir o francês pelo inglês nos tribunais ingleses, p. 327.
1415	Os árabes perdem Ceuta, no Marrocos, p. 301.
1453	Conquista de Constantinopla por parte dos turcos e fim do Império Romano do Oriente, p. 45 n.
1480	Derrota dos mongóis na Rússia, p. 160.
1492	Descoberta da América; Granada retorna aos cristãos, p. 161.
	Expulsão da Espanha dos judeus não-convertidos, p. 225.
1494	Tratado de Tordesilhas entre Espanha e Portugal, pp. 13, 233.
1497	A Rússia se liberta do jugo dos mongóis, p. 160. Promulgação do *Sudebnik* no Estado moscovita, p. 162.
1500	Cabral descobre oficialmente o Brasil, pp. 13, 262.
1503	A Espanha funda a Casa de Contratación, p. 258.
1509	Os portugueses fundam bases na península de Malaca, p. 13.
1510	Os portugueses fundam bases na Índia (Goa), p. 13.
1511	Os portugueses fundam bases na Indonésia, p. 13.

1514	Os portugueses fundam bases na China (Macau), p. 13.
1517	Começa na Alemanha a Reforma Protestante, p. 240.
1521	Magalhães circunavega a América do Sul, p. 13.
1523	A Espanha funda o Conselho das Índias, p. 258.
1531	Publicação de *De Disciplinis* de Lourenço Vives, p. 50 n.
1535	Statute of Uses (que regulamenta os *trusts* ingleses), p. 341.
	Instituição do vice-reino da Nova Espanha (Índias), p. 248.
1542	Instituição do vice-reino espanhol do Peru (Índias), p. 249.
	Primeiro contato dos portugueses com o Japão, p. 497.
1548	Portugal funda na Bahia o governo central para a colônia brasileira, p. 265.
1551	Uma assembléia determinada por Ivan IV prepara o *Stoglav*, p. 162.
1553	Publicação do *Tractatus de mercatura et mercatore* de Benvenuto Stracca, pp. 54 s.
1563	Publicação de *De re militari et de bello* de Pierino Belli, p. 136.
1581-1640	União pessoal entre Espanha e Portugal, p. 254.
1583	Publicação de *De legationibus* de Alberico Gentili, p. 136.
1589	Publicação de *De iure belli* de Alberico Gentili, p. 136.
1604	Portugal institui o Conselho da Índia (depois Conselho Ultramarino), p. 267.
1612	Primeira base na Índia da Companhia Inglesa das Índias Orientais, p. 479.
1613	A dinastia dos Romanov ascende ao poder na Rússia (até 1917), p. 162.
1614	Deportação em massa dos católicos japoneses, p. 497.

1616	A *equity* prevalece sobre o Common Law (Earl of Oxford Case), p. 331.
1620	Mayflower Compact (Estados Unidos), p. 77.
1625	Publicação do *De iure belli ac pacis* de Hugo Grócio, p. 136.
1635	Fechamento do Japão aos estrangeiros durante mais de dois séculos, p. 497.
1639	Fundação de Madras como agência da Companhia Inglesa das Índias Orientais, p. 480.
1644	Advento da dinastia manchu na China, p. 510.
1646	Entra em vigor a suma do direito penal chinês, *Da cin lü lì*, p. 512.
1649	"Código" de Aliéxis Mikháilovitch, p. 162.
1652	Os holandeses conquistam a colônia do Cabo (África), p. 303.
1653	Edição definitiva da *Kormchaia Kniga*, p. 165.
1680	Recopilación de las Leyes de los Reynos de las Islas (Índias), p. 260.
1683	Os turcos chegam aos arredores de Viena, p. 45.
1689	Bill of Rights e constitucionalismo (Grã-Bretanha), p. 75.
	Ascende ao poder Pedro, o Grande, da Rússia, p. 164.
1701	Act of Settlement e constitucionalismo (Grã-Bretanha), p. 83.
1711	Reforma administrativa russa de Pedro, o Grande (Senado), p. 164.
1716	Septennial Act e constitucionalismo (Grã-Bretanha), p. 83.
1755	Fundação da universidade de Moscou, p. 165.
1763	Publicação do esboço de *A riqueza das nações* de Adam Smith, p. 4.
1764	Publicação de *Dos delitos e das penas* de Cesare Beccaria, p. 101.
1765	A Companhia Inglesa das Índias Orientais estende sua jurisdição indiana, p. 481.
1767	Comissão legislativa determinada por Catarina II da Rússia, p. 164.

1768	Expulsão dos jesuítas da América do Sul, p. 236.
1772	Reorganização dos tribunais na Índia, p. 481.
1775	Revolução das colônias inglesas da América do Norte, p. 76.
1781-1789	Os Articles of Federation regem as ex-colônias norte-americanas, p. 78.
1787	Redação da constituição norte-americana, p. 79.
1789	14 de julho. Revolução Francesa, p. 21.
1791	Fuga de Varennes de Luís XVI, p. 82. Código penal francês, p. 118.
1794	*Allgemeines Landrecht* prussiano, p. 7.
1797-1799	Constituições jacobinas na Itália e na Alemanha, p. 84.
1798	O parlamento islandês deixa de se reunir em Thingvellir (iniciara em 930), p. 14.
1799	Ordenança sobre a continuidade do direito romano-holandês no Ceilão, p. 304.
1803	Código penal austríaco, p. 8.
1804	Código Napoleônico, p. 59.
1804-1810	Legislação napoleônica na França, p. 8.
1805	Código criminal prussiano, pp. 7 s.
1806	O direito inglês se sobrepõe ao direito romano-holandês na África do Sul, p. 303.
1807	Napoleão invade Portugal; a Corte se refugia no Brasil, p. 245.
1808	Napoleão invade a Espanha; forma-se um governo no exílio, p. 245.
1810	Tentativas de codificação na Rússia, p. 165. Iniciam-se as rebeliões para a independência das colônias sul-americanas, p. 270.
1811	Código civil austríaco, p. 8.
1812	Constituição liberal de Cádiz, p. 261.
1813	Tratado de Valençay: Napoleão restitui a Espanha aos Bourbons, p. 277.
1814	Publicação dos *Princípios gerais de direito administrativo* de Gian Domenico Romagnosi, p. 92.
1815	A administração da Indonésia passa da Companhia das Índias para a Coroa holandesa, p. 440.

1819	Revogação do ordálio na Inglaterra, p. 476.
1820-1880	Sociedade cheyenne estudada por Hoebel em 1935-1936, p. 364.
1820	Começa a dissolução do poder espanhol na América do Sul, p. 280.
1822	Tratado de Verona e restauração determinada por Metternich, p. 270.
	Os Estados Unidos reconhecem a independência das ex-colônias espanholas, p. 280.
	Independência do Brasil, que se tornara sede da Corte portuguesa, p. 282.
1830	Expansão francesa na África do Norte, p. 438.
1832-1894	Reformas constitucionais inglesas, p. 83.
1833	Administration of Estates Act e direitos reais modernos (Grã-Bretanha), p. 343.
	Compilação legislativa russa de Speranski, p. 167.
	Tentativas de codificar o direito indiano, p. 489.
1835	Entra em vigor o *Corpo das leis do Império Russo*, p. 167.
1836	Começa a modernização do Afeganistão, p. 456.
1839-1842	Primeira Guerra do Ópio da Grã-Bretanha contra a China, p. 498.
1839	O Império Otomano reconhece a igualdade de todos os seus cidadãos, p. 428.
1843	A constituição holandesa é traduzida em japonês, p. 505.
1848	O primeiro parlamento alemão se reúne na Paulskirche (Frankfurt), p. 42.
1850	Código de comércio otomano, p. 442.
	Reforma do sistema de castas indiano, p. 490.
1853-1854	Abertura violenta do Japão aos mercados ocidentais, p. 499.
1855	*Código civil de la República de Chile* (Código Bello), p. 297.
1856-1860	Segunda Guerra do Ópio (China), p. 498.
1857	Publicação de *Crítica de uma ciência das legislações comparadas*, de Emerico Amari, pp. 13 s.

1858	Código penal otomano, p. 442. A Companhia Inglesa das Índias é substituída pela Coroa britânica na administração da Índia (Indian Act), pp. 481 s.
1859	Código de processo civil indiano, p. 490.
1860	Entra em vigor o código penal da Índia colonial, p. 490.
1860-1864	*Esboço de Código Civil* de Teixeiras de Freitas (Brasil), p. 298.
1861-1865	Guerra de secessão nos Estados Unidos, p. 242.
1861	Código penal indiano, p. 490.
1864	Na Índia atuam apenas juízes ingleses; abolição do cádi, p. 483. As províncias bálticas emanam um código civil, p. 168.
1865	Código civil italiano, p. 60. Reforma do direito sucessório indiano, p. 491.
1867	Fim da época Tokugawa e do poder xogunal no Japão, p. 503.
1868-1912	Época Meiji no Japão, p. 504.
1869	Construção da ferrovia transcontinental dos Estados Unidos, p. 499.
1870-1876	O Império Otomano consolida na Medjellé o direito islâmico, p. 441.
1870	Vitória dos alemães sobre os franceses na batalha de Sedan, p. 506. Instituição da Repartição para o estudo dos sistemas governamentais estrangeiros (Japão), p. 505.
1871	Fundação do Império Alemão, p. 506. Liberalização dos sindicatos ingleses (Trade Union Act), p. 131.
1872	Reforma da matéria probatória indiana, p. 491.
1873	A *equity* deixa de ser aplicada por um tribunal especial, p. 331.
1873-1907	Toma forma o atual sistema judiciário britânico, p. 332.
1876	Publicação de *O homem delinqüente* de Cesare Lombroso, p. 110.

1880	Código penal japonês preparado por Boissonade, p. 507.
1881	A Suíça unifica o direito civil e comercial, p. 63. Publicação da *Sociologia criminal* de Enrico Ferri, p. 111. Unificação das penas de prisão no código penal holandês, p. 120.
1881-1897	Leis sobre a transferência da propriedade fundiária (Grã-Bretanha), p. 344.
1882	Código comercial italiano, p. 62. Os ingleses conquistam o Egito, p. 439. Reforma dos *trusts* ingleses relativos a propriedades fundiárias, p. 344.
1885-1913	Congressos de antropologia criminal, p. 110.
1885	Começam na Turquia as desapropriações de utilidade pública, antes proibidas pelos *waqf*, p. 418.
1886	Tratado sino-russo para a ferrovia transiberiana, p. 169.
1887	Fundação do Seminário russo em Berlim, p. 168.
1888	Supressão na Itália dos tribunais de comércio, p. 62. Abolição da escravidão no Brasil (Lei Áurea), p. 246.
1889	Constituição japonesa preparada por Hermann Roesler, p. 508.
1890	Reforma da administração judiciária japonesa, p. 508.
1894	A Grã-Bretanha revê os tratados iníquos com o Japão, p. 509.
1898	Início das reformas na China, p. 510. Derrota militar e crise profunda da Espanha, p. 284.
1899	Entram em vigor os novos tratados entre o Japão e as potências ocidentais, p. 509.
1900	Entra em vigor o código civil do Império Alemão, pp. 6, 58.
1901	Revolta dos Boxer na China, p. 510.
1902	Descoberta do código de Hamurábi, p. 347.

1903	Código de comércio chinês, p. 513.
1904-1905	Guerra russo-japonesa, pp. 168 s.
1906	Constituição moderada russa, p. 169.
1911	Ocidentalização do direito chinês, p. 347.
1912	Constituição chinesa de Sun Yat-sen, p. 514. A Albânia torna-se independente do Império Otomano, p. 442.
1913	Charles Goring confuta as teses de Lombroso, p. 111.
1914	Os ingleses anexam o Egito, p. 439.
1916-1924	Experiências de Watson sobre aprendizagem e condicionamento, p. 125.
1917	O direito romano-holandês é substituído pelo direito inglês na Guiana holandesa, p. 304. Revolução soviética, p. 151.
1918	Anúncio do código do trabalho soviético, p. 153. Nova constituição na Rússia socialista, p. 174. Nova constituição da Índia, fundamentada na "diarquia", p. 484.
1919	Banho de sangue de Amritsar (Índia), p. 485.
1922	Código civil soviético, p. 175.
1922-1925	Reforma do direito de propriedade inglês (Law of Property Acts), p. 337.
1923	Constituição federativa: nasce a URSS, p. 175. A capital turca se transfere de Istambul para Ancara, p. 34 n.
1926	Código penal turco e código civil turco de tipo ocidental, p. 442. Criação na Itália do Tribunal especial para a defesa do Estado, p. 134.
1928	Constituição chinesa inspirada na soviética, p. 517. Publicação de *A Panorama of the World's Legal Systems*, de John H. Wigmore, p. LII.
1928-1929	Reforma do direito hereditário indiano, p. 491.
1935	Código penal chinês, p. 517. Nova constituição da Índia, agora dividida em duas províncias, p. 485.

1936	Constituição estabelecida por Stálin, p. 177. Nasce o Eixo Roma-Tóquio-Berlim entre as ditaduras nazifascistas, p. 503.
1937	Ataque japonês à China, p. 517.
1938	A Itália ocupa a Albânia, p. 442.
1941	Publicação de *The Quest for Law*, de William Seagle, p. LI.
1942	Código civil italiano, p. 21.
1945	Fundação do Movimento para a defesa social, p. 119.
1946	Constituem-se na Europa Oriental as "democracias populares", p. 179.
1947	Uma constituição japonesa inspirada pelos Estados Unidos substitui a de 1889, p. 510. Da Índia britânica nascem a Índia e o Paquistão independentes, pp. 452, 486 s.
1947	Intervenção da Índia na Caxemira e sua ocupação, p. 487.
1949	A administração da justiça indiana torna-se independente, p. 487. Revolução comunista chinesa, pp. 200, 517.
1950	Constituição da Índia independente, p. 487.
1953	Morte de Stálin e fim do marxismo monolítico, p. 181. Revolta anticomunista de Berlim, p. 180.
1954	Constituição da China como "democracia popular", p. 518.
1955	Conclusão da reforma do direito matrimonial indiano, p. 492.
1954-1957	Ruptura entre a URSS e a China, p. 519.
1956	XX Congresso do PCUS (inicia o "degelo"), p. 181. Revolta anticomunista de Budapeste, p. 180.
1957-1965	"Grande salto adiante" da China de Mao; carestia, p. 519.
1960	Promulgação do código civil abissínio, p. 49.

1961	XXII Congresso do PCUS (condenação do stalinismo), p. 181.
Construção do muro de Berlim, p. 182.
Primeira experiência de banco islâmico, p. 450.
A Índia ocupa Goa: final de todas as colônias no subcontinente, p. 487.
1962	Crise Estados Unidos-URSS por causa dos mísseis cubanos, p. 182.
Guerra entre Índia e China, p. 487.
1963	Combate armado no rio Ussuri entre URSS e China, pp. 181 s.
1965	O College of Islamic Research pleiteia um sistema bancário islâmico, p. 450.
Guerra indo-paquistanesa, p. 479.
1966-1976	"Revolução cultural" e desmantelamento do direito chinês, pp. 519 s.
1968	Revolta anticomunista de Praga, p. 180.
1975	A nova constituição chinesa, breve e anômala, prevê a guerra, p. 520.
Fundação do Dubai Islamic Bank, p. 451.
O novo código civil da República Democrática Alemã substitui o código imperial de 1900, p. 6.
1977	Propostas legislativas egípcias para restabelecer as penas islâmicas, p. 445.
Islamização do direito penal paquistanês, p. 453.
1978	Invasão soviética do Afeganistão, p. 456.
Nova constituição chinesa, p. 521.
1979-1989	A URSS ocupa o Afeganistão, pp. 456 ss.
1979	Revolução islâmica no Irã guiada por Khomeini, pp. 406, 444.
Código penal e de processo penal na China, p. 521.
1980	Constituição afegã de modelo soviético, p. 456.
Leis chinesas sobre *joint ventures*, profissões legais, matrimônio, p. 521.
1982	Nova constituição chinesa: surge a "economia socialista de mercado", p. 521.

	Conflito anglo-argentino pelas Malvinas/Falkland, p. 283.
1985	Gorbachov abre a URSS às reformas de mercado (perestróica), p. 186.
1987	A constituição afegã proclama o Islã religião de Estado, p. 458.
1988	As repúblicas bálticas se separam da URSS, p. 186.
1989	9 de novembro. Cai o muro de Berlim, p. 187. Repressão sangrenta na praça Tienanmen (China), p. 523.
1990	Dissolução da Iugoslávia, p. 180. Com a "Declaração de adesão" a República Democrática Alemã passa a fazer parte da República Federal da Alemanha, p. 187.
1991	Deixa de existir a URSS, substituída pela CEI, p. 187.
1997	1º de julho. A soberania sobre Hong Kong passa à China Popular, p. 522.
1999	20 de dezembro. A soberania sobre Macau passa à China Popular, p. 302. Guerra do Kosovo (ex-Iugoslávia), p. 440.
2001	Atentado às "Torres Gêmeas" nos Estados Unidos, p. 273.

ÍNDICE ANALÍTICO*

A
abate corânico e animalistas, 99.
Abissínia, 46-9:
– e direito abissínio, 46-9.
Ver também Etiópia.
abjuração, 415; *ver também*
Direito islâmico, e
matrimônio.
aborto, sua descriminalização, 131.
absolutismo, 74, 101 s., 136:
– contrário ao particularismo
jurídico, 369 s, 371-2.

– da restauração espanhola, 280.
– e costume, 378.
– e crítica ao Common Law
(Hobbes), 379.
Ver também Autocracia.
abstrações, níveis de – na teoria:
– do costume, 381 s.
– do direito, 5, 543, 547, 560 s.
acessão, aquisição das Índias
por –, 252, 256.
Açores, ilhas, 226, 231, 233, 263, 267.

---

* Este índice traz apenas os termos contidos no texto, nas legendas e nas notas de rodapé. Nas remissões ao texto e às notas o número está em redondo, enquanto para as remissões às legendas está em itálico. O índice não contém referências nem aos *Itinerários bibliográficos* nem à *Cronologia*. Os nomes transliterados de alfabetos não-latinos seguem aqui a grafia com que aparecem no texto.

A ordem alfabética adotada é a "mecânica": todos os verbetes e subverbetes estão dispostos com base na primeira letra de cada um, seja qual for o valor gramatical da palavra a que pertencem. Por exemplo, o subverbete "– e evangelização dos índios" vem depois de "– e direito da metrópole".

As indicações entre parênteses que acompanham os verbetes visam unir um tema específico a um tema geral, ou seja, visam evitar possíveis equívocos, sobretudo o provocado pelo adjetivo "indiano", que pode referir-se tanto à Índia quanto à América do Sul colonial. Escrevendo "Supremo Tribunal Indiano (Índia)", o leitor está avisado de que o tema se refere ao Estado asiático, e não às colônias sul-americanas da Espanha.

Act of Settlement (Grã-
 Bretanha), 83; *ver também*
 Constituição.
aculturação, 103 n.
Adam & Kensington Vestry
 (Grã-Bretanha), 342; *ver
 também* Trust.
adaptabilidade e incerteza dos
 direitos, 35, 329 s., 409-13; *ver
 também* Certeza do direito;
 Flexibilidade.
adat (direito indonésio), 352,
 440 n.
adelantados espanhóis nas
 Índias, 247.
Adis Abeba (Abissínia), 47.
Administration of Estates Act
 (Grã-Bretanha), 343.
admoestação do juiz islâmico,
 435.
adoção (de direitos):
 – circulação doutrinária sem –
  na Rússia, 167, 170.
 – do direito ibérico na
  América do Sul, 229 s.
 – do direito romano:
  – integral do direito
   português no Brasil, 252.
  – na Europa, 55 s.
  – na Alemanha, 55-8, 327,
   371, 387:
  – no Sacro Império
   Romano-Germânico, 44-8.
 Ver também Pluralismo;
  Estratificação.
adoção, 416, 478; *ver também*
 Direito islâmico, matrimônio.
adprobatio do costume:
 – da autoridade eclesiástica,
  370 s.
 – da autoridade imperial, 370.

adultério, delito *hudud* (Islã),
 432, *433*, 445, 453 s.
advogado e barrister, 325 s.
Afeganistão, 201, 455-8, 482:
 – e invasão russa, 200, 456 s.
 – e Islã, 417, 439.
 – e relações tribais, 455-8.
África, 201, 213, 226, 263, 217,
 303, 352, 354, 363, 536:
 – alemã, 352.
 – do Norte, 47, 301, *402*, 438 s.
 – e navegações portuguesas,
  231.
 – e tráfico de escravos, 241 s.,
  267 s., 353.
 – e vândalos, 40.
 – oriental, 411.
 – subsaariana, 347, 353, 444 s.
 – Sul-Ocidental, e direito
  romano-holandês, 303.
 Ver também Reinos africanos;
  Escravidão.
agentes secretos e independência
 sul-americana, 276.
agregação social como elemento
 jurídico irredutível, XLVIII;
 ver também no Índice de nomes:
 Mazzarella, Giuseppe.
agricultura:
 – coletivização da – (URSS),
  176.
água:
 – e conflito indo-paquistanês,
  487.
 – e direito comparado, 350.
 – e sacralidade, 33.
 – no código civil argentino,
  300.
 – sua relevância no direito
  islâmico, 419.
akamba, etnia, 359.

al-Ándalus, 40, *223*, 224, 427; ver também Vândalos.
alanos (povo germânico), 219.
Albânia, 179 s., 182, 195;
– e Islã, 442 s.
Ver também Democracias populares.
álcool, uso do, delito *hudud*, *433*, *437*, 452.
álea, proibição de (Islã), 418, 421; ver também Contrato(s), aleatórios.
Alemanha, 59, 194, 215:
– e adoção do direito romano, 55-8, 328, 371, 387 s.:
– e codificação dos direitos locais (*Spiegel*), 371.
– e constituições jacobinas, 84.
– e Japão, semelhança, 503 s., 508, 510.
– jurisprudencial e não legislativa, 57 s.
Ver também Império Alemão; República Democrática Alemã; República Federal Alemã.
Algarve, ver Reino de Portugal e – .
Alicante (Espanha), 218.
alienados criminosos, 108 s.
alim (pl. *ulama*), jurisperito islâmico, 404, 407.
Allgemeines Landrecht (Prússia), 7.
Alsácia-Lorena, comparada a Cuba, 284.
ambiente:
– e organismo (behaviorismo), 125.
– social e desvio, 108.

América, 66:
– Central, 248, 276.
– Latina, ver América do Sul.
– torna-se independente com o nome de Províncias Unidas, 280.
Ver também Colônias inglesas na América do Norte; Estados Unidos da América.
América Central, 216.
América do Sul, XIX, 55, 84, 116, 119, 167, 193, 201, 226:
– cinco classes da –, 243 s.
– como colônia de cultivo, 242.
– como peão nas ambições universais de Napoleão, 271 s.
– constituição liberal de Cádiz, 261, 279.
– crioulo(s):
– definição de –, 243-4 n.
– e colonizadores ibéricos, 214, 243.
– e possibilidade de ascensão social, 245, 262, 293.
– favorecidos pela Constituição de Bayonne, 272.
– descoberta da América do Sul ou "Descubrimiento", 161, *223*, 226:
– e "justo título" da colonização, 229-36, 255.
– e abertura dos portos espanhóis às Índias, 261 s.
– e batalha de Ayacucho contra os espanhóis, 282.
– e circulação sul-americana de modelos jurídicos, 294.

- e civilização autóctone, 214 s.
- e *Código civil de la República de Chile* (Código Bello), 297 s.
- e colonos europeus, 215, 267, 291.
- e conflitos entre espanhóis e portugueses, 219 s.
- e conquistadores, 214, 239, 247.
- e contrabando, corsários, piratas, 234, 269.
- e criminologia lombrosiana, 110 s.
- e direito da metrópole, *ver* Direito espanhol na América do Sul; Direito português na América do Sul.
- e ditaduras, 215, 294.
- e escravidão dos negros, 241 s., 267:
  - dos índios, 240 s.
- e escravos, 214.
- e evangelização dos índios, 237-42.
- e fim do poder espanhol na América do Sul, 279-85.
- e genocídio, 214, 240.
- e índios, 264.
- e ineficácia do Tratado de Verona, 270.
- e jesuítas, 236, 270; *ver também* Paraguai, missões.
- e "lenda negra" da colonização ibérica, 240.
- elites crioulas: uma crítica, 246.
- e mestiços (mestiçagem), 214 s., 242-4, 267:
  - sua possibilidade de ascensão social, 245.
- e modelos jurídicos:
  - europeus no direito privado, 215, 296 s.
  - norte-americanos no direito público, 215.
  - sul-americanos e respectiva circulação interna, 294.
- "encomienda" e liberdade do índio, 241 s.
- e negros, 216, 243-4, 261:
  - e escravidão dos, 241 s., 264, 267 s.
  - e possibilidade de ascensão social, 245.
  - e repressão napoleônica no Haiti, 271.
- e ocupação napoleônica da Espanha, 215 s., 229, 246 s., 262.
- e pesquisas científicas européias, 235.
- e relações com o papado, 235; *ver também* Régio Padroado Indiano.
- e revoluções, 214.
- e sua inatacabilidade militar (Tocqueville), 273, 282.
- e trabalho forçado (mita), 241.
- e vice-reinos espanhóis, 247-52.
- exclusividade comercial ibérica e corsários, 234.
- sua organização político-administrativa, 247-51.

Ver também Colônias sul-americanas; ibérica, península; Portugal; Espanha.

América meridional, *ver* América do Sul.

América setentrional, *ver*
  Cheyennes; Colônias inglesas
  na América do Norte;
  Common Law; Estados
  Unidos da América.
ameríndios, *ver* Indianos
  (ameríndios).
amputação como sanção (Islã),
  433, 445; *ver também*
  Mutilação.
Amritsar, "Banho de sangue"
  de (Índia), 485.
analogia, 216, 227:
  – abolição da proibição de
  (URSS), 175, 177.
  – e costume, 377, 381.
  – "in consimili casu" (Grã-
  Bretanha), 330.
  – no direito islâmico (qiyas),
  407, 410:
  – e brâmanes, 478.
Ancara (Turquia), 34 n.
Ancien Régime, fim do –, 81, 91;
  ver também Revolução
  Francesa.
Andaluzia (Espanha), 40, 214-5:
  – sede da Junta Suprema
  Central, 278.
  Ver também al-Ándalus.
anglo-normando, idioma (Grã-
  Bretanha), XLIX, 340, 342.
Anglo-saxões, recusam o direito
  romano, 40.
Angola (África), 201, 303.
animalistas e abate corânico, 99.
animismo, 19:
  – e cessão de bens móveis,
  359.
  – e costume, 319.
  – e propriedade, 359.
  Ver também Magia.

anticrese, 516 e n.
Antilhas, ilhas das, 244, 274.
antropologia:
  – criminal, 110-4.
  – e crítica das teorias
  evolucionistas, 348 s.
  – e direitos primitivos, 320 n.,
  348, 351 s., 363 s., 440, 545 s.
  Ver também Etnografia.
apostasia como delito penal
  (Islã), 432, 433, 445.
Appellate Jurisdiction Act (Grã-
  Bretanha), 332.
aprendizagem e repressão do
  "desvio", 103 n., 120, 124.
apropriação indébita, delito
  tazir (Islã), 437.
Aquitânia (França), 219.
árabe, 408:
  – língua do Corão, 400.
  – transcrição do –, 400 n.
árabes, como uma das etnias
  islâmicas, 217.
Arábia e Islã, 410 s., 439, 444 s.
Aragão, reino de, 221, 223, 226,
  230 s., 239; *ver também*
  Castela; *ver também no Índice
  de nomes*: Fernando de
  Aragão.
Aranjuez (Espanha):
  – acordo de – entre Napoleão
  e Espanha, 271 s.
  – palácio de –, 271.
Arbitragem, 132 s., 178:
  – Comissão estatal da –
  (URSS), 176.
  – e direito internacional, 133,
  296.
  – *sui generis* e processo no
  direito primitivo, 361.
Argélia, 180, 201, 214, 430, 481.

Argentina:
- e ditadura militar, 294.
- e mestiçagem, 243.
- e sua independência (*cabildo abierto*), 249, 278.
- e tratado de paz e de amizade com a Espanha, 283.

Ver também Buenos Aires.
arianos (Índia), 469, 472; *ver também* Casta.
arrependimento, como pena (Islã), *433*.
artes liberais, 50.
Arthaśāstra e ciência do Estado (Índias), 474.
Arthasūtra, para conseguir bens materiais (Índias), 472.
Articles of Federation (EUA), 78.
ascendências extra-européias da cultura européia, XLVI.
Ásia, 66, 77, 159, 182, 201, 213, 438, 545:
- Central, 458.
- Menor, 45 s.
- meridional, 263.
- Oriental, 168, 498.
- Oriente Médio, 301, *402*.

asilo, direito de:
- entre os cheyennes, 365.
- nas capitanias brasileiras, 264.

assassinato, *ver* Homicídio.
assembléia(s):
- Constituinte (Itália), 86 s.
- de aldeia ou panchayat (Índia), 479.
- e príncipes russos, 162.
- nacional da China nacionalista, 514.
- Nacional (França), 79, 85.

Astúrias, reino das, 221:
- e permanência do direito visigótico, 221.

ateísmo (URSS), 179, 200, 439.
Atlântico, oceano, 13, 136, 215, 221, 226, 286; *ver também* North Atlantic Treaty Organization.
ato comercial, 62 ss.; *ver também* Direito comercial.
atômicas, armas, 487, 510.
atraso do direito da economia (ex-URSS), 192.
audiência:
- Real –, tribunal de recursos (Índias), 249 s., 251.
- tribunal das Índias (Espanha), 247 s., 251.

Austrália, 119 n., 345:
- como "Terre Napoléon", 271.

autocracia:
- ausente nas sociedades primitivas, 354.
- tsarista, 152, 156, 161 s., 166, 168.

Ver também Autoritarismo; Ditadura.
autogestão:
- iugoslava, 180, 185.
- nas democracias populares e na URSS, 185 s.; *ver também* Cooperativas; Democracias populares.

autonomia individual: contrato e testamento, 59.
autor e réu, 8.
autoritarismo:
- ausente nas sociedades primitivas, 354.
- e fascismo (Brasil), 292 s.

Ver também Autocracia; Caudilhismo; Ditadura.

Ávila, monte, 296; *ver também no Índice de nomes*: Bello, Andrés.
axântis, etnia, 349, 360 s.
Ayacucho, batalha de – contra os espanhóis, 282.

B

Babilônia e origens do direito romano, 347.
Bagdá (Iraque), 45, 408, 411, 429.
Bahia (Brasil):
– governo central, 265, 268.
– transferência da capital para o Rio de Janeiro, 269.
Bálcãs, 45, 168, 179, 190, 401:
– e Islã, 439, 443.
bálticos, Estados, 168:
– sua separação da URSS, 186.
banco(s), 62:
– e tesouro, 470.
– islâmicos, 448-51.
Banco Europeu para a Reconstrução e o Desenvolvimento (BERD), 193 s.
banditismo, delito *hudud* (Islã), 432, 433.
"Banho de sangue" de Amritsar (Índia), 485.
banimento, 116 s., 437:
– e direito primitivo, 358.
Ver também Exílio.
banto, etnia, 352, 357.
"banto" ou comprador (Japão), 508, 513.
bar (Common Law), *ver* Barrister.
bárbaros:
– e costume, 369.
– e legislação penal, 100.
– e processo, 117.

– invasões dos –, 39.
barrister e advogado, 325 s.
"bartolismo" (Bartolo como autor obrigatório), 54; *ver também no Índice de nomes*: Bartolo de Sassoferrato.
Basiliká, 44 s., 158:
– e comentários aos (*escólios*), 44.
Bastilha, tomada da –, 79 s.
batalha:
– de Ayacucho contra os espanhóis (América do Sul), 282.
– de Hastings (Grã-Bretanha), 343.
bathonga, etnia, 362.
bávaros, 40.
Bayonne (França):
– canteiros navais para o Courrier de Champagny, 274.
– constituição de –, 272.
– Napoleão prende naquela cidade o rei da Espanha, 272.
bebidas alcoólicas, *ver* Álcool.
Bec, monastério de, 324.
behavior modification, 127.
bem(ens):
– comum na definição de direito, 555 s.
– móvel e sua cessão no direito primitivo, 359.
beneficiário, *ver* Fundações pias; *Trust*.
Bengala (Divã de –, Bihar e Orissa, Índia), 481.
Benin (África), 201.
bérberes:
– e costume, 321.
– na península ibérica, 217.

BERD, *ver* Banco Europeu para a Reconstrução e o Desenvolvimento.
Berlim, 179, 181, 503:
– muro de, 181 s., 187.
– Seminário russo, 168.
Ver também Alemanha.
Bíblia, 15, 49, 402.
bibliografias e Internet, LV-LVI.
biblioteca alemã de Tobias Barreto, XXXII n.
Bielo-Rússia, 175.
Bihar (Índia), 481.
Bill of Rights (Grã-Bretanha), 75, 86.
Birmânia, 345, 482.
Biscaia, golfo de, 221.
Bizâncio, 34 e n., 35, 44-7, 155, 159:
– como segunda Roma, 161.
– e influência sobre o Islã, 408.
– e sua presença na Ibéria, 218.
Ver também Constantinopla; Império Bizantino; Império Otomano; Istambul.
blasfêmia, delito *hudud* (Islã), 432.
bloco continental realizado por Napoleão, 285.
Boêmia, 194.
Bogotá, Santa Fé de (Colômbia):
– e declaração de independência, 278.
– e Tribunal de contas (Índias), 251.
Bolívia, 249:
– e ditadura militar, 294.
– e tratado de paz e de amizade com a Espanha, 283.
– independente (nascida do Alto Peru), 280 s.
Ver também Potosí.

Bolonha, 41, 51 s., 57, 225; *ver também* Escola de Bolonha.
bolsa, normas sobre a –, 62.
Bombaim (Índia), 481.
Bósforo, 34 n.
Bósnia, *402*:
– Herzegóvina, 439.
Boston (EUA), 78.
Botsuana e direito romano-holandês, 304.
Boxer, revolta dos, 510.
brâmane(s) (Índia), 469 s., 473.
Brasil, *251*, 302 n.:
– abolição da escravidão:
  – com a "Lei Áurea", 290; *ver também no Índice de nomes*: Isabel, regente.
  – e "Lei do Ventre Livre" (Brasil), 290.
  – e queda do império, 246, 290 s.
  – sem indenização, 290.
– autoritarismo e fascismo, 292 s.
– bandeiras, bandeirantes, 266:
  – e caça aos índios, 266.
– como república federativa, 291:
  – ao lado dos Estados Unidos na Segunda Guerra Mundial, 292.
  – golpe de Estado: "Estado Novo", 291 s.
  – modelo estadunidense, 291.
– descoberta do –, 13, 233, 262:
  – e "justo título" da sua colonização, 229, 255.
– do império à república, 291.
– do império à república, 291.
– e "Estado Novo", 291 s.:
  – e passagem à democracia, 294.

- e adoção integral do direito português, 252.
- e bartolismo, 54.
- e Brasil, governadoria-geral (com o Maranhão), 268.
- e capitanias, 247, 263 s., 268:
  - e colonização particular do, 263.
  - e direito de asilo, 264.
  - quinze – originárias, 263 s.
- e ditadura militar, 294.
- e entradas (bandeiras da Coroa), 267 n.
- e *Esboço do código civil* (Teixeira de Freitas), 298:
  - retomado no código civil argentino, 298.
- e estrutura demográfica, 267.
- e exílio de Pedro II, 290.
- e governadores-gerais (Maranhão, Brasil), 268.
- e governo central da colônia na Bahia, 265; *ver também* Governador-geral.
- e imigração européia, 267.
- e "Integralismo", movimento de tipo fascista, 243 n.
- e jesuítas, 265 s., 270; *ver também* Paraguai, missões.
- e mestiçagem como enriquecimento cultural, 243 e n., 245.
- e Ordenações:
  - Afonsinas (Portugal), 227.
  - Filipinas (Espanha e Portugal), 254, 266, 298.
  - Manuelinas (Portugal), 264 s.
- e seus recursos econômicos:
  - gado, café, metais e pedras preciosas, 269.
- pau-brasil, 266.
- açúcar, 266-70.
- e sua independência, 282, 285-9, 302:
  - e abolição da pena de morte, 289.
  - e códigos penal e de processo penal, 289.
  - e constituição moderadamente liberal, 288.
  - e liberalização econômica, 286.
  - e "poder moderador" do soberano, 288.
  - e problemas de seus representantes nas Cortes, 287 s.
  - e recolonização com a Revolução do Porto, 287:
    - e proclamação da independência, 288 s.
  - e superação do separatismo, 245.
- e título imperial (tratado do Rio de Janeiro), 288 s.
- e transferência da Corte de Lisboa ao –, 215, 252, 285 s.
- e tratado de Santo Ildefonso (expansão para o interior), 269.
- e universidades portuguesas, 270.
- independência do –, 215 s.
- "Integralismo" brasileiro e fascismo, 292.
- Nordeste do –, 233, 269; *ver também* Estado de Pernambuco.
- origens do espírito federalista, 264.

– retorno a Portugal de João VI:
– e risco de secessão, 287.
– nomeação do filho como regente, 287 s.
Ver também Direito português na América do Sul; Rio de Janeiro; São Paulo.
Brasília, 266; ver também Rio de Janeiro.
Breviário de Alarico, ver Lex Romana Visigothorum.
Budapeste, 180.
budismo, 502 ss.
Buenos Aires, 277, 299.
– e Banco de la Provincia de, 299.
– e "cabildo abierto" (independência), 249, 278.
– e campanha de informação de Napoleão, 274.
– e sua constituição provincial, 299.
Ver também Argentina.
bulas pontifícias, 228, 255 s., 265; ver também América do Sul; Colônias sul-americanas; Espanha.
Bulgária, 43, 179, 195:
– e modelo polonês pós-comunista, 186.
Ver também Democracias populares.
burgúndios, 40.
burocracia:
– e direito administrativo, 94 s.
– e enrijecimento ritualista, 103.

C

"cabildo" ou conselho municipal (América do Sul), 249, 278.

cabilos, etnia, 420.
Cabo Horn (América do Sul), 302.
Cabo Norte, 301.
Cabo Verde, Ilhas de – (ex-colônia portuguesa), 13, 201, 233.
Cabul, 457; ver também Afeganistão.
caçadores, sociedade de, 349:
– e caças irregulares entre os cheyennes, 365.
cádi, 131-2, 409, 415, 430 s., 433, 437, 439, 483; ver também Direito islâmico.
Cádiz (Espanha), 218, 261, 274, 279 s.:
– constituição liberal de, 261.
– sede do Consulado do Mar, 248.
Cairo, 436, 450:
– Antigo (Fustat), 422.
Caixa Econômica de Meit Ghamr (Egito), 450-1; ver também Banco, islâmico.
Calcutá (Índia), 481.
– High Court, 479.
calendário gregoriano e muçulmano, 408 n.
califa, 406, 408 n., 427, 429, 557; ver também Direito islâmico.
califado omíada (Espanha), 223.
Califórnia (EUA), 249 n., 302, 345, 499:
– constituição da –, 86.
– o Common Law cancela o direito espanhol, 304.
Câmara de Comércio (Itália), 374.
Camboja, 201.

Cambridge, universidade de (Grã-Bretanha), 454 n.
campo e cidade (China), *ver* Cidade e campo.
Canadá, *251*, 345.
Canárias, ilhas (Espanha), 231.
Canterbury (Grã-Bretanha), 324.
Cantão (China), 514.
capital:
– e bancos islâmicos, 451.
– e comenda (Islã), 423.
– e formas associativas (Islã), 421.
– sua concessão na sociedade (Islã), 423-5.
Ver também Banco; Juros; Sociedade de capitais.
capitalismo:
– e constituição da China comunista, 517-20.
– e símil-capitalismo (China), 512, 522; *ver também* Terceira via e comunismo.
– monopolista e direito administrativo, 95.
Capitulación, *ver* Concessão régia (Espanha).
Caracas, 277:
– e Andrés Bello, 295.
– e declaração de independência, 278.
Ver também Venezuela.
cárcere, *ver* Prisão.
Caribe, 216.
caridade (Islã), 406:
– e ficção contratual, 420.
Carolina, South (EUA), 79.
"carrera de Indias" e monopólio comercial (Espanha), 248.
Cartagena de Indias (Colômbia) e tribunal da Inquisição, 251.

Casa de Contratación e monopólio comercial (Espanha), 248, 258.
Cast Disabilities Removal Act (Índia), 490.
casta:
– e Communal Award, direito de voto (Índia), 485.
– e direito bramânico, 469 s., 481.
– e direito penal, 470.
– e matrimônio, 469, 474, 491.
– e reforma do direito de família, 491 s., 513.
– e "sem casta" (sudra), 470.
– ou camada inferior e escravidão (direitos primitivos), 356.
Castela (Espanha), 216 s.:
– e aquisição das Índias a título pessoal, 256.
– e jurisdição eclesiástica na Espanha, 228.
– e legitimidade da Conquista, 230-3, 256.
– prerrogativas régias na América do Sul, 235-7.
– Reino (ou Coroa) de, 213, 221, *223*, 226, 229, 239, 247, 258:
Ver também no Índice de nomes: Isabel de Castela.
Catalunha (Espanha):
– carolíngia e continuidade visigótica, 221, 225 s.
– e direito romano, 225 s.
Cáucaso, 190, *402*.
caudilhismo, 215, 291 s.; *ver também* Autoritarismo.
Cavadonga, batalha de (Espanha), *223*, 224.

Cavaleiros Teutônicos, Ordem dos, 504.
Caxemira (Índia), 471:
– e conflitos indo-paquistaneses, 486 s.
CD-ROM, 16; *ver também* Informática jurídica.
Cédula real ou Reales Cédulas (Espanha), 248, 259.
Ceilão e direito romano-holandês (Índia), 304.
cenobitismo, 411.
censo, *ver* Elegibilidade e renda.
censura, 43.
certeza do direito, 35, 175, 452, 490, 501, 519:
– e Common Law, 329, 337.
– e procedimento, 132, 500.
Ver também Adaptabilidade e incerteza dos direitos; Flexibilidade.
certezas, regra das três – no trust, 342.
"cestui que use", *ver Trust*.
Ceuta (Marrocos), 301.
chador, polêmica na França, 97; *ver também* Imigração.
Champagny, courrier de, 274 s.; *ver também* Colônias sul-americanas.
Chancery Division (Grã-Bretanha), 332.
cheyenne, etnia, 349, 365-6:
– e *stare decisis*, 365.
– estudados pelo realismo jurídico, 363 s.
– sua organização social, 365.
Chicago (EUA), LII-LIII.
Child Marriage Restriction Act (Índia), 491.
Chile, 249, 295 s.:
– capitania do –, 260.

– e *Código civil de la República de Chile* (Código Bello), 297 s.
– e ditadura militar, 294.
– e intervenção dos Estados Unidos, 202.
– e mestiçagem, 243.
– e tratado de paz e de amizade com a Espanha, 283.
– e universidade do Chile fundada por Andrés Bello, 296 s.
– independente (nascido do Peru), 280.
China, 302:
– e desenvolvimento símil-capitalista, 512, 522; *ver também* Terceira via e comunismo.
– e dinastia Han, *39.*
– e direito soviético, 200 s., 347, 517, 520.
– e guerra com a Índia, 487.
– e reformas da dinastia manchu, 510 s.
– e Revolução Cultural, 511, 519-21.
– e ruptura com a URSS, 182 s.
– e "terceira via", 202 s., 522.
– e tratados iníquos, 133, 498 s., 511.
– e unificação do país, 522; *ver também* Hong Kong; Macau.
Ver também Democracias populares; Direito chinês; Direito soviético.
"cidadãos de uniforme" (Alemanha), 139.
Cidade de Deus e cidade terrena, 57:
– nas missões jesuítas do Paraguai, 236.

Cidade do Cabo (África do Sul), 303.
cidade e campo (China), 512, 515 s.
ciência do Estado e fontes bramânicas, 474.
ciências físicas e naturais, 121:
– e Islã, 446.
– e polícia científica, 115.
Ver também Progresso técnico-científico; Imprensa; Técnica.
cientificidade do sistema jurídico, 11; ver também Sistema.
"cinco pilares da sabedoria, os" (Islã), 406.
Civil Law, 328, 336:
– como modelo do direito japonês, 507-10.
– como modelo recente do direito chinês, 521.
– e sua aproximação ao Common Law, 345.
– e sua tradição, 346.
Ver também Codificação; Common Law; Direito europeu continental.
civilização:
– "dativa" e não "nativa", 13; ver também no Índice de nomes: Amari, Emerico.
– e comunicação, 13-6, 321.
clã, 20:
– assassinato de um membro do –, 358, 362.
– diversos e repressão dos delitos, 360.
– e responsabilidade coletiva, 320, 356-9.
Ver também Gens latina; Tribo.
clima e direito, 19.

coação, ver Violência física e psíquica.
"code" (consolidação de Common Law) e códigos, 337.
Code Napoléon, ver Código Napoleônico.
Codex:
– de Justiniano, ver Código de Justiniano; ver também Compilação justiniana.
– e costume, 370.
– *euricianus* (direito germânico), 41.
– *iuris canonici*, ver Código canônico.
codificação(ões), 17 s.:
– alemã e pandectista, 57, 387.
– e coleção escrita dos costumes, 371.
– e consolidação (code) do Common Law, 337, 344 s.
– e direito:
– chinês, 512-6.
– indiano, 488-92.
– japonês, 507-10.
– russo e soviético, 162-8, 173 s., 191-4.
Ver também Código(s).
– e Escola Histórica do Direito, 59, 372, 550.
– e Jurisprudence, 552 s.
– européias e Corão, 400, 434.
– japonesa arcaica, 502.
– latino-americana, XX.
– na América do Sul, 260, 297-9.
– otomana, 441 s.
– superada pelo Islã, 445 s.
– turca, 442.
código(s):
– criminal prussiano (1805), 7-8.

– da navegação e direito aeronáutico (Itália), 64.
– de Gengis Khan, 170.
– de Hamurabi, 347.
– de Manu (Índia), 473, 491.
– de processo civil indiano, 490.
– de trânsito e descriminalização (Itália), 130.
– gortínio (Creta), 14.
código canônico, 384:
– art. 25 sobre o costume, 370.
Ver também Direito canônico.
código civil, 168:
– abissínio, 48.
– alemão, 6, 37, 57 s., 184; *ver também* Pandectistas.
– argentino, 298 s.
– brasileiro, 516:
  – e Teixeira de Freitas, precursor da parte geral, 298.
– chileno, 297.
– chinês, 7, 513 s., 516.
– de Zurique, XXVIII n.
– e liberdade individual, 59.
– francês, *ver* Código Napoleônico.
– italiano, 60, 321, 388, 516 n.
  – e arbitragem, 132 s.
  – e costume, 375.
  – e sua estrutura, 63 s.
  – e terminologia sobre o costume, 321 s.
– japonês, 7, 508.
– russo, não realizado, 164-8.
– siamês, 516.
– soviético, 516; *ver também* Direito de família, soviético.
– suíço, 63.
– turco, 442, 516.

Código civil de la República de Chile (Andrés Bello), 297.
código comercial, 58:
– argentino, 300.
– chinês, 513 s.
– e direito islâmico, 421 s., 442.
– e os "usos mercantis", 321, 379.
– e sua estrutura, 63.
– italiano, 61 s., 321 s., 379:
– japonês, 508.
– siamês, 517.
Ver também Direito comercial.
Código de Justiniano, 37, 73 s.:
– e origem do direito público, 73 s.
Ver também Compilação justiniana; Direito romano.
Código Napoleônico, XXXVIII s., 59, 168, 193, 229, 298, *346*, 372, 381, 489, 506:
– e direito japonês, 7, 506.
– e direito russo, 166.
código penal, 108:
– alemão, 513.
– chinês, 509 s., 517 s., 519, 521.
– egípcio, XLVIII, 517; *ver também no Índice de nomes*: Wigmore, J. H.
– holandês, 120.
– indiano, 490.
– italiano, 381.
– japonês, 507.
– otomano, 442.
– paquistanês, 454.
– siamês, 517.
– soviético, 5.
– sudanês, 517.
– turco, 442.
coerção, *ver* Violência física e psíquica.

Coimbra, universidade de, 297.
College of Islamic Research (Cairo), 450.
Colômbia, 249:
- arbitragem de Andrés Bello com o Peru, 296.
- democracia durante as ditaduras militares, 294.
- e tratado de paz e de amizade com a Espanha, 283.
- independente (nascida da Grande Colômbia), 282.

Ver também Bogotá, Santa Fé de.

colônia(s):
- de povoação e de cultivo, 242.
- e deportação, 117, 119 n.
- ingleses na América do Norte, 74-9, 215, 242, 247, 251, 270, 344 s.:
  - como modelo jurídico, 254, 278, 344.
  - e independência das colônias espanholas, 275, 302.
  - e tráfico dos escravos, 241 s.
- internas russas, 199.

Ver também Expansão colonial.

Colônias sul-americanas:
- adquiridas por acessão, 252, 256.
- concedidas quase como feudo eclesiástico, 231.
- e adelantados espanhóis, 247.
- e dificuldades de comunicação, 253:
  - na campanha de informação de Napoleão, 274 s.; *ver também* Champagny, courrier de.
- e sua evangelização, 214, 237-42, 265.
- e sua inatacabilidade militar, 273 s.
- e sua independência, 215 s., 249, 262, 270-85:
  - apoiada pelos Bonaparte, 272, 274-7.
  - como guerra civil, 246.
  - como guerra de agentes secretos, 276.
  - e batalha de Ayacucho contra os espanhóis, 282.
  - e dificuldades com a democracia, 271, 293 s.
  - e guerra aberta contra a Espanha, 279.
  - e incertezas sobre o governo legítimo na Espanha, 277-85.
  - e ineficácia do tratado de Verona, 270.
  - e instrução como base para uma identidade comum, 294 s.
  - e lutas internas, 278.
  - e modelo norte-americano, 278.
  - e reconhecimento da independência por parte dos Estados Unidos, 280.
  - e solidariedade sul-americana no direito internacional, 296.
- e sua reorganização no século XVIII, 261; *ver também no Índice de nomes*: Aranda, conde.
- e sua representação nas Cortes de Cádiz, 279 s., 287.

- e "tratados de paz e de amizade" com as ex-colônias, 283.
- e sua influência no direito ibérico, 229.
- e sua organização, 247-52.
- e sua separação política, mas não cultural, 295.
- em sentido peculiar, 230.
- espanholas:
  - ampliações territoriais dos Estados Unidos, 249 n., 260.
  - e adoção do direito ibérico, 229 s.
  - e capitanias, 247, 260.
  - e política ambígua de Napoleão, 272.
- francesas:
  - no rio Amazonas, 268.
  - no Rio de Janeiro (França Antártica), 266.
- holandeses:
  - no Estado de Pernambuco, 268 s.; *ver também no Índice de nomes*: Maurício de Nassau.
- monopólio comercial ibérico:
  - e "carrera de Indias", 248.
  - e corsários, 234, 269.
- portuguesas, *ver* Brasil.
Ver também Direito português na América do Sul; Direito espanhol na América do Sul; Expansão colonial.

colonos europeus na América do Sul, 215, 267, 291.
Columbia Law School (EUA), LII.
comanches, etnia, 366.

Comecon (URSS), 197.
comenda (Islã), 423.
Comentadores, 53 s.; *ver também* Compilação justiniana; *Corpus juris civilis*; Glosadores.
comércio:
- personalidade dos direitos como obstáculo ao –, 370.
- privado, sua abolição (URSS), 174 s., 176, *346*.
- transoceânico e mercantilismo, 61 s.
Ver também Colônias sul-americanas, monopólio comercial; Companhia comercial; Companhia das Índias; Direito comercial; Portugal, monopólio comercial.

Comissariado do Povo para a Justiça (URSS), 153.
Common Law, XXI n., XLII, *326*, *346*:
- como *judge made law*, 556; *ver também* Precedente judiciário.
- e ausência de sistema no –, 336 s., 552 s.
- e Civil Law, 328, *346*, 400:
  - no mesmo território, 344.
- e constituição, 76, 82 s.
- e costume, 317 s., 323 s., 379:
  - predominância sobre a lei, 378.
- e direito:
  - administrativo, 92 s.
  - chinês, 514.
  - inglês originário, *326*.
  - islâmico, 400, 412 s., 430, 483 s., 488, 490 s.; *ver*

também Direito indiano e anglo-muçulmano; Índia.
– japonês, 510.
– primitivo, 356, 365.
– e eqüidade, 330 s.
– e federalismo (EUA), 345.
– e formação dos juristas, 325 s., 335 s.
– e grandes dicotomias do direito, 339.
– e "Jurisprudence", 548-53.
– e sua aproximação do Civil Law, 345.
– e sua difusão mundial, 345, 363.
– e suas fontes, 333-9.
– e tribunais:
– da Companhia das Índias, 479 s.
– indianos, 476, 483 s.
– origem do termo, 324.
– seus três significados, 336.
Ver também Grã-Bretanha; Precedente judiciário; Estados Unidos da América.
communis error facit jus, 476 e n.; *ver também* Precedente judiciário.
Comorim, Cabo (Índia), 471.
Companhia das Índias:
– Orientais (Grã-Bretanha), 471, 479-86, 487.
– Orientais (Holanda), 303, 440.
companhias comerciais, 61, 423 n.:
– e constituições extra-européias, 77.
– na América do Sul, 261.
Ver também Comércio; Monopólio comercial.

comparação jurídica:
– diacrônica e sincrônica, 543-7, 561.
– e diferença entre normas e aplicação, 511 s.; *ver também* Direito vigente e vivo.
– e Estados economicamente hegemônicos, 16 s., 544 s.
– e eurocentrismo, XLV s., 216.
Ver também Filosofia do direito; Jurisprudence; História do direito.
comparatistas, primeiro congresso dos, XXI.
Compilação justiniana, 32, 34-8:
– como "ratio scripta", 54.
– e atraso na gênese do direito penal, 100.
– e contato com o mundo árabe, 45, 429 s.
– e costume, 367.
– e direito russo, 158.
– e gênese do direito público, 73 s.
– e problemas lingüísticos, 43; *ver também* Grego (língua).
– e sua adaptação ao mundo bizantino, 43-5.
– e sua escassa aplicação na Ibéria, 218 s.
– e tratado de paz de Constança, 74.
Ver também Comentadores; *Corpus juris civilis*; Direito romano; Glosadores; Pandectistas; *Usus modernus pandectarum*.
completude do sistema jurídico, 11; *ver também* Sistema.

comportamento, quantificação do – (direito canônico), 372 s.
comprador ou banto (Japão), 508, 513.
computador eletrônico, *ver* Informática.
computer aided instruction, *ver* Instrução programada e reinforcement.
comtismo sul-americano, 215:
– difusão comparável ao marxismo na Europa, 302.
– influências italianas no, 302.
comuna, China, 519 s.; *ver também* Cooperativa; Direito chinês.
comunhões tácitas familiares (Itália), 381.
comunicação(ões):
– difíceis com as colônias sul-americanas, 253.
– e civilização, 13-6, 321, 498.
– e idéias novas no Islã, 447.
Ver também Ferrovia; Imprensa.
comunidade:
– na tradição russa, 170.
– no nacional-socialismo, 20.
– opinião concordante da – ou ijma (Islã), 404, 407.
comunismo, 441, 444:
– de guerra (URSS), 173 s.
– e direito chinês, 516, 517-20.
– e "terceira via", 202 s.
– nas missões jesuítas do Paraguai, 236.
Ver também China; Comunidade de Estados Independentes (CEI); Direito chinês; Direito soviético; Marxismo; União Soviética.

concessão(ões):
– ou carta de doação (Brasil), 263 s.
– ou cartas coloniais (Grã-Bretanha), 77.
– régia para as Índias (Espanha), 247.
Concílio:
– de Nicéia, 48.
– Quarto – de Latrão e ordálio, 116.
concordata entre Estado e Igreja, 96 s.; *ver também* Direito eclesiástico.
Concordia discordantium canonum, *ver* Decreto de Graciano.
concorrência, livre, 59; *ver também* Mercado.
concubinato, *ver* Direito islâmico, e matrimônio.
condenação condicional, 120.
condicionamento e aprendizagem (behaviorismo), 125.
confissão como meio de prova, 115 s., 120.
conflito(s):
– de direitos (Conflict of Laws), XXIV.
– entre a Igreja de Roma:
– e a de Constantinopla, 43, 45.
– e o ditador Rosas (Argentina), 299.
– entre espanhóis e portugueses (América do Sul), 269 s.
– composto com o tratado de Santo Ildefonso, 269.

– entre modelos de
colonização (EUA), 243.
– indo-paquistanês, 479, 487.
– luso-espanhol e Tratado de
Tordesilhas, 13; *ver também*
Bulas pontifícias; Tratado de
Tordesilhas.
– raciais, 214.
– social e direito, 3 s., 135.
conformidade às normas, 102-5;
ver também Desvio.
conformismo e prevenção do
desvio, 124; *ver também*
Desvio.
confucionismo, *ver* Moral
confuciana.
Congo (África), 201.
congressos do PCUS:
– XXII, condenação oficial do
stalinismo, 181.
– XX, início do "degelo", 181.
– XXIII, tensões entre Estados
comunistas, 182.
Ver também Marxismo;
Partido Comunista; União
Soviética.
conquista:
– e imposição de modelos
jurídicos, 192 s.
– napoleônica do Egito, 438.
– normanda da Grã-Bretanha,
324 s., *326*, 330.
Ver também Colônia; Colônias
sul-americanas; Espanha e
Conquista.
conselheiros jurídicos:
– na China, 515; *ver também*
Direito chinês, mediação
japonesa.
– no Japão, LIII, 500, 506 s.,
552 n.

Ver também Pluralismo;
Estratificação.
Conselho da Índia (depois,
Conselho Ultramarino), *ver*
Portugal, Conselho da Índia.
conselho e preceito na
definição de direito, 554; *ver
também* Norma; Regra
jurídica.
Conselho:
– da Europa, 196 s.
– das Índias, *ver* Espanha;
Portugal, Conselho da Índia.
– de Regência (Espanha), 276,
279.
– dos Quarenta e Quatro
entre os cheyennes, 365 s.
consenso da comunidade (Islã),
ver Opinião, concordante
(*ijma*).
consenso:
– da comunidade (Islã), *ver*
Opinião concordante (*ijma*).
– na *behavior modification*, 127
s.; *ver também* Desvio.
conservadorismo e revolução,
138:
– e tratado de Verona, 270;
*ver também no Índice de
nomes*: Metternich-
Winnesburg, príncipe de.
"*consilia prudentium*" e
costume, 368.
consolidação(ões), do Common
Law, 336 s., 345.
Constança, tratado de paz de –,
74.
Constantinopla, 34 n., 35:
– queda de –, 34 n., 301.
Ver também Bizâncio; Império
Bizantino; Istambul.

constitucionalismo:
- na Inglaterra, 75 s.
- no Japão, 508 s.

constituição(ões):
- chineses:
  - e ditadura do proletariado, 520 s.
  - e guerra, 520.
  - e modelo americano, 514.
  - e modelo soviético, 517.
  - e propriedade privada, 518 s., 522 s.
  - e símil-capitalismo, 512, 522; *ver também* Terceira via e comunismo.
- de Bayonne, 272.
- de Cádiz, liberal, 261, 279.
- de Constantino e costume, 368 s.
- definição de –, 75.
- e cartas ou concessões coloniais (América do Norte), 77 s.
- e Common Law, 76, 82 s.
- e constitucionalismo inglês, 75 s.
- e contrato social, 76, 92 n.
- e divisão dos poderes, 76, 86, 90, 345, *346*:
  - e costume constitucional, 376 s.
- e elementos jurídicos indispensáveis numa, 84 s.
- e Estado independente, 84.
- e Islã como religião de Estado, 455, 458, 488.
- e jusnaturalismo, 76, 81, 85.
- e monarquia:
  - absoluta, 74 s.
  - constitucional, 156, 377.
- e normas operativas ou programáticas, 85.
- e partidos políticos, 88 s.
- e Resistência (Itália), 90.
- e Revolução Francesa, 75 s., 91 s.
- e sua atual inadequação, 89-91
- européias continentais, 84.
- extra-européias e companhias comerciais, 77.
- francesas:
  - como modelo para a Europa, 77, 101 s.
  - e Declaração dos Direitos do Homem, 79-82, 84, 118.
  - e seu modelo norte-americano, 79 s.
- holandesa traduzida no Japão, 505.
- inglesas, 82 s.:
  - e tribunais, 84.
- jacobinas, 84.
- japonesas, 510 s.
- longas e breves, 86, 520.
- norte-americana:
  - e constituição francesa, 79 s.
  - e Convenção, 78.
  - e maccarthismo, 79.
  - e seus projetos, 78 s.
  - e sua interpretação judiciária, 83, 88.
  - e sua natureza federal, 83.
  - e suas emendas, 79.
- provincial de Buenos Aires, 299.
- rígida e flexível, 84-9, 184.
- soviéticas, 90, 174 s., 177:
- sul-americanas e seus modelos, 77.

Constitutiones, Novellae, 37.

Constitutum usu, coleção de usos, 371.
construção, *ver* Sistema.
Consulado do Mar (Espanha), 248.
contabilidade do Estado, 95; *ver também* Direito tributário.
conteúdo e forma na definição de direito, 554.
contrabando, *ver* Corsários nas colônias sul-americanas.
contrato(s), 350, 491:
– aleatórios:
– proibição dos – no Islã; *ver também* Álea; Juros.
– como manifestação da autonomia individual, 60, 134.
– de compra e venda (direito islâmico), 418.
– e costume, 374.
– e direito primitivo, 358, 365.
– e ficção (direito islâmico), 404, 424 s.
– e *status* nas sociedades primitivas, 364.
– social:
– e constituição, 79, 92 n.
– e *pactum unionis* ou *subiectionis*, 92 e n., 354.
– nas sociedades primitivas, 354.
– sua estrutura no direito inglês, 334 s., 339.
contravenções e delitos, 130 s.
controle social e informática, 122 s., 128.
Convenção constitucional (EUA), 78.
Convenção Nacional (França), 82.
Convenção sobre os Direitos da Criança (ONU), 454.
Conventions of the Constitution (Grã-Bretanha), 83.
conversão:
– de indianos ao Islã (Índia), 478.
– do cônjuge (Islã), 415.
– e Receita pública islâmica, 429.
Ver também Cristianização; Evangelização.
cooperativas, 186 s.:
– na China, 519; *ver também* Comuna.
co-propriedade e família islâmica, 418 s.
copyhold (Grã-Bretanha), *ver* Direitos reais no Common Law.
Corão, 431, 435, 446, 478 s.:
– como fonte do direito islâmico, 404 s., 413-7, 478.
– e técnicas interpretativas (*qiyas*), 404, 407, 410 s., 478.
– e vontade divina, 401, 404.
– sua estrutura, 405.
Ver também Religião e direito; Direito islâmico.
Córdoba, emirado de (Espanha), 429.
Córdoba, universidade de (Argentina), 299.
Coréia do Norte, 201.
corporação(ões), 7:
– e seus estatutos, 60.
– e tribunais comerciais, 62.
– fascista, 20.
Corpus juris civilis, 38, 44, 73, 100:
– sua redescoberta medieval, 49-55.

Ver também Direito romano;
Compilação justiniana;
Pandectistas; *Usus
modernus pandectarum*.
corsários:
— e Courrier de Champagny,
273 s.
— nas colônias sul-americanas,
234, 269.
Cortes, parlamento espanhol,
228:
— e legislação sobre as Índias,
247.
— e representantes das
colônias, 278 s., 287 s.
Cortes, parlamento português:
— e constituição liberal
(Revolução do Porto), 287.
— e problemas com os
representantes brasileiros,
287 s.
— e tendência a recolonizar o
Brasil, 287.
Costa do Ouro (África), 349, 355.
Costa Firme, como reino
independente (proposta
Aranda), 261.
Costa Rica e tratado de paz e de
amizade com a Espanha, 283.
costume(s), 4, 102, 104, 317-23,
516:
— comerciais islâmicas, 422 s.
— como fonte do direito, 9,
321, 368, 380, 383 s.
— inglês, 333.
— islâmico, 409.
— como problema teórico,
367, 386-92.
— conforme a lei, 373 s., 387.
— constitucional 88, 384, 388,
391:

— e divisão dos poderes,
376 s.
— e tribunais estadunidenses,
88 s.
— contra, *praeter, secundum
legem*, 370, 373, 378-81.
— e *adprobatio* da autoridade,
370 s.
— e codificação, 317, 366 s., 372.
— e código civil italiano, 366,
373 s.
— e coleções oficiais de, 371,
374.
— e compilação justiniana, 367.
— e constituição de
Constantino, 368-70.
— e cultura, 322 s.
— e decurso do tempo, 373,
383 s.
— e definição de direito, 382,
386, 389.
— e desuso, 379 s.
— e determinação dos
comportamentos
consuetudinários, 321.
— e direito:
— bramânico, 475.
— chinês, 513.
— comercial islâmico, 421.
— constitucional, 88, 376-8.
— europeu codificado, 380.
— feudal, 51 s., 366, 369-72.
— germânico, 38.
— internacional, 375.
— islâmico (*urf*), 409.
— italiano, 366.
— japonês, 502, 508 s.
— penal, 375.
— romano, 366.
— e *droit coutumier* (França),
53, *326*, 371.

- e Escola Histórica do Direito, 372, 387 s.
- e escrita, 317.
- e forma escrita, 74 s., 317, 367 s., 370 s., 382.
- e imperatividade, 387.
- e juízes, 384, 388 s.
- e lacunas jurídicas, 377, 381.
- e mobilidade no território, 321.
- e níveis de abstração teórica, 5, 381-92.
- e normas derrogáveis ou supletivas, 374.
- e pecado, 372 s.
- e poder eclesial, 370 s.
- e *rationabilitas*, 370, 373.
- e reciprocidade de comportamentos, 319 s.
- e recurso no Supremo, 375, 378.
- e responsabilidade de grupo, 320, 359 s., 432, 516.
- e sua extensão atual, 317 s.
- e sua juridicidade, 382, 386-92; *ver também no Índice de nomes*: Bobbio, Norberto.
- e "tempo imemorial" (Grã-Bretanha), 333, 383 s.
- e teoria, -s:
  - imperativista do direito, 387.
  - normativista de Kelsen, 551 s.
  - sancionatória do direito, 113, 389 s.
- e terminologia jurídica italiana, 321 s.
- e tratado(s) internacional(is), 376.
- e tribunal constitucional, 378.
- equivalente ou predominante em relação à lei (direito canônico), 373, 379.
- francesa e Common Law, 326, 371.
- gerada pelo povo, 387 s.; *ver também* Escola Histórica do Direito.
- locais e direito islâmico, 440.
- modificação da constituição e –, 377 s.
- pré-islâmica, ou adat (Indonésia), 352, 440 n.
- reunidas em volume, 370 s., 374.
- russas, 191 s.
- seu elemento subjetivo, 319, 333, 374, 385.
- seus requisitos objetivos, 319, 333, 377, 383 s.
- sua definição, 319.
- sua gênese, 318 s.
- superação da – com a imprensa, 15.
- transcurada pelo positivismo jurídico, 318, 367.
- tribais afegãs, 456 s.

Ver também Common Law; Direito primitivo.

County Courts (Grã-Bretanha), 337.

Court:
- of Appeal (Grã-Bretanha), 332, 337.
- of Chancery (Grã-Bretanha), 328, 341.
- of Common Pleas (Grã-Bretanha), 328, 332.
- of Criminal Appeal (Grã-Bretanha), 332, 337.
- of Exchequer (Grã-Bretanha), 328, 332.

– of King's (ou Queen's) Bench (Grã-Bretanha), 328, 332.
– of Staple (Grã-Bretanha), 328.
Coutumes du Beauvoisis, 371.
cozinha, manual de –, e regras, XLIX; *ver também* Regra jurídica.
Creta, 14.
"criança adormecida", 416; *ver também* Direito islâmico, matrimônio.
Criança, Convenção sobre os direitos da – (ONU), 454.
crime(s):
 – causas do, 113 s.
 – e desvio, 104.
 – e pecado, 103, 115, 372 s.
 Ver também Cura e pena; Direito penal; Sanção.
Criminal Appeal Act (Grã-Bretanha), 332.
criminalística, origem da disciplina, 121.
criminologia, 110-4, 119.
criminoso(s):
 – e sua tipologia, 108 s.
 – segundo Lombroso, 110 s.
cristianização:
 – da Grã-Bretanha, 324.
 – da Rússia, 155-7.
 – dos índios sul-americanos, 237-42.
 – e direito primitivo africano, 353.
 Ver também Conversão; Evangelização.
cruzadas, 45.
Cuba, 182, 202, 284:
 – capitania de –, 260.
– e crise dos mísseis entre Estados Unidos e URSS, 182.
– e guerra de – entre Estados Unidos e Espanha, 283.
– intendência de, 262.
culto da personalidade e stalinismo (URSS), 181.
cultura:
 – e costume, 322.
 – e desvio, 102 s., 107, 127.
 – e identidade nacional, 159.
 – européia e ascendências extra-européias, XLVI.
 – grega:
  – e direito romano, 35.
  – e direito russo, 159 s.
  – e Renascimento, 45.
 – sua definição, 322.
culturalismo, XXII.
cura e pena, 121 s., 124 s.
curia regis (Grã-Bretanha), 325, 328.
custo dos direitos subjetivos, 98.
cy près, doutrina do – (Grã-Bretanha), 342; *ver também* Trust.

D

Da cin lü lì (ou Ta tsing lu li, código chinês), 512.
Damão, colônia portuguesa na Índia, 487.
Damasco (Síria), *223*, 408; *ver também* Síria.
Danúbio, rio, 32
Darmasūtra, para obter méritos morais (Índia), 472.
darwinismo, XXII.
De iure belli, 136; *ver também* Direito internacional.
De iure belli ac pacis, 136; *ver também* Direito internacional.

De legationibus, 136; *ver também* Direito internacional.
De re militari et de bello, 136; *ver também* Direito internacional.
débito(s):
– como causa de escravidão, 428:
– e proteção islâmica do devedor, 428; *ver também* Juros e sua proibição.
– no direito primitivo, 356, 359.
Declaração dos direitos do homem, 84:
– como limite da revolução burguesa, 80 s.
– e direito penal, 101.
– e prisão, 118.
Ver também Iluminismo; Revolução Francesa.
declaratory precedent (Grã-Bretanha), 336.
Decreto de Graciano, 52 e n.; *ver também* Direito canônico.
decretos pontifícios, 53; *ver também* Direito canônico.
dedução e Jurisprudence, 549; *ver também* Indução (procedimento lógico).
deed (Grã-Bretanha), *ver* Direitos reais no Common Law.
defesa social, 119; *ver também* Desvio.
delinqüente nato, 110; *ver também* Desvio.
delito(s):
– civis e penais no direito primitivo, 356 s.
– de opinião, 124.
– e contravenções, 129 s.
– elemento subjetivo e objetivo do, 357 s., 434, 436.
– e repressão em clãs diferentes, 360.
– e sua descriminalização, 131.
– no direito islâmico:
– contra Alá e o Estado (*hudud*), 432, 433.
– delitos de sangue (*qisas*), 432, 434.
– determinados por cada Estado (*tazir*), 435, 437.
– e penitência, arrependimento, perdão como sanção (Islã), 432 s., 434.
– político e *behavior modification*, 127.
– raciais, 130.
democracia:
– difícil na América do Sul, 271, 293 s.
– e colônias norte-americanas, 247.
– e comunismo na China, 521-3.
– e direitos sul-americanos, XXXIX.
– na Índia independente, 488.
democracias populares:
– antes de 1989-1990:
– como modelo para a China comunista, 518 s.
– e direito de modelo soviético, 152, 182.
– e modelos jurídicos ocidentais, 193.
– e sobrevivência dos códigos pré-soviéticos, 180 s., 190 s., 380.
– heterogeneidade das –, 179 s.

- retroagem sobre o modelo soviético, 184-7, 195.
- depois de 1989-1990:
  - e fontes subsidiárias pré-comunistas, 195.
  - e influência do Common Law, 197 s.
  - e integração na Europa Ocidental, 197.
  - e modelos fornecidos por organismos supranacionais, 197 s.

deportação, pena de, 117; *ver também* Banimento.

depósito de bens, 471; *ver também* Tesouro.

descentralização e teoria da soberania, 557.

descoberta da América, 161:
- e "justo título" da sua colonização, 229-36, 255.

Ver também Bulas pontifícias; Colônias sul-americanas; Espanha.

descobertas geográficas e inovações jurídicas, 61 s.

descolonização, LI, 17:
- da Índia, 486-8.
- do Brasil como caso único, 285 s.
- e bancos islâmicos, 450 s.
- e Estados não-alinhados, 180.
- e modelos jurídicos soviéticos, 200 s.

descriminalização dos delitos, 130.

descriminantes animistas no direito primitivo, 357.

deserção como delito tazir (Islã), 437.

Deshima, ilha (Japão), 498.

desobediência ao marido como delito tazir (Islã), 435, 437.

desuso, 379 s.

desvio:
- e *behavior modification*, 127.
- e contexto social, 108.
- e crime, 104.
- e criminalidade, 108.
- e determinismo biológico, 110 s.
- e doença, 122.
- e frustração, 113.
- e pecado, 117, 372 s.
- e prevenção, 121-9.
- e psicologia e psicanálise, 114 s., 124 s.
- e resistência passiva, 106.
- e sanção, 102 s.
- e sistema de valores, 103 s., 107.
- e sociedades primitivas, 103.
- e tipologia dos desviantes, 105 s., *109*.
- e valores não-absolutos, 103 s.

Ver também Cura e pena; Direito penal; Sanção.

detenção, *ver* Prisão.

determinismo biológico e desvio, 110 s.

detrusio in monasterium, 117; *ver também* Valor(es), expiatório.

dharma, definição de (Índia), 320, 471, 475.

Dharmaśātra (Índia), 473 s.

"diarquia" e Government of Índia Act, 484 s.

dien (China), *ver* Anticrese.

Digesto, 37 s., 56, 227, 476 n:
- e comentários oficiais bizantinos, 43 s.; *ver também*

Écloga Isáurica; Epanagóge; Próchiron.
– e Irnério, 52.
– e proibição de comentários, 43.
Ver também Comentadores; Compilação justiniana; Direito romano; Glosadores.
Digests (Grã-Bretanha), 339.
Dinamarca, 489.
dinastia manchu (China), 510 s.
dinheiro e direito islâmico, 421-5; *ver também* Capital.
direito(s):
– aeronáutico e código da navegação (Itália), 64.
– aplicação pessoal do –, 369 s., 427 s., 448.
– arcaico, *ver* Direito primitivo.
– como obstáculo aos comércios, 370.
– comparado, XXI s.
– cosmopolita, XXIX.
– divisões do – por matéria:
– agrário, 64.
– canônico, 52, 99 s., 117, 158-61, 328, 535 s.
– comercial, 55, 58-61, 412.
– comparado (como comparação sincrônica), L, 543-6.
– do trabalho, 90.
– eclesiástico, XLVIII; *ver também* Direito eclesiástico; *ver também no Índice de nomes*: Wigmore, J. H.
– feudal, 73, 329 s., 343 s., 369-72.
– formal e substancial, 131.
– marítimo, XLVIII, 328, 535 s.; *ver também no Índice de nomes*: Wigmore, J. H.
– militar, 139.
– objetivo e subjetivo, 8, 93, 552.
– divisões geográficas do –:
– abissínio, 46-9.
– anglo-americano, *ver* Common Law.
– anglo-saxônico, XLVI-XLVIII; *ver também* Common Law; *ver também no Índice de nomes*: Wigmore, J. H.
– bizantino, 43-5.
– celta, XLVIII, 535 s.; *ver também no Índice de nomes*: Wigmore, J. H.
– egípcio antigo, XLVIII, 353 s.; *ver também no Índice de nomes*: Wigmore, J. H.
– eslavo, XLVIII, 533-5; *ver também no Índice de nomes*: Wigmore, J. H.
– germânico, 37, 218 s., 353-5, 550; *ver também* Direito espanhol e direito germânico.
– grego, XLVIII, 367, 535; *ver também no Índice de nomes*: Wigmore, J. H.
– hebraico, XLVIII, L, 410, 535 s.; *ver também no Índice de nomes*: Wigmore, J. H.
– lombardo e comparação, 61, 544.
– mesopotâmico, XLVIII, 535 s.; *ver também no Índice de nomes*: Wigmore, J. H.
– muçulmano, XLVIII, 536; *ver também* Direito islâmico; *ver também no Índice de nomes*: Wigmore, J. H.

- norte-americano, *ver* Common Law.
- otomano, 45, 441 s.
- romanístico, XLVIII, 533 s.; *ver também* Civil Law; Direito europeu continental; *ver também no Índice de nomes*: Wigmore, J. H.
- romano-holandês, 302 s.
- sul-africano, 304 s.
- sul-americano, XLVII, L, LV, 55; *ver também* Colônias sul-americanas; Ibérica, península; Portugal; Espanha.
- doutrina pura do –, 551 s.; *ver também no Índice de nomes*: Kelsen, Hans.
- e clima, 19.
- e definição de costume, 382 s., 552.
- e desvio, 104 s.
- e economia, 3 s., 185, 317, 321, 362, 510, 518 s., 546.
- e ensino do –:
  - medieval, 50.
  - tradicional, XLI s.
- e escrita, XLIX, 14 s., 74, 317, 323, 346, 370 s., 475, 489, 502.
- e ética confuciana, 501, 504.
- e imprensa, 15.
- e informática, 15 s., 121-9.
- e língua, XLIX, 41 s., 47 s., 328, 400, 511.
- e moral, 104, 548, 553 s.
- e planejamento econômico, 176, 179, 186 s., 522 s.
- e progresso científico, 12-6.
- e religião, 87, 478, 481, 489 s.
- e sacralidade, 15.
- e sua complexidade estrutural, 346-50.
- e tabu, 19, 362.
- e teologia, 407, 470, 548.
- filosofia do direito e grandes sistemas filosóficos, XLVII, 547, 549.
- função e estrutura do –, 560 s.
- história do – como comparação diacrônica, L, 543 s., 546 s., 561.
- imperatividade na definição de –, 554.
- início do – moderno, 7 s.
- noção de, XVIII.
- política do –, 5, 561.
- positivo, XLI-XLV, 3-5, 318, 382, 472, 543, 545, 553, 558:
  - e filosofia do direito, XLI s., 5, 548, 560 s.
  - e vyavahāra (Índia), 471 s.
- primeira definição de –, 3-8.
- primitivo, XLVII, XLIX, LIII, 320 s.
- processual, unido ao penal (origens), 100.
- semítico, XXXI.
- socialista, *ver* Direito chinês; Direito soviético; Democracias populares.
- sociologia do –, 350 s., 562.
- supranacional e limitação da soberania, 65 s, 90, 557.
- teoria:
  - da imperatividade do –, 554 s.
  - sancionatória do –, 113.
- tributário e redistribuição dos bens, 95 s.

– vigente e vivo, 6 n., 511 s., 560 s.
– visigótico e *pubblica utilitas*, 369.
direito administrativo:
– e burocracia, 94 s.
– e capitalismo monopolista, 95.
– e direito constitucional, 74, 95.
– e direito constitucional da Grã-Bretanha, 75, 93 s., 340.
– e direito tributário, 74, 95.
– gênese do, 74, 92 s.
direito ariano, XXXI.
direito bramânico:
– e agravantes, 470, 476.
– e direito islâmico, 431, 476 s.
– e direito público e privado, 474.
– e filosofia do direito, 548.
– e influência inglesa, 475 s.
– e interpretação, 477.
– e procedimentos indo-islâmicos, 479.
– e sua anglicização, 479.
– e supressão do cádi, 483.
– fontes do –, 472-5, 478:
– seu paralelismo com as fontes do direito islâmico, 478.
Ver também Direito indiano.
direito canônico, XXXI, 99 s., 346:
– e costume, 370, 372 s.
– e direito inglês, 324.
– e direito russo, 158-61.
– e direito soviético, 185.
– e suas três divisões, 52 n.
– e teoria da soberania, 556.
– e tesouro, 470-1.

– origens do –, 52; *ver também* Decretos pontifícios; Decreto de Graciano.
Ver também Direito eclesiástico.
direito chinês, XLVIII, 533 s.:
– e Common Law, 514.
– e comunas, 519 s.
– e comunismo, 512, 516 s.
– e dificuldades para o jurista ocidental, 511.
– e dualismo cidade-campo, 512, 515 s.
– e legitimidade do imperador, 501.
– e mediação cultural japonesa, 500, 512-5.
– e modelo soviético, 200, 347, 517, 521.
– e moral confuciana, 501, 504.
– e propriedade privada, 518 s., 522 s.
– e reforma símil-capitalista, 512, 522; *ver também* Terceira via e comunismo.
– e reformas civilistas, 513.
– e sentenças, 513.
– e universalismo, 501.
– "lì" e "fǎ", 320, 501.
– "lü" (normas fundamentais chinesas), 512.
– sua periodização, 511-23.
Ver também no Índice de nomes: Wigmore, J. H.
direito civil:
– e expansão da manufatura, 60.
– e família burguesa, 59.
– e Revolução Francesa, 58-60.
– e sua unificação com o direito comercial, 63 s.

– e usos comerciais, 60 s., 374.
– indo-muçulmano, 478 s., 490 s.
– japonês, 507 s.
direito comercial:
– e teoria da soberania, 556.
– inglês, 328.
– islâmico, 412, 421-5, 448-51.
– japonês, 508.
direito constitucional:
– e costume, 376-8.
– e direito administrativo, 74:
– na Grã-Bretanha, 340.
– e direito penal, 101.
– e interpretação, 84, 87 s.
– e modificação constitucional, 86-9, 374.
– e procedimentos legislativos, 135.
– inglês, 74 s., 82 s., 340;
– norte-americano (EUA), 83 s., 377.
– primeiras origens do, 74.
– seus elementos indispensáveis, 84 s.
direito consuetudinário, *ver* Costume;
– francês, *ver* Costume(s) e *droit coutumier* (França).
direito da economia:
– das democracias populares à URSS, 184-7.
– na China comunista, 518 s., 522 s.
– no direito islâmico, 405, 413, 420 s.
direito de família, 60, 438, 440, 481:
– das democracias populares à URSS, 184-5.
– e modernização:
– chinesa, 516.
– japonesa, 508.
– turca, 442.
– islâmico, 405, 413.
– soviético, 174, 184-5, 457, 516.
Ver também Família; Matrimônio.
direito eclesiástico, 96 s.; *ver também* Direito canônico.
direito espanhol:
– e bulas pontifícias, 228, 231-7, 255 s.:
– chamadas "Bulas Alexandrinas", 232 e n., 256; *ver também no Índice de nomes*: Alexandre VI.
– e controvérsias sobre direitos concedidos, 235.
– e obrigação de cristianização das Índias, 214, 237-42, 265.
– e direito canônico, 225.
– e direito germânico:
– Lex Romana Visigothorum, 219, 369.
– *Liber iudicum*, 219 s.
– e "direito indiano":
– e Leyes de Burgos mais abertas em relação aos índios, 257 s.
– e Leyes Nuevas contra a encomienda, 257.
– e liberdade do debate sobre os índios, 257.
– e reorganização no século XVIII, 261.
– fontes do –, 252-4.
– modelado segundo o direito romano-canônico, 252.

ÍNDICE ANALÍTICO   609

– peninsular e crioulo, 255, 259:
– semelhança com o Brasil, 268.
– sua consolidação (*recopilación*), 260 s.
– suas quatro fases, 255-62.
– e direito islâmico, 220.
– e direito romano, 217-20, 369.
– como direito comum, 226.
– e direitos pessoais, 224 s.
– e disputa sobre a escravidão dos índios, 240 s.
– e influências germânicas, 40, 218-20.
– e Leyes de Toro, 228, 253 n., 259.
– e *Libro de las Bulas y Pragmáticas*, 228.
– e Nueva Recopilación de las Leyes de Castilla, 228 s., 253 n., 260.
– e Ordenamiento de Montalvo, 228.
– e pluralismo jurídico, 224-6, 252, 255, 350, 412; *ver também* Estratificação.
– e "recopilaciones" em Castela, 226-9.
– e "requerimiento" dos índios em vez da escravidão, 239 s.
– e Siete Partidas, 227 s., 253 n., 255, 260.
– na América do Sul, 227:
  – e abolição da escravidão, 246.
  – e extensão automática das normas espanholas, 252 s.
  – e Leyes de Toro, 228, 253 n., 259.

– e modelos jurídicos norte-americanos, 254.
– e "recopilaciones" das leis das Índias, 251, 260.
– organização político-administrativa das Índias, 247-52.
– sua unificação, *223*.
direito europeu continental:
– e costume, 366 s.
– e direito africano, 363.
– e direito otomano, 441.
– e sua difusão, 301-4.
– e sua proeminência para o leitor, XLVII s., 545 s.
Ver também Civil Law; Codificação; Colônias sul-americanas.
direito feudal, 73, 329 s., 343, 369-72.
direito financeiro, 95 s.; *ver também* Direito tributário:
– e direito administrativo, 74, 95 s.
– e unificação dos ministérios de natureza financeira, 95.
Ver também Direito tributário.
direito germânico, XLVIII, 14, 326, 414; *ver também no Índice de nomes*: Wigmore, J. H:
– como direito nacional contraposto ao direito romano, 42.
– como *pactum* da comunidade, 41.
– e Common Law, 323 s.
– e relação de sangue, 39.
– e sua influência no direito:
  – ibérico, 220.
  – russo, 155-7.
– mistura com o direito romano, 41, 51, 327.

- orientais e ocidentais, 40.
- polêmica entre germanistas e romanistas (Espanha), 41 s., 220 s.
- traços comuns do –, 38.
Ver também Direito espanhol; Pandectistas; *Usus modernus pandectarum*.
direito hebraico, em Bevilaqua, XXXI.
direito indiano (ou seja, da Índia), XLVI-XLVIII, 469-92, 533 s.; *ver também no Índice de nomes*: Wigmore, J. H.
- arcaico e elementos jurídicos irredutíveis, XLVIII; *ver também no Índice de nomes*: Mazzarella, Giuseppe.
- e comissões para a codificação, 490 s.
- e costume, 323, 475.
- e direito:
  - anglo-muçulmano, 452, 454, 480 s., 483 s.
  - inglês, XLVII, 344, 437, 471.
  - islâmico, XLVII, 470, 477-9.
- e Indian Act de 1858, 481.
Ver também Direito bramânico.
direito indiano (ou seja, das Índias), *ver* Direito espanhol, e "direito indiano".
direito inglês:
- e direito indiano, XLVI, 345, 437, 471.
- e direito lombardo, 324.
- e laços com as escolas italianas, 324.
- e língua francesa, 328.
- e seu enrijecimento, 329 s.
- e tribunais originários, 328.
- na África do Sul, 303.
- suas fontes, 333-9.
Ver também Common Law; Precedente judiciário.
direito internacional, 405:
- bélico, 139.
- como direito primitivo, 135 s.
- e arbitragem, 137.
- e costume, 376.
- e jusnaturalismo, 136, 376.
- e livre circulação como legitimidade da Conquista, 258; *ver também no Índice de nomes*: Vitoria, Francisco de.
- e monarquia absoluta, 136.
- e solidariedade sul-americana (Andrés Bello), 296.
- e teoria da sanção, 557 s.
- e teoria da soberania, 556.
- privado e público, XXIV, 137, 328.
- público, falência do, XXXV.
Ver também no Índice de nomes: Vitoria, Francisco de.
direito islâmico, LV:
- abolição do –, 441-5, 457.
- e atipicidade dos direitos reais, 419.
- e casuística, 412, 416, 484.
- e codificação turca, 442.
- e comenda, 423 s.
- e costume, 323, 406, 409, 424.
  - local (Indonésia), 440.
  - ré-islâmico, ou adat (Indonésia), 352, 440 n.
- e delitos, 405; *ver também* Direito penal, islâmico.
- e dinheiro, 421, 424.
- e direito:
  - bizantino, 45, 408, 429.
  - colonial, 437.

- indiano, XLVI; *ver também* Direito indiano, e direito anglo-muçulmano.
- holandês (Indonésia), 352, 440 n.
- público, 20, 405.
- soviético, 153, 175 s., 185, 457 s.
- e documentos de Geniza (Cairo), 412, 422, 425.
- e dote marital, 409, 415 s.
- e escravidão, 428.
- e estratificações sobre o –, 214 s.
- e ficções jurídicas, 404, 411, 420, 424 s.
- e filiação somente legítima, 416.
- e filosofia do direito, 548.
- e herança, 407, 413, 416, 420, 424, *434*, 438, 478 s., 481, 491 s., 516.
- e impostos fundiários, 419, 428 s.
- e influência dos direitos europeus, 303, 421, 428, 430, 434, 455.
- e matriarcado, 411.
- e matrimônio, 413-7.
- e monasticismo ocidental, 411.
- e obrigação ao matrimônio, 414.
- e obrigações, 420.
- e procedimentos informais, 131, 411, 421, 429 s.
- e proibição de lucros aleatórios, 418, 420 s.
- e propriedade, 418-21, 428.
- e registro de estado civil, 415, 441, 445.
- e religião, XLIX, 32, 488-92.
- e repúdio de uma esposa, 413 s.
- e responsabilidade, 436.
- e seu enrijecimento, 411 s.
- e seu uso político, 399, 406, 417, 427, 435, 445 s., 455.
- e sociedade de capitais, 421, 423 s.
- e sua estratificação sobre o direito indiano, 431.
- e sua funcionalidade, 411.
- e sua revivescência (revivalismo), 17, 399, 417 s., 441, 444, 454.
- e suas fontes, 402, 404-10.
- e teologia, 407.
- e teoria:
  - da sanção, 138 s., 557 s.
  - da soberania, 556 s.
- e unificação pan-árabe, 446.
- europeizado, 441, 444 s., 457 s.
- guerra (*harb*) e guerra santa (*jihad*), 426-8.
- na península ibérica, 220, 301, 412, 427.
- ou muçulmano, em Bevilaqua, XXXI.
- paralelo das suas fontes com o direito bramânico, 478.
- rigidez e flexibilidade do, 400 s., 412 s., 426.
- sagrado, 399-405, 409, 413.

Ver também Fikh; Sharia.

direito japonês, XLVIII s., 533:
- e Código Napoleônico, 506.
- e Common Law, 510.
- e costume, 503.
- e crueldade das penas, 502.
- e fascismo, 503, 509.

– e legitimidade do imperador, 501.
– e modelo:
  – chinês, 502 s., 507; *ver também* Moral confuciana.
  – ocidental, 505 s.
– e nacionalismo, 501.
– e reforma penal, 507.
– e revisão dos tratados iníquos, 506.
– e teoria da soberania, 556.
– e traduções de obras ocidentais, 505.
– sua periodização, 507-10.
Ver também Japão; *ver também no Índice de nomes*: Wigmore, J. H.
direito lombardo, 324; *ver também* Direito germânico.
direito natural, 92 n.:
  – e *ius voluntarium* (direito internacional), 376.
  – e liberdade dos índios, 240, 256 s.
  – e Revolução Francesa, 80 s., 92 n.
Ver também Jusnaturalismo; Valor.
direito penal:
  – bramânico, 470.
  – chinês, 512-5.
  – e abolição da proibição de analogia (URSS), 175.
  – e costume, 375.
  – e direito constitucional, 101.
  – e Glosadores, 100.
  – e imputabilidade, 108.
  – e legislação bárbara, 100.
  – e pluralismo de ordenamentos, 97, 478.
  – e processual (origens), 100.

– indo-muçulmano, 478, 490.
– islâmico, 413, 431-7, 478:
  – e capacidade de testemunhar, 428, 489.
  – e discricionariedade do juiz, 434 s., 454 s.
  – e relações sexuais ilícitas, 452-5.
  – e três categorias de delitos, 431.
– romano, 33.
– japonês, 502, 507-10.
Ver também Instituições políticas, como elementos jurídicos irredutíveis; *ver também no Índice de nomes*: Mazzarella, Giuseppe.
direito português:
  – e consolidação do direito brasileiro, 269-70.
  – e influências germânicas, 40.
  – e normas dos governos-gerais (Maranhão, Brasil), 268.
  – e Ordenações:
    – Afonsinas (Portugal), 227.
    – Filipinas (Espanha e Portugal), 254, 266, 298.
    – Manuelinas (Portugal), 227, 264.
  – na América do Sul, 227.
Ver também Brasil; Portugal.
direito positivo:
  – e comparação jurídica, 543 s., 561.
  – e costume, 318, 322, 367.
  – e história do direito, 546 s., 561.
  – primeira definição de –, 6.
  – vigente, primeira definição de –, 6-8.

direito(s) primitivo(s):
- africano, 115:
  - e direito europeu, 357.
  - e interrupção na sua evolução, 353.
  - e magia, 115 s., 354.
  - e organização social, 356.
  - e participação popular, 354.
  - e prescrição dos direitos reais, 355.
  - e propriedade fundiária, 355 s.
  - e responsabilidade de grupo, 356, 359.
  - e sociedades secretas, 353.
- como direito somente penal, ou somente civil, 356-9.
- direito internacional como –, 135.
- e administração colonial, 49, 355, 357.
- e arbitragem *sui generis*, 361.
- e banimento, 358.
- e cessão de bens móveis, 359.
- e Common Law, 357.
- e costume predominante sobre a lei, 378.
- e contrato, 60, 358.
- e direito islâmico, 444.
- e escravidão, 356, 359.
- e *fence-in*, 358 e n.
- e procedimento, 354:
  - informal, 131, 361.
- e repressão dos delitos, 354.
- e responsabilidade, 117, 356, 359 s.:
  - extracontratual, 329, 340, 358.
- e seu estudo, 351.

direito privado, XXVI:
- comparado, XXIII.
- e direito dos indivíduos, 21.
- e direito público, 20.
Ver também Direito civil; Direito comercial.
direito público:
- dos Estados Unidos como modelo, 254, 278, 344.
- e direito privado, 20, 339:
  - no direito bramânico, 474.
  - no Japão xogunal, 502.
  - nas sociedades primitivas, 358.
- islâmico, 413:
  - e guerra santa, 426:
  - e relações tribais (Afeganistão), 448, 455-8.
- suas origens, 73 s.
direito(s) real(is):
- e reforma dos *trusts* (Grã-Bretanha), 341, 344.
- na China, 516 e n.
- no Common Law, 343 s.:
  - e juízo de Deus (Grã-Bretanha), 115-6, 343.
  - e no direito islâmico, 419.
  - e sua transmissão (Grã-Bretanha), 343.
- no direito consuetudinário africano, 356.
direito romano, XIX, XLVIII, 31-8, *346*, 535 s.:
- *actio* e *writ* de Common Law, 329.
- adaptação do – à Revolução Industrial, 7.
- clássico, 31, 33, 218:
  - e sua dissolução no direito bizantino, 43 s.
  - no território germânico, 41, 387.

- como fonte de Teixeira de Freitas (Brasil), 297 s.
- como *ratio scripta*, 54.
- contraposto ao direito germânico, 41 s.
- do – ao direito romano-helênico, 32 ss.
- e costumes bárbaros, 369-72.
- e direito:
  - abissínio, 46 s.
  - bárbaro, 218-20, 369 s.
  - canônico, 99.
  - consuetudinário germânico, 369-72.
  - islâmico, 400, 478.
- e enciclopédia jurídica, 553, 561.
- e escravidão no direito primitivo, 359.
- e expansão islâmica, 449.
- e harmonia com a natureza, 32 s.
- e migrações bárbaras, 369.
- e polêmica entre germanistas e romanistas (Alemanha), 41 s., 220 s.
- e sistematização, 34, 549; *ver também* Pandectistas; Sistema; *Usus modernus pandectarum*.
- e sua aplicação pessoal, 369, 448.
- e sua concreção (empiricidade), 33 s.
- e suas duas divisões, 31 s.
- e teologia cristã, 50.
- e tesouro, 470-1; *ver também* Depósito de bens.
- herança bizantina em Moscou e na Itália, 45 s.
- mistura com o direito germânico, 41, 323.
- na Idade Média, 51-5.
- não adotado na Grã-Bretanha, 40, 323, 328.
- polêmica iluminista contra o direito romano, 7.
- sua adoção:
  - na Escócia, 324, 329.
  - na Europa, 55 s.

Ver também Compilação justiniana; *ver também no Índice de nomes*: Wigmore, J. H.

direito romano-bizantino e direito russo, 154, 156 s.

direito romano-germânico; *ver* Direito romano, mistura com o direito germânico.

direito romano-holandês:
- no Estado de Pernambuco (Brasil), 268.
- sua difusão no mundo, 303.

direito russo, LV, 47:
- depois de 1991:
  - e atraso do direito da economia, 192.
  - e dificuldade nas privatizações, 197 s.
  - e economia de mercado, 190 s.
  - e influência do Common Law, 194, 197.
  - e Islã, 198.
  - e pluripartidarismo, 190.
  - e "terceira via", 202 s.
  - vazio legislativo, 174, 379.

Ver também Democracias populares; Direito soviético.

- antes de 1917:
  - circulação doutrinária sem assimilação, 167, 170.

– e autocracia tsarista, 152, 156, 161 s., 166, 168.
– e codificação sem sucesso, 164-8.
– e conversão ao cristianismo, 155-7.
– e dominação mongol, 156, 159-61.
– e monarquia constitucional, 156, 166, 168.
– e principados independentes, 155, 157 s.
– e reforma administrativa (Senado), 164.
– e sua periodização, 156.
Ver também Autocracia; Direito soviético; Rússia; *ver também no Índice de nomes*: Romanov, dinastia.
direitos:
– civis, 127, 175, 458.
– e globalização, 65 s.
– humanos:
 – e Islã, 201, 452.
 – e seus precursores nas colônias sul-americanas, 257 s.
 – na China, 521 s.
– sociais, 81.
Ver também Declaração dos Direitos do Homem; Democracia.
direito soviético:
– como direito "imperial", 151 s., 200 s., 456 s.
– como direito novo, 151.
– como modelo fora da URSS, 199-203, 517.
– dificuldade de conversão ao direito capitalista, 155.
– e abertura ao mercado (perestróica), 186.
– e abolição da proibição de analogia, 175.
– e atraso russo, 157, 168, 170, 183.
– e código:
 – civil, 175.
 – do trabalho, 153, 174.
– e ditadura do proletariado, 173, 177, 199; *ver também* Constituições chinesas.
– e governos locais comunistas ocidentais, 202.
– e industrialização forçada, 176, 183, 200.
– e Islã, 176 s., 179, 198, 439, 456 s.
– elementos tradicionais russos no –, 170-2.
– e normas gerais e abstratas, 152.
– e Nova Política Econômica (NPE), 174-6.
– e novas relações de produção, 153 s.
– e partido único, 152, 173, 190, 346; *ver também* Partido Comunista.
– e planejamento centralizado, 176, 179, 186, 190.
– e revogação das normas tsaristas, 173 s., 191.
– e sua sobrevivência parcial na CEI, 198.
– e teoria da abolição do direito, 151, 173 s., 177, 181, 194 s., 346.
– fim do –, 187:
 – e dissolução do Comecon e do Pacto de Varsóvia, 197.
– influenciado por modelos das democracias populares, 183-7, 196 s.

– surgimento da URSS, 175 s.
Ver também Democracias populares; Direito russo; Plano(s), economia de.
direito tributário, *ver* Receita pública.
discricionariedade do juiz:
– chinês, 501.
– islâmico, 434 s., 454 s.
Ver também Juiz; Rigidez e flexibilidade; Tribunal.
Disposições sobre a lei em geral (código civil italiano), 373 s.; *ver também* Princípios gerais.
ditadura(s), 177:
– do "Estado Novo" no Brasil, 292.
– do proletariado, 173, 177, 520 s.; *ver também* China; Comunismo; Direito chinês; Direito soviético; Rússia.
– européias, 292; *ver também* Fascismo; Franquismo; Nacional-socialismo; Salazarismo.
– militares sul-americanas, 292; *ver também* Autocracia; Autoritarismo; Caudilhismo; Integralismo.
Diu, colônia portuguesa na Índia, 487.
divisão dos poderes, 76, 100, *346*:
– e costume conforme a lei, 376 s., 381.
– e fim do costume superior à lei, 379 s.
– e objetividade da sentença, 132 s.
– e sistema judiciário inglês, 332 s.
– não rigorosamente respeitada, 90 s.
– nas regiões italianas, 91.
– no Soviet Supremo, 90.
– nos Estados Unidos e na Grã-Bretanha, 90, 332 s., 344.
Divisional Court (Grã-Bretanha), 337.
divórcio:
– na Índia independente, 488.
– na URSS, 177.
– no direito abissínio, 48.
– no direito islâmico, 415, 457; *ver também* Direito islâmico, e matrimônio; Repúdio.
Ver também Direito de família; Família; Mulher.
Dnieper (rio, Rússia), 155.
Dniester (rio, Rússia), 155.
doação de Constantino, 56.
dogma da infalibilidade, 407; *ver também* Igreja Católica.
Dominicana, República, e tratado de paz e de amizade com a Espanha, 283.
dominium e *trust* (Grã-Bretanha), 340 s.
Don (rio, Rússia), 155.
Dos delitos e das penas, 101.
dote marital (direito islâmico), 414 s.
doutrina:
– da *translatio imperii, ver* Alemanha e adoção do direito romano.
– do Estado, 74.
– Monroe (EUA), 280.
Doutrina pura do direito, A, 551.
Doze (XII) Tábuas, 14, 31.
droit coutumier (França), *ver* Costume(s) e – .
Dubai Islamic Bank, 451.

E

Earl of Oxford Case (Grã-Bretanha), 331.
Écloga Isáurica, 43, 48, 158 s.; *ver também* Epanagóge; *Próchiron*.
École du milieu social, 110.
economia:
- de Estado e "State owned economy" (China), 522.
- de mercado e codificação civil, 59 s.
- de plano(s): 176, 179, 156 s., 523; *ver também* China; Democracias populares; Mercado; Terceira via e comunismo; União Soviética.
- e abertura do Japão, 65, 499, 504, 507.
- e analogias estruturais entre sociedades primitivas, 352.
- e ausência de progresso no Islã, 446.
- e codificação na Índia, 488 s.
- e comparação jurídica, 6-8, 352, 511 s.
- e costume, 317, 321, 389 s.
- e devolução da responsabilidade (*fence-in*), 358.
- e direito, XVII, XLIV, 6 s., 16 s., 546 s., 559 s.:
  - colonial, 365.
  - das democracias populares à URSS, 183-7.
- e direitos reais islâmicos, 418, 420 s.
- e Estado, 95; *ver também* Mercantilismo.
- e fascismo japonês, 509 s.
- e filosofia do direito, 547 e n.
- e flexibilidade do direito islâmico, 400 s., 412 s., 426.
- e fundações beneficentes islâmicas, 418-21.
- e modelos jurídicos supranacionais, 192 s.
- na China, 518 s.:
  - e desenvolvimento símil-capitalista, 512, 522; *ver também* Terceira via e comunismo.

édito do soberano (Índia), 474.
Edo, hoje Tóquio (Japão), 502.
educação, *ver* Aprendizagem.
eficácia e validade:
- do costume, 382.
- de um ordenamento, 497;
- no direito chinês moderno, 511 s.

Ver também Direito vigente e vivo.

Egiaz (Arábia), 400.
Egito, 45, 47, 116, 347, 439:
- e bancos islâmicos, 451.
- e campanhas napoleônicas, 285, 438.
- e Islã, 404, 411, 417, 429, 445.
- e ministério dos *waqf*, 420.
- emirado do –, 429.

Eixo Roma-Tóquio-Berlim, 503; *ver também* Fascismo.
Elba, rio, 504.
elegibilidade:
- ativa e passiva, 86.
- e renda, 81 s.
- e sufrágio universal, 94.

Ver também Voto.

elementos jurídicos:
- extraídos das sentenças (Jurisprudence), 551.

– indispensáveis em uma
  constituição, 84 s.
– irredutíveis, XLVII-XLVIII;
  *ver também no Índice de
  nomes*: Mazzarella,
  Giuseppe.
elites:
  – crioulas: uma crítica, 246, 293.
  – imperiais: uma comparação,
  246-7 e n.
emendas à constituição norte-
  americana, 79.
emigrantes europeus, *ver*
  Colonos europeus na
  América do Sul.
Emilia-Romagna, 202.
Emirado de Granada (Espanha),
  ver Granada, reino.
Emirados Árabes Unidos, 445.
empresas supranacionais e
  soberania nacional, 557.
enciclopédia jurídica, 553, 561.
"encomienda" (América do
  Sul), 257:
  – e abolição da – hereditária,
  257.
  – e liberdade formal do índio,
  240 s.
  Ver também América do Sul;
  Colônias sul-americanas;
  Ibérica, península; Portugal;
  Espanha.
*Encyclopaedia of the Social
  Sciences*, LII.
ensino medieval, 50 e n.
enunciadores do direito, *ver
  Gesetzessprecher*.
Epanagóge, 43; *ver também
  Próchiron*.
época (Japão):
  – Meiji, 504 s.
  – Taishō, 509.

Equador, 249:
  – arbitragem de Andrés Bello
  com os Estados Unidos, 296.
  – e ditadura militar, 294.
  – independente (nascido da
  Grande Colômbia), 282.
  Ver também Quito.
equity (Grã-Bretanha), 336:
  – e Court of Chancery, 328.
  – e proteção dos *trusts*, 341.
  – e sua origem, 330 s.
  Ver também Common Law.
escabinato (*laudamenta*)
  (recolhem os usos), 371.
escabinos, laudamenta dos –
  (reúnem os usos), 371.
Escandinávia, 55, 120.
Escócia, 304:
  – e decisões da House of
  Lords, 337.
  – e ordenamento misto de
  Common e Civil Law, 304,
  332, 345.
Escola:
  – de Bolonha, *ver*
  Comentadores; Glosadores.
  – de Cambridge (criminologia),
  112.
  – de Salamanca, 242.
  – do direito livre, 372, 387 s.,
  556; *ver também Judge made
  law*.
  – e codificação, 59, 388.
  – histórica do direito, 372, 387
  s., 549:
  – jurídica napolitana, 73.
  – medieval, *ver* Ensino
  medieval.
  – realista americana, 556.
Escolas ortodoxas islâmicas,
  409-12.

ÍNDICE ANALÍTICO

Escólios, comentários aos *Basiliká*, 44.
escravidão, 214, 428:
- e casta inferior, 356.
- e civilização das máquinas, 117.
- e imigrantes clandestinos, 380.
- e negros, 241 s., 266.
- e penas de detenção, 117.
- e Receita pública islâmica, 428 s.
- na América do Sul, 262:
  - e índios sul-americanos, 231, 240 s., 266-7, 270.
  - e "requerimiento" dos índios em lugar da escravidão, 239 s.
  - e sua abolição, 246.
- na antiguidade clássica e ausência de mestiços, 242.
- nas sociedades primitivas: dois tipos, 356, 360.
Ver também África; Evangelização.
escrita:
- e certificação do juízo islâmico, 431.
- e costume, 14, 317, 323, 382.
- e direito, 14 s., 74 s.:
  - africano, 323, 347, 352, 358.
  - da Índia, 431, 475 s., 489.
  - germânico, 38.
- e documentação comercial hebraica, 412, 422, 425; *ver também* Geniza.
- e fim do particularismo jurídico, 371.
- e normas consuetudinárias, 317.
- e prova:
  - no direito bramânico, 431.
  - no direito islâmico, 431, 489.
  - e tradição civilista chinesa, 511 s.
  - mediante intermediário, 358.
Ver também Imprensa.
Espanha, 216 s., 401:
- e adoção do direito romano (*Siete Partidas*), 55.
- e bartolismo, 54.
- e Conquista, *251, 402*:
  - como legitimação da – graças à liberdade de circulação, 258; *ver também* no *Índice de nomes*: Vitória, Francisco de.
  - e legitimação da – com as "Bulas Alexandrinas", 232 e n., 256.
- e Conselho das Índias, 235, 248, 253 n., 259:
- e Conselho de Regência, 276, 279.
- e fim do poder espanhol na América do Sul, 279-85:
  - derrota de Ayacucho (Peru), 282.
- e franquismo, 292.
- e importação da polêmica entre germanistas e romanistas (Alemanha), 41 s., 220 s.
- e imposição de modelos jurídicos, 192 s.
- e invasões:
  - germânicas, 40, 218 s.
  - islâmicas, *402*.
- e Nova –, vice-reino, 248, *251*, 260:
  - torna-se independente com o nome de México, 280.

- e ocupação napoleônica, 215 s., 229, 246 s., 262, 270, 271 s., 278, 285:
  - e incertezas sobre o governo legítimo, 277-85.
  - e inferioridade naval de Napoleão, 275, 277.
  - e insurreição de Madri, 272, 274.
  - e Junta Suprema Central, depois Conselho de Regência (Espanha), 278, 279.
  - e restauração dos Bourbons, 272, 278-85.
  - e origem dos separatismos atuais, 224.
  - e Portugal, 13 s., 221, 227, 301:
    - e mediação papal sobre a navegação atlântica, 231-4.
  - sua ascensão a grandes potências, 13 s., 301.
  - sua união pessoal, 252-4, 267.
  - e régio padroado indiano, 236.
  - e reis católicos, 161.
  - e revolução norte-americana, 78.
  - pureza de sangue (Espanha), 232, 244:
    - e mestiçagem nas colônias sul-americanas, 242 s.

  Ver também América do Sul, Colônias sul-americanas; Portugal.

Espéculo e *Spiegel* (Espanha), 227.

esposa, *ver* Direito islâmico, matrimônio; Mulher.

Estado(s):
  - ciência do – e fontes bramânicas, 474.
  - economia de – e "State owned economy" (China), 522.
  - economicamente hegemônico e comparação, 16 s., 544 s.; *ver também* Etnocentrismo.
  - e empresas multinacionais, 64 s.; *ver também* Globalização.
  - e Igreja, 96-100, 159 s.
  - indiano na América do Norte, 78.
  - moscovita, 156, 171.
  - nacional (formação do), 15, 41, 55 s.:
  - não-alinhados, 180.
  - pós-comunistas:
    - e organismos supranacionais, 66, 192 s.

"Estado Novo" (Brasil, Portugal), 291 s.; *ver também* Autoritarismo; Salazarismo; *ver também no Índice de nomes*: Vargas, Getúlio Dornelles.

Estados emergentes e costume, 323.

Estados Gerais (França), 82.

Estados Unidos da América, XLII, LII, 35, 80, 83, 102, 120 s., 126 e n., 138, 197 s., 201, 285, 294, 304, 377, 499:
  - arbitragem de Andrés Bello com o Equador, 296.
  - como modelo para a China nacionalista, 514.
  - e *behavior modification*, 126-7 e n.

– e Common Law inglês, 344.
– e constituição japonesa, 510.
– e crise cubana, 182.
– e doutrina Monroe, 280.
– e "Estado Novo" brasileiro na Segunda Guerra Mundial, 292.
– e *fence-in, fence-out*, 358 e n.
– e ferrovia transcontinental, 499.
– e guerra de Cuba contra a Espanha, 283.
– e modelos de colonização em conflito, 242 s.
– e reconhecimento da independência das ex-colônias espanholas, 280.
– e sua inatacabilidade militar (Tocqueville), 273, 282.
– suas ampliações territoriais, 249 n., *251*, 260.
Estados Unidos de Nova Granada (América do Sul), 282; *ver também* Granada.
Estados Unidos do Brasil, 291; *ver também* Brasil.
estampas japonesas e pintores impressionistas, XLVI.
Estate (Grã-Bretanha), *ver* Direitos reais no Common Law.
estatística judiciária e desvio, 112.
estatuto(s):
– das cidades medievais, 51.
– das regiões italianas, 91.
Estatuto Albertino, 87, 377.
estímulo e reação (behaviorismo), 125 s.
estratificação(ões), 346, 350 s., 449:

– de sistemas jurídicos, 214, 488:
– na península ibérica, 218, 224 s.
– do direito europeu sobre aquele africano, 363.
– no direito:
– afegão, 457.
– bramânico, 412, 477-9.
– indo-islâmico, 479-86.
Ver também Pluralismo; Adoção.
estrutura:
– e função do direito, 560 s.
– hierárquica do direito, 551.
estruturalismo jurídico, 561.
estupro, repressão islâmica do –, 453 s.
ética:
– confuciana, 501, 504.
– unida a direito e teologia (ensino medieval), 50.
Ver também Moral.
Ética a Nicômaco, 554.
Etiópia, 201; *ver também* Abissínia.
etnocentrismo, XLV s., LI, 16 s., 214, 243, 417 s., 444, 449, 545.
etnografia, *ver* Etnologia.
etnologia:
– do direito, XXIX.
– e direitos primitivos, 319 n., 351 s.
– jurídica, 545.
Ver também Antropologia.
Etrúria, reino napoleônico da –, 271.
EUA, *ver* Estados Unidos da América.
Eufrates, rio, 32.
Eurásia, *39*.

eurocentrismo, XVIII:
- e teorias jurídicas, 16 s., 216, 548.
- recusa do –, XLVI s.
evangelização da América do Sul, 214, 237-42, 265.
evolução do direito, em Bevilaqua, XXX.
evolucionismo, 348 s.
"evolution" e "trend" em antropologia, 349 s.
excomunhão e domínio ibérico sobre as Índias, 233 s.; *ver também* Guerra justa.
executive agreements (EUA), 88; *ver também* Tratado (direito internacional).
exegese do *Corpus* justiniano, 54; *ver também* Glosadores.
exílio:
- como pena, 106, 117, 365, *433*.
- dos soberanos ibéricos, 215, 246.
- de Pedro II (Brasil), 290.
- de Vélez Sársfield (Argentina), 298.
Ver também Banimento.
existencialismo, 447.
expansão colonial:
- da Rússia tsarista, 199, 437, 482.
- dos Estados Unidos, 284.
- européia, 437-41:
  - na África, 242, 363.
  - na Ásia menor, 45.
- ibérica, *ver* Colônias sul-americanas.
- inglesa, 344; *ver também* Colônias inglesas na América do Norte.
- italiana, 49, 443.

expansão islâmica, 449:
- e reinos africanos, 353 s.
expiação:
- do desvio, 119.
- e delito, 115, *434*.
- e valor do isolamento e clausura, 117.
explicatio verborum, *ver* Interpretação.
Exposição Internacional de Paris, XLVI.
extraterritorialidade, 507 s., 511 s.; *ver também* Tratados iníquos.
Extremadura (Espanha), 215.

F

fã, *ver* Direito chinês.
faida, *ver* Vingança.
Falkland/Malvinas, guerra das –, 283.
família:
- africana, 364:
  - e propriedade fundiária, 355 s.
- árabe ou islâmica:
  - de agnados ou cunhados, 440.
  - e co-propriedade, 418 s.
- direito de –, *ver* Direito de família.
- e posição da mulher (direito islâmico), 407, 413 s., 418 s., 491 s.
- e reforma:
  - civilística no Japão, 507 s.
  - jurídica chinesa, 515.
- germânica, 20, 38.
- indonésia, 440 s.
- matrilinear ou patrilinear, 440.

- patriarcal:
  - islâmica, 413.
  - na China, 501.
  Ver também Mulher; Matrimônio.
famílias jurídicas, grandes, XV; Ver também Grandes sistemas jurídicos.
Fang, etnia, 361.
fascismo, 195:
  - como "terceira via", 202 s.
  - e autoritarismo (Brasil), 292 s.
  - e corporativismo, 20 s.
  - e direito japonês, 503, 509 s.
  - e integralismo (Brasil), 292.
  Ver também Eixo Roma-Tóquio-Berlim; Corporação; Ditadura; Nacional-socialismo.
federalismo:
  - e Common Law (EUA), 345.
  - origens do espírito federalista no Brasil, 264, 290.
feixe do lictor, significado penal do, 116.
feminismo, 107; ver também Mulher; Família.
fence-in e *fence-out* (EUA), 358 e n.
ferrovia:
  - transcontinental norte-americana, 499.
  - transiberiana, 168-9, 499.
Fetha Nagast (direito abissínio), 48.
feudistae, 73; ver também Direito feudal.
ficção(ões):
  - e revogação do direito primitivo, 362.
  - no direito indo-islâmico, 479.
  - no direito islâmico, 404, 411, 416, 420, 424 s.
  - poder imperial japonês como –, 502.
  - processual no direito primitivo, 361.
  Ver também Direito islâmico.
fikh, estudo do direito islâmico, 402, 404, 408, 410, 413, 426, 441, 474; ver também Direito islâmico.
Filadélfia (EUA), 78-9.
filiação legítima, 416; ver também Direito islâmico, e matrimônio.
filibustering senatorial (EUA), 88 e n.
Filipinas, ilhas, 13, 301, 345:
  - cedidas pela Espanha aos Estados Unidos, 283-4.
filologia:
  - e adaptação da compilação justiniana, 36 s.; ver também Pandectistas; *Usus modernus pandectarum*.
  - e interpretação do Corão, 404 s.
filosofia:
  - clássica alemã, 34, 550.
  - e *auctoritas* de Aristóteles, 51, 54.
  - e racionalismo kantiano, 549;
  - hegeliana e história universal do direito, LI, 553.
  - marxista, 154.
  - neo-escolástica (ou segunda escolástica), 241, 254; ver também no *Índice de nomes*: Vitoria, Francisco de.
  - neokantiana, 550.
  - positivista e Islã, 446.
filosofia do direito, 559 s.
  - como disciplina eurocêntrica, XLVI, 548.

– e direito internacional, 136, 241.
– e direito positivo, 380, 548.
– e doutrinas econômicas, 547 n., 559.
– e Jurisprudence anglo-americana, 548-52.
– e prática do direito, 550.
– e realismo jurídico americano, 364.
– e teoria geral do direito, 549.
finalidade, teoria da – na definição de direito, 555.
finança e globalização, 65 s.
Finlândia, 168:
– golfo de –, 155.
flagelação, *ver* Fustigação.
flexibilidade:
– do Common Law, 329 s., 343.
– do direito, 3 s., 35, 469, 519.
– islâmico, 400 s., 412 s., 426.
Ver também Adaptabilidade e incerteza dos direitos; Certeza.
Flores (Indonésia), 440 n.
Flórida (EUA), *251*:
– capitania da –, 260.
– o Common Law cancela o direito espanhol, 304, 345.
fonte(s) do direito:
– e costume, 9, 367, 383 s.
– e lei, 9, 367.
– estrangeiras de Bevilaqua, XXV.
– e sentenças (direito romano), 33.
– e sua incerteza no direito russo, 167 s.
– no direito:
– comercial e civil, 61 s.

– inglês, 333-9.
– islâmico, 404-10.
forais portugueses e direito germânico, 40; *ver também* Direito português; Direito espanhol; *Fueros* espanhóis.
forma e conteúdo na definição de direito, 554.
formalismo jurídico, 382; *ver também* Positivismo jurídico:
– comunismo chinês adverso ao –, 519.
Formosa (China), 440.
fornicação:
– e quantificação do comportamento (direito canônico), 372 s.
– repressão islâmica da –, 453 s.
Ver também Direito penal, islâmico.
foro privilegiado, *ver* Tribunal privilegiado.
fossa occipital (Lombroso), 110; *ver também* Desvio.
França, 8, 53, 75, 82, 90, 97, 110, 118, 138, 193, 215, 225, 271, 482:
– adquire a Guiana de Portugal, 285.
– ambições universais de Napoleão, 271 s.
– contrária ao pan-arabismo, 446.
– e colônias na Índia, 487.
– e dupla tradição jurídica, 371 s.
– e França Antártica (Brasil), 266.
– e estabelecimento dos visigodos, 219.

– e guerra com Portugal, 285.
– e interesses comerciais nas colônias espanholas, 272.
– sua influência:
– no Japão, 505-6.
– na China, 515.
franciscanos, frades e voto de pobreza, 342.
Francos, 40.
Frankfurt, primeiro parlamento alemão, 42.
franquismo (Espanha), 292: *ver também* Ditadura.
fraternities ou irmandades nos cheyennes, 364.
freak como desviante, 106; *ver também* Desvio.
frustração e desvio, 113; *ver também* Desvio.
fueros espanhóis, 226:
– e direito germânico, 40.
Ver também Direito português; Direito espanhol; Forais portugueses.
funcionalismo jurídico, 560.
fundação(ões) beneficente(s):
– afim ao *trust* (Grã-Bretanha), 341 s.
– e herança das filhas, 420.
– e ficções jurídicas, 424.
– e receita pública, 420.
– e modernização islâmica, 418, 421, 438, 444.
– e propriedade fundiária, 419 s.
fundamentalismo islâmico, 417, 443, 447, 458, 484:
– e guerra santa (jihad), 426-8.
– no Afeganistão, 457 s.
Ver também Modernização; Tradicionalismo.

Fundo Monetário Internacional (FMI), 66, 193; *ver também* Globalização.
furto:
– como delito *hudud* (Islã), 432, 433.
– e animismo, 359.
– e quantificação do comportamento (direito canônico), 372 s.
Fustat, *ver* Cairo, Antigo.
fustigação (Islã), 432, 433, 437, 454; *ver também* Direito penal, islâmico.

G
Gales (Grã-Bretanha), 325.
Galícia, reino de (Espanha), 221, *223*:
– e origem de Portugal, 221.
Gâmbia (África), 355.
Gana (África), 201, 349.
Genebra, 75 n.
"general charitable intention", *ver Trust*.
Geniza (Cairo), documentos de –, 412, 422, 425.
gens latina, 20; *ver também* Clã.
geometria euclidiana e noção de sistema, 34.
germanistas e romanistas (Alemanha), 41 s., 220 s.
Gesetzessprecher, enunciadores do direito, 14, 38, 41.
Gibraltar, 218, 221, *223*, 226.
globalização, XL s., LI s.:
– do direito, XIX; *ver também* mundialização.
– e limites à soberania nacional, 64 s.
– e Estados pós-comunistas, 193.

Glosa(s), 51:
- de Acúrsio como texto obrigatório, 52 s.:
- e *communis opinio* em Portugal, 227 s.

Ver também Compilação justiniana; *Corpus juris civilis*; Direito romano; Glosadores.

Glosadores, 51-3:
- adotados na península ibérica, 225.
- e Comentadores, 51, 54:
  - e origem do direito público, 73 s.
- e direito canônico, 53, 100.
- e direito penal, 100.
- e método da universidade de Pávia, 41.
- italianos e direito inglês, 50 e n., 324.
- verba e *sensus*, 53.

Ver também Compilação justiniana; *Corpus juris civilis*; Direito romano; Comentadores.

Goa, colônia portuguesa na Índia, 13, 487:
- ocupada pela Índia, 302.

Godos, 40; *ver também* Visigodos.

golpe de Estado:
- e "Estado Novo" (Brasil), 291 s.
- no Paquistão, 453.

Gortina, inscrição de – (Creta), 14.

governador:
- geral (Brasil), 265, 268:
  - depois, vice-rei, 268.
- na direção de uma intendência (América do Sul), 262.
- na direção de uma província (América do Sul), 249, 251.

Ver também Colônias sul-americanas.

Government of Índia Act e "diarquia", 484 s.

Grã-Bretanha, 55, 75, 82, 112, 116, 119 n., 120, 169, *251*, 371, 437, 480, 509, 511:
- contrária ao pan-arabismo, 446.
- e direito chinês, 514.
- e luta contra Napoleão, 270-6.
- e parlamentarismo indiano, 482, 489 s.
- e sua cristianização, 324.
- e tráfico dos escravos, 241 s.

Ver também Colônias inglesas na América do Norte; Common Law; Índia; Direito indiano.

gramática, 34.

Granada (Espanha), 161:
- conquista de –, 224-6, 231 s., 301.
- e expedição antiindependentista espanhola, 279.
- Nova –, vice-reino, 248, 260 s., 276:
  - independente com o nome de Grande Colômbia, 282; *ver também* Estados Unidos da Nova Granada.
- reino islâmico de –, *223*, 226.

Granada, ilha, e intervenção dos Estados Unidos, 202.

Grand Coutumier de France, 371.
Grande muralha chinesa, 39, 116.
"Grande salto adiante" (China), 519.
Grandes sistemas jurídicos, XXV; *ver também*: famílias jurídicas, grandes.
Gray's Inn (Grã-Bretanha), 325; *ver também* Inns of Court.
"Great American Desert" (EUA), 499.
Grécia, 35, 347; *ver também* Cultura grega.
grego (língua), 43 s., 47, 52, 409.
grupos de pressão, 562.
Guam, ilha do Pacífico, 345.
Guanabara, baía, 266; *ver também* Rio de Janeiro.
"Guardas Vermelhas" (China), 519.
Guatemala:
– capitania da –, 260.
– independente (nascida das Províncias Unidas), 280.
guerra(s), 136-9, 180:
– anglo-afegã, 456, 482.
– anglo-birmanesa, 482.
– civil:
– no Afeganistão 456.
– na Argentina, 299.
– nos Estados Unidos, 242, 499
– como negação do direito, 138.
– como talião internacional, 137.
– comunismo de – (URSS), 173 s.
– das Malvinas/Falkland, 283.
– de Aníbal, 31.
– de resistência ("partisan", Iugoslávia), 180.
– de secessão (EUA), 242, 499.
– de sucessão ao trono espanhol, 260.
– do Kosovo, 440.
– do Ópio (China), 498, 510.
– dos sete anos (França-Inglaterra), 251.
– do Vietnã, 545.
– e escravidão, 356.
– entre China e Índia, 487.
– entre Espanha e suas colônias sul-americanas, 278 s.
– entre Estados Unidos e Espanha, por Cuba, 283 s.
– entre Estados Unidos e México, 249 n.
– entre França e Portugal, 285.
– entre os cheyennes, 365.
– e teoria da sanção, 557 s.
– franco-alemã, 284.
– indo-paquistanesa, 479, 487.
– islâmica:
– distinção entre – (*harb*) e – santa (*jihad*), 426-8.
– e regime fiscal, 428.
– justa e cristandade do adversário, 234.
– na constituição chinesa, 520.
– Primeira – Mundial, XXXV, 168 s., 442, 484.
– russo-japonesa, 168 s., 438, 509.
– santa (Islã), 45, 426 s.
– Segunda – Mundial, 89 s., 177, 186, 194, 200, 292 s., 439 s., 443, 445, 447, 482, 486, 510, 516.
Guiana (América do Sul), 271, 274:
– a França adquire a – de Portugal, 285.

– Holandesa (Suriname), 201:
  – o Common Law cancela o direito romano-holandês, 304.
Guiné (África), 231, 349.
Guiné-Bissau (África), 201.

H

hadd, *ver* Hudud, delitos islâmicos.
Haia, Tribunal Internacional de –, 376.
Haiti e repressão napoleônica, 271; *ver também* Colônias sul-americanas.
hambalitas, 411 s., 416; *ver também* Escolas ortodoxas islâmicas.
Han, dinastia chinesa, *39*.
hanafitas, 411 s., 414-7, 420, 430, 457, 483:
  – e codificação otomana (Medjellé), 441.
  – e direito comercial islâmico, 422 s.
  Ver também Escolas ortodoxas islâmicas.
haraquiri (Japão), 502.
harb, guerra, e guerra santa, *jihad* (Islã), 426-8.
harmonia natural e direito, 32 s.
Hedaya, obra hanafita (Índia), 483.
Hégira (Islã), 408 n.
herança e direito:
  – bramânico, 470, 478 s.
  – indo-muçulmano, 481, 488, 491.
  – islâmico, 420, 478.
heresia(s):
  – iconoclasta, 43 e n.

– islâmicas, *ver* Escolas ortodoxas islâmicas.
High Court (Grã-Bretanha), 327, 332, 337.
High Court of Admiralty (Grã-Bretanha), 328.
Hindu Marriage Act, 488, 492.
Hindu Marriage and Divorce Bill, 492.
hinduísmo, *ver* Religião e direito bramânico.
Hiroshima (Japão), 510.
história:
  – do direito, XVII s.
  – e direito, 6-7, 154, 543, 546 s., 561.
  – e filosofia hegeliana, LI.
  – universal do direito, L e n., LI s., 553:
  Ver também no Índice de nomes: Seagle, W.; Wigmore, J. H.
hiyal (Islã), *ver* Ficção.
Holanda, XLVI, 55, 136, 303:
  – e colônia no Estado de Pernambuco (Brasil), 268.
  – e Indonésia, 440 s.
  – sua influência no Japão, 505.
  Ver também Direito romano-holandês.
holandês (língua), 505.
Homem delinqüente, O, 110.
homicídio:
  – como delito qisas (Islã), *434*.
  – no direito primitivo, 357 s., 362, 365.
  – político e direito islâmico, 427.
  Ver também Delitos de sangue; Direito penal, islâmico.
Honduras (América Central):
  – e tratado de paz e de amizade com a Espanha, 283.

– independente (nasceu das Províncias Unidas), 280.
Hong Kong, 498:
– retorno à China, 302, 522.
House of Lords (Grã-Bretanha), 332, 337.
hudud, delitos islâmicos, 431, *433*, 452 s.
huguenotes no Brasil, 266, 268.
Hungria, 179 s., 186, *402*:
– e leis sobre as cooperativas, 186.
– e revolta anti-soviética, 180.
Ver também Democracias populares.
hunos, *39*, 39, 219.

I

Ibéria, província romana, 218 s.; *ver também* Ibérica, península.
ibérica, península:
– e abertura de todos os portos ao comércio com as Índias, 261 s.
– e "Descubrimiento", *223*.
– e pluralismo jurídico, 224 s., 412.
– invasão germânica, 218-20.
– invasão islâmica, 217, 221-6, 427:
– e "Reconquista", 221, *223*, 224, 231, 234, *402*.
– reinos católicos do Norte, 221.
Ver também Colônias sul-americanas; Direito português; Direito espanhol; Portugal; Espanha.
idealismo e materialismo, 547; *ver também* Filosofia.
ideologia, *ver* Comtismo; Comunismo; Marxismo.
idioma anglo-normando (Grã-Bretanha), XLIX; *ver também* Língua.
Iêmen (península árabe), 201.
ignorantia legis non excusat, 15.
Igreja:
– anglicana, 328.
– bizantina ou do Oriente, 43, 45, 170, 174:
– cisma da –, 159.
– e conversão da Rússia, 155-7.
– e nomocânones, 46 s., 157-63.
– e rito melquita, 47 e n.
– e sua vinculação com o Estado tsarista, 171.
Ver também Rússia.
– católica ou de Roma, 87, 170, 328, 504:
– contrária ao costume, 369 s.
– e cristianização das ilhas inglesas, 324.
– e direito canônico, 99 s., 372 s.
– e dogma da infalibilidade, 407.
– e evangelização da América do Sul, 214, 237-42, 265.
– e Inquisição, 116 n., 251.
– em conflito com a de Constantinopla, 43, 45.
– e origem de seu poder temporal, 55 s.
– e perseguições no Japão, 497 s.
– e Sacro Império Romano-Germânico, 51.
Ver também América do Sul, descoberta; Inquisição; Poder temporal.

- copta, 47; *ver também* Direito abissínio.
- protestante ou reformada, 7, 136, *346*, 504, 549; *ver também* Protestante(s):
  - compensada pela evangelização dos índios, 240.
  - e corsários nas colônias sul-americanas, 234.
  - e Igreja anglicana, 328.
  - e imprensa, 14 s.
  Ver também Conversão; Cristianização; Evangelização.

igualdade na Revolução Francesa, 80 s.

ijma, opinião concordante (Islã), 404, 407, 436:
- e direito bramânico, 478.
Ver também Direito islâmico, suas fontes.

Ilhas Virgens (Caribe), 345.

Iluminismo:
- e cárcere moderno, 118.
- e certeza do direito, 133.
- e codificação, 52, 58 s., 164, 372:
  - na América do Sul, 260, 269, 297.
- e constituições revolucionárias, 80, 101.
- e gênese do direito civil, 58 s.
- e início do direito moderno, 7.
- e polêmica contra o direito romano, 7.
- e renovação em área penal, 101.
Ver também Código; Código Napoleônico; Codificação;

ver também no Índice de nomes: Pombal, Marquês de.

imame, chefe espiritual islâmico, 406.

imigração:
- clandestina e escravidão, 380.
- e pluralismo normativo, 97 s.
- européia na América do Sul, 215, 267, 291.

imperatividade, teoria da – na definição de direito, 554.

Império:
- Alemão, 506-8.
- Austro-Húngaro, 8, 187, 194.
- Bizantino, 35:
  - e dinastia macedônia, 43.
  - e poder eclesial em Moscou, 45.
  - fim do –, 43-5.
- chinês, 498, 500.
- japonês, 502, 504, 510.
- mongol (Índia), fim do –, 482.
- Otomano, 45, 187, 194, 428, 439, 446:
  - e cádi somente hanafitas, 430.
  - e codificação hanafita (Medjellé), 441.
  - e relações com Napoleão, 271.
- persa, 32.
- Romano, sua divisão, 35.
- Romano-Germânico, *ver* Sacro Império Romano-Germânico.
- Russo (ou tsarista), 151, 181, 194, 199, 438, 482, 504, 510.

imposto, 95; *ver também* Direito tributário; Taxa.

imprensa:
- como condição técnica da Reforma Protestante, 15.

– e coleção de precedentes ingleses, 338 s.
– e direito, 15 s., 163 s.
– em árabe e renovação do Islã, 446.
– e superação do costume, 15. *Ver também* Escrita.
impressionistas e estampas japonesas, XLVI.
imputabilidade, 108.
imutabilidade do direito islâmico, *ver* Direito islâmico, rigidez e flexibilidade.
"In consimili casu" (Grã-Bretanha), 330; *ver também* Analogia.
incerteza do direito como conseqüência da sua adaptabilidade, 35, 329 s., 409-13; *ver também* Certeza do direito; Flexibilidade.
Incorporated Council of Law Reporting (Grã-Bretanha), 339.
indenização, *ver* Ressarcimento.
Índia, XLVI, 35, 213, 303, 347, 512:
– "Banho de sangue" de Amritsar (Índia), 485.
– e Government of India Act, 484 s.
– e Grã-Bretanha, 437, 456, 471, 475 s., 479-86, 489-92.
– e Indian Civil Service, 483.
– e Islã, 411 s., 440.
– e ministério da – em Londres, 482.
– e Napoleão, 271.
– e separação entre – e Paquistão, 452, 479, 486.
– e sua constituição, 86, 487.

Ver também Direito indiano; Caxemira; Paquistão.
Indian Contract Act (Índia), 491.
Indian Evidence Act (Índia), 491.
Indian National Congress, Escola de parlamentarismo, 482 s.
Índias:
– Ocidentais, 61, 226, 228; *ver também* Colônias sul-americanas.
– Orientais, 262, 301:
 – e interesses portugueses, 262.
índios (ameríndios):
– da América do Norte, 78, 348, 363-6; *ver também* Comanches; Cheyennes; Kiowa.
– da América do Sul (índios), L, 270, 546:
 – e guerra justa porque não-cristãos, 234.
 – e *Leyes de Burgos* mais abertas em relação aos –, 257 s.
 – e *Leyes Nuevas* contra a *encomienda*, 257.
 – e missões jesuítas do Paraguai, 236, 266.
 – e possibilidade de ascensão social, 245.
 – e seu *status* jurídico, 230 s., 243 s., 262; *ver também* Escravidão.
 – e sua evangelização, 237-42.
Ver também Colônias sul-americanas; Evangelização.
índios, *ver* Índios (ameríndios), da América do Sul.
Indo, rio, 487.

Indochina, expansão francesa na –, 482.
indo-europeus, XXXI.
Indonésia, 13:
– e Holanda, 440 s.
– e Islã, 401, *402*, 409, 411.
– e ocupação do Timor Leste, 302.
indução (procedimento lógico):
– e níveis de abstração no direito, 5, 544, 547 s.
infalibilidade, dogma da –, 407; *ver também* Igreja Católica.
informação, tecnologias da –, 13-6.
informática:
– e direito, 15 s., 65, 121-9.
– jurídica, 16, 123 n.
Ver também CD-ROM; *Italgiure.*
Inglaterra, *ver* Grã-Bretanha.
Inner Temple (Grã-Bretanha), 325; *ver também* Inns of Court.
"Innere Emigration" (Alemanha), 106; *ver também* Desvio.
Inns of Court (Grã-Bretanha), 325, 339:
– e processos fictícios ou *moot courts*, 325.
Inquisição:
– e seus tribunais nas Índias, 251.
– e tortura, 116 n.
Instituições:
– de Gaio, 37.
– de Justiniano, 37, 43, 46:
– e costume, 367.
Ver também Corpus juris civilis; Compilação justiniana.
instituições:
– políticas como elementos jurídicos irredutíveis,

XLVIII; *ver também no Índice de nomes*: Mazzarella, Giuseppe.
– totais, 120; *ver também* Prisão.
instrução programada e *reinforcement*, 126 e n.
integralismo:
– brasileiro, 243 n., 292; *ver também* Autoritarismo; Caudilhismo; Fascismo.
– religioso, 363, 457 s.; *ver também* Fundamentalismo.
Intendências (América do Sul espanhola), 262.
intermediário e prova nas sociedades pré-letradas, 358.
Internet e bibliografias, LV-LVI.
interpolações, 36; *ver também Corpus juris civilis*.
interpretação:
– das normas constitucionais, 84, 87 s.
– do Corão (*tafzir*), 406 s.
– do *Corpus* justiniano, 51-5.
– e costume, 373 s., 377.
– e direito bramânico, 477.
– e direito primitivo, 356.
– e Escolas ortodoxas islâmicas, 408, 410 s.
– no direito e na teologia, 49 s., 401, 407.
interpretatio verborum, 50; *ver também* Glosadores.
Irã:
– e Islã, 417, 439; *ver também* Xiitas.
– e revolução de Khomeini, 406, 444, 453, 458.
Iraque, 421; *ver também* Bagdá.
Irlanda, 345.

irmandades:
- islâmicas, 446.
- masculinas nos cheyennes, 364.

Irmãos Muçulmanos, 446 s.

Islã:
- e chefes espirituais (imames), 406.
- e "os cinco pilares da sabedoria", 406.
- e revivalismo, 17, 399, 417, 441, 444, 452, 454.
- imigração e pluralismo normativo, 97 s.
- pluralidade de concepções do –, 417 s.
- sua ascensão na área bizantina, 45, 408.
- seu significado, 404.

Ver também Direito islâmico.

Islamic Bank for Development, 451.

Islândia, 14.

Israel, 345.

israelitas, *ver* Judeus.

Istambul (Turquia), 34 n.; *ver também* Bizâncio; Constantinopla; Igreja do Oriente; Império Bizantino; Império Otomano.

Italgiure, 16; *ver também* Supremo Tribunal de Justiça (Itália).

Itália, 45, 53, 56 s., 90, 94, 96, 99, 136, 202, 292, 377:
- e constituições francesas jacobinas, 84.
- e direito bizantino, 45.
- e doação de Constantino, 56.
- e Renascimento, 7, 45, 58, 160, 449.
- e sua expansão colonial, 49, 442 s.; *ver também* Abissínia.

Ver também Banco; Renascimento; Roma.

Iugoslávia, 179 s., 182 s., 195:
- e autogestão, 180, 185.
- e guerra de resistência ("partisan"), 180.
- e Islã, 439 s.
- e revisionismo, 182.

Ver também Democracias populares.

ius voluntarium, 376.

ius, iura, ver jus, jura.

J

Jammu (Índia), 487; *ver também* Caxemira.

Japão, 13, 202, 303, 347, 488:
- abertura do –, como início da globalização, 65, 499, 504.
- e conselheiros jurídicos, LIII, 500, 506 s., 552 n.
- e deportação dos católicos, 497.
- e fechamento aos estrangeiros, 497-500, 503, 505.
- e guerra russo-japonesa, 169 s., 438, 509.
- e invasão da Ásia meridional, 438.
- e modelos:
  - alemães, 168, 192, 503-9.
  - de Common Law, 197.
  - franceses, 505 s.
- e tratados iníquos, 133, 506.

Jardins botânicos, XLVI.

jejum anual (Islã), 406.

Jerusalém, destruição de –, 411.

Jesuítas:
- e sua expulsão da América do Sul, 236.
- e suas missões do Paraguai, 236; *ver também* Bandeiras; Brasil; Índios da América do Sul.
- no Brasil, 265 s., 270.
- no Japão, 498.

jihad, guerra santa, e guerra, *harb* (Islã), 426-8.

jizia, imposto islâmico, 429; *ver também* Receita pública.

joint venture (China), 521.

Jordânia, 451.

juderías (Espanha), *ver* Judeus.

judeus, 99, 536:
- e direito islâmico, 412, 422.
- e documentos de Geniza (Cairo), 412, 422, 425.
- e sua emancipação, 7.
- na península ibérica, 224 s., 231 s., 244.

judge made law:
- e Statute Law, 345.
- e teoria da soberania, 556.
Ver também Common Law; Precedente judiciário; Sentença.

Judicature Act (Grã-Bretanha), 331 s.

Judiciário, Poder, e direito comparado, XXV.

juiz(ízes):
- como destinatários das normas, 388, 556.
- como legislador, 556; *ver também* Escola do direito livre.
- e advogados no Common Law, 325 s.; *ver também* Inns of Court.
- função criativa do –, 174 s., 195.
- japoneses e direito francês, 505 s.
- no direito islâmico, 411, 435, 454 s.; *ver também* Cádi.
Ver também Jurista; Repressão do desvio; Tribunal.

juízo:
- de valor, *ver* Valor.
- hipotético, norma como –, 554, 556.

juízo de Deus:
- como prova judiciária, 115-6 s., 362.
- e direitos reais ingleses, 343.
- na Grã-Bretanha, 476.
- no direito:
  - bramânico, 476 s.
  - primitivo, 115-6, 362.
Ver também Juramento; Prova.

Junta central governativa do reino, *ver* Junta Suprema Central.

Junta Suprema Central, depois Conselho de Regência (Espanha), 278, 279.

jura propria, *ver* Costume feudal.

juramento no direito:
- indo-islâmico, 479.
- islâmico, 415.
- primitivo, 114 s., 362.
Ver também Juízo de Deus; Prova.

juridicidade do costume, 382, 387-92; *ver também* no *Índice de nomes*: Bobbio, Norberto.

jurisdição doméstica como elemento jurídico irredutível, XLVIII; *ver também* no *Índice de nomes*: Mazzarella, Giuseppe.

ÍNDICE ANALÍTICO

Jurisprudence (Common Law):
- e enciclopédia jurídica, 553.
- e filosofia do direito, 548 s.
- e finalidades práticas, 553.
- e formulação lingüística, 552.

jurisprudência:
- no direito islâmico, 409.
- romana e pandectistas alemães, 57.
Ver também Common Law; Precedente, judiciário; Sentença; Tribunal.

jurista(s):
- e a função criativa, em Wigmore, 536.
- germânicos e adoção do direito romano, 56 s.
- ingleses, formação dos, 325 s., 335; *ver também* Inns of Court.
- islâmicos 404, 407; *ver também* Alim; Fikh.
Ver também Judge made law; Juiz; Tribunal.

juro(s) econômico(s):
- e crise de consciência do muçulmano, 451.
- e muçulmanos da Índia, 478 s.
- e sua proibição (Islã), 418-21, 424, 428, 450.
- no direito bramânico, 470.
Ver também Banco; Capital.

juro(s) jurídico(s):
- juridicamente tutelado, 93.
- público no direito islâmico, 409, 418.

jus civile, 34:
- *commune*, 51, 55.
- *proprium*, 53.

jus scriptum e *non scriptum*, *ver* Leis escritas e não-escritas.

jusnaturalismo, 560:
- dos canonistas e constituição, 76.
- e direito internacional, 136, 376.
- e segunda escolástica, 241, 254, 554.
- racionalista, 85, 549, 554.
Ver também Direito natural; Iluminismo.

justiça:
- como problema filosófico, 547, 553.
- da pena, 121 s.
- e bem comum, 555 s.
- e dharma (Índia), 471.
- social e globalização, 65 s.

K

Kamakura, xogunato de – (Japão), 504.
Kāmasūtra, para obter o prazer (Índia), 472 s.
Kavirondo, etnia, 357.
Kentucky (EUA), 78.
kharaj, imposto islâmico, 419, 429 s.; *ver também* Receita pública.
Khorasan, emirado asiático, 429.
Kiev, principado de – (Rússia), 155, 157, 160.
King's (ou Queen's) Bench (Grã-Bretanha), 328:
- Division, 332.
Kiowa, etnia, 366.
Kominform (URSS), 180.
Kormtchaia kniga, 158, 162 ss.
Kosovo (Iugoslávia), 440.
kulaki, eliminação dos – (URSS), 176.

Kuomintang (China nacionalista), 514.
Kutná Hora (Boêmia), LVII.
Kyoto (Japão), 504.

L

La Plata (América do Sul), 274 s.
Lácio, 31.
lacuna(s):
– do Corão, 421 s.
– e costume, 381.
– e sistema jurídico, 381.
– e subsidiariedade do direito romano adotado, 57.
Lagos (Portugal), 218.
laicização, *ver Sharia*, e sua abolição.
Lango, etnia, 359.
lanterna mágica, LII; *ver também no Índice de nomes*: Wigmore, J. H.
Laos, 201.
lapidação, pena para delitos *hudud*, 433, 445, 454.
Laranja mecânica, A, 126.
laudo arbitral, 132; *ver também* Arbitragem.
law:
– "in action" e "in the books", 545.
– Lordes (Grã-Bretanha), 333.
– Merchant (Grã-Bretanha), 328.
– of Property Act (Grã-Bretanha), 337.
Law Reports (Grã-Bretanha), 339.
laws of the Constitution (Grã-Bretanha), 83.
Leão, reino (Espanha), 221, *223*, 233.

leges, 33:
– *barbarorum* (direito germânico), 38, *ver também* Spiegel.
legislação:
– comparada, XXI.
– e direito primitivo, 363.
– e povo, 387 s.
– napoleônica, 8.
Legistas (China), 501.
lei(s):
– "Áurea" (Brasil), 290; *ver também no Índice de nomes*: Isabel, regente.
– como fonte do direito inglês, 334-6.
– *da imitação*, em Wundt, XXXII e n.
– definição de –, 9.
– do talião, 20, 115, 137.
– "do Ventre Livre" (Brasil), 290.
– e contrato no direito inglês, 334 s.
– e desuso, 379 s.
– e Escola chinesa dos legistas, 501.
– e revogação, 379.
– escrita, 370:
  – e monarquia, 74 s.
  – e não-escrita, 367 s.
– e sua analiticidade no direito inglês, 335.
– francesa e tribunais japoneses, 505 s.
– não-públicas (China), 511.
– públicas e leis secretas (Japão), 502, 556.
– revivescência da –, 380.
– secretas (Japão), 502:
  – e teoria kelseniana, 556.

Ver também Civil Law; Código; Codificação.
Leiden (Holanda), 136.
Leis das Índias, 213, 261.
"Leis dos reis", *ver* Direito abissínio.
lenda:
— de Lotário, 56; *ver também* Alemanha e adoção do direito romano.
— "negra" da colonização ibérica, 240.
Lesoto e direito romano-holandês (África), 303.
lettre de cachet e arbítrio soberano, 118.
Lex Poetelia e escravidão, 359.
Lex Romana Visigothorum, 219, 369; *ver também* Direito espanhol.
Leyes de Burgos e exigência dos índios, 257 s.
Leyes Nuevas (América do Sul), 247, 257.
lì, *ver* Direito chinês.
Líbano e Islã, 417.
Liber constitutionum (Melfi), 73.
Liber consuetudinum Mediolani, coleção de usos, 371.
Liber iurium reipublicae Januensis, coleção de usos, 371.
Liber papiensis, 41; *ver também* Lombarda (direito germânico).
liberalismo:
— da Revolução do Porto: sua ambigüidade, 287.
— das Cortes de Cádiz: sua ambigüidade, 279 s., 287.
— e teoria jurídica, 560.
— importado no Brasil pelas universidades portuguesas, 270.
liberdade:
— como direito natural, 81 s.:
— dos índios, 240.
— condicionada ou vigiada, 120.
— de circulação como legitimação da Conquista, 258; *ver também* no *Índice de nomes*: Vitoria, Francisco de.
— de comércio nas Índias, 262.
— de mercado e liberdades civis (China), 522 s.
— do debate sobre os índios, 257.
— dos germanos, 38.
— encomienda e — formal do índio, 240 s.
— e sua restrição, *ver* Pena; Prisão.
— individual, 86:
— e código civil, 59.
Liberdade condicional, 120; *ver também* Pena, individualização.
Líbia, 411, 445, 545.
Libro de las Bulas y Pragmáticas (Espanha), 228.
Liga dos Muçulmanos e Partido do Congresso (Índia), 485 s.
Lima (Peru), 225:
— e Tribunal de Contas (Índias), 251.
— e expedição antiindependentista espanhola, 279.
— e tribunal da Inquisição, 251.
Ver também Peru.
Lincoln's Inn (Grã-Bretanha), 325; *ver também* Inns of Court.

língua:
— e direito, XLIX, 41, 47, 325 s., 400, 505, 511; *ver também* Anglo-normando; Árabe; Direito inglês e língua francesa; Grego; Malobergo (língua francônia); Holandês; Siríaco.
— e Estado nacional, 65.
liquidação dos kulaki (URSS), 176.
Lisboa, 215, 245, 296, 301 s.:
— e retorno, do Brasil, da Corte, 287.
— instituição do Conselho da Índia, 267 s.
Ver também Portugal.
Livro siro-romano (direito abissínio), 47.
lógica, 34:
— e *interpretatio verborum*, 50.
— jurídica, 561.
lojas maçônicas na América do Sul, 276.
Lombarda (direito germânico), 40 s.
Lombardia, 40.
lombardos, 40 s.
Londres, 295, 482; *ver também* Grã-Bretanha.
Lorde Chanceler ou Lorde Chancellor (Grã-Bretanha), 330.
Lords of Appeal in Ordinary (Grã-Bretanha), 333.
Louisiana (EUA), *251*:
— capitania da –, 260.
— e ordenamento misto de Common e Civil Law, 304, 345.
— na política napoleônica, 271 s.

Ver também Colônias sul-americanas; Estados Unidos da América.
lü, *ver* Direito chinês.
lucro e direito islâmico, 423; *ver também* Ficção.
Lyon (França), 81.

M

Macau, 13, 497:
— retorno à China, 224, 522.
maccarthismo e V emenda (EUA), 79.
maçonaria, *ver* Lojas maçônicas.
Madagascar (África), 201, 440.
Madeira (Portugal), 231, 267.
Madras (Índia), 480.
Madri e insurreição antinapoleônica, 272, 274; *ver também* Espanha.
"mãe do livro", *ver* Corão.
magia:
— e direito, 19, 32.
— e justiça nas sociedades primitivas, 103, 354.
— e procedimento judiciário primitivo, 131, 361.
Ver também Animismo.
Magna Carta (Grã-Bretanha), 75.
Magreb (África), 411:
— emirado do –, 429.
maioridade (Islã), 414, 436, 454; *ver também* Direito islâmico, matrimônio.
Malaca, península de (ou Malaia), 13.
Malásia (Ásia), 345.
Mali (África), 201.
maliquitas, 47 e n., 411 s., 416, 420, 429, 432, *433*, 457:
— e cristãos melquitas (malequitas) 47 e n.

Ver também Escolas ortodoxas islâmicas.
malobergo (língua francônia), 41.
Malvinas/Falkland, guerra das – (América do Sul), 283.
Mancha, ilhas da – (Grã-Bretanha), 345.
manchu (dinastia chinesa), 510 s.
Manchúria (China), 169.
Manila (Filipinas), 497.
manufatura e direito civil, 60.
Manusmrti (Índia), *ver* Código de Manu.
máquinas e escravidão, 117.
Mar Negro, 155.
Maranhão, governadoria-geral (Brasil), 268.
Marrocos espanhol, 218.
marxismo, 180 s., 192, 447, 457, 522:
– difusão comparável ao comtismo na América do Sul, 302-3.
– e abandono do –, 202.
– e abolição do direito, 151, 173 s., 177, 181, *346*.
– e marxismos fora da URSS, 200 s.
– e teoria jurídica, 560.
Ver também Comunismo; Direito chinês; Direito soviético.
marxismo-leninismo, *ver* Marxismo.
Massachusetts (EUA), 78.
materialismo e teorias jurídicas, 547.
matriarcado e direito islâmico, 440.
matrícula individual (informática), 123.

matricula mercatorum, 61 s.; *ver também* Corporação.
matrimônio, 350, 362, 521:
– como contrato, 48, 358:
– no direito abissínio, 48 s.
– no direito islâmico, 414 s.
– como elemento jurídico irredutível, XLVIII; *ver também no Índice de nomes*: Mazzarella, Giuseppe.
– como fonte do direito bramânico, 474.
– e desobediência ao marido, delito tazir (Islã), 435.
– e reforma do direito indiano, 490 s.
– e transferência de propriedade, 355.
– islâmico, 413-7:
– e codificação turca, 442.
– e matrimônio civil ou secularizado, 417.
– no Afeganistão, 457.
– nas *Leyes de Toro* (Espanha), 228.
– temporário (direito abissínio), 49.
Ver também Direito de família; Mulher; Dote.
Maurício, ilhas, e ordenamento misto de Common e Civil Law, 304.
Mayflower Compact (EUA), 77, 86.
Mayor's Court (Índia), 481.
Meca (Arábia), 427:
– e fuga de Maomé, ou Hégira, 408 n., 409.
– peregrinação a –, 406.
Ver também Hégira; Islã; Medina.

medicina preventiva e desvio, 122.
medidas de segurança, 119; *ver também* Pena.
Medina (Arábia), 408 n., 409; *ver também* Hégira; Islã; Meca.
Mediterrâneo, 33, 40, 44, 136, 213, 217, 221, 234, 242, 422.
Medjellé e codificação otomana, 441; *ver também* Direito islâmico; Império Otomano.
Meiji, época (Japão), 504 s.
meios para se adequar aos modelos culturais, 102.
Meit Ghamr, Caixa econômica (Egito), 451; *ver também* Banco, islâmico.
Melanésia (Oceânia), 360.
Melfi, parlamento de –, 73.
melquita, rito, *ver* Igreja bizantina.
menor, *ver* Maioridade.
mercado(s):
 – economia socialista de – (China), 522 s.; *ver também* Terceira via e comunismo.
 – e plano, 186 s., 523.
 – globalização e – cidades (comunas), 66.
mercantilismo, 61, 94.
mésalliance, 475; *ver também* Casta.
México, 230, 238, 241, 243, 251, 273-7, 301:
 – Cidade do – e Tribunal de Contas (Índias), 251:
 – e tribunal da Inquisição, 251.
 – como reino independente (proposta Aranda), 261.
 – e guerra com os Estados Unidos, 249 n.:
 – e territórios cedidos aos Estados Unidos, 345
 – e tratado de paz e de amizade com a Espanha, 283.
 – e última campanha espanhola, 282.
 – independente (nascido da Nova Espanha), 280.
 – setentrional dividido em intendências, 261.
 Ver também no Índice de nomes: Cortés, Hernán.
Michael Kohlhaas, 106.
Middle Temple (Grã-Bretanha), 325; *ver também* Inns of Court.
migrações e pluralismo jurídico, LI, 97 s.
milícia:
 – burguesa, 81; *ver também* Revolução Francesa.
 – Voluntária para a Segurança Nacional (Itália), 134; *ver também* Fascismo.
milk (Islã), *ver* Propriedade fundiária islâmica.
Minas Gerais, capitania de – (Brasil), 269.
ministério(s):
 – da indústria e comércio (Itália), 374.
 – dos *waqf* (Egito), 420.
minorias:
 – e assimilação, 103 n.
 – étnicas nos Estados Unidos e desvio, 102.
missão(ões):
 – e proselitismo cristão e islâmico, 427 s.
 – jesuítas do Paraguai, 236.
Mississippi na política napoleônica, 271 s.

ÍNDICE ANALÍTICO

"mita" e trabalho forçado dos índios, 241.
mobilidade e costume, 321.
Moçambique (África), 201, 303.
moçárabes, católicos em terra islâmica (Espanha), 225.
modelo cultural, *ver* Cultura.
modernização, 17 n.:
– confronto:
– entre China e Japão, 511.
– entre Japão e Turquia, 442.
– e bancos islâmicos, 421, 448-51.
– e fundações beneficentes islâmicas, 418.
– e tribalismo afegão, 455-8.
– do Japão, 499, 506.
– da Rússia, 164-9.
modernização islâmica, 417, 447:
– e guerra santa (*jihad*), 426-8.
Ver também
Fundamentalismo;
Modernização;
Tradicionalismo.
modificação da constituição, 86-9.
monarquia absoluta, 346:
– e direito internacional, 136.
– e lei escrita, 74 s., 387.
– para vencer o costume, 370.
monasticismo, 117.
mongóis, 169 s., 170:
– sua dominação na Rússia, 156, 159-61.
Mongólia (Ásia), 169, 201.
monofisitas, seita cristã, 47 n.
monopólio comercial:
– de Portugal relativo ao Brasil, 263, 286.

– e "carrera de Indias" (Espanha), 248.
– e corsários, 234, 269.
Ver também Brasil; Casa de Contratación (Espanha); Colônias sul-americanas.
Montevidéu:
– campanha de informação de Napoleão, 274.
– e resistência antiindependentista, 279.
– lugar de exílio de Vélez Sársfield (Argentina), 299.
Ver também Uruguai.
moot court ou processo fictício (Grã-Bretanha), 325.
moral:
– confuciana e direito, 501, 503 s.
– direito e costume, 104.
– distinção entre – e direito, 553.
– e existência de Deus, 549.
– e teoria:
– da sanção, 557.
– da socialidade, 554.
– relativista, incompatível com a *behavior modification*, 127.
– social, *ver* Valor(es).
Ver também Ética; Valor.
Morávia, 194.
Morgengabe (direito germânico), 415.
mos, mores, 32; *ver também* Costume.
mos italicus, 254; *ver também* Glosadores.
Moscou:
– como terceira Roma, 45 s.

– e a herança de Bizâncio, 45 s., 155 s.
– e Estado moscovita, 156, 160-4, 171.
– e universidade de –, 165.
Ver também Rússia.
mouriscos (Espanha), *ver* Muçulmanos nos reinos católicos.
movimento pela defesa social, 119; *ver também* Desvio.
muçulmanos nos reinos católicos (mudéjares, Espanha), 225.
mudéjares, *ver* Muçulmanos nos reinos católicos (Espanha).
muftî e sentença de morte, 436; *ver também* Direito islâmico.
mugharasa, contrato agrícola (Líbia), 412.
muhsan, muçulmano juridicamente capaz, 454.
mulher:
– como bem patrimonial, 356, 361.
– e sua inferioridade no direito islâmico, 413 s., 416 s., 454 s., 457 s.
– na Índia independente, 488, 490 s.
Ver também Direito de família; Família; Matrimônio.
multinacionais, empresas, 64 s.:
– e comparação jurídica, 544.
Ver também Globalização.
mundialização, XXI; *ver também* globalização do direito.
mutilação(ões):
– como sanção, 359, 470.
– sexuais e pluralismo de ordenamentos, 97.

N

nacionalismo, 388:
– na China, 514-6.
– na ex-URSS, 190.
– nas ex-colônias, 363.
Nacional-socialismo, 194, 292:
– e comunidade, 20 s.
– e "terceira via", 202 s.
Ver também Ditadura; Fascismo.
Nagasaki (Japão), 498, 510.
Nanquim (China), 514.
não-violência na Índia, 485; *ver também no Índice de nomes*: Gandhi, Mohandas Karamchand
Nápoles, reino, 272; *ver também* Espanha; *ver também no Índice de nomes*: Bonaparte, José.
Nara (Japão), 504.
Natal e direito romano-holandês (África), 303.
natureza:
– e direito das sociedades primitivas, 19.
– e sua exploração econômica, 60.
– harmonia com a – e direito primitivo, 32 s.
Navarra, reino (Espanha), 221, 226.
ne bis in idem e cádi, 431.
Neuchâtel, código de processo civil do Cantão de –, 442.
neurocirurgia e desvio, 128.
New Haven (EUA), LIV.
New Jersey (EUA), 79.
New Orleans (EUA), 276.
Nibandha, direito bramânico, 477-8.
Nicarágua, 201:

ÍNDICE ANALÍTICO

– e tratado de paz e de amizade com a Espanha, 283.
– independente (nascida das Províncias Unidas), 280.
Ver também Colônias sul-americanas.
Nicéia, Concílio de, 48.
Nigéria (África), 355, 401.
nomocânones (Igreja bizantina), 46 s., 157-63.
"nómoi ágrafoi" e "éggrafoi", ver Leis escritas e não-escritas.
norma(s):
– acessórias e fundamentais (China), 512.
– comercial predominante sobre aquela civil, 62.
– como juízo hipotético, 554.
– constitucionais operativas ou programáticas, 85.
– definição, 8.
– dirigida aos juízes, 556.
– essenciais (e não) a certa sociedade, 11 s., 104, 106, 129 s., 361, 558 s.:
– e costume, 389 s., 391.
– fundamental (Kelsen), 551.
– geral e abstrata, 152.
– sagrada e sua revogação, 362.
– secretas (Japão), 502.
– sem sanção, 558.
– sociais e – jurídicas, 102 s.:
– e valores, 102-9.
– substanciais e – formais na constituição, 85 s.
– supletiva (derrogável) e costume, 374.
Ver também Regra jurídica.
Normandia (França), 50.

normandos, 324, 371.
Northwestern Law School (EUA), LII.
Noruega, 324.
Nova Inglaterra (EUA), 499
Nova Política Econômica ou NPE (URSS), 174-6.
Nova Zelândia, 345.
Novelas, 37 s., 43, 47: ver também Compilação justiniana.
Novellae constitutiones, ver Novelas.
Novgorod (Rússia), 155.
Novo Continente, ver América do Sul.
Novo México (EUA), 249 n., 345:
– o Common Law cancela o direito espanhol, 304.
Novo Mundo, ver América do Sul.
NPE, ver Nova Política Econômica.
Nueva Recopilación de las Leyes de Castilla (Espanha), 228 s., 253 n.
nulidade:
– da prece (Islã), 400.
– do matrimônio (Islã), 415.
nullum crimen sine lege, 175, 375.

O

obiter dicta (Common Law), 338.
objetividade da sentença e divisão dos poderes, 134.
oblação da contravenção, 129 s.
obrigação ao matrimônio, 445:
– no direito islâmico e germânico, 414 s., 439.
obrigação(ões):
– código das – turco, 442.

– como elemento jurídico irredutível, XLVIII; *ver também no Índice de nomes*: Mazzarella, Giuseppe.
– como vínculo físico do devedor, 116.
– no direito islâmico, 421.
Oceania, 345.
ocidentalização, *ver* Modernização.
Ohio (EUA), 78.
Olinda, faculdade de – (Brasil), 297.
OMC, *ver* Organização Mundial do Comércio.
opinião:
– concordante (*ijma*), 404, 407; *ver também* Direito islâmico, suas fontes.
– delitos de –, 124.
– em divergência (Grã-Bretanha), 338 s.
opinio:
– Bartolos, *ver* Bartolismo.
– *iuris ac necessitatis*, 385, 388, 390 s., *392*; *ver também* Costume.
Ópio, Guerras do – (China), 498, 510.
Orange, Estado Livre de –, e direito romano-holandês, 303.
ordálio, *ver* Juízo de Deus.
Ordem dos advogados e bar (Grã-Bretanha), 325.
Ordenações:
– Afonsinas (Portugal), 227.
– Filipinas (Espanha e Portugal), 254, 266, 298.
– Manuelinas em Portugal, 227:
  – e no Brasil, 264.

ordenamento jurídico:
– e costume, 387, 390-2.
– e teoria da sanção, 557 s.
Ordenamiento de Alcalá de Henares (Espanha), 227; *ver também Siete Partidas*.
Ordenamiento de Montalvo (Espanha), 228 s.
organismo e ambiente (behaviorismo), 125 s.
organismos supranacionais "sem bandeira" e direito nacional, 66, 193, 557; *ver também* Globalização.
Organização do Tratado do Atlântico Norte (OTAN), 197.
Organização Mundial do Comércio (OMC), 193 s.
Oriente Médio, 30 s., *402*; *ver também* Ásia.
original precedent (Grã-Bretanha), 336; *ver também* Precedente judiciário.
Orissa (Índia), 481.
Orléans (França), 53.
OTAN, *ver* Organização do Tratado do Atlântico Norte.
ovambo, etnia, 362.

P
Pacific Railroad (EUA), 499; *ver também* Ferrovia.
Pacífico, oceano, 498 s.
pacta sunt servanda, 59.
Pactos de Latrão (Itália), 87.
pactum subiectionis e *pactum unionis*, 91 s. e n., 354.
Pais Peregrinos (EUA), 77 s.
Palestina, 45.
Palos, porto espanhol, 232.
Panamá, 249, 345.

Pan-arabismo e renascimento islâmico, 446, 452.
panchayat, *ver* Assembléia de aldeia.
Pandectas, 37; *ver também* Compilação justiniana; Direito romano; Pandectistas; *Usus modernus pandectarum*.
pandectistas, 37, 58, 192:
– e ensino na Rússia, 168.
– e adoção no Japão, 508.
Ver também Sistema; Sistemática; *Usus modernus pandectarum*.
Paquistão, 402:
– e Caxemira, 487.
– e golpe de Estado no –, 452.
– e guerras indo-paquistanesas, 479, 487.
– e influência do Common Law, 345.
– e Islã, 445, 484, 488.
– e relação sexual ilícita, 448, 452-5.
– e rito hanafita, 411.
– e separação entre Índia e –, 452, 479, 485 s.
– Liga dos Muçulmanos e Partido do Congresso (Índia), 485 s.
– suas três estratificações jurídicas, 452.
Ver também Direito indiano; Caxemira; Índia.
Paraguai, 249:
– e ditadura militar, 294.
– e tratado de paz e de amizade com a Espanha, 283.
– missões jesuítas do –, 236.

parentesco, como elemento jurídico irredutível, XLVIII;
ver também no Índice de nomes: Mazzarella, Giuseppe.
Paris, XLVI, 79, 274, 296, 505:
– tratado de – entre Espanha e Estados Unidos, 284.
parlamentarismo:
– Indian National Congress como escola de –, 482 s.
– no Japão, 509.
parlamento:
– de Melfi, 73.
– e direito islâmico, 409, 428.
– espanhol, *ver* Cortes.
– inglês e sistema judiciário, 333.
– nacional e direito supranacional, 65 s.
– primeiro – alemão, 42.
– primeiro – da Europa (Islândia), 14.
participação popular e direito africano, 354.
partido(s):
– Comunista Chinês, 512, 517, 521 s.
– Comunista Soviético (PCUS), 171, 181 s.
– do congresso e Liga dos Muçulmanos (Índia), 485 s.
– e os outros – comunistas, 181 s., 202 s.
– e "terceira via", 202 s.
– políticos e constituição, 90.
– único no comunismo, 152, 173, 190, 346.
Ver também China; Comunismo; Democracia; Ideologia; Índia; Integralismo brasileiro;

Marxismo; Parlamento; União Soviética.
Paulskirche, primeiro parlamento alemão, 42.
Pavia, universidade de –, 41, 50, 324.
paz de Constança e compilação justiniana, 74.
PCUS, *ver* Partido Comunista Soviético.
pecado(s):
– consuetudinários, 372 s.
– e crime, 103 s., 115, 117, 431.
– e desvio social, 103 s.
Ver também Expiação; Pena; Delito.
pena(s), 124:
– acessórias e marginalização, 130.
– de detenção, *ver* Prisão.
– de morte, 7, 118, 264, 289, 359, 362, 432, *433,* 434 s., 436, *437,* 445, 454, 502.
– e arrependimento (Islã), *433.*
– e casta, 470.
– e cura, 120 s., 124.
– e moral confuciana, 501, 503 s.
– e perdão por delito *hudud* (Islã), 432, 434.
– e religião, 114 s., 436.
– e suas funções educativa e aflitiva, 119 s.
– e tortura, 116 s., 120.
– físicas e de detenção, 114-7.
– individualização da –, 120, 435.
– no direito japonês xogunal, 502.
– no direito penal islâmico, 431-7, 452-5.
– no direito primitivo, 349.

Ver também Direito penal; Juiz; Pecado; Delito; Ridicularização; Tribunal.
penitência, como pena (Islã), *434.*
Pequim, 514.
perdão e delito *hudud* (Islã), 431, 434.
perestróica (URSS), 186.
Pernambuco, Estado de (Brasil), como colônia holandesa, 269.
Peru, 275:
– arbitragem de Andrés Bello com a Colômbia, 296.
– batalha de Ayacucho contra os espanhóis, 282.
– como reino independente (proposta Aranda), 261.
– e ditadura militar, 294.
– e expedição antiindependentista espanhola, 279.
– e miscigenação, 242.
– e rebelião contra os limites à encomienda, 257.
– e tratado de paz e de amizade com a Espanha, 283.
– independente, com o nome de Chile e Bolívia, 280 s.
– vice-reino do –, 249, 260.
Ver também Lima.
Petersburgo (Rússia), 171.
"Pictorial Method", LIII; *ver também no Índice de nomes:* Wigmore, J. H.
Pie Powders Courts (Grã-Bretanha), 328.
"pilares da sabedoria, os cinco" (Islã), 406.
pirataria, 234; *ver também* Corsários nas colônias sul-americanas.

Pireneus, 218 s., *223*, *402*, 449.
plágio, 380; *ver também* Escravidão.
planejamento econômico, *ver* Plano(s), economia de.
plano(s):
— economia de — na URSS, 176 s., 179.
— e mercado:
— na China, 522 s.; *ver também* Terceira via e comunismo.
— nas democracias populares, 186 s.
Ver também China; Democracias populares; Mercado; Terceira via e comunismo; União Soviética.
pluralismo jurídico:
— e direito islâmico, 399.
— e migrações, LI, 97 s.
— nas repúblicas asiáticas da URSS, 176 s.
— nos costumes romanos e bárbaros, 369.
Ver também Adoção; Estratificação.
pobreza, voto de —, e uso, 342.
poços, 419, 545; *ver também* Direito islâmico, propriedade.
poder temporal:
— da Igreja do Oriente, 159 s., 162, 171.
— da Igreja romana, 55 s., 116 n., 549:
— e Inquisição (América do Sul), 251.
Ver também Igreja.
polícia:
— científica e prova, 115
— tribal entre os cheyennes, 365.

poligamia:
— na Índia independente, 488.
— no Islã, 97, 409, 415 s., 439, 445, 457; *ver também* Direito islâmico, e matrimônio.
política:
— do direito, 5, 561.
— e constituição, 90 s.
— e costume constitucional, 376 s.
— e direito islâmico, 399, 406, 417 s., 427.
— e história do direito, 546 s.
— e processos, 135.
— e tempo no costume, 385.
Ver também Autoritarismo; Caudilhismo; Comunismo; Ditadura; Ideologia; Marxismo; Partido.
Polônia, 179 s., 181-4:
— as leis sobre a economia, 185 s.
Ver também Democracias populares; Varsóvia.
pontífices (direito romano), 32.
populações germânicas, *39*; *ver também* Direito germânico.
"Porta do esforço" (Islã), 329, 411.
Porto Alegre (Brasil), templo comtiano de —, 303: *ver também* Comtismo.
Porto Rico, 345:
— capitania de —, 260.
— depois da independência, é território dos Estados Unidos, 283.
Portugal, 216, 218:
— e aliança com a Grã-Bretanha, *251*, 285 s.
— e bartolismo, 54, 228.

- e bloqueio continental desejado por Napoleão, 285.
- e Brasil, *ver* Brasil.
- e capitanias, 247, 265.
- e cessões territoriais a Espanha e França, 285.
- e Conselho da Índia (depois: Conselho Ultramarino), 267 s.
- e expulsão dos jesuítas, 236, 270.
- e guerra com a França, 285.
- e Indonésia, 440 s.; *ver também* Timor Leste.
- e invasões germânicas, 40, 218 s.
- e monopólio do comércio com o Brasil, 263, 286.
- e ocupação napoleônica, 215, 246 s., 262, 270, 272, 285:
  - declínio econômico como conseqüência da –, 287.
- e Ordenações:
  - Afonsinas, 227.
  - Filipinas (Espanha e Portugal), 254, 266, 298.
  - Manuelinas, 227, 264.
- e Régio padroado indiano, 236, 266.
- e Revolução:
  - do Porto (recolonização do Brasil), 287.
  - dos Cravos (fim do salazarismo), 302.
- e salazarismo, 292: *ver também* Ditadura.
- e soberania formal sobre o Brasil colonial, 263.
- e tráfico dos escravos negros, 241 s.
- e transferência da Corte para o Brasil, *ver* Brasil.
- reino de – e Algarve, 226.
- tem origem no reino de Galícia, 221, *223*.
- união pessoal com a Espanha, 252-4, 267.
- universidade de – e estudantes brasileiros, 270.

Ver também Brasil; Lisboa; Salazarismo; Espanha.

positivismo, XXII:
- darwinista, 110, 446.
- jurídico, 19, 104, 382, 560:
  - e costume, 318.

posse, *ver* Propriedade e posse no direito islâmico.

Potosí (Bolívia), 241.

povo e costume, 387 s.

povos criadores (solares), XXXII s.

povos imitadores (planetários), XXXII s.

praetor, 31.

Praga, 180:
- primavera de –, 184.

Ver também Tchecoslováquia.

pragmática, decisão régia (Espanha), 228, 247, 253 n., 259; *ver também Libro de las Bulas y Pragmáticas*.

precedente:
- e direito chinês, 513 s.
- e direito islâmico:
  - casuística islâmica, 406 s., 409 s, 484; *ver também* Escolas ortodoxas islâmicas.
  - sua irrelevância no –, 412, 430.

– judiciário:
  – como fonte do Common Law, 335-9.
  – *declaratory* e original, 336.
  – e coleção de casos (Grã-Bretanha), 339.
  – e costume, 384.
  – entre os cheyennes, 365.
  – e opinião concordante no Islã, 407.
  – e sua revisão ou abandono, 337 s.
  – hierarquia dos – no Common Law, 337 s.
  – no direito anglo-muçulmano, 475 s. e n., 492.
  Ver também Common Law; Juiz; Jurisprudência; *Judge made law*; Sentença; Tribunal.
preceito e conselho na definição de direito, 554.
preço do sangue, 358, 432; *ver também* Ressarcimento.
prescrição no direito primitivo, 355.
prevenção do desvio:
  – e conformismo imposto, 124.
  – e informática,122 s., 128.
  – e repressão, 124-9, 116.
Principados independentes (Rússia), 155.
"Princípios constitucionais" (China), 514; *ver também* Constituições chinesas.
princípios:
  – e direito islâmico, 400.
  – gerais:
    – do ordenamento (Itália), 377, 381.
    – extraídas das sentenças (Jurisprudence), 551.

prisão, 114, 120, *433*, 435, 454:
  – aberta, 120.
  – e Declaração dos direitos do homem, 118.
  – e escravidão, 117.
  – e medidas de segurança, 119.
  – sua aparição tardia, 116 s.
privacidade ou *privacy* (informática), 123 n.
privacy ou privacidade informática, 123 n.
privatização na era pós-comunista, 190, 197 s.
Probate, Divorce, and Admiralty Division (Grã-Bretanha), 332.
processo(s):
  – como elemento de superioridade de um direito, 500.
  – e certeza do direito, 132 s.
  – e Escolas ortodoxas islâmicas, 409-12.
  – e leis secretas (Japão), 502, 556.
  – e sua evolução, 33.
  – e tratados iníquos, 133.
  – européia na Ásia Oriental, 500.
  – judiciária:
    – e magia, 115 s., 361.
    – informal:
      – do cádi, 131-2, 409, 430 s.
      – nos direitos primitivos, 131, 361.
  – legislativas (direito público), 135.
  – no direito indo-islâmico, 479 s.
  – no direito islâmico, 405.
  – segundo o Common Law e a eqüidade, 328.

- fictício ou *moot court* (Grã-Bretanha), 325.
- político, 134.
Ver também Juiz; Processo; Repressão do desvio; Tribunal.

Próchiron, 43, 46 s., 158 s.

procurador legal e solicitor, 325.

programa (informática), 122 s.

progresso técnico-científico:
- e desilusão no Islã, 447.
- e direito, 60, 116, 121.
Ver também Ferrovia; Fundamentalismo (Islã); Positivismo; Ciências físicas e naturais; Imprensa.

Promontory Summit (EUA), 499; ver também Ferrovia.

propriedade, 95:
- abolição da – privada:
  - na URSS, 174, 192, 346:
  - na China comunista, 518 s.
- como aspecto de uma cultura, 3 s., 19.
- como elemento jurídico irredutível, XLVIII; ver também no *Índice de nomes*: Mazzarella, Giuseppe.
- comum no direito primitivo, 355 s., 363.
- dos meios de produção, 154.
- e constituições chinesas, 518 s., 522.
- e imposição fiscal islâmica, 419.
- e liberdade burguesa, 59, 80 s.
- e posse no direito islâmico, 418 s.
- e retorno à – privada (ex-URSS), 190:
- na China, 522 s.; *ver também* Privatização; Terceira via e comunismo.
- e seus modos de aquisição (Islã), 418.
- fundiária ou imobiliária, 60 s.:
  - islâmica (*milk*), 418.
  - no Common Law, 340, 343.
  - no direito primitivo, 355 s.
  - na Revolução Francesa, 80 s.
  - nas sociedades primitivas, 349.
- privada como bem comum (Locke), 555.

proselitismo:
- cristão, 427, 446; *ver também* Missões.
- islâmico e guerra santa (*jihad*), 427 s.
Ver também Conversão; Cristianização; Evangelização.

protestante(s), 99, 159, 170, 179, 266; *ver também* Igreja, protestante; Reforma.

prova:
- e reforma do direito indiano, 489 s.
- e escrita:
  - no direito da Índia, 475 s., 489.
  - no direito islâmico, 431.
- judiciária:
  - e ciências físicas e naturais, 121.
  - e confissão, 115 s., 120, 432.
  - e polícia científica, 115.
  - e tortura, 115 s., 120.
Ver também Juízo de Deus; Juramento.

Províncias Unidas, sua divisão (América Central), 280.
provisiones (Espanha), *ver* Conselho das Índias.
Provisions of Oxford (Grã-Bretanha), 329 s.
provocação e revolução, 106; *ver também* Desvio.
Prússia, 7, 489, 504-6; *ver também* Império Alemão.
psicanálise e criminalidade, 114; *ver também* Desvio.
psicologia, XXIX:
– behaviorista, 124-9.
– e desvio, 113 s., 124 s.
– e informática na prevenção do desvio, 122 s., 128.
psicopatias criminais, 108 s.; *ver também* Desvio.
psiquiatria e criminalidade, 113; *ver também* Desvio.
puberdade e maioridade (Islã), 414, 436, 454; *ver também* Mulher.
"publica utilitas" e direito visigótico, 369.
punk como desviante, 106; *ver também* Desvio.
pureza de sangue (Espanha), 232, 244.

Q

qanun (Islã), *ver* Soberano.
qisas, delitos islâmicos, 432, 434.
qiyas (Islã), *ver* Analogia.
quadrívio e ensino medieval, 50 e n.
quantificação do comportamento (direito canônico), 372 s.
Québec e ordenamento misto de Common e Civil Law, 304.

Queen's (ou King's) Bench Division (Grã-Bretanha), 328, 332.
querela de parte, 134.
questão social no Brasil, 291.
Quito (Equador):
– e declaração de independência, 278.

R

raça:
– e políticas eugenistas para os escravos (EUA), 243.
– e pureza de sangue (Espanha), 232, 244.
– miscigenação favorecida pela tradição ibérica, 242-3 e n., 267.
– na América do Sul: 214.
– peculiaridade do Brasil, 245.
Ver também Conflitos raciais.
racionalismo kantiano, 549 s.; *ver também* Filosofia.
racismo e direito ibérico, 220.
Ramadã, jejum anual islâmico, 406.
ratio:
– contraposta a auctoritas, 51.
– *decidendi* (Grã-Bretanha), 338 s.
– *scripta*, direito romano como –, 54.
– superior ao costume (direito feudal), 370.
rationabilitas do costume, 370, 373.
Ravena, 40.
razão, *ver* Jusnaturalismo racionalista; Iluminismo.
reabilitação do criminoso, 119 s.; *ver também* Desvio.

reação e estímulo (behaviorismo), 125 s.
realismo jurídico americano, 364; *ver também* Filosofia do direito.
realismo, método, XVI s.
rebelde e desvio, 106.
rebelião, delito *hudud*, 433.
Receita pública:
– e direito civil xogunal (Japão), 502.
– e evasão, 341, 420, 437.
– e fundações beneficentes (direito islâmico), 418-21, 424 s.
– e guerra santa (jihad), 428.
– e religião islâmica, 419, 428 s., 489 s.
– e revolução norte-americana, 78.
– e *trust* (Grã-Bretanha), 341.
Recife, 268; *ver também* Brasil, Nordeste; Pernambuco, Estado de.
– faculdade de Direito do –, XXIII.
reciprocidade e costume, 320.
"Reconquista" da península ibérica, 221, 223, 224, 231, 234:
– como vitória da cristandade, 221.
– e continuidade ideal com a "Conquista" sul-americana, 234.
– e renascimento do direito germânico, 40 s., 220 s.
Ver também Ibérica, península; Portugal; Espanha.
Recopilación de las Leyes de los Reynos de las Islas (América do Sul), 260.

"Reducciones", missões jesuítas do Paraguai, 236.
reductio ad unum (na filosofia), 51.
reeducação, *ver* Reabilitação do criminoso.
referendum, 87.
reflexos condicionados, 125; *ver também* Desvio.
reforma agrária (Rússia), 167 s.
Reforma Protestante, *ver* Igreja, protestante; Protestante(s).
reformismo e revolução, 138; *ver também* Revisionismo; Terceira via e comunismo.
regiões italianas, seu estatuto, 91.
registro imobiliário e propriedade urbana, 60 s.
regra(s) jurídica(s):
– do xadrez ou de culinária, XLIX.
– sociedades primitivas e – parentais, 351 s., 355.
– *trust* e – das três certezas, 342.
Ver também Conselho e preceito; Norma.
Reinforcement e instrução programada, 126 e n.
reinos africanos:
– e expansão islâmica, 355.
– e repressão dos delitos, 354, 360.
Ver também África; Direito primitivo; Expansão colonial; Escravidão.
relação:
– de sangue (direito germânico), 39.
– intersubjetiva, teoria da –, 553 s.

- sexual ilícita (Paquistão), 448:
  - e desaplicação das normas de tipo ocidental, 455.
  - e discricionariedade e severidade das penas, 454 s.
  - e *Ordenança Zina*, 453 e n.
  Ver também Direito islâmico, e matrimônio; Direito penal, islâmico.
religião(ões):
- "do livro" (monoteístas) e Islã, 427.
- e ateísmo (URSS), 179, 198, 439.
- e codificação indiana, 488-91.
- e conquista da América do Sul, 230; *ver também* Evangelização.
- e delitos penais, 414.
- e desvio, 114-8.
- e direito, 96 s.:
  - bramânico, 347, 412, 478, 481 s., 491.
  - eclesiástico, 96-100.
    - e contribuição de Vélez Sársfield (Argentina), 300.
  - islâmico, XLIX, 478, 486 s., 489 s.
  - japonês, 500 s.
- e divisão da Índia, 486 s.
- e economia no Islã, 421; *ver também* Álea; Juros.
- e ficção jurídica:
  - islâmica, 362, 411, 416 s., 421, 424 s.
  - nos direitos primitivos, 359, 362.
- islâmica e receita pública, 428 s.

Ver também Animismo; Igreja; Magia.
Renascimento, 7, 58, 160:
- como herança de Bizâncio, 45.
- e atividade bancária, 449.
renda e elegibilidade, 81 s.; *ver também* Elegibilidade.
Reno, rio, 32.
Repartição para o estudo:
- das obras em língua estrangeira (Japão), 505.
- dos sistemas governamentais estrangeiros (Japão), 505.
represália, 137, 557 s.; *ver também* Guerra.
repressão do desvio:
- e aprendizagem, 103 n., 120, 124 s.
- embrionária no direito primitivo, 353, 360 s.
- e mecanismo judiciário, 131 s.
- e prevenção, 124-9.
- falta de instrumentos de – nos direitos africanos, 354.
Ver também Juiz; Pena; Processo; Sanção; Tribunais.
República:
- Democrática Alemã, 6, 179 s., 184 s.:
- e Declaração de adesão, 187.
Ver também Democracias populares; Alemanha.
- Federal Alemã, 6, 184, 187, 562:
  - e "cidadãos de uniforme", 139.
  - e neurocirurgia em terroristas, 127.
  Ver também Alemanha.

– Velha (Brasil), 292; *ver também* Brasil.
repúdio da esposa, 414, 439, 445; *ver também* Direito islâmico, e matrimônio.
"requerimiento" dos índios ao invés da escravidão, 239 s.
Resistência e constituição (Itália), 90.
resistência:
– direito natural à – contra a opressão, 81.
– passiva como desvio, 106.
responsabilidade:
– coletiva ou de grupo, 320, 360 s., 432, 516:
– do clã africano, 354 s., 360.
– e direito, 117, 120:
– e sua evolução na África e Estados Unidos (*fence-in*), 358 e n.
– penal islâmico, 432.
– primitivo, 117, 355, 358 s.
– e pluralismo de ordenamentos, 97.
– extracontratual, 330, 340, 358, 436; *ver também* Torts:
– na informática, 123 n.
– no direito primitivo, 329, 340, 358.
– no Common Law, 331.
ressarcimento como sanção, 130, 349, 358, 407, *434*.
Restauração (França), 94.
revisionismo iugoslavo, 182.
revival islâmico, *ver* Islã, revivalismo.
revivescência:
– da lei, 380.
– das relações tribais (Afeganistão), 448, 455-8.

revogação:
– consuetudinária do direito canônico, 373.
– e ficção no direito primitivo, 361, 362.
– e sacralidade do direito primitivo, 362.
– e Supremo Tribunal de Recursos (Itália), 379.
revolta:
– dos Boxer (China), 510.
– dos Sepoys (Índia), 480, 481, 487.
revolução(ões), *346*:
– americana, 76, 79, 138, 270, *346*:
– e Common Law, 344 s.
– chinesa (1949), 200, 517.
– como desvio, 106.
– como negação do direito, 138.
– cultural chinesa, 511, 519-21.
– das colônias sul-americanas, *ver* Colônias sul-americanas, independência das –.
– e conservadorismo, 91.
– e provocação, 106.
– e reformismo, 138; *ver também* Privatização na era pós-comunista; Revisionismo; Símil-capitalismo (China); Terceira via e comunismo.
– e utopia, 151.
– francesa, 8, 91-5, 119, 270 s., 332, 343, *346*, 387, 441:
– e costume, 379.
– e constituição, 74 s.
– e direitos reais, 343.
– e direito civil, 59.
– industrial, 11:
– e direito romano, 7.

ÍNDICE ANALÍTICO

– khomeinista (Irã), 406, 444.
– na América do Sul, 215.
– não nega o direito, 139.
– nas tecnologias da informação, 13-6.
– russas:
  – bolchevique (ou de outubro), 138, 151, 156, 163, 169, 173, 179, 185, 191, 200 s., 346, 438.
  – decabrista, 166.
  – de 1905, 168 s., 438.
  Ver também Direito russo; Direito soviético.
revolucionário e desvio, 106.
ridicularização no direito:
– primitivo, 360.
– turco moderno, 435.
Ver também Pena; Sanção.
Rio:
– de la Plata (río), 236:
  – vice-reino do –, 249, 260, 279.
  – zona de atrito entre espanhóis e portugueses, 269.
– Grande del Norte, 249.
Rio Amazonas, 268:
– na política napoleônica, 271 s.
Rio de Janeiro, 245, 269, 286, 297:
– e França Antártica, 266.
– fundação do –, 266.
– templo comtiano do –, 303.
– transferência da capital para Brasília, 266.
– tratado do – (título imperial ao Brasil), 288 s.
Ver também Brasil.

Riqueza das nações, A, 4.
rito(s), melquita (Igreja bizantina), 47 e n.
Ver também Escolas ortodoxas islâmicas.
Rochedo das Leis (Islândia), 14.
Rodésia, e direito romano-holandês (África), 303.
Roma, 35, *39*, 56, 117, 236, 340, 347, 359, 503:
– Bizâncio como segunda –, 161.
– e as elites imperiais, 246.
– Moscou como terceira –, 45 s.
Ver também Direito romano; Itália.
romanistas e germanistas (Alemanha), 41 s., 220 s.
Romênia, 179 s., 182 s.; *ver também* Democracias populares.
Rota da Seda, bloqueada pelo Islã, 301.
Royal Court (Índia), 480.
rule of law (Grã-Bretanha), 75, 92 s.
ruling case law (EUA), 83.
Rússia, 43, 160:
– e derrota de Napoleão, 277.
– e seu atraso, 157, 168, 170.
– e sua cristianização, 155.
– Pequena e Grande –, 155.
– tsarista, 151, 182, 194, 199, 438, 482, 504, 509; *ver também* Autocracia; Monarquia absoluta.
Ver também Direito russo; Direito soviético; Revolução russa.
Russkaia Pravda, 157-60.

S
śūdra, *ver* Casta.
Sachsenspiegel, 371.
sacralidade:
 – da água, 32 s.
 – da norma e sua revogação, 362.
 – do Império Russo, 171.
 – e direito, 15.
 – e sua anulação processual, 360, 362; *ver também* Ficção.
Sacramento, Colônia do –, e origens do Uruguai, 269.
Sacro Império Romano-Germânico, 549:
 – e adoção do direito romano, 55-8.
 – e Igreja Católica, 51.
 – e lombardos, 41.
salazarismo (Portugal), 292: *ver também* Ditadura.
Salvador da Bahia, *ver* Bahia.
Salvador, El:
 – e tratado de paz e de amizade com a Espanha, 283.
 – independente (nascido das Províncias Unidas), 280.
Samoa ocidentais, 345.
sanção(ões), 349, 391 s.:
 – administrativas, civis, penais, 130 s.
 – advertência do juiz islâmico como –, 435, *437*.
 – definição, 10.
 – disciplinar ou política, 559.
 – do costume, 319.
 – e desvio, 103 s.
 – e procedimentos judiciários, 131 s.
 – e ressarcimento, 130.
 – mágico-religiosa no direito primitivo, 320, 360 s.
 – religiosa:
  – penitência, arrependimento, perdão como – (Islã), 432 s., *434*.
 – social:
  – no direito primitivo, 360.
  – no Japão, 503.
  – teoria da –, 113, 557 s.
 Ver também Pena; Ridicularização.
Santa Fé, 277:
 – de Bogotá, *ver* Bogotá.
Santiago do Chile e declaração de independência, 278.
santuário e direito primitivo, 360; *ver também* Asilo, direito de –.
São Domingos, capitania de, 260.
São Paulo (Brasil):
 – Estado de –, 267, 269; *ver também* Brasil, bandeiras.
 – faculdade de –, 297.
saque de Roma (410 d.C.), *39*.
Saxões, 40.
Sedan, batalha de –, 506 s.
segregação feminina (Islã), 417, 445.
seguro(s), normas sobre, 61.
seita(s):
 – cristã dos monofisistas, 47 n.
 – islâmica dos wahhabitas, 411 s., 439, 446.
 Ver também Escolas ortodoxas islâmicas.
semente de outrem, *ver* Direito islâmico, e propriedade.
Senado e reforma administrativa russa, 164.

ÍNDICE ANALÍTICO

sentença:
- e *ratio decidendi* (Grã-Bretanha), 338 s.
- não registrada, 357.
- objetividade da - e divisão dos poderes, 134.
Ver também Juiz; *Judge made law*; Precedente judiciário.
separação dos poderes, *ver* Divisão dos poderes.
Sepoys, *ver* Revolta dos –.
seppuku (Japão), 502.
Septennial Act (Grã-Bretanha), 83; *ver também* Constituição.
Serra Leoa (África), 355.
Sérvia, 43.
servidão da gleba, 7, 167, 343.
"settlor of the trust", *ver* Trust.
Sevilha (Espanha), 261:
- sede do Consulado do Mar, 248.
shafitas, 411, 433; *ver também* Escolas ortodoxas islâmicas.
sharia, direito divino islâmico, 402, 404, 450 s.:
- e sua abolição, 441-5; *ver também* Ateísmo.
- e Tribunal Federal Shariat (Paquistão), 455.
Ver também Direito islâmico; *Fikh*.
shefa (direito islâmico), 419; *ver* Direito islâmico, e propriedade.
Sião (hoje Tailândia, Ásia), 516.
Sibéria (Rússia), 166.
Sicília, 301, 430.
Siete Partidas (Espanha), 55, 255, 260.
símil-capitalismo, *ver* China; Terceira via e comunismo.

sindicatos ingleses, 130-1.
Síria, 45, 201:
- e Islã, 411, 429, 444.
Ver também Damasco.
siríaco (língua) e direito romano na Ásia Menor, 47.
sistema(s):
- como elemento próprio dos direitos europeus, 548.
- de valores e desvio, 103 s., 107.
- e cientificidade da exposição, 11.
- e Common Law, 336, 400, 548 s.; *ver também* Jurisprudence.
- e direito islâmico, 400, 422.
- e direitos extra-europeus, 348.
- e doutrina pura do direito, 551 s.
- e geometria euclidiana, 34.
- e lacunas no direito, 57, 381.
- e pandectistas alemães, 37, 57 s., 550.
- e teoria da sanção, 11, 558 s.
- expositivo no direito anglo-americano, 552.
- feudal inglês e direitos reais, 343.
- jurídicos universais:
 - em Wigmore, 535 s.
 - universais, *ver* História universal do direito.
- noção de –, 10 s.
sistemática, XLV, XLVIII:
- dos *Basiliká* e do *Corpus iuris civilis*, 44.
- no direito espanhol, 227.
- no direito russo, 163 s., 166 s.
- por elementos jurídicos irredutíveis, XLVIII; *ver*

também no Índice de nomes:
Mazzarella, Giuseppe.
– por grandes problemas, XLVIII.
soberania:
– e tratados iníquos, 214, 416, 498 s.; *ver também* Extraterritorialidade.
– nacional e empresas ou organismos supranacionais, 64 s., 557.
– popular e constituição, 74 s.
– teoria da – na definição de direito, 556 s.
soberano e *qanun* (Islã), 409.
Social Bank (Egito), 451; *ver também* Banco, islâmico.
social security number (EUA), 122.
socialidade, teoria da – na definição de direito, 554.
socialismo, 441:
– e constituição chinesa, 518.
– em um só país, 199.
– e "terceira via", 202 s.
Ver também Comunismo; Democracias populares; Marxismo; Direito chinês; Direito soviético.
sociedade de capitais:
– e Islã, 421.
– multinacionais, 64 s., 544.
– por ações, 423 n.
Ver também Capital; Globalização.
sociedades:
– arcaicas, *ver* Sociedades primitivas.
– cinco tipos de – segundo Hoebel, 349.
– e técnica (ou tecnologia), 348 s.

– e teoria da socialidade, 554.
– pré-letradas, *ver* Sociedades primitivas.
– primitivas:
– dois tipos de –, 353.
– e desvio, 103 s., 114, 117, 122:
– e formas de escravidão, 117.
– e direito, 33, 346.
– e economia, 16 s., 321, 352, 362.
– e gênese do costume, 319 s.
– e natureza, 19.
– e regras de parentesco, 352, 356.
– e sociedades economicamente hegemônicas, 16 s., 544 s.
– tradicionais, *ver* Sociedades primitivas.
Ver também Estratificações.
sociedades (associações):
– militares entre os cheyennes, 365.
– secretas:
– no direito chinês, 354.
– nos direitos primitivos africanos, 353.
sociologia, XXIX, 102, 110-4, 547:
– da criminalidade, 112.
– do direito, 350 s., 562.
Sociologia criminal, 109.
sodomia como delito *tazir* (Islã), 435.
solicitor e procurador legal (Grã-Bretanha), 325.
Somme Rurale, 371.
Soviet Supremo e divisão dos poderes, 90; *ver também* Direito soviético.

Speculum iudiciale, 100.
Spiegel (direito germânico), 41, 371:
– e direito espanhol, 227.
Staatswissenschaft e fontes bramânicas, 474.
stalinismo, 176-81, 292:
– e culto da personalidade, 182-4.
– e processos políticos, 134.
Ver também Comunismo; Direito soviético; União Soviética.
stare decisis, ver Precedente judiciário.
status e contrato nas sociedades primitivas, 364.
Statute:
– of Uses (Grã-Bretanha), 341; ver também Trust.
– of Westminster II (Grã-Bretanha), 329 s.
Statute Law (Grã-Bretanha), 334 s., 345:
– e analiticidade lingüística, 334 s.
– e *judge made law*, 333, 336, 345, 379.
Stoglav (Rússia), 162 s.
Suazilândia e direito romano-holandês (África), 304.
subsaariana, África –, 347.
subsidiariedade do direito romano adotado, 57 s.
sucessão:
– como elemento jurídico irredutível, XLVIII; *ver também no Índice de nomes*: Mazzarella, Giuseppe.
– dinástica e – hereditária, 60.

Sudão (África), 345, 355.
Sudebnik (Rússia), 161 s.
suevos, 40, 219.
sufismo (Islã), 411.
sufrágio universal, *ver* Elegibilidade.
Suíça, 55, 63.
suna (Islã), *ver* Tradição sagrada.
sunitas, 406 s., 446:
– e tratados de direito público, 426.
Ver também Tradição sagrada (*suna*).
Super maleficiis et causis criminalibus, 100.
Supreme Court (Grã-Bretanha), 332.
sura (Islã), *ver* Corão.
Surat (Índia), 479.
Susa, capital babilônica, 347.

T

Ta tsing lu li (ou Da cin lü lì, código chinês), 512.
tabu e direito, 19, 362.
tafzir (Islã), *ver* Interpretação, do Corão.
Taishō, época (Japão), 509.
Taiwan (China), *ver* Formosa.
talak (Islã), *ver* Repúdio.
talião, 20:
– e direito internacional, 137.
– e direito islâmico, 432, 434.
Ver também Pena; Sanção; Vingança.
Talibãs e fundamentalismo islâmico, 457 s.
Talmude, 410.
Tanzânia (África), 201.
taxa, 95, 562; *ver também* Direito tributário.

tazir, delitos islâmicos, 431 s.,
    435; *ver também* Direito penal,
    islâmico.
Tchecoslováquia, 179 s., 184-5,
    194:
    – e leis sobre as empresas, 186.
    – e modelo polonês pós-
      comunista, 186.
    Ver também Democracias
      populares.
Tea Party (EUA), 78; *ver também*
    Colônias, inglesas na América
    do Norte.
técnica (tecnologia) e sociedade,
    348 s:
    – e Japão, 499, 504.
    Ver também Ferrovia;
      Progresso técnico-científico;
      Ciências físicas e naturais;
      Imprensa.
técnicas interpretativas, *ver*
    Interpretação.
Tejo, rio, 286.
templo comtiano (Brasil), 303
    ver também Comtismo.
tempo:
    – como elemento objetivo do
      costume, 383-6.
    – "imemorável" no direito
      inglês, 333.
tenants in capite (Grã-Bretanha),
    ver Direitos reais no Common
    Law.
tenentismo brasileiro, 292.
Tennessee (EUA), 78.
teocracia islâmica, 406 s.
teologia, 470:
    – cristã:
      – e direito romano, 50;
      – e quantificação do
        comportamento, 372 s.
    – e ciência jurídica islâmica,
      400 s.
    – e direito, 19, 49 s., 548.
    – e tecnologias da
      comunicação, 15; *ver
      também* Imprensa.
teoria(s):
    – da finalidade, 554 s.
    – da imperatividade, 554 s.
    – da sanção, 557-9.
    – da soberania, 556 s.
    – da socialidade, 554.
    – geral do direito, 549, 561.
    – jurídicas:
      – e eurocentrismo, XLVI, 548.
      – e materialismo, 547.
    Ver também Enciclopédia
      jurídica; Filosofia do direito;
      Jurisprudence.
terapia, *ver* Tratamento.
"terceira via":
    – e reformas na URSS, 202 s.
    – e símil-capitalismo na
      China, 202 s., 512, 522.
    – fascismo e nacional-
      socialismo como –, 202 s.
terras mortas e vivificadas 419
    s.; *ver também* Direito
    islâmico, e propriedade.
"Terre Napoléon" na Austrália,
    271.
tesouro (Índia), 470-1.
testemunho, *ver* Prova.
Texas (EUA), 249 n.:
    – o Common Law cancela o
      direito espanhol, 304.
texto único e consolidação do
    Common Law, 337, 344 s.
Thingvellir (Islândia), 14.
Tienanmen, praça (China), 523 s.
Timor Leste, sua
    independência, 302, 441.

Toledo (Espanha), *223*, 225 s.:
- reino visigótico de –, 219.

Tóquio, LIV, 502 s.

Toro, cidade de –, 228; *ver também Leyes de Toro*.

torts (Common Law), 330:
- e direito:
  - islâmico, 436
  - primitivo, 358.

tortura:
- e Igreja Católica, 116 n.
- judiciária, 7, 115 s.:
  - como prova e como pena, 116.

trabalho:
- doméstico e costume, 374.
- e capital nos bancos islâmicos, 451.
- forçado, 117, 119 n.
- forçado dos índios (mita), 241.

Tractatus de mercatura et mercatore, 54 s.

Trade Union Act (Grã-Bretanha), 131.

tradição sagrada (*suna*), fonte do direito islâmico, 405-6, 410, 432, 446, 478; *ver também* Escolas ortodoxas islâmicas; Sunitas.

tradicionalismo islâmico, 416, 447:
- e guerra santa (*jihad*), 426-8. *Ver também* Fundamentalismo; Modernização.

tráficos dos escravos negros, 241 s., 268, 353; *ver também* Escravidão; Colônias sul-americanas.

Transcaucásia, 175.

transferências jurídicas, *ver* Estratificação.

translatio imperii, *ver* Alemanha, e adoção do direito romano.

tratado (obra doutrinária):
- de Gautama, 470.
- de Kautilya, 474, 477.

tratado(s) (direito internacional):
- da Rússia com bizantinos e alemães, 155-7.
- de Alcáçovas e navegação atlântica, 231 s.
- de Constança e independência das comunas italianas, 74.
- de Paris entre Espanha e Estados Unidos, 284.
- de paz e de amizade entre Espanha e ex-colônias, 283.
- de Portsmouth (guerra russo-japonesa), 169.
- de Roma, 198.
- de S. Ildefonso, 269.
- de Tordesilhas, 13, 233, 242, *251*, 262, 267 n., 269.
- de Valençay e restauração dos Bourbons na Espanha, 277.
- de Verona, 270.
- do Rio de Janeiro (título imperial ao Brasil), 288 s.
- e costume, 375.
- e direitos humanos no Islã, 452.
- iníquos, 214, 511:
  - na Ásia Oriental, 498 s.; *ver também* Extraterritorialidade.
- internacional e costume, 375.
- na constituição dos Estados Unidos, 88.

- sino-russo para a
  Transiberiana, 169.
"trend" e "evolution" na
  antropologia, 349 s.
"três certezas", regra das – no
  trust, 342.
trial by jury (Grã-Bretanha), 116:
  – e *equity*, 332.
tribo, 20:
  – e Estado no Afeganistão, 455.
  Ver também Clã.
Tribunal:
  – constitucional, 84, 196:
    – e costume constitucional,
      86, 378.
    – e direito jurisprudencial
      no Civil Law, 345.
  – de contas (América do Sul),
    251.
  – de recursos, 445:
    – do Cairo, 436.
    – e revogação das leis
      (Itália), 379.
    – italiano, 16, 86, 517; *ver
      também Italgiure*.
  – do Almirantado (Índia), 81.
  – Federal Shariat (Paquistão),
    455.
  – Internacional de Haia, 376.
  – Supremo indiano (Índia),
    487.
tribunal(is):
  – administrativos, 93 s.
  – anglo-muçulmanos, 483 s.
  – chineses:
    – e modernização jurídica,
      515.
    – e Revolução Cultural, 519 s.
  – comerciais:
    – e corporações, 62.
    – e sua abolição, 62 s.
  – da Consciência (Mesa de
    Consciência e Ordens), 265.
  – de Madras, 480.
  – e Companhia das Índias
    Orientais, 479-86.
  – e constituição de um *trust*
    (Grã-Bretanha), 342.
  – e hierarquia dos precedentes
    (Grã-Bretanha), 337 s.
  – e interpretação constitucional
    (EUA), 72 s.
  – e procedimento informal
    nos direitos primitivos, 131,
    361.
  – e samurai, 502.
  – Especial para a Defesa do
    Estado (Itália), 134.
  – estadunidenses e costume
    constitucional, 88.
  – e teoria da soberania, 556.
  – federais e estatais (EUA), 345.
  – japoneses, 502:
    – e leis francesas, 505.
    – locais (época xogunal),
      502, 506.
  – indianos coloniais, 480 s.
  – internacionais, 133.
  – islâmicos e soviéticos, 176 s.
  – islâmicos no Paquistão, 455.
  – nas Índias (Espanha), 247 s.,
    251.
  – no direito bramânico, 475,
    479.
  – privilegiados, 76, 502:
    – e tratados iníquos, 499.
  – que faz valer o comando do
    soberano, 556; *ver também*
    Teoria da soberania.
  – russos, reorganização dos,
    161.
  Ver também Juiz; Processo;
    Repressão do desvio.

tributo, 95; *ver também* Direito tributário.
trívio e ensino medieval, 50 e n.
Trobriand, ilhas (Oceania), 349.
trust (Grã-Bretanha), 340-3:
- como solução para a receita pública, 341 s.
- construtivo, expresso, implícito, privado, público, 342.
- e fundações beneficentes islâmicas, 242, 418-21.
- e noções romanistas, 340 s.; *ver também* Uso.
- e propriedade fundiária, 344.
- e regra das três certezas, 342.
- instituído pelo juiz, 342.
- lei-modelo sobre o – (ex-URSS), 194.
- tutelado pela *equity*, 341.
trustee (Grã-Bretanha), 340, 343:
- Act, 342.
tsar, origem do título, 162.
tulipa e Holanda, XLVI.
Tunísia, 214, 409, 430.
turcos e conquista de Bizâncio, 161.
Turquia, 193, 488, 512:
- e Islã, 411, 418, 438, 442 s., 444, 458.
- e modelo soviético, 200 s.
Ver também Império Otomano; *ver também no Índice de nomes*: Atatürk, Mustafa Kemal.

U

Ucrânia, 161, 175.
Uganda (África), 355.
ulama (Islã), *ver alim*.
"Ultra Vires Doctrine" (Grã-Bretanha), 334.

União Européia, 66, 198.
"união per mercede", *ver* Matrimônio temporário.
União Soviética, 120, 138, 152, 154, 438:
- e China:
  - exportação do modelo soviético, 517 s.
  - ruptura com a China, 181-2, 519 s.
- e codificação, 175, 184.
- e Islã, 411, 442 s.
- e perestróica, 186.
- e reformas econômicas, 185; *ver também* NPE.
- e separação das repúblicas bálticas, 186.
- fim da –, 182, 186, 196.
- transforma-se em CEI, 187.
Ver também Comunismo; Direito russo; Direito soviético; Marxismo; Rússia.
unificação:
- das penas de detenção, 120.
- de *equity* e Common Law, 330 s.
- do(s) direito(s):
  - civil e comercial, 60-3, 374.
  - inglês, 323 s.
  - reais ingleses, 343.
  - romano com costumes bárbaros, 369.
- dos procedimentos, 135.
Union Pacific (EUA), 499; *ver também* Ferrovia.
universidade:
- de Moscou e docentes estrangeiros, 165.
- do Chile fundada por Andrés Bello, 296 s.
- e ensino do direito romano-canônico, 55 s.

– e método de ensino da – de Pavia, 41.
– portugueses:
– e Brasil, 270, 297.
– e liberalismo transmitido ao Brasil, 270.
unum imperium (na política), 51, 136.
urf, *ver* Direito islâmico, costume.
URSS, *ver* União Soviética.
Uruguai, 249:
– e ditadura militar, 294.
– e tratado de paz e de amizade com a Espanha, 283.
– sua independência do Brasil, 282.
– suas origens na Colônia de Sacramento, 269.
Ver também Montevidéu.
"use upon a use", *ver* Trust.
uso (direito real):
– e *trust* (Grã-Bretanha), 340 s.
– no direito islâmico, 419.
uso(s) (ou costume):
– comerciais e direito civil, 58-60, 374, 389 s., 391; *ver também* Costume:
– e direito na teoria da imperatividade, 554.
– e escrita, 317.
– mercantis no código de comércio italiano, 321, 379.
Ussuri, rio (Ásia), 182.
usufruto no direito islâmico, 419.
usura:
– e bancos islâmicos, 450 s.
– no direito islâmico, 437, 445.

Ver também Álea; Juros.
usus, *ver* Trust.
Usus modernus Pandectarum, 37, 57 s., 168, 388; *ver também* Compilação justiniana; Pandectistas.
Usus Venetorum, coleção de usos, 371.
Utah (EUA), 499.
Utopia, 112.
utopia, 134, 151:
– e revolução, 151, 174, 194.

V

validade e eficácia, *ver* Eficácia e validade.
valor(es) (e juízo de –):
– do bem comum na definição de direito, 555 s.
– e colonização sul-americana, 230.
– e costume, 319.
– e desvio, 102-9, 121-9.
– e direito positivo, 5-6, 545, 561.
– expiatório do isolamento e clausura, 117.
– ocidentais e Islã, 452.
– relatividade dos – e repressão do desvio, 102 s., 127.
– tradicionais russos, 170-2.
Ver também Desvio; Ética; Moral.
Vandalícia, *ver* Andaluzia.
vândalos, 40, 219; *ver também* al-Ándalus; Andaluzia.
Varennes, fuga de, 82.
Varsóvia, 168:
– Pacto de –, 197.

Veda (Índia), 470, 478:
- e direito islâmico, 478.

venda, dupla (Islã), 424; *ver também* Ficção.

Veneza, 136.

Venezuela, 246, 276:
- capitania da –, 249, 260.
- democracia durante as ditaduras militares, 294.
- e tratado de paz e de amizade com a Espanha, 283.
- independente (nascida da Grande Colômbia), 282.

verba e sensus, 53; *ver também* Glosadores; Interpretação.

Verona, tratado de –, 270.

Versailles (França), 79.

verzino, nome italiano do pau-brasil, 266 n.

viagens transoceânicas, 61:
- para superar o bloqueio islâmico, 301 s.

vice-reinos espanhóis nas Índias, 247-52:
- e intendências, 262.
Ver também Colônias sul-americanas; Espanha.

Viena, 45, 449.

Vietnã, 201; *ver também* Indochina.

vigente, direito, e direito vivo, 6 s., 511 s., 560 s.

Village Panchayat Act (Índia), 479.

vingança, 115, 354, 358, 432, 504; *ver também* Pena; Sanção; Talião.

violência:
- e não-violência na Índia, 485 s.
- física e psíquica, 120, 124.

Virgens, ilhas do Caribe, 345.

Virgínia (EUA), 79.

virtude e desvio, *105*, 108.

visigodos, 219, 221, *223*, 224 s., 252, 369 s.; *ver também* Direito espanhol; Ibérica, península.

Vístula (rio, Polônia), 155.

vivo, direito, *ver* Vigente, direito.

Vladivostok (Rússia), 168, 301.

Volga (rio, Rússia), 155.

Volksgeist, espírito do povo, 388; *ver também* Escola Histórica do Direito.

vontade geral, *ver* Contrato social.

voto de pobreza e uso (*trust*), 342.

voto, direito de – aos sem casta (Índia), 485; *ver também* Elegibilidade.

Vyavahāra, definição de (Índia), 472, 475.

W

Wachaga, etnia, 362.

wahhabitas, seita islâmica, 411 s., 439, 446.

waqf, *ver* Fundações beneficentes.

Washington, 277:
- Estado de – (EUA), 499.

West Africa Land Committee, 355.

white collar crimes, 112.

Wittenberg (Alemanha), 240.

writ e *actio romana* (Grã-Bretanha), 329 s.:

– of Trespass (Grã-Bretanha), 330.

X
xadrez, regras do jogo de –, XLIX;
  ver também Regra jurídica.
Xangai (China), 522.
xiitas (Islã), 406 s., 410, 426, 439;
  ver também Irã; Tradição sagrada (*suna*).
xintoísmo (Japão), 502.
xógun (Japão), 502, 507;
  Ver também no Índice de nomes: Tokugawa, família.

Y
Yalta, acordos de –, 178.
Year Books (Grã-Bretanha), 339.

Z
zakat, imposto islâmico, 419, 428 s.; *ver também* Receita pública.
Zanzibar (África), 355.
Zimbábue (África), 201.
zina, *ver* Relação, sexual ilícita (Paquistão).
Zona de ocupação soviética (Alemanha), 179.

ÍNDICE DE NOMES*

A
Abássida, dinastia, 408, 410 s.
Acevedo, Eduardo, 300.
Acúrsio, 52 s., 228.
Afonso V, rei de Portugal, 227.
Afonso X, rei de Castela, *dito* O Sábio, 55, 227.
Agostinho, Aurelio, santo, 370.
Aiyar, Chandrasekhara N., 471 n.
Ajani, Gianmaria, 186 n.
Alarico I, rei dos visigodos, *39*.
Alberto [de] Gandino, 100.
Albonico, Aldo, 240 n.
Alcuíno de York, 50 n.
Alexandre I, imperador da Rússia, 165.
Alexandre III, imperador da Rússia, 167 n.
Alexandre VI, papa, 13, 232 s.; *ver também* Rodrigo de Borja.
Alexandre Severo, imperador romano, 32.
Aliéksis Mikháilovitch, tsar de Moscóvia, 162 s.
Almeida Costa, Mário Júlio de, *ver* Costa, Mário Júlio de Almeida.
al-Sarakhsi, Muhammad bīn Aḥmad bīn Abī Sahl Abū Bakr, 423.
Amari, Emerico, 13-4 e n.
Amblimont, Jacques Athanase de, 276.

---

* Este índice traz apenas os nomes contidos no texto, nas legendas e notas de rodapé. Nas remissões ao texto e às notas, o número da página está em redondo, enquanto o das legendas e notas explicativas está em itálico. O índice não contém os nomes dos tradutores e os presentes nos *Itinerários bibliográficos* e na *Cronologia*. Os nomes transliterados de alfabetos não-latinos estão aqui redigidos na grafia com que aparecem no texto. Também nos nomes japoneses e chineses uma vírgula separa o nome do prenome. Nos nomes chineses, além disso, a transcrição foi preferida àquela *pinyin*, que (mesmo sendo cientificamente mais exata) pode ser fonte de incompreensões. Os duplos sobrenomes ibero-americanos estão colocados na ordem alfabética, sob ambos os sobrenomes, para facilitar a pesquisa.

Ambrósio, santo, de Milão, 47.
Ancel, Marc, XXI n.
Aranda, Pedro Paulo Abaraca de Bolea, conde de, 261.
Araripe Jr., Tristão de Alencar, XXIV n.
Ardigò, Roberto, XXX.
Aristóteles, 51, 554.
Armani, Alberto, 236 n.
Ashikaga, família xogunal, 504.
Atatürk, Mustafa Kemal, 200, 438, 442 s.
Augusto, Caio Júlio César Otaviano, 217.
Austin, John, 388-9.
Ayubi, Nazih N., 426 n.

B

Bachofen, Johann Jakob, 545 e n.
Bacon, Francis, 331.
Bain, Alexander, XXVIII e n.
Balagija, Abdesselam, 439 n.
Bandeira, João, XXIV n.
Barbier, Edmond, XXXVII n.
Barnave, Antoine Pierre Joseph Marie, 82.
Barraclough, Geoffrey, XIX.
Barreto, Tobias, XX.
Barros, Eugenio de, XXIV n.
Bartolo de Sassoferrato, 53 s., 74, 228, 252.
Basílio I, imperador do Oriente, 43 s., 158 s.
Basílio III, grão-duque de Moscóvia, 46.
Bassano, conde, depois duque de, *ver* Maret, Hugues Bernard.
Battaglia, Felice, 75 n.
Beccaria, Cesare, 101, 118.
Bégovitch, Mekhmed, 439 n.
Belli, Pierino, 136.
Bellini, Giuseppe, 240 n.
Bello, Andrés, 216, 295-7.
Benaoin, Rafael, XXII n.
Bennabi, Malek, 401 n.
Bentham, Jeremy, 118.
Bentinck, William, Lorde, 481.
Bergsträsser, Gotthelf, 413 e n.
Berman, Harold J., 46 n., 170-2.
Bernstein, Herbert, XXI n.
Bettiol, Giuseppe, 375 n.
Bismarck-Schönhausen, Otto, príncipe de, 506.
Blackstone, William, 75 n.
Bluntschli, Johann Kaspar, XXVIII e n.
Bobbio, Norberto, 385-6 e n., 389-91.
Boissonade de Fontarabie, Gustave-Émile, 507 s.
Bolívar, Simón, 244 s., 280, 295.
Bonello, Andrea, 73.
Bonfante, Pietro, 385.
Bonger, Willem A., 111 n.
Bórgia, família, 232.
Borja, *ver* Bórgia, família; Rodrigo de Borja.
Bourbon, dinastia, 235, 260, 272.
Bousquet, Georges-Henri, 412 n., 440, 484 n.
Bragança, dinastia portuguesa, 245.
Braudel, Fernand, 243 n.
Brecht, Bertolt, 106.
Brejnev, Leonid Ilitch, 182.
Broz, Josip, *ver* Tito.
Bruegel, Jan, *dito* dos Veludos, XLVI.
Bruegel, Pieter, *dito* o Velho, 116.
Brunet, Pauline, XXXVII n.

ÍNDICE DE NOMES

Buda, *ver* Gautama (ou Gotama).
Burdette, Franklin L., 89 n.
Butt-Thompson, Frederic William, 354 n.

C

Cabral, Pedro Álvares, 13.
Capone, Alphonse, *dito* Al, 108.
Carlos III de Bourbon, rei da Espanha, 261.
Carlos IV de Bourbon, rei da Espanha, 271.
Carlos V, imperador e rei da Espanha, 257.
Carlos Magno, imperador, 40 s., 57, 231.
Carmagnani, Marcello, 293 e n.
Carolíngia, dinastia, 504.
Casetta, Giovanni, 293 n.
Castagnola, Stefano XXVII n.
Catarina II, imperatriz da Rússia, *dita* a Grande, 164.
César, Caio Júlio, 34.
Ch'ing, dinastia chinesa, 512.
Champagny, Jean-Baptiste Nompère de, 273.
Champion de Cicé, Jérôme Marie, 79.
Chiang, Kai-shek, 514, 516.
Cicé, *ver* Champion de Cicé.
Cícero, Marco Túlio, 34.
Cimbali, Giuseppe, XXVII n.
Clinard, Marshall Barron, 108 e n.
Cogliolo, Pietro, XXVII n.
Collo, Paolo, 236 n.
Colombo, Cristóvão, V, 16, 232, 237, *251*, 301.
Compayré, Jules Gabriel, XXVIII.

Comte, Auguste, XXIX.
Constantino I, imperador romano, *dito* o Grande, *39*, 56, 368-70.
Constantino VII Porfirogênito, imperador do Oriente, 44.
Conti Rossini, Carlo, 47 n.
Cornwallis, Charles, Lorde, 481.
Cortés, Hernán, 230, 239.
Costa, Mário Júlio de Almeida, 254 n.
Croce, Benedetto, 547 n.

D

Dagrossa, Norberto C., XVI
David, René, XVIII, L, 49, 165 e n.
Davis, Fei-ling, 354 n.
Decrès, Denis, duque de, 274.
De Gaulle, Charles, 138.
Delogu, jurista italiano, XXVII n.
Delolme, Jean-Louis, 75.
De Luca, Giambattista, 54.
Descartes, René, 347.
Desmoland, agente francês, 276.
Desmoulins, Lucie Simplice Camille Benoît, 82.
Díaz de Montalvo, Alonso, 228.
Dicey, Albert V., 83, 93 e n.
Djugachvíli, Iôssif Vissariônovitch, *ver* Stálin.
Dobb, Leonard W., 113 n.
Dollard, John, 113 e n., 125.
Dundas, Charles, 352 n.
Durante, Guglielmo, 100-1.
Durkheim, Émile, 111 s.
Duus, Peter, XLVI n.

E

Echizen, senhor de (Japão), 505.
Eduardo I, rei da Inglaterra, *dito* Longshanks, 329.

Elias, Taslim Olawale, 351 n., 355 n., 357.
Escarra, Jean, 515 s.
Etō, Shimpei, 505 s.
Euclides, 347.
Evans-Pritchard, Edward Evan, 351 e n.

F
Facchi, Alessandra, XLVII n., LIV n.
Falcão Bastos, Ana, XV n., LV n.
Faralli, Carla, XLVII n., LIV n.
Fernando de Aragão, *dito* o Católico, 226, 256; *ver também* Isabela.
Fernando VII, rei da Espanha, 271-2, 277-85.
Ferrara, Francesco, 385, 389 e n.
Ferrari, Giuseppe, 385 n.
Ferri, Enrico, 111 s.
Feuerbach, Ludwig Andreas, 18.
Filipe II, rei da Espanha (também I, rei de Portugal), 247, 254 s., 260.
Filipe III, rei da Espanha, 253 n.
Filipe IV, rei da Espanha, 259.
Filippi, Alberto, 232 n., 237 n.
Filoteu, monge, 46.
Fleiner, Fritz, 92.
Folsom, Ralph H., 511 n., 521 n.
Fontainha, Affonso, 298.
Forde, C. Daryll, 353 e n.
Fournier, Paul, historiador francês, XXIX.
Frederico II, imperador e rei da Sicília, 73.
Frederico II, rei da Prússia, *dito* o Grande, 7.
Freitas, Augusto Teixeira de, XXVII, 216, 297 s., 300.

Freyre, Gilberto, 243 n.
Frosini, Vittorio, 14 n.

G
Gabriel, arcanjo, 400.
Gaio, jurista, 37, 368.
Galilei, Galileu, 16, 54.
Gall, Franz Joseph, 111.
Gandhi, Mohandas Karamchand, 485 s.
Gandino, Alberto [de], *ver* Alberto [de] Gandino.
Gans, Eduard, LI n.
García, Gregorio, L.
García-Gallo, Alfonso, 252 n.
Garofalo, Raffaele, 111.
Gautama (ou Gotama, Buda), 470.
Gengis Khan, 170.
Gentili, Alberico, 136.
Gerber, Karl Friedrich von, 550.
Gilissen, John, XX
Giunchi, Elisa, 453-5 nn.
Glanvill, Ranulf de, L.
Glasson, Ernest, XXIX e n.
Gluckman, Max, 352 e n.
Godoy Álvarez de Faria Ríos Sánchez Zarzosa, Manuel, 271.
Goitein, Solomon [Shelomo] D., 422 n.
Goldschimidt, Levin, L.
Goodnow, Frank J., 514.
Gorbachov, Mikhail Sergeevitch, 186.
Goring, Charles, 111 e n.
Gorla, Gino, XXI n.
Gramatica, Filippo, 120 e n.
Graziano de Chiusi, monge, 52 n.
Gregório de Rimini, 549.

Gregório IX, papa, 53.
Grinnel, Georg Bird, 364 n.
Grócio, Hugo (Hugo Grotius), 136, 549.
Grunebaum, Gustav Edmund von, 401 n., 422 n.
Guilherme I, rei da Inglaterra, *dito* o Conquistador, 325, 343.

H

Habsburgo, dinastia austríaca, 235, 260.
Hailey, William Malcolm, 354 n.
Hamilton, Charles, 483.
Hamurabi, rei babilônico, 347.
Hauriou, Maurice, 92.
Hayek, Friedrich August von, 193.
Heffter, August Wilhelm, 475 n.
Henrique, infante de Portugal, *dito* o Navegador, 301.
Henrique I, rei da Inglaterra, *dito* Beauclerc, 329.
Henrique II Plantageneta, rei da Inglaterra, *dito* Curtmantle, 326, 329, 333.
Henrique III, rei da Inglaterra, 329.
Henrique VIII, rei da Inglaterra, *dito* Defender of the Faith, 341.
Herrfahrdt, Heinrich, 504 n.
Hewart, Chief Justice, 93.
Hinojosa, Eduardo de, 220.
Hirohito, imperador do Japão, 510.
Hobbes, Thomas, 92 n., 379.
Hoebel, Edward Adamson, 248 s., 364-5 e n.
Homoud, Sami Hassan, 449 s.
Howard, John, 118.
Hozumi, Nobushige, 508 e n.
Huber, Jörg, XXIII n.
Hug, Walther, XXI n.
Humboldt, Alexander von, XXXII, 235 e n., 244, 248, 296.

I

Ibañez, Vicente Blasco, 237-8 e n.
Irnério, 38, 50 s.
Isabel, regente do Brasil, 290.
Isabel de Castela, *dita* a Católica, 226 s., 256.
Itakura, Matsutarō, 515.
Itapagipe, barão de (Brasil), 297.
Ivan III, grão-duque de Moscou, *dito* o Grande, 45, 156, 160 s.
Ivan IV, tsar da Rússia, *dito* o Terrível, 162 s.
Iwata, Shin, 515.

J

Jahangir, soberano mongol (Índia), 480
James I, rei da Inglaterra, 331.
Jhering, Rudolf von, XX, LI n., 347.
Jimmu Tenn-o, mítico imperador japonês, 501.
Joana, rainha de Castela, *dita* a Louca, 256.
João III, rei de Portugal, 263.
João VI, rei de Portugal, 286-9.
Joly, Henry, 111 n.
José Bonaparte, rei de Nápoles e da Espanha, 272, 275, 277.
José II, imperador da Áustria, 8.
Justiniano I, imperador do Oriente, 32, 36 s., 40, 43 s., 51, 218, 367.

K

Kamali, Mohammad Hashkim, 456 n.
Kämpfer, Engelbert, 505.
Kant, Immanuel, 554 s.
Kantorowicz, Hermann Ulrich, 389, 556.
Kautilya, tratadista indiano arcaico, 474, 477.
Kelsen, Hans, 382, 550 s., 556.
Khan, Gul Muhammad, 453 n.
Khan, Khizr Muazzam, 405 n.
Khomeini, Ayatollah Ruhollah, 458.
Kirieiêvski, Ivan Vassílievitch, 172.
Kleist, Heinrich von, 106.
Klencke, Hermann, XXXIII n.
Klencke, Hermann (Philipp Friedrich), XXXII-XXXIII e n.
Klenke, *ver* Klencke, Hermann (Philipp Friedrich).
Kluckhohn, Clyde, 322 e n.
Kroeber, Alfred L., 322.
Kruschov, Nikita Sergeivitch, 181 s.
Kubrik, Stanley, 126.

L

Labry, Raoul, 153 n.
Lalinde Abadía, Jesús, XVIII
Lancillotto, Nicola, 497.
Lanfranco de Pavia, 50 e n., 324.
Lara, Manuel Tuñón de, *ver* Tuñón de Lara, Manuel.
Las Casas, Bartolomé de, 241, 256 s.
Lavagna, Attilio, 517.
Leão III, papa, 57, 231.
Leão III Isáurico, imperador do Oriente, 43, 158 s.
Leão VI, imperador do Oriente, *dito* o Filósofo, 44.
Lee, Guy Carleton, XX
Leitão, Luis, XV n., LV n.
Lênin, *pseudônimo* de Vladimir Illitch Ulianov, 173, 517.
Levaggi, Abelardo, 253 n., 254 n.
Lichtenberg, Georg Christoph, 237.
Liniers, Jacques de (ou Santiago de), 274.
Lins, Ivan, 302 n.
Lippman, Matthew, 432 n.
Livermore, Harold, V., 233 n.
Llewellin, Karl Nickerson, 364 e n.
Locke, John, 92 n., 354, 555 e n.
Loiseleur Deslongchamps, Auguste Louis Armand, 474 n.
Lombroso, Cesare, 110-3.
Losano, Mario G., XVI s., LI n., LIV n., 438 n., 552 n.
Lotário III, rei da Alemanha e da Itália, II como imperador, XXXVIII, 56.
Luís XVI, rei da França, 82.
Lutero, Martinho, 240.

M

Macaulay, Thomas Babington, Lorde, 489 s.
MacCarthy, Arthur, 138.
Madariaga, Salvador de, 238-9 e n., 254 e n.
Madison, James, presidente dos Estados Unidos, 277.
Magalhães, Fernando, V, 13.
Magalhães, Fernão de, *ver* Magalhães, Fernando.
Maine, Henry James Sumner, XXVIII e n., 348, 356, 364 s., 545 e n.

ÍNDICE DE NOMES 673

Maitland, Frederic William, 327 n., 330.
Malik ibn Anas, 47 n.
Malinowski, Bronislaw, 320 e n., 356, 360.
Manu, tratadista indiano arcaico, 473, 477, 491.
Manuel I, rei de Portugal, 227.
Mao, Tse-tung, 181, 519.
Maomé, 400, 404-6, 408 n., 409, 418, 426 s., 429.
Maomé II, sultão otomano, *dito* o Conquistador, 45.
Maret, Hugues Bernard, duque de Bassano, 276.
Margadant Spanjaerd, Guillermo Floris, XX
Martins Júnior, [José] Isidoro, 265 n.
Matsuoda, Yoshitada, 513.
Maurício de Nassau (Johann Mauritius van Nassau-Siegen), 268.
Mayne, John Dowson, 471 e n.
Mazzarella, Giuseppe, XIX, XLVII-XLVIII e n.
McCoinville, Sean, 432 n.
Meira, Sílvio, XXIII e n.
Merton, Robert K., 102, 105.
Metternich-Winnesburg, Klemens Wenzel Lothar, príncipe de, 270.
Miller, Neal E., 113 n.
Milsom, Stroud Francis Charles, 324 e n.
Minan, John H., 511 n., 521 n.
Mirabeau, Gabriel-Honoré de Riqueti, conde de, 80
Mitre, Bartolomé, 300.
Moccia, Luigi, XXI n.
Moerman, Michael, XLVI n.
Monroe, James, presidente dos Estados Unidos, 280.
Montalivet, Jean Pierre Bachasson, conde de, 275.
Montmorency, Mathieu Jean Félicité, duque de, 80.
More, Thomas (Thomas Morus), 112.
Morelos, José María, 277.
Moritz Schwarcz, Lilia, *ver* Schwarcz, Lilia Moritz.
Morse, Wayne, 89 n.
Motta, Riccardo, LIV n.
Mowrer, O. Hobart, 113 n.
Murat, Joaquim, 272.
Muratori, Ludovico Antonio, 236 n.

N

Napoleão I Bonaparte, imperador dos franceses, 21, 166, 270-5, 277 s.; *ver também* no *Índice analítico* Código Napoleônico.
Narada, tratadista indiano arcaico, 473.
Nassau, Maurício de, *ver* Maurício de Nassau.
Nasser (Giamāl 'Abd an-Nāsir), 451.
Nee, Victor, 500 n.
Nicolau I, imperador da Rússia, 166 e n.
Nicolau II, imperador da Rússia, 166, 169.
Nietzsche, Friedrich, 473.
Nunheim, Paul Rudolf, 440 n.

O

Odoacro, rei bárbaro, 35.
Okada, Chotaro, 513.

Omar, califa, *ver* 'Umar ibn al-Khaṭṭab.
Onís, Luis de, 276.
Ostrogorsky, Georg, 44 n.

P

Pachukanis, Ievguêni Bronislávovitch, XLIV e n.
Padoux, Georges, 515-7.
Paine, Thomas, 78.
Parmele, H. George, XXX n.
Paternostro, Alessandro, 507 n.
Paul, Wolf, XXII n.
Paulo III, papa, 240 n.
Pavlov, Ivan Petrovitch, 125.
Peck, James, 500 n.
Pedro, imperador da Rússia, *dito* o Grande, 156, 164 s., 171.
Pedro I, imperador do Brasil, 288 s.
Pedro II, imperador do Brasil, 245, 289 s.
Penot, Jacques, 274 n., 276 n.
Pereira Monteiro, João, XXX e n.
Pérez y López, Antonio Javier, 229.
Pérez-Prendes, José Manuel, 252 n.
Perry, Matthew Kalbraith, 499.
Pietro Martire de Anghiera, 266 n.
Pinto, Fernão Mendes, 497.
Pinto Lobão, Alexandre, XXVII e n.
Pizarro, Francisco, 238.
Platão, 473.
Plucknett, Theodore F., 340.
Polo, Marco, 16.
Pombal, Sebastião José de Carvalho e Mello, marquês de, 269.
Pompeo Magno, Gneo, 34.
Pompônio, Sesto, 368.
Porro, Giovan Battista, 498.
Pospisil, Leopold, 349 n., 364 n.
Post, Albert Hermann, XXVIII e n., 545 e n.
Puchta, Georg Friedrich, 387.
Pufendorf, Samuel, 136.
Puglia, Ferdinando, XXVII n.

R

Radcliffe-Brown, Alfred Reginald, 353 e n.
Ramusio, Giovanni Battista, 497 n.
Reagan, Ronald, 193.
Reale, Miguel, XX.
Redfield, Robert, 364.
Rehfeld, Bernhard, 133 n.
Remotti, Francesco, 350 n.
Rivadavia, Bernardino, 299.
Robespierre, Maximilien François Isidore de, 82.
Rodrigo (ou Roderico), rei dos visigodos, 224.
Rodrigo de Borja, 232; *ver também* Alexandre IV, papa.
Roe, Thomas, Sir, 480 s.
Roesler, Carl Friedrich Hermann, 507 s.
Romagnosi, Gian Domenico, 13, 92.
Romanov, dinastia russa, 162.
Romilly, Samuel, 118.
Rômulo Augústulo, imperador romano, 35.
Rosas, Juan Manuel de, 299.
Rosenkampf, Gustav Andriêievitch, 165.
Ross, Alf, 389.
Rossi, Marina, LIV n., 48 n.

ÍNDICE DE NOMES   675

Rosti, Marzia, LIV n., 251 n.
Row, Jean Paul, 449 n.
Ruiz Miguel, Alfonso, XV n., LV n.

S
Sacco, Rodolfo, L.
Sachau, Eduard, 47.
Saint-Exupéry, Antoine de, XLIV e n.
Salazar, António de Oliveira, 292, 302.
San Martín, José de, 280.
Sarkar, U. C., 472 e n., 490 n.
Sarmiento, Domingo Faustino, 300.
Sársfield Vélez, Dalmacio, *ver* Vélez Sársfield, Dalmacio.
Sassenay, Claude Henry Étienne, marquês de, 274.
Savigny, Friedrich Karl von, 387, 555.
Schacht, Joseph, 399 n., 413 n.
Schulte, Friedrich, XXIX n.
Schultz, Lothar, 163 n.
Schwarcz, Lilia Moritz, 245 n.
Seagle, William, XX, L-LIII e n.
Sears, Robert R., 113 n.
Selden, John, 331.
Sérurier, Jean Matthieu Philibert, conde e general, 276 s.
Shaybani, o al-Shaibānī, Muhammad bīn al-Hasan, 424 s.
Siebold, Philipp Franz von, 505.
Sietchenov, Ivan Mikháilovitch, 125.
Sieyès, Emmanuel Joseph, 85.
Silvestre I, papa, 56.
Smith, Adam, 4 e n.
Speranski, Mikhail Mikháilovitch, 166-8.

Stálin, *pseudônimo* de Iôssif Vissariônovitch Djugachvíli, 177, 179-82.
Stolleis, Michael, XXII n.
Stracca, Benvenuto, 55.
Strauss-Zettler, Silvia, 440 n.
Stuart, dinastia, 328.
Stuart Mill, John, XXVIII n.
Suárez, Francisco, 549.
Sun, Yat-sen, 514, 546.
Sutherland, Edwin Hardin, 112.
Syme, Ronald, 247 n.

T
Tácito, Públio Cornélio, 39.
Tamerlão (Timür Khan, *dito* Lenk, o Coxo), 160.
Tarde, Gabriel, XXXII n ,111 n.
Tavares Bastos, José, XXII n.
Teixeira de Freitas, Augusto, *ver* Freitas, Augusto Teixeira de.
Tejedor, Carlos, 300.
Teobaldo de Canterbury, 324.
Teodósio I, imperador romano, *dito* o Grande, 35.
Terry, Henry Taylor, 551 s.
Thatcher, Margaret, 193.
Thomas More, *ver* More, Thomas
Thunberg, Carl Peter, 505.
Tito, *pseudônimo* de Broz, Josip, 180.
Tocqueville, Alexis de, 273 e n., 282 e n.
Tokugawa, família xogunal, 502-5.
Tomás y Valiente, Francisco, 220 n.
Tortori, Alfredo, XXVII n.
Triboniano, jurista, 36, 44.
Tudor, dinastia inglesa, 327-8.

Tuñón de Lara, Manuel, 284 n.
Tylor, Edward Burnett, XXVIII e n., XXXVII n.

U
Udovitch, Abraham L., 422 e n.
Ulianov, Vladimir Illitch, *ver* Lênin.
'Umar ibn al-Khaṭṭab (*também* Omar), 408 n.
Umetani, Noboru, 506 n.
Unger, Josef, LI n.
Ureña, Pedro Enríquez, 303 n.

V
Vacário, jurista, 324.
Valla, Lorenzo, 56.
Varejão, Marcela, XXII n.
Vargas, Getúlio Dornelles, 291-4.
Varrão, Marcos Terêncio, 50 n.
Vélez Sársfield, Dalmacio, 216, 300 s.
Vidari, Ercoli, XXVII n.
Vitória, Francisco de, 241, 258.
Vitória, rainha, de Grã-Bretanha e Irlanda, imperatriz das Índias, 482.
Vivante, Cesare, XXVII n.
Vives, Lourenço, 50 n.
Vollenhoven, Cornelius van, 440 n.

W
Wang, Chenguang, 520 n.
Watson, Alan, 125 s., 350 e n.
Watson, John Broadus, 125 s.
Westlake, John, XXX n.
Wharton, Francis, XXX n.
Whitney, Asa, 498.
Wigmore, John Henry, XX, XLVIII, LII s., 503 e n.
Wilkins, Leslie T., 105, 108.
Wilson, Roland, 484.
Wu, Ting-fang, 514.
Wundt, Wilhelm, XXXII e n.

Y
Yājñavalkya, tratadista indiano arcaico, 473, 477.
Yerushalmi, Mordechai, 432 n.
Yüan, Shih-k'ai, 514.

Z
Zanobini, Guido, 92.
Zavala, Silvio Arturo, 252 n.
Zhang, Xianchu, 520 n.
Zhu, Guobin, 520 n.
Zia ul-Haq, Muhammad, 453.
Zitelmann, Ernst, 385.
Zogu I, rei da Albânia, 442.
Zouche, Richard, 136.

ÍNDICE DOS MAPAS, FIGURAS E TABELAS

Mapas:

1. Os grandes Impérios da Antiguidade (séculos III-IVd.C.), p. 39
2. A Europa Oriental em 1956, p. 178
3. A Europa Centro-Oriental em 1999, pp. 188-9
4. A Conquista árabe e a "Reconquista" espanhola da península Ibérica (711-1492), pp. 222-3
5. O Novo Mundo por volta de 1750, p. 250
6. A América Central e do Sul, 1810-1839, p. 281
7. O reino da Inglaterra por volta de 1150, p. 326
8. A conquista islâmica (622-750), p. 403
9a. Os quatro sistemas jurídicos de relevância mundial, p. 534
9b. Américas, p. 538
9c. Europa e África, p. 540
9d. Ásia e Oceania, p. 542

Figuras

1. Continuidade dos comportamentos humanos, p. 105
2. Comportamento criminoso e fatores sócio-culturais, p. 109
3. Explicação da *opinio iuris* no costume, p. 392

Tabelas

1. A tradição jurídica do Ocidente, p. 346
2. Delitos islâmicos: punições "hudud", p. 433
3. Delitos islâmicos: punições "qisas", p. 434
4. Delitos islâmicos: punições "tazir", p. 437